国家卫生和计划生育委员会“十三五”规划教材配套教材
全国高等学校配套教材

供预防医学类专业用

毒理学实验方法与技术

第 4 版

主　审　王心如
主　编　孙志伟
副主编　陈　雯　周建伟　张文昌

编　者（以姓氏笔画为序）

王素华（包头医学院）
牛　侨（山西医科大学）
刘　涛（新疆医科大学）
刘起展（南京医科大学）
刘晋宁（吉林大学）
安　艳（苏州大学）
孙志伟（首都医科大学）
李百祥（哈尔滨医科大学）
张　巧（郑州大学）
张文昌（福建医科大学）
张爱华（贵州医科大学）
陈　雯（中山大学）
陈锦瑶（四川大学）
林忠宁（厦门大学）
周志俊（复旦大学）
周建伟（南京医科大学）
周显青（首都医科大学）
郑金平（山西医科大学）
赵秀兰（山东大学）
郝卫东（北京大学）
姜岳明（广西医科大学）
骆文静（空军军医大学）
夏大静（浙江大学）
夏彦恺（南京医科大学）
徐培渝（四川大学）
徐德祥（安徽医科大学）
逯晓波（中国医科大学）
蒋义国（广州医科大学）
曾　明（中南大学）

秘　书　李　阳（首都医科大学）

人民卫生出版社

图书在版编目(CIP)数据

毒理学实验方法与技术/孙志伟主编. —4版. —北京:人民卫生出版社,2018

预防医学第八轮规划教材配套教材

ISBN 978-7-117-27879-9

Ⅰ.①毒… Ⅱ.①孙… Ⅲ.①毒理学-实验方法-医学院校-教材 ②毒理学-实验技术-医学院校-教材 Ⅳ.①R99-33

中国版本图书馆CIP数据核字(2018)第292318号

毒理学实验方法与技术

第4版

主　　编: 孙志伟
出版发行: 人民卫生出版社(中继线 010-59780011)
地　　址: 北京市朝阳区潘家园南里19号
邮　　编: 100021
E - mail: pmph @ pmph. com
购书热线: 010-59787592　010-59787584　010-65264830
印　　刷: 北京虎彩文化传播有限公司
经　　销: 新华书店
开　　本: 787×1092　1/16　　**印张:** 25
字　　数: 525千字
版　　次: 2003年8月第1版　2018年3月第4版
2026年1月第4版第6次印刷(总第19次印刷)
标准书号: ISBN 978-7-117-27879-9
定　　价: 63.00元
打击盗版举报电话:010-59787491　E-mail:WQ @ pmph. com
(凡属印装质量问题请与本社市场营销中心联系退换)

主审简介

王心如，博士、教授、博士生导师、国家级教学名师。南京医科大学毒理学研究所所长、原现代毒理学教育部重点实验室主任。先后主编原卫生部规划教材 4 版、5 版、6 版《毒理学基础》和 1 版、2 版、3 版《毒理学实验方法与技术》。连续多年主持国家“十五”至“十二五”科技攻关/科技支撑计划项目、国家自然科学基金重点项目、国家基础研究重大项目前期研究专项、“973”课题，以及国际合作项目等，重点对环境内分泌干扰物（EDCs）致生殖内分泌紊乱及其调节机制、男性不育的环境-遗传-表观遗传危险因素及其作用机制进行了较为系统的研究，发表学术论文 300 余篇，获多项国家发明专利。先后获国家科技进步奖二等奖（2015）、高教类国家级教学成果奖（2014）等奖项。

主编简介

孙志伟，博士、教授，博士生导师，一级学科带头人，环境毒理学北京市重点实验室主任。长期从事大气颗粒物毒理、纳米毒理、大气污染健康效应和机制相关的环境流行病学研究。作为项目负责人先后承担国家重点研发计划、重大国际合作项目、国家自然科学基金重点项目等国家级和省部级项目20余项。发表学术论文共300余篇，其中在*Autophagy*、*EHP*、*EI*、*PFT*、*Nanotoxicology*及*Biomaterials*等学术期刊发表SCI论文150篇。主编、副主编教材专著10余部。荣获"国务院政府特殊津贴""原卫生部突出贡献中青年专家""教育部公共卫生教学指导委员会委员""教育部骨干教师""宝钢优秀教师""北京市拔尖人才和创新团队负责人"等多项荣誉称号。兼任中华预防医学卫生毒理专业委员会主任委员、中国毒理学会呼吸毒理专业委员会主任委员、中国毒理学会遗传毒理专业委员会和纳米毒理专业委员会副主任委员。

副主编简介

陈雯，教授、博士生导师。任职中山大学公共卫生学院。长期从事毒理学教学和科研工作，致力于分子遗传毒理学和环境化学致癌机制方面的研究。获得国家杰出青年基金，“珠江学者”特聘教授。兼任中国环境诱变剂学会副理事长，中国毒理学会常务理事，《中华预防医学杂志》副主编，*Environmental Pollution* 副主编。

周建伟，医学博士，南京医科大学教授、博士生导师，南京医科大学教学名师。

学术兼职包括中国毒理学会副理事长，江苏省毒理学会理事长等；*Journal of Toxicology & Environmental Health, Part B* 副主编，*Current Cancer Drug Targets* 杂志编委等。长期从事卫生毒理学和劳动卫生与环境卫生学的教学和科研工作，发表 SCI 收录论文 110 篇，研究成果获江苏省科技进步二等奖和教育部自然科学二等奖等。

副主编简介

张文昌，福建医科大学公共卫生学院院长、二级教授、博士生导师。享受国务院政府特殊津贴，教育部第一届预防医学与全科医学教育指导委员会委员，第二届中华预防医学会公共卫生与预防医学发展贡献奖获得者，福建省高校教学名师。

1982 年原上海第一医学院卫生专业本科毕业；1989 年原浙江医科大学劳动卫生专业研究生毕业。主要研究方向：表观遗传学。国家级预防医学特色专业和国家级公共卫生与预防医学实验教学示范中心项目负责人，主编、参编论著或国家规划教材 15 部，发表论文 100 余篇。现主要社会兼职：中国毒理学会生化与分子毒理学专业委员会副主任委员，福建省预防医学会副会长等。

前 言

毒理学是研究环境化学、物理和生物因素对生物体和生物系统损害作用及其生物学机制的科学。毒理学兼具基础学科和应用学科的特性，是公共卫生与预防医学专业的重要支撑学科和基础课程，《毒理学实验方法与技术》是主教材《毒理学基础》的配套教材，该书系统介绍了毒理学的研究方法和实验技术及其在毒性鉴定、机制研究、风险评估和毒理学安全性评价过程中的应用，进一步体现了毒理学的应用性。因此，本教材的修订对毒理学教学、科研及高素质公共卫生人才培养具有重要意义。

全书共分15章。前5章重点介绍了毒理学实验基础、一般毒性试验、遗传毒性试验和致癌试验、分子毒理学实验和细胞毒理学研究方法；后10章主要描述了靶器官毒理学（血液、免疫、生殖、神经、呼吸、肝脏、肾脏、心血管和皮肤毒理学）研究的方法与技术以及毒理学试验替代方法。

本教材与主教材《毒理学基础》衔接配套，具有传承经典毒理学理论及方法、扩展现代生物分析技术、体现毒理学系统性和应用性等特点，可作为全国高等医药院校本科生及研究生毒理学实验教学的教材以及毒理学科研方法的参考书。各教材使用院校可根据各自人才培养目标、教学特色及实验教学条件，有选择地组织毒理学理论及实验教学，分别开展以问题为中心的PBL教学、以团队为中心的TBL教学、以系统为中心的SBL教学以及综合性设计性实验。

本版教材的编写得到了人民卫生出版社、主审王心如教授的指导和来自国内20余所高校专家的大力支持，参加编写的各高校专家教授付出了辛勤的汗水，我们谨一并表示最诚挚的感谢。本教材如有错误和不妥之处，敬请广大师生批评指正。

孙志伟　陈　雯　周建伟　张文昌

2018年3月

目 录

第一章 毒理学实验基础 …… 1
第一节 毒理学实验的原则和局限性 …… 1
第二节 毒理学毒性评价试验的基本目的 …… 4
第三节 动物实验的职业道德和伦理问题 …… 5
第二章 一般毒性试验 …… 8
第一节 急性毒性试验 …… 8
第二节 局部毒性试验 …… 14
第三节 亚慢性毒性实验 …… 19
第四节 慢性毒性试验 …… 25
第三章 遗传毒性试验和致癌试验 …… 28
第一节 遗传毒性试验 …… 28
第二节 致癌试验 …… 46
第四章 分子毒理学实验 …… 51
第一节 生物大分子的分离与纯化 …… 51
第二节 生物大分子损伤的检测 …… 59
第三节 基因突变和多态性检测 …… 73
第四节 表观遗传修饰检测 …… 85
第五节 基因表达检测 …… 93
第六节 基因转染和编辑 …… 100
第五章 细胞毒理学研究方法 …… 106
第一节 体外细胞毒性试验的种类和选择依据 …… 106
第二节 细胞形态学研究方法 …… 108
第三节 细胞存活率测定 …… 114
第四节 细胞增殖测定 …… 118
第五节 细胞代谢活力测定 …… 118

第六节 细胞凋亡的检测方法 …… 120

第七节 细胞自噬的检测 …… 127

第八节 流式细胞仪分析技术 …… 132

第九节 免疫细胞化学法 …… 137

第十节 激光共聚焦显微镜和荧光标记技术 …… 144

第十一节 单细胞检测技术 …… 150

第六章 血液毒理学研究方法 …… 152

第一节 外源化学物对红细胞的毒作用检测 …… 152

第二节 外源化学物对白细胞的毒作用检测 …… 157

第三节 外源化学物对血小板及凝血功能的毒作用检测 …… 158

第四节 外源化学物对骨髓的毒作用检测 …… 163

第七章 免疫毒理学研究方法 …… 167

第一节 免疫功能测定 …… 167

第二节 超敏反应检测方法 …… 177

第三节 其他免疫学方法在毒理学研究中的应用 …… 181

第四节 免疫相关性疾病动物模型评价方法 …… 183

第八章 生殖毒理学研究方法 …… 186

第一节 生殖毒性试验 …… 186

第二节 环境内分泌干扰物筛选与评价方法 …… 194

第三节 精液质量分析 …… 204

第四节 性激素水平分析 …… 210

第九章 神经毒理学研究方法 …… 216

第一节 神经毒性评价方法 …… 216

第二节 神经行为功能评价方法 …… 231

第三节 行为发育毒性测试方法 …… 232

第十章 呼吸毒理学研究方法 …… 240

第一节 整体实验研究方法 …… 240

第二节 离体试验法 …… 246

第十一章 肝脏毒理学研究方法 …… 252

第一节 肝脏毒理学体内研究方法 …… 252

第二节 肝脏毒理学体外研究方法 …… 268

第十二章 肾脏毒理学研究方法…………………………………… 285
第一节 肾脏毒理学体内研究方法 ………………………… 285
第二节 肾脏毒理学体外研究方法 ………………………… 297
第十三章 心血管毒理学研究方法………………………………… 300
第一节 心功能评价方法 ………………………………… 300
第二节 心血管毒理学体内研究方法 ……………………… 304
第三节 心血管毒理学体外研究方法 ……………………… 310
第十四章 皮肤毒理学研究方法…………………………………… 312
第一节 皮肤刺激性/腐蚀性试验…………………………… 312
第二节 皮肤致敏和光毒性试验 ………………………… 318
第三节 皮肤接触性荨麻疹试验 ………………………… 329
第四节 人体皮肤毒理学评价试验 ……………………… 331
第十五章 毒理学试验替代方法…………………………………… 338
第一节 急性毒性试验替代方法 ………………………… 339
第二节 皮肤刺激/腐蚀性替代方法 ……………………… 350
第三节 皮肤吸收替代试验——皮肤吸收:体外方法 … 355
第四节 皮肤致敏试验替代方法 ………………………… 357
第五节 眼刺激试验替代方法 …………………………… 368
第六节 发育毒性替代试验 ……………………………… 374

第一章

毒理学实验基础

毒理学是研究外源化学物等与机体有害作用的科学。毒理学是一门实验科学，基本方法是整体动物实验和体外实验。简而言之，毒理学研究是以动物或细胞为试验模型，将其实验结果外推于人，用以预测和评估化学物对人体危害为目的的科学，最终目的是保护人群健康和环境生态。毒理学实验数据已成为各国评价化学物质危害性的重要依据，很多国家政府和权威机构以各种法规形式颁布常规毒理学试验的程序，故称为法规毒理学试验，实际上，常规毒理学内容为描述毒理学范畴，即以鉴定毒性和描述毒性效应为主要目的，但其实质为管理毒理学所用。

本章主要内容有：毒理学实验的原则和局限性；毒理学实验的基本目的；实验动物的选择和处理；剂量设计和对照、实验实施及结果分析等，为学习以后各章提供基础。

第一节　毒理学实验的原则和局限性

医学实验科学的兴起解决了很多临床不可能解决的问题，但任何实验都有其局限性，符合科学的规律。一直以来，毒理学的发展都离不开医学基础研究和实验科学的发展，尤其是近几年前沿分子生物学技术的渗透，给毒理学带来无限的机会，也对传统的毒理学思维和方法提出了前所未有的挑战。

一、毒理学实验的原则

在传统的毒理学实验中，应遵循以下几个基本原则。即采用动物实验结果外推；采用高剂量进行试验和选用与人群接触相同或类似的途径。

所有动物实验结果可以外推于人的前提都来自两个假设：第一，假设对于化学物或药物反应，人是最敏感的动物物种；第二，假设人和实验动物的生物学过程均与体重（或体表面积）相关。以单位体表面积计算在人产生毒作用的剂量和实验动物通常相近似。而以体重计算则人通常比实验动物敏感，差别可能达 10 倍。因此可以利用安全系数来计算人的相对安全剂量。一般认为，如果某一化学物对几个物种实验动物的毒性是相同的，则人的反应也可能是相似的。如已知人类致癌物都对某种实验动物具有致癌性。但实验动物致癌物是否都对人有致癌性，尚不清楚。

毒理学实验设计中，无论是动物试验还是细胞试验尽可能采取高剂量，因为这是能够发现毒物对人潜在危害的较可靠的办法。此原则是根据质反应的概念，随剂量或暴露增加，群体反应也增加。毒理学试验中，一般设 3 个或 3 个以上剂量组，以观察剂量-反应（效应）关系，确定受试化学物引起毒效应及其毒性参数。毒性试验的设计并不是为了证明化学品的安全性，而是为了表征化学品可能产生的毒作用。仅仅检测受试化学物在人群实际暴露剂量是否引起毒效应是不够的，当引起毒效应的最低剂量（LOAEL）与人的暴露剂量接近时，说明该化学物不安全。只有当该剂量与人的暴露剂量有很大的距离，即采用一定的安全系数（一般情况下默认 100 倍），才认为具有一定安全性，此距离越大，安全性越高。如果在研究中所用的一系列的剂量未引起毒性效应，则认为所用剂量还不够高，应增加剂量，以确定受试化学品的毒性。但如果在试验的最高剂量组的剂量与人可能的暴露剂量有足够的安全界限，则对于安全性评价来说未观察到毒效应的研究是可以接受的，这在食品的安全性评价中尤为重要。

毒理学实验设计采用高剂量还有另外一个原因。在毒理学试验中实验模型所需的动物总是远少于处于危险中的人群。为了在少量动物得到有统计学意义的可靠的结果，也需要应用相对较高的剂量，以使效应发生的频率足以被检测。例如，低达 0.01% 的癌症发生率，意味着在 100 万人群中有 100 人发生癌症。在实验动物直接检测如此低发生率将至少需要 30 000 只动物，但这样的巨大的动物数量的要求在实际工作中是很难达到的，因此，在毒理学试验中，对相对较少的实验动物必须以较高剂量进行试验，然后根据毒理学原则外推估计低剂量暴露的危险性。

毒理学实验应尽可能选择成年的健康（雄性和雌性未孕）实验动物和人可能的暴露途径是基本的选择。成年的健康实验动物是为了使实验结果具有代表性和可重复性，可作为一般人群的代表性实验模型，可降低实验对象的多样性，减少实验误差。如有特殊要求，才选用幼年和老年动物、妊娠的雌性动物、疾病状态的动物作为研究对象。已知毒理学实验结果的敏感性取决于受试物处理引起毒效应强度和实验误差两个因素，处理引起的毒效应强，实验误差小，则实验结果的敏感性增加，越能反映受试物处理的真实效应，反之亦然。

在动物实验设计中需要规定实验条件，严格控制可能影响毒效应的各种因素，实施质量保证，降低实验误差。现在国际上通行的做法是建立实验室质量管理体系，比如良好实验室规范（Good Laboratory Practice，GLP），在 GLP 实验室中，重要的构成有质量保证部（Quality Assurance Unit，QAU）和标准操作程序（Standard Operating Procedure，SOP），关于 GLP 机构的建立与运行在另外章节详细介绍。毒理学实验的产出是研究报告，过程的质量控制是结果的科学性、可靠性、准确性和可重现性的保障。

二、毒理学实验的局限性

历史上环境污染物、食品污染物及某些药物所引起的中毒和死亡多次发生,引起各国的重视,推动了毒理学的发展,各国政府主管部门多次修订了有关药品和各种化学品安全性评价的规范或准则,希望通过啮齿类和非啮齿类的毒理学研究为有关候选新药和各种化学品提供安全性证据,但以动物的资料预测对人的毒性的准确性尚有待于商榷。正如George(1987)指出:一切模型都是错误的,但是又是必需的。Lumley(1990)和Igarashi(1994)根据有限的临床资料报告认为,对人的毒性约一半不能由临床前(动物)毒性研究预测。Heywood(1983)报告27个化学物(大多为药品)的靶器官毒性在大鼠和犬(或猴)之间的相符率仅20%。Olson等(1998)报告131种化学物对动物的毒性与人的毒性相符率,啮齿类为6%,非啮齿类(犬和猴)为28%,合并达36%,所有的物种相符率可达69%。按照目前的规范,进行毒理学安全性评价可以在一定程度上提高新药和各种化学品的使用安全性,但仍不能完全排除对人健康危害的风险。WHO在《临床前药物安全性实验原则》的文件中指出"虽然事先对生物活性物质进行了最仔细彻底的研究,但给人使用时总是不可避免地要冒一定的风险。"这就是利用动物实验的局限性,即动物实验的结果外推到人的不确定性。

用实验动物的毒理学试验资料外推到人群接触的安全性时,带来很大的不确定性。这是因为外源化学物的毒性作用受到许多因素的影响。

第一,实验动物和人对外源化学物的反应敏感性不同,有时甚至存在着质的差别。虽然在毒理学试验中通过用两种或两种以上的动物,并尽可能选择与人对毒物反应相似的动物,但要完全避免物种差异是不可能的。而且,实验动物不能述说涉及主观感觉的毒效应,如疼痛、腹胀、疲乏、头晕、眼花、耳鸣等,这些毒效应就难以发现或不可能发现。故在动物实验中,仅可观察到体征(sign),而没有"症状(symptom)"。

第二,在毒理学试验中,为了寻求毒作用的靶器官,并能在使用相对少量的动物时就得到剂量-反应或剂量-效应关系,往往选用较大的染毒剂量,这一剂量通常要比人实际接触的剂量大得多。有些化学物高剂量和低剂量的毒性作用规律并不一定一致,如大剂量下出现的反应有可能是由于化学物在体内超过了机体的代谢能力,这也增加了高剂量的毒性反应向低剂量外推的不确定性。

第三,毒理学试验所用动物数量有限,如果毒性反应发生率很低,在少量动物中是难以发现的。当化学物进入市场,接触人群往往会很大。这就存在小数量实验动物到大量人群外推的不确定性。

第四,实验动物的遗传背景是受到严格控制的,饲养的环境一般为屏障系统,所以对化学物的反应可能较单一,而接触人群可以是不同的人种、种族,而且包括年老体弱及患病的个体,在对外源化学物毒性反应的易感性上存在很大差异。

综上所述,从毒理学动物试验结果向人群安全性评价外推时存在许多无法克服的不确定因素,导致毒性判断的误差。故动物试验结果向人外推时,为了增加其安全性,目前认可的办法是采用不确定系数(安全系数)。如食品添加剂的90天喂养试验获得的NOAEL用于制定人的接触限量(如每人每天最大耐受摄入量),就必须考虑一定的100~300安全系数,以防止低估有阈值化学毒物对人类健康的危害。

第二节　毒理学毒性评价试验的基本目的

毒理学实验的常规部分是毒性评价或安全性评价试验。为了对受试物的毒性进行全面的测试,增强测试结果的可靠性,权威机构规定了评价程序或者指南,以保证毒性评价研究可以达到普遍能接受的最低要求和原则。由于受试物的多样性,试验程序应该有一定的灵活性。对毒理学试验的原理和设计思路的深入理解,有助于研究者对评价程序的实施,在发现新的现象或线索时,可设计新的实验来证实,并研究其机制。

毒性评价或安全性评价方面的基本目的包括以下几点:

1. 受试物毒作用的表现和性质　在急性和慢性毒性试验中,观察受试物对机体的有害作用,对有害作用的观察应该是对每个实验动物进行全面逐项的观察和记录。发现有害作用是进行剂量-反应(效应)研究的前提。

2. 剂量-反应(效应)研究　剂量-反应(效应)研究是毒性评价和安全性评价的基础。通过对不同有害作用的剂量-反应(效应)研究,可以得到该受试物的多种毒性参数和剂量-反应(效应)线的斜率。在急性(致死性)毒性试验中,获得重要的致死性参数如LD_{50},用以评价化学物的急性毒性大小。在急性非致死性毒性试验中,应该得到急性可观察到有害作用的最低剂量(LOAEL)和未观察到有害作用的剂量(NOAEL)。在重复剂量、亚慢性及慢性毒性试验中,应得到相应的LOAEL和NOAEL。在致突变、致癌和致畸等特殊毒性试验中,剂量-反应(效应)研究将为确定受试物是否具有这些特殊毒性提供依据。致畸试验也可得到致畸特性的LOAEL和NOAEL;在致突变、致癌试验中,尽管也可得到LOAEL和NOAEL,但一般认为遗传毒性致癌物是无阈值的。

3. 确定毒作用的靶器官　确定受试物有害作用的靶器官,是毒理学研究的重要目的,以阐明受试物毒作用的特点,并为进一步的机制研究和毒性防治提供线索。

4. 确定损害的可逆性　一旦确认有害作用存在,就应研究停止接触后该损害是否可逆和消失,器官功能是否恢复;或者停止接触后损害作用继续发展。毒性的可逆性关系到对人的危害评价,如果器官损害可逆,必要时(如药物)可能接受较高危险性的暴露水平。

安全性毒理学评价实验一般为发现毒性为目的，全面而深入的毒理学研究包括毒作用的敏感检测指标和生物学标志、毒作用机制研究、受试物的毒物动力学和代谢研究、中毒的解救措施等。达到这些研究目的，需要扩展常规试验的设计，增加有关的实验项目，采用更先进的观察指标等，进行靶器官毒理学研究及机制毒理学研究。

第三节　动物实验的职业道德和伦理问题

实验动物(laboratory animal)包括所有脱离自然环境而用于研究、教学和试验的脊椎动物，实验动物是开展医学生物学实验研究的重要材料。认识生命过程、预防和治疗人类疾病，生物学实验一直以来占有重要地位，是必不可少的环节。实验动物对医学的发展有不可忽视的贡献。所有的研究人员要尊重生命，善待实验动物。

从事实验动物和动物实验工作，必须重视动物福利和动物伦理的问题。实验动物福利(laboratory animal welfare)指人类保障实验动物健康和快乐生存权利的理念及其提供的相应外部条件的总和。实验动物伦理(laboratory animal ethics)指人类对待实验动物和开展动物实验所应遵循的社会道德标准和原则理念。

关于人类对待动物的伦理学争论，由来已久。18世纪哲学家Jeremy Bethan指出："问题既不是它们能否思考，也不是它们会不会说话，而是它们痛苦不痛苦。"19世纪以来兴起了动物保护主义，各国成立各种动物保护组织，其中有一部分是主张绝对禁止动物实验的激进派。科学家和大多数民众则主张对动物实验加以规范，通过立法保障动物福利。英国1822年通过了马丁法，禁止虐待动物；1876年通过了《禁止虐待动物法》；1986年通过了《科学实验动物法》。美国1873年联邦法中有人道地对待动物的条文；1966年通过了《动物福利法》。我国关于动物福利的工作起步较晚。20世纪90年代仅在有关动物管理规定中制定了类似动物保护的条例，专门针对动物福利的法规见于2006年科技部发布的《关于善待实验动物的指导性意见》[科技部国科发财字(2006)第398号]。2012年10月我国发布首部非强制性的标准《动物福利通则》。2018年2月，中国实验动物学会实验动物福利伦理专业委员会发布国标《实验动物福利伦理审查指南》(GB/T 35892—2018)。该指南规定了实验动物生产、运输和使用过程中的实验动物福利伦理审查和管理的要求，包括审查机构、审查原则、人员资质、设施条件、兽医职责、动物来源、技术规程、动物饲养、动物使用、职业健康与安全等的技术要求，是一部指导国内实验动物福利伦理审查及其质量管理等工作重要法规。

善待实验动物(humane treatment of laboratory animals)指人类采取有效的关爱措施，保障实验动物的福利权益，避免不必要的伤害。善待实验动物具体表现在动物福利的五项自由或五项权利，包括：免于饥渴的自由——保障有新鲜的饮水和食物，以维持健康和活力。免于不适的自由——提供舒适的栖息环境。免于痛苦、伤害和疾病的自由——享有预防和快速的诊治。表达主要天性的自由——提供足够的空间、适当的设施和同类的社交伙伴。免于恐惧和焦虑的自由——保障良好的条件和处置,不造成动物的精神痛苦。

伦理审查(ethical review)指按照实验动物福利伦理的原则和标准,对使用实验动物的必要性、合理性和规范性进行的专门检查和审定。根据不同的管理权限,福利伦理审查机构分为国家、行业、地方的实验动物福利伦理管理机构以及实验动物从业单位设立的实验动物福利伦理审查机构。审查机构为独立开展审查工作的专门组织,一般称为“实验动物福利伦理委员会”“实验动物管理和使用委员会”(IACUC),简称为“伦理委员会”。其主要职责包括根据实验动物有关法律、规定和质量技术标准,负责其管理权限范围内的实验动物饲养和使用的福利伦理审查和监管工作,受理相关的举报和投诉,确保实验动物得到善待和护理。具体职责包括:每半年对实验动物单位的管理规范和执行情况进行定期检查;对项目的事前审查、实施过程中监督检查和项目结束时的终结审查;对违法违规现象进行调查;独立开展审查和监督工作,负责出具检查和审查报告,负责向单位主管和上级主管机构报告工作。伦理委员会至少应由实验动物专家、兽医、实验动物管理人员、使用动物的专家、公众代表等不同方面的人员组成。审查原则有以下 8 项:必要性原则、保护原则、福利原则、伦理原则、利益平衡性原则、公正性原则、合法性原则、符合国情原则。

毒理学研究以 3R 原则(the 3R principles)为导向设计的实验方法被定义为毒理学替代法(alternative toxicology methods),3R 原则是动物福利在毒理学研究中最具体而有效的实践。3R 指实验动物的替代(replacement)、减少(reduction)和优化(refinement)原则。替代(replacement)指用无知觉的物质替代有知觉活的较高等级动物,比如细胞、人工仿制生物材料(人工皮肤)等。替代方法主要包括离体的组织器官、组织细胞培养、化学物理方法、分子生物学等先进的技术方法。减少(reduction)指为获得特定数量及准确的信息,尽量减少实验动物的使用数量。优化(refinement)指对必须使用的实验动物,应尽量减低非人道方法的使用频率或危害程度。此原则是由英国 William Russell 和 Rex Brursh(1959)在《The Principles of Humane Experimental Technique》中提出的。经过毒理学工作者几十年的努力,已经建立和发展起许多毒理学替代方法,取得了显著的成就。例如,对于急性毒性试验,经济合作与发展组织(OECD)已经发布了固定剂量法、急性毒性分级法等。分子生物学技术和各组组学技术的发展也为建立替代法提供了更广阔的前景。

对于从事医学实验动物的人员资格和培训,我国也有相应的规定要求。2004 年修订的《医学实验动物管理实施细则》中规定:凡从事医学实验动物饲育和动物试验工作的技术人员实行岗位资格认可制度;从事和参与医学实验动物工作的人员,必须掌握医学实验动物的基础知识,有关法律法规及各种规章制度,并取得《医学实验动物技术人员岗位资格认可证书》;从事医学实验动物饲育和动物试验工作人员，应定期进行身体健康检查，发现患有传染病者，特别是人畜共患传染病者，应及时调换工作。

人类对动物的道德，不仅是人类社会内部道德的自然延伸，更是人类区别与其他物种才会有的道德自觉。对野生动物和实验动物，人的爱护与关心，也是对人类自身价值的尊严的肯定，更是对人类生命意义的超越。

【参考文献】

[1] Speid L H, Lumley C E, Walker S R. Harmonization of guidelines for toxicity testing of pharmaceuticals by 1992 [J]. Requl Toxicol Pharmacol, 1990, 12(2): 179-211.

[2] Igarashi T. The duration of toxicity studies required to support repeated dosing in clinical investigation—a toxicologist's opinion[M]. Springer Netherlands, 1994: 493-506.

[3] R. Heywood. Target organ toxicity Ⅱ [J]. Toxicology Letters, 1983(18): 83-88.

[4] Olsona H, Bettonb G, Stritarc J, et al. The predictivity of the toxicity of pharmaceuticals in humans from animal data - an interim assessment [J]. Toxicology Letters, 1998, 28(102-103): 535-538.

（王素华　徐培渝）

第二章
一般毒性试验

第一节　急性毒性试验

一、经口急性毒性试验

【目的与原理】

急性毒性试验(acute toxicity test)是在24小时内一次或多次经口给予实验动物一定剂量的受试物后,观察其发生的各种中毒表现及其严重程度,死亡特征和死亡数量,并根据剂量-反应关系计算求出 LD_{50},对受试物进行急性毒性评价,为重复剂量、亚慢性、慢性毒性试验提供剂量选择的依据。

【动物、试剂与器材】

1. 动物　健康小鼠或大鼠。小鼠体重18~25g,大鼠体重180~240g。雌雄各半。动物总数和每组动物数根据不同 LD_{50} 计算方法而定。

2. 器材　注射器(0.25ml、1ml、2ml、5ml),吸管(0.1ml、0.2ml、0.5ml、1ml、2ml、10ml),容量瓶(10ml、25ml、50ml),烧杯(10ml、25ml、50ml),滴管,灌胃针(大鼠、小鼠适用),电子天平(感应量1/10kg),动物体重秤,外科剪刀,镊子,防护手套。

3. 试剂　受试物,溶剂与助溶剂,苦味酸乙醇饱和溶液,品红乙醇饱和溶液。

【操作步骤】

1. 健康动物的选择。

2. 性别鉴定。

3. 动物称重、编号与随机分组。

按性别,将实验动物称重、编号,再按体重从大到小排序,可利用随机数字表或随机排列表以适当方式进行随机分组。限于篇幅,在此不再赘述。

4. 剂量设计　根据预实验结果和拟采用的计算 LD_{50} 的方法确定实验组数和各组剂量。具体内容详见教科书《毒理学基础》相关章节。

5. 受试物的配制

（1）受试物的量取：固体化学物采用称量法，液体化学物可用称量法或吸量法。

1）称量法：将受试物放入已知重量的容器内称量。加溶剂溶解或稀释，倾入刻度容器（如容量瓶）内，混匀，再加溶剂至刻度。算出浓度（mg/ml）备用。

2）吸量法：依据设计剂量计算出应吸取液态受试物的容积，加入容量瓶中，加溶剂至刻度。计算公式为：

$$\mathrm{X}=\frac{\mathrm{A}\cdot\mathrm{V}}{d\cdot 1000}$$

式中：X——应吸取受试物的容积（ml）；

A——设计要求的受试物浓度（mg/ml）；

V——容量瓶容积（ml）；

d——受试化学物比重。

（2）受试物的稀释

1）等浓度稀释法：将受试物配成一种浓度，此时各剂量组的实验动物将给予不同体积的受试物。例如受试物配成1000mg/10ml的溶液，五个剂量组的剂量分别为100mg/kg、200mg/kg、400mg/kg、800mg/kg、1600mg/kg，则各剂量组动物将依次给予1.0ml/kg、2.0ml/kg，直至最高剂量组的16ml/kg。

2）等容量稀释法：按照事先设计的剂量分别稀释配制成几种不同浓度的受试物溶液，对各剂量组动物均给予相同单位体重体积的受试物。如上例的情况，将受试物分别配成100mg/10ml、200mg/10ml、400mg/10ml、800mg/10ml、1600mg/10ml等5个浓度的溶液，则给予各剂量组动物的受试物体积均为10ml/kg。

6. 灌胃操作　以注射器经导管注入胃内。一般灌胃深度从口至剑突下。最好利用等容量灌胃法。但也有外源化学物稀释之后毒性反而增加，即所谓“稀释毒性”，在这种情况发生时也可选择等浓度灌胃法。灌胃前应禁食空腹，大鼠隔夜禁食，小鼠可禁食4小时，均不停饮水。灌胃2~4小时后提供饲料。经口多次染毒一般不禁食。但应每日定时染毒。灌胃法适用于大鼠、小鼠、兔、犬等动物。

7. 动物中毒体征和死亡情况观察　染毒后注意观察动物中毒的发生、发展过程及死亡数和死亡时间，做好实验记录。根据中毒的表现和特点可以大致确定靶器官。对于死亡动物和观察期满处死的动物进行尸体解剖，肉眼观察，如发现有异常的组织或脏器，应作病理组织学检查。观察时间为14天。实验结束时，要按照实验结果，填写急性毒性实验记录表（表2-1）。

表 2-1 急性毒性实验原始记录

<table>
<tr><td colspan="3">受试物名称：</td><td colspan="3">受试物性状：</td><td colspan="4">受试物来源：</td></tr>
<tr><td colspan="3">动物物种品系：</td><td colspan="7">动物来源及合格证号：</td></tr>
<tr><td colspan="3">染毒途径：</td><td colspan="3">室温：</td><td colspan="4">相对湿度：</td></tr>
<tr><td>组别</td><td>剂量
(mg/kg)</td><td>动物
编号</td><td>性别</td><td>体重
(g)</td><td>染毒量
(ml)</td><td>染毒
时间</td><td>体征及
出现时间</td><td>死亡
时间</td><td>体重记录
(g)</td></tr>
<tr><td></td><td></td><td></td><td></td><td></td><td></td><td></td><td></td><td></td><td></td></tr>
<tr><td></td><td></td><td></td><td></td><td></td><td></td><td></td><td></td><td></td><td></td></tr>
<tr><td></td><td></td><td></td><td></td><td></td><td></td><td></td><td></td><td></td><td></td></tr>
<tr><td></td><td></td><td></td><td></td><td></td><td></td><td></td><td></td><td></td><td></td></tr>
<tr><td colspan="3">实验操作者：</td><td colspan="3">实验记录者：</td><td colspan="4">实验日期：</td></tr>
</table>

【LD_{50}计算】

根据受试物的种类确定具体的计算方法，求出 LD_{50}及 95%可信区间。如毒性反应存在性别差异，应分别求出不同性别动物的 LD_{50}。LD_{50}(LC_{50})的计算方法有多种，其中比较常用的有改进寇氏法、序贯法和 Bliss 法。

1. 改进寇氏法(karber's method) 是利用剂量对数与死亡率之间的关系呈 S 型曲线而设计的方法，又称平均致死量法。该法计算简便，准确率高，较为常用。该法要求每个染毒剂量组的动物数相同，各剂量组组距呈等比级数，死亡率呈正态分布，最低剂量组死亡率<20%，最高剂量组死亡率>80%。

计算公式如下：

$$m=Xk-(\sum p-0.5)$$

$$s_m=i-\sqrt{\sum \frac{pq}{n}}$$

式中：m——$\lg LD_{50}$；

i——相邻两剂量组之对数剂量差值；

Xk——最大剂量的对数值；

p——死亡率；

q——存活率($q = 1-p$)；

$\sum p$——各剂量组死亡率总和；

n——每组动物数；

s_m——标准差。

举例：小鼠经口给予某种化学毒物染毒，各组剂量和动物死亡数等见表 2-2。

表 2-2　某化学物质小鼠经口染毒死亡情况

组别	剂量		动物数	死亡数	死亡率	存活率	$p \cdot q$
	mg/kg	对数	(n)	(只)	(p)	(q)	
1	15.0	1.1761	10	0	0.0	1.0	0.00
2	18.0	1.2561	10	2	0.2	0.8	0.16
3	21.7	1.3361	10	5	0.5	0.5	0.25
4	26.1	1.4161	10	7	0.7	0.3	0.21
5	31.3	1.4961	10	9	0.9	0.1	0.09
	$i=0.08$				$\sum p=2.3$		

按公式计算得：$\lg LD_{50}=1.4961-0.08(2.3-0.5)=1.3521$

$$s_m=0.08\sqrt{\frac{0.16}{10}+\frac{0.25}{10}+\frac{0.21}{10}+\frac{0.09}{10}}=0.0213$$

$\lg LD_{50}$及其95%可信限为$1.3521\pm1.96\times0.0213=1.3521\pm0.0417$

查反对数，LD_{50}及其95%可信区间范围为22.50mg/kg(20.44～24.76mg/kg)。

2. 序贯法(sequential method)　又称平均数法、阶梯法或上-下法(up/down method)。该法利用序贯设计原理，先以一个剂量进行试验，如动物死亡，则以下一个较小剂量试验，若仍死亡则以更小剂量试验；如动物存活，则以较大剂量试验，依次类推，最终求出LD_{50}。此法的优点是节省动物，一般12～14只动物即可完成试验。缺点是此法只适用于可使实验动物在短时间内出现中毒反应及死亡的化学毒物，对可致迟发性死亡的化学毒物均不适用。

计算公式如下：

$$LD_{50}=\frac{1}{n}\sum xf$$

$$s=\left[\frac{n\sum x^2f-(\sum xf)^2}{n^2(n-1)}\right]^{1/2}$$

式中：n——使用动物总数；

x——各剂量组的剂量；

f——各剂量组使用的动物数。

举例：小鼠经口给予某化学毒物染毒，以10mg/kg剂量试验，预计使用4个剂量组，剂量组距为对数值0.2(即1.58倍)，设计使用12只小鼠。结果见表2-3。

表 2-3　某化学毒物小鼠经口染毒结果(序贯法)

剂量(x)	12只小鼠反应记录												动物数		
mg/kg	1	2	3	4	5	6	7	8	9	10	11	12	存活	死亡	合计(f)
12.59				+				+					0	2	2
10.00	+		−		+		−		+				2	3	5
7.94		−				−				+		+	2	2	4
6.31											−		1	0	1
$i=0.2$													5	7	12

根据上表数据计算：$n = 12, n^2 = 144$

$$\sum xf = 12.59 \times 2 + 10.0 \times 5 + 7.94 \times 4 + 6.31 \times 1 = 113.25$$

$$(\sum xf)^2 = 12\ 825.56$$

$$\sum x^2 f = 12.59^2 + 10.0^2 \times 5 + 7.94^2 \times 4 + 6.31^2 \times 1 = 1109$$

$$n \sum x^2 f = 13\ 308$$

$$LD_{50} = 1/12 \times 113.25 = 9.44(\text{mg/kg})$$

$$s = \left[\frac{13\ 308 - 12\ 825.56}{144(12-1)}\right]^{1/2} = 0.55(\text{mg/kg})$$

因此，该化合物小鼠经口 LD_{50} 及 95%可信区间范围为 9.44mg/kg（8.36～10.52mg/kg）。

3. Bliss 法　又称最大似然性法，被认为是最精确的 LD_{50} 计算方法。我国《新药临床前毒理学研究指导原则》及《新药（西药）毒理技术要求规范》均推荐此法。Bliss 法实验设计要求不像前两种方法那么苛刻。但是计算比较复杂，现多应用计算机软件及相应程序进行运算，可得到准确结果。具体内容请参考统计学相关专业文献。

【结果分析与评价】

根据实验动物中毒体征、死亡时间、LD_{50}，按受试物种类，分别参照相应的经口急性毒性分级标准评定受试物的急性毒性大小及毒性特征。

二、经呼吸道静式吸入急性毒性试验

【目的与原理】

将实验动物置于具有固定体积的染毒柜内，加入定量的易挥发液态受试物或一定体积的气态受试物，形成所需的受试物空气浓度。接触一定时间（一般为 2 小时）后，观察动物的中毒反应，并根据动物的死亡情况和相应的受试物浓度，求出 LC_{50}。

【器材与试剂】

1. 动物　健康的成年小鼠或大鼠若干只，雌雄各半。

2. 试剂　受试物（易挥发液体，如苯）、苦味酸乙醇饱和液。

3. 器材　静式吸入染毒柜（体积应能满足实验期间动物最低需气量的需要），吸管（0.2ml、0.5ml、1.0ml、5.0ml），吸球，动物秤。

【操作步骤】

1. 将实验动物称重、编号，随机分组。

2. 剂量分组　根据预实验结果确定。

3. 呼吸道吸入染毒　将小鼠或大鼠按组别放入各静式染毒柜内，加盖，开启小电扇。依设计剂量浓度及各染毒柜体积，计算需要加入的受试物的量。将液态受试物经加药孔加到接物蒸发器上，密封后计时。

有关易挥发液态化学物浓度的计算公式、实验动物每小时最低需气量和不同体积染毒柜可放置动物数量表请参考相关内容。

4. 动物中毒情况观察　观察、记录动物的中毒表现和死亡情况（按表 2-1 填写）。

5. 计算 LC_{50}及其 95%可信区间。

【结果分析与评价】

根据实验动物中毒症状、死亡时间、LC_{50}，参照相应的急性毒性分级标准评定受试物的急性毒性大小及毒性特征。

【注意事项】

1. 加入受试物后，应立即将染毒柜密闭，防止其逸出影响设定浓度及污染周围环境。

2. 染毒结束时，应在通风柜内或通风处开启染毒柜，迅速小心取出动物，分笼喂养，继续观察。

三、经皮肤急性毒性试验

【目的与原理】

在实验动物体表脱毛部位的完好皮肤上定量涂敷不同剂量的受试物，观察吸收后动物出现的各种中毒表现和死亡情况，求出该受试物的经皮 LD_{50}。

【器材与试剂】

1. 动物　成年、健康的家兔或豚鼠，也可用大鼠代替。体重为家兔 2.0~3.0kg，豚鼠 350~450g，大鼠 200~300g。每组大鼠或豚鼠 8~10 只，家兔 6~8 只，雌雄各半。

2. 试剂

（1）可经皮肤吸收的受试物（如有机磷农药）。

（2）脱毛剂：取 1 份硫化钡和 4 份滑石粉，使用前临时用温水调成糊状。也可用 1 份硫化钠和 4 份淀粉同法配制。

3. 器材　解剖剪刀，细玻璃棒，棉球，医用纱布，油纸，无刺激性胶布或网孔尼龙绷带，动物秤。

【操作步骤】

1. 将实验动物称重、编号，随机分组。

2. 剂量分组　根据预实验结果确定。若用赋形剂，需另设赋形剂对照组。

3. 动物脱毛　脱毛区即染毒部位，家兔与豚鼠通常在背部中线的两侧，大鼠在背部中央或中线两侧。因动物的被毛与体温有关，故脱毛区不可过大，一般为动物体表面积的 10%左右。家兔

约为 $150cm^2$，大鼠、豚鼠约为 $40cm^2$。体表面积（S）与体重（W）有关，可根据下式求动物体表面积。式中 S 为体表面积，W 为体重，k 为常数，随动物种类而不同。

$$S=k*W^{0.667}$$

经皮吸收试验的剂量单位，以每公斤体重接触受试物的毫克数表示（mg/kg），也可使用每平方厘米体表面积接触受试物的毫克数表示（mg/cm^2）。

先用剪刀剪去动物脱毛区处的被毛，然后均匀地涂抹一薄层脱毛剂。3~5 分钟后，用细玻璃棒轻拨局部去毛，并用棉球蘸温水轻轻擦拭，洗净脱毛剂。脱毛后 24 小时，经仔细观察确认表皮没有损伤或微小损伤已愈合，方可开始试验。

4. 染毒　固定动物，将 1ml 受试物均匀涂敷于脱毛区（不同剂量组需配不同浓度的受试物），用油纸和两层医用纱布覆盖，再用无刺激性胶布或网孔尼龙绷带加以固定，以保证受试物与皮肤的密切接触，防止覆盖物脱落致使动物舔食受试物。4 小时后取下包扎物，用温水洗净皮肤上的残存受试物，观察动物的中毒表现和两周内死亡情况。

5. 计算 LD_{50} 及其 95%可信区间。

【结果分析与评价】

根据实验动物中毒症状、死亡时间、LD_{50}，参照相应的急性毒性分级标准评定受试物的急性毒性大小及毒性特征。

第二节　局部毒性试验

局部毒性（local toxicity）是指发生在化学毒物与机体直接接触部位处的损伤作用，如皮肤原发性刺激、皮肤变态反应、光毒性反应和光变态反应、接触性荨麻疹、中毒性上皮坏死、皮肤色素异常、对皮肤附件的损害（如毛发脱落、痤疮、汗腺损害）、对直肠阴道黏膜的刺激等。人们在实际生产和生活环境中接触化学毒物时，这类损伤作用是经常发生的，可严重影响身体健康。因此，局部毒性作用在多种化学物质的安全性毒理学评价程序中都是重要的评价内容。

有多种试验方法可以用来评价化学毒物的局部毒性作用。在各类化学物质的安全性毒理学评价程序中，常用的有皮肤刺激试验，皮肤变态反应试验，皮肤光毒和光变态反应试验，眼刺激试验，阴道黏膜刺激试验等。

本节仅介绍急性眼刺激试验和阴道黏膜刺激试验，其他试验方法请参见相关章节。

一、急性眼刺激试验

【目的与原理】

急性眼刺激试验（acute eye irritation test）用于确定和评价受试物对哺乳动物眼睛是否有刺激、腐蚀作用及其作用强度。眼刺激性，指眼球表面接触受试物后产生的可逆性炎症变化。一般对皮肤产生刺激的强酸或强碱类物质（pH≤2 或 pH≥11.5）可免做此项试验。而 pH 接近中性的大部分化学毒物与皮肤和眼刺激之间并无必然联系，故应单独进行眼刺激试验。

将受试物滴入或涂入动物一侧眼结膜囊内，另一侧用赋形剂作为对照。在停止接触后的不同时间观察角膜、虹膜及结膜的反应情况，根据评分标准判断受试物对眼刺激的强度。

【器材与试剂】

1. 动物　健康的成年白色家兔，体重 2～3kg，3～6 只。实验前 24 小时检查动物双眼，有刺激体征、角膜缺陷或结膜损伤者不得使用。

2. 器材　吸管（0.1ml、1.0ml、5.0ml、10ml），吸球，研杵，乳钵，量杯，试剂瓶，动物秤。

3. 试剂　液态物质使用原液或按实验设计要求稀释至一定浓度；固态物质先研磨成细粉，再用赋形剂配制至一定浓度。

【操作步骤】

1. 实验动物称重、编号，检查动物双眼有无异常。

2. 染毒　采用同体自身对照。轻轻拉开实验动物一侧眼睛的下眼睑，将受试物 0.1ml 或 0.1g 滴入或涂入一侧眼结膜囊内，另一侧用赋形剂作为对照。使眼睛被动闭合一段时间后，用生理盐水冲洗（眼被动闭合时间及是否用生理盐水，应根据具体受试物而定。如消毒产品规定眼睛被动闭合时间为 4 秒，30 秒后进行冲洗；农药则规定眼睛被动闭合时间为 1 分钟，24 小时内不做冲洗）。

3. 刺激反应观察　给予受试物后 1 小时、24 小时、48 小时、72 小时，肉眼观察家兔眼角膜、虹膜及结膜的损伤情况。如 72 小时内未出现刺激反应，即可终止试验。若有刺激反应发生，要继续观察损伤的经过及其可逆性，观察期最长可至 21 天。必要时，可使用 2%荧光素钠溶液或裂隙灯、放大镜检查角膜、虹膜变化情况。

【结果分析与评价】

不同化学物质有不同的眼刺激性反应评分与分级标准，可分别参照执行。表 2-4 和表 2-5 为农药登记毒理学试验方法（GB 15670—1995）中规定的眼刺激性反应评分与分级标准。先按表 2-4 将每只动物不同观察时间角膜、虹膜及结膜的刺激反应分值分别相加，即为该动物各时点眼刺激反应的总积分。所有动物各时点刺激反应总积分之和除以动物数，就是受试物在不同时点对眼刺激反应的平均积分。取平均积分最高者，按表 2-5 标准进行眼刺激强度评价。

表 2-4 刺激强度评分标准

眼黏膜反应情况	评分
结膜	
A 充血状态(指睑结膜、球结膜部位的血管)	
血管正常充血	0
血管充血,呈鲜红色	1
血管充血,呈深红色,血管不易分辨	2
弥漫性充血,呈紫红色	3
B 水肿	
无水肿	0
轻微水肿	1
明显水肿,伴有部分眼睑外翻	2
水肿至眼睑半闭合	3
水肿至眼睑超过半闭合	4
C 分泌物	
无分泌物	0
少量分泌物	1
分泌物使眼睑和睫毛潮湿或粘着	2
分泌物使整个眼区潮湿或粘着	3
	总积分 =(A+B+C)×2,最高积分为 20
角膜	
A 浑浊(以最致密部位为准)	
无浑浊	0
散在或弥漫性浑浊,虹膜清晰可见	1
半透明区易分辨,虹膜模糊不清	2
出现灰白色半透明区、虹膜细节不清,瞳孔大小勉强看清	3
角膜不透明,由于浑浊,虹膜无法辨认	4
B 角膜受损范围	
<1/4	1
1/4~1/2	2
1/2~3/4	3
3/4~1	4
	总积分 = A×B×5,最高积分为 80
虹膜	
正常	0
皱褶明显加深、充血、肿胀,角膜周围有轻度充血,瞳孔对光仍有反应	1
出血,肉眼可见破坏,对光反应消失(或出现其中之一反应)	2
	总积分 = 积分×5,最高积分为 10 分
结膜、角膜、虹膜反应,累加最高积分为 110 分	

表 2-5　眼刺激评价标准

累加最高积分	刺激强度	累加最高积分	刺激强度
0~5	无刺激性	30~60	中度刺激性
5~15	轻刺激性	60~80	中度~重度刺激性
15~30	刺激性	80~110	重度刺激性

二、阴道黏膜刺激试验

【目的与原理】

阴道黏膜刺激试验(vagina mucosa irritation test)是将一定量的受试物溶解后,分 1 次或多次注入实验动物的阴道内。经过一段时间后,通过对阴道的肉眼观察和病理组织学检查结果进行评分,来评价受试物有无刺激性及其刺激强度。

【器材与试剂】

1. 动物　选用健康、初成年的雌性白色家兔 6 只,体重 2.0~2.5kg。分为实验组和对照组,每组 3 只。试验前应检查动物阴道口有无分泌物、充血、水肿和其他损伤情况。如有炎症和(或)损伤,应弃用。最好选择动物的非动情期进行实验。

2. 器材　8cm 左右的钝头软管,2ml 注射器,消毒棉球,手术剪刀,动物称,切片机,载玻片,固定用容器,染色缸,晾片架,记号笔,光学显微镜。

3. 试剂

(1) 受试物:液态物质使用原液或按实验设计要求稀释至一定浓度;固态物质先研磨成细粉,再用溶剂配制成一定浓度的溶液。

(2) 10%甲醛溶液,HE 染液。

【操作步骤】

1. 实验动物称重、编号、分组,检查其阴道有无异常。

2. 将钝头软管与注射器连接。注射器和导管内注满受试物溶液或对照液备用。软管与注射器每只动物准备 1 套。

3. 染毒

(1) 一次阴道黏膜刺激试验:将动物仰面固定,暴露出会阴和阴道口。将导管用受试物溶液或对照液湿润后轻柔地插入阴道 4~5cm,并用注射器缓慢注入 2ml。抽出导管完成染毒。

(2) 多次阴道黏膜刺激试验:按上述步骤,每隔 24 小时重复染毒 1 次,连续 5 天。

由于动物阴道容积的个体差异,有时受试液注入后可能有溢出,可用消毒棉球拭去。

4. 末次染毒后24小时，采用气栓法处死动物，剖腹取出完整的阴道，纵向切开，肉眼观察是否有充血、水肿等表现，供病理取材时参考。然后将阴道放入10%甲醛溶液中固定24小时以上，选取阴道的两端和中央3个部位的组织制片，HE染色后，进行病理组织学检查。

【结果分析与评价】

1. 根据病理组织学检查结果，按表2-6标准对阴道黏膜的刺激反应进行评分。

表2-6 阴道黏膜刺激反应评分标准

阴道组织反应	反应评分	阴道组织反应	反应评分
A. 上皮组织		C. 血管充血	
正常，完好无损	0	无	0
细胞变性或变扁平	1	极少	1
组织变形	2	轻度	2
局部糜烂	3	中度	3
B. 白细胞浸润（每个高倍视野）		重度伴血管破裂	4
无	0	D. 水肿	
极少<25个	1	无	0
轻度26~50个	2	极少	1
中度51~100个	3	轻度	2
重度>100个	4	中度	3
		重度	4

2. 将实验组3只动物的阴道3个部位的刺激反应积分相加，除以观察总数（动物数×3），得出阴道黏膜刺激反应的平均积分。对照组评分方法与之相同。

3. 将实验组动物的平均积分减去对照组动物的平均积分，得出刺激指数，按表2-7进行阴道黏膜刺激强度分级。

4. 当对照组动物阴道黏膜刺激反应平均积分大于9时，应采用6只动物进行复试，以鉴别是否与操作所致损伤有关。

表2-7 阴道黏膜刺激强度分级

阴道黏膜刺激指数	阴道黏膜刺激反应强度	阴道黏膜刺激指数	阴道黏膜刺激反应强度
<1	无	9~<12	中度
1~<5	极少	>12	重度
5~<9	轻度		

第三节 亚慢性毒性实验

亚慢性毒性指实验动物或人连续较长期(约相当于其生命周期的1/10)重复接触外源化学物所产生的健康损害效应。在OECD《化学品测试方法》、USEPA《健康效应评估指南》和我国食品、化妆品、农药和化学品等安全性评价程序中,啮齿类动物(大鼠)亚慢性毒性试验的染毒时间均规定为90天。

为较全面地评价外源化学物的毒性,在通过急性毒性和重复剂量试验获得受试物的有关毒性资料后,通常还需进行亚慢性毒性试验。通过该试验,可获得较长时期接触受试物后引起的毒性效应及其剂量-反应关系、毒作用的靶器官以及受试物在体内的蓄积能力,得到最小观察到有害作用剂量(LOAEL)和(或)未观察到有害作用剂量(NOAEL),为慢性毒性试验的剂量设计和初步估计人群接触的危险性提供依据。

亚慢性毒性试验按受试物的给予途径可分为经口、经皮和吸入毒性试验。

一、亚慢性经口毒性试验

【目的与原理】

通过经口途径染毒(灌胃、拌饲、饮水等)的亚慢性毒性试验是最常用的一般毒性评价试验之一,用于主要以经口摄入形式进入人体的外源化学物(如食品污染物、食品添加剂和农药残留,保健食品和口服药品等)的亚慢性毒性评价。

【器材与试剂】

1. 器材 动物解剖器械、电子天平、生物显微镜、检眼镜、血生化分析仪、血液分析仪、凝血分析仪、尿液分析仪、心电图仪、离心机、病理切片机等。

2. 试剂 甲醛、二甲苯、乙醇、苏木素、伊红、石蜡、血球分析仪稀释剂、血生化分析试剂、凝血分析试剂、尿液分析试剂等。

【操作步骤】

1. 受试物 受试物应使用原始样品。若不能使用原始样品,则应对受试物进行适当处理。

2. 实验动物

(1) 动物选择:应选择已有资料证明对受试物敏感的动物物种和品系,一般啮齿类动物首选大鼠,非啮齿类动物首选犬。如还拟进行慢性毒性试验,则使用的动物种系应相同。大鼠一般应使用不超过6周龄者,体重50~100g;每组不少于20只,雌雄各半。犬通常选用4~6月的幼犬,每组不少于8只,雌雄各半。试验开始时同性别动物的体重差异不应超过平均体重的±20%。若计划进行试验中期观察或试验结束后进行恢复期观察,则应增加动物数(即在对照和高剂量增加

“卫星组”,通常大鼠每组 10 只,犬每组 4 只,雌雄各半)。

(2) 动物准备:在试验前应对动物进行环境适应和检疫观察(大鼠 3~5 天,犬 7~14 天)。

(3) 动物饲养:动物饲养条件、饮水和饲料应符合有关国家标准和规定。动物应自由饮水和摄食。试验期间每组动物的非试验因素死亡率应小于 10%。濒死动物应尽可能及时进行血液生化指标检测、大体解剖以及病理组织学检查。每组各种生物标本的损失率应小于 10%。

3. 剂量与分组

(1) 分组:试验至少设 3 个受试物剂量组和 1 个阴性(溶媒)对照组,必要时设未处理对照组。对照组除不给受试物外,其余处理和相关条件均应与受试物剂量组相同。

(2) 剂量设计:为得到 NOAEL 和/或 LOAEL,原则上高剂量应使部分动物出现较明显的毒性反应,但不引起死亡;低剂量则不宜出现任何可观察到的毒效应、且应高于人的实际接触水平;中剂量介于二者之间,可出现一定的毒性效应。剂量组间距一般以 2~4 倍为宜,如受试物剂量范围总跨度过大,应增加剂量组。对于能求出 LD_{50}的受试物,一般可使用比重复剂量经口毒性试验所得的阈剂量(LOAEL)或稍高的剂量作为亚慢性经口毒性试验的高剂量,或以其 LD_{50} 的 5%~15%作为最高剂量,最低剂量组应是人体推荐摄入量的至少 3 倍。对于求不出 LD_{50}的受试物,其剂量设计应尽可能涵盖人体预期摄入量 100 倍,且在不影响动物摄食及营养平衡的前提下,高剂量组的剂量应尽量提高;对于人体推荐摄入量较大的受试物,高剂量组亦可以按最大可能给予量设计。

4. 受试物给予 根据受试物的特性或试验目的,可选择受试物掺入饲料、饮水或灌胃方式给予。

(1) 灌胃:应将受试物溶解或悬浮于合适的溶媒中。首选溶媒为水;不溶于水的受试物可使用植物油(如橄榄油、玉米油等);不溶于水或油的受试物可使用羧甲基纤维素、淀粉等配成混悬液或稀糊状物。除有资料表明受试物溶液或混悬液储存稳定者外,灌胃液应新鲜配制。每日灌胃 1 次(应在同一时段),每周灌胃 5~7 天。灌胃体积一般为 10ml/kg BW,各组灌胃体积应一致。试验期间,前 4w 每周称体重 2 次,之后每周称体重 1 次,并按体重调整灌胃体积。

(2) 掺入饲料或饮水:应将受试物与饲料(或饮水)充分混匀并保证其稳定性,最大加入量以不影响动物摄食、营养平衡和饮水量为原则。当掺入饲料的量很少时,应先将受试物加入少量饲料中充分混匀后,再加入一定量饲料后再混匀,如此反复多次以保证混匀。受试物掺入饲料的比例一般应小于质量分数 5%;若超过 5%时(最大不应超过 10%),应调整各组饲料蛋白质等主要营养素含量,以使受试物各剂量组饲料的主要营养成分与对照组基本保持一致。剂量单位一般以每公斤体重摄入受试物的毫克(或克)数,即 mg/kg.BW(或 g/kg.BW)表示;当使用掺入饲料法给予时,受试物的剂量单位亦可表示为 mg/kg(或 g/kg)饲料;掺入饮水则可表示为 mg/ml(或 g/L)水。受试物掺入饲料或饮水时,一般应按动物的摄食量或饮水量计算受试物的实际摄入量。

5. 观察时间和指标　大鼠亚慢性毒性试验的观察期一般为90天。若设恢复期观察，应在停止给予受试物后继续观察至少28天，以观察受试物毒性的可逆性、持续性和迟发效应等。应在试验前和试验结束时分别进行血液学指标测定、血生化指标检查和尿常规检查等，必要时可在试验期间（如45天时）和恢复期结束（卫星组）时增加测定次数。

（1）一般观察：试验期间应至少每天观察一次动物的一般表现，并记录动物出现中毒和异常反应的表现、程度、持续时间和死亡情况。观察内容包括被毛、皮肤、眼、黏膜、分泌物、排泄物、呼吸系统、神经系统、自主活动（如流泪、竖毛反应、瞳孔大小、异常呼吸等）和行为表现（如步态、姿势、对刺激的反应、有无强直性或阵挛性活动、刻板反应和反常行为等）。对体质衰弱的动物应隔离，濒死和死亡动物应及时解剖。

（2）体重、摄食量和饮水消耗量：每周称量和记录体重、摄食量，计算食物利用率；并计算整个试验（染毒）期间动物体重增长量、总摄食量和总食物利用率。受试物经饮水给予时，应每日记录饮水量。

（3）眼部检查：在试验前和试验结束时，至少对高剂量组和对照组实验动物进行眼部（角膜、晶状体、球结膜、虹膜）检查，若发现高剂量组动物有眼部变化，则应对其他剂量组所有动物进行检查。犬用荧光素钠进行检查。

（4）血液学指标测定：试验中期（卫星组）、试验结束、恢复期结束（卫星组）应进行血液学检查。包括白细胞计数及分类、红细胞计数、血红蛋白浓度、红细胞压积、血小板计数、凝血酶原时间等。如受试物对血液系统有影响，则还应增加网织红细胞计数、骨髓涂片细胞学检查等指标。

（5）血生化指标检查：试验中期（卫星组）、试验结束、恢复期结束（卫星组）应进行血液学检查。应空腹采血。测定指标应包括电解质平衡、糖、脂和蛋白质代谢、肝（细胞、胆管）功能和肾功能等方面。至少应包含丙氨酸氨基转换酶（谷丙转氨酶，ALT）、天门冬氨酸氨基转换酶（谷草转氨酶，AST）、谷氨酰转肽酶（GGT）、碱性磷酸酶（AKP）、尿素（Urea）、肌酐（Cre）、血糖（Glu）、总蛋白（TP）、白蛋白（Alb）、总胆固醇（TC）、甘油三酯（TG）、氯、钾、钠等指标。必要时还应检测钙、磷、尿酸（UA）、胆碱酯酶、山梨醇脱氢酶、总胆汁酸（TBA）、高铁血红蛋白、激素等指标。应根据受试物的毒作用特点或构效关系分析等增加相关的检测指标。

（6）尿常规检查：包括外观、尿蛋白、比重、pH、葡萄糖和潜血等。若预期有毒性反应出现，还应增加尿沉渣镜检和细胞分析等相关项目。

（7）体温和心电图检查：对犬，在试验前、试验中期（45d）、试验结束和恢复期结束时应进行体温和心电图检查。

（8）病理检查：包括①大体解剖：试验结束时必须对所有动物进行大体解剖检查，包括体表、颅、胸腔、腹腔及其脏器，并称量心脏、胸腺、肾上腺、肝、肾、脾、睾丸、附睾、子宫和卵巢的绝对重量，并计算相对重量［脏/体比值和（或）脏/脑比值］。②组织病理学检查：可先对高剂量组和对照组动物进行主要脏器的组织病理学检查，如发现病变，则需再对较低剂量组的相应器官、组织进行检查。检测脏器应包括脑、甲状腺、胸腺、心脏、肝、脾、肾、肾上腺、胃、十二指肠、结肠、胰、肠系膜淋巴结、卵巢、睾丸、膀胱等，必要时增加脊髓（颈、胸、腰段）、垂体、食管、空肠、回肠、直肠、唾液腺、颈淋巴结、气管、肺、动脉、子宫、乳腺、附睾、前列腺、骨和骨髓、坐骨神经和肌肉、皮肤和眼球等组织器官的组织病理学检查。对肉眼可见的病变或可疑病变组织，尤其需要进行仔细的病理组织学检查。试验过程中死亡或濒死而处死的动物，应对上述全组织和器官进行组织病理学检查。成对的器官如肾、肾上腺、甲状腺等，两侧器官均应进行组织病理学检查。检查结果应出具详细的组织病理学检查报告，病变组织还需提供相关的照片和文字说明。

（9）其他指标：应根据受试物的相关毒性资料和构效关系线索等，增加相应的特异性指标，如内分泌毒性、免疫毒性或神经行为毒性相关指标等。

表 2-8 简要总结了亚慢性毒性试验一般观察、实验室检查和病理检查应包括的主要内容。

表 2-8 亚慢性毒性试验一般观察、实验室检查和病理检查基本内容

器官和系统	一般观察	实验室检查	病理检查
肝	黏膜变色、水肿、腹水	谷草转氨酶、谷丙转氨酶、胆固醇、碱性磷酸酶、总蛋白、白蛋白、球蛋白	肝
泌尿系统	尿量和颜色、排尿连续性	尿素氮、总蛋白、白蛋白、球蛋白	肾和膀胱
胃肠系统	腹泻、呕吐、排便、食欲	总蛋白、白蛋白、球蛋白、钠、钾	胃、胃肠道、胆囊（如有）、唾液腺、胰
神经系统	姿势、活动、反应、行为		脑、脊髓、坐骨神经
眼	外观、分泌物、突眼、眼部检查（角膜、结膜、虹膜）		眼、视神经
呼吸系统	频率、咳嗽、鼻分泌物	总蛋白、白蛋白、球蛋白	肺（一叶）、主要支气管
生殖系统	外生殖器官的外观和触诊		睾丸和附睾或卵巢；子宫或前列腺和精囊
造血系统	黏膜变色、淡漠、无力	红细胞压积、血红蛋白、红细胞数、白细胞总数及其分类、血小板数、凝血酶原时间	脾、胸腺、肠系膜淋巴结，骨髓涂片及其切片
内分泌系统	皮肤、皮毛、体重、尿、粪便特征	糖、钠、钾、碱性磷酸酶	甲状腺、肾上腺、胰
骨骼系统	生长异常、变形、跛行	钙、磷、碱性磷酸酶	骨骼、破骨程度
心血管系统	心率、脉搏特征、节律、水肿、腹水	谷草转氨酶	心、主动脉、其他部位动脉
皮肤	颜色、外观、气味、被毛	总蛋白、白蛋白、球蛋白	皮肤（必要时进行）
肌肉	肌张力、肌肉萎缩、无力、消瘦、活动减少	谷草转氨酶、肌酐磷酸激酶	肌肉（必要时进行）

【结果分析与评价】

1. 数据处理与统计分析　应将所有的结果和数据列表进行总结，包括各组开始前的动物数、试验期间动物死亡数和死亡时间、出现毒性反应的动物数，并列出所有的毒性反应和异常现象的出现和持续时间及程度。对计量资料，应给出均数、标准差和动物数。对动物体重、摄食量、饮水量（受试物经饮水给予时）、食物利用率、血液学检查、血生化检查、尿液检查、心电图、脏器重量和脏/体比值、病理检查等结果应分别使用适当的方法进行统计学分析。计量资料一般可采用方差分析，进行受试物各剂量组与对照组之间均数比较；分类资料可采用 Fisher 精确分布检验、卡方检验、秩和检验；等级资料可采用 Ridit 分析、秩和检验等。

2. 结果评价和解释　应分别对各指标的统计结果进行分析。在结果分析时要注意区分统计学意义、生物学意义和毒理学意义。对有统计学差异的指标，应参考其他试验和相关指标检查结果、大体解剖和病理组织学观察结果等进行综合分析，特别要注意有无剂量-反应关系。受试物剂量组某些指标如 RBC、WBC、血小板计数、尿量等，与阴性对照组比较的差异很可能有统计学意义，但如在正常范围内且无剂量-反应关系，则一般并无生物学或毒理学意义。相反，有时某些指标的改变虽无统计学意义，也需予以重视，而不能忽略其可能的毒性。如网织红细胞数如有增高趋势，则应注意受试物对红细胞系和造血系统的损伤作用或引起溶血的可能性，应做进一步检查，或结合其他相关指标和检查结果综合分析。

亚慢性毒性试验的目的是判断受试物的毒作用特点、程度、靶器官，剂量-效应和剂量-反应关系。如设有恢复期卫星组，还需判断其毒作用的可逆性。在此基础上得出亚慢性经口毒性的 LOAEL 和（或）NOAEL，并对是否需要进行慢性毒性试验及其剂量设计和观察指标选择等提出建议。某些化学物在染毒早期可引起机体某些脏器出现代偿性或应激性改变，或某些酶出现诱导性活力改变，但系暂时的、一过性的变化，对此应注意分析是否为毒性损害作用。受试物的每一种毒性效应理论上都能得到剂量-反应关系、LOAEL 和 NOAEL，但需在综合分析的基础上才能提出亚慢性毒性的 LOAEL 和（或）NOAEL。如某受试物的大鼠亚慢性毒性试验，在中剂量组可见肝功能损害，高剂量组有血液系统损害和严重肝损害，则对肝损害而言，NOAEL 是低剂量，LOAEL 是中剂量；而对血液系统损害而言，NOAEL 是中剂量，LOAEL 是高剂量；结论是该受试物大鼠亚慢性毒性试验的 NOAEL 是低剂量，LOAEL 是中剂量，靶器官至少包括肝和血液系统。在由于动物和人存在物种差异，亚慢性毒性试验结果外推到人亦有一定的局限性，应注意使用适当的安全系数（不确定系数）。利用 NOAEL 和（或）LOAEL 来制定安全限值时，还应考虑到指标的意义和改变的严重性，合理选择安全系数。

二、亚慢性经皮毒性试验

【目的与原理】

通过皮肤染毒途径进行的亚慢性毒性试验，常用于化妆品和洗涤剂等直接接触皮肤的原料和产品的毒性评价。通过该试验不仅可获得在较长时期内经皮反复接触受试物可能引起的毒性效应资料，而且还可为评价受试物的经皮渗透性和吸收性、作用靶器官和慢性皮肤毒性试验的剂量选择等提供依据。

【器材与试剂】

参考亚慢性经口毒性试验。

【操作步骤】

1. 受试物 受试物应使用原始样品。液体受试物一般可不用稀释。若受试物为固体，应将其粉碎并用水（或适当的介质）充分湿润，以保证受试物与皮肤有良好的接触。若采用除水外的溶媒，则应考虑该溶媒对受试物的皮肤通透性的影响。

2. 实验动物

（1）动物选择：一般使用成年大鼠、家兔或豚鼠。如还拟进行慢性经皮毒性试验，则使用的动物种系应相同。每组至少应有 20 只动物（雌雄各半），皮肤健康，雌性应为未分娩和未妊娠动物。若计划进行试验中期观察或试验结束后进行恢复期观察，则应增加动物数（即在对照和高剂量增加卫星组，通常每组 10 只，雌雄各半）。试验开始时动物体重范围：大鼠 200~300g、家兔 2000~3000g、豚鼠 350~450g。

（2）动物准备和动物饲养（参考亚慢性经口毒性实验）

3. 剂量与分组 试验应至少设 3 个受试物剂量组（剂量设计参考亚慢性经口毒性实验）和 1 个阴性（溶媒）对照组，必要时增设未处理对照组。对照组除不给受试物外，其余处理均同受试物剂量组。如接触剂量超过 1000mg/（kg·BW）时仍未产生可观测到的毒性效应，而且可根据相关化合物的构-效关系分析预测受试物的经皮毒性很低时，可考虑不必进行三个剂量水平的试验。

若受试物可引起严重的皮肤刺激效应，则应降低受试物的使用浓度。若在试验早期动物的皮肤即受到严重损伤，则应终止试验，并使用较低的浓度重新开始试验。

4. 试验步骤和观察指标

（1）染毒：染毒前 24 小时，将动物躯干背部染毒区的被毛剪掉或剃除，并应每周对染毒部位去毛。去毛时应小心，以防损伤皮肤而引起其通透性改变。染毒部位的面积不应小于动物体表面积的 10%，应通过对动物体重的测定确定染毒部位的面积。若受试物毒性较大，则可相对减小染毒区域的面积，但受试物应尽可能薄而均匀地涂敷于整个染毒区域。在染毒操作期间应使用玻璃纸和无刺激的胶带将受试物固定，以保证受试物与皮肤有良好的接触，并防止动物舔食。动物每天染毒 6 小时，每周 5~7 天，持续 90 天。染毒后用清水（或其他适宜溶液）洗净染毒区皮肤，清除残存受试物。

（2）观察指标：一般观察（皮肤和被毛改变，眼和黏膜变化，呼吸、循环和神经系统、运动和行为改变等)、体重、摄食量和饮水消耗量测定,眼科检查、血液学指标检查、血生化指标检查、尿液检查、病理检查等(参考亚慢性经口毒性实验)。

【结果分析与评价】

参考亚慢性经口毒性实验。

第四节　慢性毒性试验

【目的与原理】

慢性毒性指实验动物或人长期接触外源化学物所引起的毒性效应。对于啮齿类动物,染毒时间至少应为 12 个月,亦可终生染毒。慢性毒性指试验的主要目的是确定在试验动物的大部分生命期间重复给予外源化学物所引起的慢性毒性及其剂量-反应关系,确定慢性毒性的 NOAEL 和(或)LOAEL,为人群接触该物质的安全性评估和制定其允许接触水平提供依据。

慢性毒性试验常与致癌试验合并进行。

【器材与试剂】

参考亚慢性经口毒性实验。

【操作步骤】

1. 受试物　参考亚慢性毒性试验。

2. 试验动物

(1) 动物选择:应选择肿瘤自发率低的动物种属和品系,啮齿类动物首选 6~8 周龄大鼠,非啮齿类动物首选 4~6 月龄犬。其余参考亚慢性毒性试验。大鼠每组动物数至少 40 只,雌雄各半,犬每组动物数至少 8 只,雌雄各半。试验开始时同性别动物的体重差异不应超过平均体重的 ±20%。若计划进行试验中期观察或试验结束后进行恢复期观察,则应增加动物数(即在对照和高剂量增加“卫星组”,通常大鼠每组 20 只,犬每组 4 只,雌雄各半)。

(2) 动物准备和饲养:参考亚慢性经口毒性试验。

3. 剂量及分组　高剂量应根据 90 天经口毒性试验确定,原则上应使动物出现比较明显的毒性反应,但不引起过高死亡率;低剂量则不宜出现任何可观察到的毒效应、且应高于人的实际接触水平;中剂量介于二者之间,可出现一定的毒性效应。剂量组间距一般以 2~4 倍为宜,不超过 10 倍。

4. 受试物给予　根据受试物的特性和人类主要接触方式,选择经口、经皮肤、经呼吸道给予受试物。

若经口给予受试物或经皮肤给予固体受试物,需将其溶解或悬浮于合适的溶媒中。除有资料表明其溶液或混悬液储存稳定者外,受试物溶液/悬液应新鲜配制,同时应考虑所用的溶媒可能对受试物的吸收、分布、代谢和蓄积的影响，以及由此而产生的对其毒性特征的影响。还应注意受试物对动物摄食量、饮水量和营养状况的影响。

5. 试验期限　确定慢性毒性试验持续时间和结束时间的原则是：①试验期至少 12 个月，对小鼠和仓鼠一般应为 18 个月，大鼠应为 24 个月；②对拟观察由受试物引起的毒性改变的可逆性、持续性或延迟性作用等的卫星组，在停止给受试物后应至少观察 28 天，但不必多于正式试验期限的 1/3；③当最低剂量组和对照组存活动物只剩 25%时，可结束试验，但如因明显的毒性作用造成高剂量组动物过早死亡，则不应结束试验；④对于有明显性别差异的试验，则其结束的时间对两性别应有所不同；⑤阴性结果的确认应符合下列标准：因自然死亡或因管理问题所造成的动物损失在任何一组都不能高于 10%；小鼠和仓鼠在 18 个月，大鼠在 24 个月时，各组存活的动物不能少于 50%。

6. 观察指标

（1）一般观察：参考亚慢性经口毒性试验。

（2）体重、摄食量及饮水量：试验期间前 4 周每周称量体重 2 次，第 5~13 周每周记录动物体重 1 次，之后每 4 周称体重 1 次，根据体重调整灌胃量。前 13 周每周记录动物摄食量或饮水量（经饮水给予受试物时），之后至少每 4 周一次。试验结束时，计算动物体重增长量、总摄食量、食物利用率（至少前三个月，啮齿类动物）。拌饲或饮水给予时应计算受试物的总摄入量。

（3）眼部检查：参考亚慢性经口毒性试验。

（4）血液学指标、血生化指标和尿液检查：应在试验第 3、6、12 个月及试验结束时（研究期限大于 12 个月）进行。每组至少检查雌雄各 10 只动物，每次检查应尽可能使用同一动物。如剂量设计与 90 天亚慢性毒性试验一致，且亚慢性毒性试验未见任何血液学指标改变，则试验第 3 个月时可不检查。检查指标参考亚慢性经口毒性试验，但应根据亚慢性毒性试验和前期其他试验结果对其毒性相关指标予以重点观察。

（5）病理检查：大体解剖：所有试验动物，包括试验过程中死亡或濒死而处死的动物及试验期满处死的动物都应进行解剖和全面系统的肉眼观察，包括体表、颅、胸、腹腔及其脏器，并称量脑、心脏、肝脏、肾脏、脾脏、子宫、卵巢、睾丸、附睾、胸腺、肾上腺的绝对重量，计算相对重量[脏/体比值和（或）脏/脑比值]，必要时还应选择其他脏器，如甲状腺（包括甲状旁腺）、前列腺等。应固定保存拟供组织病理学检查的器官和组织，包括唾液腺、食管、胃、十二指肠、空肠、回肠、盲肠、结肠、直肠、肝脏、胰腺、胆囊（非啮齿类动物）、脑（包括大脑、小脑和脑干）、垂体、坐骨神经、脊髓（颈、胸和腰段）、眼（眼部检查发现异常时，非啮齿类动物）、视神经（非啮齿类动物）、肾上腺、甲状旁腺、甲状腺、胸腺、气管、肺、主动脉、心脏、骨髓、淋巴结、脾脏、肾脏、膀胱、前列腺、睾丸、附睾、子宫、卵巢、乳腺等。必要时可加测精囊腺和凝固腺、副泪腺（啮齿类动物）、任氏腺（啮齿类动物）、鼻甲、子宫颈、输卵管、阴道、骨、肌肉、皮肤和眼（啮齿类动物）等组织器官。

（6）其他指标：参考亚慢性毒性试验。

【结果分析与评价】

1. 数据处理与统计分析　参考亚慢性经口毒性试验。

2. 结果评价与解释　慢性毒性试验结果评价应包括受试物慢性毒性的表现、剂量-反应关系、靶器官、可逆性等，并得出相应的 NOAEL 和（或）LOAEL。

对于空气污染物中易挥发的液态化学物，经呼吸道进入机体时，应参考慢性吸入中毒可能指数（risk index of chronic inhalation poisoning，Ich）进行危险性评价。Ich 是某化学物在 20℃时的蒸气饱和浓度与慢性阈浓度的比值（$Ich = C_{20℃}/LOAEL$）。Ich 越大，产生慢性吸入中毒的危险性越大。饮水中的污染物也可参考 20℃时在水中的溶解度与其慢性阈浓度的比值来评价其危险性。食品污染物则可参考其在食品中可达到的含量/可能摄入量与慢性阈剂量的比值来评价其危险性。

在慢性毒性试验结果的评价过程中，必须对试验期间的全部观察和检测结果进行全面的综合分析，并结合受试物的理化性质和相似化学物的构效关系分析，综合应用统计学、生物学、毒理学和其他相关学科的理论知识和方法进行科学、合理的评价并作出结论，为阐明化学物的慢性毒作用性质、特点、毒作用类型、主要靶器官及中毒机制，并为有害化学物的危险性管理提供可靠的毒理学依据。

（陈锦瑶　逯晓波）

第三章

遗传毒性试验和致癌试验

第一节　遗传毒性试验

一、鼠伤寒沙门氏菌营养缺陷型回复突变试验

【目的与原理】

细菌回复突变实验(bacterial reverse mutation test)是利用营养缺陷型的突变体菌株，观察受试物能否对突变体所携带的突变进行纠正或补偿，从而判断其致突变性。常用的菌株有鼠伤寒沙门氏菌(Salmonella typhimurium)和大肠杆菌(Escherichia coli)。鼠伤寒沙门氏菌营养缺陷型回复突变试验又称为Ames试验，属于体外试验，是最广泛应用的检测基因突变的方法，其遗传学终点是基因突变，用于检测受试物能否引起鼠伤寒沙门菌基因组点突变，主要检测碱基置换型或移码型突变。

本实验所用鼠伤寒沙门氏菌突变型菌株为组氨酸缺陷型(his^-)，在无组氨酸培养基上该菌株不能生长，而在添加了组氨酸的培养基上则可正常生长。致突变物可使沙门氏菌突变型回复突变为野生型(表现型)，其在无组氨酸培养基上也能生长。因此可根据在无组氨酸培养基上试验菌株能否形成菌落以及形成菌落的数目，确定受试物是否具有致突变性及致突变性的强弱。对于间接致突变物，可用多氯联苯(PCBs)诱导的大鼠肝匀浆制备S9混合液作为代谢活化系统，活化后再进行回复突变检测。

【器材与试剂】

1. 低温高速离心机，低温冰箱(-80℃)或液氮罐，洁净工作台，恒温培养箱，恒温水浴箱，蒸汽压力锅，匀浆器等实验室常用设备。培养基成分或试剂除说明外，应是分析纯，无诱变性。避免重复高温处理，选择适当保存温度和期限。

2. 培养基制备

(1) 营养肉汤培养基：牛肉膏2.5g，胰胨(或混合蛋白胨)5.0g，氯化钠2.5g，磷酸氢二钾($K_2HPO_4 \cdot 3H_2O$)1.3g，加蒸馏水至500ml。加热溶解，调pH至7.4，分装后0.103MPa 20分钟灭

菌,4℃保存备用。

(2) 营养肉汤琼脂培养基:用作基因型(rfa 突变,R 因子,pKM101 及 pAQl 质粒,UvrB)鉴定。琼脂粉 1.5g,营养肉汤培养基 100ml,加热融化后调 pH 为 7.4,0.103MPa 20 分钟灭菌。

(3) 底层培养基

1) 磷酸盐贮备液(V-B 盐贮备液):磷酸氢铵钠($NaNH_4HPO_4$)17.5g,柠檬酸($C_6H_8O_7 \cdot H_2O$) 10.0g,磷酸氢二钾(K_2HPO_4)50.0g,硫酸镁($MgSO_4 \cdot 7H_2O$)1.0g,加蒸馏水至 100ml,0.103MPa 20 分钟灭菌,待其他试剂完全溶解后,再将硫酸镁缓慢放入其中继续溶解,否则易析出沉淀。

2) 40%葡萄糖溶液:葡萄糖 40.0g,加蒸馏水至 100ml,0.055MPa 20 分钟灭菌。

3) 底层培养基(1.5%琼脂培养基):琼脂粉 6.0g,蒸馏水 400ml,融化后 0.103MPa 20 分钟灭菌。趁热(80℃)在灭菌琼脂培养基中(400ml)依次无菌操作加入:磷酸盐贮备液 8ml、40%葡萄糖溶液 20ml,充分混匀,待凉至 60℃左右时倒入平皿,每皿(内径 90mm)25ml,37℃培养过夜以除去水分及检查有无污染。

(4) 顶层培养基

1) 顶层琼脂:琼脂粉 3.0g,氯化钠 2.5g,加蒸馏水至 500ml。

2) 0.5mmol/L 组氨酸-生物素溶液(诱变试验用):D-生物素(分子量 244)30.5mg,L-组氨酸(分子量 155)17.4mg,加蒸馏水至 250ml。

3. 鉴定菌株基因型用试剂

(1) 0.1mol/L 组氨酸-0.02mol/L D-生物素溶液:称取 L-盐酸组氨酸(MW191.17)191.17mg,D-生物素 12.2mg,溶于 10ml 蒸馏水,0.103MPa 20 分钟灭菌,保存于 4℃冰箱。

(2) 0.8%氨苄西林溶液:称取氨苄西林 40mg,用 0.02mol/L 氢氧化钠溶液 5ml 溶解,保存于 4℃冰箱。

(3) 0.8%四环素溶液:称取 40mg 四环素,用 0.02mol/L 盐酸 5ml 溶解,保存于 4℃冰箱。

(4) 0.1%甲紫溶液:称取甲紫 10mg,溶于 10ml 灭菌蒸馏水。

4. 活化系统的制备

(1) 大鼠肝 S9 的诱导和制备:选健康成年雄性 SD 或 Wistar 大鼠,体重 150g 左右,周龄约 5~6 周。将 Aroclor 1254 或国产 PCB-五氯溶于玉米油中,浓度为 200mg/kg,一次腹腔注射,5 天后断头处死动物,取出肝脏称重后,用预冷的 0.15mol/L 的 KCl 溶液冲洗肝脏数次,以去除血液。每克肝(湿重)加预冷的 0.15mol/L 的 KCl 溶液 3ml,连同烧杯移入冰浴中,用消毒剪刀剪碎肝脏,用匀浆器制备肝匀浆。将制成的肝匀浆在低温(0~4℃)高速离心机上,以 9000g 离心 10 分钟。吸出上清液为 S9 组分,分装。用液氮或-80℃低温保存。S9 应经无菌检查、蛋白含量测定(Lowry 法)及间接致突变物检测,鉴定其生物活性合格。

（2）S9 混合液的配制

1）0.4mol/L $MgCl_2$-1.65mol/L KCl：取 $MgCl_2 \cdot 6H_2O$ 8.1g、KCl 12.3g，加蒸馏水稀释至100ml，0.103MPa 20 分钟灭菌或滤菌。

2）0.2mol/L 磷酸盐缓冲液（pH7.4），每 500ml 由以下成分组成：磷酸氢二钠（Na_2HPO_4 14.2g/500ml）440ml，磷酸二氢钠（$Na_2HPO_4 \cdot H_2O$ 13.8g/500ml）60ml，调 pH 至 7.4，0.103MPa 20 分钟灭菌或滤菌。

3）10%S9 混合液的配制：每 10ml 由以下成分组成：灭菌蒸馏水 3.8ml，磷酸盐缓冲液（0.2mol/L，pH7.4）5.0ml，1.65mol/L 氯化钾－0.4mol/L 氯化镁溶液 0.2ml，葡萄糖-6-磷酸溶液（0.05mol/L）40μmol，辅酶Ⅱ液（0.05mol/L）50μmol，肝 S9 液 1.0ml，混匀，置冰浴待用。

5. 菌株及增菌培养

（1）试验菌株采用四株鼠伤寒沙门氏突变型菌株 TA97、TA98、TA100 和 TA102。TA97、TA98 可检测移码型突变，TA100 可检测碱基置换型突变，TA102 除可检出移码型突变和碱基置换型突变外，尚可检测出 DNA 交联。

（2）增菌培养：取灭菌的 25ml 三角烧瓶，加入营养肉汤 10ml，从试验菌株母板上刮取少量细菌，接种至肉汤中。37℃振荡培养 10 小时。存活细菌密度可达$(1\sim2)\times10^9$/ml。

6. 菌株鉴定和保存　4 种标准试验菌株必须进行基因型鉴定、自发回变数鉴定及对鉴别性致突变物的反应鉴定，合格后才能用于致突变试验。

（1）菌株基因型鉴定

1）组氨酸营养缺陷鉴定（组氨酸需求试验）：取 2 个底层培养基，其中一个培养基表面涂加 0.1ml 的 0.1mol/L 组氨酸－0.5mmol/L 生物素溶液，另一个仅加 0.1ml 的 0.5mmol/L 生物素溶液。将试验菌株在此两组培养基上划线接种，经 37℃培养 24~48 小时，观察生长情况。此 4 种菌株应在补充有组氨酸的培养基上生长，而在无组氨酸的培养基上不能生长。

2）深粗糙型（rfa）鉴定（甲紫抑菌试验）：深粗糙型突变的细菌，缺失脂多糖屏障，因此分子量较大的物质能进入菌体。

鉴定方法：用移液器吸 0.1%甲紫溶液 20μl，在肉汤平板表面涂成一条带，待甲紫溶液干后，在与甲紫带方向垂直划线接种 4 种试验菌株。经 37℃培养 24~48 小时，观察生长情况。此 4 种菌株在甲紫溶液渗透区出现抑菌，证明试验菌株有 rfa 突变。

3）uvrB 缺失的鉴定（紫外线敏感试验）：uvrB 缺失即切除修复系统缺失。鉴定方法：取受试菌液在营养肉汤琼脂平板上划线。用黑纸覆盖培养皿的一半，然后在 15W 的紫外线灭菌灯下，距离 33cm照射 8 秒，37℃培养 24 小时。对紫外线敏感的三个菌株（TA97、TA98、TA100）仅在没有照射过的一半生长，而菌株 TA102 在没有照射过的一半和照射过的一半均能生长。

4）R 因子和 pAQl 质粒的鉴定：带有 R 因子的菌株具有抗氨苄西林的特性，TA102 菌株含

pAQl 质粒具有抗四环素的特性。

用甲紫抑菌试验的方法，在两个肉汤平板上分别滴加氨苄西林溶液 20μl（浓度为 1mg/ml，溶于 0.02mol/L NaOH）和四环素溶液 20μl（浓度为 0.08mg/ml，溶于 0.02mol/L HCl），并在肉汤平板表面涂成一条带，待溶液干后，垂直划线接种 4 种试验菌株。经 37℃ 培养 24～48 小时，观察生长情况。4 个菌株生长应不受氨苄西林抑制，证明它们都带有 R 因子。TA102 菌株生长应不受四环素抑制，证明带有 pAQl 质粒。

（2）自发回变数测定：取已融化并在 45℃ 水浴中保温的顶层培养基一管（2ml），加入测试菌菌液 0.05～0.2ml，迅速混匀，倒在底层培养基上，转动平皿使顶层培养基均匀分布在底层上，平放固化。37℃ 培养 48 小时观察结果。计数回变菌落数。每株的自发回变率应落在表 3-1 所列正常范围内。

表 3-1 菌株生物学特性鉴定标准、标准诊断性致突变剂、试验记录及报告格式

菌株	基因型					自发回变菌落数(-S9)
	组氨酸缺陷	脂多糖屏障缺失	抗氨苄西林	抗四环素	uvrB 修复缺陷	
TA97	+	+	+	-	+	90～180
TA98	+	+	+	-	+	30～50
TA100	+	+	+	-	+	120～200
TA102	+	+	+	+	-	240～320

（3）对鉴别性致突变物的反应试验菌株对不同致突变物的反应不同，应该在有和没有代谢活化的条件下鉴定各试验菌株对致突变物的反应。可按下述的点试验或平皿掺入试验的方法进行。各试验菌株对鉴别性致突变物的反应见表 3-2。

表 3-2 鉴别阳性致突变物在点试中试验结果

致突变物	剂量	S9	TA97	TA98	TA100	TA102
柔红霉素	5.0μg	-	-	+	-	++
叠氮钠	1.0μg	-	+	-	++++	-
ICR-191	1.0μg	-	+	+	++	+++
丝裂霉素 C	2.5μg	-	++++	抑菌	抑菌	++
2,4,7 三硝基芴酮	0.1μg	-	抑菌	++++	++	+
4-硝基-O 苯撑二胺	20.0μg	-	++	+++	+	+++
4-硝基喹琳-N-氧化物	10.0μg	-	+	++	++	+++++
甲基磺酸甲酯	2.0μl	-	+	-	+	+++
敌克松	50.0μg	-	++++	+++	++++	+
2-氨基芴	20.0μg	+	+++	++++	+++	
甲基硝基亚硝基胍	2.0μg	-	+	-	+++	+++

(4) 菌株保存:鉴定合格的菌种应加入 DMSO 作为冷冻保护剂,保存在-80℃或液氮(-196℃),或者真空冷冻干燥制成干粉,4℃保存。

【实验设计】

受试物最低剂量为每平皿 0.1μg,最高剂量为 5mg,或出现沉淀的剂量,或对细菌产生最小毒性剂量。一般选用 4~5 个剂量,进行剂量-反应关系研究,每个剂量应做 2 或 3 个平行平皿。溶剂可选用水、二甲基亚砜(每皿不超过 0.4ml)或其他溶剂。每次实验应有同时进行的阳性对照和阴性(溶剂)对照。试验应重复一次。

【操作步骤】

试验方法有平板掺入法和点试法。一般先用点试法作预试验,以了解受试物对沙门菌的毒性和可能的致突变性,平板掺入法是标准试验方法。

1. 平板掺入法 在底层培养平皿上写上记号。取已融化并在 45℃水浴中保温的顶层培养基一管(2ml),依次加入受试物溶液 0.1ml,测试菌液 0.05~0.2ml(需活化时加 10%S9 混合液 0.5ml),迅速混匀,倒在底层培养基上,转动平皿使顶层培养基均匀分布在底层上,平放固化,37℃培养 48 小时观察结果。

2. 点试法 在底层培养平皿上写上记号。取已融化并在 45℃水浴中保温的顶层培养基两管(2ml),加入测试菌液 0.05~0.2ml(需活化时加 10%S9 混合液 0.5ml),迅速混匀,倒在底层培养基上,转动平皿使顶层培养基均匀分布在底层上,平放固化。取无菌滤纸圆片(直径 6mm),小心放在已固化的顶层培养基的适当位置上,用移液器取适量受试物(如 10μl),点在纸片上,或将少量固体受试物结晶加到纸上或琼脂表面,37℃培养 48 小时观察结果。

【结果分析与评价】

1. 点试法 凡在点样纸片周围长出一圈密集的 his^+ 回变菌落者,该受试物即为致突变物质。如只在平板上出现少数散在的自发回变菌落,则为阴性。如在滤纸片周围见到抑菌圈,说明受试物具有细菌毒性。

2. 平板掺入法 计数培养基上的回变菌落数。如在背景生长良好条件下,受试物每皿增加一倍以上(即回变菌落数等于或大于溶剂对照回变菌落数的 2 倍),并有剂量-反应关系,或至少某一测试点有重复的并有统计学意义的阳性反应,即可认为该受试物为致突变物质。当受试物浓度达到 5mg/皿仍为阴性者,可认为是阴性结果。

3. 报告的试验结果应是两次以上独立实验重复的结果 如果受试物对 4 种菌株(加和不加 S9)平皿掺入试验均得到阴性结果,可认为此受试物对鼠伤寒沙门菌无致突变性。如受试物对一种或多种菌株(加或不加 S9)平皿掺入试验为阳性结果,即认为此受试物是鼠伤寒沙门氏菌的致突变物。

【注意事项】

1. 应有专门的实验室,应有良好的通风设备。

2. 试验者必须注意个人防护,尽量减少接触污染的机会。

3. 受试致癌物与致突变物废弃物处理,原则上按放射性核素废弃物处理方法进行。

4. 所用沙门氏菌试验菌株毒性较低,具有R因子的菌株危害更小。但要防止沙门氏菌污染动物饲养室。

二、哺乳动物细胞基因突变试验

哺乳动物细胞基因突变试验(mammalian gene mutation test)用于检测受试物引起的突变,包括碱基对突变、移码突变和缺失等,从而评价受试物引起突变的可能性。本部分将重点介绍常用的 L5178YTK$^{+/-}$和 V79(CHO)/HGPRT 系统。

两个测试系统的基本检测步骤大致相同。包括:①细胞制备;②毒性预试;③代谢活化;④表达期,即基因突变表达及内源性酶减少;⑤选择期,即在选择剂作用下细胞集落形成;⑥细胞毒性与集落效率测试;⑦资料收集,计算突变频率、细胞毒性、集落形成率并予以评价。不同点在于细胞培养和集落方法、表达和选择的时限。

小鼠淋巴瘤 L5178Y 细胞系:源于小鼠白血病细胞,为近二倍体,细胞倍增时间为11小时,集落形成率>70%,呈悬浮性生长。本试验使用 TK 座位杂合子细胞(TK$^{+/-}$)。中国仓鼠肺(V79)细胞株:源于中国仓鼠肺细胞,染色体数 22±1,细胞倍增时间为 12~16 小时,集落形成率 75%~95%。中国仓鼠卵巢(CHO)细胞株:源于中国仓鼠卵巢细胞,染色体数为 21(2n=22),倍增时间 12~14 小时,集落形成率达 88%,可贴壁或悬浮生长。

(一)小鼠淋巴瘤细胞 L5178YTK$^{+/-}$基因突变试验

【目的与原理】

在5-三氟胸苷(TFT)参与下,通过评价细胞集落生长率来鉴定受试物诱导 L5178YTK$^{+/-}$小鼠淋巴瘤细胞系正向突变的能力。

TK 座位位于常染色体上,其基因产物为胸腺嘧啶脱氧核苷(胸苷)激酶(TK),作用是通过磷酸化将基质中外源性的胸苷用于 DNA 合成。胸苷类似物 TFT 也可经 TK 途径磷酸化掺入 DNA 中,导致细胞死亡。本试验使用 TK 座位杂合子(TK$^{+/-}$)细胞,一次正向突变就会形成 TK$^{-/-}$表型,失去 TK 活性,获得 TFT 抗性,在 TFT 选择性培养基中存活并形成集落。

【器材与试剂】

1. 低温高速离心机、低温冰箱(-80℃)或液氮罐、洁净工作台、CO_2培养箱、蒸汽压力锅、匀浆器、电子细胞计数器等实验室常用设备。培养基成分或试剂除说明外,应是分析纯,无致突变性。

2. 培养基

（1）生长培养基：RPMI-1640 培养基，加 10%热灭活马血清，0.05%Pluronic F68，0.25mg/ml L-谷氨酸，10g/ml 丙酮酸钠，95U/ml 青霉素，95μg/ml 链霉素（均为终浓度）。

（2）集落培养基：生长培养基，0.2%琼脂。

（3）选择培养基：集落培养基，3μg/ml TFT。

3. 受试物与对照组的设立　本试验适用于各种受试物。固体颗粒可溶于水或有机溶剂如 DMSO。有机溶剂不应超过培养基体积的 1%。液体受试物可直接或经稀释后加入测试系统中。

试验必须设未处理对照和溶剂对照。设加/不加 S9 的阳性对照，可用：甲基磺酸甲酯（MMS）：10～15μl/ml，不需代谢活化，可诱导大、小两种集落；甲基磺酸乙酯（EMS）：0.20～0.50μl/ml，不需代谢活化；3-甲基胆蒽（MCA）：1～4μg /ml，需代谢活化。也可用二甲基苯并蒽。

4. 剂量选择　首先测试受试物在水或有机溶剂中的溶解度，再用一系列浓度的受试物进行细胞毒性测定。用剂量为 1～5mg/ml（或液体 1～5ml）受试物等倍稀释，处理细胞 4 小时，于次日进行活细胞计数，计算 24 小时内相对于阴性对照的细胞存活率，即相对毒性。在存活率为 5%～90%的范围内选取 7～10 个剂量组进行致突变试验。

对于毒性受试物，最高浓度应使细胞存活率降至溶剂对照的 10%～20%。对于低或无毒性的受试物，浓度应达到 5mg/ml（5μl /ml，或 10mmol/L），或饱和浓度。

【操作步骤】

1. 细胞准备

（1）取液氮保存的 L5178YTK$^{+/-}$鼠淋巴瘤细胞株 TK$^{+/-}$-3.7.2C 系，用 RPMI-1640 培养基复苏、培养。

（2）实验前，将细胞在含甲氨蝶呤（0.3μg/ml）、胸苷（9μg/ml）、次黄嘌呤（15μg/ml）和甘氨酸（22.5μg/ml）的 RPMI-1640 液中，37℃培养 24 小时，以阻断从头合成途径，清除自发突变产生的 TK$^{+/-}$细胞，24 小时后细胞数将增加 5 倍。

（3）将处理后的细胞在不含甲氨蝶呤的上述条件下，置 37℃至少培养 72 小时，并使细胞增至足够数目。每天进行细胞计数，作相应稀释（约 1∶4），以保证最佳生长率。若细胞呈团块状，可在盛 9.0ml 0.1%胰酶溶液的玻管中加入 1.0ml 细胞培养物充分混匀，37℃培养 10 分钟使细胞解聚，再混匀计数。

2. 诱导

（1）将 6×10^6细胞转入 10ml 5%马血清培养基中。

（2）按照预选的剂量分别加入不同浓度的受试物，同时设阴性和阳性对照。另设加入 S9 混合液代谢活化的阴性对照组和 MCA 阳性对照组，S9 混合液终浓度分别为 2.4mg/ml NADP 钠盐，4.5mg/ml 异柠檬酸，S9 10~50μl/ml。

（3）37℃旋转培养 4 小时。

（4）以 500g 离心 10 分钟，去含受试物的上清，将细胞用新配培养液或 Hanks 液清洗两次，加入 15ml 新鲜培养液，使细胞密度约 4×10^5个/ml，37℃培养 2~3 天，以便细胞恢复增长和诱变的 $TK^{-/-}$表型表达。

3. 筛选

（1）用电子细胞计数器进行细胞计数。

（2）从各剂量组分别取 7×10^5细胞转入 50ml 半固体选择培养基，分别倒于两个直径 100mm 的培养皿，每皿约 3.5×10^5细胞，室温冷凝。同时将相同数量的细胞种入普通培养基以观察细胞形成集落的能力。

（3）置 5%CO_2，37℃，培养 11~12 天。

（4）计数每皿突变体集落并测定其大小。同时计数直径为 0.25~0.3mm 的小集落。

计算细胞毒性和突变频率：细胞毒性＝表达期细胞悬浮生长（%）×选择期集落生长（%）。

表达期细胞悬浮生长（%）为表达期处理组细胞数与阴性对照组细胞数之比。

选择期集落生长（%）为软琼脂选择培养基上处理组集落数与阴性对照组集落数之比。

$$突变频率=\frac{突变细胞数}{活细胞总数}$$

4. 试验要求　所有试验方案必须满足以下标准，其结果才可接受。加和不加 S9 试验应同时进行。

（1）阴性对照（溶剂与未处理对照的平均值）的绝对集落形成率为（100±30）%。若为 50%~70%可以接受，但需谨慎而科学地判断。低于 50%不能接受。

（2）阴性对照（溶剂与未处理对照的平均值）的背景突变率为 $20\sim100/10^6$活细胞。阳性对照的突变率范围：10~40μl/ml MMS（非活化）为 $200\sim800/10^6$活细胞；4.0μg/ml MCA（活化）为 $200\sim1000/10^6$活细胞。

（3）只有相对集落形成率高于 10%，且存活集落总数超过 20 的突变率可用于评价。

（4）一次试验中必须有 3 个以上完全符合试验要求的剂量组才能进行受试物评价。

【结果分析与评价】

受试物组比阴性对照组的突变集落数多 100 个以上即可判受试物为致突变性阳性，不必考虑剂量反应关系或设定倍数，也没有推荐统计学处理方法。要判断一个受试物为致突变性阴性，应有阳性对照组诱发出小突变集落（直径为 0.25~0.3mm）的明确证据。

（二）中国仓鼠肺 V79（CHO）/hGRRT 基因突变试验

【目的与原理】

hGPRT 为 X 连锁的功能性单倍体基因，即半合子。其基因产物是次黄嘌呤鸟嘌呤磷酸核糖转移酶（HGPRT），作用是催化次黄嘌呤和鸟嘌呤与磷酸核糖焦磷酸间的转磷酸核糖基作用，是细胞内嘌呤核苷酸合成的一条补救途径。它也可以嘌呤类似物如 6-巯基嘌呤（6-MP），6-硫代鸟嘌呤（6-TG）及 6-杂氮鸟嘌呤（6-AG）为底物掺入细胞 DNA 中，导致细胞死亡。所以，当 HGPRT 座位发生突变时，细胞就表现出 MP、TG 与 AG 抗性。可用选择培养基（如 6-TG）杀灭野生型细胞使突变体细胞形成集落。

【器材与试剂】

1. 细胞　使用中国仓鼠肺（V79）细胞株，将野生型细胞接种于含次黄嘌呤及胸腺嘧啶、甲氨蝶呤、甘氨酸的 MEM 培养液中培养 1 周，使野生型细胞群中存在的自发 HGPRT 座位突变体选择性杀灭。然后重新接种于 MEM 培养液中；

2. 培养液采用 MEM（Eagls）基础培养液或 DMEM 培养液，含 10%小牛血清及适当青霉素、链霉素；

3. 磷酸缓冲液（无钙、镁、PBS），pH8.0；

4. 胰蛋白酶/EDTA 溶液　胰蛋白酶浓度为 0.05%，EDTA 的浓度为 0.02%，按等比混合，40℃贮存；

5. 阳性对照物：可选用甲基磺酸乙酯（EMS）0.25～0.5μl/ml 或 3-甲基胆蒽（MCA）1～4μl/ml 等；

6. 6-TG 0.5%碳酸氢钠溶液配成 1.0mg/ml，4℃贮存；

7. 大鼠肝匀浆 S9 混合液。

【操作步骤】

1. 细胞准备：将 5×10^5 个细胞接种于生长面积达 $25cm^2$ 的培养瓶中，置 5%～10% CO_2，37℃培养 24 小时获得细胞密度为（0.8～1.2）$\times10^6$/瓶的指数生长期培养物。

2. 受试物处理

（1）细胞经 Hanks 液洗涤两次后加入 5ml 含不同浓度受试物的无血清培养基。同时设 S9 混合液代谢活化组，即加入 4ml 含受试物的无血清培养基后，再加入 1ml S9 混合液，37℃培养 2.5 小时。

（2）受试物溶剂终浓度为 0.5%～1%V/V。S9 混合液组分的终浓度为：NADP 4mmol/L；6-磷酸葡萄糖 5mmol/L，KCl 30mmol/L，$MgCl_2$ 10mmol/L，$CaCl_2$ 10mmol/L，S9 组分 3mg 蛋白/ml，磷酸缓冲液 50mmol/L（pH8.0）。

（3）用 Hanks 液洗 2～3 次。再加入含血清的培养基，置 5%～10% CO_2，37℃培养 19～22 小时。

3. 表型表达与细胞毒性测定

（1）将上述细胞用胰酶/EDTA 液消化。待细胞脱落后放入离心管以 500g 离心 5~7 分钟，弃去上清液，制成细胞悬液计数，细胞数为 1×10^6，3 天后传代一次，以 5×10^6 个细胞培养 3 天。

（2）另将不同浓度受试物分别接种 200 个细胞于直径 100mm 培养皿中（表型表达期 7~9 天），测定不同受试物处理的集落形成率。

（3）细胞毒性以相对集落形成率（%）表示，即表达期处理组与阴性对照组集落数之比。

4. 突变体选择与集落形成率测定

（1）表达结束后，各组取 10^6 个细胞分别种于不含次黄嘌呤的 100mm 培养皿中。细胞贴壁后加入 6-TG 贮存液，使 TG 终浓度为 5~15μg/ml，置 5%~10% CO_2，37℃培养 10 天，进行突变体选择。另将各组接种 200 个细胞/皿于 100mm 培养皿中，培养 7~10 天作集落形成率测定。

（2）相对集落形成率为各受试物组与溶剂对照组的集落形成数百分比。

（3）培养结束后，用 0.9%盐水洗涤细胞，再以 3∶1 的乙醇∶冰醋酸固定液固定，用 Giemsa 染液或 1%亚甲蓝液染色，分别计数各皿中出现的集落数。

【结果分析与评价】

1. 结果统计分析 致突变率以 10^6 活细胞中的突变细胞数表示，由在选择培养基中接种的细胞总数与观察到的突变集落数推算得到，以细胞相对集落形成率校正。

$$\text{致突变率}(/10^6\text{活细胞数})=\frac{\text{观察到的突变集落数}}{\text{接种细胞总数}}\times\frac{1}{\text{相对集落形成数}}$$

2. 结果评价 阳性结果根据统计分析、剂量-反应关系及试验的可重复性而定。一个阳性结果必须满足：①有连续两个受试物组的突变频率出现剂量依赖性增高，且每 10^6 活细胞中有 40 个以上的突变体；②溶剂对照和未处理对照的自发突变频率必须在 25 个突变体/10^6 活细胞以下；③溶剂对照组和未处理对照组的集落形成率高于 50%。若仅在一个浓度组突变率高于 40 突变体/10^6 活细胞，结果不能肯定。统计分析可采用 Sncc 和 Irr 数据转化，再行检验。

方法评述：①两个系统均能检测座位内的碱基置换、缺失、移码和重排等点突变，可相互替代使用。但 L5178Y $TK^{+/-}$ 系统还能检测包括多基因、多座位缺失等断裂剂活性，这些突变终点，包括点突变与染色体突变，可由 $TK^{+/-}$ 集落的大小来判断。细胞遗传学和分子证据支持小集落变异体与 11 号染色体畸变相关的假说。一般说来，大突变集落的核型与亲代细胞相同，而小突变集落在 11 号染色体上有易于识别的染色体重排和多座位缺失。因此，L5178Y $TK^{+/-}$ 系统可检测从点突变到多座位突变的遗传性损伤，并能根据致突变剂的反应构建其突变谱。②试验细胞株的背景突变频率必须限制在一定范围内，应在实验前常规清除自发突变的细胞。③突变表型的表达时间：细胞被致突变剂处理后，在被观察的标记基因座位中引起的 DNA 损伤经突变固定和原有的内源性酶降解后，才会出现表型异常。④代谢协作效应与突变体选择时的细胞密度：代谢协作效应是指在组织培养中突变细胞的表现型被紧密接触的野生型细胞所纠正的现象，即由野生型细胞产生的代谢产物交叉饲养了突变体细胞，因此在突变体选择时，应将有代谢协作效应的野生型和突变细胞的密度控制在一定范围内。推荐各试验系统的最低细胞数：L5178Y $TK^{+/-}$ 3.5×10^5/皿；V79(CHO)HGPRT：10^6个/处理组。

三、染色体畸变分析

（一）体外哺乳动物细胞染色体畸变试验

【目的与原理】

体外哺乳动物细胞染色体畸变试验(in vitro mammalian chromosome aberration test)的目的是通过检测受试样品诱发体外培养的哺乳动物细胞染色体畸变的能力，从而评价受试样品的致突变性及其强度。

【器材与试剂】

1. 器材　培养皿(瓶)、10ml 离心管、滴管、载玻片、离心机、水浴箱、生物显微镜(×100 物镜)。

2. 试剂　培养液 MEM(Eagle)：加入非必需氨基酸和抗菌素(青霉素按 100IU/ml、链霉素 100mg /ml)，加入 10%胎牛血清或小牛血清；

代谢活化系统：肝混合功能氧化酶混合液(S9 混合液)，配制方法见 Ames 试验部分；

0.04%秋水仙素溶液：取 40mg 秋水仙素溶解于 100ml 无菌 0.85%氯化钠溶液中，过滤除菌；

0.075mol/L 氯化钾溶液；

固定液：甲醇：冰醋酸=3：1，临用前配制；

磷酸盐缓冲液(1/15mol/L，pH 6.8)配制方法如下：第一液：取磷酸氢二钠 9.47g 溶于蒸馏水 1000ml 中，配成 1/15mol/L 溶液；第二液：取磷酸二氢钾 49.07g 溶于蒸馏水 1000ml 中，配成 1/15mol/L 溶液；取第一液 49.5mL 加于第二液 50.5ml 中混匀，即为 pH 6.8 的 1/15mol/L 缓冲液；

吉姆萨(Giemsa)染液：取吉姆萨染料 3.8g，加少量甲醇研磨，逐渐加甲醇至 375ml，待完全溶解后加 125ml 甘油，放入 37℃温箱中保温 48 小时，保温期间振摇数次，使充分溶解，过滤，2 周后使用，作为吉姆萨染液原液(储备液)，使用时取 1 份吉姆萨染液原液，与 9 份 1/15mol/L 磷酸盐缓冲液(pH 6.8)混合，配成其应用液。

【实验设计】

1. 细胞株　可选用中国地鼠肺(CHL)细胞株或卵巢(CHO)细胞株、人或其他哺乳动物外周血淋巴细胞。一般推荐使用中国地鼠肺(CHL)细胞株。

2. 受试样品　固体受试样品应溶解或悬浮于合适的溶剂中，并稀释至一定浓度。液体受试样品可直接使用或予以稀释。

3. 剂量　受试样品至少应取 3 个检测剂量,检测范围一般覆盖两个 10 倍稀释系列。对有细胞毒性受试样品,最高剂量应能明显减少细胞计数或有丝分裂指数(大于 50%);对无细胞毒性或细胞毒性很小的受试物,最高剂量应达到 5μl/ml、5mg/ml 或 0.01M。应在预试验中确定细胞毒性和溶解度。

4. 对照组　当不存在外源性代谢活化系统时,可使用的阳性对照物有甲磺酸甲酯(methyl methanesulphonate,MMS)、甲磺酸乙脂(ethyl methanesulphonate,EMS)、丝裂霉素 C(mytomycin C)、乙基亚硝基脲(ethyl nitrosourea,ENU)、硝基喹啉-N-氧化物(4-nitroquinoline-N-oxide)等。当存在外源性活化系统时,可使用的阳性对照物有苯并(a)芘(benzo(a)pyrene,BaP)、环磷酰胺(cyclophosphamide)等。阴性对照为赋形剂对照,首选是水,亦可使用二甲基亚砜(DMSO),但浓度不应大于 0.5%。

【操作步骤】

1. 细胞培养与染毒　试验需在加入和不加入 S9 的条件下进行。试验前一天,将一定数量的细胞接种于培养皿(瓶)中,放入 CO_2 培养箱内培养。试验时吸去培养皿(瓶)中的培养液,加入一定浓度的受试样品、S9 混合液(不加 S9 混合液时,需用培养液补足)以及一定量不含血清的培养液,放培养箱中,根据细胞周期处理 2~6 小时。结束后,吸去含受试样品的培养液,用 Hanks 液洗细胞 3 次,加入含 10%胎牛血清的培养液,放回培养箱,于 24 小时内收获细胞。于收获前 2~4 小时,加入细胞分裂中期阻断剂(如用秋水仙素,作用时间为 4 小时,终浓度为 1mg/ml)。

2. 收获细胞与制片

(1) 消化:用 0.25%胰蛋白酶溶液消化细胞,待细胞脱落后,加入含 10%胎牛或小牛血清的培养液终止胰蛋白酶的作用,混匀,放入离心管以 1000~1200rpm 的速度离心 5~7 分钟,弃去上清液。

(2) 低渗:加入 0.075mol/L KCl 溶液 7ml,用滴管将细胞轻轻地混匀,放入 37℃水浴中低渗处理 7 分钟,加入 2ml 固定液(甲醇∶冰醋酸 3∶1)混匀,以 1500rpm 速度离心 5~7 分钟,弃去上清液。

(3) 固定:加入 7ml 固定液,混匀后固定 7 分钟,以 1500rpm 速度离心 7 分钟,弃去上清液。同法再固定 1~2 次,弃上清。

(4) 制片:加入数滴新鲜固定液,混匀。用混悬液滴片,自然干燥。用吉姆萨染液染色 10~20 分钟,取出清洗自然晾干。

3. 阅片　每片选择 100 个分散良好的中期分裂相,在显微镜油镜下进行读片。在读片时应记录每一观察细胞的染色体数目,对于畸变细胞还应记录显微镜视标位置及畸变类型。所有处理组、阳性和阴性对照组均需测定有丝分裂指数。每一剂量组应分析不少于 500 个分散良好的中期分裂相。主要观察项目如下：

（1）染色体数目改变：非整倍体：亚二倍体或超二倍体；多倍体：染色体成倍增加；内复制：包膜内特殊形式的多倍化现象。

（2）染色体结构改变：裂隙：损伤长度小于染色体的宽度；断裂：损伤长度大于染色体的宽度；微小体：较断片小，呈圆形；有着丝点环：带有着丝点部分，两端形成环状结构，并伴有一对无着丝点断片；无着丝点环：呈环状结构；单体互换：形成三辐体、四辐体等多种形状；双微小体：成对的染色质小体；非特定性型变化：如粉碎化、着丝点细长化、粘着等变化。

【结果分析与评价】

计算指标包括每个细胞畸变数、染色体结构异常百分率、各剂量组及对照组不同类型染色体异常数与频率等。所得各组的实验结果可用泊松分布、二项分布、Dunnet-*t* 检验、χ^2检验等多种统计方法分析，以评价剂量组和对照组之间是否有显著性差异。

在下列两种情况下可判定受试样品在本试验系统中为阳性结果：(1) 受试样品引起染色体结构畸变数的增加具有统计学意义，并有与剂量相关的增加；(2) 受试样品在任何一个剂量条件下，引起具有统计学意义的改变，并有可重复性。

【注意事项】

低渗是本试验的关键，控制好低渗时间，做出分散良好的染色体标本，关系到实验结果的准确性。

（二）动物骨髓细胞染色体畸变试验

【目的与原理】

体内哺乳动物骨髓细胞染色体畸变试验（in vivo mammalian bone marrow chromosome aberration test）的目的是检测受试物导致动物染色体畸变的能力及畸变类型。

【器材与试剂】

1. 器材　小剪刀、镊子、10ml 离心管、滴管、载玻片、离心机、水浴箱、生物显微镜（×100 物镜）、注射器（5ml）。

2. 试剂　500mg/L 秋水仙素，0.75mol/L KCl 液；固定液：甲醇 3 份和冰醋酸 1 份混匀，临时混配；吉姆萨（Giemsa）储备液、pH 6.8 磷酸盐缓冲液；环磷酰胺或丝裂霉素 C；PBS：Na_2HPO_4 1.15g、Na_2HPO_4 0.2g、KCl 0.2g、NaCl 8.0g 溶于 1000ml 蒸馏水中。

【实验设计】

1. 动物　一般选用成年小鼠或大鼠，每组 6~10 只，最好雌雄各半。

2. 染毒与取样时间　一般染毒一次或多次，多次更为合理。末次染毒后 24 小时处死动物，收获细胞。

3. 剂量　最高剂量为最大耐受剂量或 30%～80% LD_{50}。低毒物质应以最大给药量或人使用剂量的 50～100 倍。设 3～5 个剂量组,剂量跨度在 10^2～10^3 或更大。阴性对照组给予溶剂;阳性对照组给予 30～50mg/kg 环磷酰胺,经腹腔注射 1 或 2 次。

4. 给药途径　原则上采用与人体接触化学毒物相同的途径。

【操作步骤】

1. 收获细胞　处死动物前 2～4 小时,腹腔注射秋水仙素,小鼠剂量为 4mg/kg,大鼠剂量为 1mg/kg。小鼠用颈椎脱臼法处死动物,大鼠用动静脉放血法处死动物,迅速取出双侧股骨,去肌肉,擦净血污,剪开两端关节面,用注射器吸 PBS 液 5ml 冲出骨髓于离心管中,用 1500r/min 离心 10 分钟,去上清液。

2. 低渗　打散沉淀物,加入预温 37℃的 0. 075mol/L KCl 约 6ml,混匀,于 37℃低渗 15～20 分钟,再加固定液 1～2ml 混匀,立即于 1000r/min 离心 10 分钟,弃上清液。

3. 固定　加入固定液 4ml 混匀,使细胞重新悬浮,放置室温 10～20 分钟,然后 1000r/min 离心 10 分钟,去上清液。同样方法再固定一次,去上清液,留约 0. 5ml。

4. 制片染色　使细胞悬浮,将细胞悬液滴于冰冻载玻片上,干燥,用 10% Giemsa 染液染色 10～20 分钟,取出清洗自然晾干。

5. 阅片　在低倍镜下选择染色体分散良好、互不重叠、长短收缩适中、未破裂的中期分裂相细胞,观察并记录染色体结构异常和数目异常细胞。具体观察项目参见体外哺乳动物细胞染色体畸变试验相关内容。

【结果分析与评价】

以每只动物为观察单位,每只动物观察 100 个中期分裂相细胞,计算其畸变细胞率,阴性和阳性对照组的畸变率应与所用动物的物种及有关资料相符。实验结果可用适当统计方法分析。结果报告以动物为实验单位,应报告各组畸变细胞率均数和标准差。各实验组畸变细胞率与阴性对照组比较,差异有统计学意义,并有剂量反应关系,或某一剂量组呈现可重复的并有统计学意义的增加,则此受试物骨髓细胞染色体畸变实验呈阳性。

【注意事项】

和体外染色体畸变试验相同,低渗也是本试验的关键,控制好低渗时间,做出分散良好的染色体标本,关系到实验结果的准确性。

四、小鼠骨髓细胞微核试验

【目的与原理】

体内哺乳动物骨髓嗜多染红细胞微核试验(in vivo mammalian erythrocyte micronucleus test)的

目的是检测断裂剂和部分非整倍体致突变剂。

【器材与试剂】

1. 器材 手术刀、手术剪、无齿镊、小型弯止血钳、干净纱布、带橡皮头吸管、台式离心机、刻度离心管、晾片架、电吹风机、玻璃蜡笔、玻璃染色缸、2ml 注射器及针头、载玻片及推片、定时钟、生物显微镜、细胞计数器。

2. 试剂 甲醇(分析纯)、甘油(分析纯)、小牛血清、生理盐水、Giemsa 染液和 pH 6.8 的 1/15mol/L 磷酸盐缓冲液,见上。

3. 阳性对照物 环磷酰胺或丝裂霉素 C。

【操作步骤】

1. 试验动物及处理

(1) 动物选择:一般常用的试验动物为小鼠,要求体重 18~20g,7~12 周龄。每组小鼠 10 只,雌雄各半。

(2) 染毒途径:原则上采用与人体接触化学毒物相同的途径。

(3) 染毒次数及取样时间:一般采用两次染毒或多次染毒。两次染毒:第一次染毒后 24 小时进行第二次染毒,6 小时后取样;多次染毒:每天染毒 1 次,连续染毒 5 天,末次染毒后 24 小时取样。

(4) 剂量选择:至少设置三个剂量组,高剂量组应达到不产生动物死亡的最大毒作用剂量。一般取受试样品 1/5、1/10、1/20 LD_{50}剂量。当受试样品的 LD_{50}大于 5g/kg.BW 时,可取 5g/kg.BW 为最高剂量,以下设 3~5 个剂量组。另设溶剂对照组(阴性对照组)和阳性对照组。阳性对照组可用环磷酰胺(50~100mg/kg)或丝裂霉素 C(10mg/kg)腹腔注射 1 次。阴性对照组使用等体积的溶剂。

2. 骨髓液的制备和涂片 试验动物一次染毒后,按确定的时间用颈椎脱臼或麻醉的方法将其处死,取胸骨,擦净血污,剔去肌肉,剪去骨骺,用小型弯止血钳将骨髓挤于有一滴小牛血清的清洁载玻片上,混合均匀后推片。也可在股骨取骨髓。阳性及阴性对照组按上述方法同时进行处理。

3. 固定 将推好晾干的骨髓片放入染色缸中,用甲醇溶液固定 15 分钟,取出后晾干。不能及时染色的涂片也应固定后保存。

4. 染色 将固定晾干后的涂片,用新鲜配制的 Giemsa 应用液(Giemsa 储备液 1 份加 pH6.8 的磷酸盐缓冲液 9 份)染色 10~15 分钟,然后冲洗掉玻片上的染色液,置晾片架上晾干。

5. 观察计数 先在低倍镜下进行观察,选择分布均匀,染色较好的区域,再在油镜下观察计数。多染红细胞(polychromatic erythrocytes PCE)呈灰蓝色,正染红细胞(normochromatic erythrocytes,NCE)呈橘黄色。细胞中含有的微核多数呈圆形,边缘光滑整齐,染色与核质一致,呈紫红色或蓝紫色。一个细胞内可出现一个或多个微核。计数 1000 个 PCE 中含微核的 PCE 数,并且计数 200 个细胞中 PCE 与 NCE 的比值。

【结果分析与评价】

本试验中只计数 PCE 中微核，微核率以千分率表示。每只动物为一观察单位。每组的雌、雄动物分别计算微核 PCE 的均值和标准差。雌、雄动物之间无明显的性别差异时可合并计算结果，否则应分别进行计算。

PCE/NCE 为评价细胞毒性的指标，受试物组 PCE/NCE 值与阴性对照组比较有统计学意义表示受试化学毒物的剂量过大，试验结果不可靠。

阴性对照组和阳性对照组的微核发生率，应与试验所用动物物种及品系的文献报道结果或者是与研究的历史数据相一致。微核试验所获数据资料的频数分布尚无定论，实验结果可用适当统计方法分析。

五、单细胞凝胶电泳试验

【目的与原理】

单细胞凝胶电泳试验（single cell gel electropherosis，SCGE）又称彗星试验（comet assay），是检测受试物所导致的细胞 DNA 链的断裂，遗传学终点为原发性 DNA 损伤。SCGE 分析技术是先用琼脂糖凝胶将细胞包埋在载玻片上，在细胞裂解液的作用下，细胞膜、核膜及其他生物膜遭到破坏，使细胞内的 RNA、蛋白质及其他成分外泄到凝胶中，随后扩散到细胞裂解液中，但核 DNA 仍保持缠绕的环区附着在剩余的核骨架上，并留在原位。如果细胞未受损伤，电泳时，核 DNA 因其分子量大停留在核基质中，荧光染色后呈现圆形的荧光团，无拖尾现象。若细胞受损，在中性电泳液（pH=8.0）中，核 DNA 仍保持双螺旋结构，虽偶有单链断裂，但并不影响 DNA 双螺旋大分子的连续性。只有当 DNA 双链断裂时，其断片进入凝胶中，电泳时断片向阳极迁移，形成荧光拖尾现象，形似彗星。如果在碱性电泳液（pH>13）中，先是 DNA 双链解螺旋且变性为单链，单链断裂的碎片分子量小可进入凝胶中，电泳时断链或碎片离开核 DNA 向阳性迁移，形成拖尾。细胞 DNA 受损愈重，产生的断链或碱易变性断片就愈多，其断链或断片也就愈小，在电场作用下迁移的 DNA 量也就越多，迁移的距离越长，表现为尾长的增加和尾部荧光强度的增强。因此，通过测定 DNA 迁移部分的光密度或迁移长度即可定量地测定单个细胞的 DNA 损伤程度。

【器材与试剂】

1. 器材　全磨砂 Dakin 载玻片、微量吸管和吸头、1 号盖玻片（24mm×50mm）、玻片托盘、冰盒、液体闪烁管、微量离心管、荧光显微镜。

2. 试剂

HBSS 溶液（含 20mmol/L EDTA、无 Ca^{2+} 和 Mg^{2+}）：HBSS 溶液 400ml，EDTA 3.72g，调 pH 至 7.0~7.5，定容至 1000ml，贮存-4℃。

细胞消化液（每1000ml）：2.5mol/L NaCl 146.1g，100mmol/L EDTA 37.2g，10mmol/L Tris 1.2g（用约12g NaOH调至pH为10），1%肌氨酸钠10g，用去离子水定容至890ml。过滤除菌，为贮备液。室温保存。应用液：加新配1%Triton X-100和10%DMSO。在应用前冷藏30~60分钟。

电泳缓冲液贮备液：①10mol/L NaOH（200g/500ml去离子水）（2周内用）；②200mmol/L EDTA（14.89g/200ml去离子水，pH=10）室温保存。

电泳缓冲液应用液（300mmol/L NaOH/1 mmol/L EDTA）（缓冲液）：10mol/L NaOH 30.0ml，200mmol/L EDTA 5.0ml，定容至1000ml，混匀。电泳前新鲜配制。

中和缓冲液（0.4mol/L Tris）：Tris 48.5g，去离子水定容至1000ml，用>10mol/L HCL调pH至7.5，室温贮存。

溴化乙锭（EB）染色液（10×贮备液，即20μg/ml）：溴化乙锭1mg，去离子水50ml，室温贮存。临用时将贮备液稀释10倍。

【操作步骤】

1. 单细胞悬液的制备　常用细胞分离和培养方法如下：

（1）全血：将5μl全血与75μl低熔点琼脂糖（LMA）相混合。

（2）分离淋巴细胞：20μl全血在微量离心管中与1ml RPMI 1640混合。在血/培养基混合物下加100μl Ficol，2000g离心3分钟。弃去100μl介质底层和Ficol顶层。加1ml培养基混合，离心3分钟以使淋巴细胞沉积。弃去上清液，重新加入75μl LMA混悬沉积的淋巴细胞。

（3）骨髓：用1ml含20mmol/L EDTA的冷HBSS冲洗小鼠股骨骨髓于微量离心管中。取冲洗液5μl与75μl LMA混合。

（4）固体组织：取一小块组织，放入1~2ml含20mmol/L EDTA的冷HBSS中。经不锈钢网磨碎，静置数分钟。取5~10μl细胞悬液的量与75μl LMA混合。

与75μl LMA混合的细胞悬液的量应小于10μl，而每玻片最适细胞数约为10^4个细胞。要确定最适细胞的密度，可取5μl细胞悬液在相差显微镜下进行细胞计数或取5μl细胞悬液与75μl PBS混合，滴于普通玻片上，盖上相同大小的盖玻片计数细胞。对于含血量丰富的组织，如肝脏，先切碎成稍大的组织块，静置，吸弃HBSS，加入新的HBSS，再切成细小的组织块，取5μl细胞悬液与75μl LMA混合。

（5）体外组织培养：单层培养：用特孚隆刮片刮少许细胞到细胞培养皿的培养基中，使之含有大约1×10^6细胞/ml，取5μl细胞悬液加入75μl LMA中；悬浮培养：取约10^4个细胞（应少于10μl）到75μl LMA中混合。

2. 试验分组与染毒　体内试验，至少应设3个剂量组、1个阳性对照组和1个阴性对照组，每组至少4只动物，人体取样应设2个平行样。体外试验，至少应设3个剂量组、1个阳性对照组和1个阴性对照组，每组至少2个平行皿。

在体外试验中,可直接将受试物加入到生长培养基中置37℃培养一段时间后检测彗星形成。在体内试验中,可经适当途径(一般采用灌胃或腹腔注射)给予动物受试物(1~72小时),再取出所需的组织细胞,进行SCGE检测。

3. 制片

(1) 分别取125mg LMA和NMA(正常熔点琼脂糖)溶于25ml PBS,可稍加热使其充分溶解,制备成0.5%LMA和0.5%NMA。

(2) 取10μl保存在45℃的0.5%NMA浇注到全磨砂Dakin载玻片上,迅速盖上1号盖玻片,当心不要产生气泡,置室温1~2分钟使琼脂糖凝固。此层主要作用是保证第二层和第三层平整及附着紧密。NMA的量不必太精确,但要铺平整和均一。

(3) 将约10^4个悬于5~10μl PBS中的处理组或对照组细胞与75μl 0.5%LMA(37℃)相混合。轻轻地将盖玻片移开,迅速将细胞混悬液加到第一层琼脂糖上,盖上新盖玻片让其均匀铺开,将玻片置冰盒上的玻片托盘中3~5分钟使琼脂糖固化。在24mm×50mm的面积上加10^4个细胞,相当于在放大250×的显微镜下每视野1个细胞。

(4) 轻轻移开盖玻片,取75μl 0.5%LMA(37℃)加到第二层琼脂糖上,盖上新盖玻片让其均匀铺开,放回玻片托盘中待琼脂糖凝固。

(5) 移开盖玻片,将载玻片缓慢浸入新配制的冰凉细胞消化液中,置4℃冷藏至少1小时。可在细胞消化液中至少保存4周,但时间太长可能会引起缓冲液沉淀。

以上用量系依据24mm×50mm玻片,实际用量可随玻片大小改变。如果凝胶与玻片附着不紧,可将第一层NMA浓度调至0.65%左右。以上3~6步应在黄、红色灯光下或暗处进行,以免DNA受到额外损伤。

4. 电泳

(1) 将冷藏1小时后的载玻片从细胞消化液中轻轻取出,并置于水平凝胶电泳槽中阳极端附近,玻片间不留空隙。

(2) 向电泳槽中加入新配制的电泳缓冲液应用液,使液面完全覆盖载玻片。应防止在琼脂糖上产生气泡。

(3) 玻片在碱性缓冲液中放置20~60分钟,让DNA在电泳前解螺旋和产生碱性易损性损伤。时间越长,损伤表现得越充分。

(4) 室温下置电压25V,调整电泳槽中缓冲液面高度使电流为300mA,根据研究目的和对照样品的迁移情况,电泳10~40分钟。不同类型的细胞电泳时间不同。

(5) 切断电源,将玻片置染缸,用中性缓冲液浸洗,每次5分钟。晾干,重复两次。目的是防止碱液和去污剂干扰EB染色。

(6) 呈中性后,晾干玻片,将玻片用50μl EB应用液染色,盖上新盖玻片。以上1~4步应在黄、红色灯光下或暗处进行，以免额外DNA损伤。玻片可在潮湿环境中保存72小时，但最好在24小时内读片。

5. 镜检及结果评价 EB染色后的DNA样品应尽快在荧光显微镜下观察。未受损细胞表现为一圆形荧光核心，即彗星头部，没有尾巴。而受损细胞则有彗星尾从核中伸向阳极，形成一个亮的荧光头部和尾部。

用目镜测微尺测定或拍摄400×黑白显微照片再作测定。每个样品中至少随机挑选25个细胞测定。测定受试组和对照组核DNA直径和DNA迁移(即彗星尾)长度，再用透明尺测彗星迁移部分的面积。也可测其斜度和峭度，因不同受试物引起的彗星形状可有差异。统计时，此较受试组和对照组之间彗星尾长，或计算受试(T)与对照组(C)彗星尾长之差(T-C)，即T-C<10μm(-)；10-20(±)；20-40(+)；>40μm(++)。另外，也可计算各组受损细胞率(%)，即彗星尾长<35μm为未损伤；35~70μm为中度损伤；>70μm为重度损伤，此值在不同细胞稍有差异。有条件者可借助自动数字图像处理系统作分析。如英国利物浦Confocal Comet公司的彗星分析系统、我国庄志雄教授等研制的单细胞凝胶电泳图像分析系统(IMI系统)可以分析彗星的长度、强度、矩类以及头尾DNA含量比等多类指标，应用方便。

【注意事项】

1. 铺第一层胶要铺平整均匀，细胞数要适中。
2. 盖玻片须干净，使用时避免产生气泡。
3. EB为致突变剂，需谨慎操作并注意防护。

第二节 致癌试验

致癌性的判断是一项极其重要、慎重而又复杂的工作。基于节约时间、人力、物力的考虑，一般在进行长期动物诱癌试验前，先进行遗传毒性试验、恶性转化试验，据此对该化学物的致癌性进行初步推测。在此基础上，进一步开展动物短期和/或中期致癌试验，以及长期诱癌试验，并结合人群流行病学研究资料，才能对化学物致癌性作出评价。

有关短期筛检试验方法及遗传毒性试验方法，本章第一节已作介绍，本章重点介绍三类致癌试验。

一、哺乳动物细胞体外恶性转化试验

哺乳动物细胞体外恶性转化试验是指利用培养的哺乳动物细胞接触化学物后，观察该细胞恶性转化的一种检测方法。本试验观察终点是恶性变细胞，在此过程中观察细胞生长过程的变化，包括细胞形态、细胞生长力、生化特性、细胞间接触抑制等变化，以及将细胞移植于动物体内

能形成肿瘤的能力。

恶性转化试验常用细胞种类有:①叙利亚仓鼠胚胎细胞(SHE 细胞)和人体纤维细胞等原代或早代细胞;②BALB/C-3T3、C3H/10T1/2 和 BHK-21 细胞系;③RLV/RE 细胞系(即劳舍尔白血病病毒感染的 Fisher 大鼠胚胎细胞)和 SA7/SHE 细胞系(即猿猴腺病毒感染的 SHE 细胞)。下面将以 BALB/C-3T3 细胞的恶性转化试验为例说明本实验的基本原理与操作。

【目的与原理】

该试验的目的是了解化学物质能否使体外培养的细胞生长自控能力丧失。因此本试验能够评价某一种受试化学物潜在致癌能力。

BALB/C-3T3 小鼠细胞在培养中能形成单细胞层(具有接触抑制能力),若将这些细胞注射到同系裸鼠皮下,不会产生肿瘤。若这些单层生长细胞用化学致癌物处理产生转化细胞灶,将转化细胞注射至同系裸鼠皮下,则可产生肿瘤。因此,观察受试物处理的单层细胞是否出现转化细胞灶及其数量,并与对照组比较,可预测受试物潜在致癌能力。

【操作步骤】

1. 细胞 选择自发转化频率低的克隆,贮存于液氮中,经常检查,保证无支原体污染。细胞培养液为 DMEM(含 10%小牛血清)。

2. 分组 阴性对照组除不加受试物外均同受试物试验组。阳性对照组采用已知致癌物(如 MCA,剂量 5μg/ml)代替受试物。固体受试物若不溶于培养液,可用二甲基亚砜助溶(二甲基亚砜在培养液中浓度不超过 1%),这时需设置溶剂对照组。

3. 受试物剂量选择 从 1mg/ml(或 1μg/ml)作为最高剂量开始,按 2 倍稀释法递减 15 个剂量水平,每个剂量用 3 个培养皿,接种 200 个细胞,24 小时后加入受试物培养 3 天,洗涤细胞,在不含受试物的培养液中再培养 4 天,倒掉培养液,用吉姆萨法染色,计数细胞集落数目,并与阴性对照组比较,得到相对存活率,转化试验中所用的最高剂量组的相对存活率应大于 50%,还应选择 4 个低剂量组(至少有 2 个无毒性剂量)。

4. 转化试验 用底面积为 $25cm^2$ 的培养瓶,每瓶接种 10^4 个细胞,培养 24 小时,然后按阴性对照、阳性对照和 5 个受试物剂量组分别处理,培养 3 天,洗涤细胞,继续培养 4 周,每周换 2 次培养液。细胞层用甲醇固定,吉姆萨染色,显微镜观察、计数转化细胞灶数目。

5. 转化细胞灶计数 正常细胞为圆形的、染色一致的单细胞层。转化细胞灶的形态特征是:由紧密堆积的细胞所组成,周围呈不规则的、方向杂乱的成纤维细胞,或者中心部位有坏死,或者中心无坏死但呈杂乱状态的细胞重叠。

有些转化细胞灶不要计数:①大转化灶附近出现的小转化灶(因它们是由大转化灶散逸出来的);②无细胞方向不规则者。

为了确证选出的是否为转化细胞,可将其注射至裸鼠皮下,观察是否产生肿瘤。

【结果分析与评价】

1. 阴性对照数据除了本试验获取者外，还应结合以往的资料来分析，至少应有100～150个阴性对照皿的数据。

2. 某一剂量水平受试物的结果与阴性对照组比较，必须达到95%置信度以上具有显著统计学差异才认为该受试物具有转化活性。

3. 本试验中出现转化细胞灶数目一般不随剂量增加而成比例增加。剂量如达到毒性剂量，转化灶数目可能减少。

【注意事项】

以下条件是进行结果评价的前提：

1. 阴性对照组应是连续单层细胞。若出现不连续单层细胞，提示培养条件不佳，这样的条件不能检测出较弱的转化物质。

2. 阴性对照组每个培养皿其转化细胞灶不应超过2个，否则需分离自发转化频率低的细胞原种（BALB/C-3T3亚克隆）。

3. 阳性对照组每皿平均转化细胞灶数在99%置信度以上与阴性对照组有显著差异。

4. 每个试验组至少有8个培养瓶的分析才有效。受试物至少须有4个剂量。

【转化细胞的进一步鉴定】

对转化细胞及其恶性程度的进一步鉴定可采用凝集试验、软琼脂培养和裸鼠接种等方法。这里简要介绍凝集试验和软琼脂培养的试验方法。

1. 刀豆球蛋白（ConA）凝集试验

（1）原理：细胞膜表面ConA与受体相互作用时，细胞可发生凝集现象，凝集程度和快慢与ConA加入浓度及细胞膜表面受体数目相关。转化细胞和癌细胞膜表面ConA受体数目明显增加，因此当在一定ConA浓度下，转化细胞之间比之相应正常细胞之间其凝集反应快，凝集度大。

（2）操作步骤：用含0.02%蛋白酶E的PBS溶液将细胞消化下来，离心收集，用PBS制成细胞悬液（浓度为4×10^5个细胞/ml），取1滴细胞悬液和1滴ConA，使ConA浓度分别为100μg/ml、50μg/ml、25μg/ml，……0μg/ml。显微镜下观察凝集现象，记录开始凝集时间和凝集程度最大时的时间，并照相存档。

2. 软琼脂培养

（1）原理：正常细胞具有贴壁依赖性，而转化细胞失去了这一特性，故能在软琼脂中生长，并形成细胞集落。

（2）操作步骤

1）琼脂的制备：用三蒸水分别制备1.2%和0.7%琼脂液，高压灭菌后置于40℃备用。

2）无菌制备2×DMEM（含20%小牛血清），保存于37℃。

3）琼脂底层制备：按 1∶1 比例将 1.2%琼脂和 2×DMEM 混匀，取 3ml 注入直径 6cm 平皿中（10cm 平皿加 7～10ml），自然冷却凝固，置 CO_2 培养箱中备用。

4）制备细胞悬液，计数细胞密度。

5）制备琼脂顶层：按 1∶1 比例将 0.7%琼脂和 2×DMEM 在无菌试管中混匀，加入 0.2ml 细胞悬液，注意在配置琼脂顶层时，琼脂与细胞混匀的温度不能超过 42℃。充分混匀后加在底层琼脂之上，待上层琼脂凝固后，置 37℃的 CO_2 培养箱中培养 10～14 天。

6）在倒置显微镜下观察上层软琼脂中是否有细胞集落形成，并计数集落数。

二、哺乳动物长期致癌试验

【目的与原理】

本试验又称哺乳动物终生试验，是目前检测哺乳动物致癌物的标准试验。

【试验设计】

1. 受试化学物的有关资料　在长期致癌试验开始之前，研究者应当搜集受试物质现有的各种资料。包括：受试物的商品名和其他名称，化学结构式、分子式和分子量，物理、化学性质，人类每日可能接触水平，受试物进入体内的吸收、分布、代谢、排泄、蓄积等相关生物化学资料，以及体外短期检测试验和该受试物与肿瘤相关的流行病学等资料。

2. 实验动物　一般常用两种啮齿类动物，大鼠和小鼠。不同品系易感性有时可有明显差别。动物年龄一般选用刚断乳动物，雌雄各半。

3. 剂量与分组　一般设计 3 个剂量组。高剂量最好采用最大耐受量，即不会致死、也不引起可能缩短寿命的毒性表现和病理改变或与对照组相比体重下降不大于 10%的剂量。低剂量最好高于人类实际可能接触剂量。必须设立阴性对照组。在啮齿类动物致癌性试验，每组雌、雄动物各 50 只，对照组也应两种性别各 50 只。

4. 染毒途径　染毒途径尽量选择类似或接近于人类接触受试物的方式。

5. 染毒时间和实验周期　为了使实验动物接触可疑致癌物的期限足够长，通常这种试验从动物断乳后不久开始。

实验期限大鼠为 2 年（104 周），小鼠和地鼠为 1.5 年（96 周）。在整个实验期，动物一般应持续给受试物，也可给受试物大鼠一年半，小鼠一年后停止，然后再观察半年。

如果对照组或低剂量组动物死亡率达 75%，各组存活动物可处死，并终止全部实验。不管动物死亡率如何，大鼠实验不能持续 130 周以上，小鼠不能持续 120 周以上，地鼠不能持续 100 周以上。如果对照组或低剂量组大鼠在不足 104 周，小鼠不足 96 周，地鼠不足 80 周时动物死亡率超过 50%，可视为实验失败。

6. 观察内容与检查项目

（1）体重变化：在动物处于实验阶段的最初 3 个月，每周称一次体重，以后每 2 周称一次。

每天观察食物消耗情况，最好记录每周食物消耗量。

（2）检查动物：每天上午、下午各检查一次动物，以便及时了解动物死亡与患病情况。为防止动物间相互残杀或咬伤，以及为了隔离，应将患病动物单笼喂养。如果需要的话，可用药物治疗，但任何治疗必须做记录，应避免使用长效药物，防止对受试物的作用产生干扰。应仔细检查和记录异常组织肿块的产生、肿块部位、大小及其生长情况，也应注意毒性体征。

如果数只动物在一个笼中喂养，发现动物死亡，应及时解剖，否则易被其他动物吃掉，造成标本损失。

（3）实验室检查；致癌试验的主要目的是确定化学物致癌性，不像在毒性研究中各种毒性作用都要观察，因此，除了常规的血液学检查，不作其他方面检查。如与慢性毒性试验结合进行，可参照慢性毒性试验要求。

（4）尸检：死亡或濒死动物都进行解剖。实验终止时将存活动物全部处死进行剖检。剖检时应称量某些实质性脏器的重量，如肺、肝、肾、心、脾、睾丸、脑等。

保留标本作组织学检查，发现组织和器官异常时作显微镜检查，通常应检查下列组织：颌下淋巴结、唾液腺、乳腺、胸骨、股骨、脊椎骨、胸腺、甲状腺、甲状旁腺、气管、大支气管、肺、心、食管、胃、小肠、结肠、肝、胆囊、胰腺、脾、肾上腺、肾、膀胱、前列腺、睾丸、子宫、卵巢、脑垂体、眼球（大体检查是否发现异常）和脊髓（有无神经体征）等。

【结果分析和评价】

发现第一例肿瘤时存活的动物数确定为有效动物数，各种分析指标都以该动物数作为基数计算。主要评价指标为：

1. 肿瘤发生率　是本试验最重要的指标，指实验结束时患瘤的动物占有效动物数的百分比，用%表示。要求计算肿瘤总发生率、恶性肿瘤总发生率、各器官或组织肿瘤发生率和恶性肿瘤发生率，以及各种类型肿瘤发生率。

2. 多发性　是化学物质致癌的特征之一，系指一个动物出现多个肿瘤或一个器官出现多个肿瘤。一般计算每一组平均肿瘤数。

3. 潜伏期　指从动物接触致癌物开始，到出现第一个肿瘤的天数。致癌物剂量愈大潜伏期愈短。可以用各组第一个肿瘤出现的时间作为该组潜伏期。这种办法只适用于能在体表观察的肿瘤，如皮肤肿瘤或乳腺肿瘤。内脏肿瘤则需分批剖杀计算平均潜伏期。

对阳性结果的评定应当慎重。分析指标时应注意有无剂量反应关系，并与对照组之间进行显著性检验。当出现剂量反应关系，并与对照组存在显著性差异时判为阳性结果。当染毒组出现对照组没有的肿瘤类型时也应判为阳性，但应有历史对照资料。

（张　巧　徐德祥）

第四章 分子毒理学实验

分子毒理学(molecular toxicology)是从分子水平上研究外源化学物与生物体相互作用的一门毒理学分支学科,主要探讨外源化学物进入机体或细胞后发生的分子事件及其毒作用机制。

近年来分子毒理学发展迅速,主要得益于近四十年来分子生物学理论和技术的突飞猛进,相关技术的引入丰富了毒理学研究的手段,实现了毒理学研究从整体和器官水平向细胞和分子水平的飞跃。

外源化学物作用于生物体可引起机体或细胞的结构和功能改变。根据已有知识,可初步判断受试外源化学物的毒性作用涉及某些基因和/或蛋白质。如果该外源化学物有遗传毒性,应确定其是否可引起相关基因突变或修饰;如果该外源化学物不具有遗传毒性,应确定其是否会引起基因转录、翻译和表达的改变。

限于篇幅,本章简要介绍经典和常用的分子毒理学实验技术和方法,内容包括生物大分子分离纯化与损伤检测、基因突变及多态性检测、表观遗传学检测、基因表达检测、基因调控表达和基因编辑,并介绍这些研究方法的应用范围、优势与不足。

第一节 生物大分子的分离与纯化

生物大分子指生物体内具有活性成分的分子量达到上万或以上的各种有机分子,常见的生物大分子主要指核酸(DNA 和 RNA)和蛋白质。核酸是遗传信息的载体,蛋白质则是生物功能的执行者,它们也常是外源化学物作用的靶分子。以核酸和蛋白质为对象,研究外源化学物毒作用及其机制,是分子毒理学的主要研究内容。

一、核酸的分离与纯化

核酸分离纯化是分子生物学的基本技术,也是分子毒理学其他分析方法的前提条件之一。分离纯化基因组 DNA 和总 RNA 方法较多,其中提纯基因组 DNA 最为经典和常用的方法是酚-三氯甲烷提取法;而分离纯化总 RNA 的经典方法为酸性酚-硫氰酸胍-三氯甲烷提取法。

（一）基因组 DNA 的分离与纯化（酚-三氯甲烷提取法）

【目的与原理】

组织细胞经蛋白酶 K 消化后，用去污剂十二烷基硫酸钠（SDS）溶解细胞膜并使蛋白质变性，然后利用核酸溶于水而不溶于有机溶剂的特性，用有机溶剂酚-三氯甲烷及乙醇提纯 DNA。

【器材与试剂】

1. 样品　组织标本、培养细胞、全血细胞等。

2. 器材　高速台式冷冻离心机、恒温振荡水浴箱、真空干燥器、旋转器、紫外分光光度计等。

3. 试剂

（1）0.01mol/L 磷酸盐缓冲液（PBS，pH 7.4）；

（2）裂解缓冲液：含 100mmol/L NaCl、10mmol/L Tris-HCl、25mmol/L EDTA、0.5%SDS，临用前加入 0.1mg/ml 蛋白酶 K；

（3）Tris-饱和酚：经 0.5mol/L Tris-HCl（pH 8.0）平衡的重蒸酚（可从试剂公司购买）；

（4）三氯甲烷-异戊醇混合液：三氯甲烷及异戊醇按 24∶1 的体积比混合；

（5）TE 缓冲液（pH 8.0）：含 10mmol/L Tris-HCl 及 1mmol/L EDTA（pH 8.0）；

（6）其他：3mol/L 醋酸钠、100%乙醇、70%乙醇。

【操作步骤】

1. 样品准备

（1）组织样品：取 0.1g 新鲜组织或经液氮速冻后的组织样品，在组织匀浆机中研磨或在有液氮的研钵中磨成粉末后悬浮于 1～1.5ml 裂解缓冲液。

（2）培养细胞：收集细胞，细胞经预冷的 PBS 洗涤两次后，每 10^8 个细胞加入 1ml 裂解缓冲液重悬细胞。

（3）全血：新鲜抗凝全血 1300g 离心 15min，吸取白细胞层；冻存抗凝全血室温解冻，加入等体积 PBS，3500g 离心 15min，弃上清，将沉淀重悬于 10 倍体积的裂解缓冲液。

2. 细胞裂解与消化　将上述准备好的样品置于离心管中，50℃ 水浴振荡温育 12～18h 或 37℃ 水浴振荡温育过夜。

3. DNA 的抽提　样品冷至室温后，加入等体积的 Tris-饱和酚，缓慢摇动 20min，4℃、3500g 离心 10min，小心吸出上清，置另一管中。加入等体积三氯甲烷-异戊醇混合液，同法重复抽提 2 次。

4. DNA 的纯化　加入 1/10 体积的 3mol/L 醋酸钠（终浓度为 0.3mol/L）和 2 倍体积预冷的无水乙醇，颠倒混匀，置冰上 5min 后，1500g 离心 5min，弃上清。沉淀用 70%乙醇洗涤 2 次，室温风干，TE 溶解沉淀。

5. DNA 的保存　DNA 在 4℃ 可短期保存，-20℃ 可保存 1～2 年，避免反复冻融。在 DNA 样品中加入少量三氯甲烷，可有效避免细菌与核酸的污染。

【结果分析与评价】

通常采用紫外分光光度法测定提取 DNA 样品的浓度及纯度。测定样品在 260nm 及 280nm 处的吸光度值(A260、A280),若 A260/A280 比值为 1.8~2.0,说明样品纯度较高;若比值小于 1.75,表明样品中可能含有较多的蛋白质需进一步提纯;若大于 2.0,则表明可能有 DNA 分子断裂或 RNA 污染。

DNA 样品浓度测定:单链 DNA 浓度(μg/ml)= A260×33μg/ml×稀释倍数;双链 DNA 浓度(μg/ml)= A260×50μg/ml×稀释倍数。

【注意事项】

1. 加入裂解缓冲液前尽量使细胞均匀分散,避免团块残留。蛋白酶 K 应新鲜配制,最好做预试验以了解其活性。

2. DNA 提取过程中应避免 RNA 污染,可在提取过程中加入 RNA 酶处理,以减少 RNA 污染。由于真核细胞基因组为大分子量的线性 DNA,在操作中应注意避免机械剪切作用。

3. 乙醇纯化 DNA/RNA 过程中必须有盐溶液参与,常用有醋酸铵、醋酸钠、氯化锂及氯化钠等,需依据不同情况进行选择。纯化时 DNA 沉淀需干燥,以免残留的乙醇影响后续研究;但又不可过于干燥,否则极难溶解。

4. 酚具有腐蚀性,故在涉及酚的操作中实验者应戴手套、防护眼镜,所有操作均应在通风橱内进行。

【方法评注】

酚-三氯甲烷提取法操作相对简单,且不需昂贵的仪器设备,能分离高分子量(100~150kb)的 DNA,所获 DNA 质量较好,适用于分离纯化大量的 DNA,但反复抽提及离心过程耗时较长。在此基础上发展起来的碘化钠法、尿素法等均用盐来代替有机溶剂去除蛋白质,也能快速分离出实验所需的高质量 DNA。现在很多生物公司可提供较好的基因组 DNA 提取纯化试剂盒,能够从多种样品如全血、培养细胞、动物组织、细菌、酵母及石蜡切片等中快速提纯获得高纯度的 DNA。

(二)总 RNA 的分离与纯化(酸性酚-硫氰酸胍-三氯甲烷提取法)

【目的与原理】

硫氰酸胍裂解和溶解细胞时能保持 RNA 完整性,在酸性条件下 RNA 与 DNA 可分离,利用 RNA 溶于水而不溶于有机溶剂的特性,采用异丙醇和乙醇分离纯化 RNA。

【器材与试剂】

1. 样品 组织样品、培养细胞等。

2. 器材 高速台式冷冻离心机、超低温冰箱、冷冻真空干燥器、旋涡混匀器、无 RNA 酶的离心管等。

3. 试剂

（1）变性液：含 4mol/L 硫氰酸胍、25mmol/L 枸橼酸钠、0.5%月桂基磺酸钠、临用前加入 0.1mol/L 的 β-巯基乙醇，室温储存；

（2）无 RNA 酶灭菌水：在双蒸水中加入 0.1%焦碳酸二乙酯（DEPC）振荡混匀，37℃水浴 1h 后，121℃高压蒸汽灭菌 5min；

（3）三氯甲烷-异戊醇混合液：三氯甲烷及异戊醇按 49∶1 的体积比混合；

（4）其他：75%乙醇、异丙醇、液氮、苯酚、0.01mol/L PBS（pH 7.4）、2mol/L 醋酸钠（pH 4.0）。

【操作步骤】

1. 样品的准备和裂解

（1）组织样品：经液氮速冻的组织在液氮研钵中磨成粉末后，每 100mg 组织加入变性液 3ml，室温搅拌 15~30s；

（2）培养细胞：吸去细胞培养液或 1500g 离心 10min 收获细胞，用无菌预冷的 PBS 洗涤细胞一次，每 10^6 个细胞加入 2ml 变性剂，室温搅拌 15~30s；

2. 将上述混匀的样品转至一新管中，在每毫升变性剂中立即加入 0.1ml 醋酸钠、1ml 酚及 0.2ml 三氯甲烷-异戊醇混合液（每种试剂加入后均需颠倒混匀），剧烈振荡 10s 后，冰浴 15min；

3. 4℃、10 000g 离心 20min。吸取上层含 RNA 的水相于一新管中，加入等体积异丙醇，颠倒混匀，-20℃沉淀 1h 或以上；

4. 4℃、10 000g 离心 30min，收集沉淀的 RNA。弃去异丙醇，加入第一步所用变性剂 0.3 倍体积变性剂，涡旋混匀，用等量异丙醇-20℃沉淀 1h 或以上；

5. 4℃、10 000g 或以上离心 10min 收集 RNA 沉淀。75%乙醇洗涤沉淀 2 次；

6. 小心吸弃乙醇，室温干燥 5~10min（不可完全干燥）。将 RNA 溶于 50~100μl 含 0.01mol/L EDTA（pH 7.5）的无 RNA 酶灭菌水或含 0.5%SDS 的 TE（pH 7.6）中，储存于-80℃超低温冰箱；

7. 质量控制与 RNA 保存：RNA 具有碱易变性，提取过程中需严格控制 pH 值；所提取的 RNA 需用凝胶电泳法对其完整性进行鉴定。RNA 可用去离子甲酰胺溶解或悬浮于 70%乙醇中，分装后-80℃保存，注意避免反复冻融。

【结果分析与评价】

常用紫外分光光度法测定 RNA 纯度及浓度。RNA 纯品的 A260/A280 比值应为 2.0。如果比值为 1.9~2.0，说明 RNA 样品纯度较高。若 A260/A280 比值低于 1.8，说明样品可能有蛋白质或酚的污染，需进一步纯化，若比值大于 2.1，说明 RNA 有可能发生降解。RNA 浓度（μg/ml）= A260×40μg/ml×稀释倍数。

【注意事项】

1. 在 RNA 提取过程中尤其要注意避免 RNA 酶污染。采取的措施：戴口罩及一次性手套；尽可能在低温下操作;使用专用的无 RNA 酶的移液器、玻璃制品、塑料器皿及缓冲液。

2. 实验中所用的溶液均需用 DEPC 处理水配制;所用玻璃器皿必须在 300℃烘烤 4h 以上;塑料制品则需用 DEPC 或三氯甲烷等处理后方能使用。

【方法评注】

经典的酸性酚-硫氰酸胍-三氯甲烷提取法不需要超速离心,成本低,且在获得最后产物过程中不存在浪费;但该方法不适合从脂肪组织中提取 RNA,易出现多糖和蛋白多糖污染,影响反转录聚合酶链式反应(RT-PCR)及 Northern blotting 结果。目前已有商品化的试剂盒供选择,所分离纯化的 RNA 纯度和完整性较好,但试剂价格较贵。

二、蛋白质的分离与纯化

蛋白质的分离与纯化是蛋白质研究的基础工作,获得高纯度并具有生物活性的目的蛋白是研究成功的前提。在哺乳动物的组织和细胞中含有上千种不同的蛋白质,要将某一种蛋白质分离纯化出来,常需将几种分离方法联合使用。通常先用离心等方法粗分离蛋白质与非蛋白质成分,再用盐析、层析、电泳等方法将目的蛋白与其他蛋白质成分彼此分离。限于篇幅,下面仅以培养细胞为例介绍蛋白质粗分离的方法,以盐析法从血清中纯化 γ-球蛋白为例介绍蛋白质纯化方法。

(一)蛋白质粗分离(溶剂提取法)

【目的与原理】

利用低渗缓冲液使细胞肿胀破碎,离心除去细胞碎片及亚细胞成分,获得细胞内蛋白质提取液;再用低盐和高盐缓冲液使细胞核内的可溶性蛋白释放到上清液中,获得细胞核蛋白提取液。

【器材与试剂】

1. 器材 玻璃匀浆器、低温高速离心机、低温冰箱、透析膜、电导仪等。

2. 试剂

(1) 低渗缓冲液:10mmol/L 羟乙基哌嗪乙硫磺酸(HEPES)(pH 7.9)、10mmol/L KCl、1.5mmol/L $MgCl_2$、0.2mmol/L 苯甲基磺酰氟(PMSF)、0.5mmol/L 二硫苏糖醇(DTT),PMSF 及 DTT 临用时现加;

(2) 低盐缓冲液:0.02mol/L KCl、20mmol/L HEPES(pH 7.9)、0.2mmol/L EDTA、25%甘油、1.5mmol/L $MgCl_2$、0.2mmol/L PMSF、0.5mmol/L DTT,PMSF 及 DTT 临用时现加;

(3) 高盐缓冲液:除 KCl 浓度为 1.2mol/L 外,其余组分及浓度同低盐缓冲液;

(4) 透析缓冲液:20mmol/L HEPES(pH 7.9)、100mmol/L KCl、0.2mmol/L EDTA、20%甘油、

0.2mmol/L PMSF、0.5mmol/L DTT，PMSF 及 DTT 临用时现加；

（5）10×细胞质提取缓冲液：0.3mol/L HEPES（pH 7.9）、1.4mol/L KCl、0.03mol/L $MgCl_2$；

（6）其他：0.01mol/L PBS（pH 7.4）、液氮。

【操作步骤】

1. 培养细胞经 PBS 洗涤后悬浮于 5 倍体积的低渗缓冲液中，1850g 离心 10min。沉淀重悬于 3 倍体积的低渗缓冲液中，冰上 10min 使细胞肿胀。匀浆器破碎细胞（用台盼蓝染色排斥法确定 80%～90%的细胞破碎），3300g 离心 15min，上清为细胞质提取液，沉淀用于提取核蛋白。

2. 核蛋白的提取　向上述沉淀中加入 1/2 体积的低盐缓冲液重悬细胞核，轻轻搅拌的同时逐滴加入 1/2 体积的高盐缓冲液，KCl 终浓度为 300mmol/L。轻轻搅拌 30min，25 000g 离心 30min。将上清液进行透析，直至核蛋白提取液的电导率与透析液一致。将提取液从透析袋内移出，25 000g 离心 20min，收集上清液，测定蛋白质含量。小量分装，液氮速冻后，-80℃保存。

3. 胞质蛋白的提取　测量胞质提取液的体积，加 0.11 倍体积的 10×胞质提取缓冲液，充分混合后，100 000g 离心 2h。将上清液进行透析，直至电导率与透析液一致，经 25 000g 离心 2h，收集上清，测定蛋白质含量。小量分装，液氮速冻后，-80℃保存。

【注意事项】

为防止蛋白质降解，缓冲液和设备需预冷，所有操作均应在 0～4℃进行，并在缓冲液中加入蛋白质保护剂（如 β-巯基乙醇、DTT 等）及蛋白酶抑制剂（如 PMSF、抑蛋白酶肽等）。

【方法评注】

1. 从细胞中分离蛋白质方法较多，如盐析法、等电点沉淀法，有机溶剂沉淀法、电泳法，凝胶过滤法（分子筛层析法）、离子交换层析法及亲和层析法等。应根据试验材料、实验目的、实验室条件及目的蛋白的性质，选择不同的破碎细胞方法和提取液。无论用哪一种方法提取蛋白质，均应最大限度地释放目的蛋白并保持其活性。另可通过选择适当 pH、温度、溶剂以及蛋白水解酶抑制剂如 PMSF 等尽可能促进蛋白质在溶剂中溶解，减弱蛋白水解酶活力，减少细胞的自溶过程，利于目的蛋白质获取。

2. 如所用材料为组织，可先破碎及裂解组织细胞后再进行进一步的蛋白质分离纯化。

（二）蛋白质纯化（盐析法）

从细胞中粗提获得的蛋白质或血浆、体液等生物样品是多种蛋白质分子的混合物，需利用蛋白质的不同物理、化学或生物学特性纯化目的蛋白。

【目的与原理】

蛋白质在水溶液中的溶解度取决于蛋白质周围亲水基团与水形成水化膜的程度，以及蛋白质分子带有电荷的情况。利用中性盐对水分子亲和力大于蛋白质的特性，通过破坏水化膜、中和电荷,使蛋白质溶解度降低,发生聚集而沉淀析出。

【器材与试剂】

透析袋;萘氏试剂:HgI 11.5g,KI 8g,加蒸馏水至50ml,搅拌溶解后,再加入20%NaOH 50ml;饱和硫酸铵溶液(pH 7.4);0.02mol/L PBS(pH 7.4);蒸馏水;生理盐水。

【操作步骤】

1. 细胞或血液样本用生理盐水等倍稀释后,边搅拌边逐滴加入等量的饱和硫酸铵(终浓度约为50%),置4℃ 3h以上,使其充分沉淀。

2. 1850g离心20min,弃上清,以生理盐水溶解沉淀。逐滴加入1/2体积的饱和硫酸铵,置4℃ 3h以上(硫酸铵的浓度约为33%)。

3. 重复步骤2,将末次离心后所得沉淀物以0.02mol/L PBS(pH 7.4)溶解后装入透析袋。

4. 置蒸馏水中充分透析、除盐,换液3次,至萘氏试剂检测透析外液无黄色。取少许透析袋内样品适当稀释后测蛋白含量并保存。

【注意事项】

1. 蛋白质的含量应控制在2.5%~3.0%,以防其他蛋白质与目的蛋白质一起沉淀(共沉现象)。

2. 通常低温可促进蛋白质的沉淀,但某些蛋白质(如血红蛋白、肌红蛋白)在室温下更易发生盐析。

3. 盐析时,pH接近待纯化蛋白质的等电点有利于增加盐析效率。

4. 用盐析法获得的蛋白质含有所加的盐,需进行脱盐处理。常用透析法、超过滤技术或凝胶层析法脱盐。

【方法评注】

盐析法操作简单易行、试剂价格低廉,但影响因素较多;凝胶过滤法利用蛋白质分子大小不同对蛋白质进行纯化,分离效果好、条件温和,但分离时间较长,对生物学性质不稳定的蛋白质不适用;电泳法、离子交换层析法等利用蛋白质在不同pH环境中带电性质和电荷数量不同,将不同的蛋白质分开,操作简单、吸附剂易再生、分辨率较高;亲和层析法利用某些蛋白质能特异地与另一种配体分子非共价结合纯化蛋白质,如抗体与抗原、酶和辅酶等,可分离浓度低、杂质多、分离流程长的生物大分子,该方法具有广泛的应用前景,但需根据待分离物质进行亲和层析介质的制备。目前有多种蛋白质提取纯化试剂盒出售,方法简单快速,提取效果较好。

(三)蛋白质浓度测定(BCA蛋白定量法)

【目的与原理】

BCA蛋白定量分析是基于二喹啉甲酸(BCA),利用比色法测定总蛋白浓度的方法。此方法将双缩脲反应和显色反应结合在一起:前者为在碱性介质中,蛋白质可将Cu^{2+}还原成Cu^{+}的反应,后者为使用含有BCA的独特试剂,利用比色法检测Cu^{+},具有高灵敏度和高选择性的特点。

此检测方法中产生的紫色显色物质是由两分子的 BCA 和一分子的 Cu^{+}螯合而形成的。该水溶性复合物在 562nm 处具有很强的吸光值，在很宽的蛋白质浓度范围内（20～2000μg/ml），吸光值和蛋白浓度具有良好的线性关系。

【器材与试剂】

多功能酶标仪、恒温培养箱、牛血清白蛋白（BSA）标准品、0.9%NaCl、BCA 标准试剂等。

【操作步骤】

1. 梯度稀释 BSA 标准品　使用 0.9%NaCl 135μl+BSA（5mg/ml）15μl 配制终浓度为 0.5mg/ml 的蛋白标准品。使用蛋白标准品按照下表配制梯度标准品：制备标准曲线，按 0、2、4、8、12、16、20μl 加入到 96 孔板的标准品孔中，其余的用生理盐水补齐至 20μl，标准品设置 2 个平行孔（表 4-1）。

表 4-1　蛋白浓度测定体系

	标准曲线									样品
0.9%NaCl（μl）	20	19	18	16	12	8	4	2	0	18
蛋白标准品（μl）	0	1	2	4	8	12	16	18	20	2
BCA（μl）	200	200	200	200	200	200	200	200	200	200

2. 将准备好的蛋白样品使用 0.9%NaCl 按照 2μl 样品加 18μl 生理盐水加入样品孔，设置两个平行孔。

3. 将 BCA 标准液 A 和标准液 B 按照 50∶1 的比例配制 BCA 工作液，体系配制完成之后向各孔加入 200μl 工作液，在 37℃恒温培育 30min。

4. 使用多功能酶标仪在 λ=570nm 处检测 OD 值，并绘制标准曲线计算蛋白浓度。

【注意事项】

1. BCA 法并不是真正的终点检测，实验中颜色将会持续变化，在孵育结束后需尽快测定以减少误差。

2. 此方法受温度和时间影响较大，需准确定时、定温，以保证蛋白的精确定量。

【方法评注】

BCA 蛋白定量法具有高度兼容性，尤其适用于表面活性剂存在下的蛋白浓度检测，如细胞或组织的蛋白提取物。也具有高敏感度，可精确定量 1～2000μg/ml 的蛋白样品。同时不受绝大部分样品中化学物质的影响，可兼容样品中高达 5%的 SDS，5%的 Triton X-100，5%的 Tween-20、60、80。但受螯合剂和略高浓度的还原剂影响，需确保 EDTA 低于 1mol/L，β-巯基乙醇低于 10mol/L，无 EGTA，DTT 低于 1mol/L 等。

第二节 生物大分子损伤的检测

DNA 损伤和蛋白质氧化损伤是生物大分子损伤的常见方式,是近年备受关注的毒作用分子机制研究内容之一。下面介绍几种重要且常用的 DNA 损伤和蛋白质氧化损伤的检测方法。

一、DNA 链断裂检测

DNA 链断裂(DNA strand breakage)是一类直接的 DNA 损伤标志,包括 DNA 单链和双链断裂。一些传统的检测技术经过不断改进、发展而沿用至今,同时也开发了一些更灵敏、简便、快速的方法。DNA 链断裂的检测通常使用单细胞凝胶电泳(singe-cell gel electrophoresis,SCGE)、碱洗脱法(alkaline elution)、荧光原位杂交(fluorescence *in situ* hybridization,FISH)和脉冲场凝胶电泳(pusled-field gel electrophoresis,PFGE)等技术。本章节主要介绍 DNA 单链和双链断裂检测的传统技术:脉冲场凝胶电泳法。单细胞凝胶电泳技术详细内容及操作见本书第三章第一节。

(一)单细胞凝胶电泳技术

单细胞凝胶电泳是近年发展起来的一种快速检测单细胞 DNA 损伤的技术,具有敏感、快速、简便、重复性好、无需放射性示踪等特点,在检测 DNA 链断裂方面应用广泛。

(二)脉冲场凝胶电泳

【目的与原理】

脉冲场凝胶电泳又称脉冲式交变电场电泳,主要在琼脂糖凝胶电泳的基础上采用两个垂直方向的不均匀交变电场,使 DNA 分子在凝胶介质中随着电场方向的变化而改变泳动方向,从而使不同大小的 DNA 分子得以分离。只有发生了双链断裂的小分子 DNA 片段可从点样孔处进入凝胶,而未断裂的和仅发生单链断裂的大分子 DNA 仍滞留于加样孔内,通过测算两部分 DNA 比例,判断 DNA 双链断裂的损伤程度。

【器材与试剂】

1. 细胞　中国仓鼠 V79 细胞、Hela 细胞、小鼠 B16 黑色素瘤细胞或人 SMMC-7721 肝癌细胞等。

2. 器材　CO_2培养箱、凝胶模具、交变脉冲电泳装置、荧光扫描仪或凝胶成像系统等。

3. 试剂　RPMI-1640 培养基,小牛血清,胰蛋白酶,磷酸盐缓冲液(PBS),1%低熔点琼脂糖,反应液:1mg/ml 蛋白酶 K、1%SDS、0.5mol/L EDTA、10mmol/L Tris-HCl(pH 8.0),TE:(0.5mmol/L EDTA、10mmol/L Tris-HCl(pH 8.0),保存液:0.5mol/L EDTA(pH 8.0)、0.8%~1.5%琼脂糖凝胶,溴化乙锭,0.5×TBE 电泳缓冲液等。

【操作步骤】

1. 细胞培养 细胞在含10%小牛血清的RMPI-1640培养基中培养,胰蛋白酶消化细胞,PBS清洗并稀释至浓度为1×10^7/ml的细胞悬液。

2. 包埋 细胞悬液加等体积PBS配制的1%低熔点琼脂糖包埋,制成厚2mm、直径5mm的凝胶块。

3. 辐照 以一定剂量的放射源进行辐照,每个剂量重复3个凝胶块。

4. 裂解 凝胶块置于反应液中,50℃处理48h,TE洗涤3次后置于保存液中4℃保存。

5. 电泳 制备0.8~1.5%琼脂糖凝胶(含终浓度为0.5μg/ml溴化乙锭),将凝胶块置于点样孔中,用1%低熔点琼脂糖封住样品孔,0.5×TBE电泳缓冲液电泳(电压大小、脉冲时间、电泳时间视试验要求确定)。

6. 凝胶成像 拍照并用荧光扫描仪扫描,分析各部分DNA量(激发波长为254nm,发射波长为600nm)或用凝胶成像系统进行电泳图像分析。

【结果分析与评价】

DNA断裂水平(L),采用以下公式分析:L=PR/T;

PR:样品块中释放入胶的DNA百分比,PR=1-FAR;

FAR:电泳后滞留在样品孔中的DNA百分比;

T:DNA片段的平均碱基数量(Mbp);

本法具有普通电泳所不具有的分离大分子量DNA的特性。

【注意事项】

1. 影响脉冲场凝胶电泳分辨率的因素有:①两个脉冲场的均一性;②两个脉冲场的脉冲时间及它们之间的比率;③两个脉冲场的强度及方向。

2. 在脉冲场凝胶电泳过程中,涉及电压、电流、脉冲时间、温度等若干参数,这些参数的选择应依据目的DNA的分子范围,根据具体试验摸索最佳分离条件。

3. 电泳宜在5~15℃下进行;电泳缓冲液应在两极之间循环;低压电泳可产生较整齐的带型;交变电场的方向决定的角度越大,分离的效果越好。

二、DNA交联检测

DNA交联(DNA crosslink)是外源化学物作用于DNA所致的重要遗传损伤,较难修复和较易发生错误修复,且在细胞周期中保留时间较长。DNA交联主要包括DNA-DNA交联(DNA-DNA crosslink,DDC)及DNA-蛋白质交联(DNA-protein crosslink,DPC)两种形式。其检测方法众多,下面主要介绍常用的溴化乙锭(EB)荧光法、^{125}I-后标记法和K-SDS沉淀法。

（一）DNA-DNA 交联测定（EB 荧光法）

【目的与原理】

化学物或其活性代谢产物与 DNA 共价结合后，常引起 DNA 双链间交联而使其复制受阻，严重时可造成细胞死亡。EB 与双链 DNA 结合可产生荧光，而 DNA 在加热变性为单链后荧光衰减，交联 DNA 由于解链受阻荧光衰减幅度小，故测定实验组 DNA 和对照组 DNA 加热前、后相对荧光强度比值可计算链间交联率。

【器材与试剂】

1. 器材　荧光光度计、恒温水浴箱、离心机。

2. 试剂　3mg/ml 牛胸腺 DNA 溶液，Tris-EDTA 缓冲液（pH 8.0），4℃保存；10mg/L EB 溶液，磷酸盐缓冲液（20mol/L K_2HPO_4和 0.4mmol/L EDTA，pH 12.0），临用新配。

【操作步骤】

1. 每管加入牛胸腺 DNA 溶液和不同浓度受试物各 10μl，37℃水浴 30min，加 3ml EB 溶液混匀，应用荧光分光光度计测定其荧光强度（激发波长 525nm，发射波长 590nm）。

2. 将反应样品置 100℃水浴 8min，迅速冷却至室温，再次测定荧光强度。

【结果分析与评价】

DNA 交联率，采用以下公式计算：

$$Ct=(Ft-Fn)/(1-Fn)\times100\%$$

Ct：DNA-DNA 交联率；

Ft：实验组中热变性后的荧光强度/热变性前的荧光强度；

Fn：对照组中热变性后的荧光强度/热变性前的荧光强度。

交联率随受试物剂量增加而增加，且呈剂量-反应关系时才可认为受试物能引起 DNA 交联。本法具有快速、简便、无需放射性核素标记等优点，可直接反映受试物 DNA 交联作用。

【注意事项】

1. 该法对 EB 缓冲液 pH 要求十分严格，以 pH 12.0 时最佳。

2. EB 具有很强的遗传毒性，易引起 DNA 突变，操作中注意防护，废弃物须经无害化处理。

（二）DNA-蛋白质交联测定（^{125}I-后标记法）

【目的与原理】

样本经 SDS/蛋白酶 K 消化，酚-三氯甲烷抽提 DNA 后，去除非共价结合的蛋白质，所余部分即为与 DNA 交联的多肽链和氨基酸。酪氨酸是参与共价交联的主要氨基酸且与 Na^{125}I 有良好的亲和力，可通过检测与酪氨酸结合的^{125}I 的放射性强度，推算 DPC 含量。

【器材与试剂】

1. 器材　紫外分光光度计、恒温水浴箱、超速离心机、高速离心机、^{125}I 放免测量仪。

2. 试剂 DNA 抽提相关试剂（参见本章第一节）；重悬液：2% SDS（pH 7.2）、30% 尿素、0.5mol/L Tris-HCl（pH 7.6）；10μCi Na^{125}I、6mg/ml 氯胺 T（临用新配）、20% β-巯基乙醇（临用新配）。

【操作步骤】

1. 白细胞分离 取抗凝血 3~5ml，3000g 离心 10min，取白细胞至离心管中，PBS 冲洗，2000g 离心 5min。

2. DNA 抽提和纯度测定 参见本章第一节。

3. ^{125}I 后标记

（1）取 100μg DNA 溶液置 1.5ml 离心管中，离心去除无水乙醇并干燥后用 100μl 重悬液溶解；

（2）加 10μCi Na^{125}I、5μl 氯胺 T 混合，室温反应 2min；

（3）加 10μl 20% β-巯基乙醇还原放射性核素，然后乙醇冲洗 DNA，12 000g 离心 5min 弃废液，重复 2 遍。

4. DPC 检测和 DNA 浓度测定 将同一样本分别用溶解于 300μl 10mmol/L Tris-HCl，700μl 纯水稀释后进行 γ-计数（cpm/ml）和 DNA 浓度测定。

【结果分析与评价】

1. DNA 浓度计算

$$\text{DNA 浓度}(\mu g/ml) = (A260 - A330) \times 50 \times \text{稀释倍数}$$

2. DPC 水平计算

$$\gamma\text{-计数值/DNA 含量（单位：cpm/}\mu g\ \text{DNA）}$$

^{125}I 后标记法具有灵敏度高、操作简便、省时、经济等特点，且不需要特殊昂贵的试剂和仪器。

【注意事项】

1. 试验中应注意放射性物质危害防护及放射污染问题。

2. 氯胺 T 对光和氧不稳定，需使用前配制。控制氯胺 T 的浓度、温度、反应时间，有利于蛋白质的标记。

（三）DNA-蛋白质交联测定（K-SDS 沉淀法）

【目的与原理】

氯化钾可以使 DPC 以及其他的蛋白质沉淀下来，而游离 DNA 则留在上清液中。蛋白酶 K 除去蛋白质使 DPC 中的 DNA 游离出来，测定游离 DNA 含量以及上清液中 DNA 含量即可计算出 DNA 和蛋白质交联程度。

【器材与试剂】

1. 样本 动物组织匀浆，培养细胞，人外周血淋巴细胞。

2. 器材 低温冷冻离心机,荧光分光光度计,注射器(3ml,21号针头),离心管,水浴锅。

3. 试剂 细胞裂解液:1%(W/V)SDS、20mmol/L Tris-HCl(pH7.5)、1mmol/L 苯甲基磺酰(PMSF,使用前加),室温下可保存6个月;洗涤液:100mmol/L KCl、20mmol/L Tris-HCl(pH7.5),室温可保存6个月;磷酸盐缓冲液(PBS);4mg/ml 小牛血清蛋白;蛋白酶K;20mmol/L Tris-HCl(pH7.5);1mg/ml Hoechst33258 荧光染料;小牛胸腺DNA。

【操作步骤】

1. 染毒 细胞或动物染毒按常规方法进行,受试人群则采血分离淋巴细胞。600g 离心 5min 收集细胞,冰冷 PBS 重悬,调整细胞浓度为$(1\sim2)\times10^6$/ml。

2. 裂解细胞 取0.5ml 细胞裂解液于1.5ml 的EP管中,加入100μl 细胞悬液,涡旋振荡5s,离心后放入-80℃冰箱待测;同时用50μl 小牛血清白蛋白代替细胞悬液作为空白对照。

3. 分离游离DNA 37℃水浴溶解裂解产物,用注射器反复抽吸混合液(至少4次),加入0.5ml 洗涤液,涡旋振荡5s,65℃水浴加热10min,混匀,冰上骤冷5min,4℃ 3300g 离心6min,将上清液转入15ml 离心管中,重复上述洗涤、离心步骤3次,每次均将上清液转入同一15ml 离心管中。

4. 分离DPC中结合DNA 用1ml 洗涤液重悬沉淀,加入0.5ml 蛋白酶K,50℃水浴消化3h或过夜,冰上骤冷5min,加入50μl 小牛血清白蛋白,涡旋振荡,冰浴30min,4℃ 3300g 离心20min,收集上清液。

5. DPC定量 绘制DNA浓度的标准曲线:用20mmol/L pH7.5 的Tris-HCl 配制终浓度分别为0、250、500、750、1000、2000、3000、5000ng/ml 的小牛胸腺DNA标准液,取200μl 待测液于比色杯中,加入800μl 用新鲜20mmol/L Tris-HCl 配制的浓度为312ng/ml 的Hoechst33258,置于暗处10min,荧光分光光度计在365nm 激发光和450~460nm 发射光下测得各浓度的荧光值,绘制标准曲线。测定样品的荧光值,标准曲线法定量交联DNA和自由DNA,计算DPC系数。

【结果分析与评价】

DPC系数=交联DNA/(交联DNA+自由DNA)

该法具有操作简便、灵敏度高、快速、廉价等优点,可用于体外培养细胞、动物组织及人体细胞DNA-蛋白质交联的检测,是检测DNA-蛋白质交联的常用方法。

【注意事项】

1. SDS可致荧光背景过高,干扰检测结果,可在染色前再次离心取上清以去除SDS。

2. 若待测样品浓度超过标准曲线的线性范围,可将DNA产物4℃保存,待荧光淬灭,调整标准曲线后重新检测。

三、DNA加合物检测(^{32}P后标记法)

DNA加合物是亲电性化合物及其代谢产物与生物体内DNA形成的共价结合产物,是DNA

化学损伤最重要和最普遍的形式,可用于环境致癌物的暴露检测、基因毒性测定、癌症风险评估等。加合物在DNA复制时若引起错配,可导致该位点的基因突变。在毒理学研究中,DNA加合物检测可用于评价化学物的遗传毒性;对人群进行遗传外源化学物的暴露评价。DNA加合物检测方法主要有^{32}P后标记法、免疫学方法、荧光测定法、气相色谱-质谱法等。其中^{32}P后标记法灵敏度,是检测DNA加合物的首选方法。本部分以检测多环芳烃类大分子DNA-加合物方法为例,对^{32}P后标记法予以简介。

【目的与原理】

核糖核酸酶P1/S1可以选择性地使正常的3′-单磷酸脱氧核苷酸去磷酸化,而不能使带有加合物的核苷酸去磷酸化,进而只有带有加合物的核苷酸可被[γ-^{32}P] ATP标记,通过薄层层析技术分离、放射自显影、液闪仪计数可对DNA加合物进行定量。

【器材与试剂】

1. 样品　组织样品、培养细胞、全血细胞等。

2. 器材　紫外分光光度计、高速台式离心机、PEI-TLC薄层板、Kodak X光片、-80℃低温冰箱、液闪仪。

3. 试剂

(1) 酶类:①水解酶混合液:30mU/μl牛脾磷酸二酯酶、10mU/μl微球菌内切酶;②核糖核酸酶P1(1.25mg/ml);③T4多核苷酸激酶(不含3-磷酸酶活性);

(2) [γ-^{32}P]ATP:>3000 Ci/mmol;

(3) DNA水解缓冲液:100mmol/L琥珀酸钠、50mmol/L氯化钙(pH6.0);

(4) 标记缓冲液:200mmol/L甘氨酸、100mmol/L氯化镁、100mmol/L DTT、10mmol/L精脒(pH9.0);

(5) 富集缓冲液:①250mmol/L醋酸钠(pH5.0);②2mmol/L氯化锌;

(6) 层析液:D1相,1mol/L磷酸钠(pH5.0);D2相,3.5mol/L甲酸锂,8.5mol/L尿素(pH3.5);D3相,0.8mol/L氯化锂,0.5mol/L Tris-HCl,8.5mol/L尿素(pH8.0)。

【操作步骤】

1. 染毒　细胞或动物染毒按常规方法进行,人群采血分离白细胞/淋巴细胞即可。

2. DNA提取和纯化　见本章第一节。

3. γ-^{32}P后标记

(1) DNA水解:取4μg DNA,加入0.8μl DNA水解缓冲液,4μl水解酶混合液,涡旋振荡,8000g离心10s,37℃孵育12h小时,将DNA水解为单核苷酸;

(2) 正常核苷酸3′端去磷酸化:加入2.4μl琥珀酸钠,1.44μl氯化锌,0.96μl核糖核酸酶P1,37℃孵育1h,随后加入1.92μl 0.5mol/L Tris(pH9.0)终止反应;

(3) [γ-^{32}P] ATP 标记被修饰的核苷酸：加入 1.0μl 标记缓冲液，50 UCi [γ-^{32}P]ATP 和 6 U T4 多核苷酸激酶，37℃孵育 30min，标记带加合基团的核苷酸。

4. 薄层层析

(1) D1 相层析：在 TLC 薄层板(10cm×20cm)1.5cm×8.5cm 处点上上述处理后的 DNA 溶液，用蒸馏水浸润 TLC 板下缘，用 D1 相层析液进行层析，过夜，10cm×10cm 处剪开 TLC 板，将含点样点的 TLC 板置于 500ml 蒸馏水中漂洗 2 次，晾干；

(2) D2 相层析：用 D2 相层析液与 D1 相相反的方向进行层析，3~5h，500ml 蒸馏水漂洗层析板 2 次，晾干；

(3) D3 相层析：用 D3 相层析液与 D2 相层析垂直的方向进行 D3 相层析。每次层析均在薄层板上端接有滤纸，使层析更充分。

5. 放射性自显影及液闪仪定量 薄层层析完成后，用 Kodak X 线片-80℃下进行放射自显影，显影时间在 0.5~16h 之间。根据放射自显影显示的 DNA 加合物的位置，刮取层析板上加合物所在处的斑点，放入闪烁杯，同时刮取对照组相应位置同样大小的斑点作本底对照。加入 10ml 闪烁液测其每分钟衰变数(cpm)。

【结果分析与评价】

DNA 加合物含量用相对加合物标记率(Relative adduct labeling, RAL)表示。

RAL=(DNA 加合物 cpm-本底 cpm)/(3240×DNA 量 μg×3.75×10^{6})

3240 为 1μg DNA 所含单核苷酸的平均 pmol 数；

3.75×10^{6}为 1pmol 单核苷酸在过量的 ATP 条件下完全标记后可测得的放射性计数 cpm。

【注意事项】

1. DNA 提纯时，注意制备无 RNA 及蛋白质污染的 DNA。

2. 采用酶消化分解时，要严格控制加入酶量比例，试剂的 pH 以及消化孵育时间。

3. 层析板的批号、层析液 pH 的微小差别都会影响层析，而且层析的温度不应低于 20℃，否则会生成沉淀，影响层析效果。

4. ^{32}P 具有放射性，需在有机玻璃防护屏内进行操作，并佩戴有机玻璃防护眼镜。

【方法评注】

^{32}P 后标记法因具有较高的灵敏度，检测所需 DNA 量少(1~10μg)，而成为检测 DNA 加合物的最常用方法之一。但^{32}P 后标记法不能提供 DNA 加合物的结构信息，对于复杂暴露其特异性较差。近几年采用掺入加合物标准品，联用高效液相色谱-质谱等方法，可克服^{32}P 后标记法的上述缺点。一般来说，芳香族及其他大分子化学物的加合物，用核酸酶富集法的效果较好，而对于一些小分子、疏水性较差的化学物采用核酸酶富集法的回收率较低，不利于进一步的分析检测。另外，鸟嘌呤 C8 位点的加合物对核酸酶很敏感，可导致加合物的丢失。因此，在检测加合物时需

根据加合物的性质来选择合适的检测方法。

四、DNA 氧化产物检测（8-OHdG 法）

DNA 氧化损伤与某些疾病或肿瘤的发生、发展密切相关，不同的氧化应激反应作用于 DNA 和核酸后可产生多种氧化产物，然后对机体细胞产生突变和癌变而导致不同程度的损伤，因此寻找一种诱导突变的关键损伤产物并且对其定量显得至关重要。在毒理学研究中，DNA 氧化产物检测多用于评估体内的氧化损伤和修复程度、氧化应激与 DNA 损伤的相互关系；同时也用于退行性疾病、衰老、肿瘤、外源化学物等与氧化应激的关系和作用机制，以及抗氧化剂防治 DNA 氧化损伤的研究。机体内的活性氧（ROS）可导致 DNA 中的鸟嘌呤氧化，生成 8-羟基-2′脱氧鸟嘌呤核苷（8-hydroxy-2′-deoxyguanosine，8-OHdG），其可被机体特异性 DNA 修复酶剪切清除并随尿液排出。因此尿液中 8-OHdG 含量可以反映机体 DNA 氧化损伤程度，目前 8-OHdG 是公认的一种较理想的评价 DNA 氧化损伤的特异性生物标志。

8-OHdG 检测方法主要有高效液相色谱-电化学法（HPLC-ECD）、^{32}P 后标记-薄层色谱法（^{32}P Postlabel-TLC）、酶联免疫吸附法（ELISA）、荧光后标记法、[^{3}H]标记-高效液相色谱法（HPLC）、高效毛细管电泳法（HPCE）、气相色谱-质谱法（GC-MS）、高效液相色谱-质谱法（HPLC-MS）等。由于方法不同，其样品前处理过程、检测原理、检测限等均有差别，并各有优缺点。下面以目前应用较广泛的 HPLC-ECD 和 ELISA 法为例予以介绍。

（一）高效液相色谱-电化学法（HPLC-ECD）

【目的与原理】

利用除鸟嘌呤外的正常碱基不具有电化学活性的特点，通过反相高效液相色谱分离，梯度洗脱，应用电化学检测器定量检测样品中 8-OHdG。

【器材与试剂】

1. 器材　高效液相色谱仪、电化学检测器、自动进样器、固相萃取装置、C18 固相萃取小柱（500mg）、ODS 反相色谱柱、低温高速离心机。

2. 试剂　8-OHdG、乙腈、甲醇、磷酸二氢钾、氯化钾、EDTA 等均为色谱纯；8-OHdG 标准储备液（将纯品 8-OHdG 溶于流动相 A 中，配成 1μg/ml 储备液，4℃可保存半年，使用前用流动相 A 稀释至所需浓度，4℃可保存 1 周）。

【操作步骤】

1. 固相萃取　（1）尿样前处理：2mmol/L HCl 调尿样 pH 至 4～5，4℃ 10 000g 离心 5min，取上清液备用；（2）固相萃取小柱的活化：将固相萃取装置调为低真空度，依次用 10ml 甲醇、5ml 去离子水、10ml 0.1mol/L KH_2PO_4（pH6.0）、3ml 去离子水淋洗固相萃取小柱，真空干燥 10min；（3）萃取：取上清尿样 3ml 过 SPE 小柱，依次用 3ml 5%甲醇，3ml 流动相 B，3ml 15%甲醇，3ml 流动相 B 淋洗 SPE 小柱，收集淋洗液，真空干燥至 1ml，0. 45μm 滤膜过滤备用。

2. 色谱条件　固定相：ODS 反相色谱柱（Waters，250×4. 6mm 5μm）；流动相 A：50mmol/L KH_2PO_4、2mmol/L KCl、0. 1mmol/L EDTA、25%乙腈、25%甲醇；流动相 B：50mmol/L KH_2PO_4、2mmol/L KCl、0. 1mmol/L EDTA、2. 5%乙腈、1%甲醇。使用前流动相经 0. 22μm 滤膜抽滤，脱气后使用。流速：0. 8ml/min。柱温：30℃。电化学检测器（工作电极：玻碳电极；参比电极：Ag/AgCl 电极）检测电压：800mV。

3. 标准曲线制备　取 0. 5ml 浓度分别为 50、25、12. 5、6. 25、3. 125、1. 56、0. 78、0. 39ng/ml 的 8-OHdG 标准应用液，严格按照上述样品前处理方式进行处理，待 HPLC 基线平稳后，采用梯度洗脱：0~25min 流动相 A 100%，25~30min 流动相 A 从 100%~50%，30~35min 流动相 A 50%，35~40min 流动相 A 从 50%~0，45~50min 流动相 A 液平衡。50min 结束洗脱，Anastar 色谱工作站记录并分析，以色谱峰面积和 8-OHdG 浓度绘制标准曲线。

4. 样品检测　待 HPLC 基线平稳后，进样检测，色谱工作站记录并分析结果，峰面积标准曲线法定量。若需继续对下一样品进行检测，应充分冲洗并待基线再次平稳后进样。

【结果分析与评价】

根据测定样品的峰面积，利用标准曲线计算样品中 8-OHdG 含量。尿 8-OHdG 含量用尿肌酐（createne，Cr）值校正。

HPLC-ECD 法具有灵敏度高、检测限低、上样量少、快速且选择性好等优点。

【注意事项】

1. 尿中 8-OHdG 含量较低，杂质变动较大，加大了检测难度。尿样需进行前处理，除可采用本法中的固相萃取（SPE）小柱预处理外，还可采用两步固相萃取、免疫亲和柱分离等方法。

2. 本法也适用于组织细胞中 8-OHdG 的测定，不同点为：①组织细胞 DNA 制备时应加入抗氧化剂如丁化羟基甲苯（BHT）或采用非酚/三氯甲烷 DNA 抽提试剂盒，避免 DNA 中碱基被氧化；②需用核酸酶 P1 和碱性磷酸酶将 DNA 水解为单核苷酸后用 HPLC 分离和 ECD 检测。该方法中应注意因组织细胞中 DNA 水解不完全而带来的误差。近年来有研究报道，采用库仑阵列电化学检测器可显著提高分析效能，较普通安培电化学检测器的灵敏度高。

（二）酶联免疫吸附法（ELISA）

【目的与原理】

利用 8-OHdG 特异性单克隆抗体与固化在反应板中的 8-OHdG 及待测样本中的 8-OHdG 产生竞争性反应，洗涤除去与待测样本中 8-OHdG 结合的单克隆抗体，再采用特异性酶联抗体标记已经结合在反应板上的单克隆抗体，加入显色剂显色，利用酶标仪测定其吸光度，通过标准曲线计算待测样本中 8-OHdG 含量。

【器材与试剂】

1. 器材 酶标仪、离心机、恒温水浴箱、冰箱、微量加样器。

2. 试剂 8-OHdG 检测试剂盒(日本 JaICA)。

【操作步骤】

1. 样品收集 采集受试对象即时尿,不加任何防腐剂,-20℃冰箱保存。

2. 标准曲线制备 反应板孔中分别加入蒸馏水(作为空白对照)和 0.5、2、8、20、80、200ng/ml 浓度的 8-OHdG 标准溶液 50μl,各孔中再加入 50μl 一抗,37℃水浴,避光反应 1h。洗涤液洗板 3 次,加入 100μl 二抗,37℃水浴,避光反应 1h。再用洗涤液洗板 3 次,加入显色剂 100μl,避光反应 15min,终止反应,酶标仪 450nm 处测定其吸光度。以 8-OHdG 含量(ng/ml)的对数值为横坐标,以吸光度值为纵坐标,绘制标准曲线。

3. 样品检测 取尿样 1ml 3000g 离心 10min,取上清液备用。反应板孔中加入尿样和一抗各 50μl,以下操作步骤同上,酶标仪 450nm 处测定吸光度。

【结果分析与评价】

根据吸光度值,利用标准曲线计算 8-OHdG 含量。也可应用计算机软件对标准曲线进行曲线拟合,提高结果的精确度。尿 8-OHdG 含量用尿肌酐值进行校正。定量检测时,浓度在 1~80μg/L 之间有良好的线性关系,但由于存在交叉反应,有时可能导致检测值比真实值偏高。

ELISA 样品预处理程序简单、不需要昂贵的仪器设备、特异性强、灵敏度高,是一种具有实用价值的方法。

【注意事项】

1. 水浴时注意避光。第一次水浴时无需振摇,第二次水浴时每 20min 振摇一次,每次 20s,共 2 次。

2. 加入显色剂后应立即用锡纸包裹避光,反应过程中每 5min 振摇一次。

3. 吸光度值测定应在加入终止液后 3~10min 内完成。

五、蛋白质氧化产物检测

蛋白质是自由基和其他氧化剂攻击的主要目标。蛋白质氧化后发生结构和功能的改变,同时由于某些蛋白质具有较长的半衰期,更容易造成氧化损伤的累积,使蛋白质易于水解、聚合、交联,导致细胞功能损伤甚至死亡。

蛋白质氧化包括主链的氧化和侧链的氧化,主链氧化可发生断裂,但由于生物系统中蛋白质的多样化以及蛋白酶的存在,故其主链断裂产生的片段几乎不能用来作为蛋白质氧化损伤的标志;而蛋白质侧链氧化后可产生氢过氧化物、羟基衍生物和羰基衍生物等多种产物,其中羰基衍生物是侧链赖氨酸、脯氨酸和精氨酸等通过烷氧自由基和过氧自由基反应形成的,其存在可客观地反映机体内由自由基介导的蛋白质氧化损伤程度，因此，测定蛋白质羰基(carbonyl groups in oxidized proteins)含量对评价由自由基引起的氧化损伤具有重要意义。例如能够通过蛋白质氧化应激反应在分子机制上解释某些疾病特别是非传染性慢性疾病，如糖尿病、肾病、动脉粥样硬化的部分发病机制。下面介绍三种应用较广泛的蛋白质羰基检测方法。

(一) 2，4-二硝基苯肼 (2，4-DNPH) 比色法

【目的与原理】

蛋白质氧化后羰基含量增多，其羰基可与2,4-二硝基苯肼(2,4-DNPH)反应，生成稳定的2,4-二硝基苯腙(2,4-DNP)，该产物在370nm处有强烈的紫外吸收，其吸光度值与蛋白质羰基含量呈正比，可通过测定其吸光度判断蛋白质羰基含量。

【器材与试剂】

1. 器材　紫外分光光度计、高速离心机、旋涡振荡器、37℃水浴箱。

2. 试剂　10mmol/L 2,4-DNPH(用2mol/L HCl配制)；20%三氯醋酸(TCA)；乙酸乙酯：乙醇(1：1)；6.0mol/L盐酸胍缓冲液(573g盐酸胍溶于850ml蒸馏水中，加入33.3ml 85%浓磷酸，用10mol/L磷酸钾调pH至2.5，定容至1000ml，0.45μm微孔滤膜过滤)。

【操作步骤】

1. 调节待测样品蛋白含量，使其浓度约为0.5mg/ml(蛋白样品的制备及含量测定见本章第一节)。

2. 将样品分为两份：测定管加入3倍样品体积的10mmol/L 2,4-DNPH，对照管加同体积2mol/L HCl，室温避光静置1h，每10min涡旋一次。

3. 加入等体积的20%TCA，11 000g离心3min。

4. 弃上清，沉淀用乙酸乙酯：乙醇(1：1)洗3次，最终用6.0mol/L盐酸胍缓冲液溶解，37℃水浴15min。

5. 11 000g离心3min，取上清，测定其370nm处吸光度值。

【结果分析与评价】

蛋白质羰基含量用每克蛋白质中有多少摩尔的羰基来表示。即

$$羰基(mol)/蛋白质(g)=\frac{C_{羰基\,370}(mol/L)}{C_{蛋白质\,276}(g/L)}$$

根据 $A=\varepsilon \cdot c \cdot l$ 可计算出蛋白质羰基浓度，c即蛋白质羰基的摩尔浓度。A为370nm处测得的吸光度值，蛋白质羰基的摩尔消光系数ε为22 000/(mol·cm)，l为吸光池厚度(cm)。

【注意事项】

1. 在蛋白质抽提过程中，需注意去除其他含有羰基的生物分子(如核酸等)，以防止其对检测结果的干扰。

2. 2,4-DNPH 遇光易分解,样品溶液加入 2,4-DNPH 后,反应体系应避光。

3. 2,4-DNPH 在 370nm 处也有吸收,因此必须用乙酸乙酯:乙醇(1:1)充分洗涤,以除去过量的 2,4-DNPH。

(二)高效液相色谱法

【目的与原理】

蛋白质羰基与 2,4-DNPH 反应生成羰基产物 2,4-DNP,利用高效液相色谱(high-pressure liquid chromatography,HPLC)分离羰基产物,同时对该产物(370nm)和蛋白质(276nm)的吸光度值进行检测,计算出每摩尔蛋白质中羰基的含量。

【器材与试剂】

1. 器材 高效液相色谱仪、TosoHaas QC-pak TSK 200 柱。

2. 试剂 6.0mol/L 盐酸胍缓冲液(同 2,4-DNPH 比色法);10mmol/L 2,4-DNPH(198mg 2,4-DNPH 溶于 3.33ml 85%浓磷酸中,57.3g 盐酸胍溶于 80ml 蒸馏水中,二者混匀后,用 10mol/L 磷酸钾调 pH 至 2.5,定容至 100ml)。

【操作步骤】

1. 蛋白质的分离和纯化 见本章第一节。

2. 将样品分为两份 测定管加 3 倍体积的 10mmol/L 2,4-DNPH,对照管加同体积 6.0mol/L 盐酸胍缓冲液,室温避光静置 10min。

3. 将测定管及对照管 11 000g 离心 3min 并过滤。

4. HPLC 分离分析 待基线平稳后,选择自动或手动方式进样。固定相为 TosoHaas QC-pak TSK 200 柱,流动相 6.0mol/L 盐酸胍缓冲液,流速 0.5ml/min,测定波长 370nm 和 276nm。

5. 充分冲洗并待基线再次平稳后进样检测下一样品。

【结果分析与评价】

蛋白质羰基含量用每摩尔蛋白质中含有多少摩尔的羰基来表示。

$$\text{羰基(mol)/蛋白质(mol)}=\frac{\varepsilon_{\text{蛋白质}276}\times Area_{370}}{22\ 000\times(Area_{276}-0.43Area_{370})}$$

式中 0.43 是指蛋白质羰基在 276nm 处的摩尔消光系数(9460)为 370nm 处摩尔消光系数(22 000)的 43%,$Area_{370}$($Area_{276}$)为 370nm(276nm)处的吸收峰面积。若蛋白质 276nm 的摩尔消光系数($\varepsilon_{\text{蛋白质}276}$)已知,则直接代入上式进行计算,若未知则可近似为 50 000(个别蛋白质有可能偏离这一平均值)。

【注意事项】

在上述色谱条件下,6.0mol/L 盐酸胍缓冲液虽然能达到很好的分离效果,但对仪器损伤很大,应严防渗漏,并注意在每天操作完后用大量纯水彻底冲洗干净。

（三）蛋白质印迹法（Western blot）

【目的与原理】

蛋白质印迹法检测蛋白质羰基敏感而特异。利用蛋白质羰基与2,4-DNPH反应生成的2,4-DNP具有半抗原性的特点，采用SDS-聚丙烯酰胺凝胶（SDS-PAGE）电泳将样品中蛋白质分离，再将其转移到硝酸纤维膜等固相载体上，这些蛋白质仍保留了与其他生物大分子结合的能力，可与抗2,4-DNP抗体结合，显示特异性的阳性条带，达到对蛋白质羰基进行鉴定和定量的目的。

【器材与试剂】

1. 器材　高速离心机、垂直电转移装置、恒温水浴摇床、多用脱色摇床、硝酸纤维素膜。

2. 试剂

（1）20mmol/L 2,4-DNPH（含10%的三氟醋酸）、中和液（2mol/L Tris碱，30%甘油）、12% SDS、抗2,4-DNP抗体（一抗）、碱性磷酸酶/AP（或辣根过氧化物酶/HRP）标记的第二抗体（二抗）；

（2）Western blot相关试剂

1）适当浓度的SDS-PAGE分离胶和浓缩胶（需根据蛋白质的分子量范围选择不同的凝胶浓度）；

2）电泳缓冲液：25mmol/L Tris、0.25mol/L甘氨酸（pH8.3）、0.1%SDS；

3）转膜缓冲液：25mmol/L Tris、192mmol/L甘氨酸、20%甲醇，4℃预冷；

4）TBS缓冲液：100mmol/L Tris-HCl（pH7.5）、150mmol/L NaCl；

5）TBST缓冲液：含0.05%Tween20的TBS缓冲液；

6）染液：0.2%丽春红染液；

7）封闭液：含5%脱脂奶粉的TBST缓冲液；

8）底物液：0.01mol/L Tris-HCl（pH7.6）、60%（W/V）二氨基联苯胺盐酸盐（DAB），临用前加入0.1%H_2O_2，新鲜配制。

【操作步骤】

1. 调节待测样品蛋白含量，使其浓度大于10mg/ml（蛋白样品的制备及含量测定见本章第一节）。

2. 加入1倍体积的12%SDS（保证在加入三氟醋酸之前，SDS的终浓度至少为6%），混合均匀。

3. 将样品分为两份，测定管加入2倍体积10mmol/L 2,4-DNPH，对照管加入同体积10%的三氟醋酸。室温静置10min。

4. 加入约1.5倍体积的中和液进行中和后，即可进行SDS凝胶电泳分离和常规Western印迹检测（也可直接用2mol/L Tris碱中和后进行HPLC检测，2,4-DNP检测波长为360nm）。

5. SDS-PAGE 电泳

（1）制胶与上样：制备分离胶和浓缩胶，待胶凝固后拔出梳子。将其放入电泳槽中，加足够的电泳液后开始上样，上样总体积一般不超过 15μl。

（2）电泳：40V 或 60V 电泳 4～5h，溴酚蓝到达凝胶底部即可终止电泳，取出凝胶，进行转膜。

6. Western 印迹

（1）按以下顺序安装电泳“三明治”，进行电转移：阳极→平放 3 张以转移缓冲液饱和的 3mm 滤纸→已平衡的硝酸纤维素膜→凝胶→3 张以转移缓冲液饱和的 3mm 滤纸→阴极（注意每层均准确对齐不留气泡）。将“三明治”装入转移装置中，进行电转移。冷却条件下 100V 电转 30～60min 或冷室中 14V 电转过夜。转移完毕后，将硝酸纤维素膜取下，切角标记（以分清正反面及上下关系）。丽春红染液染膜 5min 分钟，去离子水冲洗，观察转移至膜上的蛋白质的情况。

（2）封闭：将膜放入可热密封的塑料袋，加入封闭液，排出气泡，密封塑料袋，在旋转摇床或摆动平台上摇动封闭 1h。先用 TBST 快洗 2 次，再用 TBST 在摇床上摇动洗涤 1×15min，2×5min。

（3）免疫反应：打开袋子，弃封闭液，加入用封闭液配制的一抗（需作预试验确定最适稀释度或参见供应商的说明书），排出气泡，密封塑料袋，室温摇床上持续摇动 60min。戴手套取出膜，放入一塑料盒中，先用 TBST 快洗 2 次，再用 TBST 在摇床上摇动洗涤 1×15min，2×5min。再用 TBS 摇床上洗 1×10min。将膜放入一新的塑料袋，加封闭液配制的 HRP 标记的二抗（稀释度参见供应商的说明书），排出气泡，密封塑料袋，室温摇床上持续摇动 30～60min。同上法取出膜，放入塑料盒中，先用 TBST 快洗 2 次，再用 TBST 在摇床上摇动洗涤 1×15min，4×5min，最后再用 TBS 在摇床上洗 1×10min。

（4）显色：将蛋白面朝下与 ECL 化学发光试剂等底物液充分接触，避光显色 15～20min，用蒸馏水洗膜，终止反应。

【结果分析与评价】

根据显色条带的位置及颜色的深浅，判定羰基化蛋白质的大小及蛋白质羰基的浓度。

【注意事项】

1. 为了区分羰基化阳性和阴性的蛋白质，最好在电泳时加入已确定的羰基化蛋白质作为阳性对照。

2. 第二抗体除用酶标记外，亦可用生物素、地高辛和放射性核素等标记。直接选用酶标记的第二抗体，是为了避免生物素标记带来的假阳性干扰。

3. 根据蛋白质的分子量选择所需 SDS-PAGE 浓度；电泳及电转移所需电压、时间应根据预试验结果选择。

4. 加样前样品应先离心，尤其是长时间放置的样品，以减少蛋白质条带的拖尾现象。

5. 免疫印迹杂交的敏感性与检测系统有关，凝胶电泳时应保证蛋白的上样量，如果蛋白浓度过低应该重新纯化和浓缩使用。纯化和浓缩的蛋白样品必须防止盐浓度过高，可用透析法降低盐浓度。

6. 在封闭与免疫反应之前，采用丽春红 S 染色法对硝酸纤维素膜进行染色时，由于丽春红与蛋白质的结合是可逆性的，该染色方法不影响后续的封闭与免疫反应。

7. 取出凝胶和转膜后应对凝胶和 NC 膜作标记，以分清正、反面和上、下关系。

8. 硝酸纤维素膜价格较为便宜，但较脆易破，现常选用 PVDF（聚偏氟乙烯）膜作为固相载体，虽然 PVDF 膜结合蛋白的效率没有硝酸纤维素膜高，但稳定、耐腐蚀使其成为蛋白印迹杂交理想的材料。

【方法评注】

2,4-DNPH 比色法是测定蛋白质羰基含量的经典方法，操作简单，设备要求不高，方便在普通实验室推广应用。HPLC 法是近年来兴起的一种迅速、高效、灵敏的检测方法，与传统比色法相比，HPLC 可以有效排除核酸及其他杂质干扰，并可按分子量大小分离蛋白质，同时对蛋白质羰基产物在 370nm 和蛋白质在 276nm 的吸光度进行检测，操作更简便，且 HPLC 配备的紫外检测器比紫外分光光度计更灵敏，所需蛋白质样品量更少。Western blot 法则是一种经典的蛋白质分析技术，具有能够从混杂抗原中检测出特定抗原，或从多克隆抗体中检测出单克隆抗体的优越性，还可以对转移到固相膜上的蛋白质进行连续分析，具有蛋白质反应的均一性及固相膜保存时间长等优点，该法检测蛋白质羰基具有敏感性好（1~5ng）、特异性高等优点。

第三节 基因突变和多态性检测

基因突变和基因多态性研究是当今生命科学研究热点之一，检测方法多种多样。基因突变分析方法的选择与寻找的突变位点是未知或还是已知有关。分析未知的突变可以通过单链构象多态性（SSCP）和变相高效液相色谱（DHPLC）等方法，但这些方法只能发现含有突变的 DNA 链，不能确知突变位置和碱基种类，要想做到这一点，需要对含有突变的 DNA 进行测序，目前测序技术已经从第一代 Sanger 法，发展到第三代测序技术，通量和速度都飞速提升。对已知突变的分析，可采用限制性内切酶长度多态性分析（RFLP）、实时荧光定量 PCR、DNA 芯片等方法。下面介绍几种经典且常用的基因突变及多态性检测方法。

一、DNA 序列分析

DNA 测序技术可以检测到几乎所有的突变，不但可以对已知的突变进行鉴定还能寻找到大量未知的突变位点。目前 DNA 测序主要包括双脱氧末端终止法（Sanger 法）和化学裂解法（Maxam-Gilbert 法）以及在它们基础上发展起来的各种 DNA 测序技术（第一代测序技术）、基于新一代测序平台的高通量测序技术（第二代测序技术）以及单分子测序等第三代测序技术。由于目前 DNA 测序工作主要由专业的测序公司完成，因此本部分仅对各种测序技术的基本原理和特点予以简单介绍，具体实验方法请参阅相关书籍。

（一）第一代测序技术

1. 双脱氧末端终止法　即 Sanger 法，是根据双脱氧核苷三磷酸（ddNTP）在 DNA 合成过程中不能形成 3′，5′磷酸二酯键而导致链延伸终止的原理，利用四种 ddNTP 代替部分脱氧核苷酸（dNTP）作为底物进行 DNA 合成反应，获得一系列长度不等的核酸片段，经高分辨率聚丙烯酰胺凝胶电泳或毛细管电泳分离，即可对 DNA 序列进行分析。Sanger 法操作简便，应用广泛，在此基础上已发展出多种 DNA 测序技术，如基于 Sanger 法原理，利用毛细管电泳分离、荧光标记和自动检测成像系统对 DNA 序列进行快速检测的荧光标记自动测序技术等。

2. 化学裂解法　即 Maxam-Gilbert 法，是基于某些化学试剂可以使 DNA 在 1 个碱基或 2 个碱基处发生专一性断裂的特性，将一个 DNA 片段的 5′端磷酸基作放射性标记，再分别采用不同的化学方法修饰和裂解特定碱基，产生一系列长度不一而 5′端被标记的 DNA 片段，这些片段经分离、显影即可得出 DNA 链的序列。化学裂解法可对未经克隆的 DNA 片段直接测序，避免了由于酶催化反应而带来的突变干扰。化学降解测序法特别适用于短链的寡核苷酸片段和含有如 5-甲基腺嘌呤 A 或者 G，C 含量较高的 DNA 片段的序列测定。

（二）第二代测序技术

第二代测序技术主要源于新一代测序平台的出现，如 454 测序平台、Illumina 测序平台、SOLiD 测序平台、Polonator 测序仪等。第二代测序技术最显著的特征是高通量，一次能对几十万到几百万条 DNA 分子进行序列测定。

1. 454 测序技术　454 测序技术是基于焦磷酸测序（pyrosequencing）原理而建立起来的高通量基因组测序系统。该方法在油溶液包裹的水滴中扩增 DNA（emulsion PCR），每一个水滴中仅包含一个包被大量引物的磁珠和一个链接到微珠上的 DNA 模板分子，每个片段都在自己的水滴中进行独立的扩增。将 emlusion PCR 产物加载到 PTP 平板上进行测序，板上含有 160 多万个由光纤组成的孔，每个微孔只能容纳一个磁珠，孔中载有化学发光反应所需的各种酶和底物。测序开始时，单独放置的四种碱基依次循环进入 PTP 板，每次只进入一个碱基，如果发生碱基配对，就会释放一个焦磷酸（PPi）。在 ATP 硫酸化酶催化下，PPi 与腺苷-5′-磷酸硫酸酐（APS）生成一个 ATP 分子。ATP 分子在荧光素酶的作用下与荧光素反应释放出光信号并被 CCD 光学系统捕获，通过读取信号强度和发生时间，就可以实现对 DNA 序列的测定。

该方法不需要进行建库、克隆挑取、质粒提取等工作，一个测序反应耗时约 10 个小时，单个序列的读长平均可达 450bp 左右，具有简便高效、迅速、一致性好的特点。

2. Illumina（Solexa）技术　Illumina（Solexa）技术是利用边合成边测序（sequencing by

synthesis)的原理实现大规模平行测序的系统。此种测序法首先将基因组 DNA 随机打断成为小的 DNA 片段,在 DNA 片段的两端连上接头(adapter);单链状态的 DNA 片段一端通过与专用测序芯片表面的引物结合而被锚定在芯片上,另一端随机和附近的另一个引物互补,也被锚定住,形成桥状结构。在反复进行 30 轮左右的扩增后,每个单分子得到了 1000 倍扩增,成为单克隆的 DNA 簇。随后将 DNA 簇在 Solexa 测序仪上进行序列分析,利用“可逆性末端终结反应”,向反应体系中同时添加 DNA 聚合酶、接头引物和带有碱基特异荧光标记的 4 种 dNTP。由于这些 dNTP 的 3′羟基被保护基团封闭,因而每轮合成反应只能加入一个 dNTP,经过扫描,读取该次反应荧光信号后,该保护基团被除去,下一个反应可继续进行。如此反复,即可得出碱基的精确序列。

Solexa 技术所需样品量少(低至 100ng),文库构建简单,一次实验可读取大于 15 亿 bp/芯片,并可精确读取重复序列,测序成本小,具有简单、快速、自动化、性价比高的特点。

3. SOliD 技术　SOliD 技术是通过 DNA 连接酶连接反应进行测序的。该方法首先将待测序列打断成很小的片段,并在小片段两端加上不同的接头,连接载体,构建 ssDNA 文库。将带接头的 ssDNA 固定在磁珠表面,用与 454 技术类似的 emulsion PCR 对 DNA 片段进行扩增,并对扩增产物进行 3′端修饰。磁珠上的扩增产物经 3′端修饰可与上样玻片结合以进行连接酶测序。SOLiD 链接酶的底物是具有 3′-XXnnnzzz-5′结构的八聚核苷酸。在这个八聚核苷酸中,第 1 和第 2 位(XX)上的碱基是确定的,并根据种类的不同在第 6~8 位(zzz)上加了不同的荧光标记。这种由两个碱基决定的测序方法被称为两碱基测序(two base encoding)。当八聚核苷酸由于第1 和第 2 位配对而被连接酶连接上时,会发出荧光。在记录下荧光信息后,通过化学方法在第 5 和第 6 位之间进行切割,淬灭荧光信号,以进行下个位置的测序。通过这种方法,每次测序的位置都相差五位,即第一次测第 1 和第 2 位,第二次测第 6 和第 7 位,在测到末尾后,将新合成的链变性、洗脱。而后用通用测序引物 n-1 进行第二轮测序。通用测序引物 n-1 与通用测序引物 n 的差别是,两者在与接头配对的位置上相差一个碱基,即通用测序引物 n-1 在通用测序引物 n 配对位置上向 3′端移动了一个碱基。因此在加入 DNA 连接酶和八聚核苷酸后,可以测定第 0 和第 1 位、第 5 和第 6 位,第二轮测序完成后,接下来再分别加入通用测序引物 n-2、通用测序引物 n-3、通用测序引物 n-4 进行第三轮、第四轮、第五轮测序,最终可以完成全部位置的测定,并且每个位置均被测定了两次。

超高通量是 SOLiD 最突出的特点,SOLiDTM 4.0 每个测序反应能够获得 100G、2000M 标签的数据量;SOLiD 采用了双碱基编码技术,该技术具有误差校正功能,因为它是通过两个碱基来对应一个荧光信号而不是传统的一个碱基对应一个荧光信号,这样每一个位点都会被检测两次,因此出错率明显降低,增加了序列读取的准确性;此外,该方法测序时采用连接反应,有效地解决了多聚核苷酸序列难读取的问题,提高了检测的稳定性。

(三)第三代测序技术

PacBio 公司的单分子实时测序系统(single molecule real time,SMRT)和 Oxford Nanopore Technologies 公司的纳米孔单分子测序技术被称之为第三代测序技术。与前两代测序技术相比,其最大的特点是单分子测序,测序过程无需进行 PCR 扩增。

1. SMRT 芯片　PacBio SMRT 技术也应用了边合成边测序的原理,以 SMRT 芯片为载体,以零模波导孔(zero-mode waveguides,ZMWs)和核苷酸焦磷酸链荧光标记两项新技术为核心进行单分子测序,并实现超长读长。基本原理如下:DNA 聚合酶和模板结合,并锚定在零模波导孔底部;4 种不同荧光标记的 dNTP 随机进入零模波导孔底部,在酶的作用下与 DNA 模板的碱基配对合成新的碱基对,并在激光作用下发出荧光,通过检测荧光的波长判断进入碱基的类型;没反应过程中,一方面完成了 DNA 双链的合成及延伸,另一方面使 dNTP 上的荧光基团脱落,以保障测序反应的持续进行。PacBio SMRT 技术的单分子测序是通过纳米级的 ZMWs 来实现的,每个 ZMW 都能够包含一个 DNA 聚合酶及一条 DNA 样品链进行单分子测序,并实时检测插入碱基的荧光信号;且通过 ZMWs 可将反应信号从周围游离碱基的强大荧光背景区别出来,ZMW 是一个直径只有 10~50nm 的孔,当激光打在 ZMW 底部时,只照射在固定有 DNA 聚合酶的区域,使该区域内碱基携带的荧光基团被激活从而被检测到,大幅度降低了背景荧光干扰。此外,PacBio SMRT 技术与二代测序不同,其荧光染料标记在核苷酸的磷酸链而不是碱基上,当核苷酸掺入到新合成链中,荧光基团就会自动脱落,减少了 DNA 和成的空间位阻,维持 DNA 链连续合成,延长测序读长。PacBio SMRT 技术还可以通过检测相邻两个碱基之间的测序时间,来检测一些碱基修饰情况,如果碱基存在修饰,则通过聚合酶时的速度会减慢,相邻两峰之间的距离增大。PacBio SMRT 技术测序速度很快,每秒约 10 个 dNTP,但同时测序错误率较高(这几乎是目前单分子测序技术的通病),可达到 15%,由于其出错是随机的,并非如第二代测序技术存在测序错误的偏向,因而可通过多次测序来进行有效纠错。

2. 纳米单分子测序技术　Oxford Nanopore Technologies 公司所开发的纳米单分子测序技术与以往的测序技术皆不同,它是基于电信号而不是光信号的测序技术。该技术的关键之一是设计了一种特殊的纳米孔,孔内共价结合有分子接头。当 DNA 碱基通过纳米孔时,使其电荷发生变化,从而短暂地影响流过纳米孔的电流强度(每种碱基所影响的电流变化幅度是不同的),通过灵敏的电子设备检测电流变化幅度从而鉴定所通过的碱基类型。纳米孔测序的主要特点是:读取 DNA 序列长,大约在几十 kb,甚至 100kb;错误率目前介于 1%~4%,且是随机错误,可通过多次测序进行有效纠错,数据可实时读取,通量高;起始 DNA 在测序过程中不被破坏,样品制备简单且便宜;理论上,还能直接进行 RNA 测序。

纳米孔单分子测序计算尚有另一特点,能够直接读出甲基化的胞嘧啶,而不必像传统方法那样对基因组进行亚硫酸氢盐处理。这对于在基因组水平直接研究表观遗传相关现象有极大帮助。该方法的测序准确性可达99.8%,且一旦发现测序错误能较容易地进行纠正。但目前应用该技术的相关报道甚少。

(四)其他测序技术

目前尚有一种基于半导体芯片的新一代革命性测序技术——Ion Torrent 6。该技术使用了布满小孔的高密度半导体芯片,一个小孔即一个测序反应池。当DNA聚合酶把核苷酸聚合到延伸中的DNA链上时,会释放出一个氢离子,反应池中的pH发生改变,位于池下的离子感受器感受到H^+离子信号并将其直接转化为数字信号,从而读取DNA序列。这一技术的发明人同时也是454测序技术的发明人之一——Jonathan Rothberg,其文库和样本制备类似于454技术,但测序过程中不是通过检测焦磷酸荧光显色,而是通过检测H^+信号的变化来获得序列碱基信息。Ion Torrent相比于其他测序技术来说,不需要昂贵的物理成像等设备,因此,成本相对较低,体积较小,操作更为简单;检测速度快,从文库建立到数据产出仅需2天,其中上机测序只需2~3小时;但芯片的通量并不高,目前是10G左右,适合于小基因组和外显子验证测序。

第二代测序技术只能对分子群体进行测序,而新近发展起来的第三代测序技术的主要优势是能对单个DNA分子进行测序,从而对DNA中罕见的序列变异进行分析。随着新测序技术的出现,大规模测序成本迅速下降,生物医学的研究将会更多地应用测序技术。

(五)第三代测序技术

测序技术在近两三年中又有新的里程碑。以PacBio公司的SMRT和Oxford Nanopore Technologies纳米孔单分子测序技术,被称之为第三代测序技术。与前两代相比,他们最大的特点就是单分子测序,测序过程无需进行PCR扩增。

1. SMRT芯片　PacBio SMRT技术其实也应用了边合成边测序的思想,并以SMRT芯片为测序载体。基本原理是:DNA聚合酶和模板结合,4色荧光标记4种碱基(即dNTP),在碱基配对阶段,不同碱基的加入,会发出不同光,根据光的波长与峰值可判断进入的碱基类型。同时这个DNA聚合酶是实现超长读长的关键之一,读长主要跟酶的活性保持有关,它主要受激光对其造成的损伤所影响。PacBio SMRT技术的一个关键是怎样将反应信号与周围游离碱基的强大荧光背景区别出来。他们利用的是零模波导孔(ZMW)原理:如同微波炉壁上可看到的很多密集小孔。小孔直径有考究,如果直径大于微波波长,能量就会在衍射效应的作用下穿透面板而泄漏出来,从而与周围小孔相互干扰。如果孔径小于波长,能量不会辐射到周围,而是保持直线状态(光衍射的原理),从而可起保护作用。同理,在一个反应管(SMRTCell:单分子实时反应孔)中有许多这样的圆形纳米小孔,即ZMW,外径100多纳米,比检测激光波长小(数百纳米),激光从底部打上去后不能穿透小孔进入上方溶液区,能量被限制在一个小范围[体积20×(10~21)L]里,正好足够覆盖需要检测的部分,使得信号仅来自这个小反应区域,孔外过多游离核苷酸单体依然留在黑暗中,从而实现将背景降到最低。另外,可以通过检测相邻两个碱基之间的测序时间,来检测一些碱基修饰情况,如果碱基存在修饰,则通过聚合酶时的速度会减慢,相邻两峰之间的距离增大,可以通过这个来检测甲基化等信号。SMRT 技术的测序速度很快,每秒约 10 个 dNTP。但是,同时其测序错误率比较高(这几乎是目前单分子测序技术的通病),达到 15%,但好在它的出错是随机的,并不会像第二代测序技术那样存在测序错误的偏向,因而可以通过多次测序来进行有效的纠错。

2. 纳米单分子测序技术 Oxford Nanopore Technologies 公司所开发的纳米单分子测序技术与以往的测序技术皆不同,它是基于电信号而不是光信号的测序技术。该技术的关键之一是,他们设计了一种特殊的纳米孔,孔内共价结合有分子接头。当 DNA 碱基通过纳米孔时,它们使电荷发生变化,从而短暂地影响流过纳米孔的电流强度(每种碱基所影响的电流变化幅度是不同的),灵敏的电子设备检测到这些变化从而鉴定所通过的碱基。该公司在基因组生物学技术进展年会(AGBT)上推出第一款商业化的纳米孔测序仪,引起了科学界的极大关注。纳米孔测序(和其他第三代测序技术)有望解决目前测序平台的不足,纳米孔测序的主要特点是:读长很长,大约在几十 kb,甚至 100kb;错误率目前介于 1%至 4%,且是随机错误,而不是聚集在读取的两端;数据可实时读取;通量很高(30x 人类基因组有望在一天内完成);起始 DNA 在测序过程中不被破坏,以及样品制备简单又便宜。理论上,它也能直接测序 RNA。

纳米孔单分子测序计算还有另一大特点,它能够直接读取出甲基化的胞嘧啶,而不必像传统方法那样对基因组进行 bisulfite 处理。这对于在基因组水平直接研究表观遗传现象有极大帮助。并且该方法的测序准确性可达 99.8%,且一旦发现测序错误能较容易地进行纠正。但目前应用该技术的相关报道甚少。

(六)其他测序技术

目前还有一种基于半导体芯片的新一代革命性测序技术——Ion Torrent 6。该技术使用了一种布满小孔的高密度半导体芯片,一个小孔就是一个测序反应池。当 DNA 聚合酶把核苷酸聚合到延伸中的 DNA 链上时,会释放出一个氢离子,反应池中的 pH 发生改变,位于池下的离子感受器感受到 H^+离子信号,H^+离子信号再直接转化为数字信号,从而读出 DNA 序列。这一技术的发明人同时也是 454 测序技术的发明人成员——Jonathan Rothberg,它的文库和样本制备跟 454 技术很像,甚至可以说就是 454 的翻版,只是测序过程中不是通过检测焦磷酸荧光显色,而是通过检测 H^+信号的变化来获得序列碱基信息。Ion Torrent 相比于其他测序技术来说,不需要昂贵的物理成像等设备,因此,成本相对来说会低,体积也会比较小,同时操作也要更为简单,速度也相当快速,除了 2 天文库制作时间,整个上机测序可在 2~3.5 小时内完成,不过整个芯片的通量并不高,目前是 10G 左右,但非常适合小基因组和外显子验证的测序。

第二代测序技术只能对分子群体进行测序,而新近发展起来的第三代测序技术的关键优势是能够对单个 DNA 分子进行测序,从而对 DNA 中罕见的序列变异进行分析。随着新的测序技术的出现,大规模测序的成本迅速下降,生物医学的研究将会更多地依赖于测序技术。

二、聚合酶链反应-单链构象多态性分析

【目的与原理】

聚合酶链反应-单链构象多态性(polymerase chain reaction-single-strand conformation polymorphism,PCR-SSCP)分析技术是在PCR技术基础上发展起来的一种DNA单链凝胶电泳技术,可用来检测基因点突变和短序列的插入和缺失。由于单链DNA链内碱基配对而具有一定的空间构象,相同长度的DNA单链,碱基序列不同所形成的空间构象也不相同。利用空间构象有差异的单链DNA分子在聚丙烯酰胺凝胶中迁移速率的差异,检测DNA分子中碱基的变异。

【器材与试剂】

1. 器材　PCR扩增仪、稳压电泳仪、垂直电泳槽、凝胶成像分析系统、水平摇床、染色盘、微量可调式移液器、PCR薄壁管、Tip头、胶带纸。

2. 试剂

(1) PCR扩增相关试剂:模板DNA;寡核苷酸引物(商业合成,以ddH_2O配制成100μmol/L的母液,-20℃保存,使用前用ddH_2O稀释成10或20μmol/L工作液);Taq DNA聚合酶;10×PCR反应缓冲液;25mmol/L $MgCl_2$;2.5mmol/L dNTP混合液(pH7.0~8.0);

(2) 聚丙烯酰胺凝胶电泳试剂:30%聚丙烯酰胺储存液:丙烯酰胺∶甲叉双丙烯酰胺按29∶1配制(棕色瓶,4℃保存);10%过硫酸铵(4℃贮存数周,-20℃贮存数月);TEMED(N,N,N′,N′-四甲基乙二胺):原液使用;1%HNO_3;DNA Marker:根据检测片段大小进行选择;5×TBE缓冲液:每升含Tris碱54g、硼酸27.5g、0.5mol/L EDTA(pH8.0)20ml;1×TBE缓冲液:将上述5×TBE缓冲液,以ddH_2O稀释5倍即可;变性上样液:95%去离子甲酰胺、0.03%二甲苯氰、0.05%溴酚蓝、20mol/L EDTA(pH8.0);固定液:10%乙醇;染色液:0.2% $AgNO_3$(新鲜配制);显色液:6.25% Na_2CO_3(含0.05%甲醛溶液,新鲜配制);终止液:10%醋酸。

【操作步骤】

1. 基因组DNA的提取和浓度测定　见本章第一节。

2. PCR扩增

(1) PCR体系:标准PCR反应体系为100μl,也可采用50μl、25μl或20μl体系,减少体积时各反应成分按比例相应减少。以100μl标准体系为例,在0.5ml薄壁管中依次加入:

10×PCR反应缓冲液(不含$MgCl_2$)	10μl
Mg^{2+}	1.5mmol/L
4种dNTP混合物	200μmol/L

引物(上游、下游)	各 10～100μmol/L
模板 DNA	0.1～2μg
Taq DNA 聚合酶	2.5U
加 ddH_2O 至	100μl

混匀后瞬时离心,加矿物油以防样品在 PCR 反应中蒸发(若 PCR 仪配有加热盖可不加)。

(2) PCR 反应步骤:扩增基因不同,循环参数可能不同。一般情况为:

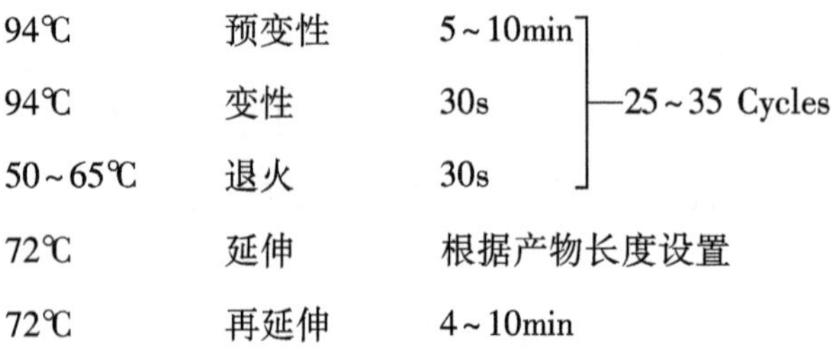

94℃	预变性	5～10min	
94℃	变性	30s	25～35 Cycles
50～65℃	退火	30s	
72℃	延伸	根据产物长度设置	
72℃	再延伸	4～10min	

延伸时间按聚合酶延伸活性而定,一般每分钟延伸 1kb。

3. 非变性聚丙烯酰胺凝胶电泳

(1) 电泳槽玻璃板的处理:洗涤剂清洗,自来水、双蒸水依次冲洗、烘干或晾干,95%乙醇擦拭,晾干。将两块玻璃板和垫片压好,用胶带纸封上。

(2) 配胶:按表 4-2 选择适宜浓度的聚丙烯酰胺凝胶,按表 4-3 配制。

表 4-2 DNA 片段长度与聚丙烯酰胺凝胶的浓度

聚丙烯酰胺凝胶浓度(%)	DNA 片段长度(bp)
3.5	2000～1000
5	500～80
8	400～60
12	200～40
15	150～10
20	100～5

表 4-3 不同浓度聚丙烯酰胺凝胶的配制

试剂	聚丙烯酰胺凝胶浓度				
	3.5%	5%	8%	12%	20%
30%聚丙烯酰胺(ml)	11.6	16.6	26.6	40.0	66.6
蒸馏水(ml)	67.7	62.7	52.7	39.3	12.7
5×TBE(ml)	20.0	20.0	20.0	20.0	20.0
10%过硫酸铵(ml)	0.7	0.7	0.7	0.7	0.7
TEMED(μl)	35	35	35	35	35
总体积(ml)	100	100	100	100	100

（3）灌胶：玻璃吸管或注射器吸取胶液，注入两层玻璃板之间，至凝胶接近溢出时插入点样梳。

（4）聚合：待胶完全聚合（约 1h），取出梳子，以电泳缓冲液（1×TBE）冲洗样品孔，去胶带纸。

（5）预电泳：将凝胶板放入垂直电泳槽，槽内注入电泳缓冲液（1×TBE），使液面高于齿孔上缘 3~5mm，预电泳 5~10min，电压、电流、功率同分离扩增产物的电泳条件。

（6）PCR 产物变性：将 PCR 扩增产物与变性上样液按 1∶1 比例加入 0.5ml 离心管，混匀。上样前煮沸变性 10min，立即冰浴骤冷。

（7）上样：取 10μl 变性后的 PCR 产物，依次加入样品孔，凝胶一侧加入 DNA Marker。

（8）电泳：以 1~8V/cm（长度以两个电极之间的距离计算）电泳至指示剂迁移到所需位置。

4. 银染　将电泳完毕的凝胶置染色盘中，依次进行如下操作：

（1）加固定液至没过凝胶，置摇床上摇动 10min；

（2）弃固定液，加 1% HNO_3至没过凝胶，摇动 5min 脱色，双蒸水洗 3 次，每次 2min；

（3）加染色剂至没过凝胶，摇动 20min；

（4）弃染色剂，双蒸水冲洗后，加显色液摇动显色至条带清晰可见；

（5）弃显色液，加终止液摇动 3min 终止反应，双蒸水漂洗 5min。

将凝胶置无水乙醇中脱水，观察拍照；或将凝胶封入玻璃纸中，可保存较长时间。

【结果分析与评价】

每次 SSCP 电泳应有 1~2 个正常样品 DNA，经 PCR 扩增后与待测样品同时电泳，若待测样品出现带的增加、减少或位置移动，说明该样品碱基异常。用 PCR-SSCP 法检测小于 200bp 的 PCR 产物时，突变检出率可达 70%~95%，片段大于 400bp 时，检出率仅为 50%左右。

【注意事项】

1. 因扩增基因不同，PCR 反应体系及条件不同，需预实验摸索。

2. 引物、dNTP、rTaq DNA 聚合酶需-20℃保存。dNTP 小量分装，以避免反复冻融引起 dNTP 降解。

3. 用于 SSCP 分析的核酸片段越小，检测的灵敏性越高，一般应小于 400bp，以 150bp 左右为宜。

4. 灌胶时注意防止气泡的产生。

5. 温度对 SSCP 结果分析的影响较大，电泳时应采用恒定功率，避免大电流。

6. 丙烯酰胺具有中等毒性，可经皮肤吸收，操作时应小心处理，注意防护。

【方法评注】

PCR-SSCP 技术对检测基因点突变和短序列的插入和缺失具有简单、快速、分辨率高、所需样本量少、样本高通量筛选等优点。其不足之处为：检测片段范围窄、电泳条件要求严格、存在假阳性等。PCR-SSCP 仅为一种初筛突变的方法，若要确定突变的位置和类型，需进一步对 DNA 进行测序。

三、聚合酶链反应-限制性片段长度多态性分析

【目的与原理】

限制性内切酶能够特异性识别并切割特定的碱基序列。基因突变或多态性位点的存在,可导致DNA分子发生改变,用限制性内切酶切割经PCR扩增获得目的基因时,所产生片段数目和长度会有所不同,即限制性片段长度多态性。通过电泳分离上述DNA片段,可了解不同种群生物个体的DNA分子序列差异。这种把PCR与RFLP技术结合起来检测多态性的方法,即聚合酶链反应-限制性片段长度多态性分析(polymerase chain reaction-restriction fragment length polymorphism,PCR-RFLP)。

【器材与试剂】

1. 器材 PCR扩增仪、稳压电泳仪、水平电泳槽、微波炉或电炉、恒温水浴箱、凝胶成像分析系统、微量可调式移液器、PCR薄壁管、Tip头、胶带纸。

2. 试剂

(1) PCR扩增相关试剂:见本节PCR-SSCP部分;

(2) 根据检测位点选择的限制性内切酶及缓冲液(市售);

(3) 琼脂糖凝胶电泳试剂:琼脂糖(电泳级)、5×TBE电泳缓冲液(使用前稀释成0.5×TBE电泳缓冲液)、10mg/ml溴化乙锭(EB)(避光)、6×电泳载样缓冲液(0.25%溴酚蓝、0.25%二甲苯氰、40%蔗糖水溶液,4℃保存);

(4) 聚丙烯酰胺凝胶电泳试剂:同前面SSCP部分,但无需配制变性上样液;

(5) DNA Marker:根据酶切片段大小进行选择。

【操作步骤】

1. 基因组DNA的提取和浓度测定 见本章第一节。

2. PCR扩增包含检测位点的DNA片段 方法见本节三相关内容。

3. 特异性限制性内切酶消化扩增产物,0.2ml PCR薄壁管中依次加入:

PCR扩增产物	10μl
10×酶切缓冲液	2μl
限制性内切酶	10U
补 ddH_2O	至20μl

混匀,37℃水浴中消化4~16h。

4. 酶切产物的检测 根据酶切产物片段大小选择不同的检测方法,大片段DNA检测常用琼脂糖凝胶电泳,小片段DNA检测常用聚丙烯酰胺凝胶电泳。

(1) 琼脂糖凝胶电泳

1) 用胶带纸封好电泳凝胶板两端开口,放置点样梳;

2）选择合适浓度的琼脂糖凝胶（表 4-4）；

表 4-4 琼脂糖凝胶浓度与适宜分离的 DNA 大小

凝胶浓度（%）	线性 DNA 分子的有效分离范围（kb）	凝胶浓度（%）	线性 DNA 分子的有效分离范围（kb）
0. 3	60～5	1. 2	6～0. 4
0. 6	20～1	1. 5	3～0. 2
0. 7	10～0. 8	2. 0	2～0. 1
0. 9	7～0. 5		

3）用 0. 5×TBE 缓冲液在锥形瓶中配制所需浓度的凝胶，微波炉（或电炉）加热熔化；

4）冷却至 50～60℃，加 EB 溶液至终浓度 0. 5μg/ml，摇匀，缓慢倒入胶槽内，厚度 3～5mm；

5）胶凝固后（约 30min）拔出点样梳，去胶带纸，将胶置于电泳槽中，点样孔端朝向负极；

6）向槽内加入 0. 5×TBE 缓冲液，使液面高于凝胶表面 1～2mm；

7）取适量酶切产物与 1/6 体积的载样缓冲液混匀，依次加入样品孔，凝胶一侧加入 DNA Marker；

8）以 1～8V/cm（长度以两个电极之间的距离计算）电泳至指示剂迁移到所需位置；

9）凝胶成像分析系统观察拍照，根据 DNA Marker 判断酶切片段大小。

（2）聚丙烯酰胺凝胶电泳：步骤基本同 SSCP 电泳检测，不同之处在于 PCR 扩增产物直接上样，不需用变性上样液处理。

【结果分析】

根据酶切片段的数目和大小判断碱基是否发生改变。

【注意事项】

1. 扩增用的样品 DNA 应具备一定的纯度，否则会影响限制性内切酶的效果。

2. 吸取限制性内切酶时注意每次更换 Tip 头，避免污染；使用时尽量减少内切酶离开冰箱的时间，以免降低活性。

3. EB 是一种强诱变剂，可致癌或致畸。操作时必须佩戴手套并尽可能避免任何接触。EB 溶液的净化处理：由于 EB 具有一定毒性，实验结束后，应对含 EB 的溶液进行净化处理再行弃置，以避免污染环境和危害人体健康。

（1）对于 EB 含量大于 0. 5mg/ml 的溶液，可如下处理：

1）将 EB 溶液用水稀释至浓度低于 0. 5mg/ml；

2）加入一倍体积的 0. 5mol/L 高锰酸钾，混匀，再加入总体积等量的 25mol/L HCl，混匀，置室温数小时；

3）加入一倍体积的 2. 5mol/L NaOH，混匀并废弃。

（2）EB 含量小于 0.5mg/ml 的溶液，可如下处理：

1）按 1mg/ml 浓度加入活性炭，不时轻摇混匀，室温放置 1h；

2）用滤纸过滤并将活性碳与滤纸密封后丢弃。

【方法评注】

目前，国内外检测基因突变的方法很多，如 PCR 产物直接测序法、Taqman 探针法、单链构象多态性分析法、限制性片段长度多态性分析法、焦磷酸测序法、变性高效液相色谱法、突变特异性扩增系统等。PCR-RFLP 是应用较早的一种基因多态性检测方法，能对已知基因突变位点进行检测，具有简便、快速、分型简单、结果易于判断等优点。但由于该方法依赖内切酶的种类和数量，其获得的信息量有限，加之操作相对烦琐，部分内切酶价格较贵，不适合大样本的检测。

另外，高分辨率熔解曲线分析法（high resolution melting，HRM）是在实时荧光定量 PCR 基础上通过饱和染料监控核酸熔解曲线变化进行分析的一种分子诊断技术。主要原理是根据 DNA 序列的长度，GC 含量以及碱基互补性差异，应用高分辨率的熔解曲线对样品进行分析，极高的温度均一性和温度分辨率可区分单个碱基的差异。HRM 检测无需使用序列特异性探针，不受突变碱基位点和种类的局限，具有高灵敏度、高特异性、操作简便、低成本、高通量等优点，可检测血液、粪便等多种来源标本。

四、微卫星分析

微卫星（microsatellite，MS）是指 DNA 基因组中小于 10 个核苷酸的简单重复序列，又称短串联重复序列（short tandem repeat，STR）。MS 广泛存在于真核和原核生物基因组中，具有丰富的多态性和稳定的遗传性，是普遍使用的遗传标记技术手段，常采用 PCR 方法检测。已发现微卫星与遗传物质的结构改变、基因表达调控及细胞分化等有关，对维持基因组稳定性和完整性可能有一定的作用，与部分疾病有一定关系。在毒理学研究中，微卫星分析可用于基因突变检测和环境相关疾病等遗传易感性研究。

【目的与原理】

微卫星标记由核心序列和两侧保守的侧翼序列组成，侧翼序列将微卫星特异定位于染色体某一区域，保守性极高，核心序列重复数的差异则形成微卫星的高度多态性。根据微卫星 DNA 两侧保守序列设计引物，经 PCR 扩增、电泳，可检测不同个体微卫星 DNA 位点多态性。

【操作步骤】

1. 微卫星标记获得　有两种方法，一是寻找已经发表的相关物种的微卫星序列或引物（某些位点信息可在相关生物信息数据库中检索）；二是构建基因组文库，筛选鉴定微卫星 DNA 克隆，测定克隆侧翼序列，由此设计引物。

2. PCR 扩增　同常规 PCR 扩增（见本节三）。因微卫星片段小（<500bp），扩增条件类似，为了提高检测效率，增大信息量，现多将两个或两个以上的微卫星位点放在同一反应管中进行多重 PCR 扩增。

3. 扩增产物的分离与检测

（1）聚丙烯酰胺凝胶电泳检测：较为常用，多使用变性聚丙烯酰胺凝胶电泳（方法同非变性聚丙烯酰胺凝胶电泳，不同之处在于配制变性聚丙烯酰胺凝胶时需加入尿素）。扩增产物经电泳分离，根据引物或底物标记的不同，采用不同的检测方法。若引物或底物不带标记，采用银染法；以放射性核素标记，则采用放射自显影法；以非放射性核素（如辣根过氧化物酶）标记，采用酶联法。

（2）多重 PCR 微卫星自动荧光检测：用几种不同颜色的荧光标记微卫星 DNA 引物，经多重 PCR 扩增后，使用自动测序仪分离带有上述荧光标记的 PCR 产物，并将参照物和 DNA 分子量标准进行同步电泳，采用 GeneScan™ 和 GenoTyper™ 等软件进行基因分型。

【结果分析与评价】

微卫星呈共显性，如果串联重复的核心序列相同，此座位的基因型为纯合型，核心序列不同则为杂合型。微卫星的 PCR 产物采用聚丙烯酰胺凝胶电泳法检测时，纯合子出现一条带，杂合子出现两条带；采用自动测序仪检测时，微卫星 PCR 分析结果准确性依赖于数据读取的准确性，目前采取两种策略读取电泳分离后微卫星基因型，即与人类等位基因分型标准物比对和通过回归方程计算，前者的重现性较好。微卫星标记技术具有 DNA 用量少、反应速度快、操作简易、结果重复性好、信息含量高等优点。

第四节　表观遗传修饰检测

不涉及 DNA 序列改变的基因表达和调控的可遗传变化称为表观遗传。常见的表观遗传修饰包括 DNA 甲基化（DNA methylation）、组蛋白修饰（histone modification）、非编码 RNA（non-coding RNA）和染色质重塑（chromatin remodeling）等，表观遗传模式异常不仅影响人类正常发育，而且与诸多人类疾病、环境外源化学物暴露的结局有关。表观遗传学研究已成为生命科学和毒理学普遍关注的领域。本节简要介绍目前常用的几种表观遗传修饰的检测方法。

一、DNA 甲基化检测

DNA 甲基化是基因表达调控的一种重要机制。在毒理学研究中，DNA 甲基化已用于研究遗传与非遗传毒物的毒作用机制；对于与环境因素密切相关的肿瘤、代谢性疾病、心血管疾病等，DNA 甲基化可作为外源化学物暴露及效应的生物标志，DNA 甲基化模式分析有助于深入了解毒作用机制。

一般来说，根据检测目的不同，DNA 甲基化检测可分为基因组整体甲基化和特定位点甲基化检测。整体甲基化水平检测方法包括：高效液相色谱法、毛细管电泳法、生物亲和法等。特定位点甲基化检测方法主要包括：甲基化特异性 PCR 法、甲基化敏感限制性内切酶法，亚硫酸氢盐测序法、焦磷酸测序法、单分子测序技术等。其中甲基化特异性 PCR（methylation-specific PCR，MS-PCR）法可检测特定区域甲基化状态，具有高效、特异、敏感等特点，在毒理学以及其他学科研究中得到广泛应用和认可，以下予以重点介绍。

（一）甲基化特异性 PCR

【目的与原理】

基因组 DNA 经过亚硫酸氢盐修饰后，未甲基化的胞嘧啶转化为尿嘧啶，而甲基化的胞嘧啶保持不变。针对以上修饰结果，假设 CpG 位点中的胞嘧啶未甲基化而设计非甲基化引物，假设 CpG 位点中的胞嘧啶被甲基化而设计甲基化引物，分别对修饰后的基因组 DNA 进行 PCR 扩增，根据特异条带进行结果判断。

【器材与试剂】

1. 器材　高速离心机、电泳仪、pH 计、PCR 扩增仪、核酸蛋白分析仪、凝胶成像分析系统、恒温水浴箱等。

2. 试剂　基因组 DNA，引物（包括甲基化和非甲基化引物）、3.6mol/L 亚硫酸氢钠（pH5.0，新鲜配制，避光），0.01mol/L 氢醌（新鲜配制，避光）；80% 异丙醇、3mol/L 氢氧化钠、10mol/L 醋酸铵、Sss-I 甲基化酶、DNA 纯化试剂盒。

【操作步骤】

1. 基因组 DNA 的提取及浓度测定　见本章第一节。

2. 基因组 DNA 的亚硫酸氢钠修饰

（1）取 DNA 约 2μg 加入 1.5ml 离心管中，以无菌 ddH_2O 稀释至 50μl，加入 3mol/L NaOH 5.5μl，52℃水浴 20min；

（2）依次加入 30μl 10mmol/L 氢醌和 520μl 3.6mol/L $NaHSO_3$（pH5.0），混匀后加入 100μl 矿物油，避光，55℃水浴 16h；

（3）弃矿物油，将液体转至另一提前加有 1ml DNA 纯化树脂的 1.5ml 离心管中，颠倒混匀；

（4）将混合液转至一连接有纯化柱的注射器内，套上活塞，缓慢将液体经纯化柱推出；

（5）以 2ml 80% 异丙醇，按第（4）步方法洗涤；

（6）去除注射器，将纯化柱套于 1.5ml 离心管上，6200rpm 离心 2min；

（7）弃滤过液，将纯化柱套于另一 1.5ml 无菌离心管上，向纯化柱内加入 50μl 预热（65～70℃）的无菌 ddH_2O，室温放置 1min，6200g 离心 20s；

(8) 向装有纯化的基因组 DNA 离心管内,加入 5.5μl 3mol/L NaOH,37℃水浴 10min 加入 1/10 体积 10mol/L NH_4Ac、3 倍体积冰乙醇,1 体积糖原,混匀,-20℃过夜;

(9) 次日取出,7400g 离心 10min(可见 DNA 沉淀),弃上清,70%乙醇洗涤 1~2 次,室温下干燥,加入 40μl TE(pH8.0)溶解 DNA,-20℃备用。

3. 以修饰后的基因组 DNA 为模板,分别以甲基化和非甲基化引物进行 PCR 扩增,PCR 步骤参考相关章节。

4. 将 PCR 产物进行琼脂糖凝胶电泳或聚丙烯酰胺凝胶电泳,判断结果。

【结果分析与评价】

在进行甲基化和非甲基化 PCR 扩增时,均设立空白对照和阳性对照。如果只扩增出非甲基化条带,判断为非甲基化;反之,只扩增出甲基化条带,则判断为甲基化;如果既能扩增出甲基化条带又能扩增出非甲基化条带说明是半甲基化状态。

【注意事项】

1. 设计引物时要求所扩增的片段中必须含有一个或以上的 CpG 位点。

2. 基因组 DNA 进行化学修饰的过程中,注意温度和时间的掌握,修饰后的 DNA 单链比较脆弱,操作应轻柔,避免剧烈振荡。

3. 适当加大亚硫酸氢盐浓度,同时适当减少基因组 DNA 量,可防止假阳性出现。

4. 进行 PCR 扩增时,可选用热启动酶或者采用降落 PCR 法(touch down PCR)等方式提高扩增特异性。

【方法评注】

MS-PCR 法对引物设计的要求较高,需要包括两个以上完全甲基化或非甲基化 CpG 位点,该方法只能进行定性研究,不能对甲基化进行定量分析,若亚硫酸盐处理不完全,可导致假阳性出现。通过使用半巢式和巢式 PCR 可以提高 MS-PCR 敏感性。重亚硫酸盐测序、定量甲基化特异性 PCR 法则可实现对甲基化的定量分析。

(二)重亚硫酸盐-焦磷酸测序(bisulfite-pyro sequencing)

【目的与原理】

重亚硫酸盐使 DNA 中未甲基化胞嘧啶转变成尿嘧啶,而甲基化胞嘧啶保持不变,经 PCR 扩增后,尿嘧啶全部转化为胸腺嘧啶,此甲基化位点就成为一个普通的 C/T 单碱基多态位点,等位基因 C 的频率即为基因甲基化的程度。

【器材与试剂】

1. 器材 低温高速离心机、电泳仪、恒温水浴箱、测序仪等。

2. 试剂 基因组 DNA,SssI 甲基酶,亚硫酸氢钠,氢氧化钠,氢醌,2-丁醇,乙醇,苯酚,醋酸铵,Tween-20,浓 HCl,醋酸,醋酸镁,DNA 纯化试剂盒,PCR 扩增引物,焦磷酸测序引物,生物素标记的 PCR 扩增引物。

【操作步骤】

1. DNA 样品的制备 见第一节。

2. DNA 的重亚硫酸盐处理 同甲基化特异性 PCR。

3. 以修饰后的基因组 DNA 为模板,进行 PCR 扩增。PCR 引物设计可以使用 Meth Primer, Bisearch 或 Meth Primer express 等软件。引物设计需遵循以下原则:引物序列上避免含有 CpG 位点和回文结构;扩增产物中应包含尽可能多的 CpG 位点。

4. 焦磷酸测序测序模板的制备→测序(由专业测序公司完成)。

【结果分析】

对该基因片段甲基化状态进行重复测序实验,所获数据依据软件的等位基因频率分析功能,通过下式计算基因甲基化频率:

甲基化频率(%)= 甲基化的峰值高度/(甲基化的峰值高度+非甲基化的峰值高度)× 100%

【方法评注】

焦磷酸测序可以在一次反应中快速定量一个或多个甲基化位点,可以对甲基化程度进行精确定量,具有很好的可重复性和准确性,检测结果可明确区分 CpG 序列在不同个体中的甲基化程度以及每一个 CpG 位点的甲基化程度,是理想的甲基化验证方法,并有望成为甲基化分析的金标准。

二、组蛋白修饰检测

染色质结构对基因表达调节大部分是通过组蛋白修饰实现的,组蛋白修饰类型主要包括甲基化、乙酰化、磷酸化、泛素化、SUMO 化及糖基化等。这些修饰可以影响组蛋白与 DNA 以及其他蛋白间的亲和性,从而具有调节基因表达活性的能力。组蛋白修饰是基因表达调控的一种重要形式,参与生长发育、衰老、肿瘤等许多过程,在表观遗传学调控基因表达机制中占有重要地位。在毒理学研究中,组蛋白异常修饰可能参与化学物致癌过程,对组蛋白修饰分析有助于深入了解外源化学物毒作用机制。目前组蛋白修饰的检测方法有特异性免疫印迹法、免疫共沉淀法、染色质免疫沉淀法等。

染色质免疫沉淀技术(chromatin immunoprecipitation,ChIP)是研究蛋白质与 DNA 相互作用的一种技术,是研究组蛋白修饰的主要方法,以下简要介绍其技术要点。

【目的与原理】

ChIP 技术原理是通过甲醛把细胞内在生理状态下的 DNA 与蛋白质交联在一起,用超声波随机切断 DNA,使其断裂为一定长度的小片段,用所要研究的目的蛋白特异性抗体沉淀这种交联复合体,只有与目的蛋白结合的 DNA 片段才能够被沉淀下来,沉淀下来的复合物经逆交联,可通过 PCR 或 DNA 印迹转移技术对靶 DNA 进行检测分析。

【器材与试剂】

1. 器材　超声细胞破碎仪、离心机等。

2. 试剂

(1) 裂解缓冲液：50mmol/L Tris-HCl(pH8.0)、10mmol/L EDTA、1%SDS、1mmol/L PMSF，完全蛋白酶抑制剂(1片/10ml)(注：如进行组蛋白乙酰化检测，还需含10mmol丁酸钠)；

(2) 稀释缓冲液：16.7mmol/L Tris-HCl(pH8.0)，167mmol/L NaCl，1.1% Triton X-100，1.2mmol/L EDTA，完全蛋白酶抑制剂(1片/10ml)(注：如进行组蛋白乙酰化检测，还需含10mmol丁酸钠)；

(3) 低盐洗涤液：150mmol/L NaCl，0.1%SDS，1%Triton X-100，2mmol/L EDTA，20mmol/L Tris-HCl(pH8.0)；

(4) 高盐洗涤液：500mmol/L NaCl，0.1%SDS，1%Triton X-100，2mmol/L EDTA，20mmol/L Tris-HCl(pH8.0)；

(5) LiCl 洗涤液：0.25ml LiCl，1%NP-40，1%脱氧胆酸钠，1mmol/L EDTA，10mmol/L Tris-HCl (pH8.0)；

(6) TE 缓冲液：10mmol/L Tris-HCl(pH8.0)，1mmol/L EDTA；

(7) 洗脱缓冲液：0.1mol/L 碳酸氢钠，1%SDS，现用现配；

(8) 其他：37%甲醛、2.5mol/L 甘氨酸、PBS 缓冲液、鲑鱼精子 DNA/protein G 琼脂糖、目的蛋白抗体、乙醇、3mol/L 醋酸钠。

【操作步骤】

1. 细胞培养与染毒　按照常规的细胞培养方法，用合适的培养基培养细胞，在指数生长期给予细胞受试物染毒。

2. DNA-蛋白质的交联

(1) 收集染毒后的细胞，用10ml 无血清培养基重悬细胞，加入275μl 37%甲醛，使细胞悬液中甲醛终浓度为1%，室温孵育10～15min；

(2) 终止交联：加入甘氨酸至其终浓度为0.125mmol/L，混匀、室温孵育5min；1000g 离心收集细胞，10ml 冰冷的 PBS 清洗细胞2次，离心收集细胞(可-80℃保存待用)。

3. 染色质断裂

(1) 按照细胞量，加入裂解缓冲液重悬细胞，使细胞终浓度为10^7/ml，分装细胞悬液，400μl/支；

(2) 超声断裂：调节超声波处理参数，两次超声间隔将标本移至冰浴2min，使染色质断裂为200～1000bp 的片段。4℃、15 000g 离心样品10min，按每管100μl 分装上清液。可取100μl 上清液,加入 8μl 5mol/L NaCl、65℃过夜解交联,提取 DNA,2%琼脂糖凝胶电泳检测超声剪切效果以确定超声条件。

4. 染色质免疫沉淀和纯化

(1) 在每 100μl 染色质提取物中加入 900μl 稀释缓冲液,60μl 鲑鱼精子 DNA/Protein G 琼脂糖,摇床上 4℃孵育 1h,4000g 离心 2min;取 10μl 上清作为对照,4℃保存备用;

(2) 取 1ml 上清至新 EP 管中,分别加入相应的抗体,另设阳性对照和阴性对照(分别加入相应抗体),4℃孵育过夜;

(3) 加入 60μl 鲑鱼精子 DNA/Protein 琼脂糖,摇床上 4℃孵育 1~3h,4000g 离心 2min,弃上清;

(4) 分别用下列预冷的洗涤剂洗涤免疫沉淀物:①1ml 低盐洗涤液,4000g 离心 5min,弃上清;②1ml 高盐洗涤液,4000g 离心 5min,弃上清;③LiCl 洗涤液,4000g 离心 5min,弃上清;④1ml TE 缓冲液,4000g 离心 5min,弃上清,重复一次;

(5) 加入 250μl 洗脱缓冲液,混合,室温颠转培育 15min,离心取上清,重复一次,合并上清;

(6) 解交联:洗脱液中加入 20μl 5mol/L NaCl,60℃、过夜;

(7) 加入 1ml 乙醇,-70℃;放置 30min,40 000g 离心 15min,预冷的 70%乙醇洗涤颗粒,离心,弃上清,室温干燥沉淀;

(8) 加入 10μl 0.5mol/L EDTA,20μl 1mol/L Tris-HCl(pH6.5),1μl 20mg/ml 蛋白酶 K,45℃酶,2h。

5. DNA 的检测

(1) DNA 纯化:见第一节 DNA 分离与纯化;

(2) DNA 检测:可采用 qRT-PCR、半定量 PCR、DNA 印迹、DNA 芯片、基因测序等技术对靶 DNA 进行检测。

【注意事项】

1. 不同细胞类型,交联条件有所不同,需根据实际情况调整甲醛的浓度、交联的时间和温度。

2. 超声细胞破碎仪条件需经过预实验予以确定,需根据样品体积选择合适大小的超声探头,探头要尽量深入管中,但勿接触管壁,以免产生泡沫;超声时间勿过长,以免蛋白降解。

3. 需用预实验确定抗体用量,同时需设立阳性和阴性对照。阳性抗体通常选择与已知序列相结合的比较保守的蛋白抗体,常用的包括组蛋白抗体或抗 RNA 聚合酶Ⅱ抗体等,阴性抗体通常选择目的蛋白抗体宿主的 IgG 或血清。

【方法评注】

ChIP 技术能够研究在生理状态下 DNA 与蛋白质的结合,并有效地避免了 DNA 结合蛋白在染色质上的重新定位或者在后续的生化分离中丢失,是一种较为完善的研究 DNA 与蛋白质相互作用的技术。ChIP 与 DNA 芯片或测序技术相结合,可以在全基因组水平研究目的蛋白与整个基因组的未知序列的相互作用。目前已经有成熟的 ChIP 试剂盒出售,使得该方法的应用更为简便和广泛。

三、非编码 RNA 检测

随着基因组学研究的发展,发现生物体基因组内存在大量不编码蛋白质的基因,这些基因的转录产物称为非编码 RNA(noncoding RNA,ncRNA),包括小干扰 RNA(small inference RNA,siRNA)、小 RNA(micro RNA,miRNA),PIWI 蛋白相互作用 RNA(PIWI-interacting RNA,piRNA),长链非编码 RNA(long non-coding RNA,lnc RNA)和环状 RNA(circular RNAs,circRNA)。近年研究发现,ncRNA,尤其是 miRNA、lncRNA 和 circRNA 可以在基因转录、RNA 成熟和蛋白质翻译等水平调控基因表达,其数量巨大、种类繁多,相关功能目前尚不完全清楚。研究方法主要通过 DNA 芯片、qRT-PCR 等方法。

本部分主要以目前研究较多的 miRNA 为例来介绍,miRNA 是一类内源性非编码单链 RNA,其长度约为 19-25nt,具有很高的保守性。作为表观遗传学的一种重要调控模式,其通过装载进入 AGO2 蛋白形成 RISC 复合物,对靶基因进行转录后调控作用,影响生物体的生长、发育、代谢等多种生理功能,在生物进程中起到非常重要的作用。在毒理学研究中,miRNA 可能参与外源化学物的生物转化、损伤修复、诱导毒性转归以及致癌过程等,也可作为暴露后早期生物效应的敏感指标。

目前应用于 miRNA 的检测方法很多,有基于探针杂交原理的 Northern blotting 法、DNA 芯片法,Stem-loop 实时荧光定量 PCR 检测法(stem-loop quantitative real-time polymerase chain reaction,stem-loop qRT-PCR)等传统检测方法,以及滚环扩增法、基于指数扩增反应检测法(EXPAR)、酶辅助 miRNA 定量检测法(EATR)、基于纳米技术的 miRNA 测序法等新检测方法。研究者经常将 qRT-PCR 法作为 miRNA 检测的金标准,利用 PCR 扩增原理的 Stem-loop qRT-PCR 法可特异性的只针对成熟 miRNA 进行定量,不受其前体干扰,能检测只有一个碱基差别的不同 miRNA 的表达水平,操作快速、简单,每次用量仅需 10~100ng 总 RNA,因此该方法已被广泛应用于相关毒理学研究。

【目的与原理】

Stem-loop qRT-PCR 法的原理是先利用茎环结构的引物进行 RNA 的反转录,这种具有茎环结构的引物是针对目的 miRNA 设计的,茎-环状反转录引物包括一段与 miRNA 互补的特异性序列和一段较长的通用序列,与待测 miRNA 退火反转录后,能得到一个较长的反转录扩增子(cDNA),而且通用序列还提供了一个 PCR 下游引物结合位点,同时,需按照以上原理反转录作为内参的核小 RNA(snoRNA)包括 U1~U6,其中较为常用的内参是 U6。将上述反转录的产物作为 RT-PCR 的模板,使用与目的 miRNA 或内参 miRNA 序列特异结合的上游引物和与通用序列结合的下游引物进行 PCR 扩增,检测 miRNA 表达量。qRT-PCR 的定量方法包括绝对定量和相对定量,荧光染料主要包括 SYBR Green 和 TaqMan 水解型荧光探针。此部分操作步骤采用 TaqMan 探针标记的相对定量 qRT-PCR 法为示例介绍。

【器材与试剂】

1. 器材 低温高速离心机、常规 PCR 仪、分光光度计、电泳系统、实时荧光定量 PCR 仪。

2. 试剂 Trizol、RNA 级氯仿、冷冻异丙醇及冷冻的 75%乙醇、DEPC 灭菌水、miRNA 逆转录试剂盒、miRNA 荧光定量 PCR 试剂盒。

【操作步骤】

1. 总 RNA 的制备(参见本章第一节)。

2. 反转录反应(RT 反应) 使用 TaqMan® miRNA 反转录试剂盒对从细胞中抽提的总 RNA 进行反转录。

(1) 向冰浴的 PCR 薄壁管中加入下列反应混合物:dNTP Mix(100mmol/L total)0.15μl;Multiscribe™ RT enzyme(50U/μl)1μl;10×RT Buffer 1.5μl;RNase Inhibitor(20U/μl)0.19μl;Nuclease free water 4.16μl;总 RNA 样本(2~10ng/μl)5μl;5×miRNA RT Primer 3μl;

(2) 轻轻混匀,瞬时离心;

(3) RT 反应程序参数设置:16℃ 30min→42℃ 30min→85℃ 5min→4℃;

具体的操作是按照上述反转录的体系(除 RNA 模板)分别制作内参和待测 miRNA 的总混合液,再分装到每个 PCR 小管内。计算好需要的模板量,用 RNase free water 稀释后,加入 PCR 小管中,并将剩下的模板立即置于-80℃保存,将 PCR 小管置于常规 PCR 仪上进行反转录反应。

3. PCR 扩增

(1) qRT-PCR 反应体系:2×Universal PCR Master Mix 10μl;Nuclease free water 7.67μl;20×TaqMan® Assay(PCR 上下游引物及荧光探针)1μl;cDNA(RT Product)1.33μl;

由于 qRT-PCR 检测灵敏度高,因此,需要每个样品做三个平行样。按照上述反转录的体系(除 cDNA 模板)计算需要的量分别制作内参和待测 miRNA 总的混合液,将混合液加入每个八连管的小管中,最后每管加入待测样本的 cDNA。加完样品,盖好盖子,瞬时离心后放入荧光定量 PCR 仪中进行检测;

(2) PCR 程序:95℃ 10min→95℃ 5s,60℃ 34s(40 个 cycles)→ Melt curve(60℃升温到 95℃实时检测)→4℃。

【结果分析与评价】

相对定量法采用 $2^{-\Delta\Delta Ct}$ 计算,即以各自样本中内参(U6)为标杆,比较两样本中目的基因的相对丰度,计算公式如下:

F=2-[(待检样品目的基因平均 Ct 值-待检样品看家基因平均 Ct 值)-
(对照组目的基因平均 Ct 值-对照组看家基因平均 Ct 值)]

【注意事项】

1. 由于 qRT-PCR 的检测十分灵敏,因此 RNA 定量必须准确,一般 RNA 定量应重复两次。

2. 加入混合液前应注意混匀,以免放置时间过长浓度不均,造成平行样间差异过大。

3. 无论在反转录或 qRT-PCR 加样时要求加入模板量一定要准确。

4. 操作荧光染料要注意避光。

5. 其余参考一般 RNA 处理的注意事项。

第五节　基因表达检测

一、差异表达基因分析

差异表达基因分析技术是目前筛选差异表达基因的有效方法。在毒理学研究方面主要应用于毒作用机制研究以及寻找外源化学物所致差异表达的基因。

目前,用于差异基因分析最多的方法是实时荧光定量 PCR(qRT-PCR),主要有 TaqMan 荧光探针法,荧光染料法和分子信标法等。目前使用最广的为荧光染料法。

【目的与原理】

qRT-PCR 技术是指将可以发出荧光信号的荧光基团加入到 PCR 反应体系中,通过荧光信号的积累实时监测整个 PCR 进程,最后利用标准曲线或内参对未知模板进行定量分析的方法。

1. 分子信标实时荧光定量 PCR　分子信标亦称分子灯塔,该种探针是一段茎环发夹结构的单链 DNA 分子,环部与靶 DNA 序列互补,长度为约 15~35bp,茎部由 GC 含量较高的与靶 DNA 无序列同源性的互补序列构成,约 8bp,探针的 5′端与 3′端分别标记荧光报告基团和荧光淬灭基团。当分子信标处于自由状态时,发夹结构的两个末端靠近使荧光报告基团与淬灭荧光基团靠近,荧光信号被淬灭。当有靶序列存在时,分子信标与靶序列结合,使分子信标的茎杆区被拉开,3′端与 5′端分离,此时荧光报告基团不能被淬灭,荧光检测仪器可检测到荧光。随着每次扩增产物的积累,荧光强度增加,可反映出每次扩增末扩增产物积累的量。分子信标法的特点是探针可循环利用,理论上分子信标能区分仅单个核苷酸差异的 DNA,特异性比常规等长的寡核苷酸探针更明显。但探针标记较复杂,并且要求游离在溶液中时探针能无选择性折叠,否则会造成部分荧光本底信号;同样,当茎结构的热力学温度过高时,则会影响探针与靶序列杂交。

2. TaqMan 探针实时荧光定量 PCR　TaqMan 探针实时荧光定量 PCR 技术基本原理是以探

针与模板的特异性结合为基础，根据释放荧光信号的强度反映模板数量。该技术在加入引物的同时加入特异性的荧光探针和 Taq 酶。TaqMan 探针本质上是一小段单链 DNA 或 RNA 片段，特殊之处在于有一个报告基团（R）连接在探针的 5′端，一个猝灭基团（Q）连接在 3′端。在 PCR 扩增时，Taq 酶作为一种 DNA 聚合酶，在使脱氧核苷酸聚合形成脱氧核苷酸链的同时，其 3′→ 5′外切酶活性将探针降解，分离后的报告基团可以发出荧光信号，并且直接被荧光检测系统接收。荧光信号与扩增的 PCR 产物完全同步，实现了实时监测。该技术的核心是靶基因的选择，为了保证定量检测的可重复性，常选择细胞中线粒体数目较多，进化速度较快的单倍体，即单链 DNA 作为靶基因。

3. 荧光染料实时荧光定量 PCR　在 PCR 反应体系中，过量的荧光染料（如 SYBR Green、EvaGreen 等）以非特异性结合的方式掺入 DNA 双链并且发射荧光信号，而不掺入的染料分子不会发射任何荧光信号，从而保证荧光信号的增加与 PCR 产物的增加同步。在游离状态下，SYBR Green 本身发出微弱的荧光，一旦与双链 DNA 结合，其荧光强度增加 1000 倍。荧光信号强度随扩增产物的增加而增强，即根据荧光信号强度可以检测出样本中 DNA 的种类及含量。EvaGreen 是替代 SYBR Green 的第三代染料，相比于非饱和的 SYBR Green 染料，EvaGreen 染料与双链 DNA 分子的结合更稳定，对 PCR 反应的抑制性更小，因此，目前使用较多的染料是具有更高信号强度及灵敏度的 EvaGreen 染料。

本章节主要以荧光染料法为例介绍 qRT-PCR 的操作方法与步骤。

【器材与试剂】

1. 器材　实时荧光定量 PCR 仪、电泳仪、恒温水浴箱、高速冷冻离心机、PCR 薄壁管、上样枪头、微量移液器、96 孔板等。

2. 试剂

（1）RNA 提取相关试剂（见本章第一节）；

（2）PCR 扩增相关试剂、聚丙烯酰胺凝胶电泳相关试剂（均参见本章第三节）；

（3）反转录相关试剂：总 RNA、随机引物、10mmol/L 4 种 dNTP 混合物、5×反转录缓冲液、TRIzol、DEPC、氯仿、异丙醇、无水乙醇、去离子水；

（4）荧光定量 PCR 相关试剂：PrimeScript^{RT} reagent Kit、SYBR PrimeScript^{TM} RT-PCR Kit。

【操作步骤】

1. 逆转录获 cDNA　采用试剂盒逆转录获得总 cDNA。25μl 逆转录体系为：引物工作液（62.5nmol/L）2μl，Total RNA（500ng/μL）1μl，RNAase-free ddH_2O 8μl，70℃ 10min，冰浴，2min。5×RT Buffer 5μl，dNTP mix（2.5mmol/L）2μl，RNAase inhibitor（40U/μl）0.5μl，RTase 0.5μl，RNAase-free ddH_2O 6μl。反应条件为：42℃ 60min，70℃ 10min，4℃保存。

2. 实时荧光定量 PCR（qRT-PCR）　qRT-PCR 反应体系为：SYBR®Premix Ex Taq^{TM}（2×）10μl，

5μM PCR Forward Primer 1μl,5μM PCR Reverse Primer 1μl,ROX Reference Dye II(50×)0.25μl,模板 cDNA 2μl,ddH_2O 5.75μl。在实时荧光定量 PCR 仪上进行,反应条件为:两步法 PCR 扩增:95℃ 30s 预变性,95℃ 5s 退火,60℃ 34s 延伸,40 循环。用比较 Ct 值法,以 *ACTB* 等看家基因为内参,检测样品内目的基因相对表达水平。计算公式为:实验组目的基因相对表达量为 $2^{-\Delta\Delta Ct}$,用 RQ 值表示;ΔΔCt=实验组 ΔCt-对照组 ΔCt(实验组 ΔCt=实验组目的基因 Ct-实验组管家基因的 Ct;对照组 ΔCt=对照组目的基因 Ct-对照组管家基因 Ct)。在对照样品中,ΔΔCt=0,定义其基因表达量为 2 基因相对表达量为 1,然后以这个表达水平为参照,去检测其他实验组及对照组的表达水平;实验组目的基因的定量均为对照组样品的 n 倍。

【注意事项】

1. RNA 质量关系到扩增条带的数量和大小,是本实验成功与否的关键,RNA 提取后需测定纯度和浓度,琼脂糖凝胶电泳鉴定其完整性。

2. 总 RNA 需经 DNAase 充分消化,去除 DNA 污染。可以在实验中设立一个不加反转录酶的反应来检验 DNA 是否去除干净。

3. RNA 极易被环境中的 RNA 酶降解,因此 RNA 接触的所有器皿、试剂均须进行无 RNA 酶处理。

4. RNA 不能用碱变性,因碱会导致 RNA 水解。

5. TRIzol 是一种致畸物,DEPC 高度易燃且致癌,须在通风柜内小心操作。

【方法评注】

基因表达差异显示分析技术具有简便、快速、灵敏、所需 RNA 量少、可同时检测多种生物性状相关基因表达的差异等优点。但该技术在应用过程中依然存在一定的问题,如荧光染料对 PCR 反应过程的抑制,荧光探针价格较高及其受相应酶活性限制等问题。

二、差异蛋白质组分析

蛋白质组最早由 Marc Wilkins 在 1994 年提出,指由一个基因组或细胞、组织表达的所有蛋白质。与基因组不同,蛋白质组是一个动态的概念,不同物种、不同个体以及同一个体在不同发育阶段或不同实验条件下,其表达的蛋白质都会不同。差异蛋白质组学是蛋白组学研究的主要内容之一,其核心是定性、定量地研究特定因素作用下蛋白质组的差异。应用差异蛋白质组分析技术可以发现外源化学物引起的特定细胞、组织的蛋白质表达差异,为阐明其毒作用机制奠定基础;进而探寻毒作用的蛋白靶点,筛选特异性蛋白作为毒性预测和安全性评价的生物标志,深入研究毒作用机制,为中毒预防及监测提供依据和策略。

毒理蛋白组学的实验技术基于传统蛋白质组学,并遵循毒理学的相关研究准则及方法。具体研究技术主要包括:①蛋白质的分离技术,主要是以双向凝胶电泳(two-dimensional electrophoresis,2-DE)为代表的凝胶分离方法和以液相色谱(liquid chromatography,LC)技术为代表的非凝胶分离方法。②蛋白质表达谱研究技术,以双向凝胶电泳联合基质辅助激光解析电离飞行时间质谱(matrix-assisted laser desorption/ionization time of fly mass spectrometry,MALDI-TOF-MS)为代表蛋白质分析方法是最经典的蛋白质组学表达谱研究技术之一,其中双向电泳技术也分为传统的基于化学染色的双向电泳技术和基于荧光标记的荧光差异双向凝胶电泳(fluorescence two-dimensional differential in-gel electrophoresis,2D-DIGE)技术。近年来,由于质谱技术的日益成熟,以液质联用为基础的蛋白质组学定量方法先后涌现,如非标记定量技术(label-free quantification)、同位素亲和标签技术(isotope-coded affinity tags,ICAT)、同位素标记相对和绝对定量技术(isobaric tags for relative and absolute quantitation,iTRAQ)、细胞培养稳定同位素标记氨基酸技术(stable isotope labeling with amino acids in cell culture,SILAC)。③生物信息学分析,研究内容主要包括大量蛋白质组学实验数据分析和挖掘。

差异蛋白质组学研究的基本步骤为:样本处理→对所有蛋白质组分进行提取分离→准确区分差异蛋白质位点,建立差异蛋白谱→通过质谱和生物信息学技术鉴定差异蛋白质的结构与功能。在差异蛋白组学研究中,最核心的技术是用于分离蛋白质的双向凝胶电泳技术(two-dimensional gel electrophoresis,2-DE)和用于鉴定蛋白质的质谱技术(mass spectrometry,MS)。

【目的与原理】

双向凝胶电泳第一向为等电聚焦(isoelectric focusing,IEF),根据蛋白质等电点不同进行分离;第二向为SDS电泳(sodium dodecylsulfate gel electrophoresis),按亚基分子量大小进行分离。经过电荷和分子量两次分离后,得到蛋白质分子等电点和分子量等信息。

质谱技术通过电离源将蛋白质分子转化为气相离子,然后利用质谱分析仪的电场、磁场将具有特定质量与电荷比值(M/Z值)的蛋白质离子分离,经过离子检测器收集分离的离子,确定离子M/Z值,分析鉴定未知蛋白质。

【主要操作步骤】

1. 样品制备　样品制备是实验成败的关键。需根据样品、实验目的和要求的不同选择合适的处理方法。制备时应使所有待分析的蛋白样品处于溶解状态;防止蛋白聚集和沉淀;防止蛋白发生化学修饰;去除样品中的核酸及无关蛋白等。

在样品制备中必须尽量减少可能引起假点(artifactual spot)的蛋白质修饰,如含尿素的样品不能加热,处理步骤宜尽量少并置于冷环境;也需加入蛋白酶抑制剂如EDTA或苯甲基磺酰氟(PMSF)等,防止样品蛋白的降解。

在样品制备过程中可通过使用变性剂(尿素和硫脲)、表面活性剂(NP-40、Triton X-100及CHAPS等)、还原剂(二硫苏糖醇、二硫赤藓糖醇及磷酸三丁酯等)以及两性电解质等增加样品的溶解度。

2. 第一向固相 pH 梯度(immobilized pH gradient,IPG)等电聚焦　第一向 IEF 电泳采用固相 pH 梯度干胶条(IPG strips),使实验变得简单且稳定(IPG 不会发生电渗透作用)。目前市场上有不同长度和不同 pH 范围的固相 pH 梯度干胶条可供选择。凝胶条长度的选择取决于第二向电泳槽的宽度,pH 范围的选择取决于分辨率的要求和样品的特性。

(1) IPG 胶条的水化:为了样品等电聚焦的需要,固相 pH 梯度胶条必须用含有尿素、还原剂(如 DTT)、两相电解质(CHAPS 或 Triton X-100 等)和 IPG 缓冲液等的水化液水化。水化可在电场(30V,20℃)进行。水化需时较长,为防止水化液蒸发和尿素结晶,需在 IPG 胶条上覆盖硅油。具体操作可参见说明书。

(2) 等电聚焦:可在等电聚焦前加样品,亦可将样品加在水化液中。加样时采用低电压有利于样品进入凝胶,并能减少蛋白的聚合和相互作用。逐步分级升高电压,直至达到设定电压并维持,电泳结束后立即进行平衡。暂不进行第二向的 IPG 胶条可密封在塑料袋或试管中于-80℃保存。

(3) IPG 胶条的平衡:为顺利进行 SDS 电泳,在第二向电泳前需进行胶条的平衡以使被分离的蛋白质与 SDS 完整结合。平衡分两步进行,先用含尿素、甘油、SDS 和 DTT 等的平衡缓冲液Ⅰ平衡 IPG 胶条 10~15min,将蛋白解聚成多肽链,并包裹负链;再用含碘乙酰胺的平衡缓冲液Ⅱ平衡 10~15min,碘乙酰胺的烷基化作用可保护—SH 基团,防止蛋白氧化,减少“纹理(streaking)”现象发生,得到清晰的图谱,但平衡时间过长会丢失蛋白。

3. 第二向 SDS 电泳　分离胶浓度需根据所分离的蛋白质分子量大小选择。将平衡好的 IPG 胶条浸入电泳缓冲液几秒钟后,胶面向下放置于 SDS 胶面上,并轻压使 IPG 胶条与 SDS 胶面充分结合(如为垂直电泳,要用琼脂糖将凝胶条密封在浓缩胶上)。将胶盒插入电泳槽中,开始电泳。当溴酚蓝染料迁移到胶的底部边缘时结束电泳,将胶转移到染色盒里固定,准备染色。

4. 2-DE 胶蛋白质点的检测　考马斯亮蓝染色法、银染法、荧光染色法和放射自显影法等均可用于 2-DE 胶蛋白质点的检测。目前较常用的是银染法和考马斯亮蓝染色法。由于银染灵敏度是考马斯亮蓝染色法的 50 倍,故一般用银染法进行分析处理。

5. 图像分析处理　典型流程为凝胶图像的扫描与加工→斑点检测与定量→凝胶配比→数据分析、呈递与解释→数据库建立。现在许多商品化和非商品化的计算机辅助的凝胶分析系统已被广泛应用。

6. 蛋白质点后续分析　将凝胶上的蛋白质点用人工或自动化仪器提取,用酶解方法(如凝胶内酶解、电洗脱后酶解、电转移后膜上酶解或印迹过程中酶解等)将蛋白质消化成小分子的多肽,因为蛋白基团越大,质谱检测的准确率越低。通常 6~20 个氨基酸的多肽最适合质谱检测。

7. 质谱测定　质谱用于肽和蛋白质的序列测定主要采用三种方法:第一种方法称为蛋白图谱(protein mapping),即用特异性的酶解或化学水解将蛋白质切成小片段,然后用质谱检测各产物肽分子量，将得到的肽谱数据输入数据库，搜索与之相对应的已知蛋白，从而获取待测蛋白序列；第二种方法是用化学探针或酶解使蛋白质或肽从 N 端或 C 端逐一降解氨基酸残基，形成相互间差一个氨基酸残基的系列肽，名为梯状测序（ladder sequencing），经质谱检测，由相邻峰质量差知道相应的氨基酸残基；第三种方法是利用待测分子在电离及飞行过程中产生的亚稳离子，通过分析相邻同组类型峰的质量差，识别相应的氨基酸残基。

【方法评注】

由于 2-DE 能将数千种蛋白同时分离，直观地展现出各种蛋白及其含量，并同时提供等电点、分子量以及蛋白质修饰的信息，因此在进行差异蛋白质筛选时，2-DE 仍是目前首选的技术。用固相 pH 梯度干胶条代替两性电解质进行 2-DE 第一向等电聚焦后，可极大地提高电泳的分辨率，并可提高结果的重复性和可比性。2-DE 的不足之处为：无法检测强酸或强碱性蛋白质，不能很好地显示低丰度蛋白质，不同样品间难以进行定量比较，费时和重复性较差等。

质谱分析用于蛋白质鉴定具有很高的灵敏度，能检测微克级试样，能有效地与色谱联用，适用于复杂体系中痕量物质的鉴定或结构测定，同时具有准确性、易操作性、快速性及很好的普适性；但它需要在检测之前对样品进行必要的纯化，因而难以实现高通量的蛋白质分析，此外质谱无法区分分子和电荷相同的同分异构体。

三、差异代谢组学分析

代谢组学（metabonomics/metabolomics）是效仿基因组学和蛋白质组学的研究思想，对生物体内所有代谢物进行定量分析，并寻找代谢物与生理病理变化相应关系的研究方法，是系统生物学的组成部分。代谢组学主要研究的是作为各种代谢路径的底物和产物的小分子代谢物（MW<1000）。差异代谢组学是代谢组学研究的主要内容之一，其核心是定性、定量地研究特定因素作用下代谢组的差异。应用差异代谢组分析技术可以发现环境或遗传因素引起的特定细胞、组织内代谢物含量的差异，为阐明其毒作用机制奠定基础，进而确定毒作用的靶器官和特异性生物标志。

代谢组学可分为非靶向代谢组学（代谢全谱）和靶向代谢组学（目标代谢物）。非靶向代谢组学能获得样本的代谢全谱，比较不同样本代谢产物种类与丰度的差异，具有通量高、灵敏度低、难检测低丰度代谢物等特点；靶向代谢组学能利用标准品对少量目标代谢物进行检测和定量，具有绝对定量、待检样本少等优点，但需使用标准品。差异代谢组学研究的基本步骤：样品采集→代谢物提取→衍生化→代谢物检测→统计分析。生物体液中包含着复杂的内源性代谢物，用于检测和分析这些代谢物信息的技术包括磁共振、色谱及联用技术、红外光谱（IR）和毛细管电泳等技术。其中，磁共振以其非破坏性和普适性已成为代谢组学的主要分析手段；色谱质谱联用技术（GC/MS 和 LC/MS）以其在分离定性方面的极大优势也在研究中占有重要地位。气相色谱质谱联用是代谢组学分析过程中最常用的方法，以下主要介绍该方法的原理及主要操作步骤。

【目的与原理】

色谱法是一种高效分离技术，能有效地分离复杂混合物，其原理是利用代谢组分在两相间亲和力、吸附能力、分配系数和离子交换能力等差异，经过多次在两相间交换，从而分离不同组分。质谱则能将分子电离成带电荷离子，根据其质量和电荷之比不同进行分离检测，从而推断分子结构。两者联用能将色谱的分离能力与质谱的定性功能结合起来，实现对复杂混合物准确的定性和定量分析。

【主要操作步骤】

1. 样品收集　永生化细胞系在 75cm^2 细胞培养瓶中培养三天后，收集细胞培养上清，用 PBS 清洗 2~3 遍后，胰酶消化数分钟，用含 10%胎牛血清的 RPMI-1640 终止消化，细胞悬液离心后用预冷 PBS 重悬两次。最后将细胞悬液离心后弃尽 PBS，将细胞沉淀和细胞培养上清放入液氮中急速冷却固定后置于-80℃保存。

2. 代谢物提取　细胞样品解冻，取 50mg 样本放入 2ml EP 管中，加入 0.4ml 甲醇-氯仿(3∶1)作为有机溶剂，再加入 20μl L-2-氯苯丙氨酸作为内标，加入钢珠，研磨仪(65Hz)匀浆研磨处理 3min，超声提取 3min(0℃)。12 000r/min 离心 15min(4℃)，取 340μl 清液于 2ml 进样瓶中。另外每个样本取 10μl 上清液于 2ml 进样瓶中并混匀制成混合样本，作为质控。

3. 硅烷化衍生　在真空浓缩器中干燥提取物(37℃，3.5h)，向干燥后的代谢物中加入 80μl 甲氧胺盐酸盐(溶于吡啶中，浓度为 20mg/ml)，密封混匀后，放入烘箱中 80℃孵育 20min。然后向每个样品中迅速加入 100μl BSTFA(含有 1%TMCS，v/v)，再次密封后将混合物 70℃孵育 1h。冷却至室温后，向混合样本中加入 5μl FAMEs(脂肪酸甲酯标准混合液，溶于氯仿，C8-C16:1mg/ml；C18-C24:0.5mg/ml)。混匀后上机检测。

4. 代谢物检测　使用气相色谱-飞行时间质谱联用仪[配有 RestekRxi-5Sil MS 毛细管柱(30μm、250μm、0.25μm)]对样本进行检测。具体分析条件如下：进样量：1μl，不分流模式；载气：氦气(99.9996%)；前进样口吹扫流速：柱流速：3ml/min；1m/min；柱温：60℃，保持 1min，以 10℃每分钟的速率上升至 330℃，保持 10min；前进样口温度 280℃；传输线温度：280℃；离子源温度：220℃；电离电压：-70eV：扫描方式：85~600m/z；扫描速率：20 张图谱每秒；溶剂延迟：366s。

5. 统计分析　首先对原始数据进行预处理：缺失数据用最小值二分之一法填补，用四分位数间距法滤除噪声数据，保留单组空值小于等于 50%或所有组中空值小于等于 50%的峰面积数据后，用内标归一法对过滤后的数据进行标准化处理，消除因标本采集过程中差异(如组织重量不同)导致代谢物浓度的差异。使用 SMCA14.0 软件包对归一化后的数据进行模式识别多变量分析，主成分分析使用 Log 转换和 CTR 格式化处理的数据标度换算方式，对数据进行自动建模分析。正交偏最小二乘法判别分析使用 UV 格式化处理的数据标度换算方式,对第一、第二主成分进行建模分析,模型的质量用 7 次交叉验证和影响排列检验进行检验。采用 OPLS-DA 模型第一主成分的 VIP 值(变量权重重要性排序)(阈值>1,阈值<1 时无统计学意义)结合 t 检验的 p 值(阈值为 0.05)及 FDR(错误发现率)检验的 q 值(p 值的校正值,阈值为 0.05)来寻找差异代谢产物,然后在 KEGG 数据库分析,找出对应代谢通路并计算 p 值。

【方法评注】

GC/MS 是运用广泛且最为成熟的代谢组学分析技术,适合分析低极性、低沸点或衍生化后具有挥发性的物质。GC/MS 主要优点是灵敏度和分辨率高,重现性好,具有大量标准代谢谱图库,此外成本较低,受基体效应影响小。它适用于混合物中未知组分的定性分析,并可判断化学物分子结构;不足之处在于样品中难挥发或极性较大的代谢产物需经过衍生化后才能分析。与 GC/MS 相比,LC/MS 的优点在于样品预处理简单、无需衍生化、检测物质的范围更广,适用于那些热不稳定、不易挥发、不易衍生化和相对分子质量较大的物质。在代谢组学研究中,LC/MS 已经广泛应用于疾病诊断、毒理学、药理学以及微生物代谢物研究等方面。此外,液相色谱-飞行时间-质谱(LC/TOF-MS)的较高采样速率和灵敏度,信息采集范围大于传统 LC-MS,非常适用于代谢组学高通量、低浓度的检测要求。毛细管电泳(capillary electrophoresis,CE)也逐渐用于代谢组学研究中。毛细管电泳和质谱联用(CE/MS)与 LC/MS 很相似,但分离样品的速度和效率要比 LC/MS 和 GC/MS 更快和更高,往往在 10 分钟内就能完成一个样品的分析。CE/MS 是代谢组分析的一个新的发展方向。

除了色谱质谱联用检测代谢产物外,核磁共振(nuclear magnetic resonance,NMR)也常用于代谢产物检测,其可在一次单独检测中获得样本中成百上千的代谢组分信息,而无需预先确定被检测物质性质。此外,NMR 对样品实现无创性、无偏向检测,具有良好的客观性和重现性,所需样品量较少,不需要复杂的样品处理或衍生措施,且样品还可回收用于其他分析。但是,NMR 仅能检测到含量丰富的代谢产物。NMR 和 MS 联用,可以为代谢组提供更广泛和更准确的覆盖,其也是代谢组分析的一个新的发展方向。

第六节 基因转染和编辑

基因转染(Gene transfection)是将具有生物功能的外源核酸转移或运送到细胞内并使其在细胞内维持生物功能的过程。基因沉默是外源基因插入 DNA 而导致特异性 mRNA 的降解或翻译抑制的现象。通过基因过表达或 RNA 干扰技术构建目的基因表达改变的细胞株,可为毒物的毒作用机制等研究拓展新途径。自 2012 年来,规律性重复短回文序列簇(CRISPR/Cas9)技术作为一种新型的基因编辑技术发展迅速,现已成为生命科学研究的热门技术。

一、基因转染技术

质粒构建-质粒扩增-质粒鉴定的方法可参照分子生物学标准方法手册。基因转染包括瞬时转染和稳定转染。

瞬时转染指将外源 DNA/RNA 导入真核宿主细胞使其短暂地高水平表达,但其不整合到染色体上。一个宿主细胞中可存在多个拷贝数,其表达水平与导入的亚细胞定位无关且不会受到周围染色体元件的影响,可在转染后 24~72h 内检测其表达效率。

稳定转染指外源 DNA 导入真核宿主细胞并整合到染色体上或作为一种游离体(episome)持续存在,使其在宿主细胞中可长期表达。外源 DNA 整合到染色体中概率很小,如要获得稳定转染的细胞株,需通过共同转染筛选标记(如抗性基因)及选择压力来维持其稳定表达。

1. 常用转染方法及要点　瞬时转染和稳定转染可通过物理、化学、生物学方法进行,转染方法的选择对转染结果影响很大,不同的转染方法各有利弊,但转染时都应注意以下几个方面:

(1) 细胞培养物:健康的细胞培养物是成功转染的基础,不同细胞有不同的培养基、血清和添加物。小于 50 代的培养细胞能确保基因型不变。但应注意避免细菌、支原体或真菌的污染。

(2) 血清质量:血清质量直接影响转染效率。大多数培养基在使用前需加入血清,因此在转染前事先测试对细胞生长良好的血清批号,以便转染时使用同一批号的血清,同时做阴性对照(不加转染试剂及外源 DNA)以测试细胞生长是否正常。但某些情况下如脂质体转染和使用对血清敏感的细胞如原代细胞转染时,在有血清存在情况下,会导致转染效率降低或细胞受损、甚至死亡。

(3) 抗生素:细胞培养过程中常需添加抗生素防止污染,但同时也对转染造成影响,如青霉素和链霉素一般对真核细胞无毒,但有些转染试剂可增加细胞的通透性,使抗生素进入细胞,间接导致细胞死亡,造成转染效率低下。

(4) 氮磷比(N/P)常以 DNA/转染试剂质量比表示:N/P 比是转染效率的关键,在一定比例范围内转染效率随 N/P 比增高而增高,但毒性也随之增加,因此在实验前应根据推荐比例,摸索最佳转染比例。

(5) DNA 质量:DNA 质量对转染效率影响非常大。对于基于电荷吸引原理的转染技术(如脂质体等),如 DNA 不纯,带有少量的盐离子、蛋白、代谢物污染都会显著影响转染复合物的有效形成及转染的效果。可采用超纯质粒抽提试剂盒纯化 DNA。对一些内毒素敏感的细胞(如原代细胞,悬浮细胞和造血细胞),可采用去除内毒素污染的质粒抽提试剂盒,去除脂多糖分子,保证理想的转染效果。

常用的转染方法的基本原理和应用特点见表 4-5。

表 4-5 常用的转染方法的基本原理和应用特点

转染方法	原理	应用	特点
电穿孔法	高脉冲电压破坏细胞膜电位，DNA 通过膜上形成的小孔导入	稳定转染 瞬时转染	适用于所有细胞，但细胞致死率高，DNA 和细胞用量大，需优化实验条件
显微注射法	通过显微操作将 DNA 直接注入靶细胞核	稳定转染 瞬时转染	转染细胞数有限，多用于基因工程改造或转基因动物的胚胎细胞
基因枪法	DNA 用显微重金属颗粒沉淀，再将包被好的颗粒用弹道装置射入细胞，DNA 在胞内逐步释放、表达	瞬时转染	可用于人的表皮细胞、成纤维细胞、淋巴细胞系及原代细胞
磷酸钙法	磷酸钙-DNA 复合物吸附于细胞膜，被细胞内吞	稳定转染 瞬时转染	操作简便，重复性差，不适用于原代细胞及某些培养细胞
二乙氨乙基(DEAE)-葡聚糖法	带正电的 DEAE-葡聚糖(dextran)与带负电的核酸磷酸骨架相互作用形成复合物，通过细胞内吞作用进入细胞	瞬时转染	相对简便，结果可重复，但有一定的毒副作用，转染时需去除血清
阳离子脂质体法	带正电的脂质体与带负电的核酸磷酸骨架形成复合物，被细胞内吞	稳定转染 瞬时转染	适用于所有细胞，转染效率高，重复性好，转染时需去除血清，转染效果随细胞类型不同变化大
非脂质体脂类法	内含多种脂质成分，与 DNA 结合后转运到细胞内	瞬时转染 稳定转染	适用于所有细胞，转染效率高，细胞毒性小
逆转录病毒介导法	通过感染宿主细胞将外源基因整合到染色体中	稳定转染	携带基因不能太大、操作复杂、耗时，需考虑安全因素
腺病毒介导法	通过感染宿主细胞将外源基因整合到染色体中	瞬时转染	可用于难转染的细胞，需考虑安全因素

2. 影响转染效率的主要因素

（1）转染试剂：转染效率与转染试剂有关。由于不同细胞系的转染效率不同，因此在转染实验前应根据实验要求和细胞特性选择适合的转染试剂。

（2）细胞状态：生长旺盛的细胞容易转染，最适合转染的细胞是经过几次传代后达到指数生长期的细胞。需注意贴壁细胞生长到接近融合时应进行传代，勿使细胞融合超过 24h。

（3）细胞密度：不同的转染试剂，要求转染时的最适细胞密度各不相同，转染时细胞密度过高或过低都会导致转染效率降低，因此应根据不同实验目的选择最适细胞密度。一般转染时贴壁细胞密度为 40%~80%，但如阳离子脂质体具有微量细胞毒性则需要更高的细胞密度。总之，应尽量在细胞最适的生理状态下转染，以求最佳的转染效果。

（4）质粒 DNA 转染用量：DNA 与转染试剂比例的优化非常重要，特别是对于阳离子脂质体、多胺等带正电荷的转染试剂，应按说明书要求进行预实验，按一定比例混合。转染前最好精确定量质粒，同时做不同比例的实验进行优化。

3. 转染细胞的鉴定　真核细胞稳定转染从构建质粒、转染、筛选单克隆、扩增培养直到鉴定，实验周期约 4 周。常用实时荧光定量 PCR、Western blot、免疫荧光、免疫组织化学染色等方法比较转染细胞与对照细胞目的基因表达水平的差异，鉴定转染效率。

二、RNA 干扰的技术要点

RNA 干扰（RNA interference，RNAi）是 dsRNA 介导的特异性基因表达沉默现象，是生物界一种古老且进化上高度保守的基因表达调控机制。近年来 RNA 干扰技术已成为基因功能研究的重要手段之一。毒理学研究中可通过抑制外源化学物作用关键基因来研究其毒作用的影响因素、阐明毒作用机制，并结合 shRNA 干扰文库，筛选毒物作用的特异性生物标志；尚可采用此技术构建基因缺陷型细胞株或小鼠模型，筛查致突变、致畸和致癌活性的外源化学物。

【目的与原理】

RNAi 利用小干扰 RNA（small interfering RNA，siRNA）与目的基因 mRNA 特异结合并诱导其降解，从而阻止 mRNA 翻译，引起细胞内同源基因特异性沉默（silencing）。

【主要操作步骤与技术要点】

RNAi 技术包括 siRNA 的设计、合成、导入和分析四个步骤。

1. siRNA 的设计　参照靶向 mRNA 或 cDNA 序列设计 siRNA 是实现 RNAi 作用的关键。RNAi 技术要求 siRNA 反义链与靶基因序列之间严格配对，单个碱基错配就会大大降低沉默效应，而且 siRNA 还可造成与其具有同源性的其他基因沉默（也称交叉沉默）。

设计 siRNA 之前可先在相关网站（如 http://www.genesil.com/business/products/order2.htm，http://rnaidesigner.thermofisher.com/rnaiexpress/，http://sirna.wi.mit.edu/等）进行序列筛选，将潜在的序列与相应的基因组数据库进行比较，排除和其他编码序列同源的序列；合成多条靶序列的 siRNA，挑选最有效的 siRNA 序列；选择与有效 siRNA 序列有相同，但和 mRNA 没有明显同源性的 siRNA 作为阴性对照。目前，siRNA 设计已广泛商品化。

2. siRNA 的制备，常用以下 5 种方法：

（1）化学合成法：许多国外公司可根据客户要求提供高质量的化学合成 siRNA。此法简单、方便，但成本高，周期长。

（2）体外转录法：主要以 DNA Oligo 为模板，通过体外转录合成 siRNA。此法成本相对较低，周期短，效率高，但转录量有限。

（3）酶消化法：通常选择 200~1000bp 目的基因 mRNA 模板，用体外转录的方法制备长片段的双链 RNA（dsRNA），用 Dicer 酶（RNaseⅢ家族中特异识别双链 RNA 的一员，属内切核酸酶）在体外消化，除掉没有被消化的 dsRNA 后，转染细胞。此法经济、省时、但会引起非特异的基因沉默。

（4）胞内表达法：合成 2 段编码短发夹 RNA 序列的 DNA 单链，退火，克隆到相应载体的

RNA pol Ⅲ启动子(包括人源和鼠源 U6 启动子和人源 H1 启动子)下游。因载体带有抗生素标记,可以进行稳定筛选,细胞持续抑制靶基因表达,但需进行载体克隆、测序等,较为费时。

(5) siRNA 表达框架:siRNA 表达框架(siRNA expression cassettes,SECs)是一种通过 PCR 得到的包括一个 RNA pol Ⅲ启动子,一段发夹结构 siRNA 和一个 RNA pol Ⅲ终止位点的 siRNA 表达模板,能够直接导入细胞进行表达而无需事先克隆到载体中。此法较省时,但转染率低。

3. siRNA 导入　根据靶细胞特性、试剂反应条件及实验室条件选择不同的方法,如阳离子脂质体法、非脂质体脂类法、磷酸钙法、反转录病毒介导法等(基本原理和应用特点见本节常用转染方法)。

4. siRNA 的分析　siRNA 导入宿主细胞后,其生物学效应一般在 1~3 日内出现,根据转染效率、目的基因表达丰度或其蛋白产物半衰期的长短而略有差异。若目的基因与细胞生长分化有关,可通过相差显微镜、荧光显微镜甚至光学显微镜观察细胞形态学改变;目标基因 mRNA 表达水平可通过 qRT-PCR 或 Northern 印迹法检测,目标蛋白表达水平可通过 Western blot 或免疫荧光检测。

【方法评注】

目前 RNAi 技术的应用还有许多问题有待解决,如该技术的调控机制如何、siRNA 设计效率以及如何找到高效低毒的转运载体等。RNAi 特异性是相对的,在某些情况下,siRNA 能在翻译水平抑制非靶基因表达,即产生脱靶效应,须从 siRNA 设计及特异性修饰等方面研究解决方法。

三、基因编辑技术

基因编辑技术是一项对生物体内源基因进行精准定点修饰的技术,应用此技术可以深入研究生物的基因信息和功能,极大地推动生命科学的研究进程,是目前生命科学研究领域最广泛应用的技术之一。该技术主要包括锌指核酸酶(ZFN)技术、类转录激活因子效应物核酸酶(TALEN)技术和规律性重复短回文序列簇(CRISPR/Cas9)技术。这些技术可特异性识别靶向序列,定点修饰靶向基因,进而深入研究目标基因功能。其中 CRISPR/Cas9 技术是近年来发现的一种新型的基因组定点编辑技术,与 TALEN 和 ZFN 技术相比更简单、更容易操作,且可同时编辑多个基因,是最具有临床与应用前景的基因治疗技术之一。

【目的与原理】

CRISPR/Cas9 是细菌和古生菌在长期演化过程中形成的一种适应性免疫防御,可用来对抗入侵的病毒及外源 DNA。当噬菌体首次入侵宿主时,CRISPR/Cas9 系统将入侵的噬菌体和质粒 DNA 片段整合到 CRISPR 中,并利用相应的 CRISPR RNAs(crRNAs)来指导切割同源序列,从而提供免疫原性,促进进入细胞的外源 DNA 降解。CRISPR/Cas9 技术作用原理是:首先,人工设计合成一段特异性 RNA 序列(single guide RNA,sgRNA)与 Cas9 蛋白形成复合体;Cas9-sgRNA 复合体中的 sgRNA 碱基互补配对序列与目标基因靶向结合;Cas9 蛋白发挥核酸内切酶的功能对目标 DNA 双链进行特异性切割。下面以单质粒系统构建单点敲除细胞为例简要介绍该技术。

【主要操作步骤与技术要点】

1. 选择目标序列,并设计 sgRNA 从 NCBI 数据库(http://www.ncbi.nlm.nih.gov/)中下载蛋白编码基因 CDS 区序列,分析基因组结构,明确基因外显子部分,打开 CRISPR/Cas9 系统的 sgRNA 设计软件(如 http://crispr.mit.edu 网站)并设置好参数【如限定寻找长度为 20nt,Tm(56~62℃)、GC content(45%~60%)及 secondary structure】,软件会自动输出 sgRNA 序列。根据设计的 sgRNA 靶点序列,合成一对序列互补的 DNA Oligos。

2. sgRNA 表达载体构建与鉴定 根据设计的 sgRNA 序列合成引物,并将其构建入慢病毒载体 lentiCRISPR v2 质粒;质粒转化构建单克隆菌株;进行菌液 PCR,根据琼脂糖凝胶电泳鉴定结果,挑选与目的基因条带大小一致的单克隆进行测序鉴定;鉴定成功后,进一步进行质粒中提,用于构建细胞。

3. 细胞构建 sgRNA 和 Cas9 导入细胞,主要方法包括:

(1)脂质体转染法:转染核酸、质粒等效率较高。

(2)电穿孔法:其导入效率都明显高于脂质体转染,需要电转仪,并需要配合使用该仪器的试剂,根据不同细胞类型进行电转条件摸索,费用相对较高。

(3)病毒包装:腺病毒包装几乎适用于所有细胞类型,容易制备,并且操作简单,病毒在宿主基因组外进行独立复制,不会整合到宿主基因组中,感染效率较高,但慢病毒、逆转录病毒等存在整合到基因组的风险。

(4)显微注射:以显微注射法导入外源基因,没有长度上的限制,已证明数百 kb 的外源 DNA 片段均可成功转入到细胞中。另外,还可以做到精准转入外源蛋白,其转入效率远远高于脂质体以及电转等方式,非常适用于以 Cas9-gRNA 核糖核蛋白复合物为基础的基因编辑方法编辑动物受精卵。其缺点是设备精密且昂贵、操作技术需要长时间的练习,以及每次只能注射有限的细胞。

【方法评注】

CRIPSR/Cas9 系统已经被广泛应用于生命科学领域。但该技术某些方面仍需要进一步改进,包括如何合理设计 sgRNA、减少脱靶效应、有效控制 Cas9 活性的开启和关闭等。目前提高 CRISPR/Cas9 技术靶向效率的方法主要包括:提高 sgRNA 特异性,通过改造 Cas9 蛋白结构降低脱靶效应,选择构建合适载体,以及通过电穿孔导入 CRISPR 编辑元件降低脱靶效应等。尽管目前存在上述限制因素,但 CRISPR/Cas9 系统可进行相对较快的高通量遗传筛选,编辑以往难以进行基因操作的生物体基因组,为生命科学研究开辟了新途径。

(张爱华 林忠宁)

第五章

细胞毒理学研究方法

细胞毒理学(cytotoxicology)是研究外来有害因素作用所导致的细胞结构上和功能上的损伤效应以及细胞毒作用机制的一门毒理学分支学科。细胞毒理学实验为毒理学机制学研究以及安全性评价提供了快速、简单、准确和经济的检测系统。通过基因改造技术所构建的细胞株,为毒作用机制的研究提供新型的研究手段。体外细胞实验的优点是细胞来源充足、条件容易控制、结果重复性好、操作简便;但是由于体外培养的细胞脱离了整体复杂的环境条件,其生存环境和细胞之间的相互关系都发生了改变,细胞生物学特性也发生相应变化;此外体外培养的细胞代谢酶活性低下也是不足之处,因此在体外培养条件下观察到的结果外推到人群可能存在不确定性。

有关细胞培养技术请参考相关文献专著。细胞转化试验在第三章特殊毒性试验方法中有详细介绍。本章着重介绍在毒理学研究中应用较多的一些基本的细胞生物学研究方法,包括细胞形态、细胞功能、细胞凋亡和细胞自噬检测等,并介绍在毒理学研究中应用广泛的流式细胞仪检测技术和免疫组织化学技术。

第一节 体外细胞毒性试验的种类和选择依据

环境化学物质对细胞的毒性作用,可以表现为细胞一系列的形态、功能以及代谢上的变化,当损伤的程度达到一定的强度或持续一定的时间,会导致细胞的死亡。细胞凋亡(apoptosis)和细胞坏死(necrosis)是两种主要的细胞死亡方式,它们的性质和生物学意义有本质上的不同。坏死被认为是一种被动的过程,由外来因素对细胞造成重度损伤而引起。典型的细胞坏死特征包括细胞核不可逆性改变(如核溶解),胞质结构丧失,各种细胞器功能丧失,最后,细胞高度膨胀导致细胞溶解。死亡细胞的释放物可进一步引发邻近细胞的损伤甚至死亡,并可能导致炎症反应以及更大面积的组织损伤。而凋亡是一种主动的过程,是机体保持内环境稳态的一种方式。典型的细胞凋亡形态特征包括核染色质浓缩,胞质固缩,膜发泡(blebbing),细胞核破碎,最后形成凋亡小体。有关凋亡细胞的特征以及检测方法将在第六节详细介绍。自噬(autophagy)是继凋亡后,当前生命科学最受关注的细胞生物学研究领域。自噬即细胞的自我消化,是细胞利用溶酶体降解自身受损的细胞器和大分子物质的生物学过程。在提供能量、清除异常的细胞器、阻止染色体异常和维持基因组稳定性中起着重要作用。

细胞毒性作用可以从细胞的形态、生存率、生长状态、生化或代谢,以及细胞膜电荷改变等指标来观察和判定。通常细胞存活率是细胞毒性试验最常用的指标,但是有时当毒物的浓度较低时,细胞毒性的表现可能以功能性(如生长抑制)或代谢活性(如线粒体酶)的改变为主,这种改变往往是可逆的。虽然细胞毒性作用体现在多个方面,但概括起来可以归为四类:①细胞形态学观察;②细胞存活率;③细胞增殖速度;④细胞代谢活性的改变。有时细胞的蛋白质含量也能反映细胞的生长、增殖状态,但这种方法并不常用。

细胞形态观察是细胞毒性的一个重要指标,不同类型的毒作用需要不同灵敏度的检测工具,如空泡的观察可用普通光学显微镜,而超微结构则需采用电子显微镜。细胞存活率的测定方法常用的有四种:①台盼蓝(trypan blue)染色法;②乳酸脱氢酶(lactic dehydrogenase,LDH)释放试验;③中性红滞留(neutral red retention)试验;④碘化丙啶(propidium iodide,PI)染色法等。测定细胞增殖的方法主要有四种:①细胞直接计数法;②细胞周期分析(cell cycle analysis);③MTT 试验;④Alamar Blue 还原试验等。

上述试验都可以用于检测毒物作用所产生的细胞损伤效应,采用的细胞可以是原代、二倍体细胞及生物学特性明确的细胞株。阐述化学物质对细胞的一般毒性可选用细胞类型如成纤维细胞或肿瘤细胞。而某些器官特异性毒物的生物学效应检测则可选用特异细胞系进行细胞膜完整性和代谢活化等功能检测,如采用原代肝细胞进行糖原代谢实验;心肌细胞和肌细胞混合培养观察心率变化;巨噬细胞检测吞噬功能等。在选择时首先必须考虑的是观察终点,如果希望观察细胞的存活率,则首选台盼蓝染色法;如果观察毒物作用产生的功能性改变,则选择代谢活性测定指标。此外,操作难度、花费时间、检测费用、检测条件(如仪器)是否具备等方面因素也是必须考虑的因素;当进行大批量样本检测时,应考虑用中性红滞留、MTT、Alamar Blue 等方法,因为上述试验可以在 96 孔板中进行;如果要进行细胞毒性动态监测时,Alamar Blue 还原试验是最好的选择,因为 Alamar Blue 试剂本身不影响细胞存活;测定细胞增殖可选择 Alamar Blue、MTT、PI 染色等方法。PI 检测法的优点是灵敏度高、可以精确定量、快速、高通量、可同时检测多个指标、但检测费用较高,而且受实验条件(流式细胞仪)的限制;经典的台盼蓝染色法虽然简单快速,但是比较耗费精力和时间,因此不适用于大样本的检测;另外一个比较突出的问题是平行样品之间误差较大。近年来,随着细胞自动计数仪(Coulter counter,Beckman)应用的推广普及,上述问题迎刃而解,细胞自动计数仪不仅可以准确地测出细胞的数目,还可以区分活细胞和死细胞。

进行细胞毒性评价(assessment of cytotoxicity)是毒理学研究中最基本的、最常用的技术,大多数的体外细胞试验都需要依据毒性实验的结果(如 IC_{50}或 ED_{50}值)来确定作用浓度或剂量。准确结果的获得取决于操作者对方法的充分了解、技术掌握熟练的程度、干扰因素的排除、质量控制等。

实验中我们必须注意以下一些常见的问题：①细胞接种密度一般选择在30%~40%，密度过高会增强细胞对毒作用的耐受性，而密度太低则降低试验的灵敏度或导致毒性增强；②在检测细胞存活率时，高剂量组通常会出现很多死细胞，而死细胞常常失去贴壁生长的特性，如果在消化细胞前丢弃了上清液，就会降低死细胞的数目或比率，这一点是初学者容易忽略的；③实验条件（如染毒剂量、作用时间、观察的时间等）的选择直接影响实验结果的判断，因此一定要先进行预实验，摸索出最佳的实验条件；④在选择细胞种类时，应考虑细胞的敏感性和靶向性；⑤实验应设阳性对照组和无细胞对照组作为质量控制；⑥通常每个实验都需进行剂量-反应关系和时间-效应关系的确定；⑦实验过程中避免微生物污染以及与其他细胞交叉污染；⑧报告实验结果时应详细说明暴露的条件和测试化学物质的纯度。

第二节 细胞形态学研究方法

一、普通显微镜观察方法

【目的与原理】

外源性物质对细胞的毒性作用可引起细胞一系列形态与功能的变化。因此，可以通过细胞固定染色或活细胞观察等方法对形态学改变进行描述，结合其他毒性指标对外源性物质的细胞毒性作用进行分析判断。

【器材与试剂】

光学显微镜、二氧化碳培养箱、离心机、倒置生物显微镜、细胞培养皿或板、离心管、细胞培养基、载玻片和盖玻片、中性树胶、Hanks液、Giemsa染液、苏木精-伊红（HE）染色液、甲醇、冰醋酸、95%（体积分数）乙醇、无水乙醇、二甲苯、中性甲醛、丙酮、1%（质量分数）、$NaHCO_3$溶液。

【操作步骤】

1. 细胞培养和染毒　细胞按适宜密度接种于细胞培养瓶，细胞贴壁后给予相应受试物处理。

2. 细胞染毒一定时间后，根据不同的细胞类型进行固定：

（1）贴壁细胞：吸弃培养液，用Hanks液洗2~3次，在瓶内直接固定染色，或预先在培养瓶或皿内放置一张灭菌盖玻片（2cm×2cm），取出后放入37℃ Hanks液中漂洗2次，每次1~2分钟，洗去标本上残留的培养基中血清后，再进行固定染色。

（2）悬浮培养细胞：先将细胞收集于无菌离心管中，800rpm/min离心5分钟，弃上清；用37℃ Hanks液洗1~2次；离心获得的细胞沉淀加入少许Hanks液重悬，用吹管轻轻吹打均匀，制成细胞悬液,然后滴于洁净载玻片上,制备细胞涂片,晾干,固定。

3. Giemsa 染色

(1) Giemsa 染液和 M/15 磷酸缓冲液按 1∶9 比例混合,配制成 Giemsa 应用液;

(2) 取上述制备的细胞贴壁盖玻片或细胞涂片,用甲醇固定 10 分钟,或用 1∶3 冰醋酸-甲醇混合液固定 30 分钟;

(3) 滴加 Giemsa 应用液,均匀铺满盖/载玻片上细胞区,染色 10~15 分钟;

(4) 用水冲去盖/载玻片上的染料,空气晾干,即可镜检;

(5) 或依次通过 95%(体积分数)酒精 1 次→100%(体积分数)酒精 3 次(每次 3~5 分钟)→二甲苯透明(5~10 分钟);

(6) 中性树胶封片(细胞面向盖玻片),标本可长期保存。

(7) 结果观察:细胞质呈粉红色,细胞核呈紫红色或紫蓝色。

4. 苏木精-伊红(HE)染色步骤

(1) 取上述制备的细胞贴壁盖玻片或细胞涂片,用中性甲醛液固定 30 分钟,蒸馏水漂洗一次;

(2) 用蒸馏水稀释的苏木精液(1∶20)染色 10 分钟,流水冲洗;

(3) 置于 1%(质量分数)$NaHCO_3$ 溶液中漂洗至蓝紫色;

(4) 伊红水溶液中染色 30 秒至 1 分钟,蒸馏水漂洗一次;

(5) 依次迅速通过丙酮 2 次(每次 3~5 分钟)→2∶1 丙酮-二甲苯 3 次(每次 1~2 分钟)→1∶2 丙酮-二甲苯 3 次(每次 1~2 分钟)→二甲苯透明 5~10 分钟;

(6) 中性树胶封片(细胞面向盖玻片),标本可长期保存;

(7) 结果观察:镜下细胞质呈浅红色,核呈深紫蓝色。

【结果分析与判定】

1. 活细胞形态学观察　细胞培养过程中,选择合理的毒物作用时间点,把细胞置于倒置生物显微镜下直接观察细胞形态学方面的改变如活细胞数、生长状况、完整性、细胞大小、表面折光性、贴壁型细胞的失贴壁(detachment)现象等;也可进行活细胞显微摄影、图像捕捉,记录细胞动态变化过程。

细胞计数和贴壁率的测定:接种于培养瓶/皿/板内的细胞,一般在接种后 6~12 小时内均可贴壁。当细胞受到毒物或其他有害因子作用后,可发生形态及功能的改变,造成细胞不易贴壁生长;或者已经贴壁生长的细胞,从瓶壁上脱落(失贴壁现象)。因此,细胞贴壁生长情况,可作为细胞毒性的一个有用的判断指标。

测定方法:①收集细胞,常规制备细胞悬液,细胞计数后,取一定量细胞接种于培养瓶或皿内,置于 CO_2 培养箱培养至细胞贴壁;②用不同浓度的受试物染毒细胞,每组一般设 3 个平行样;

③细胞染毒一定时间后把细胞上清液转移至离心管,必要时用培养液(或 Hanks 液等)洗 1~2 次以便收集悬浮的失贴壁细胞,一并收集于离心管中;④离心收集细胞,加入一定量生理盐水(或 Hanks 液等),重悬细胞,用细胞计数板或自动细胞计数仪计数细胞,并计算失贴壁细胞数;⑤对照组或各处理组中仍贴壁生长的细胞,加入 0.25%(质量分数)胰酶消化、完全培养液(含胎牛或小牛血清)终止消化后,同上吸取细胞培养液至离心管,然后计数贴壁细胞数;⑥根据下式计算失贴壁率(%)和细胞贴壁率(%):

失贴壁率(%)= 失贴壁细胞数/失贴壁细胞数+贴壁细胞数×100%

细胞贴壁率(%)= 100-失贴壁率(%)

2. 形态学观察与分析 在细胞结构上,体外培养细胞与体内细胞结构相似,由细胞膜、细胞质和细胞核三部分组成。但细胞形态上,体外培养细胞与体内细胞的形态有明显的差别。细胞呈悬浮状态生长时,不论原来属于哪种类型,由于生长于液体中,胞体回缩成圆形;而呈贴壁生长时,细胞附着于支持物表面之后,开始为圆形,之后很短时间经过形态过渡,恢复成原来的细胞形态。一般经由球形移行成放射延展细胞(radial spread cell),再由延展细胞过渡为极性细胞(polarized cell),在这一过程中,形态亦由圆形或椭圆形变为三角形、星形或梭形。有些细胞如成纤维细胞贴附于支持物之后,不经过放射延展阶段,直接过渡到极性细胞;但上皮细胞一般要经过放射延展阶段再进入极性细胞阶段。

(1) 贴壁型细胞:贴壁型细胞在培养瓶内能贴壁生长,绝大多数体外培养的细胞属于此类,以下列举几种常用贴壁型细胞的形态学特征:

1) 成纤维细胞或纤维母细胞(fibroblast or mecharocyte type):这种细胞与体内成纤维细胞相似,胞体呈梭形或不规则的三角形,中央有圆形核,含 1~2 个核仁,胞质向外伸出 2~3 个长短不一的突起。细胞群常借原生质突起连接成网。除真正的成纤维细胞外,凡中胚层间充质来源的其他组织细胞,如血管内皮、心肌、平滑肌、成骨细胞等,也多呈成纤维细胞形态。体外培养常用的细胞系(株)中,如小鼠胚胎细胞(C3H/10T1/2,BALB/C3T3)、仓鼠肺细胞(CHL,V79)及卵巢细胞(CHO)、人胚肺细胞(HEL-8315,F7)等均属成纤维细胞。

2) 上皮细胞(epithelium cells):细胞呈扁平的不规则的多边形或多角形,中央有圆形核,含 1~2 个核仁。生长时常彼此紧密连接成单层细胞片。起源于外胚层和内胚层组织的细胞,如皮肤表皮及其衍生物(汗腺、皮脂腺等)、肠道上皮、肝、胰和肺泡上皮细胞等培养时皆呈上皮型细胞。

3) 游走细胞(wondering cells):这类细胞在支持物上散在生长,一般不连接成片,胞质常伸出伪足或突起,呈活跃的游走或变形运动,速度快且方向不规则。这类细胞形态不稳定,有时难与其他类型细胞相区别。

4) 多形性细胞(polymorphic cells):由于这类细胞形态难以确定,所以统称为多形性细胞,如神经细胞等。

（2）悬浮型细胞：悬浮型细胞在培养瓶内不能贴附于支持物上，而呈悬浮状态生长。这类细胞形态呈圆形，如某些癌细胞（白血病细胞）和血液中的淋巴细胞即属于悬浮型细胞。

（3）细胞形态学变化：体外试验中受试物直接作用于原代细胞或传代细胞系（株），可引起细胞形态发生多种变化，如引起细胞体肿胀、萎缩、细胞间隙扩大，失去原有细胞形态特征，膜表面变平，皱褶、微绒毛数目增多或减少，长短不一、排列繁乱、伪足消失，核肿胀或固缩、破裂，线粒体肿胀或萎缩、内质网扩张，溶酶体破坏等。这些变化常规实验方法仅能作定性分析，而用现代细胞形态计量学方法可进行定量分析。

二、电子显微镜观测技术

根据观察目的不同，电镜生物样品制备方法可以分成两大部分：透射电子显微镜（transmission electron microscope，TEM）生物样品制备方法和扫描电子显微镜（scanning electron microscopy，SEM）生物样品制备方法。

（一）透射电镜及其生物样品制备技术

【基本结构及成像原理】

收集透过样品的电子并使其成像的一类电镜称为透射电镜（TEM）。TEM 主要是观察物质形态、细胞内部及断裂面复型膜的平面超微结构。基本结构：透射电镜由电子光学系统、真空系统及电源系统三大部分组成。成像原理：透射电镜与光学显微镜的成像原理基本一样，最大的不同之处在于透射电镜用电子束作光源。阴极灯丝在灯丝加热电流作用下发射电子束，该电子束在阳极加速高压的加速下高速运动，经过第一聚光镜和第二聚光镜的会聚作用使电子束聚焦在样品上，透过样品的电子束再经过物镜、第一中间镜、第二中间镜和投影镜四级放大后在荧光屏上成像。

透射电子显微镜能观察生物样品切片中的各种细胞器、生物大分子平面超微结构和冷冻蚀刻复型膜中的细胞生物膜、细胞连接装置及细胞骨架等立体超微结构。

【操作步骤】

（1）基本程序：细胞取材→前固定→清洗→后固定→清洗→脱水→浸透→包埋→修块→半薄切片→定位→超薄切片→重金属染色→TEM 观察；

（2）固定和清洗：固定是采用物理或化学的方法，迅速终止细胞死亡后的变化，尽可能地保存细胞生活状态下的结构和成分。

1）电镜制样技术的固定方法：物理固定方法如快速冷冻固定方法；化学固定方法最为常用，即通过化学固定剂与样品中的蛋白质交联成稳定的凝胶，使样品中的成分和结构固定下来，并保证在后续的处理过程中，不发生组织收缩、膨胀和成分的移位或丢失。

2）影响固定效果的因素：固定液的渗透压、pH、浓度、组织块大小及固定时间。

3）戊二醛-锇酸双固定法：用2%～3%戊二醛前固定2小时，0.075mol/L PBS+0.19mol/L蔗糖缓冲液清洗数次后过夜，1%锇酸后固定2小时，PBS清洗10分钟。以上步骤均在4℃下进行。

4）清洗：经戊二醛固定后，样品必须彻底清洗；否则残留的醛会与锇酸起反应，产生电子致密的还原锇，留在样品内影响观察。此外，样品在锇酸固定后脱水前，需要用0.075mol/L PBS将残余的锇酸固定液清洗干净，以防它和脱水剂形成新的沉淀。

（3）脱水：最常用的脱水剂为乙醇、丙酮，其他还有甲醇、异丙醇等。脱水要从低浓度向高浓度逐级进行，急骤脱水会引起细胞收缩。样品的脱水步骤依次为50%（体积分数）乙醇→70%（体积分数）乙醇→90%（体积分数）乙醇→90%（体积分数）乙醇：90%（体积分数）丙酮（1∶1）→90%（体积分数）丙酮→无水丙酮。脱水时间5～10分钟/次，无水丙酮15min/次。除最后一次无水丙酮脱水在室温下，其他步骤均在4℃下进行。如果脱水组织需要过夜，可将它置于70%（体积分数）乙醇中4℃过夜。

（4）浸透：浸透的方法是先用100%（体积分数）丙酮：包埋剂（1∶1）浸30分钟，然后再用纯包埋剂浸透过夜。一般组织块浸透10～12小时（即过夜）；浸透温度一般不低于25℃。

（5）包埋：包埋是将样品置于适当的模具中，注入包埋剂，使之成为细胞结构的支架，经加温逐渐聚合成硬的固体的过程。通过包埋样本能承受切片时各种力的作用，有利于超薄切片。包埋剂按性质可分成水溶性和非水溶性两大类：水溶性的如Durcupan、乙二醇甲基丙烯酸缩水甘油酯（GMA）等，非水溶性的包括聚酯、环氧树脂等。

（6）几种特殊样品的制备

1）血细胞、骨髓细胞：抽取静脉血（或骨髓）3～4ml，放入含有肝素抗凝剂的离心管内摇匀，800～1000r/min离心8～10分钟。沿管壁轻轻吸弃上层淡黄色的血浆，露出中层白细胞层，不要晃动，再沿壁缓慢加入2.5%戊二醛，4℃固定1小时。取出白细胞层，切成1mm×1mm×2mm长方块，再用戊二醛固定。其他步骤按常规样品制备。

2）培养细胞样品：收集悬浮生长的培养细胞，800～1000r/min离心10分钟。吸弃上清培养液，沿管壁缓慢加入戊二醛固定液重悬细胞沉淀，4℃固定1.5小时。其他步骤按常规制样方法进行；贴壁细胞：用细胞刮刀刮取贴壁生长的细胞，收集后离心，按上述方法制备；生长于载物片上，或35mm培养皿或96孔板中的细胞，原位固定、乙醇脱水和顶扣包埋。

（二）扫描电镜及其生物样品制备技术

【基本结构及原理】

把样品表面反射出来的电子收集起来并使它们成像的一类电镜称为扫描电镜（SEM）。SEM

主要是观察物质表面形态、细胞表面及断裂面的立体超微结构。

扫描电镜结构主要由四个部分组成：①电子光学系统；②信号检测与转换系统；③信号显示与记录系统；④真空系统：机械泵和扩散泵。

二次电子成像原理：电子枪发射出电子束，经透镜聚焦到样品表面上，按顺序逐行通过样品（即对样品进行扫描），用检测器收集样品表面发射的二次电子并转变为电流信号，再输送到显像器转变成图像。SEM 景深长，其图像层次丰富，立体感强，可观察生物样品表面及其断面的立体结构。SEM 制样不需要包埋切片，因此标本制备比较简单。

【操作步骤】

常规 SEM 样品制备的基本程序包括：取材→清洗→固定→脱水→干燥→黏样→镀膜→SEM 观察。此外，可以是固定后经冷冻法直接进行 SEM 观察，或经组织导电后脱水进行 SEM 观察；也可以是取材后经管道铸型和镀膜再进行 SEM 观察。

取材：取材的要求与 TEM 基本相同，但观察样品面积可大些（3~5mm）×（1~1.5mm）。

清洗：组织表面如覆盖有黏液、分泌物（如气管、肠等）或有一些杂物（如胃表面残留的未消化食物等）的样品，须经过充分清洗后方可固定。

对表面覆盖有杂物的组织，可以先用生理盐水或 PBS 将杂物冲洗掉，再用蒸馏水漂洗两次。对表面有蛋白黏液分泌物的样品，可先用蛋白水解酶作用使之变成易溶于水的颗粒，再用蒸馏水漂洗。

固定、脱水：与 TEM 样品制备基本相同：在 4℃下，使用 2%~3%戊二醛前固定 1~2 小时；用不含蔗糖的 0.075mol/L PBS 充分清洗，1%锇酸后固定 1~1.5 小时，重金属元素锇固定可加强样品二次电子发射率和电子散射，提高信噪比，增强图像反差；锇酸固定后用蒸馏水认真清洗。

为了减少细胞表面结构的收缩，在室温下从 30%（体积分数）低浓度乙醇开始，经 50%（体积分数）→70%（体积分数）→80%（体积分数）→85%（体积分数）→90%（体积分数）→95%（体积分数）→无水乙醇递增脱水，除无水乙醇 15 分钟/次外，其他脱水 10 分钟/次。

样品的干燥：样品的干燥处理是 SEM 制样技术的关键，有真空干燥法、冷冻干燥法、临界点干燥法和化学干燥法。其中临界点干燥法应用最为广泛，其操作简单，干燥效果较好，但需要专门的仪器。

（1）二氧化碳临界点干燥法：CO_2干燥法的原理是液体 CO_2在温度 31.5℃，压力 72.8kg/cm^2 时界面消失，样品中的水分在 CO_2液体气化的临界状态环境中得到干燥。

具体操作步骤是将脱水后的样品经醋酸异戊酯置换，放入 CO_2干燥仪样品室，注入液体 CO_2 至样品室 70%（体积分数）的容量，加温至 35℃，此时压力达到 110 个大气压，CO_2气体液体界面消失，维持一定时间后放出 CO_2气体。

(2) 化学干燥法：使用有机溶剂六甲基二硅胺烷(hexamethyldisilazane，HMDS，C_6H_{19} nSi2)对样品进行干燥，其原理是有机物质三甲硅烷化，将有机物质中的非活性氢酸化，提高有机物质的挥发性、溶解性和反应性，迅速除去样品中的水分和前期处理过程中存留于组织中的有机溶剂，而使样品干燥。

具体操作步骤是经无水乙醇脱水后的样品，进入HMDS(1)和(2)中15分钟/次，最后样品在空气中自然干燥。

样品的镀膜和导电处理：生物样品大多不导电或为导电不良体，SEM观察时易产生“滞电现象”而“打火”，影响对微细结构的观察。因此，可以在SEM观察前对样品进行镀膜和导电处理，既能增强其导电性能，又能增加样品发出二次电子的数量，以达到提高电镜图像质量的目的。常用的几种镀膜和导电处理方法有：离子镀膜法、真空喷镀法、组织块导电染色法。

特殊样品的制备：

(1) 血细胞：在1cm×0.5cm的盖玻片上涂一层1%(质量分数)聚乙烯醇缩甲醛(又叫方华粉，Formvar)膜或血清，干燥制成膜，滴一滴血，用吸管轻轻地将血滴推平。加入2%～2.5%(体积分数)戊二醛固定液前固定1小时，用0.075mol/L PBS清洗两次，10分钟/次；1%(质量分数)四氧化锇(OsO_4)后固定30分钟，蒸馏水洗10分钟。以后步骤同常规样品制备。

(2) 培养细胞：将细胞培养在1cm×1cm的盖玻片上，停止培养后，用0.075mol/L PBS漂洗，加入2%～2.5%(体积分数)戊二醛固定液固定1小时。以后步骤同常规样品制备。

第三节　细胞存活率测定

一、台盼蓝染色法

【原理】

受损或死亡细胞的膜完整性受到破坏，通透性发生改变，因此能被染料台盼蓝着色，镜下成深蓝色的细胞，活细胞对染色有排斥作用，镜下呈无色透明状。

【器材与试剂】

普通光学显微镜、CO_2培养箱、离心机、血细胞计数板、盖玻片、0.4%(质量分数)台盼蓝染液、阳性对照物：10%(体积分数)Triton X-100。

【操作步骤】

1. 细胞悬液制备　经过毒物或10%(体积分数)triton X-100处理后的单层贴壁细胞，培养一定时间后，弃去培养基，胰酶消化，PBS洗涤细胞1次，吸管轻轻吹打后将细胞浓度调整在$1×10^6$/ml；悬浮培养的细胞则通过离心(800r/min×5分钟)收集细胞。

2. 取0.5ml 细胞悬液放入一试管中，加入 0.5ml 0.4%（质量分数）台盼蓝染液，染色2~3 分钟。

3. 充分混合后，将上述悬液吸出少许，滴加在盖玻片边缘，使悬液充满于盖玻片和血细胞计数板之间。

【结果观察和计算】

血细胞计数板有 2 个小室，镜下（10×物镜）观察每个小室中有 9 个 $1mm^2$大的正方形，其中4 个角落之正方形再细分 16 个小格。观察时，计数 4 个角落每个大正方形内的细胞总数，并分别计数死细胞（台盼蓝着色细胞）和活细胞数，压线细胞只计左侧和上方。然后按以下公式计算细胞总数：细胞总数/ml =（4 大格细胞总数/4）$\times 10^4$×稀释倍数；并计算细胞存活率（%）：（细胞总数-台盼蓝着色细胞数）/细胞总数。

【注意事项】

1. 细胞混悬液需均匀，密度合适，染色时间不宜过长，避免存活细胞开始摄入台盼蓝。

2. 镜下偶见由两个以上细胞组成的细胞团，应按单个细胞计算，若细胞团占 10%以上，说明分散不好，需重新制备细胞悬液。

3. 质量控制　阴性对照组（非染毒组）存活细胞必须大于 85%，平行样之间误差较大，必要时多设置几个平行样，把标准差控制在 20%以内。

二、乳酸脱氢酶释放法

【原理】

乳酸脱氢酶（LDH）在胞浆内含量丰富，当细胞受损伤或死亡时会释放到细胞外，这时培养液中 LDH 的活性与细胞死亡数目成正比。释放到上清液中的 LDH 催化染料四唑盐 INT 转化成一种甲臜化合物，水溶解性甲臜化合物在 490nm 处有一吸收峰，比较实验组与对照组的吸光度值，可以计算出细胞的相对存活率。

【器材与试剂】

CO_2培养箱、酶标仪或分光光度计、96 孔细胞培养板（平底）、阳性对照物：10%（体积分数）Triton X-100、NAD^+溶液[4.5mmol/L NAD^+，13.5U/ml 硫辛酰胺脱氢酶（diaphorase）、0.03%（质量分数）小牛白蛋白、1.2%（质量分数）蔗糖（溶解在 PBS，pH8.2）]、乳酸溶液（36mg/ml，溶解在10mmol/L Tris.Cl，pH8.5）、四唑盐染料（tetrazolium dye 2-p-iodophenyl-3-nitrophenyl tetrazolium chloride，INT，先用 DMSO 配制成浓度为 20mg/ml 的储备液，使用前用 PBS 稀释 10 倍）、Oxymate（16mg/ml，溶解在 PBS）。

【操作步骤】

1. 在 96 孔细胞培养板中，每孔接种 1×10^4 细胞/100μl，设无细胞对照孔；

2. 细胞培养 18~48h(或密度达到 60%~80%)后用受试物或阳性对照物 10%(体积分数)Triton X-100 处理细胞;

3. 染毒一定时间后,各孔取 100μl 细胞上清液转移入另一块新的 96 孔板中,加入 20μl 新鲜配制的乳酸溶液,混匀后依次加入 20μl 的 2mg/ml INT 染料和 20μl 的 NAD^+溶液,室温孵育 20 分钟;

4. 在上述混合液中加入 20μl 的 Oxymate 溶液终止反应;

5. 用酶标仪(波长为 490nm)测定吸光度。

【结果表示】

根据 OD490 值,计算细胞相对存活率:OD490(实验组-阴性对照组)/OD490(阳性对照组-无细胞对照组)×100%。

【注意事项】

1. 浓度>10%的血清会产生高背景;

2. 设立阳性对照组有助于评估系统的检测效率,有时阳性组的 OD490 值偏低,可能是产物被光分解的缘故;

3. 阴性对照组 OD490 值必须<5%阳性组。

三、中性红染料滞留试验

【原理】

中性红染料滞留(neutral red dye retention)中,中性红是一种弱阳离子染料,能与活细胞质中的阴离子结合而浓缩于活细胞中,并不被细胞洗涤液洗脱,渗入活细胞的中性红的量与活细胞数量成正比,也与细胞增殖的速度成正比。

【器材与试剂】

CO_2 培养箱、酶标仪或分光光度计、96 孔细胞培养板(平底)、阳性对照物:1%(质量分数)SDS、PBS、中性红溶液配制:[蒸馏水配制成 0. 1%(质量分数)的溶液,高压消毒后,每 100ml 溶液中加入两滴冰醋酸,使用前用 PBS 稀释 10 倍]、染料提取液配制(dye extractor solution):[把 21g/L 的柠檬酸和 200ml 的 1mol/L 的 NaOH 混合,用水定容至 1L,pH 4. 2,取其中 60ml 与 40ml 的 0. 1mol/L HCl 混合;使用前用无水乙醇稀释 1 倍]。

【操作步骤】

1. 在 96 孔细胞培养板中,每孔接种 $2×10^4$ 细胞/200μl 培养基;

2. 细胞培养 18~48h(或密度达到 60%~80%)后用受试物或阳性对照物 1%(质量分数)SDS 处理细胞;

3. 染毒一定时间后,弃去培养基,PBS 洗涤细胞两次,吸尽 PBS,自然干燥细胞;

4. 每孔细胞中加入 40μl 新鲜配制的中性红溶液,37℃孵育 90 分钟;

5. 移去中性红溶液,用 37℃的 PBS 快速洗涤细胞两次,用滤纸吸尽剩余的 PBS;

6. 每孔加入 100μl 染料提取液,室温振荡 20 分钟;

7. 用酶标仪(波长设定为 550nm)测定吸光度。

【结果表示】

根据 OD550 值,计算细胞相对存活率:OD550(实验组-阴性对照组)/OD550(阳性对照组-无细胞对照组)×100%。

四、碘化丙啶染色法

【原理】

碘化丙啶(PI)是一种荧光染料,进入细胞后与双链 DNA 和 RNA 结合,正常情况下,PI 不能通过活细胞完整的细胞膜,而坏死细胞由于膜完整性受到破坏,所以可被 PI 着色。通过测定荧光强度的改变,可计算出细胞相对存活率。由于晚期的凋亡细胞也发生细胞膜的损伤,因此 PI 单独染色不能区分坏死细胞和晚期凋亡细胞。

【器材与试剂】

微孔板荧光检测仪、96 孔培养板、PI 染液配制:用 PBS 配成浓度为 100μg/ml 溶液,4℃避光保存、阳性对照物洋地黄皂苷(digitonin solution)溶液:取洋地黄皂苷 20mg 加 90%(体积分数)乙醇 2ml,加热溶解制成。

【操作步骤】

1. 在 96 孔培养板接种细胞 0.5×10^4/孔,细胞贴壁后进行受试物或阳性对照物(10μl 的洋地黄皂苷溶液)的染毒,设立无细胞对照孔(只有培养基、无细胞)。

2. 细胞染毒一定时间后,相应孔用 PBS 洗 3 次后,加入 100μl 的 PI 溶液,37℃避光培养 30 分钟。

3. 用微孔板荧光检测仪(激发波长 530nm,发射波长 645nm)测定各孔的荧光强度。

【结果判断】

根据各孔的荧光强度,计算细胞相对死亡率:荧光强度(实验组-阴性对照组)/荧光强度(阳性对照组-无细胞对照组)×100%。

【注意事项】

1. PI 毒性较强而且是潜在致癌物,因此操作时要注意自身防护,同时避免污染环境;

2. 操作过程防止机械性损伤细胞,避免人为造成的细胞死亡。

第四节 细胞增殖测定

一、细胞直接计数法

参照本章第三节的台盼蓝染色法(省去台盼蓝染色的步骤)。

二、细胞周期分析

见本章第八节流式细胞仪分析技术。

第五节 细胞代谢活力测定

一、MTT 试验

【原理】

MTT 染料的化学名简称四甲基偶氮唑盐。活细胞中的线粒体琥珀酸脱氢酶能使 MTT 还原为不溶于水的蓝紫色结晶甲臜(formazan)并沉积在细胞中,而死细胞失去此代谢功能。用酸化异丙醇溶解细胞中的甲臜,用酶标仪测定吸光度。在一定范围内,MTT 被代谢的量即甲臜结晶形成量与活细胞数成正比。

【器材与试剂】

酶标仪或分光光度计、细胞培养板、MTT 储存液(5mg/ml)配制:[用磷酸盐缓冲液或无酚红的培养基溶解,4℃避光保存(保质期 1 个月)]、酸化异丙醇配制:在异丙醇中加入 HCl 使最终浓度为 0. 04mol/L。

【操作步骤】

1. 细胞按照一定的密度接种在培养板,设置无细胞对照组。

2. 细胞贴壁后进行染毒,在各实验观察点,每孔细胞中加入 MTT 溶液使其终浓度为 0. 5mg/ml。

3. 继续孵育 4 小时后终止培养,小心吸弃孔内上清液,每孔加 200μl 酸化异丙醇,振荡 10 分钟,使结晶物充分溶解。

4. 取 100μl 溶解液并转移到一个新的 96 孔培养板,用酶标仪在 570nm 波长测定吸光度。

【结果表示】

根据对照组与实验组的 OD_{570},可以计算出细胞相对增殖率或相对活力:OD_{570}(实验组-无细胞对照组)/OD_{570}(阴性对照组-无细胞对照组)。

【注意事项】

1. MTT 试验是通过细胞线粒体代谢酶活性的改变来间接判断细胞的毒性作用,与细胞死亡率的概念有区别,它只是一个相对值;

2. 吸光度读数最好控制在 0~0.7 之间,超出这个范围剂量-反应关系就不在线性范围内,读数过高时可通过稀释来调整;

3. 比色时要注意　体积改变(>10%)或气泡的出现会影响读数。

二、Alamar Blue 还原法

【原理】

Alamar blue 染料也叫 Resazurin,是一种特殊的活细胞代谢指示剂,易溶于水,进入细胞后经线粒体酶还原产生粉红色的 Resorufin 荧光物质,而死细胞丧失了代谢的能力,故无法产生荧光。通过比较实验组和对照组的吸光度改变,可以计算出细胞的相对存活率。由于 Aalamar blue 对细胞无毒作用,因此可作为时间-效应关系动态监测的较好指标,反映细胞生长增殖的状况。

【器材与试剂】

酶标仪、细胞培养板、Alamar blue 溶液。

【操作步骤】

1. 预试验　先用细胞直接计数法确定细胞达到生长指数的时间、接种的密度、最佳染毒条件等。

2. 把一定数目的细胞 10^4/ml 接种到细胞培养板,设无细胞对照组。

3. 在细胞生长指数期用受试物染毒细胞。

4. 细胞染毒一定时间后,各孔加入 1/10 体积的 Alamar blue 溶液,继续培养 4~8 小时。

5. 用酶标仪测定吸光度(波长 570nm),注意在结果计算时必须减去背景 OD600nm。

【结果表示】

根据对照组与实验组的 OD_{570},可以计算出细胞相对代谢活力:[OD_{570}(实验组-无细胞对照组)-OD_{600}(实验组)]/OD_{570}[(阴性对照组-无细胞对照组)-OD_{600}(阴性对照组)];同时根据各时间点的测定结果,绘制时间-效应曲线。

【注意事项】

1. 低于 10%的血清和培养基中的酚红一般不会干扰实验结果;

2. 一般情况下,25%的 Alamar blue 溶液作用 20 小时后也不会产生明显毒性,但做动态观察时要注意防止检测时对细胞带来的污染机会。

第六节 细胞凋亡的检测方法

细胞凋亡(apoptosis)是细胞为调控机体发育,维护内环境稳定,由基因控制的细胞主动死亡过程。细胞凋亡参与机体许多病理生理过程,细胞凋亡的诱导因素多种多样,如细胞毒素和病毒感染、氧化应激与自由基、缺血与缺氧、放射线以及某些对细胞具有毒性作用的物质(乙醇、氧化砷等)。病理情况下发生的细胞凋亡,是由于细胞受到外界刺激而激活内在的信号转导系统,由基因调控的自主程序性细胞死亡,是细胞为了适应生存环境而采取的一种主动死亡方式。

观察细胞凋亡的方法有很多,如形态学观察、琼脂糖凝胶电泳、原位末端标记法、流式细胞分析(磷脂酰丝氨酸-PI双标记)等。

一、形态学观察方法

【原理】

凋亡细胞的形态学特征表现为核固缩、胞质浓缩、胞体急剧变小、细胞骨架解体,其中胞核变化最为显著。核DNA在核小体连接处断裂成核小体片段,并向核膜下或中央部异染色质区聚集形成浓缩的染色质块,在电镜下呈高电子密度,形成新月状、“八”字形、花瓣状、环状或眼球状。此外,内源性核酸内切酶将核小体间的连接DNA降解,形成长度为180~200bp整数倍的寡核苷酸片段。凋亡细胞核碎裂后形成大小不等的染色质块,然后整个细胞通过发芽、起泡等方式形成球形突起并脱落形成一些大小不等,内含胞质、细胞器及核碎片的膜包小体,即凋亡小体(apoptotic body)。

(一)光学显微镜检测

常用吉姆萨染色、瑞氏染色、HE染色等。

【器材与试剂】

光学显微镜、吉姆萨染色液(pH6.4,2%的吉姆萨溶解于67mmol/L磷酸钠缓冲液)、瑞特染液(0.1g瑞特粉剂溶于60ml甲醇制成染液,再与PBS以1:2混合)。

【操作步骤】

1. 收集细胞(1×10^6/ml),PBS冲洗1次;
2. 取50~100μl细胞悬液均匀涂在载玻片上,有条件可采用细胞涂片离心机制成细胞涂片;
3. 甲醇固定3~5分钟;
4. 入染液中染色;

5. 涂片晾干后封片观察。

【结果判定】

光镜下正常细胞核呈蓝色或蓝紫色,凋亡细胞皱缩,染色质致密浓缩、染色变深、核碎裂等,染成深蓝色并呈现新月状或环状附在核膜周边,核膜裂解、染色质分割成块状和凋亡小体等典型的凋亡形态。

【注意事项】

在制备标准的全过程中,要避免组织干燥,以减少染色过程中的非特异性背景。

(二)荧光显微镜检测

常用的DNA特异性染料有:丫啶橙(AO)、HO 33342(Hoechst 33342)、HO 33258(Hoechst 33258)。丫啶橙染色法:丫啶橙与DNA的碱基对结合,在荧光显微镜下呈现黄绿色。Hoechst是与DNA特异结合的活性染料,与A-T键结合,紫外光激发时发蓝色荧光。

【器材与试剂】

荧光显微镜、1mmol/L的Hoechst 33258 PBS溶液、100mg/L的丫啶橙PBS溶液。

【操作步骤】

1. 制备细胞悬液(1×10^7/ml);
2. 取95μl的细胞悬液加5μl的丫啶橙储存液(0.01%,pH6.0)混合;
3. 吸一滴混合液点在洁净玻片上,封片,在荧光显微镜下观察。

【结果判定】

在荧光显微镜下,丫啶橙染色法:正常细胞核呈黄绿色均匀荧光,胞质呈红色荧光。凋亡细胞核染色质呈黄绿色浓聚在核膜内侧,可见细胞膜呈泡状膨出及凋亡小体。Hoechst染色法:活细胞核呈弥散均匀荧光,出现细胞凋亡时,细胞核或细胞质内可见浓染致密的颗粒块荧光,如果见到3个或3个以上的DNA荧光碎片可判断其为凋亡细胞。

【注意事项】

严格控制染色时间,时间过久可致假阳性。

(三)透射电镜检测

【器材与试剂】

透射电镜、离心机、PBS溶液、1%锇酸固定液(2%(质量分数)锇酸溶液10ml,0.2mol/L磷酸盐缓冲液10ml)、25%戊二醛水溶液。

【操作步骤】

1. 收集细胞(1×10^6/ml),PBS冲洗2次;
2. 将细胞悬液滴入制备好有琼脂空槽的的离心管内;
3. 1000r/min离心10分钟,4℃;

4. 取出离心管内琼脂,切下含有细胞团的琼脂部分;

5. 将切下的琼脂置于戊二醛固定液内固定 2 小时以上,PBS 液冲洗;

6. 1%锇酸固定 2 小时;

7. 经脱水、渗透、包埋、超薄切片、染色等步骤常规制备电镜样品。

【结果判定】

透射电镜下可见凋亡细胞表面微绒毛消失,核染色质固缩、边集,常呈新月形,核膜皱褶,胞质紧实,细胞器集中,胞膜起泡或出“芽”及凋亡小体和凋亡小体被邻近巨噬细胞吞噬现象。

【注意事项】

由于锇酸溶解度小,配制 2%溶液要在 1 周后才能使用。此液配制好后用黑纸包好置于 4℃冰箱内避光保存,变色后不可使用。

二、生化特征检测方法

(一)琼脂糖凝胶电泳

【原理】

细胞发生凋亡时,其细胞 DNA 发生断裂,细胞内小分子量 DNA 片段增加,高分子 DNA 减少,胞质内出现 DNA 片段。但凋亡细胞 DNA 断裂点均有规律的发生在核小体之间,出现 180~200bpDNA 片段,而坏死细胞的 DNA 断裂点为无特征的杂乱片段,利用此特征可以确定群体细胞的死亡,并可与坏死细胞区别。

【器材与试剂】

电泳仪、水平电泳槽、琼脂糖粉、溴乙锭水溶液、0.5×TBE 缓冲液、6×上样缓冲液(0.05%溴酚蓝,0.05%二甲苯青,36%甘油,30mmol/L EDTA,取 2.5mg 溴酚蓝、2.5mg 二甲苯青、44mg EDTA,加入 2ml 去离子水加热溶解,加入 1.8ml 甘油后调节 pH 至 7.0,用去离子水定容至 5ml)。

【操作步骤】

1. 常规酚-三氯甲烷抽提法提取细胞中的 DNA;

2. 取 10μl DNA 加含溴酚蓝的上样缓冲液 2μl 混匀,上样在含 0.5g/L 溴乙锭(EB)的 1%琼脂糖凝胶中进行电泳,1~2 小时后紫外灯下观察。

【结果判定】

凋亡细胞 DNA 电泳出现阶梯状(ladder)条带;坏死细胞 DNA 电泳类似血抹片时的连续性条带。

【注意事项】

1. 在琼脂糖凝胶液中加 EB 时需等其温度降至 60℃,以防止 EB 降解;

2. 操作时一定注意防护,EB 为致癌物。

(二)原位末端标记技术(in situ end-labeling, ISEL)

DNA 聚合酶或 Klenow 大片段介导的原位缺口转移(in situ nick translation,ISNT)技术。

【原理】

细胞凋亡时产生 DNA 断裂,断裂有一黏性末端,一条含有游离的 3'羟基末端,另一条有伸出的 5'末端。利用 Klenow 大片段的 5'-3'聚合酶活性,可将外源掺入的带有生物素标记的游离核苷酸从 3'羟基末端起始经 5'-3'方向连接在断端上,通过带有辣根过氧化物酶的卵白素与之结合,经 DAB 显色,便可观察到细胞是否存在有核苷酸掺入的 DNA 断端。该方法主要用于组织切片的原位检测,也可用于细胞涂片的检测。

【器材与试剂】

2×SSC(0.6mol/L NaCl,60mmol/L 柠檬酸钠)、0.5%胃蛋白酶(pH2.0)、缓冲液 A(50mmol/L Tris-HCL,5mmol/L $MgCl_2$,10mmol/L 巯基乙醇,0.005% BSA,pH7.5)、标记液(0.005mmol/L dNTP,0.005mmol/L biotin-16-dUTP,25U/ml Klenow 大片段)、HR-Pavidin DAB-H_2O_2 显色液(DAB 用 0.1ml/L Tris-Cl(pH7.6)配成 0.4%,用前稀释 10 倍,并加终浓度为 0.001%的 H_2O_2)、内源酶阻断剂(1%H_2O_2-甲醇溶液)、苏木素染液。

【操作步骤】

(1) 切片常规脱腊、梯度乙醇复水化;

(2) 将切片组织浸入组织预处理液 2×SSC 中,80℃20 分钟,然后蒸馏水冲洗;

(3) 胃蛋白酶 37℃消化 20 分钟,PBS 冲洗;

(4) 加入缓冲液 A 放置 5 分钟;

(5) 弃去缓冲液 A,滴加标记液 50μl,25℃温育 1 小时,PBS 漂洗 2 次;

(6) 内源酶阻断剂阻断 15 分钟,PBS 漂洗 2 次;

(7) 滴加 HR-Pavidin 覆盖组织室温下 30 分钟,PBS 漂洗 2 次;

(8) DAB-H_2O_2 显色 5 分钟;

(9) 苏木素复染 1 分钟,封片,显微镜下观察。

【结果判定】

凋亡细胞的核呈棕色或棕褐色,细胞核形态呈碎点状,不规整,大小不一致。而正常非凋亡细胞核被苏木素复染呈蓝色,核相对较大,形态大小较为一致。

【注意事项】

蛋白酶的消化时间要得当,消化时间太长,非特异性染色增多,而消化时间太短,会影响凋亡细胞的染色效果。

（三）脱氧核糖核苷酸末端转移酶（terminal deoxynucleotidyl transferase，TdT）介导的 dUTP 缺口末端标记技术（TUNEL）

【原理】

与 ISNT 鉴定相似，所介导的酶为 TdT。TUNEL 法的敏感性远高于 ISNT，尤其对早期凋亡的检测，TUNEL 更为合适。由于正常的或正在增殖的细胞几乎没有 DNA 的断裂，因而没有 3'-OH 形成，很少能够被染色。TUNEL 实际上是分子生物学与形态学相结合的研究方法，对完整的单个凋亡细胞核或凋亡小体进行原位染色，能准确地反映细胞凋亡典型的生物化学和形态特征，可用于石蜡包埋组织切片、冷冻组织切片、培养的细胞和从组织中分离出来的细胞。由于方法灵敏，因而被广泛应用。

【器材与试剂】

3%H_2O_2、PBS 液、2×SSC、蛋白酶 K、TdT 缓冲液（pH 6.8，100mmol/L 二甲胂酸钠，0.1mmol/L 二巯基苏糖醇，5mmol/L CoCl）、TdT 反应液（TdT 缓冲液中加入 TdT 酶 100U/ml，0.001mmol/L biotin-11-dNTP）、链卵白素标记的辣根过氧化物酶、0.04%的 DAB 液、苏木素染液。

【操作步骤】

（1）切片常规脱腊，复水，后续工作在湿盒中进行；

（2）3%的 H_2O_2阻断内源性辣根过氧化物酶 30 分钟，0.15mol/L 的 PBS 洗 2 次，每次 5 分钟；

（3）切片浸泡在 2×SSC 中 80℃20 分钟，0.15mol/L 的 PBS 洗 2 次，每次 5 分钟；

（4）蛋白酶 K 或胃蛋白酶消化 20 分钟，0.15mol/L 的 PBS 洗 2 次，每次 5 分钟；

（5）TdT 缓冲液孵育 10 分钟；

（6）TdT 反应液 37℃孵育 1 小时；

（7）切片浸泡在 2×SSC 中 10 分钟终止反应，0.15mol/L 的 PBS 洗 2 次，每次 5 分钟；

（8）链卵白素标记的辣根过氧化物酶孵育 30 分钟，0.15mol/L 的 PBS 洗 2 次，每次 5 分钟；

（9）0.04%的 DAB 显色 5~10 分钟，镜下控制时间；

（10）苏木素复染 3~5 分钟，常规复水、透明和封片。

【结果判定】

同 ISNT。

【注意事项】

（1）由于不同反应体系中细胞染色质 DNA 模板缺口数量不同，因此对各种反应体系中的细胞用量应具体分析再确定；

（2）石蜡包埋固定的组织切片必须事先彻底脱蜡；

（3）细胞膜的穿透性是影响实验效果的重要条件，将细胞固定后贮存于 4℃可保证细胞的稳定性；

（4）细胞凋亡过程中细胞 DNA 的低分子量部分可以从细胞中渗出，因此，在反应及操作过程中应避免 DNA 片段的丢失，否则会严重影响实验结果。

（四）酶联免疫吸附法（ELISA）检测核小体

【原理】

细胞凋亡时内源性核酸酶将双链 DNA 从各核小体的连接区裂断，产生单或寡核苷酸小体，而各核小体的 DNA 与核组蛋白形成紧密的复合物而对内源性核酸酶有抵抗使之不被内源性核酸酶分解。细胞发生凋亡时，在细胞膜破裂前，其细胞质中含有大量的单或寡核苷酸小体。细胞凋亡 ELISA 检测就是基于定量三明治酶联免疫原理，用抗 DNA 单克隆抗体和抗组蛋白抗体直接标记 DNA 和组蛋白，特异性定量检测胞浆成分中的单或寡核苷酸小体，方法灵敏度高。

【器材与试剂】

酶标分析仪、恒温孵育箱、酶标测定板、离心机、细胞裂解液（10mmol/L Tris-HCl pH8.0，10mmol/L NaCl，1mmol/L EDTA，100mg/L 蛋白酶 K，10g/L SDS）、包被缓冲液（抗组蛋白抗体 1ml，0.1mol/L 碳酸钠缓冲液 pH9.2，9ml）、封闭缓冲液（0.05%Tween-20，1mmol/L EDTA，0.25% BSA，0.5g/L NaN_3）、洗涤缓冲液（含 0.5g/L NaN_3 的 PBS 液）。

【操作步骤】

1. 制备细胞悬液　1500r/min 离心 5 分钟，弃上清，将细胞重新悬浮于 1ml 培养液，再离心，弃上清；

2. 细胞悬浮于细胞裂解液中 4℃裂解 10 分钟；

3. 1500r/min 离心 15 分钟，吸取上清液，与细胞裂解液混合（1∶10）用于酶标测定；

4. 酶标板中每孔加入 100μl 包被缓冲液室温包被 4 小时或 4℃包被过夜；

5. 去除包被缓冲液，每孔加入 200μl 细胞裂解缓冲液，室温孵育 30 分钟；

6. 去除裂解缓冲液，每孔加入 200μl 封闭缓冲液室温封闭 30 分钟；

7. 每孔加入洗涤缓冲液冲洗 3 次；

8. 每孔加入 100μl 待测样品溶液，另设两孔只加细胞裂解缓冲液作为无细胞对照孔，室温孵育 90 分钟，以洗涤缓冲液小心冲洗 3 次；

9. 每孔中加入 100μl 酶标记 DNA 抗体溶液，室温孵育 90 分钟，用洗涤缓冲液小心冲洗；

10. 每孔中加入 100μl 底物缓冲液，室温避光反应 10~20 分钟，以底物缓冲液为对照，用酶标分析仪波长为 450nm 测定各孔光密度值。

【结果判定】

计算公式为 $EF=OD_{450}$（待测样品值-本底值）/OD_{450}（阴性对照-本底值），EF 值代表释放到胞浆中的核小体或寡核苷酸的相对量。

【注意事项】

1. 在使用不同的细胞和不同的凋亡诱导物时，实验所需要的细胞数目应当通过预实验确定；

2. 在 ELISA 中死细胞会使光密度增加，因此要严格控制培养细胞中死细胞的数目。

（五）磷脂酰丝氨酸外翻分析（Annexin V 检测法）

【原理】

磷脂酰丝氨酸正常分布在细胞膜脂质双层的内侧，但在细胞凋亡最早期，膜磷脂酰丝氨酸（PS）由脂膜内侧翻向外侧。Annexin V 是一种磷脂结合蛋白，与磷脂酰丝氨酸有高度亲和力，故可通过细胞外侧暴露的磷脂酰丝氨酸与凋亡早期细胞的胞膜结合。将 Annexin-V 进行荧光素（FITC、PE）或 biotin 标记，利用流式细胞仪或荧光显微镜可检测细胞凋亡。碘化丙啶（Propidium Iodide，PI）是一种核酸染料，不能透过完整细胞膜，但凋亡中晚期的细胞和死细胞的细胞膜通透性增加，PI 能够透过细胞膜而使细胞核染红。因此 Annexin V 与 PI 联合使用能够区分处于不同凋亡时期的细胞。

【器材与试剂】

流式细胞仪、恒温孵育箱、离心机、胰酶、去离子水、冰 PBS、Annexin V-FITC Apoptosis Detection Kit、PI。

【操作步骤】

1. 将 10×Binding Buffer 用去离子水稀释成 1×Binding Buffer；

2. 收集细胞：悬浮细胞收集：离心 5 分钟；贴壁细胞：用不含 EDTA 的胰酶消化收集后（消化时间不宜过长，否则会影响细胞膜上磷脂酰丝氨酸与 Annexin V-FITC 的结合），2000rpm 离心 5~10 分钟，收集细胞；

3. 细胞洗涤：用预冷 1×PBS（4℃）重悬细胞，2000rpm 离心 5~10 分钟，弃上清；

4. 加入 300μl 的 1×Binding Buffer 悬浮细胞；

5. Annexin V-FITC 标记：加入 5μl 的 Annexin V-FITC 混匀后，避光，室温孵育 15 分钟；

6. PI 标记：上机前 5 分钟再加入 5μl 的 PI 染色；

7. 上机前，补加 200μl 的 1×Binding Buffer。

【结果判定】

将 Annexin V 与 PI 联合使用时，PI 则被排除在活细胞（Annexin V-/PI-）和早期凋亡细胞（Annexin V+/PI-）之外，而晚期凋亡细胞和坏死细胞同时被 FITC 和 PI 结合染色呈现双阳性（Annexin V+/PI+）。

【注意事项】

1. Annexin V-FITC 和 PI 是光敏物质，操作过程注意避光。

2. 在细胞洗涤的最后一步，尽量将上清弃净，以免 PBS 残留影响实验结果。

3. 为防止荧光淬灭,宜在 1 小时内进行上机检测。

4. PI 染色时间过长有可能造成凋亡率偏高,建议先进行 Annexin V-FITC 染色,可在上机前 5 分钟再加入 PI 染色。

(六)线粒体膜势能的检测

【原理】

线粒体在细胞凋亡过程中起着关键作用,而线粒体跨膜电位(DYmt)的下降被认为是细胞凋亡级联反应过程中最早发生的事件,一旦线粒体 DYmt 崩溃,则细胞凋亡不可逆转。线粒体跨膜电位的存在,使一些亲脂性阳离子荧光染料如 Rhodamine123、3,3-Dihexyloxacarbocyanine iodide【DiOC6(3)】、Tetrechloro-tetraethylbenzimidazol carbocyanine iodide【JC-1】、Tetramethyl rhodamine methyl ester(TMRM)等可结合到线粒体基质,其荧光的增强或减弱说明线粒体内膜电负性的增高或降低。

【器材与试剂】

细胞流式仪、滤网、PBS、荧光染料等。

【操作步骤】

将正常培养的细胞和诱导凋亡的细胞加入使用终浓度为 Rhodamine 123(1mm)或终浓度为 DiOC6(25nM),JC-1(1mm),TMRM(100nM),37℃平衡 30 分钟,流式细胞仪检测细胞的荧光强度。

【结果判定】

JC-1 的流式检测是最常见的方法。JC-1 是一种阳离子型的亲脂性染料,能够自由穿过细胞膜,随细胞膜电位的变化而在膜两侧保持动态平衡,其特点是线粒体膜电位低时浓度低,以单体为主,可检测到绿色荧光,胞浆相对线粒体为低电位,形成流式图中所有细胞 FL1 均为阳性;膜电位高时浓度高以多聚体为主,可检测到红光荧光。活细胞的线粒体膜电位高,红色荧光强,流式图上表现为 FL1 和 FL2 双阳性,而凋亡细胞则为 FL1 单阳性。

【注意事项】

1. pH 值会影响膜电位,必须保持平衡染液中 pH 值的一致性。

2. 如果染料达到平衡的细胞悬液中含有蛋白,蛋白会结合染料进而降低染料的浓度,引起假去极化。

第七节 细胞自噬的检测

对细胞自噬的研究涉及自噬过程检测和自噬结果判断(细胞存活或者死亡),目前已经发展了许多细胞自噬活性和自噬流(autophagic flux)的检测方法。大致可分为检测自噬泡

(phagophore)与自噬小体形成的静态检测技术和动态检测技术。本节主要介绍形态学的自噬体(autophagosome)或自噬溶酶体(autolysosome)检测和应用免疫印迹检测相关蛋白分子的分解。

一、电子显微镜观察自噬体形成

应用透射电子显微镜从形态学观察自噬体的形成过程。自噬的发生可划分成四个阶段:①分隔膜形成;②自噬体形成;③自噬体运输、融合;④自噬体裂解。

【原理】

参见第二节的“二、电子显微镜观测技术”。

【器材与试剂】

透射电镜、离心机、切片机、PBS 溶液、2%多聚甲醛,0.1%戊二醛和 0.1mol/L 二甲胂酸钠、1%锇酸固定液(2%锇酸溶液 10ml,0.2mol/L 磷酸盐缓冲液 10ml)、3%水溶性醋酸铀(uranyl acetate)、0.3%柠檬酸铅。

【操作步骤】

1. 第一天,按照 1×10^6~3×10^6密度将细胞接种于 6 孔培养板;

2. 吸弃旧培养基,加入 1ml 新鲜培养基。如果采用饥饿法处理细胞则用 1ml 饥饿培养基。

3. 细胞处理结束后,收集细胞,用 2%多聚甲醛,0.1%戊二醛和 0.1mol/L 二甲胂酸钠 48℃下固定 2 小时。

4. 细胞用 PBS 洗一次,再用 1%锇酸(OsO_4)固定 1.5 小时。

5. 细胞用 PBS 洗一次,最后用 3%水溶性醋酸铀(uranyl acetate)染色 1.5 小时。

6. 再用 PBS 洗一次样本,用梯度乙醇脱水,用环氧树脂包埋。

7. 用超薄切片机切成薄片,用 0.3%枸橼酸铅复染。电子显微镜下观察自噬体或者自噬溶酶体。

【结果判定】

镜下可见损伤的细胞器如线粒体肿胀变性,其周围出现空泡状双层膜样结构,双层膜环绕成自噬体,直径一般为 300~900nm,平均 500nm,其双层膜包囊内常见的包含物有胞质成分和某些细胞器,如线粒体、内质网、核糖体等。自噬溶酶体的特征为单层膜,胞质成分已降解。自噬体占胞质总面积或体积的比例是目前通过电镜对细胞自噬活性进行定量的唯一方法。

【注意事项】

1. 电镜的超薄切片制作复杂,容易造成各类附加结构或现象从而对图像结构分析造成影响,应尽量避免;

2. 电镜产生的电子束可通过碰撞或热作用对样本微观结构造成损伤从而破坏样本。

二、GFP-LC3 融合蛋白示踪自噬体形成—荧光显微镜定量检测法

【检测原理】

微管相关蛋白 1 轻链 3(LC3)是酵母自噬基因 Atg8 的同源体。LC3 包括 LC3-Ⅰ和 LC3-Ⅱ,前者是可溶性的,后者结合于自噬结构膜上。LC3-Ⅱ的表达与自噬结构形成成正比。因此常用 LC3-Ⅰ绿色荧光蛋白作为自噬体的标志物,观察活细胞的自噬活动。无自噬时,GFP-LC3 融合蛋白弥散在胞浆中;自噬形成时,GFP-LC3 融合蛋白转位至自噬体膜,在荧光显微镜下形成多个明亮的绿色荧光斑点,一个斑点相当于一个自噬体,可以通过计数来评价自噬活性的高低。

【器材与试剂】

荧光显微镜、细胞培养箱、细胞离心涂片机、转染脂质体、GFP 质粒和 GFP-LC3 质粒、3.7%多聚甲醛 PBS 溶液、4',6-二脒基-2-苯基吲哚(DAPI)、0.1%AKANP40 PBS 溶液。

【操作步骤】

1. 准备细胞 第一天,将细胞接种于 6 孔板培养皿中。第二天,观察细胞生长达 60%~70%融合,进行以下绿色荧光蛋白载体(GFP 和 GFP-LC3 质粒)转染。

2. 细胞转染

(1) 弃去旧培养基,加入 1ml 新鲜的无血清和抗生素 DMEM 普通培养基;

(2) 在一只消毒的 1.5ml 离心管Ⅰ内加入 100μl 普通培养基和 12μl 脂质体;

(3) 在另一只消毒的 1.5ml 离心管Ⅱ内加入 100μl 普通培养基和 2μg cDNA 质粒(单独的 GFP 或 GFP-LC3);

(4) 将离心管Ⅱ的 cDNA 溶解液逐滴滴入离心管Ⅰ,用手轻摇混匀;室温孵育 30 分钟,再用普通培养基洗一次细胞;

(5) 在 cDNA 和脂质体混合液中加入 300μl 普通培养基至 0.5ml,吸弃每个孔内的培养基,加入 cDNA 和脂质体混合液,确保混合液均匀分布在培养皿中。将培养板放入 37℃,5%CO_2的培养箱中孵育 4~5 小时;

(6) 取出培养板,每个孔加入 100μl 血清(胎牛血清或小牛血清)和 400μl 普通培养基。放回培养箱中,37℃,5%CO_2继续培养 3 天。

3. 细胞处理及收获

(1) 细胞转染后第三天,按照实验设计处理细胞。细胞处理结束后,开始收获细胞,离心沉淀细胞,吸弃旧培养基;

(2) 用 250μl 培养基重悬细胞,在荧光显微镜下观察或者按下列步骤固定细胞。

4. 细胞固定、洗涤

(1) 采用细胞离心涂片机(cytospin)250r/min,3 分钟离心收集细胞并涂片。(如果没有细胞

离心涂片机,可以在培养细胞时,采用盖玻片以使培养细胞生长在盖玻片上,固定和洗涤的步骤同上;

(2) 将玻片放入室温的固定缓冲液中(1×PBS 中含 3.7%多聚甲醛)和洗涤缓冲液(1×PBS 中含 0.1%AKANP40)。注意:冷固定缓冲液会在洗细胞时容易使细胞从玻片上脱落下来);

(3) 细胞至少固定 1 小时,取出玻片。固定缓冲液可重复使用,用洗涤缓冲液洗细胞 3 次,每次 5 分钟。

5. 细胞染色和观察

(1) 取出玻片,在细胞干燥前滴加 10μl 抗淬灭剂 DAPI(4′,6-二脒基-2-苯基吲哚),用盖玻片封闭细胞。

(2) 立即于荧光显微镜下观察或于 4℃条件下保存(可保存数周)。

【结果判断】

有自噬体形成时,可镜下观察到聚集的绿色荧光斑点。

【注意事项】

由于自噬体增多既可能是其形成增多,也可能是与溶酶体融合受阻使其不能降解而积聚。因此,单纯的 GFP-LC3 荧光斑点增多不足以作为自噬激活的证据,可通过加用自噬体与溶酶体融合抑制剂,如氯喹进行观察,或加用 LC3 和溶酶体示踪物进行共定位观察等。

三、蛋白印迹检测 LC3-Ⅰ/LC3-Ⅱ

【检测原理】

LC3(microtubule-associated protein 1 light chain 3,MAP1-LC3)是自噬体膜和自噬溶酶体膜的特征性标志物,可分为 LC3-Ⅰ(分子量为 18kDa)和 LC3-Ⅱ(分子量为 16kDa)两型。LC3 翻译后在未加工前称为前 LC3 蛋白,在蛋白酶作用下,裂解成缺少 C 端的 LC3-1,再与脑磷脂(phosphatidylethanolamine,PE)结合修饰形成 LC3-Ⅱ。因此,检测 LC3-Ⅰ与 LC3-Ⅱ的含量和比值可以反映细胞自噬活性。

【试剂和仪器】

一抗:鼠抗 GAPDH 单克隆抗体;二抗:羊抗鼠 HRP-标记抗体;其他蛋白印迹相关试剂和仪器。

【操作步骤】

1. 样品准备

(1) 将细胞按照 5×10^5/孔接种于 6 孔培养板中;细胞经过自噬诱导或抑制处理后,用胰酶消化,离心收集细胞;用冷 PBS(4℃)洗一次,800r/min,4℃,离心 5 分钟;

(2) 收集细胞后用 30~50μl 裂解缓冲液裂解,收集蛋白;取含 20~80μg 蛋白,加入 4~6μl

5倍上样缓冲液，最终将体积调至20~30μl；

（3）样本在100℃孵育5分钟。然后，冷却至室温。准备分离。

2. SDS-PAGE分离，参见相关的分子生物学技术方法。

3. 免疫印迹，转膜、抗体孵育及曝光，参见相关的分子生物学技术方法。

【结果判断】

由于LC3-Ⅱ含量的多少与自噬体数量的多少成正比，当哺乳动物细胞发生自噬时，细胞内LC3的含量及LC3-Ⅰ向LC3-Ⅱ的转化均明显增加。因此，通过检测细胞内LC3-Ⅱ的含量变化和LC3-Ⅰ/LC3-Ⅱ比值，可以判断细胞状态及其自噬是被诱导还是被抑制。

【注意事项】

LC3抗体对于LC3-Ⅱ有更高的亲和力，会造成假阳性，需要设置对照；LC3-Ⅱ蛋白水平的变化特点与组织和细胞类型有关。

四、三氯乙酸-放射性同位素法检测长寿命蛋白降解（自噬流检测）

【检测原理】

细胞内蛋白质主要通过两条途径来降解，即蛋白酶体途径和自噬途径，前者主要负责短寿命蛋白的降解，后者负责长寿命蛋白和部分细胞器降解。据此，先让细胞在含有同位素标记氨基酸的培养基生长一段时间，细胞在此期间合成的蛋白质都被同位素标记，然后换成不含同位素的培养基，让一些被标记的短寿命蛋白通过蛋白酶体途降解。在自噬诱导后，培养上清中释放的自噬性降解产物的放射性活度即反映细胞自噬性降解的能力。因此，检测长寿命蛋白的降解则可应用于评价自噬流的改变。

【试剂和仪器】

DMEM培养基（10%胎牛血清）、磷酸盐缓冲液（PBS，含137mmol/L NaCl，2.7mmol/L KCl，4.3mmol/L Na_2HPO_4，1.4mmol/L KH_2PO_4，pH 7.3）、无碳酸氢钠Hanks'平衡盐溶液（HBSS）或Earle'平衡盐溶液（EBSS）、L-【U-^{14}C】-缬氨酸（266mCi/mmol，9.84GBq/mmol）、冷缬氨酸、三氯乙酸（TCA）、0.2mol/L NaOH、3-甲基腺嘌呤（3-MA）、氯化铵和亮肽素。

【操作步骤】

1. 完全培养基中加入0.2μCi/ml L-【U-^{14}C】-缬氨酸（比活度为266mCi/mmol）孵育细胞18h，标记细胞细胞内蛋白。

2. 用PBS洗三次去除未结合的放射标记物。

3. 细胞在新鲜的完全培养基（含10mmol/L的冷缬氨酸）孵育1h，使短寿命蛋白降解（某些细胞系可延长至24h）。

4. 吸去培养基，用含 10mmol/L 冷缬氨酸的完全培养基孵育细胞 4h，期间加入终浓度为 10mmol/L 的 3-MA，抑制自噬泡的从头形成。为了活化自噬可以加入含有 10mmol/L 冷缬氨酸和 0.1%胎牛血清的 HBSS（或 EBSS）。

5. 在细胞中加入终浓度为 10%（W/V）三氯乙酸，沉淀过夜。

6. 细胞混悬液在 4℃，470×g 离心 10min，用液体闪烁计检测上清中的放射性（a）强度。

7. 用冷的 TCA（W/V），加上 10mmol/L 冷缬氨酸洗细胞两次，确保变性蛋白未吸附放射性，然后在 37℃用 0.2mol/L NaOH 重悬细胞，并孵育 2h。

8. 通过液体闪烁计测量细胞中放射性（b）强度。上清中放射性（a）与沉淀细胞中放射性（b）的比值即长寿命蛋白降解率。

【结果判断】

经自噬刺激物诱导，细胞内释放出的降解蛋白产物通过三氯乙酸-放射性同位素法定量测定，从而获得一个精确的数值；同时加入自噬抑制剂作为对比，能特异性地反映自噬引起的蛋白质降解。

【注意事项】

1. 该方法的缺陷在于对自噬抑制剂的特异性和效能高度的依赖，无法区分自噬依赖性降解和非依赖性降解，但可加入溶酶体拮抗剂，如氯喹、氯化铵和 Baf A1，分析添加拮抗剂前后同位素标记氨基酸的释放情况来考察此方法的特异性。

2. 若细胞在自噬流活化后，长寿命蛋白降解产生的氨基酸不排出到细胞外，而在细胞内重新合成或产能则会导致最终的实验结果出现偏差。

第八节 流式细胞仪分析技术

一、流式细胞仪的检测原理和应用

【原理】

流式细胞术（flow cytometry，FCM）是利用流式细胞仪对处在快速、直线、流动状态下的单细胞或生物颗粒进行逐个、多参数、快速的定性、定量分析，同时具有对特定细胞群体加以分选的现代细胞分析技术。当经过细胞荧光染色后的单细胞悬液通过检测区域时，在激发光源的照射下，会产生散射光和荧光，这些光信号同时被前向光电二极管和侧向 90°方向的光电倍增管接收。这些光信号转化成电信号，经过数字转换器后变成电子数据并进行存储，使数据可以调出显示和进行分析。

【流式细胞仪的检测范围】

细胞结构：细胞大小、细胞粒度、细胞表面面积、核浆比例、DNA 含量与细胞周期、RNA 含量和蛋白质含量等分析。

细胞功能:特异性抗原(细胞表面/胞浆/核)、细胞内细胞因子、细胞活性、酶活性、激素结合位点、细胞受体、细胞凋亡等分析。

二、细胞周期分析

【原理】

细胞周期是指从一次细胞分裂完成到下一次细胞分裂结束所经历的时间。整个细胞周期可以分为 G0,G1,S,G2,M 期,细胞周期中的各个时期也常称为时相,处在不同时相的细胞其 DNA 含量也会发生周期性变化。流式细胞仪测定法是较为常用的检测细胞周期的方法,其原理就是利用核酸染料标记 DNA,并由流式细胞仪分析细胞各期的分布状态,了解细胞的周期分布。目前,用于 FCM 检测细胞周期的染料种类很多,其中碘化丙啶(propidium iodide,PI)是常用染料,它可以嵌入核酸的双螺旋碱基对中与之结合,由 488nm 激发光激发,发射光为红色。其缺点是无碱基特异性,在染色前必须用核糖核酸酶 A(RNase A)进行处理,以排除双链 RNA 的干扰。4,6-联脒-2-苯基吲哚(4,6-diamidino-2-phenyiindole,DAPI)和 Hoechst33342 也是 DNA 特异性的荧光、染料,与 DNA 结合是非嵌入式的,主要结合在 DNA 的 A-T 碱基区,由 355nm 激发光激发,发射光为蓝色,使用时无需用 RNase A 处理细胞,但是由于该染料法需要使用配置有紫外激光源的流式细胞仪,大多数实验室都没有配备。因此,以 PI 标记 DNA 的分析周期的方法是目前较为常用的检测方法。

【仪器与试剂】

1. 流式细胞仪、离心机、流式管、细胞培养皿等。

2. 细胞完全培养基,碘化丙啶 PI 染液,PBS,无水乙醇,RNase A。

【操作步骤】

1. 生长状态良好的细胞经胰酶消化 1~5 分钟,1000rpm,离心 5 分钟,收集染毒组或对照组细胞。

2. 加入 1ml PBS 重悬,离心,漂洗两次。

3. 70%酒精 4℃ 固定过夜。

4. 1000rpm,离心 5 分钟收集固定的细胞,PBS 漂洗 2 次。

5. 0.5ml PBS 悬浮细胞,使细胞密度为 10^6/ml。

6. 过 400 目细胞筛。

7. 用含 50μg/ml PI 染液,100μg/ml RNase A 和 0.2% Triton X-100 的 PBS,4℃ 避光孵育 30min。

8. 用流式细胞仪进行分析,并重复实验 3 次,用 t 检验进行统计分析。

【结果判断】

通常利用流式细胞仪配备的软件分析系统，可以直接得到细胞周期的分布结果。细胞周期第一个峰(G1)是 DNA 含量为 2n 的细胞峰，第二个峰是 DNA 含量为 4n 的细胞峰，两峰之间代表 DNA 含量为 2~4n 的处于 DNA 合成期的细胞。通过比较实验组和对照组细胞 G1/G0 期、S 期、G2/M 期的百分比，就可以判断受试物对细胞增殖的影响作用。

【注意事项】

1. 消化细胞时，胰酶消化的时间不宜过长，防止其对细胞膜的损伤。

2. 细胞样品的采集要保证足够的细胞浓度，以大于 1×10^6 个细胞为宜。

3. 实验操作过程中动作要尽量轻柔，不可用力打碎细胞。

4. RNA 酶最好现加，以彻底去除细胞中 RNA 的干扰。

5. 碘化丙啶是光敏物质，操作过程中注意避光。

三、细胞凋亡分析

细胞凋亡是指在一定的生理、病理情况下，机体维护内环境的稳定，通过基因调控，在一系列酶参与下，使生物体内一些无用的、老化的细胞高度有序的、自动死亡的过程。近年来，随着流式细胞术的不断发展，应用该项技术检测细胞凋亡已建立了多种方法，具有分析细胞量大、敏感性高、快捷等优点，已成为研究细胞凋亡的重要手段之一。其中最常见的活细胞流式检测方法有 Annexin V-FITC/PI 双标记法和 Hoechst33342/PI 双标记法。

（一）AnnexinV/PI 双染色法

【原理】

细胞膜的重排发生在凋亡的早期，这种重排导致磷脂酰丝氨酸(PS)从细胞膜的内侧翻转到细胞膜的表面，暴露在细胞外环境中。Annexin V 是一种 Ca^{2+} 依赖的磷脂结合蛋白，可与凋亡细胞膜上外翻的 PS 相结合，可以采用荧光(如异硫氰酸荧光素 FITC)标记的 Annexin-V 来检测细胞凋亡情况。碘化丙啶(PI)是一种核酸染料，能够透过凋亡中晚期的细胞和死细胞的细胞膜而使细胞核红染。因此将 Annexin-V 与 PI 联合使用，就可以将凋亡早晚期的细胞以及死细胞区分开来。

【器材与试剂】

流式细胞仪、离心机、孵育缓冲液(10mmol/L HEPES/NaOH pH 7.4，140mmol/L NaCl，5mmol/L $CaCl_2$)、FITC 标记的 AnnexinV 溶液(加入到孵育缓冲液中，终浓度为 1μg/ml)、PI 荧光溶液(加入到孵育缓冲液中，终浓度为 1μg/ml)。

【操作步骤】

1. 胰酶消化细胞，使细胞总数为 $(1\sim5)\times10^6$，1000rpm，离心 5 分钟后弃去培养液。

2. 用孵育缓冲液洗 1 次,1000rpm,离心 5 分钟。

3. 加入 100μl FITC 标记的 Annexin V 溶液重悬细胞,避光孵育 10~15 分钟。

4. 离心 5 分钟沉淀细胞,孵育缓冲液洗 1 次。

5. 再加入 PI 荧光染液,4℃避光孵育 20 分钟。

6. 流式细胞仪分析:激发光波长用 488nm,用波长为 515nm 的通带滤器检测 FITC 荧光,另一波长大于 560nm 的滤器检测 PI。

【结果判定】

正常细胞呈 PI 弱红色荧光标记和 FITC-Annexin V 弱绿色荧光标记,凋亡细胞呈 PI 弱红色荧光标记和 FITC-Annexin V 强绿色荧光标记,坏死细胞呈 PI 强红色荧光标记和 FITC-Annexin V 强绿色荧光标记。在双变量流式细胞仪的散点图上,左下象限显示活细胞,为(FITC-/PI-);右上象限是非活细胞,即坏死细胞,为(FITC+/PI+);而右下象限为凋亡细胞,显现(FITC+/PI-)。

(二)Hoechst33342/PI 双标记法

【原理】

Hoechst 33342 是一种可以穿透细胞膜的蓝色荧光染料,对细胞的毒性较低,其与 DNA 结合后在紫外光下呈蓝色荧光。而碘化丙啶(PI)不能透过完整的细胞膜,但可以透过凋亡中晚期的细胞和死细胞,使细胞核染红,产生红色荧光。两种不同性质的荧光分别加入待检测的样品进行染色,然后用双变量的流式细胞仪分析就可以区分出正常细胞、凋亡细胞和死亡细胞。

【器材与试剂】

流式细胞仪、离心机、1μg/ml 的 Hoechst 33342 染液、1.0ml PI 染液。

【操作步骤】

离心收集悬浮生长的细胞,1000rpm,5 分钟,贴壁细胞用不含 EDTA 的胰酶消化收集。胰酶消化时间不易过长,以防引起假阳性。

1. 用 PBS 洗涤细胞两次。

2. 取适量细胞用 500μl~1ml 染色缓冲液将细胞重悬,使其浓度大约为 1×10^6 个/ml。

3. 加入 5μl Hoechst 33342 染色液。

4. 轻轻混匀后室温避光孵育 10~15 分钟。

5. 用 PBS 洗涤细胞一次。

6. 用 500μl~1ml 染色缓冲液将细胞重悬,加入 5μlPI 染色液。

7. 轻轻混匀后室温避光孵育 10~15 分钟。

8. 再用 PBS 洗涤细胞一次。

9. 400 目筛网过滤,细胞在流式细胞仪进行分析,Hoechst33342 的最大激发波长为 350nm,最大发射波长为 460nm,PI 的最大激发和最大发射波长分别为 488nm 和 615nm。

【结果判定】

正常活细胞对染料有抗染性,蓝色和红色荧光微弱;凋亡细胞由于膜通透性的改变,摄取了Hoechst 染料,从而表现为强蓝色弱红色荧光;死亡细胞由于很强的 PI 噬染性呈弱蓝色强红色荧光。即正常细胞为低蓝色/低红色(Hoechst33342 +/PI +),凋亡细胞为高蓝色/低红色(Hoechst33342++/PI+),坏死细胞为低蓝色/高红色(Hoechst33342+/PI++)。

【注意事项】

1. PI 和 Hoechst 33342 有毒,应小心保存和使用,注意个人保护。

2. Hoechst 33342、FITC-Annexin V 以及 PI 是光敏物质,请注意避光保存和使用。

3. 整个操作过程动作要尽量轻柔,勿用力吹打细胞,尽量在 4℃下操作,以免影响细胞状态。

4. 为防止荧光衰变,宜在 1 小时内进行流式检测。

5. PI 染色时间过长有可能造成检测的凋亡率偏高,最短可在上机前 5 分钟再加入 PI 染色。

四、线粒体膜电位的检测

【原理】

线粒体跨膜电位的下降,被认为是细胞凋亡级联反应过程中最早发生的事件。罗丹明 123(Rhodamine123)/JC-1 是可透过细胞膜的阳离子荧光染料,可以作为线粒体跨膜电位的指示剂。正常细胞中能够依赖线粒体跨膜电位进入线粒体基质,荧光强度减弱或消失。在线粒体膜电位较低时,罗丹明 123/JC-1 不能聚集在线粒体的基质中,此时变为单体形式,重新释放出线粒体,发出强黄绿色荧光。

【器材与试剂】

流式细胞仪,离心机,流式管,细胞培养皿,罗丹明 123 染液,JC-1 染液。

【操作步骤】

1. 胰酶消化细胞,1000rpm,离心 5 分钟,用 PBS 制成细胞悬液。

2. 用 PBS 洗涤细胞两次。

3. 加入 0. 5ml 罗丹明 123/JC-1 染色工作液(避光操作),颠倒数次混匀,培养箱中 37℃孵育30 分钟。

4. 离心沉淀细胞,用 PBS 清洗 1 次。

5. 400 目筛网过滤,细胞在流式细胞仪进行分析,激发波长为 488nm。

【结果判定】

线粒体膜电位低,呈绿色荧光。线粒体膜电位升高时,呈红橙色荧光。

【注意事项】

1. 孵育时,必须避免光照。

2. 染色完成后，即刻进行流式检测分析。

3. 细胞培养数量不宜过密，否则细胞会产生自然凋亡影响检测。

4. 流式细胞仪检测线粒体膜电位变化受到多种因素的影响，因此每个实验需设阴性和阳性对照组进行荧光补偿。

第九节 免疫细胞化学法

一、免疫细胞化学技术的原理和方法分类

【原理】

免疫细胞化学（immunocytochemistry，ICC），也称为免疫组织化学（简称免疫组化），是利用免疫反应以定位组织或细胞中某类抗原成分及分布的一门检测技术。借助于荧光素、酶等标记的特异性抗体（或抗原）对组织或细胞内的相关抗原（或抗体）进行精确地原位显示，然后通过光镜或电镜进行组织和细胞形态、生物学特征、病理改变等的观察与分析。

【免疫细胞化学技术的分类】

1. 根据标记物的不同，免疫细胞化学技术可分为免疫荧光细胞化学技术、免疫酶细胞化学技术、双重标记免疫细胞化学技术和多重标记免疫细胞化学技术。

2. 根据抗体标记方式的不同，免疫细胞化学技术可分为直接法和间接法。间接法主要是亲和免疫细胞化学法。

3. 根据抗原的定位和检测仪器的不同，免疫细胞化学技术还包括免疫电子显微镜技术。

4. 近些年来，核酸分子原位杂交技术采用生物素、地高辛等非放射性物质标记探针，和免疫细胞化学技术密切结合，发展为杂交免疫细胞化学技术。

不同的免疫细胞化学技术，各具有独特的试剂和方法，但其基本技术方法是相似的，都包括抗体的制备，组织材料的处理、免疫染色、对照试验、显微镜观察等步骤。

二、免疫荧光细胞化学技术

【原理】

免疫荧光细胞化学技术（immunofluorescence cytochemistry technique）又称免疫荧光抗体（抗原）法，是将已知的抗体或抗原分子标记上荧光素，再与组织或细胞中相对应的抗原或抗体起反应，从而使形成的免疫复合物上带有一定量的荧光素，在荧光显微镜下借助紫外光或蓝紫光激发呈现出黄绿色或橘红色荧光，由此检测抗原或抗体并进行定位。

【器材与试剂】

荧光显微镜，倒置生物显微镜等。5%BSA、PBS、0.5mol/L碳酸盐缓冲液（pH 9.5），DAPI染色液，50%甘油缓冲液配制：（甘油20ml，加0.5mol/L的碳酸盐缓冲液20ml，充分混合，气泡消失后即可使用）。

【操作步骤】

（一）直接法

用荧光素标记的抗体或抗原与相应的抗原或抗体结合，形成带荧光的复合物，从而直接探测抗原或抗体的方法。

基本操作步骤为：

1. 样本处理 细胞样本根据细胞贴壁情况，贴壁细胞单层培养制成细胞爬片，悬浮细胞制成细胞涂片，然后经固定液室温固定30分钟，PBS洗涤2次。

2. 封闭 在细胞样本处滴加5%BSA室温封闭20分钟，不用洗涤。

3. 在细胞样本处滴加特异性的荧光标记抗体工作液，将样本放入湿盒，37℃避光孵育60分钟，或4℃避光孵育过夜，PBS洗涤2次，每次5分钟。

4. 滴加DAPI染色液在样本处，室温避光孵育10min，PBS洗涤2次。

5. 50%甘油缓冲液封固，荧光显微镜观察，若不能及时进行荧光显微镜观察，可-20℃短暂保存。

（二）间接法

先用特异性抗体（第一抗体）与相应抗原结合，再用荧光素标记的抗特异性抗体（第二抗体）与特异性抗体相结合，形成抗原-特异性抗体-间接荧光抗体复合物。检查未知抗体时，先用已知抗原与细胞或组织内抗体反应，再用此抗原的特异性荧光抗体与结合在细胞内抗体上的抗原相结合，形成抗体-抗原-特异性荧光抗体复合物。

基本操作步骤：

1. 细胞样本经制片处理后，室温固定30分钟，PBS洗涤2次。

2. 5%BSA室温封闭细胞样本20分钟，吸走多余封闭液，不用洗涤。

3. 在细胞片上滴加第一抗体（未标记的抗体）工作液，将样本放入湿盒，37℃孵育60分钟，或4℃孵育过夜，PBS充分洗涤。

4. 滴加荧光标记的抗抗体（第二抗体）工作液，放入湿盒，37℃避光孵育30分钟，PBS充分洗涤。

5. 滴加DAPI染色液进行复染，室温避光孵育10min，PBS洗涤2次。

6. 50%甘油缓冲液封固，荧光显微镜观察。

【结果判读】

采用荧光显微镜观察拍照实验结果，选用360nm激发波长观察DAPI复染的细胞核，呈蓝色荧光;选用抗体所标记荧光素对应的激发波长观察抗原(或抗体)及定位,抗体标记的荧光素常用的有 FITC,激发波长为 495nm 左右,呈绿色荧光,和 Cy3,激发波长为 555nm 左右,呈橘红色荧光。

三、免疫酶细胞化学技术

免疫荧光细胞化学技术存在抗体用量大,标本不能长期保存,荧光易发生淬灭,需要使用荧光显微镜等缺点。因此,用酶代替荧光素建立的免疫酶联细胞化学(immunoenzyme cytochemistry)法是在抗原抗体特异性反应的前提下,采用酶细胞化学原理探测细胞内抗原或抗体及其存在部位。这种方法敏感性更高,且染色标本可以长期保存。

【原理】

免疫酶联细胞化学是以酶为标记物,通过共价健将酶连结在抗体上,制成酶标抗体,利用酶对底物的特异性催化作用,生成有色的不溶性产物,或具有一定电子密度的颗粒,置于光镜或电镜下进行细胞表面及细胞内抗原(抗体)的定位。此项技术分为三个步骤,即识别、联结和显示。识别是指特异性抗体识别组织或细胞中的靶抗原(抗原抗体的特异性结合是本技术的基本依据);联结是由联结抗体结合识别部分和显示部分;显示部分的目的是使抗原抗体间的特异性结合变为肉眼可见,该部分由标记酶、底物和显色剂组成,最终在靶抗原存在位点上形成有色沉淀,再借助显微镜的显像和放大作用,在细胞、亚细胞水平检测分析各种抗原物质。常用于标记的酶包括:辣根过氧化物酶、碱性磷酸酶、葡萄糖氧化酶。酶的呈色反应取决于产生不同色素的底物及适当的反应条件,其中底物的浓度是决定酶反应适度的主要因素。

【器材与试剂】

光学显微镜,倒置生物显微镜。辣根过氧化物酶标记的特异性抗体(一抗),5%BSA,酶底物溶液(DAB 显色液),过氧化氢-甲醇(配制:30% H_2O_2 1ml,加甲醇 100ml),苏木素染色液,中性树胶等。

【操作步骤】

1. 细胞按适宜密度接种于细胞培养瓶,按试验设计给予相应受试物处理。
2. 细胞染毒一定时间后,制作成细胞爬片或细胞涂片,按不同抗原要求适当固定。
3. 在 PBS 缓冲液中浸洗 2 次,每次 5 分钟。
4. 用过氧化氢-甲醇室温浸泡细胞样本 30 分钟,以灭活细胞内源性酶,PBS 充分洗涤。
5. 用 5%BSA 封闭细胞样本 20 分钟,吸去多余的 BSA 溶液,不用洗涤。
6. 滴加酶标记的特异性抗体工作液于涂片上,置于湿盒中,37℃孵育 60 分钟,或 4℃孵育过夜,PBS 洗涤 2 次,每次 5 分钟。
7. 滴加适当的酶底物溶液(DAB 显色液),进行成色反应。显微镜下观察显色,以结果清晰、背景无非特异性染色为适度,流水冲洗终止显色反应。

8. 必要时可用苏木素复染核,显微镜观察细胞核呈淡蓝色为染色适度。

9. 细胞样本经脱水、晾干,用中性树胶进行封固。

【结果判读】

用光学显微镜观察实验结果,蓝色的为苏木素染色的细胞核,棕黄色的为检测到的抗体表达。

四、亲和免疫细胞化学法

【原理】

亲和细胞化学(affinity cytochemistry)是利用两种物质之间的高度亲和能力而互相结合的化学反应。生物素即维生素 H,卵白素统称抗生物素,它们之间的亲和力比抗原抗体的亲和力高100万倍,既能牢固结合又不影响彼此生物活性及与其结合物的活性,这一系统被称为抗生物素-生物素系统。根据上述原理建立的亲和免疫细胞化学方法有抗生物素-生物素-过氧化物酶复合法(avidin-biotin-peroxidase complex technique,ABC 法)、桥抗生物素-生物素法(bridged avidin-biotin technique,BRAB 法)、标记生物素-抗生物素法(labelled avidin-biotin technique,LAB 法)、葡萄球菌蛋白 A-辣根过氧化物酶法、链霉抗生物素蛋白-过氧化物酶连接法等。

ABC 复合物是将过氧化物酶结合在生物素上,再将生物素-过氧化酶连接物与过量的抗生物素蛋白反应而制备的。第一抗体为非标记抗体,与样本中的目的蛋白或抗原特异性结合;将抗生物素分别连接生物素标记的第二抗体和生物素标记的酶,生物素标记的第二抗体与 ABC 复合物相连接;最后进行显色反应定位。

【器材与试剂】

光学显微镜,倒置生物显微镜。5%BSA,特异性抗体(一抗),生物素标记的抗一抗抗体(二抗),ABC 复合物,酶底物溶液(DAB 显色液),过氧化氢-甲醇(配制:30% H_2O_2 1ml,加甲醇100ml),苏木素染色液,中性树胶等。

【操作步骤】(ABC 法)

1. 细胞按适宜密度接种于细胞培养瓶,按试验设计给予相应受试物处理。

2. 细胞染毒一定时间后,制作成细胞爬片或细胞涂片,用冷丙酮固定 10 分钟,PBS 洗涤 3 次,每次 5 分钟。

3. 用过氧化氢-甲醇室温浸泡细胞样本 30 分钟,以灭活细胞内源性酶,PBS 充分洗涤。

4. 滴加 5%BSA 封闭液,室温孵育 20 分钟。

5. 滴加第一抗体工作液,室温孵育 60 分钟(或 4℃孵育过夜),PBS 洗 2 次,每次 5 分钟。

6. 滴加生物素标记的第二抗体,37℃孵育 30 分钟,PBS 洗 2 次,每次 5 分钟。

7. 滴加 ABC 复合物(临用前现配。卵白素、生物素和过氧化物酶,按等量比例混合并稀释成 1∶100 使用或者购买商品化的 ABC 复合物),37℃孵育 30 分钟,PBS 洗 3 次,每次 5 分钟。

8. 滴加新鲜配制的 DAB 显色溶液,显微镜下观察 3~10 分钟,以结果清晰、背景无非特异性染色为适度,流水冲洗终止显色反应。

9. 必要时可用苏木素复染核,乙醇脱水,晾干,中性树胶封固。

五、免疫电子显微镜技术

【原理】

利用抗原抗体特异结合的原理,在组织细胞亚细胞水平原位显示抗原或抗体大分子的方法。根据标记方法的不同,可分为免疫酶标技术、免疫胶体金技术和免疫铁蛋白技术。现在应用比较广泛的是免疫胶体金技术。在一定条件下,纳米胶体金和蛋白质混合后,蛋白质吸附在胶体金表面,通过物理作用形成稳定的复合物,此过程很少引起蛋白质活性的变化。胶体金标记的抗体与细胞内抗原特异性结合使得胶体金聚集在靶抗原位置,通过电子显微镜可定位到靶抗原及其表达位置。

【器材与试剂】

透射电子显微镜,胶体金标记的特异性抗体(一抗)、戊二醛固定液。

【操作步骤】

1. 样本固定　将收集的细胞样本离心,倒掉培养液,PBS 洗涤一次,3000rpm 离心 10 分钟,加入固定液室温固定 0.5~1h,PBS 漂洗 2 次,每次 5 分钟。

2. 加入适量的 5%BSA 室温封闭细胞样本 30 分钟,3000rpm 离心 10 分钟,倒掉封闭液。

3. 免疫染色　将胶体金标记的抗体以合适浓度加入细胞中(胶体金抗体工作液颜色以浅红色为宜),4℃垂直混匀孵育过夜,PBS 充分洗涤。

4. 再固定:1%锇酸固定 20min。

5. 脱水:30%、50%、70%、80%、90%、95%的酒精各 1 次,每次 5min;100%丙酮 2 次,每次 10min。

6. 渗透:1/3 树脂+2/3 丙酮浸泡 1h,2/3 树脂+1/3 丙酮浸泡 1h,纯树脂 2 次,每次 1h,第三次过夜。

7. 包埋:一般选用环氧树脂包埋剂。

8. 聚合:在烤箱中 70℃聚合 24h。

9. 常规修块,超薄切片机切片,超薄切片厚 80nm,载于 200~300 网孔的镍网上。

10. 置 1%H_2O_2 内 10min 至 1h,双蒸水洗 3 次,每次 10min。

11. 5%醋酸铀(双蒸水配制)染 5min,然后用双蒸水洗。

12. 枸橼酸铅染色5min，双蒸水洗净。

13. 透射电镜观察。

【结果判读】

采用透射电镜观察细胞切片样本，一颗颗正圆形的黑色颗粒是胶体金标记的抗体结合到的抗原，可通过标尺测量黑色颗粒的大小以确定是否是特异性的实验结果。

六、杂交免疫细胞化学技术

【原理】

该技术是利用细胞原位杂交和免疫细胞化学技术相结合的一种检测方法。细胞原位杂交是利用碱基互补配对的原理，将标记的探针（常用的是地高辛和荧光素标记）与组织或细胞内靶核酸结合，通过荧光显微镜观察或显色后显微镜观察，来原位显示基因的表达情况。该方法与免疫细胞化学技术相结合可达到同时检测某基因和蛋白在组织或细胞内的表达位置和表达量情况。

【器材与试剂】

荧光显微镜，倒置生物显微镜，原位杂交仪。荧光素标记探针，预杂交液，荧光素标记抗体，5%BSA 封闭液，PBS 缓冲液，甲酰胺，2×SSC 缓冲液，50%甘油缓冲液等。

【操作步骤】

1. 细胞按适宜密度接种于细胞培养瓶，按试验设计给予相应受试物处理。

2. 细胞染毒一定时间后，用4%多聚甲醛室温固定30分钟，PBS洗涤2次，每次5分钟。

3. 滴加预杂交液于样本处，37℃孵育2h。

4. 滴加探针工作液于样本处，将细胞样本置于湿盒中，73℃共变性3分钟，然后37℃避光孵育过夜。

5. 43℃预热的50%甲酰胺/2×SSC洗涤液洗涤2次，每次5分钟，37℃预热的2×SSC洗涤5分钟，PBS洗涤5分钟。

6. 滴加5%BSA封闭液，室温封闭20分钟，不用洗涤。

7. 滴加一抗工作液，4℃避光孵育过夜，PBS充分洗涤。

8. 滴加DAPI染色液复染细胞核。

9. 50%甘油缓冲液封固，荧光显微镜观察。

七、免疫细胞化学实验的结果分析与评价

免疫细胞化学特异性着色物分布于特定的部位，如细胞质、细胞核或细胞膜，其数量、着色深浅，可作为定性、定位、定量的依据。

免疫细胞化学结果的判断标准有两种方法。一种是对以检测结果阳性细胞指数来定性(如核抗原的标记),判断方法是以一个视野中的阳性细胞数与总细胞的百分比(阳性细胞率,%),再取10个相同视野计算平均指数。另一种方法是以染色阳性强度和阳性检出率相结合而定,例如设定阳性细胞数在0~25%为阴性,26%~50%为+,51%~75%为++,75%以上为+++。

非特异性着色物的分布无规律性,常为均匀着色,在各种组织结构间无区别,甚至在间质及其结缔组织着色更重,在切片边缘,皱褶处及固定不良处也着色。

目前对染色结果判断的标准化的问题受到较多客观因素(如实验室环境条件、试剂质量、操作方法和规范程度等)的制约,同时有主观因素的存在,故还有待进一步探讨和实践,最好寻求经验丰富的技术员进行结果分析与评价。

八、实验操作中的注意事项

1. 免疫细胞化学实验条件的优化　抗体的浓度过高或过低都可能影响结果的准确性,应该选用一个适当的稀释度得到最大的抗原染色强度和最低的背景着色。市售的一抗多为即用型,已经提供了抗体使用的稀释度,但是不同种属或不同组织来源的细胞,特定抗原的含量差别可以很大,因此不能千篇一律,应进行不同稀释度效果的比较,以便筛选出最佳的工作滴度。实验过程中应该注意每一个步骤的标准操作。

2. 本应强阳性而出现弱阳性或阴性　首先要考虑到是否细胞涂片在处理中因为温度过高等因素致使抗原数量丢失,其次是否因为抗原的修复不充分,另外考虑是否因为一抗的效价或浓度过低,或孵育时间过短,或抗体已经过了有效期。最后还需考虑是否因为每步的清洗操作中,玻片上残留的冲洗液太多,而导致抗体的浓度下降或抗体流失所致。

3. 出现非特异性染色　细胞中非抗原抗体反应出现的着色称非特异性(背景)染色。一般从下列诸方面寻找原因并加以解决:(1) 一抗的特异性,是否与细胞内源性蛋白存在交叉反应;(2) 是否有效地除去内源性酶和生物素;(3) 非免疫血清封闭是否正确或充分;(4) 一抗和二抗的浓度是否合适,一般过高的抗体浓度极易出现非特异性显色;(5) 每步的缓冲液冲洗是否干净;(6) 样本片在染色过程中是否曾经干燥;(7) 显色液的配制及使用是否准确,尤其是显色液的浓度不能过大。

4. 设立对照实验　为了排除假阳性和假阴性的结果,免疫细胞化学染色必须设立对照组实验:对照组的选择多种多样。选择适当的阳性、阴性以及无抗体对照,有利于实验条件的优化,而其他对照细胞的选择(一般选择1~2种),则有利于明确抗体的特异性。

(1) 阳性对照:是用已知抗原阳性的细胞标本与待检标本同时进行免疫染色,结果应呈阳性;

(2) 阴性对照:是用已知抗原阴性的标本与待检标本同时进行免疫染色,结果应呈阴性;

（3）无一抗对照：操作过程中除了不加第一抗体而用缓冲液替代外，其余步骤均与待检标本同时进行，其结果应呈阴性；

（4）替代对照：用第一抗体来源相同的动物免疫前血清作对照，结果呈阴性。

5. 样本处理要及时且选用合适的固定液和固定时间 新鲜取材的组织样本，需要及时固定，一般选用4%多聚甲醛或10%中性福尔马林室温固定24h；收集的细胞样本或培养的细胞爬片样本一般固定15~30分钟。组织样本固定后需进行包埋、切片（分为石蜡切片和冰冻切片）；体外试验细胞，经受试物处理后，细胞经生理盐水或PBS等缓冲液洗涤、重悬后，采用推片法、涂抹法、压拉涂片法、吸管推片法、印片法等方法，在多聚左旋赖氨酸（poly-L-Lysin）或明胶硫酸铬钾处理好的载玻片上制作细胞涂片；或在体外试验中让细胞直接贴壁生长在预先放置于培养瓶（皿）中的盖玻片上，制成细胞爬片（或贴片）。

6. 免疫荧光细胞化学实验操作过程中要注意抗体的避光保存和孵育，在荧光显微镜观察时应注意根据抗体标记荧光素的不同选择正确的激发波长和发射波长进行观察及拍照。

第十节 激光共聚焦显微镜和荧光标记技术

一、激光扫描共聚焦显微镜

激光扫描共聚焦显微镜（laser scanning confocal microscope，LSCM）又称黏附式细胞仪（adherent cell analysis，ACAS），是目前应用最广泛和光学图像分辨率最高的分子细胞生物学分析仪器之一。激光共聚焦扫描显微镜是在荧光显微镜成像的基础上加装了激光扫描装置，利用计算机进行图像处理，使用紫外光或可见光区激光激发荧光探针，从而可清晰观察细胞或组织内部微细结构，观察细胞的形态变化或生理功能的改变。基于高分辨率、高灵敏度、动态分析、三维重建等优点，该仪器能对细胞进行定位、定性、定量及实时分析，并具备细胞分选及各种激光显微操作等多种功能。广泛应用于生物学、基础医学及临床医学等多个学科。

【基本原理】

传统的荧光显微镜工作光源为场光源，样品上每一点都同时被照射，所观察视野内的图像都会受到邻近点的衍射光或散射光的干扰，观察的是样品整个切面的图像信息，来自焦点以外的其他区域的荧光影响了图像的清晰度和结构的分辨率，且无法消除染料的背景荧光。电子显微镜虽然分辨率高（透射电镜分辨率可达0.1nm），但无法观察活体样品，且样品制备过程非常复杂，且完成实验需要时间较长。LSCM脱离了传统光学显微镜的场光源，而工作光源为激光束，激光束通过照明针孔，经由分光镜反射至物镜，最终聚焦在物品上，可对样品焦平面上每一点进行扫描。LSCM在荧光显微镜成像基础上，依据共轭聚焦原理，增加配置了激光扫描装置，使用紫外光或可见光激发荧光探针，利用计算机对所观察的对象进行数字图像处理观察、分析和输出，可以对样品进行断层扫描和成像，从而得到细胞或组织内部微细结构的荧光图像，在亚细胞水平上进行细胞形态及分子信号变化的分析和观察。

【操作步骤】

1. 样品准备　实验标本要求单层并能很好地贴附在样品池中。如果是正在培养的细胞，正常培养的情况下完全可以满足要求；病理标本的处理方法，可参考有关文献，若直接从动物取材或其他悬浮细胞，如血小板，则必须对样品进行处理。常用多聚赖氨酸、蛋清、琼脂明胶等作为黏贴剂。

2. 荧光探针的选择　实验标本要求经过荧光染色后，才能进行 LSCM 观察和分析。根据实验所用仪器所配备的激光器，应选择具有高灵敏度、高度特异性及低毒性的探针。多重荧光标记时，应考虑多色荧光的发射波段是否叠加，同时也应注意实验标本的自发荧光与所测荧光信号的区分。

3. LSCM 的使用　根据实验要求所使用的荧光探针，选择激光器的激发波长；根据荧光探针的发射波长，选择相应的滤光片。最后，根据实验目的，选择适当的软件进行分析。

4. LSCM 图像分析　使用激光共焦系统，可以获得生物样品高反差、高分辨率、高灵敏度的二维图像。可得到完整的活的或固定的细胞及组织样品的系列光学切片，从而得到各层面的信息，三维重建后可以揭示亚细胞结构的空间关系。此外，还能测定细胞光学切片的物理、生化特性的变化，如 DNA 含量、RNA 含量、分子扩散、胞内离子转运等，也可以对这些动态变化进行准确的定性、定量、定时及定位分析。

【LSCM 应用】

1. 定量荧光测量　运用 LSCM 可进行光子计数和活细胞荧光定量分析，利用这一功能既可对单个细胞或细胞群的各种细胞器结构蛋白、溶酶体、线粒体、DNA、RNA 和受体分子的含量、成分及分布进行定性及定量测定，还可测定诸如膜电位和配体结合等生化反应程度。

2. 动态荧光测定　通过动态荧光测定进而动态观察生物结构。LSCM 可在利用合适的荧光探针的情况下，对单个细胞内 Ca^{2+}、pH 及其他细胞内离子进行实时定量分析，能迅速对样品的点、线或二维图像扫描，测量单次、多次单色、双发射和三发射光比率，直接得到大分子的扩散速率。使用双荧光探针 Fluo3 和 SNARF 可以进行 Ca^{2+}和 pH 的同时测定。

3. 细胞间隙通讯连接的研究　LSCM 可采用荧光光漂白恢复技术检测细胞缝隙连接通讯。荧光光漂白恢复技术借助高强度脉冲式激光照射细胞的某一区域，从而造成该区域荧光分子的光淬灭，该区域周围的非淬灭荧光分子将以一定速率向受照区域扩散，可通过低强度激光扫描探测此扩散速率。通过这一技术，可直接测量分子扩散率、恢复速度，并由此而揭示细胞结构及相关的机制。因此可通过观察已发生荧光漂白细胞其荧光恢复过程的变化量来判断细胞缝隙连接的通讯功能。

4. 细胞膜流动性测定 细胞膜荧光探针受到偏振光线激发后,其发射光偏振度依赖于荧光分子的旋转,而这种有序的运动自由度依赖于荧光分子周围的膜流动性,因此根据极性的测量能间接反映细胞膜流动性,通过计算机软件可对细胞膜的流动性进行定量和定性分析。

5. 光活化技术 生物活性物质活性笼锁(封闭)——解笼锁(解封闭)测定即光活化技术。许多重要的生物活性物质或一些化合物(如第二信使、核苷酸、神经递质及某些荧光素等)处于笼锁(caged)状态时其功能被封闭;一旦被特异波长的瞬间光照射,因光活化而解笼锁,则其原有的活性和功能得以恢复。LSCM 具有光活化测定功能,可人为地控制特异波长的瞬间光照射的照射波长和时间,达到控制和研究多种生物活性物质和一些化合物发挥功能的时间和空间作用的目的。

6. 细胞的分选 基于不同细胞形态和荧光特性,通过高能量激光筛除异常细胞或实验目的所不需要的细胞,保留目的细胞,从而有效地解决了细胞培养时细胞分选的难题。

7. 细胞显微手术 LSCM 可将激光作为"手术刀(光子刀)",进行细胞激光显微手术,如细胞膜穿孔、细胞器切除、染色体切割等;也可做光陷阱操作(光钳技术),利用激光的力学效应,用高能光束的梯度力移动细胞的微小颗粒和结构。

8. 细胞内活性氧基 活性氧可与蛋白质、核酸及脂类等发生反应,可影响细胞的代谢,有些是对细胞生存有害的反应。针对实验目的,根据活性氧的不同可选择不同的荧光探针。其原理是不发荧光的探针进入细胞后能被存在的过氧化物、氢过氧化物等氧化分解而产生荧光。荧光强度与活性氧的浓度呈线性关系。

9. 组织光学切片 LSCM 成像利用照明点与探测点共轭的特点,可有效抑制同一焦平面上非测量点的杂散荧光及来自样品中非焦平面的荧光,从而获得普通光镜无法达到的分辨率,同时具有纵向分辨率,因而能看到较厚生物标本中的细节,即逐层得到高反差、高分辨率、高灵敏度的二维光学横断面图像(即光学切片)。光切片是 LSCM 最基本的成像单元,在水平方向对一定的样品层面进行扫描,获得一系列二维数据,从而进行定量共聚焦图像分析,因此 LSCM 被喻为"细胞 CT"。

10. 三维图像重建 LSCM 通过薄层光学切片功能,还可获得标本的真正意义上的三维数据,经计算机图像处理及三维重建软件,得到三维立体结构,从而能十分灵活、直观地进行形态学观察,揭示亚细胞结构的空间关系,获得完整细胞的系列光学切片各层面的多种信息,这方面应用主要用于阐明三维结构和组织功能之间的关系。

二、荧光标记技术

荧光标记技术是指将能发荧光的物质通过共价结合或物理吸附等方式标记于在所要研究分

子的某个基团上，利用它的荧光特性来提供被研究对象的信息。随着现代医学、分子生物学的发展，新型荧光标记试剂的发现，以及各种先进荧光检测技术及仪器（如流式细胞仪、激光扫描共聚焦显微镜等）的应用，荧光标记作为一种非放射性的标记技术得到了迅速的发展和广泛应用。

（一）荧光染料的种类

1. 荧光素类　荧光素类标记试剂包括标准荧光素及其衍生物。常见的荧光素类衍生物有异硫氰酸荧光素（fluorescein isothiocyanate，FITC）、羟基荧光素（carboxyfluorescein，FAM）、四氯荧光素（tetrachlorofluorescein，TET）等。其中 FITC 是应用最为广泛的一种荧光素衍生物，是在荧光素的基础上通过化学反应引入硫氰酸基团得到的；广泛用于杂交探针、Edman 降解蛋白质测序及抗体的标记。而 FAM 和 TET 等荧光素衍生物在标记技术中主要应用于 DNA 自动测序和核酸探针等。荧光素类衍生物普遍存在着光猝灭率高、对 PH 值敏感和发射波谱宽等缺点。

2. 罗丹明类（rhodamine dye）　罗丹明类也是一种标准荧光素的衍生物，主要包括 R101、四乙基罗丹明（RB200）和羧基四甲基罗丹明（carboxytetramethylrhodamine，TAMRA）。在标记反应中活性基团大多与被标记物的氨基结合实现标记。与荧光素类衍生物相比，罗丹明类荧光素具有更强的光稳定性、更高的荧光产量及更低的 pH 敏感性。

3. 其他荧光标记试剂　萘、蒽、芘、吲哚等多环芳烃，吖啶、香豆素、菲锭类等芳香杂环化合物，镧系稀土螯合物，藻红素、哌洛宁、色霉素 A3 等。其中吲哚、哌洛宁、色霉素 A3 主要用来标记核酸。

4. 新型荧光试剂　如纳米荧光探针（SiO_2荧光纳米微球囊），YOYO、SYTO、SYBR green I 等。

5. 绿色荧光蛋白（GFP）　GFP 荧光非常稳定，GFP 融合蛋白的比荧光素标记的荧光抗体灵敏度高，更适用于定量测定与分析。

（二）荧光标记技术分类

1. 荧光标记抗体技术

（1）标记抗体的荧光试剂要求为：①稳定地与抗体蛋白共价结合；②与抗体结合后不会改变抗体的特性；③有强的荧光效应；④容易与自发荧光及其他荧光相区别；⑤容易制备，稳定，有良好的水溶性。

（2）影响标记的因素：有温度、pH 及反应液中荧光试剂和免疫球蛋白的比例。

2. 荧光标记核酸技术

（1）常用的荧光标记试剂有：FITC、TAMTA、吲哚二羧菁（cy3、cy5）和 SYBR Green I。在流式细胞术中常用的荧光试剂有碘化丙啶 PI、光神霉素（mithramycin，MI）、色霉素 A3（chromomycin A3，CA）、橄榄霉素（olivomycin）、Hoechst 33342、Hoechst 33258、二脒基二苯基吲哚（4，6-diamidino-2-phenylindole，DAPI）、7-氨基-放线菌素（D，7-aminoactinomycin D，7-AAD）、丫啶橙（acridineorange，AO）、哌洛宁 Y（pyronin Y，PY）。

(2) 核酸标记方法包括直接标记和间接标记:直接标记是通过荧光素直接与探针核苷或磷酸戊糖骨架共价结合,杂交后,在实验过程中直接检测荧光信号。间接标记是指将生物素连接在探针上,利用亲和素对生物素有极高亲和力的原理,杂交后对偶联有荧光试剂的亲和素进行检测。间接标记法包括酶学标记法和化学标记法。

三、细胞内钙离子测定

钙离子(Ca^{2+})作为一个重要的细胞内第二信使参与许多细胞的生理生化活动,如递质释放、细胞分裂、细胞凋亡、肌肉收缩、细胞融合等。细胞内Ca^{2+}的测定有多种方法,用钙离子荧光探针标记细胞,然后用激光共聚焦显微镜测定Ca^{2+}动态变化是近年来应用较多的方法之一。将激光扫描共聚焦显微镜技术与荧光探针技术相结合,发挥各自的特点,对细胞内游离钙实时监测,已成为目前研究的热点。

【原理】

荧光探针如 Fluo-3 若以游离配体形式存在时几乎是非荧光性的,但当它与钙离子结合后荧光可增强 40 倍以上,用 480nm 波长的激光共聚焦显微镜观测时,其荧光强度的改变与胞内游离Ca^{2+}浓度成正比关系。由于 Fluo-3 是离子形式,不易进入细胞,Fluo-3/AM(acetoxymethyl)是 Fluo-3 的酯化形式,增强了疏水性,能够轻易穿过细胞膜,进入胞质后被酯酶分解成 Fluo-3,再与游离钙离子结合,产生荧光强度的变化。Fluo-3 是目前最常用的一种钙离子荧光探针,Fluo-3 也可用来检测紫外光照射下可裂解的螯合钙和其他形式的钙。

【器材与试剂】

激光共聚焦显微镜、Fluo-3/AM 溶液 100nmol/L(用无血清的培养基配制)、无钙的 D-Hank's 液、培养基、胰酶等。

【实验步骤】

1. Fluo-3/AM 的负载　处于对数生长期的单层细胞长至近单层,按常规胰酶消化收集细胞,然后滴加于检测盒上,于 37℃,5%CO_2培养箱孵育 24 小时,加入 Fluo-3/AM 溶液,于 37℃ 避光负载细胞 60 分钟。以无钙的 D-Hank's 液充分洗涤去除细胞外未负载的游离 Fluo-3/AM。

2. 细胞内Ca^{2+}的测定　Fluo-3/AM 负载的细胞在 100 倍物镜下选 8~10 个视野在共聚焦显微镜下动态扫描细胞内荧光物质的分布和荧光强度变化。每间隔 10 秒记录一次图像,并连续记录变化曲线。激发波长为 488nm,发射波长为 526nm。

【结果判断】

取 50 个细胞计算其荧光强度,取其均值,以平均荧光强度反映细胞Ca^{2+}的相对水平。另外通过动态观察,可以了解钙离子在时空顺序上的改变。

【注意事项】

1. 注意掌握染色时间,根据各种细胞的特性和活性确保每次染色成功。

2. 在 CO_2 培养箱中孵育时间及是否需要加去污剂等都需要根据实际情况进行摸索。

3. 荧光试剂负载后注意避光。

4. 激发光长时间的照射,会发生荧光的衰减和淬灭现象,因此尽可能缩短观察时间。

四、高内涵细胞成像分析技术

随着科学发展,高内涵细胞成像技术越来越广泛应用于细胞生物学及毒理学领域的研究中。高内涵细胞成像分析技术能够在保持细胞结构和功能完整的情况下,同时对多个细胞参数进行筛选,并可同时监测多种信号通路,能够定量及动态监测由外源化学物质引起的细胞形态学、生化指标和细胞功能的改变。技术最初应用于药物研发的全过程,近年来在干细胞生物学、肿瘤靶向治疗及神经生物学等领域应用越来越多。

【基本原理】

高内涵细胞成像分析技术基本原理是借助于荧光显微成像技术及自动化技术,通过对细胞内待测的指标信号进行采集并通过分析图像中的信息来获知细胞内物质活动。高内涵成像技术的核心是图像获取的全自动化和高速化。它主要借助于连续光源、多通道的激发和发射滤光片、显微镜模块和具有高速分辨率的图像传感器,高质量、高灵活度的获取细胞微观结构。

【实验步骤】

1. 成像样品准备 成像样品的准备主要包括筛选实验前准备阶段及操作阶段。主要需要准备和考虑的包括微孔板类型、成像细胞的类型、细胞密度的摸索、荧光标记类型的选择、成像系统名类型的选择等。

2. 成像模式选择 高内涵细胞成像技术包括共聚焦和宽场成像两种模式。需在实验之前根据实验需求选择正确的成像方式。共聚焦成像图像的对比度和分辨率提高了,但图像的亮度有所降低,需要获得更高的荧光强度,则需延长曝光时间、增强激发光的能量强度。宽场成像分辨率较低,但曝光时间所需也较短,所以更适合于活细胞成像的选择。

3. 视野数、物镜规格与成像时间 成像时观察到的视野数与物镜规格的选择直接相关,如需要观察到相同的细胞数,因需要成像的视野数不同,高倍镜的成像时间大于低倍镜。

4. 细胞成像数据分析 需要对高内涵图像进行分析,才能获取图像所反映的生物学信息。主要包括:高内涵图像的校正、分割,生物学参数的提取、分析及结果输出,高内涵成像数据质量的评价。

第十一节 单细胞检测技术

目前,细胞的基因信息和化学成分的常规分析方法一般以大量细胞为研究对象,用平均结果反映某一类细胞的情况。然而,由于生物组织中细胞间的不均匀性和异质性,大量细胞分析常常得出不准确甚至错误的结论。单个细胞水平的研究,可以获得反映细胞遗传背景及生理状态和过程的更准确、更全面的信息,还可以使人们能更好地了解细胞群体中某些特殊的细胞功能,更深入地认识细胞个体差异、细胞间相互作用和信息传递等更深层次的信息。单细胞检测技术的问世不但解决了细胞异质性难题,而且为研究解析单个细胞的行为、机制、与机体的关系等提供了新思路。目前单细胞检测的技术主要包括单细胞测序、单细胞纳米光电同步检测技术及单细胞化学分析。

一、单细胞测序技术

【基本原理】

流式细胞分选和激光捕获显微切割技术的出现让单细胞的捕获成为可能。获得单细胞后,开展的测序工作主要涉及单细胞基因组测序和转录组测序两方面。不仅能测量单个细胞中全基因组的表达水平,而且还能检测到微量的基因表达突变或罕见的非编码 RNA。单细胞全基因组测序原理是将分离的单个细胞的微量全基因组 DNA 进行扩增,获得高覆盖率的完整的基因组之后通过高通量测序的方法来揭示细胞个体间的差异和进化关系。单细胞转录组测序通过 RNA 逆转录和 cDNA 扩增等步骤挖掘不同细胞个体间或亚细胞成分之间的基因调节网络和基因表达谱差异,尤其适用于存在高度异质性的干细胞及胚胎发育早期的细胞群体。但是鉴于目前的技术手段,单细胞转录组测序存在覆盖率低的弊端,导致除 mRNA 以外的非编码 RNA 难以检测,并且不能有效的区分正义链与反义链。随着技术的发展这些局限性会被逐步优化和改进。全基因组扩增技术分为两种类型:一种是基于热循环以 PCR 为基础的扩增技术,如简并寡核苷酸引物 PCR,连接反应介导的 PCR,扩增前引物延伸反应等;另外一种是基于等温反应不以 PCR 为基础的扩增技术,如多重置换扩增和基于引物酶的全基因组扩增。

二、单细胞纳米光电检测技术

【基本原理】

该实验技术在分离单细胞的基础上,借助纳米光纤探针和荧光素探针,探测到细胞内的光学信号与电学信号。单细胞纳米光学检测是利用纳米探针刺入待测细胞后,探针尖端的修饰物与待测目标相结合，通过激发光来激发与目标标记物相结合的荧光物质，导致标记物发射荧光，然后利用光学系统收集这些荧光信号并进行分析处理。单细胞纳米电学检测则采用纳米探针靠近（或者刺入）待测细胞，通过工作电极检测待测目标物质的电流信号，并根据浓度-电流校准曲线，可以推算出细胞所释放出的物质的浓度。例如，以普鲁士蓝修饰后的纳米探针作为工作电极，配合参考电极和对电极及电化学工作站来检测细胞内过氧化氢（H_2O_2）分解释放、氧化还原状态和硫醇水平的电流信号，根据得到的电流响应的值，就可以推算出细胞所释放出的 H_2O_2的浓度。

三、单细胞化学分析

【基本原理】

单个细胞的化学组成的分析可用于评价外界刺激如药物和毒素对细胞化学组成的影响，获得其他方法所不能获得的宝贵信息，为药物设计有效地减小药物副作用提供重要依据。单细胞化学分析主要以毛细管电泳作分离手段，激光诱导荧光检测的方式来定量测定单个细胞中无机离子、氨基酸、蛋白质、酶等的含量，并探索每一种被测物在细胞间的差异性。细胞内绝大部分物质其天然态是没有荧光的，用加入某种试剂将非荧光物质转化为荧光物质的化学反应叫荧光衍生反应，加入的这种试剂叫荧光衍生试剂。目前用于单细胞检测的衍生试剂主要有荧光生成试剂和荧光标记试剂两大类。前者本身无荧光，与细胞内组分反应后生成了新的荧光物质。例如2,3-萘二甲醛在亲核试剂氰离子存在的条件下，与细胞内氨基酸反应生成带荧光的多芳环化合物。荧光标记试剂本身带有较强荧光团，如荧光素异硫氰酸酯含有荧光基团，通过与细胞内的氨基酸、蛋白质或多肽 N-端氨基发生偶合反应后生成有荧光的产物。如果衍生试剂和被分析物是特异性结合的，那么荧光标记不仅可以提高检测的灵敏度还可以提高检测的特异性。此外，由于数码相机的发展，最近在荧光显微镜中已配备高分辨数码相机，可获得更清晰的单细胞图像；荧光相关光谱与显微镜联用，能用于细胞内分子反应过程成像，可通过很小的体积定量测量细胞内局部浓度、分子扩散及分子间反应，常应用于实时动态监测单细胞中化学物质的变化与单细胞内分子反应过程。

（陈　雯　蒋义国　林忠宁）

第六章

血液毒理学研究方法

第一节　外源化学物对红细胞的毒作用检测

一、网织红细胞计数

【目的与原理】

网织红细胞是晚幼红细胞到成熟红细胞之间的过渡型，是尚未完全成熟的红细胞。由于胞浆中残留核糖体等嗜碱性物质，经煌焦油蓝染色后呈蓝色花冠状、网状或点状结构，其在显微镜下易于识别和计数。

【试剂与器材】

1. 1%煌焦油蓝-酒精溶液　准确称取煌焦油蓝 1.0g 溶解于 100ml 无水乙醇中，过滤后备用。

2. 载玻片，推片，滴管，显微镜。

【操作步骤】

1. 在清洁干燥玻片的一端加 1%煌焦油蓝-酒精溶液 2 滴，等待其挥发后在玻片上形成一层油膜。

2. 取血液 2~3 滴（末梢或静脉血均可）加到油膜上，立即用推片将血液与煌焦油蓝充分混匀，然后推成薄片后在显微镜油镜下计数 1000 个红细胞中的网织红细胞数，将结果换算成网织红细胞百分数。为方便计数，可在目镜内放入网格计数器。

3. 网织红细胞的绝对数计算　网织红细胞数/μl=（网织红细胞数%×红细胞数/μl）/100。

【结果分析与评价】

1. 正常参考值　相对值：成人为 0.5%~1.5%；儿童为 2.0%~6.0%。绝对值：1.75 万~8.25 万/μl，平均值 6.0 万/μl。

2. 网织红细胞数增多　表示骨髓红细胞增生旺盛，多见于溶血性贫血、恶性贫血、急性失血等；在对贫血治疗有效时，如铁剂治疗缺铁性贫血后，其网织红细胞数可在一段时间内明显增加。

3. 网织红细胞数减少　见于骨髓增生低下疾病，如再生障碍性贫血等。

【注意事项】

1. 取耳垂血、指端血或静脉血均可，但标本必须新鲜（不需抗凝），取血后立即进行活体染色。

2. 使用煌焦油蓝-酒精染液时，应待玻片上酒精挥发干后，才能加入血液，否则血液易于凝固。

二、红细胞渗透脆性试验

【目的与原理】

红细胞渗透脆性试验（osmotic fragility test）为简易半定量法，其检测红细胞对不同浓度低渗盐溶液的抵抗力。红细胞在低渗盐溶液中，当水渗透其内部达一定程度时，红细胞发生膨胀破裂。根据不同浓度的低渗盐溶液中，红细胞溶血的情况，通过计算红细胞表面积与容积的比值，反映其对低渗盐溶液的抵抗性。比值愈小，红细胞抵抗力愈小，渗透脆性增加；反之，红细胞抵抗力增大。

【试剂与器材】

1. 低渗氯化钠溶液　精确称取 120℃ 恒重的分析纯氯化钠 1.0g，加少量蒸馏水溶解，于 100ml 容量瓶中用蒸馏水定容，以配制 1%的氯化钠溶液。然后再通过梯度稀释成系列低浓度的溶液（通常 0.2%~0.8%）。

2. 10ml 干净试管，试管架，一次性消毒注射器。

【操作步骤】

1. 先配制系列低渗氯化钠溶液，每试管 10ml。

2. 取受试者全血 1ml 在每管加入全血 1 滴，摇匀。应同时用正常者全血作对照。

3. 在室温中静置 2h，从渗透压高的一侧向低的一侧注意观察并记录各管上清液出现红色（表示发生溶血）的时间。观察试管底部红细胞完全消失（表示完全溶血）的盐水浓度和发生时间。

【结果分析与评价】

1. 正常参考值　开始溶血 0.42%~0.46%氯化钠溶液；完全溶血 0.28%~0.32% NaCl 溶液。与对照结果相比，两者浓度差别应大于 0.04%（也有认为差值应大于 0.08%）才有临床意义。

2. 红细胞脆性增加　见于遗传性球形红细胞增多症、椭圆形红细胞增多症和部分自身免疫性溶血性贫血。

3. 红细胞脆性降低　见于珠蛋白生成障碍性贫血、缺铁性贫血、某些肝脏疾病等。

【注意事项】

1. NaCl 低渗溶液的配制必须准确，现配现用。

2. 应每次用正常全血作对照。

3. 器材应干燥，避免操作过程造成的溶血。

4. 如因严重贫血等原因不易观察结果时，可将标本先离心沉淀并用生理盐水（等渗）洗涤红细胞，再用配成 50%的等渗悬液进行试验。

三、高铁血红蛋白测定

【目的与原理】

高铁血红蛋白（methemoglobin，Met Hb）在波长 630nm 处有一特殊吸收峰，当加入氰化物后，高铁血红蛋白即转化为氰化高铁血红蛋白，此吸收峰亦随即消失。因此，利用加入氰化物前后在波长 630nm 处吸光度的变化，即可计算出高铁血红蛋白含量。

【试剂与器材】

1. 1/15mol/L 磷酸二氢钾溶液　准确称取磷酸二氢钾（KH_2PO_4）9.07g，溶于蒸馏水，稀释至 1000ml。

2. 1/15mol/L 磷酸氢二钠溶液　准确称取磷酸氢二钠（$Na_2HPO_4 \cdot 12H_2O$）23.877g，溶于蒸馏水，稀释至 1000ml。

3. pH6.6 磷酸缓冲液　量取 1/15mol/L 磷酸二氢钾溶液 6.25ml，1/15mol/L 磷酸氢二钠溶液 3.75ml，蒸馏水 30ml，充分混合，临用前配制。

4. 10%氰化钠溶液（剧毒！取用时切勿口吸）。

5. 5%高铁氰化钾溶液，此液贮于棕色瓶内，每月配制 1 次。

6. 12%冰醋酸溶液　取 1.2ml 冰醋酸，用蒸馏水稀释至 10ml。

7. 氰化钠中和溶液　取等量的 10%氰化钠溶液和 12%冰醋酸溶液在临用前混合（在通风橱内操作！）。

8. 试管、吸管、40μl 毛细吸管、分光光度计。

【操作步骤】

1. 在甲、乙两试管中各加 pH6.6 磷酸盐缓冲液 4.0ml 和血样 40μl，混匀待红细胞充分溶解；在乙管中加 5%高铁氰化钾溶液 40μl，混匀，室温放置 5min 后在 630nm 处分别读取光密度为 D_1 和 D_3。

2. 在两试管中各加入氰化钠中和溶液 0.1ml，混匀，放置 2min，再在 630nm 处分别读取光密度为 D_2 和 D_4。

3. 计算　高铁血红蛋白百分率（%）=（D_1-D_2）/（D_3-D_4）×100

【结果分析与评价】

1. 正常红细胞中高铁血红蛋白一般不超过 1%～2%。

2. 一些氧化剂如磺胺和苯的硝基或氨基化合物、亚硝酸盐等均可使血红蛋白氧化成高铁血红蛋白。当红细胞中高铁血红蛋白超过 10%时，常出现缺氧表现如紫绀等。

【注意事项】

1. 血样采集后应立即分析，如不能立即分析，用缓冲液稀释血样后置 2～4℃条件下可保存 24h。

2. 在测大批样品时，应先测全部甲管的 D_1，再测全部乙管的 D_3，然后测甲、乙管的 D_2和 D_4，以避免污染。

四、变性珠蛋白小体测定

【目的与原理】

变性珠蛋白小体即赫恩氏（Heinz）小体是某些化学物进入机体后，引起红细胞中珠蛋白变性，在红细胞边缘出现圆形或椭圆形，大小不等的嗜酸性折光小体。用煌焦油蓝与新鲜血液一起孵育作活体染色，变性珠蛋白小体可被染成蓝紫色，即可在油镜下计数含有变性珠蛋白小体的红细胞。

【试剂与器材】

1. 1%煌焦油蓝染液　煌焦油蓝 1.0g，柠檬酸钠 0.4g，氯化钠 0.85g，加入适量双蒸水碾碎溶解后，定容到 100ml，移入棕色瓶中保存，临用时先过滤。

2. 载玻片和盖玻片，采血针，试管，毛细吸管，显微镜。

【操作步骤】

取 0.3～0.5ml 的 1%煌焦油蓝染液置于小试管内，加新鲜末梢血 2 滴，混匀，加塞后置 37℃水浴孵育 2～3h，然后取出制成薄的血片。干燥后，在油镜下至少观察 500 个红细胞，计数其中含有变性蛋白小体的红细胞数。

【结果分析与评价】

1. 正常红细胞中不含变性珠蛋白小体。当血红蛋白被氧化时，珠蛋白分子中半胱氨酸侧链氧化变性形成变性珠蛋白小体。

2. 苯的氨基和硝基化合物中毒时，红细胞中可出现变性珠蛋白小体。

3. 葡萄糖-6 磷酸脱氢酶（G-6-PD）缺乏者和有不稳定血红蛋白病患者，若应用磺胺嘧啶、非那西汀等药物后发生溶血性贫血时，红细胞内常可见变性珠蛋白小体。

【注意事项】

1. 1%煌焦油蓝染液如含有颗粒，易造成假阳性。

2. 制片风干后应及时计数,存放过久变性珠蛋白小体可消失。

3. 制片染色成功的标志是血膜中的网织红细胞清晰辨认,变性珠蛋白小体呈蓝紫色。

五、碳氧血红蛋白测定

【目的与原理】

碳氧血红蛋白(carboxhemoglobin,HbCO)检测是诊断一氧化碳急性中毒的重要依据。受检血液中,可含有氧合血红蛋白、变性血红蛋白和碳氧血红蛋白,加入还原剂低亚硫酸钠($Na_2S_2O_4$,俗称保险粉)后,氧合血红蛋白和变性血红蛋白立即转变为还原血红蛋白,而碳氧血红蛋白仍留于血液中。碳氧血红蛋白吸收峰在538nm,而还原血红蛋白吸收峰在578nm,从而测定两波长的吸光度即可求得血中碳氧血红蛋白含量。

【试剂与器材】

低亚硫酸钠、0.4mol/L氢氧化铵、分光光度计。

【操作步骤】

1. 用一大试管取待检者新鲜血标本0.1ml,加入0.4mol/L氢氧化铵20ml,混合后加入低氧硫酸钠20mg,混合。

2. 于10min内测定538nm和578nm吸光度。

3. 计算 按下式计算碳氧血红蛋白含量百分率。

$$\text{HbCO}(\%)=\left(2.44\times\frac{538\text{nm 吸光度}}{578\text{nm 吸光度}}-2.68\right)\times100$$

【结果分析与评价】

1. 参考正常值 健康者0.2%~0.5%,城市居民可达0.5%~1.5%。

2. 一氧化碳中毒有体征表现的碳氧血红蛋白多高达20%以上,当碳氧血红蛋白达50%以上则可致死。

3. 本实验方法结果较稳定,为一氧化碳中毒的诊断和中毒程度判断提供依据。

【注意事项】

1. 血液标本要新鲜。

2. 试剂应新鲜有效,保证低亚硫酸钠的还原性。

3. 应同时作正常对照。

六、铁动力学试验

【目的与原理】

骨髓红细胞按照其摄入铁的情况可分为三类:①对红细胞生成因子产生反应的红系定

向干细胞(ERC),它来自多能干细胞,有分化能力,但不摄入铁(不合成血红蛋白);②早幼红细胞和中幼红细胞,具有分化能力并摄入铁;③网织红细胞能摄入铁,但没有分化能力。各阶段的时间大致是24h,根据化学物质影响^{59}Fe摄入的时间即可判断毒作用的红细胞类型。

【试剂与器材】

1. 枸橼酸铁59、细胞培养液、小鼠数只。

2. 小剪刀、镊子、10ml离心管、滴管、载玻片、离心机、水浴箱、生物显微镜、5ml注射器。

【操作步骤】

1. 试验动物及处理

(1) 动物选择:一般常用的试验动物为大、小鼠,以小鼠使用最为广泛,要求体重18~20g,7~12周龄。每组小鼠10只,雌雄各半。

(2) 染毒途径:原则上采用与人体接触化学毒物相同的途径。根据研究目的或受试化学毒物性质的不同,可分别选用经口、经皮、经呼吸道及注射等染毒途径。

(3) 染毒时间:按设计要求在96h、72h、48h和24h前分别对不同组(每组3只左右)小鼠染毒一定时间。

2. 经过相应时间后在同一天给每只染毒小鼠注入枸橼酸铁59。

3. 24小时后从实验鼠眼眶取血,用依地酸二钠钙溶液洗涤红细胞,离心去掉血浆中的未渗入的^{59}Fe,共洗涤2次,弃去上清液,保留红细胞。

4. 用计数仪测定血样中^{59}Fe的放射活性。

5. 根据^{59}Fe掺入时间的变化来分析毒物作用红细胞类型。

【结果分析与评价】

不同外源化学物对^{59}Fe摄入的时间影响不同,将处理组^{59}Fe摄入的时间与对照组比较,即可以判断化学毒物毒作用的红细胞类型。

第二节 外源化学物对白细胞的毒作用检测

白细胞墨汁吞噬试验

【目的与原理】

血液中的中性粒细胞及单核细胞对细菌、异物等具有吞噬作用。在一定量的肝素抗凝血中,加入一定量的墨汁,经37℃温育4h,涂片染色后,在显微镜下观察吞噬细胞对墨汁的吞噬情况,并计算吞噬率及吞噬指数。

【试剂与器材】

1. 肝素抗凝剂:配成 6U/ml 水溶液。

2. 墨汁制备:普通砚台上加生理盐水 5ml,以优质中国块墨或印度墨,以 100r/min 研磨 3min。所得墨汁经普通滤纸过滤 3 次备用。

3. 恒温孵箱、显微镜。

【操作步骤】

1. 取小试管 1 支,加肝素 20μl,加耳垂血或指血 100μl 于试管中混匀。

2. 加入过滤墨汁 10μl,混匀,加塞。

3. 置 37℃孵育 4h 后取出,推成血片,待干后,用瑞氏染色镜检。

4. 计数幼稚细胞或中性成熟粒细胞 100 个;计数单核细胞 20 个。计算吞噬率及吞噬指数。

5. 结果判断:根据细胞吞噬墨粒多少及大小,可定为下列程度:(阴性)细胞内未吞噬墨粒;(+)细胞内含有小墨粒 1~5 个;(++)细胞内含有大小不同墨粒 10 个左右;(+++)细胞内含有大墨粒 10 个左右,小墨粒较多;(++++)细胞内含有多数大颗墨粒,并有块状、球状,小墨粒很多,但细胞核清楚。

【结果分析与评价】

1. 参考正常值 成熟中性粒细胞吞噬率 74%±15%,吞噬指数 126±60;成熟单核细胞吞噬率 95%±5%,吞噬指数 313±86。

2. 粒细胞的吞噬功能仅限于成熟阶段,单核细胞幼稚型和成熟型都具有吞噬能力。

【注意事项】

1. 肝素剂量对白细胞的吞噬功能有影响,肝素用量过大,细胞形态异常,吞噬率和吞噬指数降低.

2. 肝素用量过小,影响抗凝效果,则肝素用量以每 100μl 血用 0.3 单位为适宜。

第三节 外源化学物对血小板及凝血功能的毒作用检测

检测外源因素对机体凝血功能的影响一般用一组凝血因子筛选试验,包括活化部分凝血活酶时间(APTT)、凝血酶原时间(PT)、凝血酶时间(TT)和纤维蛋白原定量(FIB)。通过这一组试验的检测将可对外源因素对血浆凝血因子系列一、二和三期凝血过程的影响有一个全面了解,做出外源因素对机体凝血功能影响的判断,并可根据一组筛选试验异常结果的不同组合,为进一步选择检测项目。这一组检测的结果判断如表 6-1。

表 6-1 凝血因子缺乏的一般检查

检查项目	临床意义及检查结果			
	内源凝血活酶形成障碍	外源凝血途径异常	凝血酶形成障碍	纤维蛋白形成障碍或异常抗凝物增多
APTT	延长	正常	延长	延长
PT	正常	延长	延长	延长
TT	正常	正常	正常	延长

一、血小板黏附试验

【目的与原理】

血小板黏附试验(platelet adhension test,PAdT)是当血液通过一定量玻珠柱后,由于血小板黏附在玻璃珠上,形成的血小板聚集体被滞留在玻珠柱内,通过玻珠柱后的血液中血小板数减低,则比较通过玻珠柱前、后血液中血小板之差,即可计算出血小板黏附程度。

【试剂与器材】

1. 血小板稀释液。

2. 血小板黏附管(玻珠柱) 内径 3mm,长 9.4cm 的塑料管,内装直径为 0.3~0.5mm 玻璃珠 1.5g,塑料管两端封以孔径 0.05mm 的尼龙布。含有玻璃珠段的塑料管上有 3 条标线,将此段分做四等分。两端塑料接头,一端连接注射器,另一端连接注射针头,每支玻珠柱只能使用 1 次。

3. 其他 5ml 注射器及 7 号注射针头、刻度吸管、试管、血细胞计数板、计时秒表、显微镜。

【操作步骤】

1. 将玻珠柱两端分别与注射针头和注射器连接。

2. 将止血带缚于被检者上臂,行肘静脉穿刺。

3. 当血液接触玻璃珠时立即开动秒表,掌握好血液通过玻珠柱的速度,使血液在通过四等分的玻珠柱时,每段的时间为 5s,共计 20s。

4. 然后以同样的速度再抽血 6~7s,使血液进入与注射器连接端的塑料接头中。

5. 分别采集玻珠柱前、后端塑料接头内的血液,做血小板计数(均做 2 次,取平均值计算)。

6. 计算 血小板黏附率(%)=(柱前血小板数-柱后血小板数)/柱前血小板数×100。

【结果分析与评价】

1. 正常参考值为 62.5±5.6%(45.34%~79.78%)。

2. 血小板黏附率增高见于高凝状态和血栓性疾病。

3. 血小板黏附率减低见于血管性血友病、巨大血小板综合征、血小板无力症以及肝硬化、尿毒症、骨髓增生异常综合征、服用血小板抑制药物。

【注意事项】

1. 器材要标准化，使用的试管应硅化。

2. 严格控制血液通过玻珠柱的速度，流速太快，黏附率降低，流速太慢，黏附率增高。

3. 采血静脉不宜太粗，不然血流速度难以控制，影响试验结果。

4. 玻珠柱一次用后即弃去，用前应放置在干燥器中储存，受潮后黏附率下降。

二、活化部分凝血活酶时间测定

【目的与原理】

活化部分凝血活酶时间（APTT）用白陶土（激活剂）激活凝血因子Ⅺ、Ⅻ，用脑磷脂（部分凝血活酶）代替血小板第3因子，测定缺乏血小板血浆加入 Ca^{2+} 离子后凝固所需的时间即为 APTT。

【试剂与器材】

10^{9}mmol/L 枸橼酸钠溶液、APTT 试剂（含白陶土或鞣酸及脑磷脂）、25mmol/L 氯化钙溶液、健康人混合冻干血浆、血凝仪法、水浴箱、灭菌注射器、硅化玻璃试管或塑料管、离心机、秒表。

【操作步骤】

1. 静脉采血 1.8ml，加入含有 10^{9}mmol/L 枸橼酸钠溶液 0.2ml 的试管中，充分混匀，3000r/min 离心 10min，分离血浆。

2. 试管中加入预温的健康人冻干血浆和 APTT 试剂各 0.1ml，混匀，37℃水浴中预温 3min 并轻轻振摇。

3. 于上述试管中加入预温的 25mmol/L 氯化钙溶液 0.1ml，混匀，并立即计时，置水浴中不断振摇。20s 后，不时地缓慢倾斜试管，观察试管内液体的流动状态，当液体停止时停止计时，记录时间。

4. 用同样方法测定待检血浆的 APTT 值。

【结果分析与评价】

1. 正常参考值为（37±3.3）秒。待检标本 APTT 时间比健康人混合血浆延长 10s 以上有意义。

2. 该试验是内源性凝血系统灵敏和常用的筛检试验。

3. APTT 延长　①内源性凝血途径有关因子缺陷，如血友病；②病理或生理性抗凝物增多，如Ⅷ抗体、纤维蛋白降解产物、狼疮抗凝物、类肝素类物质增多；③严重的纤维蛋白原、凝血酶原、凝血因子Ⅴ、Ⅹ缺乏等。

4. APTT 缩短　见于弥散性血管内凝血、血栓前状态及血栓性疾病。

5. 肝素治疗监测　APTT 对血浆肝素的浓度较敏感，是目前广泛应用的实验室监测指标，一般在肝素治疗期间，APTT 维持在正常对照的 1.5~3.0 倍为宜。

【注意事项】

1. 采血要顺利，血液与抗凝剂充分混匀，避免产生微小凝块。

2. 采血后应尽快检测，最迟不应超过 2h，否则凝固时间有缩短的倾向。

3. 血液离心速度要达到 3000r/min，时间为 10min，尽可能除去血小板，离心后血小板计数应 $<20\times10^9$/L。

4. 血浆加 APTT 试剂后预温时间不应少于 3min。

5. 待检标本检测前应先测定健康人混合血浆，如果其 APTT 在允许范围内方能测检标本，否则，应重新配制 APTT 试剂。

三、血浆凝血酶原时间测定

【目的与原理】

在受检血浆中加入足量的凝血活酶和钙离子，测定血浆凝固所需的时间，即为血浆凝血酶原时间(PT)。本试验是外源性凝血系统常用的筛检试验。

【试剂与器材】

25mmol/L 氯化钙凝血活酶试剂、正常人冻干混合血浆、10^9mmol/L 枸橼酸钠溶液、水浴箱，灭菌注射器，硅化试管或塑料试管，离心机，秒表。

【操作步骤】

1. 硅化试管或塑料管中加入 10^9mmol/L 枸橼酸钠溶液 0.2ml，静脉采血 1.8ml 加入上管中，充分混匀，3000rpm 离心 10min，分离血浆。

2. 将氯化钙凝血活酶溶液、健康人混合冻干血浆和待测血浆，置 37℃ 水浴中预温 5min。

3. 取试管 1 支，加入健康人混合冻干血浆 0.1ml，37℃ 水浴预温 30s，再加入预温的 25mmol/L 氯化钙凝血活酶溶液 0.2ml，混匀，开动秒表计时。

4. 不断地倾斜试管至液体流动缓慢趋于停止时，终止计时，记录所需时间。重复测定 2~3 次，取其平均值。

5. 同样方法测定待测血浆的凝血酶原时间(重复测定 2~3 次，取平均值)。

【结果分析与评价】

1. 正常参考值　目前 PT 报告方式有：①以直接测定的时间(PT)报告，PT 为 11~13s(超过正常对照 3s 有意义)；②以 PT 比值(PTR)报告，PTR = 待测血浆 PT/健康人混合冻干血浆 PT，PRT 为 0.85~1.5；③以国际标准化比值(INR)报告，$INR = PTR^{ISI}$，(ISI 为氯化钙凝血活酶试剂国际敏感指数)，INR 为 0.8~1.5。

2. PT 延长　超过正常 3s 或 PTR 超过正常范围即为 PT 延长，见于先天性或获得性凝血因子缺乏，如肝脏弥散性血管内凝血、维生素 K 缺乏、原发性纤溶亢进、血液循环中抗凝物质增多等。

3. PT 缩短　见于先天性因子 V 增多;弥散性血管内凝血早期(高凝状态);口服避孕药。

【注意事项】

1. 应使用对凝血因子无激活作用的塑料制品或硅化的玻璃器皿采血。

2. 采血要顺利,抗凝要充分,采血后应仔细检查标本有无溶血、黄疸和凝血块任何微小的凝块都会影响测定结果,必须重新采血。

3. 采血后宜在 1h 内完成测定,4℃冰箱内保存不应超过 4h。

4. 水浴温度要控制在(37.5±0.5)℃,温度过高或过低都可影响测定结果。

5. 红细胞比容(HCT)小于 0.2 或大 0.5h,抗凝剂的用量应做适当的调整。抗凝剂(ml)=(100-HCT)×血液(ml)×0.00185。

6. 由于每次使用的氯化钙凝血活酶活性不尽相同,测定的条件也有变动,故每次测定均需有正常对照。氯化钙凝血活酶必须注明国际敏感指数(ISI)。

四、血浆凝血酶时间测定

【目的与原理】

受检血浆中加入“标准化”的凝血酶溶液后,测定血浆凝固所需要的时间为凝血酶时间(TT)。

【试剂与器材】

0.13mol/L 枸橼酸钠溶液、凝血酶溶液:将冻干凝血酶先用蒸馏水适量复溶,再用生理盐水调至使正常血浆在 16~18s 左右凝固、正常对照血浆、水浴箱,秒表,试管。

【操作步骤】

1. 取正常对照血浆 0.1ml 于试管中,置 37℃水浴中,再加 0.1ml“标准化”凝血酶溶液,记录血浆凝固时间。

2. 以同样方式,测定受检血浆凝固时间,连续测定 2~3 次,到取平均值与对照管比较。

【结果分析与评价】

1. 正常参考值:16~18s,超过对照 3s 以上为异常。

2. 凝血酶时间延长:常见先天性低(无)纤维蛋白原血症、原发性纤溶及肝脏病变,也可见于肝素增多或类肝素抗凝物质增多。

3. 凝血酶时间缩短:常见于某些异常蛋白血症或巨球蛋白血症。

【注意事项】

1. 已稀释配制好的凝血酶溶液室温下不能久置,在 4℃环境中可保存 3d。

2. 血浆室温下放置时间不要超过 3h。

3. 不宜用 EDTA 和肝素抗凝剂,否则影响结果。

4. 凝血酶时间的终点判断是以出现混浊的初期凝固为准,每次终点判断应统一。

第四节 外源化学物对骨髓的毒作用检测

一、骨髓细胞学检查

【目的与原理】

骨髓是人体最大的造血器官，其细胞形态学主要研究血细胞质与量的变化，从而诊断与造血系统有关的疾病。骨髓细胞检查可为贫血、出血、白血病、不明原因的肝、脾淋巴结肿大及药物和外源化学物对骨髓造血功能的影响提供诊断和鉴别诊断。

【试剂与器材】

1. 染液配制 取瑞氏染料 1.0g，吉姆萨染料 0.3g，甲醇 500ml。将全部染料放入研钵中，加少量甲醇，慢慢研磨片刻，吸出上层染液，再加入少量甲醇，继续研磨后吸出上液。如此反复几次，使染料全部溶解于 500ml 甲醇中。存放 1 周后即可使用。

2. 磷酸盐缓冲液（pH6.4～6.8）：取磷酸二氢钾（KH_2PO_4）6.64g，磷酸氢二钠（Na_2HPO_4）2.56g，加少量蒸馏水溶解，用磷酸盐溶液调整 pH，加水至 1000ml。

3. 甲醇、甘油、小牛血清、生理盐水。

4. 手术刀、手术剪、无齿镊、小型弯止血钳、干净纱布、带橡皮头吸管、台式离心机、刻度离心管、晾片架、电吹风机、玻璃蜡笔、玻璃染色缸、2ml 注射器及针头、载玻片及推片、定时钟、带油镜头显微镜、细胞计数器。

【操作步骤】

1. 取 0.2ml 骨髓液 目前骨髓穿刺部位有胸骨、腰椎棘突、髂骨等处，以髂骨前上棘、后上棘穿刺术最常见。2 岁以下小儿主张胫骨穿刺。

2. 骨髓涂片制备 用推片蘸取含骨髓渣的骨髓液少许，尽量将骨髓渣蘸上，放于载玻片右端，将骨髓液迅速沿玻片与推片接触面扩散成一均匀的骨髓液粗线。然后将玻片与推片成 30°～45°角，自右向左用力均匀地向前滑动推之，直至玻片尾部。立即将涂好的骨髓片在空气中来回摇动，使之快干，以免细胞皱缩而形态变异。

3. 涂片染色 标本平放，最好置于架起的双玻棒上；甲醇固定 3min；加染液 3～5 滴覆盖整个涂片，静置 1min；加染液 1～1.5 倍的磷酸盐缓冲液，使两液混匀，染色约 10～15min；冲洗涂片上的染液，冲洗后竖置于片架上自然干燥或用洁净吸水纸将水吸干。

4. 骨髓涂片的低倍镜观察

（1）观察骨髓取材、涂片、染色情况。

（2）判断骨髓增生程度：根据成熟红细胞与有核细胞之比，可粗略地将骨髓增生程度分为五级（表 6-2）。

表 6-2 骨髓增生程度分级

增生程度	成熟红细胞：有核细胞	常见原因
增生极度活跃	1~2：1	各类型白血病
增生明显活跃	5~10：1	各类型白血病、增生性贫血
增生活跃	30：1	正常骨髓或某些贫血
增生降低	100：1	再生障碍性贫血
增生极度降低	200：1	再生障碍性贫血

(3) 巨核细胞计数：计数 $1.5cm^3×3cm^3$涂片巨核细胞。

5. 骨髓涂片的油镜观察

(1) 有核细胞分类：在涂片体尾交界或分布均匀处，用油镜分类计数 200~500 个有核细胞，并注意其形态变化。

(2) 计算粒红比值及各种细胞的相对含量。

【结果分析与评价】

1. 巨核细胞正常参考值为 7~35 个，其中原始型：0~0.02，幼稚型：0~0.10，颗粒型：0.10~0.30，产板型：0.50~0.80，裸核：0~0.30。

2. 巨核细胞增多 常见于原发性血小板减少性紫癜，急性以幼稚型巨核细胞增多为主；慢性以成熟无血小板形成型居多，并伴有形态学改变。巨核细胞白血病以原始型和幼稚型增多为主。慢性粒细胞白血病早期以幼稚和成熟产板型增多为主。急性失血溶血以成熟产板型居多。

3. 巨核细胞减少 常见于急、慢性再生障碍性贫血，各种急性白血病等。

4. 粒红比值(M：E)正常为：2~5：1。

5. 粒红比值增加：常见于粒细胞白血病、粒细胞类白血病反应、纯红细胞再生障碍等。

6. 粒红比值降低：常见于急、慢性失血、溶血性贫血、巨幼红细胞性贫血、红血病、粒细胞减少症等。

【注意事项】

1. 新配染料染色效果较差，放置时间愈长，染色效果愈好，但须盖严瓶以免甲醇挥发或氧化成甲酸。

2. 骨髓液较浓时，推片角度小些，推片速度慢，自右向左用力均匀地向前滑动推之，直至玻片尾部。

3. 立即将涂好的骨髓片在空气中来回摇动，使之快干，以免细胞皱缩而形态变异。

二、外源性脾结节测定

【目的与原理】

脾结节是造血干细胞增殖和分化的结果，每个脾结节包含一个造血干细胞及其增殖和分化的大量幼稚骨髓细胞和成熟红细胞。同时，受体小鼠脾脏上生成的脾结节与移植的骨髓或脾脏细胞数之间成正比关系。脾结节测定方法为研究多向造血干细胞以及化学毒物或电离辐射等对造血干细胞损伤效应的定量研究方法。

【试剂与器材】

苦味酸、甲醛、细胞培养液、小剪刀、镊子、10ml离心管、滴管、注射器、载玻片、离心机、水浴箱、生物显微镜、5ml注射器、X射线照射仪、小鼠数只。

【操作步骤】

1. 受体小鼠准备　一般采用8～8.5Gy X射线照射1次，每组小鼠10～12只。

2. 供体小鼠准备　一般每组3只，用颈椎脱臼法处死后，将小鼠股骨剥离，用细胞培养液冲出其全部骨髓细胞，混匀，进行细胞计数。

3. 尾静脉注射　每只受体小鼠注入0.2ml一定浓度的细胞悬液，使每只受体小鼠的脾脏在注射后第9天生成10个左右结节，以便计数分析。

4. 固定和计数　注射骨髓细胞后的小鼠在正常条件下饲养到第9天处死，取脾脏，用苦味酸-甲醛固定。1天后于解剖显微镜下计数脾脏上生成的脾结节数。

【结果分析与评价】

1. 正常小鼠供体的每根股骨中大约含有$(15\sim20)\times10^6$个骨髓有核细胞，每3×10^4个骨髓有核细胞可以在受体小鼠脾脏上生成8～10个脾结节，所以每根股骨的骨髓有核细胞可生成3000～5000个脾结节。

2. 脾结节数不同反映了多向造血干细胞情况和化学毒物或电离辐射等对造血干细胞损伤效应情况。

三、体内扩散盒琼脂培养技术

【目的与原理】

造血细胞在适当刺激因了作用下，可以在琼脂培养条件下逐步生成由粒细胞或单核-巨噬细胞组成的细胞团(即脾结节)。实际上脾结节存在于正常动物体内。体内扩散盒琼脂培养法是将体外琼脂培养技术与体内扩散培养法结合起来的一种方法，该法的优点是：造血细胞在比较接近于体内的条件下生成，生成的细胞团可在显微镜下直接计数，避免在体外琼脂培养中必须加入刺激因子。

【试剂与器材】

费氏培养液、手术刀、手术剪、无齿镊、小型弯止血钳、干净纱布、小鼠数只。

【操作步骤】

1. 以20ml费氏培养液从3只小鼠的股骨中冲出骨髓细胞，混匀，计数有核细胞的浓度。

2. 将10ml费氏培养液、4.5ml马血清、1ml骨髓细胞悬液，混合37℃预热，加入到1ml熔融的5%琼脂培养液中。

3. 每个扩散盒中注入0.15~0.2ml上述含琼脂的培养物，用石蜡封口，将扩散盒埋入受过7.50Gy X射线照射的受体小鼠腹腔中。

4. 经5~6d后取出扩散盒，揭去扩散盒一面的微孔薄膜，在低倍镜下计数扩散盒生成的细胞集团数，细胞团生成的量与种入扩散盒中骨髓有核细胞数之间呈线性关系。

【结果分析与评价】

1. 每10^5个有核细胞约可以生成100~200个细胞团。

2. 在毒理学研究中可以将各种染毒的动物的骨髓细胞按上法进行培养，根据扩散盒生成的细胞团可以判断外源化学物对细胞团的影响。

四、骨髓微循环观察

【目的与原理】

骨髓微循环是骨髓完成造血功能、输送血细胞不可缺少的条件。观察骨髓微循环可判断骨髓造血功能及其在外源化学物影响下的变化情况。骨髓微循环活体观察方法较常用的是刮薄骨皮质。

【试剂与器材】

1. 1/15mol/L磷酸二氢钾溶液：称取磷酸二氢钾(KH_2PO_4)9.06g溶于1000ml水中。

2. 1/15mol/L磷酸氢二钠溶液：称取(Na_2HPO_4)9.45g溶于1000ml水中；

3. 磷酸盐缓冲液(pH6.8)：取1/15mol/L磷酸二氢钾溶液50.40ml和1/15mol/L磷酸氢二钠溶液49.60ml，两者混合均匀即成。

4. 手术刀、手术剪、无齿镊、小型弯止血钳、干净纱布。

5. 小鼠或兔数只。

【操作步骤】

1. 实验动物麻醉后，暴露尺骨(小鼠)或腓骨(兔)；然后将尺骨或腓骨的两侧用小刀片细心刮薄，直到剩下很薄的一层骨皮质及骨内膜，置于有透射光的显微镜下用低倍镜进行观察。

2. 以骨髓静脉窦形态、静脉窦数量、血管直径及血液流速等表示结果。

【结果分析与评价】

不同外源化学物对骨髓微循环影响不同，将处理组骨髓微循环结果与对照组比较，即可判断外源化学物对骨髓微循环的损伤程度。

(周建伟 刘起展)

第七章

免疫毒理学研究方法

第一节 免疫功能测定

一、固有免疫功能测定

（一）NK 细胞杀伤功能测定

【目的和原理】

NK 细胞(natural killer cell)是一群大颗粒淋巴细胞,可以通过分泌细胞因子调节免疫功能,释放颗粒酶和穿孔素等直接杀伤靶细胞。通过对 NK 细胞杀伤功能的测定,可以评价外源化学物对机体固有免疫功能的影响,检测方法主要包括同位素释放法、乳酸脱氢酶(LDH)释放法和 Annexin V/7-ADD 标记流式检测法等。本文介绍 LDH 释放法,其基本原理为:LDH 是一种稳定的细胞质酶,在正常情况下不能透过细胞膜。当细胞受到损伤时,由于细胞膜通透性改变,LDH 可从细胞内释放至培养液中。释放出来的 LDH 在催化乳酸生成丙酮酸的过程中,使氧化型辅酶Ⅰ(NAD^+)变成还原型辅酶Ⅰ(NADH),后者再通过递氢体-吩嗪二甲酯硫酸盐(PMS)还原碘硝基氯化氮唑蓝(INT)或硝基氯化四氮唑蓝(NBT)形成有色的甲臜,在 490nm 或 570nm 波长处有一吸收峰,测定 OD 值,可反映 NK 细胞杀伤活性。

【试剂与材料】

1. PBS(pH7.4):NaCl 8.0g,KH_2PO_4 0.2g,$Na_2HPO_4 \cdot 12H_2O$ 2.9g,KCl 0.2g,加去离子水至 1000ml 溶解。

2. 1mol/L 乳酸钠溶液:取 11.2g 乳酸钠溶于 100ml 去离子水。

3. LDH 底物溶液(临用前配):NBT,4mg;NAD^+,10mg;PMS,1mg。加蒸馏水 2ml 溶解,混匀后取上清液 1.6ml,加 1mol/L 乳酸钠 0.4ml,然后加入 PBS(pH7.4)至 10ml。

4. 1%NP-40:取 1ml NP-40 加去离子水 99ml。

5. 完全 RPMI 1640 培养液:RPMI 1640 培养液加 10%小牛血清(FCS)。

6. 1mol/L 枸橼酸终止液。

7. Tris-NH_4Cl 溶液：NH_4Cl 3. 735g/450ml 双蒸水+Tris 1. 3g/50ml 双蒸水（pH 7. 65）。

8. 0.5%台盼蓝溶液。

9. 靶细胞：YAC-1 细胞株（小鼠 NK 细胞敏感株）或 K562 细胞株（人 NK 细胞敏感株）。

10. 效应细胞：小鼠脾细胞或人外周血淋巴细胞。

11. 酶标板、CO_2培养箱、显微镜、离心机、微量移液器、试管、吸管、酶标仪、细胞培养板、剪刀、镊子、注射器、平皿和酒精等。

【操作步骤】

1. 靶细胞制备 取传代培养 24~48h 对数生长期的 YAC-1 细胞，用完全 RPMI 1640 培养液洗涤 2 次，1000r/min 离心 5min。完全 RPMI 1640 培养液重悬细胞，并用 0. 5%台盼蓝染色检测细胞存活率 > 95%，调整细胞浓度至 $1×10^5$/ml。

2. 效应细胞制备 将小鼠颈椎脱臼处死，用酒精棉球消毒腹部，无菌取出脾脏，除去脂肪等，放入加有约 5ml PBS 液的平皿中，用 5ml 注射器抽取平皿内液体缓缓注入脾脏内，将脾细胞冲洗出来。如此反复冲洗，直到脾脏变白为止（约冲洗 5~6 次），将细胞移入离心管内，离心洗一次。加 5ml 红细胞裂解液，冰浴下裂解 10min，每 2min 摇动一次，1000r/min 离心 5~10min，重复洗一次，用完全 RPMI 1640 培养液悬浮细胞，计数细胞，并调细胞浓度为 $1×10^7$/ml。

3. 孵育 取效应细胞和靶细胞各 0. 1ml（E : T=100 : 1）加入细胞培养板中，设 3 个复孔，同时设靶细胞自然释放孔（0. 1ml 靶细胞+0. 1ml 完全 RPMI 1640 培养液）和最大释放孔（0. 1ml 靶细胞+0. 1ml 1% NP40 液），1000r/min，离心 10min。置 37℃、5% CO_2孵育 2h。1000r/min，离心 5min。如表 7-1：

表 7-1 效应细胞和靶细胞孵育条件

	靶细胞	效应细胞	完全 RPMI 1640 培养液	NP-40
效应细胞酶自然释放孔	—	100μl	100μl	—
靶细胞酶自然释放孔	100μl	—	100μl	—
靶细胞酶最大释放孔	100μl	—	—	100μl
杀伤检测孔	100μl	100μl	—	—
未处理对照孔	—	—	200μl	—

4. 测定 吸取各孔上清 0. 1ml 加至新 96 孔板中，37℃，10min。每孔再加入 0. 1ml 新配制的 LDH 底物溶液，室温避光反应 10~15min。加入 30μl 1mol/L 枸橼酸终止液终止酶促反应。用酶标仪在 570nm 波长下读各孔 OD 值。

【结果分析与评价】

$$\text{NK 细胞杀伤活性}(\%)=\frac{1-(E-KS-PS)}{KM-KS}\times 100\%$$

E 为杀伤检测孔 OD 值，KS 和 PS 分别为为靶细胞、效应细胞酶自然释放孔 OD 值，KM 为靶细胞酶最大释放孔 OD 值。

正常值：25±5%。

【注意事项】

1. YAC-1 细胞使用前需要用完全 RPMI 1640 培养液洗涤。

2. 比色孔内如有气泡应将其去除，否则影响比色结果。

3. 采用何种试验方法，靶细胞的质量是影响细胞标记率、自然释放率及实验稳定性的重要因素。一般要求靶细胞的自然释放率<10%。

（二）巨噬细胞吞噬功能测定

【目的和原理】

巨噬细胞（macrophage）是天然免疫系统的重要组成部分，可非特异性地吞噬和杀伤细菌或靶细胞。通过巨噬细胞吞噬鸡红细胞实验，可以评价外源化学物对巨噬细胞吞噬功能的影响，反映固有免疫的水平。其基本原理为：巨噬细胞具有吞噬较大颗粒性异物的特性，选用红细胞作为靶细胞，通过将巨噬细胞和红细胞共同孵育，被巨噬细胞吞噬的红细胞在染色镜检下较易辨别，从而计算吞噬百分率和吞噬指数，判断巨噬细胞的吞噬功能。

【试剂与材料】

1. C57/BL6 小鼠（6~8 周龄）；

2. 无菌巯基乙酸盐肉汤；

3. 75%乙醇；

4. PBS（含 5%FBS，2mmol/L EDTA）；

5. Tris-NH_4Cl 红细胞裂解液；

6. DMEM 培养基（含 10%FBS）；

7. 鸡红细胞悬液；

8. Alsever's 液；

9. 甲醇；

10. 吉姆萨染液；

11. 显微镜。

【操作步骤】

1. 提取鸡红细胞　用 75%酒精棉球消毒后从鸡翅下静脉或心脏采集鸡血，按 1∶5 比例保存于 Alsever's 液中，4℃可保存 1 个月。

2. 分离小鼠腹腔巨噬细胞

(1) 消毒小鼠腹部后，于腹中线和腹股沟之间注射 1~2ml 无菌巯基乙酸盐肉汤。

(2) 3~5 天后处死小鼠,将小鼠腹部向上固定于解剖板上,剪开腹部皮肤,暴露腹膜。

(3) 用注射器沿腹膜中线注射 PBS(含 5%FBS,2mmol/L EDTA),抓住小鼠后肢和尾巴左右晃动,使 PBS 充分润洗腹腔。

(4) 使用注射器从靠近侧背部的腹膜进针,将腹腔中的液体吸出,避免吸到内脏和肠管。

(5) 小心拔出针头,将所吸液体转移至干净的离心管中,可将离心管放置于冰上待用,重复步骤 3)~5)可获得更多的巨噬细胞。

(6) 使用 200 目滤网过滤腹腔冲洗液,将收集所得的腹腔冲洗液以 1000r/min 离心 5min,若离心后沉淀细胞中含有红细胞,可将上清液遗弃后加入 2ml Tris-NH_4Cl 红细胞裂解液,混匀后静置 2min 破红。

(7) 破红结束后,向离心管中加入 5ml PBS 混匀终止破红,并以 1000r/min 离心 5min,弃上清后加入预冷的 DMEM 培养基重悬细胞备用。

3. 巨噬细胞吞噬功能检测

(1) 将步骤 1 所得鸡红细胞用 PBS 洗涤 2~3 次后,用 PBS 配制成体积比为 5%的鸡红细胞悬液。

(2) 取步骤 2 所得腹腔巨噬细胞 10^6个重悬于 1ml PBS 中,加入 5%鸡红细胞悬液(含鸡红细胞 5×10^6~6×10^6个)后,将细胞混合液放置于 37℃水浴锅孵育 15~30min,每隔 5min 混匀一次细胞。

(3) 将细胞混合液以 1000r/min 离心 5min 后弃上清,保留 50μl 左右的上清液于细胞上方。

(4) 将沉淀细胞与上清液混匀后,取细胞悬液制作细胞涂片,并以甲醇固定。

(5) 使用吉姆萨染液染色细胞涂片后,于显微镜下观察吞噬有鸡红细胞的巨噬细胞。

【结果分析与评价】

1. 吞噬百分率 每 100 个巨噬细胞中吞噬了鸡红细胞的巨噬细胞数目。

2. 吞噬指数 平均每个巨噬细胞吞噬的鸡红细胞数目。

【注意事项】

把握好吞噬作用的时间,过长可导致被吞噬的鸡红细胞被消化,时间过短则尚未被吞噬。

二、体液免疫功能测定

(一) 血清免疫球蛋白水平测定

【目的和原理】

血清免疫球蛋白水平的测定是检查体液免疫功能最常用的方法。本文介绍采用双抗体夹心酶联免疫法(ELISA)检测人血清中的免疫球蛋白 IgG,用以评价外源化学物对机体体液免疫功能的影响。其基本原理为:用纯化的人 IgG 抗体包被孔板制成固相抗体,可与样品中 IgG 结合,再与酶抗体复合物结合发生特异性反应,形成抗体-抗原-酶标抗体复合物,加入相应的酶底物时,底物被酶催化生成有色产物,根据颜色深浅可判断待测抗体的浓度或活性。

【试剂与材料】

1. 兔抗人 IgG 抗体;

2. 抗人 IgG 单克隆抗体;

3. 辣根过氧化物酶(HRP);

4. 待检人血清样品;

5. 包被缓冲液(0.05mol/L pH9.6 碳酸盐缓冲液);

6. 封闭液(1%牛血清白蛋白,0.14mol/L NaCl、0.05mol/L pH 8.0 Tris 缓冲液);

7. 标本稀释液和洗涤液(0.05%Tween-20,0.05mol/L pH 7.2 PBS);

8. 底物溶液(邻苯二胺);

9. 终止液(2 M H_2SO_4);

10. 聚苯乙烯酶标板;

11. 酶标仪。

【操作步骤】

1. 用 100μl 包被缓冲液稀释兔抗人 IgG 抗体至工作浓度后,包被酶标板并放置于 4℃ 过夜(大于 8 小时)。

2. 次日,弃去酶标板内的包被抗体,在纸上拍干孔内残留液体,孔内加满洗涤液,静置 2min,再拍干孔内液体,如此反复洗涤 3 次。

3. 每孔加入 200μl 封闭液,室温放置 1 小时。

4. 封闭结束后,按照步骤 2 洗涤 3 次。

5. 每孔加入 100μl 不同稀释度的人血清标本,每份标本 2 孔,同时设阳性对照、阴性对照和空白对照,室温放置 1 小时。

6. 按照步骤 2 洗涤 3 次。

7. 每孔加入 100μl 抗人 IgG 单克隆抗体,室温放置 30min。

8. 按照步骤 2 洗涤 3 次。

9. 每孔加入底物溶液 100μl,室温避光孵育 15min。

10. 每孔加入 50μl 终止液,终止反应。

11. 使用酶标仪在 490nm 单波长条件下测定 OD 值。

【结果分析与评价】

P/N 值≥2.1 为阳性,2.1≥P/N 值≥1.5 为可疑,P/N 值<1 为阴性。P/N=(标本 OD 值-空白对照 OD 值)/(阴性对照 OD 值-空白对照 OD 值)

【注意事项】

1. 各个步骤于酶标板中加入液体时，应将孔内气泡清除，以免影响结合或最终读值。

2. 终止显色后应于 2 小时内测定 OD 值。

（二）溶血空斑试验

【目的和原理】

溶血空斑试验（hemolytic plaque assay）又称体外抗体形成细胞（plaque forming cell，PFC）测定技术，所检测的抗体形成细胞主要为 IgM 类，可以作为研究外源化学物对抗体免疫功能影响的免疫学指标。其基本原理为：将经绵羊红细胞（sheep red blood cell，SRBC）免疫过的家兔淋巴结或小鼠脾脏制成细胞悬液，与一定量的 SRBC（靶细胞）混合后，脾细胞中的抗体形成细胞与 SRBC 结合，抗体形成细胞分泌抗绵羊红细胞抗体（溶血素），在补体参与下，使周围受到抗体分子致敏的 SRBC 溶解，形成肉眼可见的溶血空斑。每一个空斑就代表一个抗体形成细胞，每个空斑的大小表示该脾细胞产生抗体能力的强弱，而空斑数量反映机体总的抗体产生能力。目前所用的方法有琼脂固相法和液相法，两者的主要区别在于前者以一定浓度的琼脂为支持物，后者不以琼脂为支持物，直接将 SRBC、免疫动物的脾细胞和补体，加入玻片小室内，使细胞成一单层，计数溶血空斑。此处介绍琼脂固相法。

【试剂与器材】

1. Hanks 液；

2. 20% SRBC 悬液（用 Hanks 液配制）；

3. 补体　新鲜豚鼠血清（用前经靶细胞吸收，1ml 压积 SRBC 加 20ml 补体，置 4℃，20min，2000r/min 离心 5min，取上清，用 Hanks 液稀释为 1∶10，分装，-70℃保存，有效期至少 1.5 年）；

4. 葡聚糖（蒸馏水配制 10mg/ml，其作用是阻止琼脂的抗补体作用）；

5. 琼脂或琼脂糖（表层琼脂 0.7%，底层琼脂 1.4%，用 Hanks 液配）；

6. 胎牛血清（55℃30min 灭活，并经 SRBC 吸收）；

7. 0.4%台盼蓝；

8. 47～49℃水浴箱、1ml 注射器和青霉素小瓶、玻璃平皿（7cm×1.5cm）、血细胞计数板、小试管、剪刀、镊子、冰块、离心机、离心管、过滤网、倒置显微镜、微量移液器、吸管等。

【操作步骤】

1. Hanks 液配制的 1.4%底层琼脂加热融化后倾注平皿内，成一薄层，待凝固备用。

2. 将每管含 2ml 0.7%表层琼脂的试管加热融化后，放在 47～49℃水浴保温。

3. 免疫小鼠脾细胞悬液的制备

（1）SRBC 免疫小鼠：最好用纯种小鼠，6～8 周龄，18～22g，腹腔或尾静脉注射绵羊红细胞 4×10^8 个/ml。测定直接溶血空斑，用免疫后 4 天的小鼠（用来检测分泌 IgM 的抗体形成细胞，为直接法)；测定间接溶血空斑，用免疫后 10 天的小鼠(用来检测分泌 IgG 的抗体形成细胞，为间接法)。同时设不致敏对照组。

(2) 免疫小鼠颈椎脱臼处死，取出脾脏放在周围有碎冰块的青霉素瓶中，先剪碎，再加冷 Hanks 液数毫升，用吸管吹打，使细胞分散均匀。过 100 目滤网，离心弃上清，将细胞用冷 Hanks 液洗涤两次，再将沉淀的细胞重悬于 1ml 冷 Hanks 液内，置冰浴中。

(3) 细胞用白细胞计数法计数，并用台盼蓝检查活细胞的百分率，按照活细胞百分率(应在 90%以上)将脾细胞配成 5×10^6 ~ 10×10^6 个/ml 浓度的细胞悬液。

4. 试验平皿的制备　将底层平皿和所有试剂(除脾细胞外)预热至 40℃左右。在 0.7%表层琼脂管中，依次加入右旋糖酐 0.1ml、胎牛血清 0.1ml、20%SRBC 悬液 0.1ml、脾细胞悬液 0.1ml。迅速将小试管在水浴中振荡使各成分混匀，立即倾入经预温 40℃的底层琼脂面上，立即在水平台上轻轻旋转使之均匀平衡，凝固后 37℃温育 1 小时。

5. 加补体　于每个平皿内加入 1∶10 稀释的补体 1.5 ~ 2ml，37℃继续保温 30min，于室温下放 1 小时，4℃冰箱过夜，次日倾去补体，即可用肉眼或放大镜观察溶血空斑，并计数。如需保存，可加入用生理盐水或 PBS 配制的 0.25%戊二醛加以固定。

【结果分析与评价】

将平皿划分小格，用放大镜观察可见每个空斑由抗体分泌细胞及其周围的透明区组成。计数每个平皿 1×10^6 个细胞中的溶血空斑数即 PFC/10^6 脾细胞，也可用 PFC/全脾表示，并计算每组动物溶血空斑均数，进行 t 检验或方差分析。如果 PFC 减少并有剂量-效应关系，表明有免疫抑制作用。

【注意事项】

1. SRBC 既是免疫细胞，又是靶细胞和指示细胞，故 SRBC 要新鲜，洗涤不得超过 3 次，每次离心 5min。细胞变形或脆性增大不能使用。用 Alsever's 液 4℃保存的 SRBC 可使用 2 周。

2. 为了消除非特异性溶血，豚鼠血清在使用前必须经 SRBC 吸收，补体的浓度以 1∶10 稀释为最适宜。

3. 制备脾细胞悬液时，若将取出的脾立即放入 0℃冰浴，可明显降低空斑计数；在 20℃以下操作不超过 15min，对空斑计数并无影响。

4. 抗 IgG 或抗 IgA 血清可以显示间接空斑，而抗 IgM 血清可抑制直接空斑的形成。故显斑血清中，若混有少量的抗-μ 或抗-Fab 的抗体存在，就可以抑制直接空斑的出现。因而需测定抗血清的显斑常数(KD)和抑斑常数(KI)，作为空斑计数的校正。

5. 倾注底层琼脂时，一定要将平皿放置水平位置，以便使底层琼脂水平光滑。倾表层琼脂时，各种细胞成分要充分混匀。不能剧烈振荡，以免出现空泡。水浴温度应控制在 47 ~ 49℃之间，温度过高使细胞变性；过低使琼脂凝固，影响细胞的分散。

三、细胞免疫功能测定

T 淋巴细胞增殖试验

【目的和原理】

T 淋巴细胞受到抗原提呈细胞提呈的抗原肽刺激后,形成效应 T 淋巴细胞,其中,杀伤性 T 淋巴细胞可直接杀伤靶细胞,辅助性 T 淋巴细胞可通过释放细胞因子发挥免疫调节作用。通过 CCK-8 法(cell counting kit)可以检测细胞增殖和细胞毒性,评价外源化学物对 T 淋巴细胞增殖的影响,评价细胞免疫功能的水平。其基本原理为:体外培养的 T 淋巴细胞在有丝分裂原刺激下可以被活化增殖。WST-8(2-(2-甲氧基-4-硝苯基)-3-(4-硝苯基)-5-(2,4-二磺基苯)-2H-四唑单钠盐)是一种类似于四甲基偶氮唑盐(MTT)的化合物,在电子耦合试剂存在的情况下,可以被线粒体内的一些脱氢酶还原生成橙黄色的水溶性的甲臜。用酶标仪直接测定各孔的 OD 值,可反映甲臜的量,从而间接反映活细胞的数目即淋巴细胞的增殖水平。

【试剂和仪器】

1. C57/BL6 小鼠;
2. Hank's 液;
3. 磁性激活细胞分离柱(MACS):LS 柱;
4. CD3 标记的磁性微珠;
5. MACS 缓冲液;
6. WST;
7. 致分裂原;
8. RMPI 1640 培养基;
9. 滤网;
10. 酶标仪。

【操作步骤】

1. 分离纯化 T 淋巴细胞

(1) 脾细胞悬液的制备:将小鼠股动脉放血处死,取脾,剔除结缔组织和脂肪并剪碎脾脏,将碎脾组织置于平皿内的不锈钢滤网(60~100 目,孔径 0.28~0.154mm)上,一手持网,另一手用注射器的针芯轻轻压挤脾组织,使单个核细胞经网进入平皿内的 Hank's 液中。吸取 Hank's 液冲洗网。将细胞悬液再依次通过 150 目(孔径 0.1mm)和 600 目(孔径 0.02mm)的不锈钢滤网以便形成单个细胞悬液。离心(2000r/min,5min)后低渗处理去除红细胞,再次离心洗涤,重悬细胞,细胞计数,调整细胞浓度为 1×10^7/ml。以上操作过程均在 0~4℃下完成。

（2）将 10^8 个淋巴细胞悬液离心，重新悬浮于 0.9mlMACS 缓冲液中，加入 100μl CD3 单抗磁珠后，冰浴孵育 15min。用 MACS 缓冲液洗涤 2 次，每次以 1500r/min 离心 5min，加入 1ml MACS 缓冲液重新悬浮。

（3）将高压灭菌后的 MACS 柱放入磁铁槽内，并用 3ml MACS 柱洗脱液洗柱，用不含气体的 MACS 缓冲液冲洗分选柱 3 次，每次 3ml。

（4）将标记好抗体磁珠的淋巴细胞悬液通过 30μm 的滤网，并用 0.4ml MACS 缓冲液冲洗滤网后，将细胞悬液上样到 LS 分选柱。

（5）用 MACS 缓冲液冲洗分离柱 3 次，每次 3ml。

（6）将 MACS 柱移出磁场外，放在一个干净的 15ml 离心管上，并在分离柱中加入 5ml MACS 缓冲液，将活塞塞进分离柱并洗脱阳性细胞。

（7）细胞悬液离心后重悬浮，调整到一定浓度，4℃保存备用。

2. T 淋巴细胞增殖的检测

（1）将纯化所得的 2000 个 T 淋巴细胞加入 96 孔板中，每孔 100μl（具体每孔所用的细胞的数目，需根据细胞的大小、细胞增殖速度的快慢等因素决定）。

（2）加入含不同浓度致分裂原的 RPMI 1640 培养液 100μl，置 5%CO_2，37℃培养 48h，每个浓度设 3 个复孔。

（3）每孔加入 20μl WST 后，继续培养 0.5~4 小时。

（4）在 450nm 波长条件下测定吸光度值。

【结果分析与评价】

将丝裂原刺激组和对照组各自的平均 OD 值，代入下式计算出刺激指数（SI）：SI＝刺激孔的 OD 值/对照孔的 OD 值。比较各组 SI 是否有显著性差异，如果随着致分裂原浓度的增加，SI 显著减小，说明致分裂原可以明显抑制淋巴细胞的增殖。

【注意事项】

1. 丝裂原剂量太大，对细胞有毒性，太小则不足以刺激淋巴细胞的转化。因此，每次使用新批号的丝裂原时，都应重新测定其合适的浓度。

2. 如果吸光度值太低，可以适当增加细胞数量和加入 WST 后的孵育时间。

四、免疫细胞表型分析

T 淋巴细胞亚群测定

【目的和原理】

根据 T 细胞表面分化抗原的不同，T 细胞可分为 $CD3^+$、$CD4^+$ 和 $CD8^+$ T 细胞，检测方法包括免疫荧光法、SAP 花环法、免疫细胞化学法和流式细胞术法。本文以流式细胞术法为例测定 $CD3^+$、$CD4^+$和 $CD8^+T$ 细胞。其基本原理为:T 淋巴细胞表面分子与荧光素标记的 CD 分子抗体结合后,细胞表面形成带有荧光色素的抗原抗体复合物,经激光激发后发出与荧光素相应特定波长的荧光,通过流式细胞仪可检测到相应荧光信号,其荧光强度与被测表面分子表达密度成正比关系。

【试剂与材料】

1. 待检标本　肝素抗凝人全血。

2. 试剂　荧光素标记的鼠抗人 CD 分子抗体,包括抗 CD3-PE-Cys,CD4-FITC 和抗 CD8-PE。

3. 细胞洗液　含 1%FCS 的 PBS,无血清 PBS。

4. 流式细胞仪专用红细胞裂解液。

5. 细胞固定液　25%戊二醛 3.2ml,葡萄糖 2.0g 加无血清细胞洗液至 100ml。

6. 仪器　流式细胞仪。

【操作步骤】

1. 取 100ml 全血,加 10μl 三种不同荧光素标记的鼠抗人 CD3、CD4 和 CD8 抗体,同时设立荧光素标记的同型 Ig 作为阴性对照,室温反应 20min。

2. 加专用红细胞裂解液 2ml,溶血 5min。然后 1000r/min 离心 10min,弃上清。

3. 用 PBS 洗 1 次,1000r/min 离心 10min,用 0.5~1.0ml PBS 重悬细胞,上机检测。

4. 流式细胞仪测定　测定前,用荧光小球校正仪器至角散射光(FSC)和所用荧光的变异系数均在 3%以下。冲洗样品管道后,输入同型对照样品,调节样品液与鞘液之间的压力差为 5~10psi(随细胞浓度而定),使细胞样品液以稳定的层流通过 70μm 喷嘴,与高度聚交的荧光束垂直交汇。接受每个细胞与激光相遇后产生的前向角散射光和侧向角散射光(SSC)及荧光,经计算机处理,以 FSC 为横轴,SSC 为纵轴,二维图像显示细胞群分布。划出淋巴细胞密集区,画出象限标尺,调节三种荧光探测器电压,使对照管的对数荧光在左下象限的细胞数占总计数细胞的 97%以上。换上实验管,收获 2 万个细胞后,计算机自动计算出阳性细胞百分率及总细胞计数。

【结果分析与评价】

流式细胞仪分析报告会直接给出象限图以及 CD3、CD4 和 CD8 阳性细胞的百分率。

【注意事项】

1. 上机检测前细胞悬液浓度需要调至 1×10^6/ml,浓度过高或过低都会影响检测结果。

2. 注意设置对照样品,采用与抗体来源同型匹配的 Ig 对照。

3. 注意染色后避光,保证细胞免疫荧光的稳定。

4. 不能立即上机检测的样品可保存于 4℃冰箱避光保存。

第二节 超敏反应检测方法

一、Ⅰ型超敏反应测定

豚鼠支气管激发试验

【目的和原理】

Ⅰ型超敏反应为四种类型超敏反应中的第一型(又称速发型超敏反应),如青霉素和异种血清引起人类的过敏性休克即属于Ⅰ型超敏反应。本文介绍豚鼠支气管激发试验(bronchial challenge test),观察待测化学物是否具有支气管致敏性。其基本原理为:致敏原进入机体后刺激免疫系统产生致敏的淋巴细胞或抗体,经抗原呼吸道激发,使机体产生超敏反应。支气管激发试验主要检测诱发Ⅰ型超敏反应的致敏原,是临床上作为判断支气管哮喘较为敏感的指标之一。

【试剂与器材】

1. 实验动物 成年健康白色豚鼠,雄性,体重350~400g。

2. 器材 电子天平、4L密闭玻罩、400mmHg恒压喷入装置。

3. 阳性致敏物 100g/L卵白蛋白及5%卵白蛋白,生理盐水配制。

4. 佐剂 44g/L $Al_2(OH)_3$。

5. 待测化学物 自定。

【操作步骤】

1. 动物分组 按豚鼠体重、性别随机分成3组,分别为待测物组、赋形剂对照组和阳性对照组(卵白蛋白)。每组10只。

2. 致敏 给予豚鼠100g/L卵白蛋白和44g/L $Al_2(OH)_3$的1∶1混合物0.5ml,腹腔注射。注射后13~14天用于激发试验。

3. 激发 将致敏后的豚鼠置于4L密闭玻罩重,用恒压(400mmHg)喷入5%卵白蛋白溶液30秒,观察豚鼠是否发生呼吸困难、咳嗽甚至休克跌倒等现象。受试物于抗原攻击前(即喷卵白蛋白前)给予。

【结果分析与评价】

支气管激发试验反应评级如表7-2。判断待测物有无支气管致敏性可将待测物组的平均反应级数和对照组(赋形剂对照组和阳性对照组)相比,也可以观察动物发生休克的潜伏期和死亡数进行组间比较。

表 7-2 支气管激发试验反应评级

反应	级别
呼吸困难	1
呼吸困难和咳嗽	2
呼吸困难、咳嗽和休克跌倒	3

【注意事项】

1. 本试验对待测物的反应与人有所不同，如皮质激素对人的哮喘效果较好，但对本试验的作用不显著。而同样存在对本试验敏感而对人效果较差的药物，如抗组胺药。

2. 致敏方法有多种，具体也可以参考其他文献的方法。

二、Ⅳ型超敏反应测定

（一）局部淋巴结试验

【目的和原理】

Ⅳ型超敏反应的检测方法主要包括 Buehler 试验（Buehler assay，BA 或 buehler test，BT）、豚鼠最大值试验（Guinea pig maximization test，GPMT）和局部淋巴结试验（Local lymph node assay，LLNA），这三种方法比较可靠，而且与人皮肤致敏试验有良好相关性，可用来检测局部用药的致敏性，本文介绍采用 LLNA 试验检测受试化学物是否具有Ⅳ型超敏反应。其基本原理为：致敏诱导化学物接触位点淋巴结淋巴细胞增殖。通过比较受试样品试验组与赋形剂对照组增殖的剂量-反应关系来评估增殖状况。测定受试样品试验组与赋形剂对照组的增殖比率即刺激指数（stimulating index，SI），当该指数至少为 3 时才能作为潜在皮肤致敏物进一步评估。

【试剂与器材】

1. 首选未生育过和未怀孕的成年雌性小鼠（CBA/Ca、CBA/J、BALB/c 或 ICR 品系），8～12 周龄。每一剂量组至少需要 5 只动物（此为 USEPA 方案，OECD 为 4 只/组），设三个剂量组，一个阳性对照组和一个赋形剂对照组。

2. 阳性物：首选的阳性物为已基苯乙烯乙醛或巯基苯并噻唑。

3. 受试物：包括液态、固体和颗粒状受试样品。赋形剂应在考虑最大试验浓度及可溶性的基础上选择，使溶液/悬浮液适合于受试样品的使用。推荐的赋形剂按优先顺序为：丙酮/橄榄油（4∶1，V/V）、二甲基甲酰胺、甲基甲乙酮、丙二醇和二甲基亚砜。

4. 含有 20μCi 3H-胸腺嘧啶脱氧核苷的 PBS 或 2μCi ^{125}I-碘脱氧尿嘧啶核苷和 10^{-5}M 氟脱氧尿嘧啶核苷的 PBS。

5. 5%1，1，1-三氯乙烷（TCA）。

6. 剪刀、200μm 的不锈钢滤网、50ml 烧杯、电子天平等。

7. β-闪烁计数仪或 ^{125}I-计数仪。

【操作步骤】

1. 动物实验

第 1 天：确定并记录每只动物的体重。将 25μl 受试样品稀释液、赋形剂或阳性对照物涂于相应组别的动物耳背。

第 2~3 天：重复第一天的操作。

第 4~5 天：不进行处理。

第 6 天：记录每只动物的体重。将 250μl 含 20μCi ^{3}H-胸腺嘧啶脱氧核苷的 PBS 注入所有试验组和对照组小鼠的尾静脉；或注入 250μl 含 2μCi（7.4e+4 Bq）^{125}I-碘脱氧尿嘧啶核苷和 10^{-5}M 氟脱氧尿嘧啶核苷的 PBS。5 小时后处死动物。摘取每个试验组动物一只耳朵的淋巴结并浸泡于 PBS 液中，以每组动物的淋巴结为一个单位浸泡在一起；或摘取每只动物的双侧淋巴结并浸泡于 PBS 液中，以每只动物的淋巴结为一个单位单独浸泡。

2. 细胞悬液的制备　淋巴结细胞的单细胞悬液可用 200μm 的不锈钢滤网进行轻柔机械离解，然后用 PBS 洗涤两次，并用 5%TCA 4℃沉淀 18 小时。沉淀物用 1ml TCA 重新溶解转移至闪烁瓶中（内含 1.0ml 闪烁液）进行 ^{3}H-计数，或转移至 γ 计数管中进行 ^{125}I-计数。

3. 细胞增殖测定　用 β-闪烁计数仪测定 ^{3}H-胸腺嘧啶脱氧核苷，以每分钟衰变数（dpm）计算；或用 ^{125}I-计数仪测定 ^{125}I-碘脱氧尿嘧啶核苷，亦以 dpm 计算。根据方法的不同，单位分别为 dpm/试验组或 dpm/只。

【结果分析与评价】

以刺激指数（SI）表示结果。若以组为单位，则 SI 为（试验组 dpm）/（赋形剂对照组 dpm）；若以每只动物为单位，则 SI 为（每个受试样品试验组和阳性对照组的平均 dpm）/（赋形剂对照组的平均 dpm）。赋形剂对照组的平均 SI 为 1。阳性反应的确定包括刺激指数（SI）≥3、存在剂量-反应关系和具有统计学意义。

如果为阳性结果，则受试样品可确定为潜在致敏物，不必进行豚鼠皮肤致敏试验。如果为阴性结果，则需进行豚鼠试验，以进一步确定受试样品是否为致敏物。

【注意事项】

1. 本试验要求在放射实验室进行。

2. 本试验存在部分假阳性发生。

（二）皮肤超敏反应试验

【目的和原理】

观察外源化学物引起实验动物 T 细胞依赖的迟发型超敏反应（delayed type hypersensitivity,

DTH)的改变,评价外源化学物对细胞免疫功能的影响。其基本原理为:二硝基氟苯(DNFB)是一种半抗原(hapten),将其稀释液涂抹小鼠腹壁皮肤后,与皮肤蛋白结合成完全抗原,刺激T淋巴细胞增殖成致敏淋巴细胞。4~7d后再将其涂抹于小鼠耳部或足爪皮肤,使局部产生DTH,于抗原攻击后24~48h(此时反应达到高峰)测定局部肿胀度,可以反映迟发型皮肤超敏反应的强度。

【试剂和器材】

1. DNFB溶液(配制见操作步骤)。

2. 丙酮麻油溶液:丙酮∶麻油=1∶1。

3. 青霉素小瓶、1ml注射器、电子天平、剪刀、胶布、打孔器。

【操作步骤】

1. DNFB溶液的配制　DNFB应新鲜配制。如欲配制1%DNFB 5ml,可称取DNFB 50mg,置清洁干燥的青霉素小瓶中,将预先配制好的5ml丙酮麻油溶液倒入小瓶,盖好并用胶布密封,混匀后,用250μl注射器通过瓶盖取用。

2. 致敏　选用615或ICR小鼠,随机分为正常对照组(只攻击不致敏)、药物溶媒组、受试药物组(至少包括低、中、高3个剂量组),除正常对照组外,每鼠腹部去毛,范围约为3cm×3cm,并将1%DNFB丙酮麻油溶液50μl均匀涂抹致敏,必要时于第二天再强化一次。

3. DTH反应的产生与测定　5天后,将1%DNFB溶液10μl均匀涂抹于小鼠右耳(两面)进行攻击。攻击后24h,颈椎脱臼处死小鼠,剪下左右耳壳,用打孔器取下直径8mm的耳片,称重。同时取小鼠胸腺及脾脏称重,分别以每10g小鼠的脾重(mg)和胸腺重(mg)作为脾指数和胸腺指数。

【结果分析与评价】

首先比较药物溶媒组与正常对照组的右耳肿胀率是否有显著性差异,如$p<0.05$,说明致敏模型构建成功,在此前提下比较各受试药物组与药物溶媒组右耳肿胀率的差异,如果受试药物组的右耳肿胀率小于药物溶媒组且$p<0.05$,说明受试药物可以抑制DNFB诱导的DTH反应,如果受试药物组的右耳肿胀率大于药物溶媒组且$p<0.05$,说明受试药物可以促进DNFB诱导的DTH反应。脾指数和胸腺指数为辅助指标,不作为主要依据。

$$右耳肿胀率(\%)=\frac{右耳重量-左耳重量}{左耳重量}\times 100\%$$

【注意事项】

1. 在小鼠腹部剪毛区域应尽量去毛,且应该避免剪破皮肤。

2. 实验过程中环境温度控制在20±2℃为宜。操作时应避免DNFB与皮肤接触。

3. 可用环磷酰胺于致敏前(250mg/kg)或致敏当天(150mg/kg)注射诱导DTH增高或降低模

型，以便观测化学物的调节作用。

4. 亦可用此模型检测抑制性T细胞的功能。

第三节　其他免疫学方法在毒理学研究中的应用

一、免疫印迹

细胞凋亡检测

【目的和原理】

运用蛋白质免疫印迹的实验方法，可从蛋白水平检测凋亡相关分子，揭示细胞发生凋亡的程度，本文以Caspase-3蛋白为例说明免疫印迹法在外源化学物致凋亡检测中的运用。其基本原理为：天冬氨酸特异酶切的半胱氨酸蛋白酶（Caspase）家族是哺乳动物细胞中程序性死亡的介导者和执行者。细胞发生凋亡时，凋亡信号活化不同的Caspase起始因子，再引起一系列的级联反应，最终导致细胞色素c从线粒体释放，从而引起细胞凋亡。Caspase-3正常情况下以32kDa大小的酶原形式存在于细胞质中，当凋亡信号传导时，能够活化Caspase-3，产生17kDa和12kDa大小的亚基。免疫印迹运用抗原抗体特异性结合的方法，可以检测Caspase-3活化的水平。

【试剂与器材】

1. 2×SDS sample buffer；

2. PBS；

3. 硝酸纤维素膜；

4. 5%脱脂奶粉；

5. Caspase-3一抗；

6. HRP标记的二抗；

7. TBST。

【操作步骤】

1. 将不同浓度外源化学物处理后的细胞弃掉上清液后，加入PBS润洗未贴壁细胞。

2. 加入适量Sample buffer裂解细胞后，收集细胞至干净的EP管中，100℃煮样5min。

3. 取10~15μl样品上样，在10%SDS-PAGE凝胶中进行电泳。

4. 转移至硝酸纤维素膜后，以5%脱脂奶粉室温封闭1小时。

5. 4℃条件下，Caspase-3一抗与硝酸纤维素膜孵育过夜。

6. TBST润洗3次，每次5~10分钟。

7. HRP标记的二抗与硝酸纤维素膜室温条件下孵育1~2小时后，TBST润洗3次，每次

5～10min。

8. ECL 显影。

【结果分析与评价】

无活化的 Caspase-3 可以检测到大小为 32kDa 的前体，能够检测到 17kDa 和 12kDa 大小的 Caspase-3 剪切体则说明细胞发生了凋亡。

二、流式细胞术

细胞周期检测

【目的和原理】

在生物核细胞中，DNA 的含量并非恒定，而是随着细胞增殖周期时相不同发生变化。流式细胞术可以对细胞增殖周期的不同时相进行检测，其基本原理为：碘化丙啶（PI）可以与细胞内 DNA 和 RNA 结合，采用 RNA 酶将 RNA 消化后，通过流式细胞术检测与 DNA 结合的 PI 荧光强度，可以直接反映细胞内 DNA 的含量。G_0期（静止期）和 G_1期（DNA 合成前期）细胞 DNA 含量为二倍体，S 期（DNA 合成期）细胞 DNA 含量逐渐由二倍体增加到四倍体，G_2期（DNA 合成后期）和 M 期（有丝分裂期）细胞 DNA 含量为四倍体。通过流式细胞术检测细胞周期，可以评价外源化学物对细胞增殖的影响。

【试剂与器材】

1. 70%乙醇；

2. 50μg/ml PI（含 1%Triton-X100）；

3. 0. 5mg/ml RNase A；

4. PBS；

5. 流式细胞仪。

【操作步骤】

1. 经外源化学物刺激后的贴壁细胞消化后，制备成单细胞悬液，1000rpm 离心 5min，弃上清，收集细胞，用预冷 PBS 漂洗 2 次。

2. 加入预冷的 70%乙醇，4℃固定过夜。

3. 1000rpm 离心 5min 后，PBS 漂洗细胞一次后重悬细胞。加入 100μl RNase A 至终浓度为 50μg/ml，37℃孵育 30min。

4. 1000rpm 离心 5min 后，PBS 洗涤一次细胞，再加入 500μl PI 染色液混匀，4℃避光孵育 30min。

5. PBS 洗涤细胞后，用适量 PBS 重悬细胞，上机测试，激发波长为 488nm。

【结果分析与评价】

根据 DNA 的含量可以将细胞周期各时相区分为 G_0/G_1期，S 期和 G_2/M 期，并可通过特殊软件计算各时相的百分率。

【注意事项】

固定和漂洗步骤会损失细胞，操作步骤 1 收集的细胞数量应大于 10^6个。

第四节　免疫相关性疾病动物模型评价方法

一、实验性变态反应性脑脊髓膜炎

【目的和原理】

给动物注射一些适当的抗原，能够诱发动物器官特异性或系统性的自身免疫性疾病，造成动物的机体损伤。本文介绍可作为人类多发性硬化症的动物模型——实验性变态反应性脑脊髓膜炎（experimental allergic encephalomyelitis，EAE）。其基本原理为：通过建立 EAE 小鼠模型，可以从活体水平观察和评价自身免疫性疾病的发生和发展。病毒或微生物可以触发机体的免疫系统对中枢神经系统髓鞘和少突胶质细胞产生自身免疫性攻击，从而导致中枢神经系统自身免疫性脱髓鞘疾病。也可以通过使用某些髓鞘抗原如髓鞘碱性蛋白 MBP，MBP 能够激活外周髓鞘 $CD4^+T$ 细胞，这些细胞能够通过血脑屏障引起一系列炎性因子的释放，从而引发 EAE。

【试剂与器材】

1. PBS（不含钙和镁）；
2. DMSO；
3. C57/BL6 小鼠（6～12 周龄）；
4. 髓鞘碱性蛋白 MBP（储液可溶解于 PBS）；
5. 完全弗氏佐剂 CFA；
6. 百日咳毒素；
7. 卵清蛋白（用作不引起 EAE 的阴性对照）。

【操作步骤】

1. 将小鼠分为对照组和实验组后，称量小鼠体重，当小鼠体重减轻 20%～30%或出现严重的临床症状时，应将小鼠安乐死。

2. 实验第 1 天，每只小鼠静脉注射 0.1ml 含 200ng 百日咳毒素的 PBS 溶液。

3. 将小鼠麻醉后，于小鼠下背部中线两侧各注射 50μl 经 CFA 稀释所得 0.5mg/ml MBP，同一注射点注射 2 次 MBP，对照小鼠注射相同浓度的卵清蛋白。

4. 实验第3天,每只小鼠静脉注射0.1ml含200ng百日咳毒素的PBS溶液。

5. 实验第8天,重复步骤3可提高EAE模型造模成功率。

【结果分析与评价】

EAE临床评分:0=正常小鼠;0.5=尾无力;1=尾瘫痪;2=运动失调,后肢麻痹;2.5=单后肢瘫痪;3=双后肢瘫痪;3.5=后肢瘫痪,前肢无力;4=前肢瘫痪;5=濒死状态。

【注意事项】

1. 实验操作应通过动物伦理审查。

2. MBP溶解于CFA所得溶液较黏稠,操作时应将黏液中的气泡排干净后再进行皮下注射。

二、葡萄糖硫酸钠诱导炎症性肠病

【目的和原理】

炎症性肠病(inflammatory bowel disease,IBD)主要包括溃疡性结肠炎(ulcerative colitis,UC)和克罗恩病(Crohn's disease,CD),临床症状主要表现为腹泻和腹痛,病情恶化可导致组织纤维化、肠道狭窄、瘘管和结肠癌等。IBD动物模型分为4类,化学药物诱导型、细胞移植型、基因动物模型和自发性动物模型。本文介绍使用葡萄糖硫酸钠(dextran sodium sulfate,DSS)诱导小鼠发生急性结肠炎的实验方法。其基本原理为:使用口服含DSS饮用水的方法建立化学物诱导的IBD动物模型,评价小鼠活体炎症性疾病的严重程度。小鼠口服DSS饮用水可导致与人类溃疡性结肠炎相似的部分临床症状,引起小鼠体重减轻、血性腹泻、溃疡形成、上皮细胞增生抑制等并发症。通过对小鼠体重、大便性状、出血情况、肠组织和炎性细胞浸润等进行系统评分,可评价DSS引起炎症性肠病的严重程度。

【试剂与器材】

1. C57/BL6小鼠(6~16周龄,性别和年龄匹配,每组5~10只);

2. DSS盐(分子量:36~50kDa);

3. 高压灭菌水;

4. DSS饮用水(称取20g DSS盐粉末溶解于1000ml高压灭菌水,使用前可将配制好的2% DSS饮用水于4℃低温保存4周)。

【操作步骤】

1. 将小鼠分为对照组(饮用水中不含DSS)和实验组(饮用水中含2%DSS)。

2. 小鼠编号后称重并做好记录。

3. 第1天,按照每只小鼠每天5ml饮水量,给予实验组小鼠饮用DSS溶液,给予对照组小鼠饮用高压灭菌水。

4. 第3天,计算饮用水瓶中剩余水量,比较对照组和实验组小鼠饮水量是否一致,排除由饮水量不同造成的实验结果产生偏差。按照步骤 3 重新给予小鼠饮水继续实验。

5. 第 5 天，重复步骤 4。

6. 第 8 天，将实验组和对照组饮用水更换为高压灭菌水。

7. 评价 IBD 的发生。

【结果分析与评价】

1. 体重减轻评分　0 = 体重无变化；1 = 体重减轻 1%～5%；2 = 体重减轻 6%～10%；3 = 体重减轻 11%～18%；4 = 体重减轻超过 18%。

2. 大便性状评分　0 = 正常形态；1 = 大便松软，基本成形；2 = 大便不成形；3 = 大便湿软；4 = 水样腹泻。

3. 出血评分　0，1 = 隐血试纸检测隐血阴性；2 = 隐血试纸检测隐血阳性；3 = 肉眼可见便血；4 = 直肠出血。

4. 肠组织损伤评分　0 = 正常无损伤；1 = 局灶性上皮损伤；2 = 黏膜糜烂和溃疡；3 = 肠壁广泛损伤。

5. 炎性细胞浸润评分　0 = 正常；1 = 可见中性粒细胞浸润；2 = 黏膜下可见炎性细胞团；3 = 壁细胞炎性浸润。

【注意事项】

1. 实验操作应通过动物伦理审查。

2. 小鼠肠道菌群可能影响小鼠对 DSS 的易感性，建议选用同窝饲养小鼠作为对照。

（夏大静　刘晋宇）

第八章

生殖毒理学研究方法

第一节　生殖毒性试验

研究外源化学物对整个生殖过程是否产生不良影响而进行的试验，主要包括一代和多代生殖毒性试验以及三段生殖毒性试验。化学物所致生殖毒性，可影响配子发生或损伤生殖细胞，其结果不仅可导致性分化异常、生殖道畸形、生精障碍、性功能异常、生育力下降或不孕不育，还可影响胚胎发生和胎儿发育，导致自然流产、胎儿发育迟缓、胎儿畸形或死胎、出生缺陷等。生殖毒性试验为评价生殖毒物对亲代和子代生殖和发育的影响提供了有效的检测方法与手段。

一、一代生殖毒性试验

【目的与原理】

主要目的是研究受试物的生殖毒性，观察受试物对生殖全过程的影响。亲代雄性动物精子形成期，雌性动物卵泡发育期、交配期、妊娠期和授乳期直接暴露受试物，子一代（F_1）在母体子宫内和经哺乳暴露受试物。雄鼠5~8周龄后给予受试物至交配期止，共8~10周，可反映其经血睾屏障后对生殖细胞的毒性作用。雌鼠卵细胞发育过程需4~5d，至少给药3个性周期才能使其作用于整个交配期所排出的卵子，故受试物暴露性成熟的亲代（F_0）雌性动物交配前2周开始给予受试物至授乳期止。

【器材与试剂】

1. 试剂

（1）透明液：透明液A：甘油20ml，蒸馏水77ml，2% KOH 3ml；透明液B：甘油50ml，蒸馏水47ml，2%KOH 3ml；透明液C：甘油75ml蒸馏水25ml。

（2）阿利新蓝乙醇溶液：阿利新蓝100mg，70%乙醇1000ml，冰醋酸50ml。

（3）茜素红贮备液：冰乙酸5ml，甘油10ml，1%水合氯醛60ml配成混合液，取适量茜素红边加边搅拌，直至饱和为止。

（4）茜素红应用液：取茜素红贮备液1ml加入1% KOH至1000ml。

（5）Bouin 氏固定液：苦味酸饱和液 75ml，甲醛 20ml，冰乙酸 5ml。

2. 器材　生物显微镜，解剖显微镜，注射器，放大镜、游标卡尺，玻璃标本瓶，镊子，剪刀，恒温水浴箱，平皿，吸管和棉签等。

【操作步骤】

1. 动物选择　啮齿类动物首选大鼠，小鼠也可，非啮齿类动物选家兔。雄鼠 5~8 周龄，体重约 80~100g，性成熟雌鼠体重 180~200g。

2. 剂量与分组　一般设高、中、低三个剂量组和一个对照组，高剂量组应使动物产生较明显的毒性效应，但动物死亡不应超过 10%；低剂量组选无毒性作用剂量；中间剂量组介于高、低剂量之间。每组、每性别动物数 20 只。

3. 染毒方法　染毒途径应与人的实际接触途径相同（首选将受试物混入饲料或饮用水中，或采用灌胃法）。雄鼠染毒 6~8 周时，雌鼠开始染毒，持续 2 周后，雌鼠与同一剂量组随机选取的雄鼠按 1∶1 同笼交配，交配时间为 2 周，每日晨检查雌鼠阴道中有无精子，主要方法有：阴栓检查法和阴道涂片镜检法。雄鼠染毒至雌鼠受孕成功后处死，性腺组织和器官进行组织病理学检查；部分孕鼠在分娩前一天处死，检查胎鼠形态与结构的异常，其余染毒至子代断乳处死。

4. 观察指标

（1）一般状态的观察：实验期每天观察受试动物活动、步态、行为及对外界的反应情况等，每周称体重一次，并记录摄食量以及交配行为、受孕率等。

（2）雄性观察指标：垂体、睾丸、附睾、副性腺、前列腺重量及病理，性激素水平，精子数量及质量（包括形态、运动能力等），性行为，其他（睾丸下降、包皮分离、精子生成、肛门生殖器间距、外生殖器的结构等）。

（3）雌性观察指标：子宫、卵巢、阴道重量及病理，动情周期，卵巢原始卵泡数量等。

（4）受孕后观察指标：子宫大小、胚胎植入数目、胎仔数目、活胎数目、死胎数目、畸形发生率等。

（5）出生后观察指标：亲代雌鼠分娩、哺育、哺乳等情况、子代体重和身长及其生长、发育、出生胎、存活胎、死胎、畸形率、分娩后 21d 存活率及其功能检测等。

【结果分析与评价】

综合亲代和 F_1 各项观察指标，对受试物生殖毒性作出评价。评价指标主要有：

$$交配指数=\frac{阴道检出精子的雌鼠数}{用于交配的雌鼠数}\times 100$$

$$生育指数=\frac{与雄鼠交配受孕的雌鼠数}{与雄鼠同笼的雌鼠数}\times 100$$

$$妊娠(受孕)指数=\frac{正常分娩雌鼠数}{妊娠的雌鼠数}\times 100$$

$$活产指数=\frac{活产胎仔数}{胎仔总数}\times 100$$

$$性别比=\frac{雄性胎仔数}{雌性胎仔数}\times 100$$

$$4天存活指数(生存力指数)=\frac{哺乳4天存活仔鼠数}{活产胎仔总数}\times 100$$

$$哺乳指数(断乳指数)=\frac{出生21天存活仔鼠数}{活产胎仔总数}\times 100$$

【注意事项】

1. 剂量选择 剂量较大，易导致不孕而无法检查生殖毒性；剂量过小，不能产生相应的生殖毒性，因此，剂量选择最好进行预试验。

2. 受孕检查 雌鼠阴道检查使用的棉签、吸管、生理盐水均应无菌，以免人为原因导致不孕。

3. 胎仔检查 解剖母鼠取胎仔以及胎仔内脏、骨髓检查等应细心，避免因人为损伤而影响结果判断；胎仔应全部浸入固定液中，并保持约一周以上的固定时间，染色液不宜着色过深；胎仔骨骼检查应避免遗漏，特别是枕骨、胸骨、肋骨和脊椎骨的变化。

二、两代(或多代)生殖毒性试验

【目的与原理】

观察受试物对亲代生殖全过程和子一代（F_1）整个生长、发育及生殖过程的影响，研究受试物在整个生命周期中对生殖和发育的毒性。亲代雄性动物5~8周龄后给予受试物至交配期止，共8~10周，亲代（F_0）雌性动物交配前2周开始给予受试物至授乳期结束。F_1动物断乳后给予受试物，雄鼠至交配完成止，雌鼠历经交配期、妊娠期、授乳期。子二代（F_2）在F_1母体子宫内和哺乳期暴露受试物，两代以上生殖毒性试验方法依此类推。

【器材与试剂】

同一代生殖毒性实验。

【操作步骤】

1. 动物选择 同一代生殖毒性实验。

2. 剂量与分组 同一代生殖毒性实验。F_1断乳后染毒剂量与亲代相同，其中雄鼠持续染毒至与雌鼠交配成功，雌鼠染毒至F_2断乳为止。

3. 染毒方法 染毒途径应与人的实际接触途径相同。亲代鼠接触受试物方法同一代生殖毒性实验，即雄鼠给予染毒8~10周、雌鼠染毒2周后，按1∶1同笼交配。部分孕鼠分娩前一天处死，检查胎鼠形态与结构的异常，其余染毒至子代断乳处死。F_1断奶后开始持续给予受试物，直至性成熟开始交配、受孕和哺乳期止，以保证F_2通过胎盘和乳汁暴露受试物。

4. 观察指标 同一代生殖毒性实验,对亲代、F_1 和 F_2 的各项指标分别进行观察与计算。

【结果分析与评价】

两代生殖毒性试验子代(F_1)从母体子宫直至出生后生长、发育和生殖期连续染毒,符合人类生活中长期低剂量接触有害物质的特点,弥补了一代生殖毒性实验未能观察受试物对子代生殖与发育影响的不足,可用于检测对生殖系统具有间接或直接毒性作用的物质。

【注意事项】

1. 分析不育的原因 当动物染毒后出现不育时,应进行交叉交配,即未染毒雄鼠与染毒雌鼠交配,反之亦然,以明确不育动物性别,并进行相应的组织病理学检查、激素测定等,确立毒效应类型。

2. 影响子代发育的因素 仔鼠出生后其存活率以及生长、发育受母鼠饲养情况、宫内开始的效应、乳汁的分泌量及其是否含有毒物等多种因素的影响,如出现死亡,死鼠应进行组织病理学检查;出现体重降低时,应进行交叉抚养,即染毒母鼠所产的仔鼠由未染毒母鼠抚养,或反之,以查明影响发育的病因。

3. 其他注意事项同一代生殖毒性试验。

三、三段生殖毒性试验

三段生殖毒性试验由生育力和早期胚胎发育毒性试验(一般生殖毒性试验)、胚体-胎体毒性试验(致畸试验)和出生前后发育毒性试验(围生期毒性试验)三个相对独立、又紧密关联的试验组成,主要用于评价药物或化学物的生殖发育毒性。一、二或三代生殖毒性试验是按受试物暴露成年动物的代数划分的。一代生殖毒性试验是指亲代(F_0)动物直接接触受试物,子一代(F_1)在母体子宫内和哺乳期接触受试物,其交配仅在 F_0 代间进行,主要评价受试物对生殖全过程的影响。两代(多代)生殖毒性试验是指 F_0 代直接接触受试物,F_1 代既有直接暴露,也有经母体的间接暴露,子二代(F_2)在母体子宫内和哺乳期接触受试物(三代的研究可按此规定类推),其交配在 F_0 代间和 F_1 代间进行,主要评价受试物对 F_0 代生殖全过程和 F_1 代整个生长、发育及生殖过程的影响。

三段的划分主要是根据受试物暴露的时间(有害作用诱发的时间)而不是观测的时间。实验设计的关键是各个生殖阶段之间不留空隙,即在三个紧密关联的阶段受试物的暴露时间至少有一天的重叠,并能直接或间接地评价生殖发育过程的所有阶段。为方便实施生殖发育毒性实验设计,可将连续、完整的生殖发育过程分成 A~F 六个阶段。A. 从交配前到受孕:成年雌、雄动物的生殖功能、配子的发育与成熟、交配行为和受精;B. 从受孕到着床:成年雌性动物的生殖功能、胚胎着床前发育、着床;C. 从着床到硬腭闭合:成年雌性动物的生殖功能、胚胎发育、主要器官形成;D. 从硬腭闭合到妊娠结束:成年雌性动物的生殖功能、胎仔发育与生长、器官发育与生长;E. 从出生到断乳:成年雌性动物的生殖功能、幼仔对宫外生活的适应性、断乳前的发育与生长;F. 从断乳到性成熟:断乳后的发育与生长、对独立生活的适应能力、达到性成熟。生育力和早期胚胎发育毒性试验：Ⅰ段生殖毒性试验（A～B 阶段）；胚体-胎体毒性试验：Ⅱ段生殖毒性试验（C～D 阶段）；出生前后发育毒性试验：Ⅲ段生殖毒性试验（C～F 阶段）。

（一）生育力和早期胚胎发育毒性试验

【目的与原理】

评价受试物对配子成熟、交配行为、生育力、着床前和着床的影响。对于雌性动物，应检测对性欲、动情期、排卵、交配行为、输卵管运输、胚胎着床前发育和着床的影响；对于雄性动物，应检测对性欲、交配行为、精液质量等生殖功能的影响。

【试剂与器材】

感量 0.01g 的电子秤（称量体重用），感量 0.001g 的电子秤（称量脏器用），生物显微镜，解剖剪、镊子和解剖板，眼科剪、眼科镊，烧杯、量筒、吸管、滤纸适量，血细胞计数板，标本瓶等。10%甲醛固定液。

【操作步骤】

1. 动物选择　至少一种，首选大鼠。每性别、每组动物数应满足数据分析的需要，建议每性别、每组动物不少于 20 只（窝）。

2. 染毒时间　一般采取雄性大鼠交配前 4～10 周（ICH 推荐 4 周）开始重复染毒，染毒期应持续整个交配期直至处死；雌性大鼠交配前 2 周开始重复染毒，染毒期应持续到哺乳期止（PND21）。应对交配前染毒时间长短的选择进行说明并提供依据。

3. 动物处理　推荐雌、雄动物按 1∶1 同笼交配，交配期 3 周。交配过程应保证能同时确认各窝的父、母代动物，以避免对错误结果的分析和解释。交配期间应每日进行阴道涂片检查，结果阳性提示受孕，检出日为孕 0 天（GD_0），次日为孕 1 天（GD_1），以此计算孕龄。Ⅰ～Ⅲ段试验均应在 GLP 实验室进行。一般情况下，雄性动物在交配成功后处死，雌性动物在妊娠第 13 天或 21 天（GD_{13}/GD_{21}）处死。

4. 观察指标　试验（染毒）期间，每天记录雌、雄亲代（F_0）动物体征和死亡情况，每周至少 2 次称重并记录体重变化，每周至少 1 次摄食量，交配期间每天 1 次阴道涂片镜检，其他毒性试验中已证明有意义的指标。实验终末，对所有 F_0 代动物作尸体解剖和肉眼观察，对睾丸、附睾或卵巢、子宫进行组织病理学检查，计数附睾或睾丸中的精子数并进行精子形态学和动力学测定，计数黄体数、着床数、吸收胎、死胎和活胎数。保存肉眼发现有异常改变的脏器以及足够的对照组相应脏器，以便进行必要的组织病理学检查和比较分析。对表面看来未孕的动物（如大鼠），可用硫化铵进行子宫染色以鉴别胚胎着床前死亡。

【结果分析与评价】

采用适宜的统计学方法进行分析和评价。对 F_0 代资料，以个体或交配对为单位；对子一代（F_1）资料，以窝为单位。综合评价受试物对 F_0 代和 F_1 代的毒性；确定受试物的 NOAEL 值，为危险度评定提供基础资料。

（二）胚体-胎体毒性试验

【目的与原理】

评价母体自胚胎着床到硬腭闭合期间接触受试物对妊娠动物和胚体-胎体发育的影响，评价内容主要包括妊娠动物较非妊娠雌性动物增强的毒性、胚体-胎体死亡、生长改变和结构异常。

【器材与试剂】

1. 器材 解剖剪、镊子，眼科剪、眼科镊，解剖板、胎鼠固定版、刀片、滤纸，标本瓶、平皿、生物显微镜、体视显微镜、电子天平和游标卡尺。

2. 试剂 ①1%KOH，2%KOH 溶液；②70%乙醇溶液；③茜素红原液：取冰醋酸 5ml，纯甘油 10ml，1%水合氯醛 60ml，混合后加茜素红粉状指示剂至饱和备用；茜素红应用液：使用前用 1% KOH 将茜素红原液稀释 1000 倍；④透明液Ⅰ：甘油 200ml、2% KOH 溶液 30ml 加蒸馏水至 1000ml；透明液Ⅱ：甘油 500ml、2% KOH 溶液 30ml 加蒸馏水至 1000ml；⑤Bouin's 液：用饱和苦味酸（2，4，6-三硝基酚）水溶液 750ml、40%甲醛 200ml、冰醋酸 50ml 配制成 Bouin's 液 1000ml；⑥阿利新蓝（Alician blue）染液：取 15mg 阿利新蓝染料，加 95%乙醇 80ml，再加 20ml 冰醋酸。

【操作步骤】

1. 动物选择 通常两种，一种为啮齿类，首选大鼠，另一种是非啮齿类，最好是家兔。每性别、每组动物数应满足数据分析的需要，通常每性别、每组大鼠不少于 20 只，每组家兔不少于 12 只。

2. 剂量设计和分组 一般设高、中、低三个剂量组，设计依据可参照亚急性毒性试验的最大耐受量、LD_{50}和人体实际接触量。另设阴性、阳性两个对照组，其中阳性对照大鼠可选用乙酰水杨酸、维生素 A、敌枯双等；阳性对照家兔可选用 6-氨基烟酰胺等。

3. 动物处理 推荐雌、雄动物按 1∶1 同笼交配，交配期应每日进行阴道涂片镜检；GD0 将孕鼠随机分配到各实验组和对照组。从胚胎着床到硬腭闭合（至 C 段末）染毒。通常，大鼠为 GD6-15 染毒，家兔为 GD6-18 染毒；在自然分娩前 1 天称重并处死雌性动物，通常大鼠约为 GD20-21，家兔约为 GD28-29。

4. 观察指标 试验（染毒）期间，每日至少观测 1 次雌、雄 F_0 代动物体征和死亡情况，每周至少 2 次称重并记录体重变化，每周至少 1 次摄食量，其他毒性试验中已证明有意义的指标。实验终末，对所有 F_0 代动物作尸体解剖和肉眼观察。取出子宫，称量带有胎仔的子宫，以便计算妊娠雌性动物的净增重。计数黄体数、着床数、吸收胎、死胎和活胎数。胎盘称重并作肉眼观察，必要时可作组织病理学检查。称量每个胎仔体重，区分性别，测量胎仔顶-臀长度和尾长。观察重点是活胎仔有无外观畸形、骨骼畸形及内脏畸形。对于大鼠，将每窝 50%活胎仔经茜素红染色后作骨骼检查，或经 Alician blue（阿利新兰）/茜素红染色后作软骨和骨检查；另 50%活胎仔经 Bouin's 固定后作内脏检查。保存肉眼发现有异常改变的脏器以及足够的对照组相应的脏器，以便进行必要的组织病理学检查和比较分析。

（1）外观畸形检查：①头部畸形：观察有无脑积水、露脑（无颅盖骨）、无脑畸形、脑膜膨出、无眼、小眼、无耳、小耳、腭裂等；②四肢畸形：观察有无多趾、并趾、少趾、无趾、足内翻、短肢等；③躯干畸形：如脐疝、腹裂（内脏膨出）、脊髓膨出（呈水泡突出）、脊柱裂、脊柱侧突等；④尾部畸形：观察有无短尾、卷尾、无尾、尾分叉等；⑤有无肛门闭锁等。胎盘称重。将胎仔单个进行标记，以进一步评价不同方法观察所得结果之间的关系。

（2）骨骼检查：骨骼标本的染色有单染法和双染法。

单染法：胎鼠用80%乙醇固定2天；取出胎仔用流水冲洗后，移入1%KOH溶液中透明2~7天，每隔1~2天更换1%KOH溶液一次；将胎仔移入茜素红应用液中2~3天，至骨骼完全被染成桃红色。此过程中如果发现染色液褪色应及时更换；将胎仔移入透明液Ⅰ、Ⅱ中各1~2天，如果透明度不佳，可适当延长在透明液中的时间。标本已经可供检查，如果要长期保存，可将其保存在100%甘油中，另加几滴氯仿或麝香草酚结晶防腐。

双染法：首先将胎鼠浸于70℃的水浴中约7s，剥去皮，接着将胎鼠浸入95%乙醇中固定过夜，第二天改用阿利新蓝染液染色。24小时后再换用95%乙醇，24小时后倾去乙醇，将胎鼠浸入茜素红应用液24~48小时，倒去染液，用1%KOH溶液处理24小时，将胎仔移入透明液Ⅰ、Ⅱ中各1~2天，如果透明度不佳，可适当延长在透明液中的时间。已骨化的骨骼将染成红色或紫红色，软骨染成蓝色。

常见的骨骼畸形和骨化迟缓有：①头部骨骼：颅顶骨缺损、骨化迟缓（表现为囟门过大），枕骨缺损、缺失（枕骨骨化程度分为四级。0级：上枕骨呈片状或哑铃状，两侧骨化点完全融合，融合处宽度大于两侧的1/3；Ⅰ级：上枕骨两侧骨化点相连，相连处宽度小于两侧的1/3；Ⅱ级：上枕骨两侧骨化点不相连，但可清楚地见到两个较大骨化点；Ⅲ级：上枕骨两侧骨化点不相连，仅见小骨化点；Ⅳ级：无上枕骨骨化点）；②椎骨：颈椎骨缺损、椎弓不连续、骨化迟缓，腰椎缺失、分裂变形，盘骨缺失，尾椎骨缺失、椎弓不连续、融合；③胸骨：正常情况下胸骨是6个，骨化迟缓或骨骼畸形时可发生胸骨节缺损或消失，单、双骨化点或不到正常的1/2，胸骨节错位等，其中以第2、5胸骨节最易发生缺失或骨化不全；④肋骨：正常大小鼠肋骨为13对，可出现多肋、少肋、肋骨分叉、肋融合、波状肋等；⑤四肢骨：观察骨化程度、粗短、畸形、多趾（指）、少趾（指）等。

（3）内脏检查：取每窝1/2活胎，放入Bouin's液固定2周。二周后取出胎鼠，自来水冲去Bouin液，用刀片进行切片检查。切片和检查方法可采用下述任何一种。①胎鼠头部四刀法切片：沿口经耳作水平切面，检查有无腭裂、舌异常；沿顶部作三个纵切面：口角额状切面，观察鼻道是否扩大、是否是单鼻道、鼻中隔是否正常等；（备用切面：眼球前沿切面）两眼球正中额状切面，检查眼球大小；眼球后头顶垂直额状切面，检查有无脑水肿等；然后沿腹中线和肋下缘水平线各切一刀，暴露胸腔与腹腔脏器，检查各脏器大小、位置、有无心脏室间隔或瓣膜缺损、膈疝等，再取出肝脏与肾脏，观察有无异常、缺失、肾积水等，并检查子宫（有无输卵管积液）或睾丸；②将胎鼠放在蜡板或木板上,剪去四肢和尾,左手固定胎鼠,右手持刀片从头部逐一往下作横切片,共切11~12片,其操作步骤见表8-1。

表8-1 胎鼠徒手切片检查内脏畸形

切片顺序	下刀部位和方向	横断面所见
1	从鼻孔下通过眼球中部向上部切	大脑、侧脑室、眼球、鼻中隔、鼻腔
2	把嘴打开,从舌向口角下切,向枕部切	大脑、间脑、延脑,下横断面看腭裂
3	齐下颌向颈后切	舌、鼻咽腔、延髓
4	从双肩上沿向颈后切	气管、食管、脊髓
5	从前肢剪断面中央向后切	气管、食管、胸腺
6	从前肢剪断面下沿向后切	肺、纵隔、心房、脊髓
7	从剑突下向后切	肺、心室、心室中隔
8	脐至剑突间1/2处向后切	肺、横膈
9	从脐向后切	肝、胃(小部分)
10	腹股沟于脐间1/2处向后切	胃(大部分)、肝、十二指肠、肾上腺
11	相当于髂骨前棘处向后切	胃(大部分)、肝、肾、脾、胰、肠
12	不必切,用眼科镊解剖	生殖器、膀胱、肾

【结果分析与评价】

按受试物不同剂量水平分别评价母体的观察终点和胎体的观察终点(以窝为单位),确定受试物NOAEL值。

按不同剂量组计算:①母体的观察终点:孕鼠平均增重、食物消耗量、母体畸胎率(出现畸胎的母体总数/妊娠孕母总数×100%)以及②胎体观察终点(以窝为单位):着床胎数/窝;活胎数和百分率/窝;吸收胎数和百分率/窝;有吸收胎的窝数和百分率;晚死胎数和百分率/窝;非存活(晚死胎+吸收胎)的着床数和百分率/窝;出现非存活着床的窝数和百分率;存活胎仔的窝数和百分数;活仔数和百分率/窝;受影响(非存活+畸形)的着床数和百分率/窝;有受影响着床数的窝数和百分率;性比值/窝;平均胎仔体重/窝;有外观畸形的胎仔数和百分率/窝;内脏畸形的胎仔数和百分率/窝;骨骼畸形的胎仔数和百分率/窝;畸形的胎仔数和百分率/窝;有畸形胎仔的窝数和百分率;畸形雄仔数和百分率/窝;畸形雌仔数和百分率/窝;有变异的胎仔数和百分率/窝;具有变异的窝数和百分率;各种畸形的类型和发生率;各种变异的类型和发生率;分别列出有各种畸形和变异胎仔(根据窝和剂量分组);临床体征;大体解剖和组织病理学检查。

(三)出生前后发育毒性试验

【目的与原理】

评价母体从胚胎着床到幼仔断乳期间接触受试物对妊娠、哺乳的雌性动物以及对胚胎和子代发育的影响。由于此阶段所造成的有害影响可能会延迟发生,故该试验应持续观察到子代性成熟阶段。评价内容主要包括妊娠动物较非妊娠雌性动物增强的毒性、出生前后子代死亡情况、生长与发育的改变以及子代的功能缺陷，包括 F_1 代的行为、性成熟和生殖功能。

【操作步骤】

1. 动物选择　至少一种，首选大鼠。每性别、每组动物数应满足数据分析的需要，建议每性别、每组动物不少于 20 只。

2. 染毒时间　染毒期从胚胎着床至哺乳期终止。通常，大鼠为胚胎着床第 6 天（GD6）或妊娠第 15 天（GD_{15}）至哺乳期结束，即出生后第 21 天（PND_{21}）。

3. 动物处理　雌性动物分娩并抚养其子代至断乳，断乳后处死母体和部分仔鼠；断乳时每窝选 8 只仔鼠（尽可能雌、雄各半）抚养至性成熟，然后雌、雄 1∶1 同笼交配以评价 F1 代生殖能力。子二代（F_2）出生后处死 F_1 代。

4. 观察指标　试验（染毒）期间，每日至少观测 1 次 F_0 代体征和死亡情况，分娩前每周至少 2 次称重并记录体重变化，分娩前每周至少 1 次摄食量，其他毒性试验中已证明有意义的指标。实验终末，对所有 F_0 代和 F_1 代动物作尸体解剖和肉眼观察，保存肉眼发现有异常改变的脏器（特别是生殖系统的脏器）以及足够的对照组相应脏器，以便进行必要的组织病理学检查和比较分析。对明显未孕的大鼠，可用硫化铵染色以证实胚胎着床前死亡情况。对子代，需检查每窝出生时的活仔数、死仔数、畸形数、体重、断乳前后的存活率、体重、身长、身体发育、性成熟程度和生育力（应说明是否剔除了窝仔动物）、感觉功能、反射和行为等。

【结果分析与评价】

结合 F_0 代和 F_1 代各项指标观测结果，对围生期接触受试物的毒性及其程度作出全面评价；确定受试物 NOAEL 值。

第二节　环境内分泌干扰物筛选与评价方法

有效筛选和评价环境内分泌干扰物（EDCs）的干扰效应是深入研究 EDCs 生殖内分泌毒性的基础。1996 年，美国环境保护局（U.S.EPA）成立了内分泌干扰物筛选与鉴定咨询委员会（EDSTAC），针对环境中可能干扰内分泌系统的化学物，建立了较完善的评估体系。该体系推荐采用体内、外试验组合的测试法，全面评价外源化学物的内分泌干扰效应。本节将扼要介绍 EDSTAC 第一阶段筛选方案中已经得到确证的部分试验方法。

一、子宫雌激素受体结合试验

【目的与原理】

学习和掌握大鼠子宫雌激素受体（ER）制备的方法，并应用活性炭-葡聚糖（DCC）法进行 ER

结合试验。

外源化学物竞争性地与ER结合是大多数环境雌激素发挥(抗)雌激素效应的前提,研究表明受体亲合力与激素活性间存在明显相关性,因此可根据环境雌激素与ER的特异性亲合力来检测其活性大小。

选取ER阳性的组织或细胞制备含ER的细胞提取液,加入$^3H\text{-}E_2$和受试物共孵育,受试物与$^3H\text{-}E_2$竞争结合ER位点。数小时后应用DCC去除游离的$^3H\text{-}E_2$,采用液闪计数法检测结合的$^3H\text{-}E_2$。外源性激素与ER的亲合力与检测到的$^3H\text{-}E_2$量呈反向关系。

【器材与试剂】

1. 健康成年雌性SD大鼠;

2. 受试化学物;

3. ^3H雌二醇($^3H\text{-}E_2$);

4. 抽提缓冲液　Tris 121.1mg,EDTA 29.2mg,二硫代苏糖醇(DTT)30.9mg,甘油10.0ml,高钼酸钠(Na_2MoO_4)241.9mg,苯甲基磺酰氟(PMSF)17.4mg,蒸馏水依次溶解后,用盐酸调pH至7.5,定容至100ml。

5. 洗脱缓冲液　Tris 121.1mg,磷酸二氢钠($NaH_2PO_4 \cdot 2H_2O$)156.0mg,Triton-X 100 0.1ml,蒸馏水溶解后,用盐酸调pH至7.2,定容至100ml。

6. TE缓冲液　Tris 24.2mg,EDTA 5.8mg,蒸馏水依次溶解后,用盐酸调pH至7.4,定容至100ml。

7. 活性炭-葡聚糖悬液　2.5g葡聚糖溶于TE缓冲液中,加入25g活性炭,振荡过夜,4℃保存。

8. 闪烁液　双苯噁唑(PPO)400.0mg,对次苯基苯噁唑(POPOP)40.0mg,Triton-X 100 33.3ml,甲苯67.7ml,混匀。

9. 手术剪、眼科镊、液氮罐、匀浆器、低温高速离心机、离心管、分光光度计和液闪仪等。

【操作步骤】

1. 子宫雌激素受体制备

(1) 颈椎脱臼处死大鼠,剪开腹腔,分离并摘取子宫,滤纸吸干子宫内液体,置于液氮中保存。

(2) 取出子宫组织,称重,剪碎后以1∶6(w/v)的比例加入预冷的抽提缓冲液。

(3) 在冰浴条件下,用匀浆机匀浆,每次持续5s,间隔10秒,重复6次。用玻璃匀浆器手动碾磨,直至溶液呈乳白色。

(4) 105 000r/min,4℃,离心60min。收集上清液,-80℃保存备用。

2. 体外结合试验

总结合管(TB)中加入100μl受体制备液和终浓度为1nmol/L的$^3H\text{-}E_2$,竞争结合管中加入

100μl 受体制备液、终浓度为 1nmol/L 的 $^{3}H-E_{2}$ 和不同终浓度的受试物(1pmol/L-1mmol/L),相应的非特异性结合管中(NSB)中,还需加入 100 倍 $^{3}H-E_{2}$ 浓度的已烯雌酚(DES)。用抽提缓冲液定容至 200μl,4℃孵育过夜。加入 DCC 200μl,混匀。4℃静置 10 分钟后混匀 10 秒,如此重复 3 次。800r/min,4℃,离心 5 分钟。将上清全部到入 5ml 闪烁液中,用液闪仪计数每分钟衰变数(dpm)。

【结果分析与评价】

1. 判断受试物与 ER 的亲合力可以用半数抑制浓度(IC_{50})来表示。IC_{50}是指抑制 50%特异结合时受试物浓度。IC_{50}越小,表示受试物与 ER 的亲合力越大。

受试物的特异结合率(I%)计算公式如下:

$$I\% = \frac{\text{竞争结合管 dpm} - \text{非特异性结合管 dpm}}{\text{总结合管 dpm} - \text{非特异性结合管 dpm}} \times 100\%$$

以受试物浓度的对数 log【I】为横轴,特异结合率为纵轴作图,求得 IC_{50}。

2. 另外一种评价方法是作图法,以受试物浓度为横轴,特异结合率为纵轴作图,直观地反映受试物与 ER 的亲合力。如果特异结合率随受试物浓度的增加而减小,表明受试物可使 ER 结合的 $^{3}H-E_{2}$ 减少。提示受试物与 $^{3}H-E_{2}$ 竞争结合 ER 位点,具有与 ER 结合的能力。

【注意事项】

1. 由于 ER 对温度较敏感,整个试验过程应保持低温,匀浆前匀浆机转头预冷。

2. 结合试验中 $^{3}H-E_{2}$ 的加入量最好能通过预试验,应用多点饱和试验确定。

3. 受体结合试验主要判断受试物与 ER 的结合能力,不能阐明结合后引起的生物学效应。因此确定受试物是否具有(抗)雌激素效应需结合其他试验。

二、雌激素受体转录激活试验

【目的与原理】

了解雌激素受体(ER)转录激活作用模式。学习细胞培养技术,了解质粒、转染、荧光素酶报告基因的概念,学会利用瞬时转染哺乳动物细胞的实验方法检测外源化学物的拟雌激素活性。

天然雌激素或者大多数环境拟雌激素物质是通过和 ER 结合而发挥作用的,结合后,两个 ER 形成同型二聚体,并且转运到细胞核内和 DNA 上的雌激素反应元件(ERE)相结合,从而启动下游基因转录,翻译表达雌激素效应基因产物。报告基因实验方法是将雌激素效应基因用易于检测的虫荧光素酶基因替代,用来研究与 ER 结合的化学物质能否发挥与雌激素同样的效应,从而判断该化学物是否具有拟雌激素活性。

【器材与试剂】

1. 雌二醇和受试化学物;

2. CV-1(非洲绿猴肾细胞)细胞株;

3. 含酚红和不含酚红的 DMEM 培养基，活性炭和葡聚糖处理的胎牛血清；

4. 0.25%胰酶-0.02%EDTA 消化液和高压灭菌的 PBS 缓冲液；

5. 转染质粒：pERE-aug-LUC、rER/pcDNA3.1、pRL-TK；转染试剂；

6. Dual-Luciferase Kits；

7. Orion II 化学发光检测仪；

8. 超净工作台，细胞培养箱、倒置显微镜、低温高速离心机。

【操作步骤】

1. 细胞培养　37℃、5%CO_2 条件下，用含有酚红的 DMEM 培养基培养 CV-1 细胞。当细胞生长到 80%满瓶时，加入消化液消化。用不含酚红的 DMEM 培养基(加入 5%活性炭和葡聚糖处理的胎牛血清)按 2×10^5/ml 的细胞密度接种到 24 孔细胞培养板上，每孔 500μl 细胞稀释液。

2. 转染　细胞培养 12 小时后进行转染，方案如下：pERE-Aug-LUC，400ng/孔；rER/pcDNA3.1，200ng/孔；pRL-TK，100ng/孔；计算好 24 孔用量后，将质粒加入到 720μlPBS 缓冲液中；另外同时将 24μl(1μl/孔)Sofast™转染试剂用 720μl 的 PBS 稀释。然后将稀释后的转染试剂逐滴加入到稀释后的质粒中(注意不可将质粒加入转染试剂)。

3. 染毒　转染后 12 小时，弃除培养基。将乙醇溶剂对照和不同浓度的溶解于乙醇的 E_2 及受试化学物质加入到不含酚红的 DMEM 培养基(含 5%活性炭和葡聚糖处理的胎牛血清)中，染毒转染后的 CV-1 细胞，设三个复孔。

4. 裂解　24 小时后，采用双荧光素酶报告基因检测系统中的被动裂解液(PLB)裂解细胞，每孔加入 200μl，要做到彻底裂解。

5. 检测　吸取 20μl 的细胞裂解液置于化学发光检测仪的专用 96 孔板，分别将虫荧光素酶和海肾荧光素酶(*Renilla* luciferase)检测试剂置于 Orion Ⅱ检测仪的 1 号、2 号试剂加样孔，采用 Dual-Luciferase 专用程序来进行检测报告基因表达。

【结果分析与评价】

1. 用检测到的虫荧光素酶表达值除以海肾荧光素酶得到比值，反映经过校正转染效率后的报告基因表达情况。

2. 首先进行方差齐性检验，然后将不同处理组的结果和对照组分别进行 ANOVA 检验。经过海肾荧光素酶校正的报告基因表达有显著性升高者，判断为具有拟雌激素活性。

3. 计算 E_2 和受试物的 EC_{50} 值，同时参照受试物相对于溶剂对照最高诱导倍数，作为比较受试物拟雌激素活性大小的依据。

【注意事项】

1. 接种到 24 孔板时，应该注意取对数生长期细胞，保证良好的细胞状态。

2. 进行转染时，需要将转染试剂稀释液逐滴加入到质粒混合液中，切不可颠倒顺序。

3. 染毒时，以乙醇作为溶剂的化学物应该用培养基稀释1000倍，避免产生细胞毒性效应。

三、雄激素受体转录激活试验

【目的与原理】

1. 了解雄激素受体(AR)转录激活作用模式。学习细胞培养技术，了解质粒、转染、荧光素酶报告基因的概念，学会利用瞬时转染哺乳动物细胞的实验方法检测外源化学物的抗雄激素活性。

2. 雄激素通过和AR结合而发挥作用，结合后，两个AR形成同型二聚体，并且转运到细胞核内和DNA上的雄激素反应元件(ARE)相结合，从而启动下游基因转录，翻译表达雄激素效应基因产物，多数抗雄激素物质也是通过与AR结合来发挥其效应的。

【器材与试剂】

1. 二氢睾酮(DHT)、受试化学物；

2. CV-1(非洲绿猴肾细胞)细胞株；

3. 含酚红和不含酚红的DMEM培养基，活性炭和葡聚糖处理的胎牛血清；

4. 0.25%胰酶-0.02%EDTA消化液、高压灭菌的PBS缓冲液；

5. 转染质粒：pMMTV-LUC、AR/pcDNA3.1、pRL-SV_{40}；转染试剂；

6. Dual-Luciferase Kits；

7. Orion Ⅱ化学发光检测仪；

8. 超净工作台，细胞培养箱、倒置显微镜、低温高速离心机。

【操作步骤】

1. 细胞培养　37℃、5%CO_2条件下，用含有酚红的DMEM培养基培养CV-1细胞。当细胞生长到80%满瓶时，加入消化液消化。用不含酚红的DMEM培养基(加入5%活性炭和葡聚糖处理的胎牛血清)按2×10^5/ml的细胞密度接种到24孔细胞培养板上，每孔500μl细胞稀释液。

2. 转染　细胞培养12小时后进行转染，方案如下：pMMTV-LUC，400ng/孔；AR/pcDNA3.1，200ng/孔；pRL-SV_{40}，100ng/孔；计算好24孔用量后，将质粒加入到720μl PBS缓冲液中；另外同时将24μl(1μl/孔)Sofast™转染试剂用720μl的PBS稀释。然后将稀释后的转染试剂逐滴加入到稀释后的质粒中。

3. 染毒　染毒后12小时，弃除培养基。将乙醇溶剂对照和10nmol/L浓度的溶于乙醇的DHT，不同浓度的受试化学物质+10nmol/L DHT加入到不含酚红的DMEM培养基(含5%活性炭和葡聚糖处理的胎牛血清)中,染毒转染后的 CV-1 细胞,设三个复孔。

4. 裂解 染毒 24 小时后,采用双萤光素酶报告基因检测系统中的被动裂解液(PLB)裂解细胞,每孔加入 200μl,要做到彻底裂解。

5. 检测 吸取 20μl 的细胞裂解液置于化学发光检测仪的专用 96 孔板,分别将虫荧光素酶(luciferase)和海肾荧光素酶(*Renilla* luciferase)检测试剂置于 Orion Ⅱ 检测仪的 1 号、2 号试剂加样孔,采用 Dual-Luciferase 专用程序来进行检测报告基因表达。

【结果分析与评价】

1. 用检测到的虫荧光素酶表达值除以海肾荧光素酶得到比值,反映经过校正转染效率后的报告基因表达情况。

2. 首先进行方差齐性检验,然后将不同处理组的结果和 10nmol/L DHT 单独染毒对照组分别进行 ANOVA 检验。经过海肾荧光素酶校正的报告基因表达有显著性降低者,判断为具有抗雄激素活性。

3. 计算受试物的 IC_{50} 值,作为比较受试物抗雄激素活性大小的依据。

【注意事项】

接种细胞、转染质粒和乙醇溶剂的稀释倍数注意事项同雌激素受体(ER)转录激活实验。

四、H295R 类固醇合成试验

【目的与原理】

通过本次试验,应用 H295R 细胞检测外源化学物对类固醇激素合成的干扰效应。

H295R 细胞系源于人肾上腺皮质瘤,能表达类固醇激素合成过程中涉及的所有酶类,生成肾上腺皮质合成的所有类固醇激素,如孕激素、雄激素、雌激素、糖皮质激素和盐皮质激素等,并与正常的人肾上腺细胞对毒物的反应水平一致。化学物作用于 H295R 细胞后,从激素水平、基因表达等层面进行检测,筛选环境类固醇激素干扰物。

【器材与试剂】

1. 二甲基亚砜(DMSO)、佛司可林(Forskolin)、咪鲜胺(Prochloraz)、受试化学物;

2. H295R 细胞株;

3. DMEM/F12 完全培养基:配制 DMEM/F12 培养基(1.2g/L Na_2CO_3,PH 7.4),加入 1%ITS+ Premix,2.5%Nu-serum;

4. 0.5%胰酶-EDTA 消化液;

5. TRIzol、RNA 反转录试剂盒、荧光定量 PCR 试剂盒;

6. 雌二醇、睾酮放射免疫分析试剂盒;

7. 类固醇激素合成关键酶基因引物;

8. 超净工作台、CO_2 培养箱、倒置相差显微镜、低温高速离心机、移液枪、紫外分光光度计、PCR 仪、ABI 7300 实时定量 PCR 仪、γ-放射免疫计数仪。

【操作步骤】

1. H295R 细胞用 DMEM/F12 完全培养基在 37℃,5%CO_2 培养箱中进行培养,当生长至 80%满瓶时,用 0.5%胰酶-EDTA 消化液消化细胞。用无酚红 DMEM/F12 完全培养基重悬,按 3×10^5 细胞/孔的量接种到 24 孔板中,每孔 1mL。

2. 培养 24 小时后,细胞密度达 50%~60%。弃培养基,加入 1mL 不含任何物质(空白对照,2 复孔)、含有 DMSO(0.1%)(溶剂对照,2 复孔)、1μM Forskolin(阳性对照)、0.3μM Prochloraz(阴性对照)、不同浓度受试物(3 复孔)的无酚红 DMEM/F12 完全培养基。

3. 培养 48 小时后,收集每孔细胞和培养基,-70℃保存。

4. 分别吸取 100μL、50μL 所收集的细胞培养基,采用放射免疫分析法测定性激素雌二醇、睾酮的含量。

5. 采用 TRIzol 法提取每孔细胞的 RNA,紫外分光光度计测定 RNA 浓度,反转录为 cDNA。合成类固醇激素合成关键酶基因引物,采用 SYBR 荧光染料法进行 RT-PCR 反应,对类固醇激素合成关键酶基因的 mRNA 表达水平进行分析。

【结果分析与评价】

1. 通过 γ-放射免疫计数仪测定样本沉淀物的放射性计数,采用四参数数据处理模式,获得标准曲线,查出被测培养基中雌激素和睾酮含量。计算受试物处理后细胞培养基中激素水平与溶剂对照的比值,应用单因素方差分析(ANOVA)对各处理组与对照组比值的差异进行假设检验,$p<0.05$ 为差异具有统计学意义。

2. 采用 $2^{-\Delta\Delta Ct}$方法计算受试物处理组中类固醇激素合成关键酶基因的表达相对于对照组的变化倍数。应用单因素方差分析(ANOVA)对各处理组与对照组比值的差异进行假设检验,$p<0.05$ 为差异具有统计学意义。

【注意事项】

1. H295R 细胞代数会影响细胞内激素的基础分泌水平,每次试验应该设置阳性对照 Forskolin 和阴性对照 Prochloraz 作为质量控制,用以检验细胞对类固醇激素合成诱导剂和抑制剂的反应程度。

2. 受试物的暴露浓度对检测结果有显著影响,在利用 H295R 细胞筛选环境类固醇激素干扰物前,应首先进行细胞毒性试验,选择对 H295R 细胞无毒性的暴露浓度进行后续试验。

3. H295R 细胞不具有代谢外源性化学物的能力,不能检测需要经代谢活化才具有促进或抑制类固醇激素合成能力的物质。

五、大鼠子宫增重试验

【目的与原理】

学习和掌握大鼠子宫增重试验与评价方法。

子宫是雌激素重要的效应器官,具有雌激素活性的外源化学物可导致未成熟雌性大鼠和去除卵巢的成年雌性大鼠的子宫湿重明显增加。为此可选用未成熟雌性大鼠或去除卵巢的成年大鼠,受试物染毒1~3天后,以子宫湿重的脏器系数为指标,根据受试物是否具有促进子宫生长的作用来评价其雌激素活性。

【器材与试剂】

1. 健康成年雌性大鼠若干只;

2. 受试化学物、苦味酸酒精饱和液、0.2%戊巴比妥钠溶液、黄体生成素(LH)和卵泡刺激素(FSH)放射免疫试剂盒等;

3. 注射器、动物体重秤、手术剪、眼科镊和液闪仪等。

【操作步骤】

1. 大鼠经戊巴比妥钠(45mg/kg)麻醉后,切除卵巢,术后饲养2~3周后进行试验。

2. 大鼠称重、编号,按体重随机分为3组,每组动物数量为10只,设空白对照组、受试物组和阳性对照组,分别皮下注射溶剂、受试物和雌二醇(每鼠1.0μg)。

3. 在背部进行皮下注射染毒,连续3天。最后一次染毒后24小时,大鼠精确称重并记录后经戊巴比妥钠(45mg/kg)麻醉,断头取血约5ml。剪开腹部,分离子宫,称重并记录。子宫转移到滤纸上,切开,释放出子宫内液,轻轻将子宫吸干,精确称重并记录。

4. 采集的血样室温下放置10分钟,血凝块形成后,4000r/min,离心10分钟,取上清,按试剂盒说明,采用放射免疫法测定血清中的LH和FSH。

【结果分析与评价】

1. 计算子宫内液流出前后子宫湿重的脏器系数,应用方差分析对三组总体均数的差异进行假设检验,如果受试物组脏器系数与空白对照组比较显著升高($p<0.05$),可认为受试物具有雌激素活性。

2. 成年雌性大鼠在卵巢切除的情况下,体内雌激素为零,通过负反馈机制,刺激下丘脑合成和释放促性腺激素释放激素(GnRH),作用于垂体前叶导致FSH和LH的释放,血清FSH和LH含量增加。如果受试物具有雌激素活性,由于负反馈机制,血清FSH和LH含量降低。应用方差分析对三组血清FSH和LH浓度总体均数的差异进行假设检验,如果受试物组血清激素浓度与空白对照组比较显著降低($p<0.05$),可认为受试物具有雌激素活性。

【注意事项】

1. 为消除内源性雌激素的影响,切除卵巢后,至少要间隔2周才可进行试验。

2. 分离子宫时要小心，避免子宫内液流出。

六、雌性动物青春期试验

【目的与原理】

检测可以与雌激素受体、甲状腺激素受体产生相互作用，以及干扰类固醇激素合成的外源化学物，也可以检测通过 HPG 轴的变化影响青春期发育的化学物。

处于青春期的动物对化学物的暴露非常敏感，可以影响其内分泌系统。雌性大鼠性成熟的关键指标是阴道张开。

【器材与试剂】

1. 雌性 SD 大鼠；

2. 受试化学物。

【操作步骤】

1. 选择出生后 21 天（PND21）的雌性 SD 大鼠，随机分组，每组 15 只。设定溶剂对照组和实验组，实验组包括两个剂量组，高剂量组不超过该化学物的最大耐受剂量，低剂量组为高剂量组的一半剂量。

2. 从 PND22 开始，每天早上 7:00—9:00，受试化学物采用灌胃方式处理大鼠，直至 PND42。

3. 每日称重，记录雌性大鼠阴道开口（VO）时的年龄。阴道开口后，每日阴道涂片，记录发情周期参数。

4. PND42 处死大鼠，测定卵巢、子宫、甲状腺、肝脏、肾脏、垂体、肾上腺的质量。分析卵巢、子宫、甲状腺、肾脏的组织病理学变化，采血测定血清激素（T_4、TSH）水平。

【结果分析与评价】

1. 阳性结果可包括青春期延迟、子宫质量显著降低、组织病理学变化、激素水平具有统计学差异的改变等。

2. 阴性结果是指内分泌相关的各检测终点没有出现变化，但此试验的阴性结果不能确定该化学物不是内分泌干扰物，应采用其他试验进一步确认。

【注意事项】

可能的干扰因素包括饮食、环境因素等，因遵守动物实验标准来尽量消除这一问题的影响。

七、雄性动物青春期试验

【目的与原理】

用于检测可以与雄激素受体、甲状腺激素受体产生相互作用，以及干扰类固醇激素合成的外源化学物,也可以检测通过 HPG 轴的变化影响青春期发育的化学物。

处于青春期的动物对化学物的暴露非常敏感,可以影响其内分泌系统。雄性大鼠包皮分离(PPS)是青春期进展的关键指标。

【器材与试剂】

1. 雄性 SD 大鼠或 Wistar 大鼠;

2. 受试化学物。

【操作步骤】

1. 选择出生后 21 天(PND21)的雄性 SD 大鼠,随机分组,每组 15 只。设定溶剂对照组和实验组,实验组包括两个剂量组,高剂量组不超过该化学物的最大耐受剂量,低剂量组为高剂量组的一半剂量。

2. 从 PND23 开始,每天早上 7:00—9:00,受试化学物采用灌胃方式处理大鼠,直至 PND53。

3. 每日称重,从 PND30 开始,每日检查雄性大鼠包皮的分离情况,记录 PPS 时大鼠的年龄。

4. PND53 处死大鼠,精囊(含凝固腺)、腹侧前列腺、背侧前列腺、肛提肌海棉球肌、附睾、睾丸、甲状腺、垂体、肾上腺、肝脏等器官的质量,附睾、睾丸、甲状腺、肾脏的病理学变化;血清睾酮、T_4、TSH 水平。

【结果分析与评价】

1. 阳性结果可包括青春期延迟,附睾、前列腺、精囊质量的显著降低,并伴随组织病理学变化,或者激素水平具有统计学差异的改变等。

2. 阴性结果是指内分泌相关的各检测终点没有出现变化,但此试验的阴性结果不能确定该化学物不是内分泌干扰物,应采用其他试验进一步确认。

【注意事项】

可能的干扰因素包括饮食、环境因素等,因遵守动物实验标准来尽量消除这一问题的影响。

八、非洲爪蟾变态发育试验

【目的与原理】

1. 了解非洲爪蟾变态发育过程中的形态学变化,观察受试化学物对非洲爪蟾变态发育的影响。

2. 非洲爪蟾(*Xenopus laevis*)的变态发育直接由甲状腺激素(TH)调控。随着蝌蚪的生长,甲状腺不断发育并在一定的阶段开始分泌 TH,在变态高潮期达到最高水平,之后回落。伴随着 TH 升高,蝌蚪发生一系列从形态到生理特征的变化,如后腿出现、前腿展开、变态高潮时鳃和尾迅速吸收等。根据非洲爪蟾变态过程中形态的变化可以评价外源性化学物的甲状腺干扰作用。

【器材与试剂】

1. 非洲爪蟾;

2. 人绒毛膜促性腺激素(hCG);

3. 恒温培养箱、水缸;

4. 四碘甲状腺素(T_4)、受试化学物。

【操作步骤】

1. 成熟的雌、雄非洲爪蟾交配前分别注入人绒毛膜促性腺激素(hCG),于恒温培养箱中培养产下的卵,温度22±1℃。孵化5天后将蝌蚪移到水缸中进行饲养,每天喂饲非洲爪蟾饲料两次,下午半换水。pH 6.5~8.5,昼夜比为12h∶12h。

2. 非洲爪蟾依照Nieuwkoop and Faber(1956)系统划分发育阶段,挑选发育良好的NF51阶段蝌蚪用于试验。蝌蚪按20只/5L溶液的密度分别暴露于不同浓度的受试化学物、溶剂对照、阳性对照(T_4)。每个暴露组做四组重复,暴露21天,试验用水每3天更换一次。

3. 生长和发育指标 每天观察蝌蚪的生长死亡状况,计算生存率。暴露第7天、第21天测量蝌蚪体长、后肢长、湿重,观察蝌蚪所处的发育阶段。从各平行样中随机挑选5只蝌蚪,用MS-222麻醉,经蒸馏水冲洗后称体重,数码拍照,在Photoshop软件中测量蝌蚪的体长及后肢长,参照NF划分方式判断蝌蚪发育阶段。

4. 甲状腺组织。暴露第21天根据蝌蚪所处的发育阶段,挑选蝌蚪,取出含有下颌的组织,固定后经HE染色切片,显微镜下观察甲状腺组织结构,进行形态结构分析。

【结果分析与评价】

1. 参照NF划分方式判断非洲爪蟾蝌蚪所处的发育阶段。抗甲状腺物质会减慢蝌蚪的变态发育,导致发育阶段的延缓;甲状腺激动剂可以加速蝌蚪的变态发育,导致发育阶段的提前。

2. 蝌蚪体长、后肢长、湿重可以反映蝌蚪的生长速率。

3. 在非洲爪蟾变态试验中,甲状腺组织结构的变化是甲状腺抑制的敏感指标,包括甲状腺滤泡变形、胶质减少、空泡化、增生和肥大等。

【注意事项】

遗传背景、饲养条件等因素的不同,会造成非洲爪蟾对化学物的敏感性存在差异。

第三节 精液质量分析

一、精子动力学分析

【目的与原理】

学习运用计算机辅助精子分析(computer-aided sperm analysis,CASA)技术评价精子的运动特征。精子的运动包括精子的运动能力和运动方式两方面。精子的运动能力主要反映精子头(体)部作为一个“刚体”(rigid body)物质的运动轨迹速度,而精子的运动方式主要表现在精子鞭毛的摆动形式以及由此产生的精子直线和非直线运动。本实验运用自动化的数字图像分析系统对精子运动的视频信号进行数字化处理和分析,评价精子的运动特征。

由于大鼠和小鼠在精子采集和 CASA 仪使用方面存在明显差异,故以下分别介绍。

(一)大鼠精子动力学分析

【器材与试剂】

1. 试剂　大鼠精子培养液:M199 培养基 9.5g,$NaHCO_3$ 2.2g,溶于 1000ml 双蒸水,调整 pH 为 7.2~7.4,用 0.22μm 滤菌器抽滤除菌,分装,-20℃保存。临用前加 0.5%小牛血清白蛋白。

2. 器材　CASA 仪:美国 Hamilton Thorne 公司生产,分析系统为 HTM-TOXIVOS 12.3A;显微镜载玻片(0.1mm 深×2.0mm 宽×50mm 长)为美国 Fiber Optic Center 公司生产。35mm 培养皿、眼科剪、眼科镊、水浴箱、恒温培养箱、微量加样器、1.5ml 离心管等。

【操作步骤】

1. 附睾精子收集　采用扩散法从附睾尾部收集精子,具体操作简述如下:将 3ml M199 置于直径 35mm 的培养皿中于 37℃水浴箱预温,分离双侧附睾尾,迅速转移到上述培养皿中,用手术剪刀剔除附睾尾上附着的脂肪组织,静置 1~2 分钟,将附睾尾转移到另外一个含 3ml M199 的培养皿中。用手术刀沿附睾尾纵向作 4~5 个深切口,将此培养皿置 37℃恒温培养箱中扩散 5 分钟,去掉残余的附睾组织,精子悬液保存在 37℃恒温培养箱中备用。

2. 精子运动能力检测　将精子悬液轻轻混匀,吸取约 60μl 加入到 37℃预温的 3ml M199 中,调整精子浓度为$(6.0\pm2.0)\times10^5$ 精子/ml。将显微镜载玻片一端插入上层精子悬液中,避免碰到底层死亡精子形成的沉淀团块干扰图像的处理与分析。待精子悬液充满载玻片后,置于 37℃的显微镜载物台上。显微镜采用×4 反相物镜,用显微摄像机和录像机记录精子运动图像。每份样品自动扫描 20 个视野进行统计,需时 20s,视频影像为 30 帧 60Hz。CASA 仪设定的主要参数为:最小细胞 2 像素,最小对比度为 80,最小静态对比度 25,低 VAP 临界值 20.0,低 VSL 临界值 30.0,直线阈值 50%,不动精子大小 0.72~8.82,不动精子密度 0.14~1.84,放大倍数 0.80。

(二)小鼠精子动力学分析

【器材与试剂】

1. 试剂　小鼠精子培养液:含 HEPES 的拟人输卵管缓冲液(human tubal fluid,HTF),pH 7.0~7.6,渗透压 260~310mOsm,每次配制 100ml 即可,配方见表 8-2。

表 8-2 HTF 培养液配方(g/L)

成分	HTF	HTF-HEPES-buffered
$CaCl_2 \cdot 2H_2O$	0.3	0.3
$MgSO_4 \cdot 7H_2O$	0.049	0.049
KCl	0.349	0.349
KH_2PO_4	0.05	0.05
NaCl	5.937	5.937
$NaHCO_3$	2.1	0.336
Albumin, Bovine Fraction V	4.0	4.0
D-Glucose	0.5	0.5
HEPES	—	21ml(1m, pH 7.3)
Phenol Red · Na	0.01	0.01
Pyruvic Acid · Na	0.036	0.036
Lactic Acid · Na	3.42ml	3.42ml

* gassed with CO_2

2. 器材 CASA 仪:美国 Hamilton Thorne 公司生产,分析软件为仪器内置专用分析软件。精子计数板、恒温培养箱、眼科剪、眼科镊、无菌培养皿、1.5ml 离心管、微量加样器等。

【操作步骤】

1. 附睾精子收集 将 100~200μl HTF 培养液置于无菌培养皿中于 37℃ 预温,分离单侧或双侧附睾头,迅速转移到上述培养皿中,用眼科剪剔除附睾头上附着的脂肪组织,然后将附睾头横向剪成 5~10 小段,利于精子的游出。用微量加样器将培养皿中的混浊液全部移入一只 1.5ml 离心管中,置 37℃ 恒温培养箱中扩散 3 分钟左右。

2. 精子运动能力检测 用微量加样器吸取约 10μl 上清液加入到精子计数板中,在 CASA 仪自动分割的视野里选取至少 6 张以上清晰视野进行检测。CASA 仪设定的主要参数为:参数设置为标准程序,每视野计数 0.5s,捕获精子图像 30 帧,分析数个视野使计算的活动精子数达 200 个以上。

【分析参数的意义】

精子轨迹分析参数主要包括:直线运动速度(VSL,μm/s),曲线运动速度(VCL,μm/s),平均路径速度(VAP,μm/s),精子头侧摆幅度(ALH,μm),直线性(LIN,%),前向性(STR,%),鞭打频率(BCF,Hz),活动精子比率(MOT,%)。其中,VSL、VCL、VAP 和 BCF 是表示精子运动能力的参数,LIN、STR 和 ALH 是表示精子运动方式的参数。

【结果分析与评价】

检测结束后,CASA 仪自动记录每份精子样品的各项运动参数,并将结果统计列表供研究者参考。根据研究设计,比较外源化学物不同剂量、不同时间对精子运动能力和运动方式的影响,评价该化学物的雄性生殖毒性。

【注意事项】

1. 培养基的配制，尤其是 pH 的调整，应尽可能精确，因为 pH 对精子的运动及存活的影响很大。牛血清白蛋白最好于使用前一天加入，以便充分平衡。

2. 温度是影响 CASA 分析的重要因素，除了恒温箱的保温外，室温的影响不可忽视。所以，在 CASA 分析室内，须保持 25~30℃，才能保证在分析时间内精子的运动不受外界因素的干扰。

3. 小鼠精子的计数板是重复使用的，用完需仔细清洗，以免给后续实验造成误差。

4. 仪器的设定参数随不同种属的精子而变，由于评价人和大鼠精子的软件与小鼠精子的软件是不同的，因而相关参数值也不一样，需根据仪器的说明分别使用。

5. 收集精子的过程中，手术刀切割的动作要轻、简洁，以免人为伤害精子；残余组织清洗要干净。

6. 本实验所使用的 CASA 仪是国际最先进的精子分析仪器之一，它除了可以评价精子的运动特征外，还可分析精子的浓度和形态学特征，可根据实验需要进行设定。但精子的采集要严格按要求操作，特别是培养液精子的浓度要适宜，不能过高，否则需稀释后再测定。

二、精子 DNA 损伤分析

【目的与原理】

学习使用流式细胞术进行精子 DNA 碎片的检测，从而对精子的染色质结构完整性做出评价。正常精子核中的 DNA 能保持完整的双链结构，与荧光染料吖啶橙结合发绿色荧光。精子 DNA 损伤发生后，DNA 碎片化程度增高，受损 DNA 经酸处理后成单链，与染料吖啶橙结合发红色或黄色荧光。利用吖啶橙的异染特性，以及流式细胞术对于单细胞理化特性进行多参数定量分析的优势，本试验通过流式细胞仪对染色后的精子荧光信号进行收集检测，并利用软件进行自动化计算，从而得到精子 DNA 碎片指数（DFI），用于评价精子 DNA 损伤程度。

【样品的制备】

由于大鼠和小鼠的精子样本采集及制备方法存在差异，故以下分别介绍。

（一）大鼠精子样本制备

【器材与试剂】

1. 试剂 大鼠精子培养液：M199 培养基 9. 5g，$NaHCO_3$ 2. 2g，溶于 1000ml 双蒸水，调整 pH 为 7. 2~7. 4，用 0. 22μm 滤菌器抽滤除菌，分装，-20℃保存。临用前加 0. 5%小牛血清白蛋白。

2. 器材 35mm 培养皿、眼科剪、眼科镊、水浴箱、恒温培养箱、微量加样器、1. 5ml 离心管等。

【操作步骤】

附睾精子收集：采用扩散法从附睾尾部收集精子，具体操作简述如下：将 3mlM199 置于直径

35mm 的培养皿中于 37℃水浴箱预温，分离双侧附睾尾，迅速转移到上述培养皿中，用手术剪刀剔除附睾尾上附着的脂肪组织，静置 1~2 分钟，将附睾尾转移到另外一个含 3ml M199 的培养皿中。用手术刀沿附睾尾纵向作 4-5 个深切口，将此培养皿置 37℃恒温培养箱中扩散 5 分钟，去掉残余的附睾组织，精子悬液保存在 37℃恒温培养箱中备用。

（二）小鼠精子样本制备

【器材与试剂】

1. 试剂 小鼠精子培养液：含 HEPES 的拟人输卵管缓冲液（human tubal fluid，HTF），pH 7.0~7.6，渗透压 260~310mOsm，每次配制 100ml 即可，配方见下表 8-3。

表 8-3 HTF 培养液配方（g/L）

成分	HTF	HTF-HEPES-buffered
$CaCl_2 \cdot 2H_2O$	0.3	0.3
$MgSO_4 \cdot 7H_2O$	0.049	0.049
KCl	0.349	0.349
KH_2PO_4	0.05	0.05
NaCl	5.937	5.937
$NaHCO_3$	2.1	0.336
Albumin，Bovine Fraction V	4.0	4.0
D-Glucose	0.5	0.5
HEPES	—	21ml（1m，pH 7.3）
Phenol Red · Na	0.01	0.01
Pyruvic Acid · Na	0.036	0.036
Lactic Acid · Na	3.42ml	3.42ml

* gassed with CO_2

2. 器材 精子计数板、恒温培养箱、眼科剪、眼科镊、无菌培养皿、1.5ml 离心管、微量加样器等。

【操作步骤】

附睾精子收集：将 100~200μl HTF 培养液置于无菌培养皿中于 37℃预温，分离单侧或双侧附睾头，迅速转移到上述培养皿中，用眼科剪剔除附睾头上附着的脂肪组织，然后将附睾头横向剪成 5~10 小段，利于精子的游出。用微量加样器将培养皿中的混浊液全部移入一只 1.5ml 离心管中，置 37℃恒温培养箱中扩散 3 分钟左右。

【精子样本的 DNA 损伤分析】

采用 CP0101-10T 的精子 DNA 碎片检测试剂盒，采用流式细胞仪进行检测，并使用星博生物开发的配套精子分析软件进行计算，评估 DNA 损伤程度。

【器材与试剂】

1. 试剂 精子 DNA 碎片检测试剂盒中的四种试剂，主要包括样本缓冲液，酸处理液，染料缓冲液，染液吖啶橙。

2. 器材　流式细胞仪、上样管，冰盒。

【操作步骤】

1. 试剂准备

(1) 准备冰盒，取出试剂置于冰上。

(2) 将 C_2 瓶离心后，吸取 C_2 液置于 C_1 液中配成染色液，充分混匀待用。2~8℃保存。

(3) 按样本编号标记 1.5ml 离心管，每个样本对应 1 个检测管。

2. 样本处理

(1) 每管加入精子样本 20μl，加入 A 液至 100μl，冰上充分吹打混匀。

(2) 每个检测管加入 B 液 200μl，准确计时 30 秒。

3. 染色　移液器准确吸取 600μl 染色液加入检测管。

4. 检测

(1) 冰上静置 1 分钟后即可上流式细胞仪检测(需在染色结束后 40 分钟内完成检测)。

(2) 预先打开仪器，检测仪器性能状态，导入产品配套检测用模板文件，将已经染好色的样品加入上样管，立即开始进样检测。

(3) 检测精子的流动速度(精子的流动速度最好在 100~300 个/秒，如果速度太快，大于 300 个/秒，就应该重新用 A 液稀释样品)。待流速稳定后开始收集。至少收集 5000 个细胞的测定值加以记录和统计。

(4) 测定结束之后，导出相应 FCS 文件以备计算结果。

(5) 分别用清洗液和去离子水清洗流式细胞仪管路后方可关闭流式细胞仪。

5. 数据分析　将流式细胞仪检测的 FCS 文件导出，并使用相关精子分析软件分析数据，得出 DNA 碎片率指数。

【各项分析参数的意义】

精子 DNA 碎片分析参数主要包括：

DFI(DNA Fragmentation Index)：以碎片化的精子细胞数目占总精子数目的比例表示，即 DFI = DNA 碎片化精子细胞数/精子细胞总数×100%。

HDS(high DNA stainability)：指高可染性的精子占总精子百分数，反映核未完全缩合的不成熟精子。

【结果分析与评价】

检测结束后，精子分析软件记录每份精子样品的 DNA 碎片率参数，并将结果统计列表供研究者参考。根据研究设计，比较外源化学物不同剂量、不同时间对精子 DNA 损伤的影响，评价该化学物的雄性生殖毒性。对于人类样本，正常参考值范围为：DFI≤15.00%。

【注意事项】

1. 收集精子的过程中，手术刀切割的动作要轻、简洁，以免人为伤害精子；残余组织清洗要干净。

2. 整个处理检测实验一定要在冰上操作，如温度过高则会影响反应。从而造成实验数据不准确。

3. B液需要准确计时30秒，时间过长或者过短都影响实验结果准确性。

第四节 性激素水平分析

一、血清、睾丸或卵巢组织匀浆液中促卵泡激素检测

【目的与原理】

以促卵泡激素(FSH)为例，初步掌握用放射免疫法(RIA)检测性激素水平的方法，并根据参考值，评价机体生殖内分泌状况，或评价环境化学物对生殖内分泌功能的影响。

双抗体放射免疫法中，含待测激素的样品、^{125}I标记的待测激素(或其衍生物)标准品与抗体竞争形成抗原抗体复合物：

$$Ag+Ag*+Ab_1 \rightarrow [Ag*Ab_1]+[AgAb_1]$$

在抗原抗体反应达到平衡后，加入驴抗兔抗体及PEG，使游离部分和结合部分分离。

$$[AgAb_1]+[Ag*Ab_1]+Ab_2 \rightarrow [AgAb_1]Ab_2\downarrow+[Ag*Ab_1]Ab_2\downarrow$$

离心后，用γ-计数器测量沉淀部分的放射性强度(cpm)。$[Ag*Ab_1]Ab_2$复合物的形成将随着Ag的增加而减少，通过测定$[Ag*Ab_1]Ab_2$就能从标准曲线上查得未标记抗原的量。

【样品的制备】

1. 血清制备 血样采集后，离心，3500r/min×20分钟，静置片刻，吸取上清液，-20℃保存。

2. 睾丸或卵巢组织制备 取一定重量的睾丸或卵巢，去被膜，称重，剪碎，以1∶4g/ml比例加入生理盐水，用玻璃匀浆器制成匀浆液，用低温高速离心机10 000r/min×30min，静置片刻，取上清液，-20℃保存。

【器材与试剂】

1. ^{125}I-FSH溶液 含放射性强度<10μCi的^{125}I标记的FSH和磷酸盐缓冲液，2~8℃保存。

2. FSH抗体 含兔抗人FSH的抗血清及磷酸盐缓冲液，2~8℃保存。

3. FSH标准 7瓶，浓度分别为0、2.5、5、10、20、40、100IU/L的FSH血清，2~8℃保存。

4. 质控血清 2瓶，含正常水平及高浓度FSH的人血清，2~8℃保存。

5. PEG第二抗体 含PEG及驴抗兔抗血清，2~8℃保存。

6. 器材 塑料试管、可调微量加样器、匀浆器、离心机、水浴锅、γ-计数器。

【操作步骤】

先在塑料管上编号，然后按表 8-4 所列程序进行操作。

表 8-4　FSH 检测操作程序

	NSB	T	标准曲线	QC	标本
标本或标准(ml)	0.2(0 标准)	—	0.2	0.2	0.2
抗血清(ml)	0.2(H_2O)	—	0.2	0.2	0.2
^{125}I-FSH(ml)	0.2	0.2	0.2	0.2	0.2
充分混匀，在室温下过夜(12~16h)					
沉淀抗体(ml)	0.5	—	0.5	0.5	0.5

充分混匀后，3000r/min 离心 20 分钟，弃上清液，用 γ-计数器测定沉淀物的放射强度。

【结果分析与评价】

1. 结果计算　以各标准管 B/B_0% 为纵轴，标准物浓度(IU/L)为横轴，在坐标纸上绘制标准曲线。在标准曲线上查出各标本的 FSH 浓度。

2. 结果评价　正常值：男性成人 3~13IU/L，女性绝经期后 20~312IU/L；月经周期滤泡期 5~21IU/L，排卵期 12~30IU/L，黄体期 6~15IU/L。

【注意事项】

1. 血清分离过程中避免溶血，严重溶血的标本不能用；组织匀浆要彻底。
2. 按试剂盒提供的步骤进行实验，最好在正式实验前进行预实验，以确定合适的取样量。
3. 血清在 2~8℃保存不能超过 48 小时，否则应放-20℃保存，避免反复冻融。
4. 若待测标本 FSH 浓度超过 100IU/L，则应用 0 标准稀释后重测。
5. 弃上清液注意不得损失沉淀物，否则会明显影响检测结果。
6. 由于血清中 FSH 呈脉冲式分泌，故变化较大，用一次测定值解释结果时，应慎重。
7. 雌激素治疗和某些药物、生物物质可以影响 FSH 的检测结果。
8. 妊娠时高人绒毛膜促性腺激素(hCG)水平可以影响 FSH 测定结果。

二、尿中促卵泡激素检测

【目的与原理】

以促卵泡激素(FSH)为例，学习用酶免疫分析法(ELISA)测定尿液中 FSH，结合血清或组织匀浆中 FSH 的分析结果，综合评价其生殖内分泌状况。

本方法属于酶免疫分析法中的双抗体夹心法，将一抗(抗 FSHβ 亚单位的单克隆抗体)包被在固相载体上，加入含有 FSHβ 亚单位的尿样或系列标准，使 FSHβ 亚单位与包被抗体结合；加入二抗(兔抗 FSHβ 亚单位的抗血清)，使二抗与 FSHβ 亚单位结合，形成一抗-FSHβ 亚单位-二抗复合物；

加入三抗(生物素标记的羊抗兔抗体),使三抗与二抗结合,形成一抗-FSHβ 亚单位-二抗-三抗复合物;再加入 APS(链亲和素连结的酸性磷酸酶),通过酶促反应,测定结合上的 FSHβ 亚单位量。

【器材与试剂】

1. 单克隆抗 β-hFSH(FS2-4A10-G10),兔抗 β-hFSH 抗血清,生物素标记多克隆羊抗兔 IgG,FSHβ 亚单位标准品,完整 FSH(intact FSH)标准品(DPC RIA),p-对硝基酚磷酸(pNPP)。

2. 包被缓冲液 Na_2CO_3 16.9g,加入 H_2O 900ml,调节 pH 值至 9.6,加水补足 1000ml,4℃下保存。

3. 酪蛋白阻断剂 $NaH_2PO_4 \cdot H_2O$ 1.38g,NaCl 9.0g,加入 900ml H_2O,调节 pH 值至 7.5,加入 Tween20 0.5ml,10g 酪蛋白,搅拌使之彻底溶解,加水补足 1000ml,4℃下保存。

4. 缓冲液 B $NaH_2PO_4 \cdot H_2O$ 1.38g,NaCl 9.0g,EDTA 3.8g,Tween20 0.5ml,加入 900ml H_2O,调节 pH 值至 7.5,加水补足 1000ml。4℃下保存。

5. 样本缓冲液 $NaH_2PO_4 \cdot H_2O$ 69g,NaCl 9.0g,BSA 10g,叠氮钠 500mg,加入 900ml H_2O,调节 pH 值至 7.5,加水补足 1000ml。室温下保存。

6. 标准稀释液 $NaH_2PO_4 \cdot H_2O$ 6.9g,NaCl 9.0g,BSA 10g,叠氮钠 500mg,加入 900ml H_2O,调节 pH 值至 7.35,加水补足 1000ml。4℃下保存。

7. APS 缓冲液 Tris 碱 1.21g,NaCl 58g,加入 900ml H_2O,调节 pH 值至 7.5,加入 Tween20 0.5ml,加水补足 1000ml。4℃下保存。

8. 底物缓冲液 二乙醇胺 105g,加入 900ml H_2O,调节 pH 值至 9.0,加入 1mol/L $MgCl_2$ 1ml,加水补足 1000ml。4℃下保存。

9. 洗液(10×)的配制 NaCl 88g,加入 900ml H_2O,搅拌使之溶解,加入 5 ml Tween20,加水补足 1000ml。室温下保存,用时作 1∶10 倍稀释。

10. 器材 96 孔酶标板,12 孔微量可调加样器,尿样稀释仪,全自动酶标仪。

【操作步骤】

1. 尿样的采集 采集 1 次或连续多次的晨尿,-20℃保存,不加任何防腐保存剂;尿样在测定前在沸水中加热 2 分钟,以使尿液中的 FSH 完全解离为 α、β 亚单位。

2. 包被 在酶标板各孔中加入 200μl 10μg/ml 的单克隆抗-βhFSH(用包被缓冲液稀释),室温下孵育 6 小时或过夜。

3. 阻断 除去剩余液体,拍干,每孔加 250μl 阻断剂进行阻断。

4. 加样 除去阻断剂,洗板,样本缓冲液以 50μl/孔的量加入各孔。150μl 加热处理的尿样、倍比稀释(用标准稀释液作稀释)的 FSHβ 亚单位标准及内控分别加入相应各孔内,室温下孵育 6 小时或过夜。

5. 加二抗 洗板后每孔加 200μl 1∶10 000 倍稀释液(用缓冲液 B 进行稀释)的兔抗 β-hFSH 抗血清,室温下孵育 6 小时。

6. 加三抗 洗板，生物素标记的多克隆羊抗兔 IgG 以 1∶6400 的比例稀释（用缓冲液 B 进行稀释）后，每孔加 200μl，室温下孵育 2 小时。洗板后每孔加 200μl 1∶2000 倍稀释（用 APS 缓冲液进行稀释）的碱性磷酸酶（APS），室温孵育 1 小时。

7. 显色 洗板 4 次，加入 1mg/ml pNPP 200μl/孔（用底物缓冲液进行稀释）。上述各步，每次洗板后均需拍干。

8. 读数 应用全自动酶标仪，在双波长（420nm 和 620nm）下读板。

9. 尿肌酐的测定（碱性苦味酸法）96 孔板 B 行各孔加入 100μl 标准和内控，C-H 行每孔加入 50μl 蒸馏水后再加入 50μl 1∶50 倍稀释的尿样，然后各孔加入 50μl 0.75 NaOH 及 0.04 N 苦味酸。应用自动酶标仪测定吸光度值（490nm 和 620nm），测得肌酐浓度。

【结果分析与评价】

1. 结合尿液孕二醇-3-葡糖苷酸（PdG）结果，可以推断不同的月经周期类型（正常未孕周期，正常妊娠周期，卵泡期过长，不排卵，早期胎儿丢失）。

2. 尿液中的 FSH 可用以判断女性生殖功能低下的病因及发病部位：较低水平的 FSH 反映下丘脑或脑垂体的病变；卵泡早期相对低水平的 FSH 可能是卵泡期过长的原因，可能导致不排卵而成为不孕症的病因；整个周期持续高水平 FSH，而不出现尿液 PdG 水平升高，可能提示卵巢功能不良，卵泡不能正常发育。在男性，血清中 FSH 的升高程度与支持细胞-生殖细胞连接受损程度成正比，受损愈严重，FSH 上升愈高。血清 FSH 升高，局部睾酮（T）浓度下降，将直接影响精子的发生，导致少精。

【注意事项】

1. 尿样收集要根据研究需要，做到标准、规范、连续而不中断；标签要规范、清楚；尿样在收集以后到分析前，妥善保存，不可随意、多次解冻。

2. 所有与实验有关的耗材，要清洁无污染，最好使用一次性的实验耗材。

3. 洗板和敲板是本实验的重要一环，要十分熟练，做到干净、利索。

4. 结果分析时要慎重对待极个别短暂的异常值；此外，在判断早早孕丢失时，要力求准确、规范、有统一的标准，必要时须根据临床症状综合判断。

5. 有些药物可能会影响 FSH 的测定，如口服避孕药、促排卵药物等，因此，在正式确定尿样收集前，应了解有关情况，避免各种不良因素的影响。

三、尿中人绒毛膜促性腺激素检测

【目的与原理】

以人绒毛膜促性腺激素（β-hCG）为例，学习运用免疫放射法（IRMA）测定尿液 hCG 的含量，并以该指标评价早期妊娠、早早孕丢失以及临床疾病状态，学会运用该指标评价外源性化学物对女性生殖内分泌功能的影响。

hCG 由 α 和 β 两个亚单位组成，其结合部分存在共同的 B109 结合位点，β 亚单位存在 B204 和 B108 结合位点；在已用 B109 和 B204 包被好的酶标板孔中，加入含有 β-hCG 的样品，样品和 B109 及 B204 发生免疫反应，形成免疫复合物，再加入已被 ^{125}I 标记的 B108，形成免疫复合物，该复合物的量与样品中 β-hCG 的量成正比例，可通过 γ-计数仪测定其放射强度而对样品进行定量。

【器材与试剂】

1. 包被缓冲液　0.2mol/L $NaHCO_3$(16.8g/l)，pH=9.5。

2. Tris 缓冲液(1mol/L Tris，pH=9.0)1L 中含有 1.52g Trizma HCl 和 10.94g Trizma Base(约总 Tris Base 12.1g/l)。

3. BSA 缓冲液　1%BSA(10g/l)，0.1%NaN_3。

4. 缓冲液 B　0.01mol/L $NaHPO_4$，0.15mol/L NaCl，0.07mol/L EDTA，0.1%BGG，0.1%NaN_3，pH=6.0，4℃冰箱保存，备用。

5. B109　hCGβ 亚单位结合克隆抗体，也可以与 hCGα 亚单位结合，是测定结合型 β-hCG 的抗体。

6. B204　hCGβ 亚单位单克隆抗体，只能结合游离型 hCG 的 β 亚单位，是测定游离型 β-hCG 的抗体。

7. hCG 标准品。

8. ^{125}I-B108。

9. 器材　12 孔微量可调加样器、标准 96 孔酶标板(Nunc 板)、全自动 γ-计数仪(Wallac，1470 WIZARDTM，芬兰)、全自动酶标仪。

【操作步骤】

1. 尿样收集方法及保存　从不采取避孕措施的第一个月经周期开始，每天连续留取晨尿，密封、贴上标签(对象编号、留尿日期、周期及天序数)，置冰箱-20℃保存，直至临床确诊为怀孕为止；尿样集中后，按研究对象及留尿时间顺次排好，解冻后，分装于 12 联小塑料试管中，-20℃冷冻保存备用。

2. 包被　在包被缓冲液中加入 B109 和 B204，B109 和 B204 的工作浓度分别为 5μg/ml 和 10μg/ml，轻轻混匀后，放入-20℃冰箱冷冻至少 18 小时，然后解冻，每孔加入 200μl，封板，4℃过夜或 37℃孵化 3 小时。

3. 去除未结合抗体，在纸巾上敲干；加入 250μl 或 300μl/孔的 BSA 缓冲液。室温孵化 3 小时或 4℃过夜，最长可达 4 周。

4. 去除 BSA，用去离子水洗 3 次。

5. 样品准备(提前 1 天准备)取 0.5ml 尿样于玻璃试管中，同时取标准和内控于玻璃试管中，加入 250μl Tris 缓冲液，混匀后沉淀过夜。

6. 在相应的试管内分别加入尿样、标准、内控 200μl/ml。室温孵化 14 小时或 4℃可达 4 天。

7. 倾去板中液体，用去离子水洗板 6 次，加入 200μl/孔 ^{125}I-B108。在缓冲液 B 中加入 ^{125}I-B108，使计数达 60 000~100 000cpm。封板后，室温或 4℃冰箱过夜(4℃冰箱最多可存放 4 天)。

8. 去除板中液体，洗板 5 次，将各孔拆开放入 12×75 的玻璃试管中，γ-计数器测定放射强度。

9. 用碱性苦味酸法测定每份尿样中尿肌酐的含量，作校正用。

【结果分析与评价】

1. 所有尿样的 β-hCG 及相应尿肌酐含量均转入 EXCEL 软件中，计算经尿肌酐校正的 β-hCG 的值。

2. 以月经周期的天序数为横坐标，β-hCG 的值为纵坐标作图。

3. 判断标准

(1) 判断妊娠的标准：尿样中 β-hCG 的含量升高超过基线的 3 倍以上，且随着时间的延长继续升高，并维持较高的水平不下降，至少持续 3 天以上，也可以结合临床综合判断。

(2) 判断发生早早孕丢失(EFL)的标准：从来月经的第一天计算(假如月经周期为 30 天)，约第 18~24 天间，若发生 β-hCG 的含量上升并达到一般水平的 3 倍以上，且持续时间超过三天后再回落到一般水平，即可判断为发生 EFL 一次。(β-hCG 含量变化的时间，可根据尿液中 FSH 或孕二醇-3-葡糖苷酸(PdG)所确定的排卵时间来定，也可根据测定基础体温来确定，一般在排卵后的第 4~10 天内，β-hCG 出现上述情况才可判为有效，否则非 EFL)。

【注意事项】

1. 尿样收集要根据研究需要，做到标准、规范、连续而不中断；标签要规范、清楚；尿样在收集以后到分析前，妥善保存，不可随意、多次解冻。

2. 所有与实验有关的耗材，要清洁无污染，最好使用一次性的实验耗材。

3. ^{125}I-B108 的放射性随时间而衰减，故须根据研究进度适时订购该标记物；此外，在测试过程中，^{125}I 的放射强度要足够(60 000~100 000cpm)，以保证足够的灵敏度。

4. 由于系 ^{125}I 具有放射性，在加样和仪器分析时，要做好自我防护；用完后的耗材，尤其是有放射性的小管，要按规定统一处理，以免污染环境。

5. 结果分析是本实验中十分重要的一个环节，尤其要慎重对待极个别短暂的异常值；此外，在判断早早孕丢失时，要力求准确、规范、有统一的标准，必要时须根据临床症状综合判断。

6. 有些药物可能会影响 hCG 的测定，如口服避孕药、hCG、促排卵药物等，因此，在正式确定尿样收集前，应了解有关情况，避免各种不良因素的影响。

(夏彦恺 张文昌)

第九章

神经毒理学研究方法

第一节 神经毒性评价方法

一、迟发型神经毒性试验

【目的与原理】

了解试验农药的迟发型神经毒性,求出其无作用剂量。

某些有机磷类和氨基甲酸酯类化合物在动物或人类急性中毒恢复后8~14d,可出现一系列持续的神经毒作用,主要表现为运动性共济失调和瘫痪,此即为该类化学物的迟发性神经毒性。该毒性在病理组织学上表现为神经组织呈现脱髓鞘改变。由于母鸡对迟发性神经毒性敏感,可观察到与人类似的步态异常,甚至瘫痪,故母鸡是该毒性试验的常用动物。

【器材与试剂】

1. 器材　显微镜、石蜡切片机/冷冻切片机、温箱、水浴锅、手术器械(剪刀、镊子、止血钳)、骨钳、注射器等。

2. 试剂　三邻甲苯磷酸酯(TOCP)、硫酸阿托品、解磷啶、苏木素、无水乙醇、石蜡(熔点54~56℃或60~62℃)、甲醛、二甲苯、HE染色及髓鞘染色所需试剂。

3. 实验动物　遗传背景明确、健康、步态正常的母鸡,鸡龄8~12个月,体重1.5~2.0kg。

【操作步骤】

1. 试验分组　一般设三个不同剂量的试验组、一个阳性对照组和一个空白对照组,必要时设溶剂对照组。受试物剂量一般在LD_{50}和NOAEL之间设定,应包括人类实际接触量和100倍剂量。

(1) 高剂量组:根据LD_{50}和预试验确定,一般采用LD_{50}剂量。观察期结束时可出现实验动物血胆碱酯酶活性下降,部分动物死亡。

(2) 低剂量组:按预试验确定,可能引起或不引起迟发型神经毒性表现,其剂量一般为高剂量的1/10~1/5。

(3) 中剂量组：在高、低剂量组之间，其中毒表现在Ⅱ级以上，少数动物可达Ⅳ级。

(4) 阳性对照组：一般采用 500mg/(kg·bw) TOCP。

(5) 空白对照：除不接触受试物外，其他各种条件与试验组相同。

2. 动物数量　每个剂量组母鸡数量应保证在观察结束时，至少存活 6 只，到期处死。如需观察恢复情况，应在开始实验时增加延长观察期的动物数。

3. 染毒途径　包括灌胃、胶囊吞咽或咽峡部滴注等经口染毒途径，通常采用一次经口灌胃染毒途径。经口染毒前 15min 内，所有实验母鸡均肌内注射 10mg/(kg·bw) 硫酸阿托品进行保护处理，以对抗急性副交感神经中毒表现，同时肌内注射 25mg/(kg·bw) 解磷定以防止对胆碱酯酶的不可逆抑制。

4. 试验期限

(1) 急性迟发性神经毒性试验观察期一般为 21d。如特殊需要，部分动物可延长 2~4 周或更长时间观察恢复情况。

(2) 亚急性试验每日一次经口给药，每周 7d，连续 28d，末次给药后继续观察 14d。

5. 观察和检查

(1) 一般情况及步态检查：染毒后，每天观察记录试验母鸡的体征，行为活动，记录有无行为异常，运动性共济失调，瘫痪等表现。每周至少两次将母鸡拿出笼子，强迫其运动，如爬楼梯等，以便观察迟发型神经毒性的最小反应。共济失调一般按 5 级进行记录：0 级为正常步态；Ⅰ级腿软、站立姿势及步态稍有异常；Ⅱ级步态严重异常，行走时不断跌倒；Ⅲ级能勉强站立(以跗站立)；Ⅳ级不能站立，通过扇动翅膀移动身体。一般迟发型神经毒性反应在第 7~10d 开始出现，并逐渐加重。

(2) 称重：每周称量试验动物体重一次。

(3) 病理组织学检查：对死亡动物和按时处死动物的病理学组织检查，包括延髓、脑桥、大脑皮质、小脑皮质、脊髓(上位颈段、胸段中部、腰骶结合部)和周围神经(坐骨神经、胫骨神经等)。采用体内灌注固定后取出组织，制作常规石蜡组织切片，进行 HE 染色，坐骨神经切片要做髓鞘和轴索的特殊染色。光镜观察，必要时可作电镜观察。

必要时进行脑和脊髓的神经靶酯酶(NTE)和乙酰胆碱酯酶(AChE)的测定。

6. 数据处理与结果评价　阳性对照组动物中毒主要表现运动共济失调及瘫痪，病理学检查可见典型脱髓鞘改变。阴性对照组动物没有异常改变。将实验组动物与阴性对照组、阳性对照组动物进行比较，根据每组实验动物数及出现上述损伤或异常反应的动物数，计算出现损伤和异常反应的百分率，采用卡方检验分析组间差异是否存在统计学意义，以评价该受试物是否具有迟发型神经毒作用。

通过急性迟发型神经毒性试验，可以对受试物是否有迟发型神经毒作用及作用程度作出评价。

亚急性试验中呈现剂量-效应关系时,可对无作用水平值作出估计。

【注意事项】

1. 剥取神经组织时,切勿损伤神经组织。

2. 对于迟发性神经中毒动物应注意将饲料放置在动物可及范围内,并每天检查动物的进食情况。

二、神经系统组织形态学观察

(一)神经细胞尼氏体染色(硫堇染色)法

【目的与原理】

正常神经细胞都含有一定数量的尼氏体,主要分布于胞浆中,大小不一,形态各异,有的为三角形,有的为椭圆形。尼氏体嗜碱性,能被大部分的蓝色染料如焦油坚牢紫(Cresyl fast violet)、亚甲蓝(methylene blue)、甲苯胺蓝(toluidine blue)、硫堇(thionin)等染为蓝色。尼氏体是神经元蛋白质合成的重要部位,会因生理状态的变化而变化,当神经细胞受损后,胞质内的尼氏体会发生溶解,严重的可消失,据此可对神经元的结构和功能进行评价。

【器材与试剂】

1. 器材　显微镜、冷冻切片机、温箱、水浴锅、手术器械(剪刀、镊子、止血钳)、骨钳、注射器等。

2. 试剂　6%水合氯醛、4%多聚甲醛、0.9%生理盐水、无水乙醇、二甲苯、0.1m 磷酸盐缓冲液、30%蔗糖、硫堇等。

【操作步骤】

1. 染色液配制

0.5%硫堇染液:0.5g 硫堇固体溶于 100ml 的双蒸水中,用玻璃棒搅拌,混匀。

硫堇工作液:将 180ml 双蒸水、9ml 1.0mol/L 醋酸钠溶液、21ml 1.0mol/L 冰醋酸混合,用醋酸调节 pH 至 4.3,加入 18ml 0.5%硫堇染液,混匀后即配成硫堇工作液。

2. 动物处理及样本准备　动物适应性喂养 5~7d 后,随机分为对照组、低剂量组、中剂量组和高剂量组。按研究目的确定染毒剂量、染毒时间、灌注固定、取材。将实验动物麻醉后,经主动脉体内灌注固定组织,取大脑置于 4%多聚甲醛固定 48h,转移至 30%蔗糖中,完全沉底后,将其取出制作冰冻切片(或制作石蜡切片)。

3. 染色步骤　将冰冻切片贴到载玻片上,37℃,30min 烘干,按以下步骤操作:双蒸水 3~5min,硫堇染色 20min,双蒸水 3~5min,70%乙醇 5min、70%乙醇 3min,95%乙醇 2min,100%乙醇 2min、100%乙醇 5min,二甲苯 5min 透明后,用中性树脂封片,待完全干燥后置于光学显微镜下观察。

石蜡切片需经常规脱蜡和复水步骤后,再进行染色。

【注意事项】

1. 尼氏体离体后容易溶解,所以组织取出后应立即固定,否则难以着色。

2. 不同染液的最佳染色时间不一致,需要摸索。

(二)神经髓鞘染色(Luxol fast blue, FFB)法

【目的与原理】

髓鞘是包裹在神经细胞轴突外面的管状鞘,由髓鞘磷脂构成,成节段性。任何因素引起的神经纤维损伤均可导致髓鞘的变性和脱失。进行髓鞘染色可观察正常和病理情况下髓鞘是否完整、有无变性、坏死及修复情况,在神经组织的病理诊断和研究中具有重要的应用价值。Luxol 固蓝(Luxol fast blue,LFB)属于铜-酞染料,在乙醇溶液内具有与髓磷脂结合的染色特性,是国际上认可的髓鞘染色剂,经 LFB 染色,髓磷脂被染成蓝色,观察染色阳性纤维的深浅和多少,可用来定量分析脱髓鞘病变及髓鞘再生等有关髓鞘改变的情况。

【器材与试剂】

1. 器材 显微镜、冷冻切片机、温箱、水浴锅、手术器械(剪刀、镊子、止血钳)、注射器等。

2. 试剂 6%水合氯醛、4%多聚甲醛、0.9%生理盐水、无水乙醇、二甲苯、0.1m 磷酸盐缓冲液、30%蔗糖、solvent blue 38 等。

【操作步骤】

1. 染色液配制 0.1%Luxol 固蓝溶液:0.1g solvent blue 38 加入 100ml 95%乙醇,在温度 50~60℃条件下,于磁力搅拌器中搅拌,用冰乙酸调 pH 至 4.3(约加入 0.5ml)。

2. 动物处理及样本准备 同上。

3. 染色步骤 将冰冻切片贴到载玻片上,37℃,30min 烘干,按以下步骤操作:95%乙醇溶液中 3~5min;Luxol 固蓝溶液中,在 60℃温度下,孵育 2~4h;95%乙醇 3min,70%乙醇 5min;双蒸水 3min;0.05%碳酸锂溶液分化 5min,70%乙醇分化 10s,(镜下观察,灰质和白质能够清晰辨别);双蒸水中 3min,95%乙醇 2min,100%乙醇 2min,二甲苯 5min 透明后,用中性树脂封片,待完全干燥后置于光学显微镜下观察髓鞘。髓鞘呈蓝绿色,脱髓鞘纤维不着色。

【注意事项】

1. 分化这一步很关键,0.05%碳酸锂溶液和 70%乙醇之间可反复洗,应在镜下观察分色情况。

2. 将 LFB 染液 60℃预热后,再 60℃孵育 2h 可得到最佳的染色效果并缩短实验时间。

（三）辣根过氧化物酶神经束路逆行示踪技术（四甲基联苯胺-硝普钠法）

【目的与原理】

辣根过氧化物酶(horseradish peroxidase,HRP)示踪技术的基础是轴突运输,轴突运输是神经元的一项基本活动,即沿胞体到轴突末梢(顺向)及从轴突末梢向胞体(逆向)的物质转运。HRP是一种含血红素基的植物糖蛋白,在H_2O_2存在条件下,可催化外加联苯胺的氧化反应,反应产物具有特异性颜色,如与二氨基联苯胺(DAB)反应呈棕黄色,与四甲基联苯胺(TMB)反应呈蓝黑色,从而可将标记神经元及其突起显现出来。将其注入动物体内,HRP可被神经末梢以胞饮的方式摄入,逆行运送至胞体,经过一定时间后取相应的部位固定、切片,然后用组织化学方法显示HRP的标记可沿轴浆运输线路示踪神经束路,成为了检验神经通路最客观的方法。HRP呈色反应法中,四甲基联苯胺-硝普钠法被认为是最灵敏的显色方法。

【器材与试剂】

1. 器材 显微镜、冷冻切片机、温箱、水浴锅、手术器械(剪刀、镊子、止血钳)、注射器等。

2. 试剂 6%水合氯醛、40g/L多聚甲醛、0.5g/L戊二醛、生理盐水、蔗糖、0.1m磷酸盐缓冲液(PBS)、0.1m醋酸盐缓冲液、HRP粉剂、TMB、亚硝基铁氰化钠(硝普钠)、钼酸铵等。

【操作步骤】

1. 30% HRP溶液 称取30mg HRP粉溶于0.1ml蒸馏水中。

2. HRP示踪 给大鼠腹腔注射水合氯醛(0.6ml/200g · bw)麻醉,固定于手术台上,术野消毒,沿右锁骨下做2~3cm横切口,分离切开皮肤、皮下组织,沿胸大肌和胸小肌的肌纤维走向钝性分离,分别向上、下牵开肌肉,暴露肱二头肌,注入30%HRP溶剂5μl,缝合切口,动物继续存活48h后,再次将动物麻醉,经主动脉弓进行体内灌注固定,首先采用200ml生理盐水冲洗体内血液、更换500ml 40g/L多聚甲醛和0.5g/L戊二醛的0.1m PBS(pH 7.4)灌注固定、再继续灌注含10%蔗糖的0.1m PBS 100ml。切取颈髓C_6节段,置于含30%蔗糖的0.1m PBS中至组织沉底,制备40μm冷冻切片,将冰冻切片贴到载玻片上,37℃,30min烘干。

3. 染色步骤 组织切片用双蒸水冲洗3次,每次15s,然后置于孵育液中避光预反应20min(孵育液由A液和B液混和而成,A液:5mg TMB溶于2.5ml无水乙醇中;B液:100mg硝普钠溶于92.5 ml 0.1m醋酸盐缓冲液中);然后,在孵育液中加入30%双氧水50μl,避光孵育20min;0.01m醋酸盐缓冲液洗切片6次,每次5min。

在钼酸铵溶液(钼酸铵溶液:5g钼酸铵溶于100ml 0.1m醋酸盐缓冲液中)中复染20min。并用0.01 M醋酸盐缓冲液洗6次,每次5min。

切片经蒸馏水漂洗30s,再用70%、80%、95%酒精逐级脱水各1min,二甲苯透明两次,共4~10min,树胶封片,镜下观察。HRP逆行标志神经元胞体呈蓝黑色。

【注意事项】

1. 大鼠臂丛神经在结构及功能上与人类臂丛神经极为相似,肌皮神经从外侧束发出后,行走于臂丛神经外侧进入肱二头肌,全长 2cm 左右,其解剖位置恒定;肱二头肌也是长短两头,起止点及功能与人类相同,仅受肌皮神经支配,其肌皮神经脊髓灰质运动核团主要定位于颈髓 C_6 节段,故选择经肱二头肌注射,存活两天后取 C_6 节段脊髓切片。也可将周围神经离断,断端给予 HRP,观察再生神经纤维结构和功能的重建。

2. 注射后 HRP 的最佳存活期要视 HRP 在轴索输送速度、所进行实验的纤维素长度及胞体内 HRP 在溶酶体的降解速度而定,同时神经通路的功能状态也支配着轴索终末的摄取速度,一般恒温动物轴索 HRP 逆行输送的速率为 70~120mm/d。

3. TMB 的反应产物为水溶性,漂洗和脱水制片过程中容易丢失,硝普钠和钼铵酸作为稳定剂可把反应产物沉淀稳定在酶反应部位。

4. 蔗糖液灌注的目的为置换固定液,放置染色过程中对 HRP 酶活性的影响,其次蔗糖可防止冷冻切片时冰晶的产生。

(四)大脑多巴胺能神经元检测(卵白素-生物素-酶复合物染色法)

【目的与原理】

采用免疫组化技术,在相应特异的抗体,可在细胞、亚细胞水平对各种抗原物质(如蛋白质、多肽、酶、激素、病原体以及受体等)进行定性、定位、定量检测。神经毒物对不同区域神经元的损伤可导致不同的临床症状。大脑黑质多巴胺能(dopamine,DA)神经元丢失被认为与帕金森病的发生相关。许多神经毒物能选择性的破坏黑质 DA 神经元,导致多巴胺递质的大量减少。多巴胺合成中的酪氨酸羟化酶(tyrosine hydroxylase,TH)能够特异的标记 DA 神经元,采用抗 HT 特异性抗体与神经组织孵育,使抗原抗体结合,然后与相应 HRP 标记二抗结合,经 DAB 显色液显色即可显示多巴胺能神经元,因此采用抗 TH 抗体对 DA 神经元进行免疫染色即可观察大脑黑质区域神经元的丢失情况。

【器材与试剂】

1. 器材 显微镜、冷冻切片机、温箱、水浴锅、手术器械(剪刀、镊子、止血钳)、注射器等。

2. 试剂 兔抗 5-HT 抗体、羊抗兔 IgG、6%水合氯醛、40g/L 多聚甲醛、生理盐水、蔗糖、0. 1mol/L 磷酸盐缓冲液(PBS)、0. 1mol/L 醋酸盐缓冲液、卵白素-生物素-酶复合物(ABC)试剂、DAB 显色系统等。

【操作步骤】

1. 样本制备 将待实验大鼠/小鼠麻醉后,经主动脉进行体内灌注固定,取大脑置于 30%蔗糖至沉底后,冷冻切片,制备片厚 40μm 的中脑切片。体外培养神经元制备细胞爬片。

2. 免疫组化染色

(1)将大脑切片置于 1ml 0. 1mol/L PBS 的 24 孔板中,振摇洗涤 15min。

(2) 更换 1%H_2O_2 孵育 15min，消除内源性过氧化物酶；0. 1mol/L PBS 振摇洗涤 2 次，每次 15min。

(3) 0. 4%TritonX-100、1%BSA、0. 1mol/L PBS 和 4%羊血清封闭非特异性吸附 20~30min。

(4) 置于含 5%BSA、0. 4%TritonX-100 和 0. 1mol/L PBS 的兔抗 5-HT 抗体中 4℃摇床过夜，次日，将切片采用 0. 1mol/L PBS 清洗 3 次，每次 10min。

(5) 与含有 0. 3%TritonX-100 和 0. 1mol/L PBS 的羊抗兔 IgG(二抗)室温孵育 2h；0. 1mol/L PBS 清洗两次，每次 15min。

(6) 加入 ABC 复合物(需提前半小时配制)室温孵育 30min，然后用 0. 1mol/L PBS 清洗 3 次，每次 10min。

(7) 将 DAB 固体加入到 5ml 的双蒸水中(避光)，将切片放入 DAB 显色，大约 2~3min 后，转移到 0. 1mol/L 的 PBS 中，终止染色。用 0. 1mol/L PBS 清洗 2 次，每次 10min。

(8) 将切片贴到防脱载玻片上，烘干。

(9) 经 70%乙醇 2min、85%乙醇 2min、95%乙醇 2min 以及 100%乙醇 2min、100%乙醇 5min 梯度脱水和二甲苯透明两次，每次 5min 后，中性树脂封片，镜下观察。多巴胺能神经元胞体及神经纤维呈现棕褐色。

【注意事项】

1. 实验设立空白对照组，对照实验分别用兔血清代替兔抗 5-HT 抗体，0. 01mol/L PBS 代替羊抗兔 IgG，其他步骤同实验组。

2. 抗体浓度需要摸索，一抗孵育最好 4℃过夜，以减少非特异性染色。

3. 如采用石蜡切片进行免疫组化染色，切片需进行常规脱蜡、水化和抗原修复后，再进行免疫染色。

三、神经系统生理学与生物化学检测方法

(一) 动物大脑兴奋性神经递质的测定(高效液相色谱法(HPLC 法))

【目的与原理】

谷氨酸(glutamic acid，Glu)和天冬氨酸(aspartic acid，Asp)是脑内的兴奋性神经递质，一些外源化合物通过影响大脑内兴奋性神经递质的水平呈现神经毒性。用 2，4-二硝基氟苯(DNFB)柱前为柱前衍生剂，选用 C18 柱分离和紫外检测器可检测大脑组织中谷氨酸和天冬氨酸含量，根据外源性化学物质对实验动物大脑内兴奋性神经递质含量水平的影响，评价外源性神经毒物的作用模式。

【器材与试剂】

1. 器材　HPLC 仪，Waters C18 柱，高速低温离心机。

2. 试剂　L-谷氨酸、L-天冬氨酸、2,4-二硝基氟苯(DNFB)、甲醇、乙腈(色谱纯)等。

3. 标准溶液的配制　精密称取 Glu、Asp 标准品各 5.0mg,置于 10ml 容量瓶中,用 50%甲醇水溶液溶解并定容,使之配成 0.5mg/ml 的混合标准溶液,4℃保存备用。

分别吸取混合标准溶液 0.5ml,1.0ml,2.0ml,2.5ml,3.0ml,4.0ml 加入到 10ml 容量瓶中制成 25μg/ml,50μg/ml,100μg/ml,125μg/ml,150μg/ml,200μg/ml 的标准系列。

【操作步骤】

1. 动物处理及样本制备　染毒或对照大鼠处死后,剥离动物大脑,称取其脑组织 0.1g 放入预冷的匀浆管中,并加入 19.9ml 4℃预冷的 50%甲醇水溶液。制备 2%的脑组织匀浆液并在低温下 12 500 转/min 离心 10min,并吸取上清液再次离心后吸取上清液备用。

2. 高效液相色谱工作参数　色谱柱:Waters C18 柱(250mm×4.6mm,5μm);流动相:A:乙腈,B:乙酸钠缓冲液(浓度:0.05mol/L,醋酸调至 pH 6.0),C:水;流速:1.0ml/min;柱温:40℃;进样量:10μl;检测波长:350nm。梯度洗脱程序:0min:A∶B∶C(6∶88∶6);0~5min:A∶B∶C(17.5∶65∶17.5);5~13min:A∶B∶C(30∶40∶30);13~25min:A∶B∶C(6∶88∶6)。

3. 标准曲线的制作　取上述标准系列 300μl 加入 EP 管内,再加入 200μl 0.5mol/L $NaHCO_3$ 溶液和 100μl 0.5%DNFB 溶液混匀,避光 65℃水浴 55min。经 0.22μm 滤膜过滤后用高效液相检测。测定峰面积。以标准工作液浓度为横坐标,以峰面积为纵坐标,绘制标准曲线。

4. 样品测定　吸取上清液 300μl 加入 EP 管内,再加入 200μl 0.5mol/L $NaHCO_3$ 溶液和 100μl 0.5%DNFB 溶液混匀,避光 65℃水浴 55min。经 0.22μm 滤膜过滤后用高效液相检测。

5. 精密度　选取高、中、低三种浓度的样品,每种浓度取 6 个平行样,在相同条件下连续测量 6 次(日内)和重复测定 6 天(日间),计算相对标准偏差,一般要求相对标准偏差≤10%。

6. 准确度　取已知含量的不同组织样品,分别准确加入标准品,衍生化后进行测定,根据加入量和实际测定数据计算回收率。

【注意事项】

1. 流动相 pH 是影响分离的一个重要因素,本实验条件下,pH 为 6.0 时分离效果最好。

2. 各种液体使用前最好经超声脱气,避免检测过程中有气泡进入检测通道。

3. 色谱柱温度会影响出峰时间,实验过程中注意控制柱温在 30℃。

4. 因为氨基酸类神经递质易分解,动物组织要保证新鲜,最好-80℃保存。标准溶液现用现配。

5. 水浴加热时要避光操作。

(二)大脑组织γ-谷氨酰半胱氨酸连接酶蛋白质、mRNA 及活性测定

【目的与原理】

谷胱甘肽(GSH)是由 L-谷氨酸、L-半胱氨酸和甘氨酸组成的抗氧化三肽,是神经细胞内最重要的抗氧化物质,γ-谷氨酰半胱氨酸连接酶(γ-GCL)是 GSH 合成过程中最重要的限速酶,该酶活

性与细胞内 GSH 的含量水平密切相关。

γ-GCL 是异二聚体酶，由催化亚基（GCLc）和调节亚基（GCLm）组成，它们分别由两个独立基因编码。催化亚基 GCLc 具有全酶活性，但与调节亚基 GCLm 结合后，催化效率明显提高。外源化合物导致机体氧化应激时 γ-GCL 的 mRNA 和蛋白质会代偿性升高，有些抗氧化物质也可通过促进 γ-GCL 的表达作用，γ-GCL 的上调为细胞抵抗氧化应激导致细胞功能障碍提供一种保护机制。采用抗 GCLc、GCLm 的特异性抗体与神经组织中 GCLc、GCLm 结合，然后加入辣根过氧化酶（HRP）标记二抗，氧化底物发光，感光胶片，即可在蛋白质水平显示大脑组织中 GCLc、GCLm 的变化。提取大脑组织总 RNA，反转录为）标记二抗，氧化底物发光，感光胶片，即可在蛋白质水平显示大脑组织中 GCLc、GCLm 的变化。提取大脑组织总 RNA，反转录为 cDNA 后，采用特异 GCLc、GCLm 引物，PCR 扩增后，可在检测 GCLc、GCLm 的转录水平。

生理条件下，2，3-萘二甲醛（NDA）与 GSH 及其前体物质-谷酰胺半胱氨酸（γ-GC）反应产生荧光物质，在激发波长 485nm 和发射波长 528nm 下产生荧光物质，采用酶标仪进行荧光测定。分别测定得到 GSH-NDA+GC-NDA 吸光度以及 GSH-NDA 背景值吸光度，其差值相减得到 γ-GC-NDA 的测定值。根据 γ-GC-NDA 测定值来判断 γ-GCL 活力的大小。

1. 大脑组织中 γ-谷氨酰半胱氨酸连接酶活性测定

【器材与试剂】

器材：多功能酶标仪或荧光分光光度计、组织匀浆器。

试剂：

(1) 匀浆缓冲液：20mmol/L Tris，1mmol/L EDTA，250mmol/L 蔗糖，20mmol/L 硼酸钠，和 2mmol/L 丝氨酸。

(2) 20mmol/L 半胱氨酸。

(3) γ-GCL 反应混合液：400mmol/L Tris、40mmol/L ATP、40mmol/L L-谷氨酸、2mmol/L EDTA、20mmol/L 硼酸钠、2mmol/L 丝氨酸，40mmol/L $MgCl_2$。

(4) 2，3-萘二甲醛（NDA）混合液（v/v/v）：将以下物质按 2∶1∶6 混合，5mmol/L NDA（甲醇溶液），0. 5mmol/L NaOH，58mmol/L Tris。

(5) 200mmol/L 磺基水杨酸（SSA）。

(6) γ-GC 标准溶液：将 γ-GC 标准品加入匀浆缓冲液中进行等倍稀释，使其成为 0、50、100、200、400、800、1600μM 的浓度系列。

实验动物：大鼠、小鼠。

【操作步骤】

(1) 动物分组及处理：动物适应性喂养 5～7d 后，随机分为对照组、低剂量组、中剂量组和高剂量组。根据研究目的确定染毒剂量、染毒时间。实验结束，取动物大脑迅速置于液氮中速冻，转移至-80℃冰箱储存备用。

（2）取动物大脑组织，用匀浆缓冲液按 1∶9 比例在 4℃制备匀浆。

（3）将上述匀浆液置于离心机中，10 000g，4℃离心 10min，取上清液，15 000g，4℃离心 20min，取上清液。

（4）BCA 法测定上清液蛋白质浓度，并调整标本蛋白质浓度为 50mg/ml。

（5）取 100μl 调整好蛋白含量的上清液、20mmol/L 半胱氨酸与 γ-GCL 反应液 100μl 充分混合，37℃孵育 5min 后，再加入 30mmol/L 半胱氨酸溶液 100μl，37℃孵育 13min。

（4）加入 100μl 200mmol/L SSA 终止酶反应。

（5）反应液冰上放置 30min，2000g，4℃离心 10min，取 20μl 加入 96 孔板中。

（6）标准系列：分别吸 100μl 不同浓度的 γ-GC 标准溶液（0、50、100、200、400、800、1600μmol/L）于 96 孔板中，各加入 100μl 的 γ-GCL 反应液，100μl 的 200mmol/L SSA，100μl H_2O，混匀后，分别取 20μl 置于 96 孔板中。

（7）以上样品和标准品孔中每孔均加入 180μl 的 NDA，室温下避光孵育 30min。

（8）在激发波长 472nm、发射波长 528nm 下测定 OD 值。

（9）将测定的 GSH-NDA+γ-GC-NDA 测定值减去 GSH-NDA 测定值，根据标准曲线，即可算出组织中 γ-GCL 的活性（nmol/min/mg）。

2. Western blot 检测大脑组织中 γ-谷氨酰半胱氨酸连接酶蛋白质含量

【器材与试剂】

器材：电泳仪、组织匀浆器等。

试剂：抗 GCLc、GCLm、β-actin 特异性抗体、HRP 抗鼠 IgG、电泳试剂、ECL 试剂、胶片、PVDF 膜等。

【操作步骤】

（1）制备组织匀浆：取大脑皮层组织，按 1∶5 比例加入预冷的 RIPA 裂解液（150mmol/L NaCl、5μg/ml 亮抑酶肽、5μg/ml 蛋白酶抑制剂、1mmol/L EGTA、1mmol/L PMSF、0.5%NP-40、1%脱氧胆酸钠、0.25%SDS、50mmol/L Tris-HCl，pH 7.4）4℃制备匀浆（采用手动或电动匀浆器）。将匀浆后液体放于 4℃静置 30min，然后在 4℃下以 20800g 离心 30min。收集上清液，取一部分使用 BCA 蛋白浓度测定试剂盒进行蛋白浓度测定，其余分装储存于-80℃待用。

（2）电泳样品制备：根据上清液中的蛋白质浓度，将适量样品和 3×上样缓冲液混合，使得最终电泳样品蛋白含量为 2μg/μl，充分混匀后，将其置于 100℃金属浴中加热 10min，室温冷却，现用现配。

（3）SDS-PAGE：采用上样枪头吸取 25μl 样品插入孔道底部，缓慢加样。然后置于电泳分离，待溴酚蓝到达合适位置后，停止电泳，根据蛋白质 marker 的指示作用切下目标蛋白所在的凝胶区域,放入转印缓冲液中。

(4) 转印:转印使用PVDF膜。根据目标蛋白凝胶区域的大小提前剪好合适的PVDF膜,将其放于甲醇中活化30s。于转印前至少30min,将活化的PVDF膜、滤纸和海绵浸于转印缓冲液中待用。

电泳后,在转印缓冲液中组装转印三明治,顺序依次为:正极、海绵、滤纸、PVDF膜、凝胶、滤纸、海绵、负极,注意赶走气泡。组装好后将其放入加有4℃预冷转印缓冲液的转印槽中,按照目的蛋白条带的大小确定转印时间(1~3h)。

(5) 杂交:转印完毕后拆开转印三明治,取出PVDF膜,用蒸馏水稍作清洗,将其正面朝上放于5%脱脂奶粉中室温封闭30min。然后取出放在配制好的一抗(1%BSA,TBST)中孵育,4℃过夜。用TBST(0.05%吐温-20)清洗3次,每次10min,然后用HRP标记的二抗室温孵育1h。用TBST清洗3次,每次10min,即可进行化学发光。

(6) 化学发光:PVDF膜与化学发光液反应5min,滤纸吸走多余的发光液,保鲜膜包裹PVDF膜,采用感光胶片感光、显示蛋白带。

(7) 结果分析与评价:胶片扫描后,采用分析软件对目的蛋白条带光密度分析,β-actin为上样内参蛋白。采用统计学软件将比较各组蛋白表达的差异。

3. 实时荧光定量PCR(quantitative real time PCR,qRT-PCR)检测大脑组织中γ-谷氨酰半胱氨酸连接酶mRNA含量

【器材与试剂】

器材:荧光定量PCR仪、NanoDrop 2000C超微量分光光度计或荧光分光光度计、组织匀浆器。

试剂:Trizol、氯仿、异戊醇、乙醇、Thermo Scientific RevertAid First Strand cDNA Synthesis Kit、Maxima® SYBR Green qPCR Master Mix。

【操作步骤】

(1) 大脑皮层总RNA提取:所用物品均为高压消毒或RNase-free。取100mg大脑组织,放入玻璃匀浆管中,加入1ml Trizol匀浆。用1ml注射器(6号针头)反复抽吸匀浆液至少2次,将液体转移至1.5ml Ep管,加入200μl氯仿/异戊醇(24∶1),剧烈震荡30s,然后以12 000r/min离心5min。取上清液至1.5ml Ep管,加入等体积异戊醇,室温静置5min后再次以12 000r/min离心5min。小心弃去上清液,加入70%乙醇700μl洗涤,重复2次,然后以12 000r/min离心2min。尽可能吸取上清液,保证沉淀不丢失,室温下干燥。

干燥后加入50μl DEPC-H_2O溶解沉淀,取1.5μl采用NanoDrop 2000C超微量分光光度计测定RNA的浓度和纯度(OD_{260}/OD_{280}、OD_{260}/OD_{230}),并调整各样品RNA均为500ng/μl(或采用分光光度计分别检测RNA OD_{260}及OD_{280})。

(2) 引物合成:使用软件 Primer6 设计 GCLc、GCLm 和 β-actin 上下游引物,引物序列如表 9-1:

表 9-1 GCLc、GCLm 和 β-actin 引物顺序

目标蛋白	引物顺序(bp)
GCLc	Forward:5′ CTGAGGCAAGATACCTTTATGACC 3′
	Reverse:5′ GTAGCTATCTATTGAGTCATACCGAGA 3′
GCLm	Forward:5′ CTGTACCAGTGGGCACAGGTAA 3′
	Reverse:5′ TTGGGTCATTGTGAGTCAGTAGC 3′
β-actin	Reverse:5′ GTAGCTATCTATTGAGTCATACCGAGA 3′
	Reverse:5′ ATACCCACCATCACACCCTG 3′

(3) 逆转录合成 cDNA:按 Thermo Scientific RevertAid First Strand cDNA Synthesis Kit 指示操作,反应体系如下:

RNA(500ng/μl)	1μl
Oligo dT 引物	1μl
5×Reation Buffer	4μl
RiboLock RNase Inhibitor	1μl
10mM dNTP Mix	2μl
RevertAid M-MuLV 反转录酶	1μl
H_2O, nuclease-free	至 20μl
总体积	20μl

42℃,60min;70℃,5min。

(4) qRT-PCR 测定 mRNA 水平:按照 Maxima® SYBR Green qPCR Master Mix 指示操作,反应体系如下:

SYBR mix	12. 5μl
Forward primer	1μl
Reverse primer	1μl
Template DNA	1μl
H_2O, nuclease-free	9. 5μl
总体积	25μl

95℃,10min;(95℃,15s;60℃,30s;72℃,30s)×40 个循环;72℃,10min。同时进行溶解曲线分析。

(5) 结果分析与评价:使用 $2^{-\Delta\Delta Ct}$ 的方法来计算大鼠 GCLc 和 GCLm 基因对于 β-actin 基因的相对表达量。采用统计学软件将比较各组 mRNA 的差异。

【注意事项】

(1) 样品制备过程应注意保持低温条件。

(2) RNA 提取过程应注意防止 RNAase 污染。

(三) 大鼠海马组织突触膜谷氨酸受体的放射配体结合分析

【目的与原理】

兴奋性神经递质谷氨酸通过和神经细胞膜上的受体结合后发挥功能,谷氨酸受体包括离子型受体(ionotropic glutamate receptor, iGluR)和代谢型受体(metabotropic glutamate receptors, mGluR)两大类:离子型受体包括 N-甲基-D-天冬氨酸受体(N-methyl-D-aspartate receptor, NMDAR)、海人藻酸受体(kainate receptor, KAR)和 α-氨基-3-羟基-5-甲基-4 异噁唑受体(α-amino-3-hydroxy-5-methyl-4-isoxazole-propionic acid receptor, AMPAR),它们与离子通道偶联,形成受体通道复合物,介导快信号传递;代谢型受体(mGluRs)与膜内 G-蛋白偶联,这些受体被激活后通过 G-蛋白效应酶、脑内第二信使等组成的信号转导系统起作用,产生较缓慢的生理反应。谷氨酸中度激动其受体可兴奋神经元,改善认知功能;过度激动则破坏神经元,引起神经元损伤。

选择或制备含有受体的突触体膜,将放射性标记的配基(谷氨酸)共同在一定温度和时间条件下孵育,在恰当的条件下分离已与受体结合的和未结合的游离标记配基,测定结合和游离的配基浓度,可计算出不同处理条件下各组动物突触前膜谷氨酸和受体结合的速率常数及/或亲和常数。

【器材与试剂】

1. 器材 液闪计数仪、低温高速离心机、超速离心机,水浴箱。组织匀浆器、多头细胞收集器、49 型玻璃纤维滤膜。

2. 试剂 匀浆缓冲液(1mmol/L $NaHCO_3$ pH 7.45~7.55)、L-[^3H]-谷氨酸(放射性比活度 19.2TBq/mmoL)、L-谷氨酸、结合反应缓冲液(0.05mmol/L Tris-HCL 缓冲液, pH7.4)、梯度蔗糖(70%、45%、41%、37%, w/v)、闪烁液(萘 75g、POPOP 0.3g、PPO 6g、乙二醇独甲醚 300ml,加二甲苯至 1000ml)。

【操作步骤】

(1) 动物大脑突触膜制备:取实验动物大脑组织,称重后尽量剪碎组织,以匀浆器制备组织匀浆。四层纱布过滤匀浆液,滤液用超声波震荡 3min 后,12 100×g 离心 20min,取沉淀做蔗糖密度梯度离心。沉淀用少许 Tris-HCl 缓冲液稀释,加入 70%蔗糖充分混匀,使样品液中蔗糖的最终浓度为 48%,随后,在此样品上层依次铺上 45%蔗糖、41%蔗糖和 37%蔗糖,保证各密度梯度的层次分明。78 000×g 离心 2h,收集 37%~41%蔗糖界面的膜成分。加入适量匀浆缓冲液适量稀释, 27 000×g 离心 20min。将沉淀溶于少量 0.05mmol/L Tris-HCl 缓冲液,用酚试剂法测定此突触膜受体制剂的蛋白浓度。上述操作均在冰浴下进行,制备的突触膜受体分装后置-80℃贮存备用。

(2) 配体受体结合反应:将 100μl 100nmol/L~100μmol/L 一系列浓度梯度的 L-谷氨酸、100μl 50nmol/L L-[^3H]-谷氨酸以及蛋白含量为 0.04mg/100μl 的突触膜受体制剂加入试管中,用结合反应缓冲液补足反应体系至0.5ml,非特异性管中加入5mmol/L *L*-谷氨酸100μl。混匀,置25℃水浴振荡箱中温育30min后,即可加入1ml冰冷结合反应缓冲液终止反应。立即用多头细胞收集器将配基-受体复合物收集在滤膜上,并用Tris-HCl洗涤3次。将滤膜置闪烁瓶中,37℃干燥后,加5ml闪烁液,避光静置2~3h后,在液体闪烁计数仪上测定放射性强度。数据经RBA分析软件处理,就可得到K_d值和B_{max}值。

通过比较各组动物突触膜的K_d值和B_{max}值,可以反映受试物对突触膜谷氨酸受体和谷氨酸结合的影响。

【注意事项】

(1)样品制备在4℃下操作,所用试剂应在4℃冰箱过夜或冰浴中预冷。

(2)匀浆在每分钟850转上下10次左右,匀浆不足会增加大片质膜、膜囊泡的污染,降低产率,而过度会使膜片断裂,造成回收率下降。

(3)实验过程应注意放射性防护,放射性废弃物应严格按照相关规定处置。

四、电生理实验方法-大鼠在体尾神经传导速度测定

【目的与原理】

利用神经及肌肉的电生理特性,以电流刺激神经记录其运动和感觉的反应波或用针极记录肌肉的电生理活动,可帮助探测病变的性质(区分神经病变或肌肉病变)、病变位置(神经根、丛、或外围神经病变)以及严重程度,以协助正确临床诊断、治疗方式选择及评估效果与预后。大鼠尾神经传导速度变异小,方便易测,便于动态观察。

【器材与试剂】

多导联神经肌电诱发电位仪。

【操作步骤】

1. 动物分组及处理 动物适应性喂养5~7d后,随机分为对照组、低剂量组、中剂量组和高剂量组。根据研究目的确定染毒剂量、染毒时间。

2. 30mg/kg戊巴比妥钠经腹腔注射麻醉大鼠,俯卧位固定,电磁屏蔽室内测定,室内温度保持25℃。

3. 温水清洁大鼠尾部皮肤后,95%乙醇脱脂处理。用涂有导电糊的弹簧金属环电极作为刺激电极套在大鼠尾部近端,记录用铂针电极插入鼠尾部远端肌肉中,靠近侧面尾静脉处,参考电极放置鼠尾远端,距记录电极约2cm处,接地电极放置刺激电极和记录电极间。

4. 参数选择:刺激脉冲波宽0.1ms,刺激频率2Hz,灵敏度0.2mV/cm,时程3ms/cm,滤波带通(30~2000Hz)。刺激从小开始,逐渐增加刺激强度,记录到最大稳定复合动作电位图形时接收波形,测定刺激电极距记录电极的距离并输入仪器,尾神经传导速度的结果将自动记录并显示。

【注意事项】

因温度对神经传导速度影响较大，故室内温度应保持恒定，被测动物应保持体温一致。

五、MRI 和^{1}H-MRS 在神经毒性研究中的应用

（一）磁共振成像（MRI）的应用

MRI 是一种无创性以信号形式反映图像信息的研究和诊断技术，基本原理是人体组织内丰富的氢质子可自旋产生磁场，其排列是杂乱无章的，在外加强磁场作用下，排列紊乱的质子变成有序特异的排列，出现除自旋外环绕外磁场的轴旋转，当轴旋转频率与所受到射频脉冲频率相等时便产生磁共振现象。经过空间编码技术，用探测器检测接收以电磁形式放出的磁共振信号，输入计算机，经过数据处理转换，最后将人体的组织形态重建成像。

以 Mn^{2+}为探针的锰离子增强磁共振成像（MEMRI）是近年来发展迅速的一种脑成像新技术。Mn^{2+}是强顺磁性钙离子竞争剂，可以经钙离子通道进入神经细胞，通过轴突、突触运输，减少含Mn^{2+}组织的 T_1 值，从而增强区域 T_1 加权 MRI 信号。目前，MEMRI 主要用于：（1）无创性（后同）观察脑的功能活动；（2）在体内动态地追踪神经传导通路；（3）精细观察脑部形态学。MEMRI 是探测生物体内的分子过程和大脑功能活动的重要工具和手段。王旭霞等采用 T_1 加权 MRI 研究了经静脉注射、腹腔注射、鼻腔滴入和口腔摄入 $MnCl_2$ 溶液时，Mn^{2+}在大鼠脑的分布与选择性蓄积。结果发现，除口腔摄入方式外，其他摄入方式均可导致 Mn^{2+}在大鼠脑有选择性分布，且分布模式与摄入方式有关。了解不同摄入条件下 Mn^{2+}在中枢神经系统中的分布，可为进一步研究锰的神经毒性提供科学依据。

（二）氢质子磁共振波谱（^{1}H-MRS）的应用

MRS 基本原理是一种利用核磁共振现象和化学位移作用对一系列特定原子核及其化合物进行分析的方法。由于不同原子核所处的化学环境不一样，从而产生共振频率的微小差别，导致磁共振谱峰的差别，从而识别不同代谢产物及其浓度。MRS 可以无创性获得活体内生化、能量代谢信息，并可半定量分析化合物的浓度，如 N-乙酰 d 门冬氨酸（NAA）、胆碱（Cho）、肌酸（Cr）、乳酸（Lac）、肌醇（mI）、谷氨酰胺及谷氨酸复合物（Glx）和脂质（Lip）等。许多疾病的代谢改变早于病理形态改变，而 MRS 对这种代谢改变的潜在敏感性很高，能提供信息检测早期病变。

N-乙酰 d 冬氨酸（NAA）是一种代谢产物，在神经元细胞丢失时会减少，MRS 能通过检测 NAA 含量变化来发现锰的早期神经毒效应。Guilarte 等发现，染锰雄性恒河猴组苍白球等脑区除锰含量增高、MRI T_1 WI 信号增强外，^{1}H-MRS 显示顶叶皮质 NAA/Cr 比值明显比与本底小，染锰后额叶白质 NAA/Cr 比值下降接近显著性水平（$P=0.055$），提示在慢性锰暴露过程中，锰不仅大

量蓄积在基底核,而且也蓄积在白质和皮质结构,并对这些部位产生毒作用,顶叶皮层 NAA/Cr 比值的明显下降提示持续的神经元丧失或神经元功能障碍。

第二节 神经行为功能评价方法

一、FIOH 测试组合

芬兰职业卫生研究所(FIOH)测试组合内容有 Benton 视觉保留(Benton visual retention)试验、Bourdon-Wiersma 试验、对称画(symmetry-drawing)试验、Mira 试验(Mira test)、手提转速度试验(Santa Ana)、反应时间(Reaction time)试验、韦克斯勒记忆量表(Wechsler memory scale)、韦克斯勒成人智力量表(Wechsler adult intelligence scale)。

Benton 视觉保留试验、Bourdon-Wiersma 试验、对称画试验主要测定视觉感知的能力;Mira 试验、手提转速度试验和反应时间试验主要测定肢体的反应能力和活动功能;韦克斯勒记忆量表和韦克斯勒成人智力量表主要测试人的认知和记忆的能力。

FIOH 测试组合中之 Benton 视觉保留、手提转速度及反应时间等项测试与 WHO-NCTB 测试组合项目相同。

韦克斯勒记忆量表包括经历、时间及空间记忆、数字顺序关系、逻辑记忆、数字广度、视觉再生及联想记忆共 7 个分测验。受试者进行每一分测验按规定方法记分,即原始分,再转化为量表分,总量表分再转化为记忆商(MQ),以评价记忆水平。

韦克斯勒成人智力量表包括语言量表及操作量表。语言量表包括文字的,即常识、理解、算术、相似性、词汇及数字广度 6 个分测验。操作量表包括非文字的,即数字译码、图画补缺、积木图案、图片排列、图像组合共 5 个分测验。记分方法与韦克斯勒记忆量表相似,最后转化为语言智商、操作智商和总智商,评价受试者的智力水平。

二、WHO-NCTB 测试组合

WHO 选定的神经行为核心测试组合(neurobehavioral core test battery,NCTB)包括情绪状态(profile of mood states,POMS)试验、手提转速度试验(Santa Ana)、目标瞄准追击试验(aiming)、简单反应时间试验(simple reaction time)、数字译码试验(digit symbol)、视觉保留试验(Benton visual retention)和数字广度试验(digit span)7 个试验。

三、NES 方法

神经行为评价系统(neurobehavioral evaluation system,NES)是 1986 年 Letz 和 Baker 提出一组

利用计算机进行测试的测试组合。

NES 方法包括 5 方面共 17 项试验，有心理活动、感知能力、记忆及学习、认知能力和情感 5 个方面。心理活动方面包括数字译码试验、眼-手协调（hand-eye coordination）试验、简单反应时间试验、连续操作试验（continuous performance test）、指叩（finger tapping）试验；感知能力（perceptual ability）方面用图案比较（pattern comparison）试验测试；记忆及学习（memory and learning）能力方面包括数字广度试验、联想学习（paired-associate learning）试验、联想回忆（paired-associate recall）试验、视觉保留试验、图像记忆（pattern memory）试验、记忆扫描（memory scanning）试验和系列数字学习（serial digit learning）试验；认知（cognitive）能力方面包括词汇（vocabulary）测试、横向加法（horizontal addition）试验和注意力调转（switching attention）试验；情感（affect）包括情绪状态试验。

第三节 行为发育毒性测试方法

常用测试组合有辛辛那提行为发育毒性测试组合（Cincinnati behavioral teratology test battery，CBTTB）和行为发育毒性研究组合（the battery used in collaborative behavioral teratology study，CBTS）。

一、行为发育毒性测试组合

行为发育毒性测试组合（CBTTB）主要侧重学习能力测试。如近期记忆包括 T 形迷宫、Y 形迷宫、水迷宫等；学习能力包括主动回避反射、被动回避反射、光鉴别试验、运动鉴别试验等。

长期接触某些化学物质，可能出现神经衰弱综合征，且有记忆力减退。因此通过实验了解毒物对动物记忆力的影响，可以作为毒物是否引起大脑皮质功能障碍的客观指标。目前，采用动物迷路试验来观察毒物对记忆力的影响，这是条件反射实验方法的一种。迷路试验方法甚多，一类系与防御运动反射相结合，另一类系与食饵运动反射相结合。

（一）大鼠 Morris 水迷宫实验

【目的与原理】

Morris 水迷宫（Morris water maze，MWM）实验是一种强迫实验大鼠游泳，是测定动物空间学习能力和记忆水平的经典检测方法。在一圆形水池壁固定位置上标志 4 个形状不同的标记将水池平均分为 4 个象限，并将一个圆形平台置于任一象限中央。水池中注水，水面高出平台 1cm，保持池壁标记位于水面之上。由于大鼠倾向于逃避水环境，所以在被放入水中后会主动寻找平台并待在上面。由于平台没于水下，平台的位置仅与池壁上的标志有关，故大鼠寻找平台的花费时间(逃避潜伏期,escape latency)、游泳路程及运动轨迹可以反映大鼠的空间认知功能。测试程序主要包括定位航行试验(place navigation)和空间探索试验(spatial probe)。前者一般连续测试5d,每天将大鼠面向池壁分别从4个入水点放入水中,记录其逃避潜伏期和游泳路程反映动物的学习能力,后者是在定位航行试验后去除平台,然后任选一个入水点将大鼠放入水池中,记录其在一定时间内的游泳轨迹,考察大鼠对原平台的记忆。

【器材与试剂】

Morris水迷宫,由圆形水池(含一可移动圆形平台)和影像采集记录及数据处理系统组成。圆形水池为黑色,直径180cm(小鼠用直径120cm),高60cm,外围不透明帘布以降低周围环境的影响,摄像机悬挂于水迷宫正上方,使之能拍摄水迷宫全貌。

【操作步骤】

1. Morris水迷宫试验前准备　将平台放置于Ⅰ象限中部,水面高于圆形平台1cm,调整并保持池中水温恒定在(25±1)℃。

2. 定位航行实验　将实验动物面朝池壁分别从4个标志处轻轻丢入水中,直至其找到平台,记录其游泳路线并通过电脑软件进行分析。以上操作重复5d,第1d为训练时间,其后4d为正式试验。一次试验中,大鼠在水中游泳的时间最长为120s(小鼠为90s),120s之后实验人员将未找到平台的大鼠引导至平台之上,该次试验逃避潜伏期记为120s。每两次试验之间给予大鼠30s间隔时间(此段时间大鼠均位于平台之上)。大鼠从被放入水中至找到平台所需的时间称为逃避潜伏期(s),从被放入水中至找到平台所经过的距离为游泳总路程(cm)。定位航行试验中的逃避潜伏期和游泳路程可以反映大鼠的空间学习能力。

3. 空间探索实验　在水迷宫试验的第6d进行。移除水下平台,将实验动物按上述操作放入水中,并将每次游泳时间设为90s,记录其游泳路线并通过电脑软件进行分析。大鼠在平台原来所在象限内游泳的时间占总时间的百分比为目标象限时间百分比;规定时间内大鼠经过平台原来所在位置的次数为穿越平台次数,两者可以反映大鼠的空间记忆能力。

4. 数据统计处理　采用重复测量数据对逃避潜伏期和游泳距离进行统计学分析,同时对不同组别动物的搜索策略、穿越原平台次数等指标进行统计学处理,方差不齐时采用非参数检验。

【注意事项】

1. 实验过程中保持实验室安静和光线一致。

2. 及时清理水池中动物粪便,保持池水清洁、无味。

3. 实验时,水中可加入无毒、无害、无味的白色或黑色染料。一方面防止动物直接看到水平平台;另一方面使动物和水对比明显,便于追踪。如果是白鼠,水的颜色和池壁均采用黑色;如果是黑色鼠,游泳池中水和池壁采用白色。

（二）大鼠穿梭箱实验（双向回避实验）

【目的与原理】

将大鼠置于穿梭箱的电击区，以光（或铃声）条件刺激、电击为联合刺激，条件刺激数秒钟后电击。若在光（或铃声）刺激安全间隔期内大鼠逃向安全区则为主动回避反应；如果在条件刺激安全间隔期内大鼠未逃向安全区，则通以交流电击后逃向安全区的为被动回避反应阳性，否则为主动、被动回避反应阴性，此为一个循环周期。经过反复训练后，只给条件刺激，大鼠即逃到对侧安全区以逃避电击，此即形成了条件反射或称主动回避反应，计算机自动控制系统可记录相关的动物行动参数。动物接受条件刺激的时间长短为主动回避时间，该值越短，说明动物主动回避反应越迅速，学习记忆能力越强。

【器材与试剂】

大鼠穿梭箱。该装置由实验箱和自动记录打印装置组成。实验箱大小为 50cm×16cm×18cm。箱底部格栅为可以通电的不锈钢棒，使用电流加非条件刺激，电击动物足底。顶部有光源和蜂鸣音控制器，用来产生条件刺激。箱底中央部有一高 1.2cm 挡板，将箱底部分隔成左右两侧，一侧为电击区，一侧为安全区。

【操作步骤】

1. 先让动物在测试箱中自由活动 5min，以消除探究反射。将大鼠置于穿梭实验箱电击区。先给予条件刺激（灯光）和（或）蜂鸣音 20s，后 10s 内同时给以电刺激（100V，0.2mA，50Hz，AC）。如果在亮灯 10s 内大鼠逃向安全区为主动回避反应，电击后才逃向安全区为被动回避反应。经过数次训练后，大鼠可逐渐形成主动回避性条件反应，从而获得记忆。每次训练 20s，共训练 30~50 次。即设定循环次数为 30~50 次。

2. 记录遭受电击的次数（被动回避的次数），该值与设定循环次数之差即为主动回避次数；刺激时间（指动物在被动回避过程中受到电刺激的时间和），该值越小，说明动物主动回避反应越迅速。

【注意事项】

1. 保持实验室安静，光线不宜过强，尽量避免给动物额外刺激。

2. 实验中应及时清除铜栅上的粪便等杂物，以免影响刺激鼠的电流强度。

3. 动物在 24h 内有其活动周期，故每次实验应选择同一时间（上午 8~12 点或下午 1~4 点），前后 2 天的实验要在同一时间内完成。

二、行为发育毒性研究组合

行为发育毒性研究组合（CBTS）主要侧重运动功能检测。行为发育的危险度评价不需进行

表 9-2 中所列的全部内容测验,选某种功能中有代表性的部分测验即可。也可根据化学物可能的行为发育特性使测试组合有所侧重,这更有利于对化学物的特异行为作用的评价。

(一)活动度测定

自主活动度在啮齿类动物主要用于行为药理及行为毒理检测。单项活动度测试在现代毒理学仪测定一般活动及行为评价,现能进行定量评价。该法为在一特定环境装有定位的红外线光束,记录动物在固定时间内活动时切断光束的次数。它可监测垂直及水平位的动物活动次数,每 10 分钟测一次,计 3 次,合计 30 分钟。正常的啮齿类动物典型表现为活动度逐渐减少。其他有用的迷路装置(如 8 字形迷宫)。

表 9-2　行为发育毒性研究组合实验表

体格发育	
一般发育情况	体重,张耳,出牙,开眼,睾丸下降,阴道张开
反射及感觉功能	平面翻正
神经运动协调	空中翻正
听觉	听觉惊愕
躯体感觉运动	断崖回避　负趋地性
视觉	视觉定位
嗅觉	归巢
痛觉	夹尾
运动和协调功能	
运动发育	转体
耐力	前肢悬挂　爬绳
神经肌肉成熟	转棒　游泳　足展开
活动度	开阔场地　踏轮
认知能力	
近期记忆	T 型迷宫　Y 型迷宫　水迷宫
学习能力	主动回避发射,被动回避反射,光鉴别试验,运动鉴别试验
社会行为	
性功能	交配试验
群体行为	群居/隔离测试

(二)运动协调功能测试

1. 转棒实验

【目的与原理】

观察实验动物在滚轴上保持平衡并连续运动的时间,可以检测实验动物的运动协调性。动物由转动者的滚轴上滑落下来时会相应停止下面的传感平台,并自动记录从滚轴掉下的潜伏期(停留在滚轴的时间)。根据不同处理组动物的潜伏期可判定受试物对动物神经肌肉协调功能的影响。

【器材与试剂】

器材:转棒式疲劳仪。

【操作步骤】

(1) 选择恒速或加速度模式,将实验动物置于转棒仪上,启动仪器转动,开始计时。

(2) 记录小鼠在转棒上停留的时间作为潜伏期(即第一次掉落的时间)和 2 min 内掉落的次数。

(3) 结果分析与评价:若染毒组跌落转棒的转速或持续时间小于对照组,且差异有统计学意义,提示毒物对运动功能有影响。

【注意事项】

(1) 应剔除不合格的训练小鼠。

(2) 每次实验间隔应 30min 以上,避免遗留效应。

2. 游泳耐力实验

【目的与原理】

(1) 观察小鼠的运动功能。

(2) 游泳时间的长短可以反映动物运动耐力的程度。

【器材与试剂】

游泳箱(大小约 50cm×50cm×40cm),电子天平、铅皮。

【操作步骤】

(1) 选用成年小鼠,体重 18~22g。购买的动物适应环境 3d 后进行游泳筛选试验。

(2) 实验设一个或多个剂量组,设一个空白对照组。染毒时间一次或多次。

(3) 末次染毒 30 分钟后,置小鼠在游泳箱中游泳。水深不少于 30cm,水温(25±0.5)℃,鼠尾根部负荷 5%体重的铅皮。记录小鼠自游泳开始沉入水底的时间,作为小鼠游泳时间。

(4) 结果分析与评价:若染毒组游泳时间小于对照组,且差异有统计学意义,提示毒物对运动功能有影响。

【注意事项】

(1) 每个游泳箱一次放入的小鼠不宜太多,否则互相挤靠,影响实验结果。

(2) 水温对小鼠游泳时间有明显的影响,因此要求各组水温控制一致,每一批小鼠下水前都应测量水温,水温以 25℃ 为宜,如果过低可能引起小鼠痉挛,影响实验结果,过高(30℃)则游泳时间太长不便于操作。

(3) 铅皮缠绕松紧应适宜。

(4) 观察者应在整个实验过程中使每只小鼠四肢保持运动。如果小鼠漂浮在水面四肢不动,可用木棒在其附近搅动。

(5) 不同批的小鼠因饲养环境、季节等的变化在体质上会出现差异,故要采用同一批动物同时进行实验。

3. 后肢撑力实验

【目的与原理】

通过测定大鼠后肢肌力的变化,观察周围神经毒物对大鼠后肢运动神经损伤的情况。

正常情况下,大鼠从一定高度落下时,可通过神经调节使其着地时双侧后肢内收而轻轻地着地。后肢运动神经受损会导致在从一定高度落下时双侧后肢内收不好,着地时双侧后肢爪间滑开的距离增大,严重中毒后肢瘫痪的动物,从高空落下时后肢不能支撑。

【器材与试剂】

大鼠,蓝墨水、棉棒、格尺、白纸。

【操作步骤】

(1) 实验前,在操作平台上平铺一张白纸,用于显示大鼠双侧后肢爪尖滑开的距离。

(2) 用手轻轻抓住大鼠的背部,用棉棒蘸取蓝墨水均匀涂于大鼠的双侧后脚掌,然后使其处于水平方位,距离下方光滑着陆平面约 30cm。

(3) 松手让大鼠自由落下,准确观察其着地时双侧后肢爪间滑开的最远距离,准确量取两点间的距离。

(4) 每只大鼠测定 3 次,取其平均值作为记录值,每次间隔 30 分钟以上。

(5) 结果分析与评价:根据对照组和处理组的平均数进行统计分析。

【注意事项】

(1) 每次实验时,抓取部位应相同。

(2) 每次实验时,均应准确量取其着地时双侧后肢爪间滑开的最远距离。

(3) 每次实验间隔应 30 分钟以上,避免遗留效应。

4. 抓力测定

【目的与原理】

用于评价啮齿类动物肌肉力量或神经肌肉接头功能。

【器材与试剂】

实验仪器:大小鼠抓力测定仪。

【操作步骤】

(1) 将大鼠轻轻放在抓力板上,抓住鼠尾轻轻向后牵拉,待大鼠后肢抓牢抓力板后,均匀用力后拉，致使动物松爪，仪器自动记录大鼠的最大抓力，连续测量 2 次，平均值即为该大鼠的抓力值。

（2）根据对照组和处理组的平均数进行统计分析，判定受试物对实验动物周围神经的损伤作用。

【注意事项】

分别测定动物前肢或后肢抓力时，可在非测肢下放置硬质平板，使动物仅用被测肢抓牢抓力板。

（三）痛觉测定

有些外源化学物质可作用于感觉神经导致感觉异常，表现为皮肤痛觉过敏、减退或消失。通过感觉神经功能测试可以观察外源化学物质对周围神经的损害及其程度。

痛觉测定方法甚多，较常用的有小鼠“热板”法、大鼠鼠尾热刺激法、兔扬爪和缩肢反应测定法等，此外还有化学、机械和电刺激方法，均引起实验动物对疼痛的反应。根据刺激强度、反应时间、反应强度指标来分析痛觉程度。

1. 鼠尾痛觉测定

【目的与原理】

将一束红外线光照射到鼠尾上产生集热效应，使鼠尾的局部升温产生疼痛，当超过动物忍耐的痛阈时动物就产生有效的甩尾逃避，以此方法来判断动物痛阈的高低和变化。

【器材与试剂】

鼠尾光照测痛仪。

【操作步骤】

（1）动物分组及处理：动物适应性喂养 5~7d 后，随机分为对照组、低剂量组、中剂量组和高剂量组。根据研究目的确定染毒剂量、染毒时间。

（2）将大鼠固定在合适型号的固定器上，鼠尾露出，在大鼠尾部距尾尖 5cm 处作一标记，该标记置于红外线发光处，开启红外线，仪器自动记录大鼠的甩尾时间，连续测量 2 次，平均值即为该大鼠的甩尾时间值。

2. 智能热板仪法

【目的与原理】

正常鼠在受到高温烫脚爪时，经过一定的时间后可出现舔爪现象；但当用具有周围神经毒性的外源化学物质给大/小鼠染毒后，可损伤其周围神经，使热感觉传导减慢或热感觉过敏。因此，通过比较正常对照组和染毒组大/小鼠舔爪时间，可以反映神经毒物对周围神经系统损伤的情况。

【器材与试剂】

智能热板仪。

【操作步骤】

(1) 启动仪器并设定温度:启动仪器,使仪器进入正常工作准备状态。按动升温/降温按钮进入温度设定程序设定实验要求的温度。一般大鼠应设定为 52±0.2℃,小鼠应设定为55±0.2℃。

(2) 待达到设定温度,用右手拿桶盖,左手轻轻抓住动物背部,在将动物放入桶内的同时用脚踏一下开关开始计时,同时用右手盖上桶盖,避免动物因受热而从桶内蹦出。密切观察动物的活动,如果出现动物因脚爪受热而舔爪现象或用力挣扎,立刻用脚踏一下开关、即时开盖取出动物,此时时间显示停止,数据锁定并由打印机中打印输出。

(3) 结果分析与评价:若染毒组舔足时间与对照组的差异比较有统计学意义,提示毒物对痛觉功能有影响。

【注意事项】

1. 热板仪的整板表面经过处理有一定的硬度,但不可用过硬的物品刮擦,以免损坏。

2. 清理鼠粪尿时不要大量用水冲洗,避免渗漏到仪器内部造成损害。

3. 仪器用完后应及时关闭电源,清理干净放到通风干燥处,避免砸碰等硬性损伤。

(赵秀兰 姜岳明)

第十章

呼吸毒理学研究方法

第一节　整体实验研究方法

一、肺功能测定

肺脏通过呼吸运动使外界空气进入肺,肺内气体排出体外,此为肺的通气功能;肺泡与血液之间 O_2 和 CO_2 交换称为肺的换气功能。外源化学物对呼吸系统产生的损害可影响到肺的通气和换气功能,从而表现为相应肺功能指标的变化。肺功能测定是测定肺的通气和换气功能的一种技术。测定肺功能可以了解呼吸系统在外源化学物作用下功能的改变、损伤情况以及损伤的转归。

(一)潮气量和气流流速测定

【目的与原理】

潮气量(tidal volume,VT)和流速(flow,V)是指平静自主呼吸时所呼出(或吸入)的气量以及相应的气流速率,为最基本的肺通气功能指标,其数值的变化,可以初步了解肺的通气功能。其测定方法可以采用特定的仪器进行,既可应用于动物试验,也可直接在人体上进行,是一种使用非常方便的检测外来化学物对机体呼吸系统损伤的整体试验方法。

【器材与试剂】

1. 器材　浮标记录器光电换能装置、体积描记器、呼吸流速描记器(pneumotachgraphs)。

2. 试剂　戊巴比妥钠。

【操作步骤】

潮气量测定

(1) 试验用体重 500~600g 的豚鼠,按试验设计要求采用适当的方式经呼吸道染毒。测定前以戊巴比妥钠按 30~40mg/kg 体重腹腔注射麻醉,气管插管。采用浮标记录器光电换能装置(a)或肺模型(b)测定豚鼠潮气量,测定装置见图 10-1。

(2) 豚鼠的气管套管上接两根橡皮管,C 管通大气测试时夹住,D 管连至浮标记录器的玻璃小钟罩 E,当豚鼠呼气时,气体沿 D 管到玻璃钟罩 E 内,使 E 在水中抬高一些,气量越大,抬高越

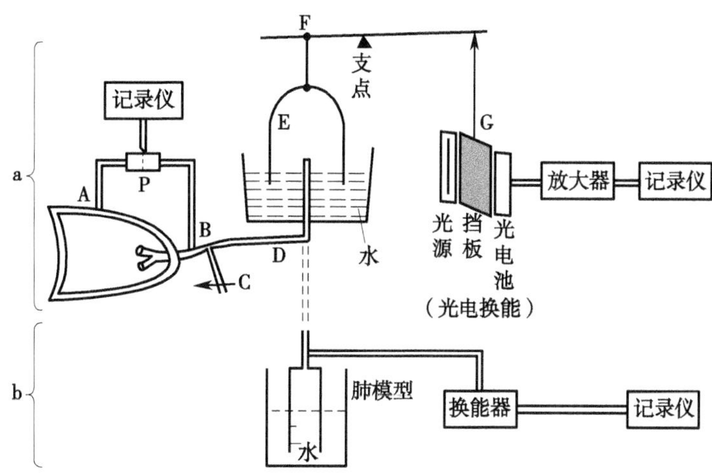

图 10-1　潮气量测定装置图

a. 浮标记录仪光电换能法；b. 肺模型测定法

多，E 抬高时通过杠杆 F，使光源与光电管之间的挡板 G 下降，从而改变了光电管上所接受的光量，经光电换能、放大，结果使记录仪或示波器上曲线改变。当豚鼠吸气时，钟罩 E 由于本身的重量，在水中下沉，通过平衡杠杆，使挡板 G 抬高，于是记录曲线呈相反方向。

（3）定标准：注射器从 D 管注入不同容量（ml）的空气进浮标记录器的钟罩 E 内，钟罩内的容量变化使 G 挡板位置改变，记录仪上的曲线发生变化，就能定下曲线高度与毫升数的关系。

（4）用“肺模型”测定潮气量法，只要把装置图 10-1a 中的 D 管接到肺模型，同时并联压力换能器即可。当动物呼气时，气体从 D 管进入肺模型，使水面下降的毫升数，即为动物的潮气量，同时经压力换能器转变为电讯号输入记录仪；当动物吸气时，肺模型中下降的水面复原，这样一呼一吸即可在记录仪上描记其潮气量曲线。

（5）用呼吸流速描记器实时测试气流流速。

（二）胸内压测定

【目的与原理】

胸内压指胸膜腔内压力，为负压。这是由肺的回缩力造成的胸膜腔负压。正由于这种胸内负压，使肺维持扩张状态，不致由于肺的回缩力而完全萎缩。胸内压在一个呼吸周期中是有变化的。吸气时，胸廓扩大，肺组织被动扩张，肺回缩力加大，故胸内负压加大，这时肺内压下降，造成肺泡内压与呼吸道开口之间的压力差，使空气由呼吸道进入肺泡直到肺内压等于或大于气压为止。而呼气时，胸廓及肺均缩小，肺的回缩力减少，胸内压也减少，同时肺内压高于呼吸道开口的气压，使肺泡气体呼出体外。另外，在呼气末，呼吸肌不活动，由于胸廓的弹性，使胸内负压所引内收的胸廓扩大，而肺的弹性，使肺回缩，所以胸内负压反映这两种对抗力量的动态平衡。

【器材与试剂】

1. 器材 聚乙烯管(内径 1mm,长约 25cm)、金属针(外径 1.5mm,长约 3~5cm)“T”形管、水检压计、压力转换器、放大器、记录仪、手术板等手术器械。

2. 试剂 戊巴比妥钠。

【操作步骤】

1. 胸内导管制作 胸内导管用一根长约 25cm、内径约 1mm 的聚乙烯管,其一端固定一根长约 3~5cm、外径约 1.5mm 的金属针(弯成弧形),作为插入胸壁的引针。在距金属针 2~3cm 的导管处,剪三个小孔,以便插入胸腔后由此传递压力,而导管的另一端接上“T”形管;一路连至水检压计,可直接读出胸内压值(cmH_2O);另一路接压力转换器,以便记录胸内压变化曲线。

2. 测定 取 400~500g 重豚鼠一只,腹腔注射戊巴比妥钠 30~40mg/kg 体重麻醉。使豚鼠伏卧在手术板上,胸内导管借助其金属引针在豚鼠背部第六肋间水平、近后中线处刺进皮肤、胸壁,进入胸膜腔,再沿着背部胸壁移动约 1cm 左右跨过脊柱,从对侧相应部位的胸壁和皮肤上穿出,使导管的三个小孔集中在胸膜腔内。这时可见水检压计为负压,并随着呼吸而上下波动,稍微移动导管,找到胸内负压最大处固定导管。即可记录水检压计上的胸内压变化值,或通过压力换能器、放大器,把胸内压变化曲线,描记在记录仪上。

【注意事项】

(1) 胸内导管插入胸膜腔内,仍不见负压改变,或开始有负压,后没有波动,可能是由于导管内有液体堵塞住,可将导管退出一些,直到看见 3 个小孔。如有液体,可用注射器在导管的另一端注入空气,令其排出。堵塞排除后,将导管的 3 个小孔送回胸膜腔即可。

(2) 胸导管内也可以充满含有肝素的生理盐水,并直接接至压力换能器进行描记。

(3) 在操作过程中,大约有 40%的动物,插胸内导管时刺伤了肺,但通常损伤时局限于肺下叶。刺伤肺叶的动物与不刺伤肺叶的动物,所得到的结果无显著性差别。

(三) 肺顺应性测定

【目的与原理】

肺的顺应性(pulmonary compliance)或称肺的应变性,是测定肺的弹力是否正常的一种方法。以单位胸腔压力下肺容量的改变来表示,即 $C=\Delta V/\Delta P$(式中:C 为肺的顺应性;ΔP 为作用于肺弹性组织上的压力;ΔV 为在单位胸腔压力作用下引起的肺容量的改变),C 的单位以 ml/cmH_2O 表示。当肺纤维化、肺不张、肺水肿、肺表面活性物质减少或肺、气道任一部位阻塞时,均可使肺顺应性降低,而气道阻力反而增加。顺应性一般要在静态下测定,因为在静态(如在吸气末)下没有气流,这时与气流相关的非弹性阻力(主要是气道阻力)等于零,因此测出跨肺压变化和相应的肺容量变化,就可测得肺静态顺应性(static compliance),绘出 P-V 曲线呈直线关系,能反映出肺的弹性。如在呼吸运动进程中,同时记录肺容量变化和跨肺压变化之间的关系,所得的结果是动态顺应性(dynamic compliance,CDyn)。

【器材与试剂】

1. 器材 潮气量测定装置[参见本节(一)潮气量和气流流速测定]、胸内压测定装置[参见本节(二)胸内压测定]、X-Y 记录仪。

2. 试剂 戊巴比妥钠。

【操作步骤】

1. 采用体重 500~600g 的豚鼠,按试验设计要求采用适当的方式经呼吸道染毒。测定前以戊巴比妥钠按 30~40mg/kg 体重腹腔注射麻醉,气管插管。

2. 测定潮气量的变化[参见本节(一)潮气量和气流流速测定]。

3. 测定胸内压[参见本节(二)胸内压测定]。

4. 压力-容量关系

(1) 静态顺应性:上述方法所测得胸内压变化,当吸气开始或终末(气流等于零),测得瞬时胸内压与伴随的容积(潮气量)变化,就可按下面公式求出肺顺应性:$C=V_T/\Delta Pel$ 式中,C 为顺应性;V_T为潮气量;ΔPel 为瞬时胸内压。

(2) 动态顺应性:在呼吸周期中,以跨肺压变化换能后的电讯号输入 X-Y 记录仪的 X 轴及潮气量的变化电讯号输入 Y 轴作图,其斜率代表 V-P 之间的相互关系,即肺的动态顺应性。

二、呼吸道液分泌功能测定——小鼠酚红排泄法

【目的与原理】

呼吸道液是由气管、支气管腺体及杯状细胞分泌的浆液和黏液混合物,具有湿润气道黏膜、保护上皮纤毛运动、清除异物的作用。外源化学物可作用于呼吸道影响呼吸道分泌液量,进而影响其功能。利用小鼠腹腔注射酚红后能从气道排泄的特点,测定小鼠气道酚红排泄量,以此判断外源化学物对气道分泌液的影响。

【器材与试剂】

1. 动物 成年健康小鼠,雌雄不限。

2. 器材 玻璃气管插管用软胶管连接注射器、721 分光光度计。

3. 试剂 2.5%(质量分数)苯酚红生理盐水溶液,5%(质量分数)$NaHCO_3$ 溶液。

【操作步骤】

1. 小鼠隔夜禁食 16 小时。

2. 动物染毒一定时间后,颈椎脱臼法处死动物,暴露气管。

3. 气管插管,并用其上连接的注射器以 1ml 5% $NaHCO_3$ 溶液缓慢注入气管内再轻轻吸出。同样操作反复 3 次,合并 3 次冲洗液,放置一定时间使杂质沉淀,得到红色透明的上清液,备用。

4. 721分光光度计545nm处比色，根据酚红的标注曲线计算酚红的排泄量。

【注意事项】

经气管插管行气道注入5%$NaHCO_3$溶液后，吸出时要轻缓进行，防止用力过度致肺泡破裂液体流入胸腔。

三、在体BAL与BALF分析

【目的与原理】

人或实验动物在体支气管肺泡灌洗(bronchoalveolar lavage，BAL)是用等渗的盐溶液在体冲洗和灌注气管和肺泡区表面的过程，是一种采集支气管和肺泡表面脱落细胞和液体的方法。由于不论是人还是实验动物，其支气管肺泡灌洗液(bronchoalveolar lavage fluids，BALF)都有其固定的细胞和液体组成，当人或实验动物接触外源化学物后，其细胞和液体成分将发生变化，而且这种变化通常是发生在形态学变化之前，故通过对BALF细胞组成特点以及生化参数的分析，可以了解呼吸道毒物对呼吸系统的损伤作用和引起疾病的变化情况，进一步估计疾病的进展并判断预后和阐明中毒机制。

【器材与试剂】

1. 器材　气管插管，手术用剪刀、镊子，塑料离心管，离心机，载玻片，光学显微镜，荧光显微镜，4℃冰箱，低温冰箱，血细胞计数板，微量加样器，CO_2培养箱。

2. 试剂　1%(质量分数)戊巴比妥钠，生理盐水，Hank's液，10%(体积分数)小牛血清，RPIM1640培养液，单克隆抗体CD3、CD4、CD8，羊抗鼠荧光抗体。

【操作步骤】

(一)BAL

1. 动物及染毒　选用成年大鼠、豚鼠或家兔，根据实验设计要求进行经呼吸道染毒。

2. BAL过程

(1) 麻醉：用1%戊巴比妥钠对实验动物行腹腔注射麻醉。

(2) 气管插管、灌洗：将动物固定在解剖板上，进行气管插管，用10ml无菌生理盐水注入气管肺组织内，反复抽吸3次。灌洗液回收后双层无菌纱布过滤，记录回收量。

(3) BALF保存：收集到的BALF应立即放入冰水中保存备查。

(二)BALF分析

1. BALF细胞总数和分类计数

(1) 将上述回收灌注液装入塑料离心管中，在4℃下以1200r/min离心10分钟，取上清(原液或10倍浓缩)-70℃保存，用做可溶性成分检测。

（2）经离心沉淀的细胞成分用 Hank's 液（不含 Mg^{2+}、Ca^{2+}）在同样条件下离心 2 次，每次 5 分钟。弃去上清后加 Hank's 液 3～5ml 制成细胞悬液，也可以应用灌洗原液以减少细胞丢失。

（3）在血细胞计数板上计数 BALF 中细胞总数，一般以 $1×10^9$/L 表示。如果细胞数过高可再用 Hank's 液稀释，调整细胞数为 $5×10^9$/L，并同时将试管浸入碎块玻璃中备用。

（4）细胞分类计数：采用细胞离心涂片装置，加入备用细胞悬液（细胞浓度为 $5×10^9$/L）100μl，在 4℃下以 1200r/min 离心 10 分钟，通过离心作用将一定数量的 BALF 细胞直接平铺在载玻片上。取下载玻片后立即冷风吹干，置于无水乙醇中固定 30 分钟后，进行染色，一般用 Wright 或 HE 染色。

（5）在 40 倍光学显微镜下计数 200 个细胞，进行细胞分类计数。

2. BALF 中 T 淋巴细胞亚群的检测

（1）采用间接免疫荧光法，将上述获得的 BALF 细胞成分用含 10%小牛血清的 RPMI1640 培养液 3～5ml 制成细胞悬液。

（2）将细胞悬液倒入平皿中，置于 37℃、5% CO_2 培养箱中孵育 2 小时，进行贴壁处理，去除肺泡巨噬细胞。

（3）取出细胞悬液，再用 Hank's 液冲洗离心 1 次，弃去上清留 20～100μl。经贴壁处理后的细胞悬液中，肺泡巨噬细胞显著减少，淋巴细胞相对增多。

（4）将经贴壁处理的细胞悬液分装 3 小锥形离心管内，每管 20～30μl，用微量加样器向标本中各加入单克隆抗体 CD3、CD4、CD8 各 20～40μl，混匀后置于 4℃冰箱中作用 1～2 小时。

（5）取出标本，先用 Hank's 液冲洗离心 2 次，以 12 000r/min 离心 20 秒，然后加羊抗鼠荧光抗体各 20～40μl，置于 4℃冰箱中作用 30 分钟。

（6）取出标本用 Hank's 液以同样速度和时间离心冲洗 2 次，弃上清留 20μl 充分混匀细胞，取 1 滴于载玻片上。荧光显微镜下数 200 个淋巴细胞并计算出标有荧光细胞的阳性率。

3. 其他指标的检测　可对 BALF 中的非细胞成分如蛋白质（如各种酶类）、免疫球蛋白、脂类等进行测定，具体方法见有关参考书或试剂盒。

【结果分析与评价】

实验组和对照组动物的各指标进行比较，看两组动物之间是否具有统计学意义的差异。

【注意事项】

1. 在进行 BAL 时，应防止大气道分泌物混入和灌洗液外溢，保证 BALF 的回收量。

2. 在灌洗过程中要应充分抑制实验动物的咳嗽，否则容易引起支气管壁黏膜损伤而造成灌洗液的混血，同时影响回收量。

3. 一份合格的 BALF 标本应是，BALF 中没有大气道分泌物混入；回收率>40%，存活细胞占 95%以上；红细胞<10%，上皮细胞<3%～5%；涂片细胞形态完整、无变形，分布均匀。

四、大鼠气道黏液中肺表面活性物质的测定

【目的与原理】

有些外源化学物可选择地作用于肺泡Ⅱ型细胞或肺表面活性物质，致肺泡Ⅱ型细胞破坏生成的肺表面活性物质减少或直接破坏肺表面活性物质，使肺泡表面张力升高致肺损伤。肺表面活性物质由成熟肺泡Ⅱ型细胞分泌，其主要成分为饱和型卵磷脂，因此可通过测定肺泡灌洗液中饱和型卵磷脂含量来评定肺泡表面活性物质含量。

【器材与试剂】

1. 动物 实验用大鼠，也可用豚鼠、家兔等。

2. 试剂 生理盐水、麻醉剂（乙醚或乌拉坦）、三氯甲烷、锇酸溶液、氮气、溴百里香酚蓝。

3. 器材 离心机、水浴锅、烤箱、薄层扫描仪。

【操作步骤】

1. 染毒、支气管肺泡灌洗 动物以任何方式染毒后一定时间麻醉，分离气管，行气管插管术后以5ml生理盐水进行支气管肺泡灌洗，收集灌洗液。

2. 卵磷脂提取 上述收集的灌洗液离心，取上清1ml，加2ml三氯甲烷充分摇匀后以2500r/min离心，下层溶液吸入至具塞试管内，50~60℃水浴中氮气吹干。

3. 卵磷脂分离 上述具塞试管中加入0.5ml锇酸，振摇后置通风橱内静置15分钟后，于40~50℃水浴中氮气吹干。

4. 薄层色谱扫描定量 硅胶板事先置入110℃烤箱1小时。分离后的样品加定量的三氯甲烷溶解，点样于薄层板上，置110℃烤箱15~20分钟；硅胶板放入展开剂中，待展开剂前缘距点样处10cm后取出；硅胶板置110℃烤箱5~10分钟取出，用溴百里香酚蓝染色后，清水冲板至本底无色，滤纸吸干，110℃烤箱5~10分钟取出，则显示有清晰的蓝色斑点；薄层扫描仪630nm处对标准斑点和样品斑点进行扫描定量。

第二节 离体试验法

一、离体肺灌流与分析

【目的与原理】

体外肺灌流（isolated perfused lung，IPL）是在呼吸机的维持下，将实验动物肺脏分离出来保存在特殊的保护液中，使其仍具备活力。经过一定时间后，注入同一动物的自体血液（或灌注液）。此方法用以研究在体外情况下，通过对肺脏保护、灌注和对灌注液成分进行分析，以了解呼

吸毒物对呼吸系统的损伤情况。

【器材与试剂】

1. 器材　微型人工呼吸机、手术用器械、恒流泵。

2. 试剂　硫喷妥钠、肝素、生理盐水、Euro-Collins 保护液(主要成分表 10-1)。

表 10-1　Euro-Collins 保护液成分(mmol/L)

成分	EC 液	成分	EC 液
Na^+	10	PO_4^{2-}	58
K^+	115	pH	7.3
Cl^-	15	葡萄糖(g/L)	35
HCO_3^-	10	葡萄糖酐(g/L)	0
Mg^{2+}	0	胰岛素(U/L)	0

【操作步骤】

(一) IPL 过程

1. 实验动物　常选用家兔,体重(2.0±0.3)kg。

2. 动物麻醉　家兔以硫喷妥钠 25mg/kg 经耳缘静脉注入麻醉。

3. 离体肺的获取

(1) 家兔麻醉后进行气管切开,微型人工呼吸机控制呼吸,潮气量 15ml/kg,频率 45 次/分钟,FiO_2(吸入氧气分数)21%。

(2) 胸正中切口锯开胸骨,右心耳注入肝素 700U/kg,右房插管收集自体血,用生理盐水稀释至 HCT(红细胞比容)25%,以备再灌注用。

(3) 心脏停搏时,经肺主动脉灌入 4℃保护液冲洗肺脏,同时切开左心耳,灌注压 2.94kPa ($30cmH_2O$),直至左房引流液澄清为止。

(4) 完整切除心肺,在肺膨胀 50%后浸入 10℃与灌洗液相同的保护液中保存。

4. 离体肺的再灌注

(1) 离体肺经保存后支气管插管接呼吸机(潮气量 25ml/kg,频率 45 次/分钟,FiO_2 21%)。

(2) 用恒流泵将 30℃自体血以 20ml/min 泵入肺动脉。

(二) 分析

1. 10 分钟后测定肺静脉回血的血气分析。

2. 30 分钟后测定气道压力、平均肺动脉压、肺湿重(Wr),并将肺置入 80℃烤箱烘干后称干重(Wd)。

3. 对肺灌洗液进行各种分析。

【结果分析与评价】

将实验组和对照组动物的各指标进行比较,看两组动物之间是否具有统计学意义的差异。

【注意事项】

1. 严格控制呼吸机的条件,防止过快或过慢。

2. 离体肺的保存时间在4~6小时,不要在保护液中放置过久。

二、离体气管片实验法

【目的与原理】

离体气管法是研究外源化学物是否可引起气管平滑肌松弛作用的常用实验方法之一。常用豚鼠作为实验动物,因为豚鼠的气管对药物的反应较其他动物更为敏感,且更接近于人的气管。

【器材与试剂】

1. 动物 豚鼠一只,体重400~500g,雌雄不限。

2. 器材 手术用剪刀、镊子、缝合线等;氧气瓶、离体器官浴槽、记录仪等。

3. 试剂 ①Krebs-Henseleit 液(NaCl 118mmol/L、KCl 4.7mmol/L、$CaCl_2$ 2.5mmol/L、KH_2PO_4 1.2mmol/L、$MgSO_4$ 1.2mmol/L、Na_2-EDTA 0.5mmol/L、$NaHCO_3$ 25mmol/L、Glucose 8mmol/L);②0.1~1μg/ml 的组织胺;③1~3μg/ml 乙酰胆碱;④2μg/ml 普萘洛尔。

【操作步骤】

1. 取豚鼠一只,处死。立即腹面正中切开颈部皮肤和皮下组织,细心分离出气管,自甲状软骨下剪出全部气管,放入盛有 Krebs-Henseleit 营养液的平皿中,把气管周围的结缔组织剪除。

2. 在气管的腹面(软骨环面)纵行切开,再在2~3软骨环的间隔行横切,将取下的气管平分5~6段,每段气管片在纵切口处用针缝上,相互连成一串,即成气管片标本,供实验用。

3. 在气管片串下端穿一短线固定于玻质支架上,而上端穿一较长的线,以备连至描记装置进行描记。然后将固定好的气管片串放入盛有 Krebs-Henseleit 液的离体器官浴槽中加以固定,37℃保温,供氧,稳定20~30分钟后进行描记(负重约2g)。气管平滑肌无自动收缩,待基线稳定后即给予受试物,观察反应,用记录仪法记录。每加一种化学物,接触5分钟,观察化学物反应,然后换液,待基线恢复后才给另一种化学物。具体染毒步骤如下:

(1) 0.1~1μg/ml 的组织胺(为浴槽营养液的药物浓度,下同),观察有无收缩反应,以确定标本的功能状况如何。

(2) 给受试物,观察有无松弛气管平滑肌作用。

(3) 重复步骤1。待其作用达到高峰时,加入受试物,观察其反应。

(4) 给1~3μg/ml 乙酰胆碱,待其作用达到高峰时,加入受试物,观察其反应。

(5) 2μg/ml 普萘洛尔,5分钟后,加入受试物,观察其反应。

【结果分析】

观察并记录气管片串的反应,并记录记录仪的显示结果,与未加受试物时进行比较。

【注意事项】

1. 分离气管以及缝合气管片串时,动作要快而轻巧,切勿用镊子夹伤气管平滑肌。

2. 供氧要充分。如基线升高或不易恢复到原来水平时,可充分供氧,促使其恢复。

三、胎鼠肺细胞原代培养与上皮细胞纯化

【目的与原理】

本试验的目的是通过对实验动物肺细胞的分离与原代培养,使之在体外接触呼吸毒物,用以研究呼吸毒物对呼吸系统的损伤及机制。离体的实验动物肺细胞在体外条件下,经合适的培养条件(营养、温、湿度等)可以生长。将实验动物的肺脏经合适的酶(一般为胰蛋白酶)消化后,可以将肺脏细胞分散为含各种不同种类细胞的单个细胞的混合体,然后再经分离纯化步骤即可得到所需的细胞成分,用于研究各种呼吸毒物对肺脏的作用。

【器材与试剂】

1. 动物 出生后2~3天的仓鼠乳鼠。

2. 器材 手术用剪刀、镊子、离心机、吸管、尼龙网、生物显微镜、倒置显微镜、离心机、离心管、细胞培养瓶、CO_2 培养箱等以及其他细胞培养所需的常规仪器。

3. 试剂 Hank液、胰蛋白酶、胶原酶、DNA酶、胎牛血清(FCS)、MEM培养基以及其他细胞培养用常规试剂。

【操作步骤】

1. 在无菌条件下解剖乳鼠,取出肺组织。

2. 胎鼠肺组织经Hank液清洗2次后,剪切成细小碎块(约 $1mm^3$),再用Hank液清洗,离心,去掉红细胞。

3. 组织块中加1.25g/L胰蛋白酶(1ml/肺)和0.02g/L DNA酶少许(10~20ml消化液中加100μl),置37℃水浴中15分钟后,大部分组织被消化为细胞悬液。立即移去,剩余组织加同样量的新鲜消化液再进行消化(步骤同上)。获得的细胞悬液中,立即加入同消化液量相等的MEM培养液和终浓度为100ml/L的胎牛血清(FCS),以停止消化。

4. 用尼龙网(HiTer,Hc3-100)过滤细胞悬液,滤除组织块,于4℃离心(1500r/min)5分钟,沉淀即为总细胞(含上皮细胞和成纤维细胞)。可再离心1次,弃去上清液。

5. 细胞中加入35ml MEM培养液,离心(800r/min)3分钟,其上清液中大多数为成纤维细胞,沉淀中大多数为上皮细胞。此为初次的细胞,将其保存在冰水中。

6. 将初次分离的成纤维细胞悬液(35ml)于4℃离心(1500r/min)5分钟,弃去上清液。于细胞中加MEM培养液和100ml/L胎牛血清(FCS),混匀成细胞悬液(约4~5个胎鼠肺细胞中需

10～15ml 培养液)。移入 75cm^2 的培养瓶中,每瓶加细胞悬液 12～15ml。置于 37℃、5% CO_2 培养箱中培养 1 小时(每 15 分钟取出培养瓶于倒置显微镜下检查细胞的贴壁情况)。贴壁的细胞即为纯化的成纤维细胞,可加新鲜培养液(量同上)后,于 37℃ CO_2 培养箱中继续培养 1 小时。贴壁的细胞大部分为成纤维细胞,少数为上皮细胞;而含悬浮细胞的培养液中则大部分为上皮细胞。

7. 将初次分离的上皮细胞沉淀(参照步骤 6)加入含 1g/L 胶原酶的 MEM 培养液 15ml,于 37℃震荡培养 15 分钟,再加入等量的 MEM 培养液和终浓度为 100ml/L 的 FCS 灭活,离心(1500r/min)5 分钟,收集所有的细胞。

8. 再贴壁,方法同步骤 5。成纤维细胞因贴于瓶壁而被除去,培养瓶中悬浮的大部分细胞为上皮细胞。

9. 将步骤 6 和步骤 8 所获悬浮的细胞离心(1500r/min)5 分钟,弃去上清,加 MEM 培养液 35ml,混匀,离心(800r/min)3 分钟,重复 3 次,所获细胞即为纯的上皮细胞。将纯的上皮细胞加 10～15ml MEM 培养液和终浓度为 100ml/L 的 FCS 培养(条件同上)过夜,即可贴壁,观察其形态和纯度。长满瓶壁的细胞数为(1～75)×10^6/瓶。

10. 需要时可液氮冷冻保存。

【注意事项】

1. 应严格无菌操作。

2. 乳鼠、胎肺在 Hank's 液中的剪切,应置于冰水中,或在冰块上进行。

3. 每步操作尽量不丢弃细胞,一定要在离心后上清液中极少的情况下方可弃去。

四、体外培养的肺巨噬细胞中 LDH 活性测定

【目的与原理】

酸性磷酸酶(LDH)为细胞质标志酶,细胞外 LDH 活性增高,表明细胞膜完整性受损。体外培养的肺巨噬细胞接触外源化学物后造成的细胞膜损伤可通过细胞外 LDH 活性增高检测。其原理是以 NAD^+ 作为受体,LDH 催化乳酸脱氢所生成的丙酮酸与 2,4-二硝基苯肼反应生成丙酮酸二硝基苯腙,后者在碱性溶液中呈棕红色,其颜色的深浅与丙酮酸的浓度成正比,以此通过比色可测定 LDH 活性。

【器材与试剂】

1. 动物　大鼠或小鼠、豚鼠均可。

2. 器材　支气管肺灌洗装置,分光光度计。

3. 试剂　①基质缓冲液(0.3mol/L,pH 8.8):分别称取二乙醇胺 2.1g 和乳酸锂 2.88g 加蒸馏水 80ml,用 1mol/L 盐酸调 pH 至 8.8,加水至 100ml;②辅酶Ⅰ溶液(11.3mmol/L):称取氧化型辅酶Ⅰ 15mg(含量为 70%的则为 21.4mg)溶于 2ml 蒸馏水中,4℃冰箱保存(可保存至少 2 周);

③2,4-二硝基苯肼溶液(1mmol/L):称取 2,4-二硝基苯肼 200mg 加盐酸(4mol/L)250ml,再加水约 600ml,加热助溶,冷却后再加水至 1L;④NaOH(0.4mol/L);⑤丙酮酸标准液(1μmol/ml):量取 AR 级丙酮酸(1mg/ml)标准液 0.88ml 加基质缓冲液至 10ml(临用现配)。

【操作步骤】

1. 染毒,常规方法获取动物肺巨噬细胞。

2. 标准曲线制作　按表 10-2 操作完毕后,室温置 3 分钟,以空白管调零 440nm 处分光光度计测定各管吸光度,绘制标准曲线。

表 10-2　LDH 测定标准曲线制备操作过程

操作顺序	试管号						
	空白	1	2	3	4	5	6
丙酮酸标准液(ml)	—	0.025	0.05	0.1	0.15	0.20	0.25
基质缓冲液(ml)	0.50	0.475	0.45	0.40	0.35	0.30	0.25
蒸馏水(ml)	0.11	0.11	0.11	0.11	0.11	0.11	0.11
2,4-二硝基苯肼溶液(ml)	0.5	0.5	0.5	0.5	0.5	0.5	0.5
37°C 水浴 15min	5	5	5	5	5	5	5
0.4mol/L NaOH(ml)	0	250	500	1000	1500	2000	2500
相当于 LDH 活性单位							

3. 按表 10-3 操作完毕后,室温静止 3 分钟,按上述方法于 440nm 处测定吸光度,参照标准曲线,求得 LDH 值。

表 10-3　LDH 测定操作过程

操作顺序	测定管	对照管
待测样品	10	10
基质缓冲液	0.5	0.5
37°C 水浴 5 分钟		
辅酶 I 溶液	0.1	—
37°C 水浴 5 分钟		
2,4-二硝基苯肼溶(ml)	0.5	0.5
辅酶 I 溶液	—	0.1
37°C 水浴 5 分钟		
0.4mol/L NaOH(ml)	5	5

【操作步骤】

此方法适用于没有酶标仪的教学单位,供学生实习使用。现在已有试剂盒利用酶标仪检测,非常简便。

(李百祥　周显青)

第十一章

肝脏毒理学研究方法

肝脏毒理学是毒理学研究的重要组成部分。肝脏毒性的研究方法一般包括体内整体动物实验和体外实验。实际工作中,在检测外源化学物诱导肝损伤及其严重程度时,常采用体内实验与体外实验相结合方法,从不同角度相互补充及印证,从而对外源化学物肝损伤进行全面评价。

第一节 肝脏毒理学体内研究方法

一、化学性肝损伤动物模型

整体动物实验能全面反映外源化学物对人体的毒作用,尤其对能在肠道吸收并在肝脏进行代谢活化的外源化学物而言,整体动物实验是必不可少的肝毒性评价体系。因此以血液生化、肝功能、肝组织学的改变为观察指标,通过采用化学性肝毒剂四氯化碳(CCl_4)致小鼠肝损伤以及卡介苗与脂多糖致小鼠免疫性肝损伤等动物模型,对于研究肝损伤的发生机制探索保肝药物的作用原理及药物筛选非常重要。化学性肝损伤动物模型成功建立的条件为:选择合适受试物剂量一次性给药,操作简单;肝损伤指标明确,重复性好;周期短,动物全部存活。

(一)急性 CCl_4肝损伤动物模型

【目的与原理】

四氯化碳(CCl_4)是最早、最广泛应用于实验性肝损伤动物模型的选择性肝毒性物质,其接触后肝损伤发病率高,易在动物实验中复制,能准确反映肝细胞的功能、代谢及形态学变化。CCl_4的作用机制为:当 CCl_4进入机体后,在肝脏细胞色素 P450 作用下,生成三氯甲基自由基(CCl_3·),后者攻击肝细胞内质网膜上的磷脂分子,引起膜的脂质过氧化,CCl_3·继而与膜脂质和蛋白质等生物大分子进行共价结合,引起膜结构和功能完整性的破坏。CCl_3·还可损害细胞膜和微粒体膜上钙泵的活性,使 Ca^{2+}内流增加,影响细胞正常生理功能,最终导致肝细胞胞质中的可溶性酶渗出,从而引起细胞坏死。受试动物肝损伤后,血液中丙氨酸氨基转移酶(ALT)、天冬氨酸氨基转移酶(AST)活性升高,肝脏外观呈土黄色,组织病理学检查可见肝脏炎症细胞浸润、肝细胞坏死等。

【试剂与受试动物】

1. 试剂　四氯化碳及其溶剂(橄榄油或植物油)。

2. 受试动物　健康昆明种小鼠,体重 18~22g,普通饲养。

【操作步骤】

将小鼠随机分成 5 组,即高、中、低 3 个剂量组、1 个对照组和 1 个溶剂对照组,每组 20 只,雌雄各半。染毒途径可选用灌胃或腹腔注射,一次性给药。腹腔注射时高、中、低剂量一般可分别为 CCl_4原液 2、1、0.5ml/kg 体重。不同剂量组所用药液用 0.1%~1%(体积分数)橄榄油或精制花生油配制所需浓度的四氯化碳受试液。给予肝毒物后禁食过夜,16~24 小时后断头处死动物,采集血液,离心,采用全自动生化分析仪检测肝功能指标(重点观察 ALT、AST 等酶活性变化),或用试剂盒测定血清 ALT、AST 等酶活性。另外,每只动物取肝大叶相同部位的一小块肝组织固定于 10%(体积分数)甲醛,作病理切片检查。

【结果分析与评价】

用方差分析比较 3 个剂量组与对照组、溶剂对照组动物血清酶活性差异以及是否存在剂量-效应关系。

急性 CCl_4肝损伤动物模型是一种经典的实验性肝损伤模型。在形态学上主要表现为肝小叶中央区肝细胞坏死,血清学检查可见血清 ALT 和 AST 升高,并能灵敏地反映肝损伤的程度。一般在给予 CCl_4 3 小时后,ALT 和 AST 开始升高,12~13 小时后达到高峰,常升至正常水平的十多倍,以后呈下降趋势,90 小时后可恢复到正常范围。

【注意事项】

1. CCl_4具有挥发性,可由呼吸道吸收,对人体有一定的毒性,操作时应注意。

2. CCl_4与溶剂橄榄油或植物油必须充分搅拌,需完全均匀溶解后方可染毒动物。

3. 动物注射肝脏毒物后必须禁食过夜,否则不能形成明显肝损伤。

4. 采用非腹腔注射途径给予受试物时,正式实验前宜用同批小鼠进行预试验,确定产生肝损伤的染毒剂量范围。

(二)小鼠免疫性肝损伤模型

【目的与原理】

各种急慢性肝病包括化学性肝损害等病理过程中,均存在不同程度的肝脏免疫应答介导的炎症反应及其引起的肝实质损伤。通过建立科学的、实用的及重现性好的免疫性肝损伤动物模型,研究各种肝病的免疫病理机制、筛选与评价临床保肝药物,具有重要的现实意义。通过预先给小鼠注射卡介苗(BCG)可使多核中性粒细胞或巨噬细胞聚集于肝脏,继后再用低剂量大肠杆菌脂多糖(LPS)攻击注射,可激发这些细胞释放一些毒性介质如大量的活性氧自由基、细胞毒性因子一氧化氮(NO)、白三烯、肿瘤坏死因子、白细胞介素-1等,造成免疫性肝损伤。BCG和LPS肝损伤动物模型简便易行,稳定及重现性好,能较好地模拟人类自身免疫性肝病、病毒性肝炎和化学性肝损伤等肝脏疾病的病理进程。

【试剂与受试动物】

1. 试剂 BCG、LPS、生理盐水。

2. 受试动物 健康昆明种小鼠,雄性或雌性,体重22~24g。普通饲养。

【操作步骤】

取昆明种小鼠,体重22~24g。用生理盐水配制BCG溶液浓度为0.5mg/ml(含>5×10^6菌),每只小鼠尾静脉注入0.2ml BCG溶液。12天后每只小鼠尾静脉注入7.5μg LPS的生理盐水溶液。

若进行免疫性肝损伤治疗药物研究,将免疫性肝损伤小鼠随机分为药物治疗组、非治疗组、阳性药物对照组,另设正常对照组。其中药物治疗组又设高、中、低3个剂量组。正常对照组与免疫性肝损伤非治疗组给予同体积的药物溶剂。给药途径与疗程应与临床用药基本一致。治疗药物可在注射LPS前0.5~1小时给予,于注射LPS 12小时后断头处死动物,采集血液,离心,采用全自动生化分析仪检测肝功能指标(重点观察ALT、AST等酶活性变化),或用试剂盒或自配试剂测定血清ALT、AST等酶活性。另取肝大叶相同部位的一小块肝组织固定于10%(体积分数)甲醛,作病理切片检查。

【结果分析与评价】

用方差分析比较各组动物血清酶活性差异。实验中可见受试动物血中ALT和AST水平明显升高,血清NO亦显著升高,病理检查可见肝内炎性细胞浸润、小叶坏死伴肉芽肿形成。

【注意事项】

1. 不同批号的卡介苗活性有较大差别,需对每批卡介苗的活性作预试验,确定适宜剂量后进行正式试验。

2. 本模型中,血清ALT、AST水平的变化随LPS剂量的增加而增加,在注射LPS 12小时后达峰值,以后逐渐下降,因此血清ALT、AST测定应在注射LPS后24小时内进行。

二、外源化学物肝脏生物转化毒作用的研究方法

肝微粒体(hepatic microsome)富含多种物质代谢酶类,在外来化学物的生物转化中起着极其重要的作用。某些外来化学物可通过诱导或抑制肝微粒体代谢酶的活性,影响外来营养物质的生物转化利用和其他外来化学物在体内的代谢结局。因此肝微粒体组分的分离纯化及相关酶活性测定是肝脏毒理学研究不可缺少的实验内容。

(一)大鼠肝微粒体制备——钙沉淀法

【目的与原理】

大鼠肝细胞在匀浆过程中被广泛破碎,其细胞内质网膜的碎片卷曲形成闭合囊泡即微粒体。它包含内质网膜和核糖体两种基本成分,在体外实验中具有蛋白质合成、蛋白质糖基化和脂类合成等内质网的基本功能。大鼠肝细胞匀浆液在不同的离心速度之下,可以与其他的细胞器(细胞核和线粒体)分离开来。加入 Ca^{2+} 有助于肝微粒体颗粒的形成和沉淀,即可分离获得肝细胞微粒体组分。

【试剂与器材】

1. 0.9%(质量分数)氯化钠溶液　称取氯化钠 9.0g,用蒸馏水溶解,并定容至 1000ml,摇匀。用前置于 4℃ 冰箱预冷备用。

2. 蔗糖-Tris-盐酸缓冲液(pH 7.4)　称取蔗糖 85.6g、三羟甲基氨甲烷(Tris)1.21g,溶于约 800ml 蒸馏水中,用盐酸调 pH 至 7.4,最后定容至 1000ml。于 4℃ 冰箱保存备用。

3. 氯化钾-Tris-盐酸缓冲液(pH 7.4)　称取氯化钾 11.2g、三羟甲基氨甲烷(Tris)1.21g,溶于约 800ml 蒸馏水中,用盐酸调 pH 至 7.4,最后定容至 1000ml。于 4℃ 冰箱保存备用。

4. 88mmol/L 氯化钙溶液　称取氯化钙 5.0g,用蒸馏水溶解,并定容至 100ml,摇匀。于 4℃ 冰箱保存备用。

5. 磷酸缓冲盐溶液(pH 7.4)　在 800ml 蒸馏水中溶解氯化钠 8.0g、氯化钾 0.2g、磷酸氢二钠(Na_2HPO_4)1.44g、磷酸二氢钾(KH_2PO_4)0.24g,用盐酸调节 pH 至 7.4,加蒸馏水定容至 1000ml。

6. 动物　大鼠,体重 200~250g,动物处死前应禁食 24 小时。

7. 器材　清洁手术剪、手术镊、量筒(50ml)、烧杯(50ml)、吸管(1ml、5ml)、离心管(10ml)等;电子天平(感量 0.1g)、玻璃匀浆机、旋涡混合器、高速冷冻离心机等。

【操作步骤】

1. 用手术剪剥开大鼠腹股沟处皮肤,剪断股动脉,放尽血液。

2. 迅速剖腹取出肝脏,用预冷的生理盐水,洗去肝脏表面血迹后,再用注射器吸取约 25ml 预冷生理盐水经肝门静脉注入肝脏,灌流洗去肝中血液。

3. 取肝脏称重,置于烧杯中用手术直剪剪碎,按 1g 组织加 3ml 预冷蔗糖-Tris-盐酸缓冲液,用电动玻璃匀浆机制备匀浆,转速 800~1000r/min 左右,研杵上下移动 8~10 次。将匀浆倒入量筒,用缓冲液小心洗涤管并入量筒,最后按每克肝组织定容至 5ml。

4. 将肝匀浆小心转移至离心管中,平衡离心管,以 1000g 冷冻离心 10 分钟,弃去沉淀部分(细胞核及细胞碎片)。取上清液以 12 000g 离心 10 分钟,弃去沉淀部分(线粒体)。

5. 取上清液计算体积,按 10∶1 比例加入预冷氯化钙溶液(使其终浓度为 8mmol/L),冰浴

5分钟，摇匀，以25 000g离心15分钟，弃去上清液，即获得微粒体沉淀。将微粒体沉淀再次混悬于氯化钾-Tris-盐酸缓冲液中，并用旋涡混合器充分混匀后，再以25 000g离心15分钟洗涤微粒体，以减少血红蛋白。

6. 将洗过的微粒体沉淀按1g肝组织加1ml磷酸缓冲盐溶液（pH 7.4），充分混匀后，于-80℃冰箱中保存备用。使用前按Lowry法测定微粒体蛋白含量。

【注意事项】

1. 上述操作全过程，应使用预冷的匀浆介质、缓冲液和离心转头，匀浆器、量筒、烧杯、离心管应保持在冰浴中，以维持组织及其制备物在0~4℃。

2. 微粒体的制备除钙沉淀法外，尚有超速离心沉淀法、凝胶过滤法和等电层析法等。超速离心法虽需要昂贵的超速离心机，但对于多数酶活性测定效果较好。

3. 动物可在处死前5天用多氯联苯（300mg/kg）腹腔注射1次，以诱导微粒体酶，获得较高活性的肝微粒体酶。

（二）微粒体蛋白质含量测定——Folin-酚试剂比色法（Lowry法）

【目的与原理】

肝微粒体蛋白质含量的测定是研究与评价微粒体酶含量与酶活性的前提，如细胞色素P450含量、苯胺羟化酶活力等测定一般均需以每毫克微粒体蛋白含量来评价。蛋白质在碱性溶液中其肽键与Cu^{2+}螯合，形成蛋白质-铜复合物，此复合物使酚试剂的磷钼酸还原，产生蓝色化合物，在一定条件下，利用蓝色深浅与蛋白质浓度的线性关系作标准曲线可测定样品中蛋白质含量。

【试剂与器材】

1. 试剂A

（1）4%（质量分数）碳酸钠溶液：取无水碳酸钠（Na_2CO_3）4.0g，用约90ml蒸馏水溶解，定容100ml，摇匀备用。

（2）0.2mol/L氢氧化钠溶液：取氢氧化钠（NaOH）0.8g，用约90ml蒸馏水溶解，定容100ml，摇匀备用。

（3）1%（质量分数）硫酸铜溶液：取无水硫酸铜（$CuSO_4$）1.0g，用约90ml蒸馏水溶解，定容100ml，摇匀备用。

（4）2%（质量分数）酒石酸钾钠溶液：取酒石酸钾钠（$KNaC_4H_4O_6 \cdot 4H_2O$）2.7g，用约90ml蒸馏水溶解，定容100ml，摇匀备用。

在使用前试剂(1)与(2)、(3)与(4)按等体积混合，再将两混合液按50∶1比例混合，即为试剂A。该试剂仅能用1天，过期失效。

2. 试剂B 即Folin-Ciocalteu试剂（酚试剂），可市售。使用前用0.1mol/L NaOH滴定，以酚肽为指示剂，根据试剂酸度将其稀释，使其最后酸度为1mol/L。酚试剂也可以自制，其方法：取

100g 二水钨酸钠($Na_2WoO_4 \cdot 2H_2O$)和 25g 钼酸钠($Na_2MoO_3 \cdot H_2O$),溶于 700ml 蒸馏水中,再加 50ml 85%磷酸溶液和 100ml 浓盐酸,混合后,置 1000ml 圆底烧瓶中温和地回流 10h 后,加 150g 硫酸锂($Li_2SO_4 \cdot H_2O$),50ml 蒸馏水及数滴溴水。将溶液煮沸 15min,除去多余的溴,冷却后稀释至 1000ml,然后过滤(整个操作应在通风柜中进行)。溶液应呈黄色或金黄色(如带绿色者不能用),置于棕色瓶中于 4℃冰箱中保存。使用时用 0.1mol/L NaOH 标准溶液滴定,以酚酞为指示剂,而后稀释约 1 倍,使最后酸度为 1mol/L。

3. 蛋白质标准液　准确称取 4mg 结晶牛血清白蛋白,小心放入 10ml 容量瓶中,用约 8ml 生理盐水溶解,并定容 10ml。即为 400μg/ml 的蛋白质标准液。

4. 肝微粒体混悬应用液　用生理盐水将肝微粒体混悬液稀释至适当浓度(建议稀释 100 倍)。

5. 器材　分光光度计、恒温水浴箱、10ml 具塞比色管、刻度吸管(1.0ml、5.0ml)等。

【操作步骤】

1. 取 7 支 10ml 干净具塞比色管,分别编为 1~7 号,1~5 号为蛋白质标准色列管,5、7 号分别为空白管与样品管,按表 11-1 依次操作。

表 11-1　微粒体蛋白质含量测定操作程序

管　号	1	2	3	4	5	6 (空白管)	7 (样品管)
蛋白质标准液(ml)	0.2	0.4	0.6	0.8	1.0	—	—
生理盐水(ml)	0.8	0.6	0.4	0.2	—	1.0	—
微粒体混悬应用液(ml)	—	—	—	—	—	—	1.0
试剂 A(ml)	5.0	5.0	5.0	5.0	5.0	5.0	5.0
摇匀,置 20~25℃水浴 10 分钟							
试剂 B(ml)	0.5	0.5	0.5	0.5	0.5	0.5	0.5

2. 加完试剂 B 后,立即混匀,于 20~25℃水浴保温 30 分钟。用可见分光光度计于 675nm 波长比色,测定吸光度值。

3. 以标准色列管蛋白质含量(μg)为横坐标,吸光度值(A)为纵坐标绘制标准曲线。根据样品吸光度值查标准曲线,得出待测微粒体混悬液样品中蛋白质含量(μg)。

【结果计算与评价】

$$肝微粒体混悬液样品蛋白质含量(g/L)=X(\mu g)/V(ml)\times 1/1000\times f$$

式中:X:从标准曲线查得的待测微粒体混悬液样品的蛋白质含量(μg);

V:微粒体混悬液样品体积(ml);

f:微粒体混悬液样品稀释倍数。

由于各种蛋白质含有不同量的酪氨酸和苯丙氨酸,显色的深浅往往随不同的蛋白质而变化,因而本测定法通常只适用于测定蛋白质的相对浓度(相对于标准蛋白质)。

【注意事项】

1. 按顺序添加试剂。

2. 加试剂 A、B 后要分别立即混匀,加一管混匀一管。

3. 本标准曲线蛋白质浓度范围为 80~400μg/ml。

(三)细胞色素 P450 含量测定——双光束紫外分光光度法

【目的与原理】

细胞色素 P450 是体内混合功能氧化酶系中的关键酶,对其含量的测定可作为微粒体混合功能氧化酶浓度的指标。微粒体细胞色素 P450(cytochrome P450)是一种血红蛋白酶类,在还原条件下,其分子中的铁离子被还原后可与一氧化碳形成复合物,后者在 450nm 波长处显示最大吸收峰,490nm 处为最低吸收峰。根据两者的吸光度差值和消光系数,即可求得细胞色素 P450 的含量。

【试剂与器材】

1. 大鼠肝微粒体混悬液。

2. 盐酸溶液 取浓盐酸 8.4ml,用蒸馏水稀释至 100ml。

3. 0.1mol/L Tris-盐酸缓冲液(pH 8.0)称取三羟甲基氨基甲烷(Tris)1.21g,加约 80ml 蒸馏水溶解,用盐酸溶液调 pH 至 8.0,最后用蒸馏水定容至 100ml。

4. 连二亚硫酸钠(又称低亚硫酸钠,分子式 $Na_2S_2O_4$,还原剂,注意避光保存)。

5. 一氧化碳气体。

6. 器材:清洁试管(5ml)、吸管(1ml、5ml);双光束紫外分光光度计。

【操作步骤】

1. 取清洁试管 1 支,加入 1ml 微粒体混悬液(约每 ml 含 10~20mg 微粒体蛋白)和 5ml 0.1mol/L Tris-盐酸缓冲液(pH 8.0),摇匀后,分装于两个 3ml 的比色杯中,一个作为样品杯,另一个作为参比杯中,置双光束紫外分光光度计比色池内,于 400~500nm 波长范围作基线扫描,应得到较为平直的基线。

2. 从比色池中取出比色杯,在样品杯和参比杯中加入约 1mg 的连二亚硫酸钠,用小玻璃棒摇匀后,再向两个比色杯中充一氧化碳气体约 30 秒钟(以泡连续,液体不溢出为好),随后立即在前述波长范围内进行扫描,记录峰形与峰高。

【结果计算与评价】

1. 结果计算:

$$\text{P450 含量(nmol/mg 蛋白)}=\frac{A(\text{吸光度}_{450\text{nm}}-\text{吸光度}_{490\text{nm}})\times 6\times 1000}{91\times \text{微粒体蛋白质浓度(mg/ml)}}$$

式中：A：450nm 波长处吸光度减去 490nm 波长吸光度；

91：细胞色素 P450 摩尔吸光系数（91mmol^{-1} · cm^{-1}）。

2. 结果评价：肝微粒体细胞色素 P450 含量依动物种属、品系、年龄、性别以及动物是否预先使用过诱导剂而有变化，一般未诱导的正常雄性大、小鼠肝细胞色素 P450 含量在 0.4～1.0nmol/mg 微粒体蛋白。医用药物如巴比妥类以及环境毒物如 2，3，7，8-四氯二苯二英（TCDD）、多氯联苯（PCB）等外来化学物可使细胞色素 P450 含量增加。

【注意事项】

1. 微粒体蛋白浓度按 Lowry 法进行测定。

2. 连二亚硫酸钠加入量不宜过多，否则会破坏血红蛋白。连二亚硫酸钠加入后应尽快充 CO，由于还原型细胞色素 P450 不太稳定，充 CO 时的速度不宜过大，应尽量避免产生泡沫，否则影响酶蛋白定量测定。

3. 如果样品在 420nm 处出现明显吸收峰，表明 P450 有部分失活，该样品不能使用。

4. 如果没有双光束紫外分光光度计亦可以用单光束紫外分光光度计进行比色测定。

（四）苯胺羟化酶活力测定

【目的与原理】

肝微粒体中苯胺羟化酶是一种加氧酶，催化利用氧分子形成氢氧化物（酚、醇）反应。在苯胺羟化酶（aniline hydroxylase）的催化下，苯胺可被代谢生成对氨基酚。在碱性条件下，对氨基酚与苯酚形成蓝色靛酚复合物，后者在 630nm 处有最大吸收峰。通过测定对氨基酚的生成量，可间接地评价肝微粒体苯胺羟化酶的活力。

【试剂与器材】

1. 盐酸溶液　取浓盐酸 8.4ml，用蒸馏水稀释至 100ml。

2. 0.1mol/L Tris-盐酸缓冲液（pH 7.4）　称取二羟甲基氨基甲烷（Tris）1.21g，加约 80ml 蒸馏水溶解，用盐酸溶液（试剂 1）调 pH 至 7.4，最后用蒸馏水定容至 100ml。

3. 过氧化羟基异丙苯溶液　称取 0.65g 过氧化羟基异丙苯溶于蒸馏水，并定容于 100ml。

4. 盐酸苯胺溶液　称取 1.29g 盐酸苯胺溶于蒸馏水，并定容 100ml。

5. 70%三氯乙酸溶液　称取 70.0g 三氯乙酸溶于蒸馏水，并定容 100ml。

6. 碳酸钠溶液　称取 10.6g 无水碳酸钠溶于蒸馏水，并定容 100ml。

7. 酚试剂　取苯酚溶液 2.0ml，加 2%（质量分数）氢氧化钠溶液定容至 100ml。

8. 0.25mmol/ml 对氨基酚标准液　精确称取 27.28mg 对氨基酚，用少量双蒸馏水溶解，移入 1000ml 容量瓶中，加水定容至 1000ml，摇匀备用。

9. 肝微粒体混悬液　每 ml 含 10～20mg 微粒体蛋白较为适宜。

10. 器材　试管（10ml）、吸管（0.5、1、5、10ml）、试管架及吸管架、恒温水浴振荡器、计时器、分光光度计。

【操作步骤】

1. 取 11 支 10ml 干净具塞比色管，分别编为 1～11 号，1～9 号管为对氨基酚标准色列管，10、11 号管分别为空白管与样品管，按表 11-2 依次操作。

表 11-2 苯胺羟化酶活力测定操作程序

管 号	1	2	3	4	5	6	7	8	9	10	11
缓冲液(ml)	1.5	1.4	1.3	1.2	1.1	1.0	0.9	0.7	0.5	0.9	0.9
对氨基酚标准液(ml)	0	0.1	0.2	0.3	0.4	0.5	0.6	0.8	1.0	—	—
微粒体混悬液(ml)	—	—	—	—	—	—	—	—	—	0.5	0.5
苯胺溶液(ml)	—	—	—	—	—	—	—	—	—	—	0.1
蒸馏水(ml)	—	—	—	—	—	—	—	—	—	0.1	—
	摇匀后，置于 37℃水浴预温 3 分钟										
过氧化羟基异丙苯液(ml)	0.1	0.1	0.1	0.1	0.1	0.1	0.1	0.1	0.1	0.1	0.1
	继续水浴振荡 3 分钟，按顺序每管分别加入三氯乙酸溶液 0.3ml，摇匀后经 2000r/min离心 10 分钟，各管取全部上清液于另一清洁试管中										
碳酸钠溶液(ml)	1.0	1.0	1.0	1.0	1.0	1.0	1.0	1.0	1.0	1.0	1.0
	摇匀后，再加酚试剂 1.0ml，置温室反应 30 分钟										
对氨基酚含量(nmol)	0	25	50	75	100	125	150	200	250	0	x

2. 以 1 号管作参比调零，在 630nm 处比色测定各标准色列管吸光度值，以吸光度值为纵坐标，对氨基酚含量(nmol)为横坐标绘制标准曲线。

3. 以空白管(10 号管)作参比调零，比色测定样品管(11 号管)吸光度值，并从标准曲线上查出生成的对氨基酚含量(nmol)。

【结果计算与评价】

1. 结果计算

$$\text{苯胺羟化酶活力(nmol 对氨基酚/mg 蛋白/min)}=\frac{\text{样品管对氨基酚含量(nmol)}}{\text{微粒体蛋白浓度(mg/ml)}\times 0.5\times 3}$$

2. 结果评价 肝脏含有许多药物代谢酶，当肝脏功能损害到一定程度时，代谢酶活性将会明显降低；另一方面，在某些外来化学物进入机体的早期阶段，肝脏药物代谢酶可能被诱导或阻遏、抑制或激活。肝微粒体苯胺羟化酶活力测定对于了解化学性肝损伤以及肝脏苯胺羟化酶活力水平有一定意义。

【注意事项】

1. 各管水浴、室温反应、离心等操作时间要一致。

2. 三氯乙酸不宜过量，以免影响显色反应。

3. 肝微粒体蛋白质浓度按 Lowry 法测定。

三、外源化学物肝脏排泄功能影响的研究方法

许多外源化学物可以原形或经肝脏修饰后从肝脏排泄。在经胆汁排泄的化合物中，胆红素和胆汁酸等可作为检测肝脏排泄功能的指标，在检测和定量肝损伤上有一定意义，已成为常见的临床生化检查指标。但血清胆红素水平升高往往出现在严重肝实质损伤时，而且临床生化指标无特异性，灵敏性低，易受到许多药物及激素的影响。因此常采用肝脏对外源性染料的排泄能力作为评价肝脏排泄功能的指标，应用较多的是磺溴酞钠滞留试验和靛青绿排泄试验。

（一）磺溴酞钠滞留试验

【目的与原理】

给受试动物静脉注射磺溴酞钠（bromsulphalein，BSP）后，除一小部分被肝脏 Kupffer 氏细胞或其他组织所破坏外，大部分被肝实质性细胞所摄取，继之经胆汁排出体外。如肝细胞被损害时，肝脏排泄 BSP 减慢，而大部分潴留在血液中。血浆中 BSP 在碱性条件下变成带紫红色的醌氏盐结构，其颜色深浅与 BSP 潴留量多少成正比。根据比色定量，求出血浆 BSP 潴留百分率。再与对照组动物血浆 BSP 比较，可判断动物肝脏损害程度。与肝功能指标检查相比，影响 BSP 滞留试验的药物较少，能够一定程度上反映肝损伤的程度，可部分弥补临床生化检查的不足。

【试剂与器材】

1. 10mg/ml BSP 溶液　BSP 一般采用封于安瓿内的无菌溶液，如室温太低，可有 BSP 结晶析出时，则试剂瓶应置于温水中加温使其溶解，并混匀，然后用 0.9%（质量分数）NaCl 溶液稀释至所需浓度。

2. 酸性氯化钠溶液　95ml 0.9%NaCl 溶液加 5ml 10%（体积分数）HCl 溶液。

3. 碱性氯化钠溶液　95ml 0.9%NaCl 溶液加 5ml 10%（质量分数）NaOH 溶液。

4. 5mg/100ml BSP 标准应用液　精确吸取 5ml 10mg/ml BSP 溶液用 0.9% NaCl 溶解定容至 1000ml。

5. 器材　小塑料离心管（1.5ml）、注射器（1ml）、移液器（200μl）、具塞比色管、吸管（1ml、5ml）、量筒（100ml）、容量瓶（100ml、500ml）、电子天平（感量 0.1mg、1mg）、离心机、分光光度计、比色皿等。

【操作步骤】

1. 以 100mg/kg 剂量给小鼠尾静脉注射浓度为 10mg/ml 的 BSP 注射液。小鼠尾静脉注射量一般为 0.10ml/10g 体重，20g 小鼠注射 10mg/ml BSP 注射液 0.2ml。

2. 用乙醚轻度麻醉受试小鼠，注射 BSP 溶液 30 分钟后，从（眼）眶动脉采集血液样品。血液样品置于含 1mg 草酸钠的 1.5ml 塑料离心管中。

3. 离心分离血浆，以速度为1000r/min，离心5分钟。

4. 按表11-3步骤操作。

表11-3 血浆BSP检测操作程序

管号	样品管 (X)	样品对照管 (C)	标准管1 (S1)	标准管2 (S2)	空白管 (B)
血浆样品(ml)	0.5	0.5	—	—	—
0.9%NaCl(ml)	0.5	0.5	0.9	0.8	1.0
BSP标准应用液(ml)	—	—	0.1	0.2	
酸性氯化钠液(ml)	—	5.0	—	—	—
碱性氯化钠液(ml)	5.0	—	5.0	5.0	5.0
相当于血浆潴留BSP(%)			5%	10%	0

5. 摇匀后，在580nm波长处比色，以空白管调零，读取标准管吸光度和样品管吸光度，然后将样品管内液体倒入样品对照管内，摇匀，读取样品对照管吸光度。

【结果计算与评价】

1. 结果计算

$$血浆\ BSP(\%)=\frac{样品管吸光度-样品对照管吸光度}{标准管吸光度}\times 相当于标准管\ BSP(\%)$$

2. 结果评价　肝脏功能损伤时如肝脏实质性损害、肝硬化、胆汁淤积、原发性肝癌等，BSP在体内潴留时间延长，在选定的检测时间内，BSP潴留量百分率增加。通过化学性肝损伤动物模型比较染毒受试动物和正常动物血浆中BSP潴留量百分率可以评价受试动物肝脏损害程度。

【注意事项】

1. 不同种类的受试动物其清除BSP的速率不同，其BSP剂量应以正常动物给药30分钟后在体内残留2%~3%为宜。因此，不同种类动物其给药剂量不同。

2. BSP滞留试验不能鉴别肝脏实质性和阻塞性之间引起的功能损害。

3. 正常人每公斤体重注射5mg BSP时，注射后30分钟血浆中BSP潴留量应<10%；45分钟后<6%；注射1小时后血浆中BSP已完全被清除。

（二）靛青绿排泄试验

【目的与原理】

靛青绿(indocyanine green，ICG)，也叫吲哚氰绿，为无毒染料。ICG从静脉注入机体后在血液中与血浆蛋白结合而迅速转运到肝细胞，被肝细胞摄取排泄。在肝脏中ICG不和谷胱甘肽结合，无肠肝循环，也不从肾脏排泄而直接由胆道排至肠道，所以它是一种仅从胆道排泄的诊断性色素。当肝脏受到损害时，肝脏排泄ICG的功能降低，从而影响血液中ICG的清除，致使血液中

ICG 滞留率增加，通过测定血中 ICG 的浓度可求出滞留率。在实验性肝脏损害的功能检查方面，目前是最有价值，最实用的方法。

【试剂与器材】

1. ICG 注射液 常用 Diagnogreen(日本产、商品名)，每支 25mg，用生理盐水精确定容至 5ml，浓度为 5mg/ml。

2. 生理盐水。

3. 脱色剂 次氯酸钠(NaClO)，用蒸馏水稀释 2 倍。

4. 10mg/L ICG 标准液 精确量取 5mg/ml ICG 注射液 1ml，加蒸馏水稀释至 500ml。

5. 器材 注射器(5ml)、离心管、具塞比色管(5ml)、吸管(1ml、5ml)、量筒(50ml、100ml、500ml)、容量瓶(100ml、500ml)、电子天平(感量 0.1mg、1mg)、离心机、分光光度计、比色皿、动物固定架等。

【操作步骤】

1. 实验动物选用家犬(最好为比格尔犬)，按 2.0mg/kg 体重剂量从受试动物前肢内侧头静脉或后肢外侧小隐静脉注射 5mg/ml ICG 注射液，注射量因动物体重而定如 10kg 动物，注射 4ml。

2. 注射后准确记录时间，15 分钟整从 ICG 注射对侧枝静脉取血 4ml 左右，分离血清，注意不可溶血。

3. 取血清 1ml 加生理盐水 2ml 混合，比色，波长 805nm，以蒸馏水校正“0”点，读取吸光度为 A1。然后加入脱色剂 1 滴，混合后立即比色，读取吸光度为 A2。A1-A2 为血清 ICG 的吸光度，查标准曲线得出 ICG 的浓度。

4. 取具塞比色管若干编号，按表 11-4 操作，绘制标准曲线：

表 11-4 血清 ICG 标准曲线绘制操作程序

管 号	空白管	标 1	标 2	标 3	标 4	标 5	标 6
10mg/L ICG 标准液(ml)	—	0.1	0.2	0.4	0.6	0.8	1.0
蒸馏水(ml)	1.0	0.9	0.8	0.6	0.4	0.2	—
正常动物混合血清(ml)	1.0	1.0	1.0	1.0	1.0	1.0	1.0
生理盐水(ml)	1.0	1.0	1.0	1.0	1.0	1.0	1.0
相当于 ICG 浓度(mg/L)	0	1	2	4	6	8	10

混匀，用波长 805nm 比色，B 管调零，读取各管的吸光度，并绘制标准曲线。

【结果计算与评价】

1. ICG 注射后 15 分钟

$$滞留率(R_{15ICG}\%)=\frac{\text{ICG 注射后 15min 浓度(mg/L)}}{\text{ICG 注射后零时间浓度(mg/L)}}\times 100\%$$

2. ICG 血液中消除率(K_{ICG}) 在注射后 5、10、15、20 分钟分别抽取血液,用分光光度计测定每份血标本中 ICG 浓度(C_5、C_{10}、C_{15}、C_{20}),以各浓度的对数值为纵轴、时间为横轴在半对数坐标纸上作图,根据 logC 和时间(T)绘制回归线,交于纵轴点为 $\log C_0$,查 $\log C_0$ 的反对数得 C_0,再求 $1/2C_0$,取 $\log 1/2C_0$,在纵轴上得 $\log 1/2C_0$ 点,通过此点作横轴平行线,交于回归线,过交点作纵轴平行线交于横轴,与横轴的交点即为血中 ICG 半衰期($T_{1/2}$),再按下列公式计算 ICG 血中消除率(K):

$$消除率(K)=\frac{0.693}{T_{1/2}}$$

3. 结果评价 肝实质性损害时 R_{15ICG}(%)升高,K_{ICG}(%)降低,ICG 半衰期($T_{1/2}$)延长。

【注意事项】

1. 不同给药剂量不同动物种类其 R_{15ICG}(%)、K_{ICG}(%)与 ICG 半衰期($T_{1/2}$)不同。国外有人报道,正常情况下,大鼠:ICG 剂量为 16mg/kg 体重时,其半衰期($T_{1/2}$)为 6.5 分钟 n,K_{ICG}(%)11%;兔:ICG 剂量为 16mg/kg 体重时,其半衰期($T_{1/2}$)为 3.5 分钟,K_{ICG}(%)20%;犬:ICG 剂量分别为 1mg/kg、2mg/kg、4mg/kg 体重时,其半衰期($T_{1/2}$)分别为 7 分钟、17 分钟、30 分钟,K_{ICG}(%)分别为 10%、4%、2%。

正常人从静脉给予 0.5mg/kg 体重时,其 R_{15ICG}(%)为 0~10%,随着年龄的增大,R_{15ICG}(%)稍增加,每增加 5 岁,R_{15ICG}(%)可增加 0.2%~0.6%。血中 K_{ICG}(%)一般为 16.8%~20.6%。

2. 本实验所取血液样品不能溶血,溶血影响实验结果。

四、肝脏分泌功能测定

胆酸(bile acids)是胆汁中的主要成分,是胆固醇经肝组织代谢的最终产物。肝细胞分泌两种初级胆酸:一种是 3α、7α、12α-三羟胆酸和 3α、7α-二羟胆酸,这两种胆酸分别与甘氨酸、牛磺酸结合形成初级结合胆酸、甘氨鹅脱氧胆酸。这些初级胆酸随胆汁分泌排至肠道,参与脂肪转化,促进脂肪和胆固醇的消化和吸收。化学性肝损害时胆汁分泌发生障碍,血液中胆酸含量增加。目前测定血清胆酸的方法有:气液相色谱(GLC)、酶法、放射免疫分析法(RIA)、酶联免疫分析法(EIA)。下面介绍测定血清甘-胆酸的放射免疫分析法(RIA)。

【目的与原理】

肝脏是甘胆酸代谢的重要器官,甘胆酸主要通过肝细胞合成分泌并摄取,甘胆酸摄取功能一旦降低,血清中甘胆酸水平会随之增高,因此,甘胆酸可作为检测肝细胞损害的重要指标之一。血清甘-胆酸绝大部分是和蛋白质相结合而存在,向试验反应液中加一定量的 δ-苯胺-1-萘磺酸(ANS)使结合的甘-胆酸解离成游离状态,然后与标记物 ^{125}I-组胺-甘-胆酸竞争性与抗体结合。通过测定抗原抗体沉淀物的放射性强度,从标准曲线直接查得血清中甘-胆酸的含量。

【试剂与器材】

1. 0.2mol/L PB 缓冲液(pH 7.4)　取 35.61g $Na_2HPO_4 \cdot 2H_2O$、27.60g $NaH_2PO_4 \cdot H_2O$ 溶于约 900ml 蒸馏水中,用 HCl 调溶液 pH 至 7.4,定容至 1000ml。

2. 缓冲液　取 0.2mol/L(pH 7.4)PB 液 100ml,加 8.5g NaCl,1g 明胶(Sigma 公司生产),1g NaN_3,加蒸馏水定容至 1000ml,于 37℃溶解后置 4℃冰箱中贮存。

3. 标准液　取正常混合动物血清,经乙醇提取法测定血清中的甘-胆酸浓度,然后向其中加入标准甘-胆酸或用 20g/L 牛血清白蛋白(BSA,Sigma 公司生产)溶液稀释,使其浓度分别为 0.5μmol/L、2.0μmol/L、5.0μmol/L、15μmol/L、30μmol/L。每瓶分装 0.25ml,冷冻干燥。4℃保存,临用前加 0.25ml 蒸馏水溶解。

4. 2g/L　δ-苯胺-1-萘磺酸(ANS)溶液　取 1g ANS 溶于 500ml 缓冲液中。

5. 抗血清　制备方法如下:

(1) 取甘-胆酸(Sigma 公司生产)50mg 溶于 2ml 吡啶中,加蒸馏水 8ml 为 A 液,置磁力搅拌器上搅拌溶解。另取 100mg 牛血清白蛋白(BSA,Sigma 公司生产),25mg 碳二亚胺溶于 1ml 蒸馏水中为 B 液。将 B 液立即滴加到 A 液中,调至 pH 5.5。反应 4~6 小时后补加 15mg 碳二亚胺,4℃过夜。用蒸馏水透析 4 小时,冷冻干燥,即为免疫原。

(2) 选用 4 个月龄新西兰兔,按照每支取免疫原 1mg 溶于 1.5ml 生理盐水中,加等量福氏完全佐剂乳化,按常规方法注射背部皮内多点,加强免疫每月一次,剂量 0.5mg/只,6 个月后颈动脉放血,滴度约 1∶25 000 时分离血清,置-20℃贮存。按可供测 100 管量分装,冻干,用前加缓冲液 5.5ml 溶解。

6. 125I-组胺-甘-胆酸　制备方法如下:

(1) 取甘-胆酸 18.6mg 溶于 0.8ml 吡啶中,为 A 液;取盐酸组胺 11.0mg、水溶性碳二亚胺 20mg 溶于 4ml 蒸馏水中为 B 液。将 A 液滴加到 B 液中。磁力搅拌 1 小时,放 4℃过夜。加 0.1mol/L(pH 7.4)的 PB 溶液至 10ml。用 5ml 正丁醇提取两次。两次提取液合并,4℃保存。提取液中含有组胺-甘-胆酸。

(2) 取提取液 100μl,氮气吹干,加 0.25mol/L(pH 7.4)PB 溶液 50μl,置快速混匀器上 1 分钟,使其充分溶解。再加入 $Na^{125}I$ 37mBq(1m Ci),氯胺 T 液 10μl(25μg),反应 1~1.5 分钟,即刻加偏重亚硫酸铵液 10μl(62.5μg)。将反应液点样于硅胶 G 薄板上,以正丁醇∶冰醋酸∶水(85∶10∶5)为展开剂。进行放射自显影定位。^{125}I-组胺-甘胆酸的 Rf 值约 0.3。将标记物刮下,用无水乙醇洗脱,分装 74kBq/100μl,于 4℃冰箱保存,用前加缓冲液 5.5ml。

7. PR 分离剂。

8. 器材　注射器(5ml)、塑料离心管(1.5ml)、具塞比色管(5ml)、吸管(15ml、5ml)、移液器(20μl、100μl、200μl、1000μl)、量筒(50ml、100ml、500ml)、容量瓶(100ml、500ml)、电子天平(感量

0. 1mg、1mg)、离心机、冰箱、自动 γ-免疫计数仪、兔固定架等。

【操作步骤】

1. 取 10mm×75mm 塑料试管若干,按表 11-5 步骤进行操作。

表 11-5 血清甘-胆酸检测操作程序

管 号	空白管(B)	S_0管	S_1管	S_2管	S_3管	S_4管	S_5管	测定管
20g/L BSA 液(μl)	20	20	—	—	—	—	—	—
标准液(μl) *	—	—	20	20	20	20	20	—
待测血清(μl)	—	—	—	—	—	—	—	20
抗血清(μl)	—	200	200	200	200	200	200	200
^{125}I 标记物(μl)	100	100	100	100	100	100	100	100
缓冲液(μl)	200	—	—	—	—	—	—	—
混合,置 37℃ 2 小时后,移至 4℃ 1 小时								
PR 分离剂(μl)	500	500	500	500	500	500	500	500

* 注:S_1、S_2、S_3、S_4、S_5标准管中标准液的甘-胆酸浓度分别为 0. 5、2. 0、5. 0、15、30μmol/L。

2. 加入 PR 分离剂后混合,放 37℃ 30 分钟。离心 15 分钟。弃去上清液,以空白管调零,测定各管沉淀物的放射性强度。

【结果计算与评价】

1. 结果计算 分别以 S_1、S_2、S_3、S_4、S_5标准管放射性强度占 S_0管百分率(%)对各管标准液浓度(μmol/L)绘制标准曲线,根据测定管放射性强度占 S_0管百分率(%)从标准曲线上直接读出血清中甘-胆酸浓度(μmol/L)。

2. 结果评价

(1) 空腹血清甘-胆酸:大量的结果表明,测定血清甘-胆酸是检测急性病毒性肝炎以及急性化学性肝损害的一项灵敏指标,与 ALT 升高相平行。在治疗过程中,ALT 降至正常,而血清甘-胆酸仍在高水平。故评价急性肝损害恢复情况较常规肝功能化验优越。在慢性肝损害恢复期,血清甘-胆酸降至正常较常规肝功能化验要晚。组织学检查发现,甘-胆酸的升高与否和组织学检查一致。肝硬化时血清甘-胆酸高于正常,故本法诊断肝硬化有较高的诊断价值。肝癌时血清甘-胆酸明显增高,阳性率可达 100%。

(2) 餐后两小时血清甘-胆酸:餐后胆囊收缩,大量胆汁在回肠末端被吸收进入肝循环,当肝细胞受损时此项功能低下,从而进入血液量增加,测定餐后血清甘-胆酸较测空腹血清值更能反映肝细胞轻微损伤。

【注意事项】

1. 本法除加 ANS 作阻断剂外,样品血清作 1∶10 稀释后放沸水浴中 3~5 分钟,变性可使甘-胆酸解离。

2. 本法除测定血清外，也可将尿液作 1∶20～1∶50 稀释后直接测定。尿中排出值和血清浓度高度相关，其临床应用价值完全相同，故可在化学性肝损害动物模型中收集受试动物尿液动态观察肝损害的变化。

五、肝纤维化测定

【目的与原理】

肝胶原（hepatic collagen）形成是纤维化的基础，后者是慢性肝损伤的一种重要病理现象。在胶原中，羟脯氨酸约占 12.5%。通过测定肝脏羟脯氨酸（hepatic hydroxyproline）的含量可评价肝脏纤维化的程度。肝胶原酸性水解释放羟脯氨酸，羟脯氨酸可被氯胺-T 氧化成吡咯，后者与对二甲基氨基苯甲醛溶液（Ehrlich 试剂）形成一种红色物质，再用分光光度计比色定量。按羟脯氨酸含量占胶原含量的 12.5%来计算肝脏胶原含量。

【试剂与器材】

1. 羟脯氨酸标准溶液　取反式 4-羟基-L-脯氨酸 500mg，加蒸馏水溶解并定容至 1000ml 即浓度为 500μg/ml。再分别稀释成 1、2、4、8、16μg/ml 5 个标准溶液。

2. 柠檬酸盐缓冲液　取单水柠檬酸 133g、三水柠檬酸钠 320g、氢氧化钠 91g，加乙酸 32ml，正丙醇 800ml，蒸馏水 3000ml。调 pH 至 6.0～6.5，最后用蒸馏水稀释至 4000ml，加 1ml 或 2ml 甲苯保存备用。

3. 氯胺-T 溶液　取 1.76g 氯胺-T 水合物溶于 125ml 蒸馏水中。

4. Ehrlich 试剂　取 18.75g 对二甲基氨基苯甲醛溶于 75ml 1-丙醇和 32.5ml 70%高氯酸中，然后用蒸馏水稀释至 125ml。临用前配制。

5. 器材　手术剪、手术镊、吸管（1ml、2ml、5ml、10ml）、量筒（100ml、250ml、1000ml）、容量瓶（1000ml）、玻璃匀浆器、电子天平（感量 0.1mg、1mg）、试管、高压灭菌器、真空干燥器、分光光度计、比色皿等。

【操作步骤】

1. 配制 1%盐酸肝匀浆溶液　从麻醉动物体内取出肝脏，取 1g 肝左叶，加 9ml 6mol/L HCl 匀浆，即得 10%匀浆液。再取此匀浆液 1ml，加 9ml 6mol/L HCl 再匀浆 1 次，即得 1%匀浆液。

2. 取 2.5ml 1%匀浆液分别置入 12ml 圆形耐热试管中（平行样品管），盖上玻璃球塞，以防蒸发，将试管放入高压灭菌器内，于 120℃，210kPa（2.07atm）条件下消毒 3 小时。

3. 去掉玻璃试管球塞，将试管置于中度真空并含有一层硫酸钙的干燥器内，维持内部温度在 50～60℃，干燥 18～24 小时，收获干燥的样品水解产物。

4. 将干燥的样品水解产物悬浮于柠檬酸盐缓冲液中即为样品悬浮液，从样本悬浮液中吸取 2ml 分别置于已编号的干净试管中。

5. 取已编1、2、3、4、5号的5支干净试管(标准色列管),各加1ml柠檬酸盐缓冲液,再分别加入1ml浓度为1、2、4、8、16μg/ml羟脯氨酸标准溶液,摇匀,以柠檬酸缓冲液作对照液。

6. 加1.5ml氯胺-T溶液于对照液管、样品管和标准色列管中,于室温下培养22分钟,在培养过程中配制Ehrlich试剂。

7. 以上各管加1.5ml Ehrlich试剂,摇匀,60℃水浴15分钟。

8. 冷却试管,用柠檬酸缓冲液校正分光光度计,在波长500nm处比色测定。

【结果计算与评价】

以羟脯氨酸标准溶液浓度为横坐标,吸光度为纵坐标,绘制标准曲线。根据样品吸光度从标准曲线查出样品中羟脯氨酸的浓度(C,μg/ml)。

肝脏胶原含量(X,%)计算:

公式:

$$X(\%)=(C\times V\times 1/1\,000\,000\div 0.025\div 0.125)\times 100\%$$

式中:C:样品中羟脯氨酸的浓度(μg/ml)。

V:样品悬浮液总量(ml)。

0.025:参与测定的肝脏取样量(g)。

0.125:胶原中羟脯氨酸含量比。

结果评价:肝脏中胶原含量越高,肝脏纤维化的程度越大。

【注意事项】

1. 样品混悬液中羟脯氨酸浓度宜在2~8μg/ml,必要时根据动物种类和处理情况进行调整。

2. 氯胺-T溶液与Ehrlich试剂须在临用前配制。

第二节　肝脏毒理学体外研究方法

一、体外离体肝灌流与分析

肝脏是外源性化学物在体内的主要代谢器官。当化学物质进入机体后,肝脏可通过生物转化和生物转运的方式将其代谢。代谢的结局包括化学物质的解毒(失活)或增毒(活化)两个方面。研究化学物质在肝脏的代谢与动力学变化对了解化学物质的毒性及其毒性作用机制具有重要意义。离体肝脏灌流法(isolated perfused liver,IPL,亦称离体肝灌流法)能够动态观察与研究肝脏对化学物质的代谢。IPL的特点是在检测过程中对肝细胞的损伤较小,可以保护其细胞膜的屏障作用完好,维持肝细胞的结构和功能的完整性。并且它还可以排除机体其他脏器的影响,使检测结果更为准确。

【基本原理】

离体肝灌流(IPL)技术是在麻醉状态下用外科手术使大鼠肝脏形成体外循环,用蠕动泵将以氧和二氧化碳饱和的 Krebs-Henseleit 溶液代替血液,恒温恒速地灌注肝脏,使之在一定时间内(数小时)维持机体的正常生理生化功能。这样可以在人工控制的染毒剂量和条件下,直接动态观察化学物质一过式通过肝脏或反复循环通过肝脏后的代谢变化及其对肝脏的毒作用影响。

【试剂与材料】

1. 灌流液的配制　灌流液为低分子量葡聚糖的 Krebs-Henseleit 溶液,各组成充分的浓度如下(以 mmol/L 表示):KCl 4. 8、$MgSO_4$ 1. 2、$CaCl_2$ 2. 4、KH_2PO_4 1. 2、$NaHCO_3$ 12. 5、NaCl 118. 4、葡萄糖 10、HEPES 25 与 5%葡聚糖(分子量为 40 000),pH 7. 0~7. 2。通常以贮存液保存于冰箱备用,使用前配制工作液。

(1) 贮备液:KCl 7. 1g、$MgSO_4 \cdot 7H_2O$ 5. 87g、$CaCl_2$ 5. 33g、KH_2PO_4 3. 26g、NaCl 138. 39g,加去离子水到 1000ml。

(2) 工作液:实验前 1 天先把葡聚糖按 10%(质量分数)配好,放置过夜。临用前用 10%葡聚糖 500ml,加上述贮备液 50ml、$NaHCO_3$ 1. 05g、葡萄糖 1. 80g 与 HEPES 5. 94g,加去离子水至 950ml,溶解后摇匀,用 1mol/L NaOH 调 pH 至 7. 0~7. 2,用去离子水定容至 1000ml。

2. 器材

(1) 脏器灌流仪:一般灌流仪包括以下三个主要部分即:①供氧贮液系统,带搅拌混合的贮液池,通过流量计与普氧钢瓶(含 95%氧与 5%二氧化碳)相连。②循环系统,由医用硅胶管与蠕动泵两部分组成,为了除去灌流液中的破碎细胞或其他凝集物在此系统中设一过滤装置。③隔水式恒温系统,单独自动控温水浴系统,使贮液池和脏器托盘等保持一定温度。目前市场上均有各种脏器灌流仪购买。

(2) 手术器械:注射器、手术刀、手术剪、手术镊、止血钳等。

(3) 玻璃器皿:吸管(1ml、2ml、5ml、10ml)、量筒(50ml、100ml、250ml、1000ml)、容量瓶(100ml、500ml、1000ml)、烧杯(100ml、250ml、500ml)。

【操作步骤】

1. 选择体重为 220~250g 大鼠的肝脏作肝灌流模型,术前给大鼠腹腔注射 2%(质量分数)戊巴比妥钠 1. 0~1. 2ml,待大鼠彻底麻醉后(用止血钳夹大鼠的尾部观察是否有疼痛感知)将其仰放在手术板上,行腹部 U 形手术切口。

2. 打开大鼠腹腔,将肝脏移向躯体左侧,小心剥离下腔静脉和门静脉,使其充分暴露。

3. 将下腔静脉与右肾之间的血管分别用丝线结扎。

4. 先将流出导管插入下腔静脉,固定后立即注入 1%肝素 1~2ml,使血液流出并保持通畅。

5. 再将注入导管插入门静脉,固定后立即开动蠕动泵注入灌流液。

6. 打开胸腔后,在靠横膈一侧结扎下腔静脉上端。这样,由门静脉注入的灌流液经肝脏后只由腹腔部分的下腔静脉流出。

7. 将肝脏完整无损地分离出来并移到灌流仪的脏器托盘上,并覆盖玻璃罩以保持一定湿度。肝脏移到灌流仪的脏器托盘时,先用灌流液应用液冲洗肝脏内残存血液,必要时可用手轻轻按摩帮助把血洗净(从肝脏外观和流出液颜色可以辨出)。调整灌流速度[大约为 1ml/g(肝)·min^{-1}],检查保温温度(37±0.2℃),打开普氧瓶开关检查一切合格后开始实验。

8. 将受试化学物或毒物加入贮液池后,经过肝脏后立即流出,在不同时间,灌流液通过肝脏后立即收集下腔静脉流出液进行测定(一过式灌流)。也可将下腔静脉流出液经过过滤装置后直接返回贮液池进行循环式灌流。这样被测化学物质可以不断地通过肝脏。根据研究目的在不同时间采样,或者在不同时间测定肝脏组织本身的改变如肝酶、化学成分、组织学变化等。

【分析与评价】

分析和评价离体大鼠肝脏活力的方法有:

1. 物理性检测　测定灌流液 pH、灌流压力、肝重、肝的外观等。

2. 生化性检测　测定灌流液中 ALT、AST、LDH、OCT、SDH 等酶活性、氧消耗量以及 BSP 排泄率等。

3. 组织学检查　灌流肝脏后,用光镜或电镜检查肝脏组织的病理学改变。

比较实验组与对照组各项指标是否存在统计学差异。

【注意事项】

1. 手术过程要求干净利落,保持肝脏被膜的完整,以防出血过多和手术时间过长。在肝门静脉插管过程中尽量快速,保证肝脏缺氧时间不得超过 5 秒钟。插管后立即提供含氧灌流液。手术不要求无菌操作,也无需注射抗生素。

2. 在大鼠离体肝灌流中,实验组与对照组的各项条件应保持恒定,以保证肝活力的可比较性。一般灌流温度为 37℃,灌流液压力至少 45mmHg,灌流速度可因不同灌流液(即灌流介质)进行调整。灌流开始后,需稳定灌流条件 20 分钟左右,使肝各项功能趋于稳定,再进行试验。

3. 灌流后大鼠肝重量应保持体重的 3%~4%。在大鼠离体肝灌流中,测氧耗是反映肝活力的很好指标,它可直接反映肝活性情况,正常情况下氧耗为 2.3μmol/min,但测氧耗需专门的测氧仪。BSP 排泄实验也是测定肝排泄动能的较好方法,其胆汁总排泄率应大于 40%(一般在 60%左右)。

二、大鼠肝细胞原代培养试验方法

【基本原理】

离体的大鼠肝细胞原代培养(hepatocyte primary culture)试验,是整体动物与离体肝之间、可溶性肝酶与肝脏组织之间的一种中介实验模型,该试验方法越来越多地被用于毒理学研究领域。大鼠肝细胞分离方法是在肝离体灌流液中引进胶原酶,经胶原酶消化肝细胞间组织而达到分散肝细胞的目的。然后再经分离纯化步骤而得到所需的肝细胞或非实质性肝细胞。进行大鼠肝细胞原代培养,可观察化学毒物对肝脏的毒性作用。

【试剂与器材】

1. 无钙灌流液 准确称取 NaCl 8. 300g、KCl 0. 500g、HEPES 2. 383g、NaOH 0. 220g 溶于约 950ml 蒸馏水中,混匀后,调 pH 至 7. 4,用蒸馏水定容至 1000ml。

2. 酶灌流液 准确称取 NaCl 3. 916g、KCl 0. 500g、$CaCl_2 \cdot 2H_2O$ 0. 735g、HEPES 23. 830g、NaOH 2. 640g 溶于约 950ml 蒸馏水中,混匀后,加胶原酶 0. 500g,混匀后,调 pH 至 7. 6,用蒸馏水定容至 1000ml。

3. 清洗液 准确称取 NaCl 8. 300g、KCl 0. 500g、$CaCl_2 \cdot 2H_2O$ 0. 176g、HEPES 2. 383g、NaOH 0. 220g 溶于约 950ml 蒸馏水中,混匀后,调 pH 至 7. 4,用蒸馏水定容至 1000ml。

4. 灌流仪 同离体肝灌流试验。

5. 器材 锥形瓶、离心管、吸管、烧瓶、容量瓶、尼龙网、显微镜、红细胞计算器、恒温振荡器、离心机、CO_2培养箱、氧气瓶、CO_2钢瓶等。

【操作步骤】

1. 肝细胞的分散在肝离体灌注条件下,先用无钙灌流液作预灌流,目的在于冲去残血,除去或减少肝细胞间的钙离子,以减少细胞间的黏附力。然后再用含钙的胶原酶灌流液灌流,以消化细胞间质而分散肝细胞。具体步骤如下:

(1) 动物手术:取体重为 150~200g 的大鼠,乙醚麻醉,背位固定。分离剥去腹部皮肤后,用 75%乙醇消毒腹膜外层,无菌操作下剪开腹膜,将内脏翻移至鼠体的左侧,暴露肝门静脉和下腔静脉。在离肝入口 1. 0~1. 5cm 处将肝门静脉以及下腔静脉近肾静脉分支部位与周围组织分离开,各穿一根手术棉线,打一活套备用。并经下腔静脉注射 0. 06%肝素钠生理盐水溶液 0. 5~0. 6ml,注射点尽量靠后。将静脉插管沿已分离的肝门静脉插入,使针头前端达左、右肝静脉分支交汇处,迅速结扎棉线,固定门静脉插管。立即开始灌流。

(2) 预灌流:将经无菌过滤、37℃恒温、混合气体(95%O_2,5%CO_2)饱和的无钙灌流液进行肝灌流,同时剪断下腔静脉以便灌流液顺畅流出。灌流速度需从慢至快,最后保持在 40~50ml/min。用骨剪打开胸腔,在前腔静脉管处系一根棉线,尽快从右心房处插管至前腔静脉处,然后扎紧手术丝线,以防针管脱落。如果插管位置适当,应有灌注液从导管中流出。随之将后腔静脉处的棉线扎紧,迫使灌注液改由前腔静脉插管处流出。先作在位灌流数分钟,然后边灌流边切断肝与周围组织的联系,将肝移置肝托盘内继续灌流。注意不要损伤肝包膜,并尽量保持肝叶和血管的正常位置,不可扭曲。预灌流一般需用灌流液约为 500ml。

(3) 酶灌流:预灌流后换用37℃通入O_2的酶灌流液继续灌流。胶原酶的浓度应根据酶制剂的型号、活力等经过试验后调整决定,一般约为0.05%左右。胶原酶溶液的最适pH为7.5,灌流液含钙而不能含镁,且须含足够的有机缓冲剂如N-2羟乙基哌嗪-N-2乙磺酸(HEPES)。灌流速度仍维持40~50ml/min。因为胶原酶价贵,可设计循环灌流装置以节约酶量。一般每次用40~50ml酶灌流液即可满足要求。如果灌流通畅,则肝颜色均匀。由于肝细胞间质被消化,灌流液进入细胞间隙,因而可见到肝逐渐肿胀。一般酶灌流时间约为8~15分钟。可以肉眼观察肝肿胀程度来选择最佳灌流时间。

(4) 分散肝细胞:在酶灌流达最佳效果时取下受试动物肝脏,将之移至盛有适当培养液(一般为DMEM溶液)的平皿中,小心撕去肝包膜后将肝在培养液中剪碎,轻轻振摇,肝细胞即可散落于培养液中而成肝细胞悬液,必要时可用光滑的玻璃针或疏齿小梳轻轻梳理,以利于肝细胞分散。

2. 肝细胞的纯化

(1) 肝实质细胞的纯化:将肝细胞悬液收集在锥形瓶中,于37℃振荡培养15分钟。在此期间,受损肝细胞进一步排出其内容物而变得更轻,易于在离心时与完整细胞分开;细胞碎片、Kupffer氏细胞等则为由损伤细胞排出的黏性物质黏结成小块,可在过滤时除去;完整的肝实质细胞则从外形不规则渐变为圆形,因而更加分散,也更易于通过滤网。振荡培养结束后立即将锥形瓶置冰水中冷却,用双层尼龙网(200目)过滤。滤液在0~6℃条件下以200r/min离心3~5分钟,弃去上清,用清洗液以同上条件清洗离心3次,末次弃上清液后以培养液再次悬浮,此悬液中得到的肝细胞绝大部分为肝实质细胞。

(2) 非实质细胞的纯化:将分散所得肝细胞悬液与蛋白酶(proteinase)一同振荡培养60分钟,肝实质细胞因对蛋白酶特别敏感而大部被破坏。经过离心清洗即可得到纯化的非实质细胞。占非实质细胞约40%的Kupffer细胞特别容易在塑料培养皿上贴壁生长,可利用此特性获得完全纯化的Kupffer细胞。

3. 肝细胞的培养 用培养液适当稀释纯化的肝细胞悬液,使每毫升培养液中约含$(0.5 \sim 1.0) \times 10^6$个肝细胞左右。培养液可选用DMEM,也可选用其他配方。培养液中需有适量的葡萄糖和充分的缓冲系统。向培养液中加入适量小牛血清或清蛋白对细胞有一定保护作用,另可加入适量激素和抗生素。

培养的方式可根据实验需要来选择。只需作短时间培养的实验可将适当稀释的肝细胞于合适的小试管内作振荡培养,培养以后的实验步骤即可直接在此管内进行。如需做较长时间培养,则要选用大小合适的培养皿加入适量的肝细胞,于CO_2培养箱内(通入5%的CO_2与95%O_2)进行单层细胞培养。如采用经过处理的塑料培养皿,则约经1.5~2小时培养细胞即可贴壁;如采用未经处理的玻璃培养皿,则需经8小时左右肝细胞方能完全贴壁。

【分析与评价】

肝细胞质量,可通过肝细胞活率和肝细胞产量 2 个指标进行分析与评价。

(1) 细胞活率:用 0.6%(质量分数)台盼蓝(trypan blue)溶液与肝细胞悬液以 1:1 比例混匀,立即在光学显微镜下用血细胞计数板计数和计算能够排除台盼蓝而不被染色的活细胞百分率(%),即为肝细胞活率。其活率至少须在 80%以上的肝细胞才适用实验研究。

(2) 细胞产量:仍用血细胞计数板按血红细胞计数方法求得每毫升悬液中的细胞数,再乘以所得肝细胞悬液的总量毫升数,即为细胞产量。

【注意事项】

1. 灌流肝是否畅通是分散肝细胞能否成功的关键。灌流过程中如果肝颜色不均匀或出现花斑,即表明灌流不畅。灌流不畅时不仅细胞间质消化不够,减少分散的细胞产量,而且分散所得肝细胞的活率和功能也差。这是因为灌流不畅时使肝细胞缺氧,也使灌流压力增高,两者均会造成肝细胞损伤。

灌流不畅的可能原因有:①肝位置不佳致血管扭曲;②插管插入过深,或插管尖头的斜面过长,堵塞了门脉血管的分支;③灌流液中存在小颗粒物质或微小气泡而堵塞小血管;④麻醉过深或手术时间过长,或麻醉前动物过度紧张、应激反应等使血管收缩。应努力避免这些因素,使灌流畅通。

2. 灌流液必须含有足够的缓冲剂系统,以保证酶灌流过程中 pH 维持在最适范围。关于酶灌注灌流液是否需要通氧的问题,虽然有报道认为不通氧对所分得肝细胞的活率影响不大,但缺氧对肝细胞功能有重要影响,有时并不能立即在肝细胞活率上反映出来,故仍以通氧为好。

3. 台盼蓝排除试验是检验细胞活率最常用的方法,但须正确运用,否则结果可能不准确。注意事项有:①染料和细胞悬液混匀后立即观察,以防放置后活细胞沉于底部;②须使台盼蓝的终浓度在 0.2%以下;③应先放好盖玻片后从盖玻片边缘加样,先加样后盖盖玻片会使损伤的肝细胞被挤排出,致使观察结果不准确。

4. 培养肝细胞时,每一培养容器内的细胞数要适当。细胞数过少则每一样本的实验数据可能影响试验结果的精确度;细胞数过多则细胞相互挤压或重叠,接受氧气和营养物质不充分,则会影响肝细胞功能状态。

三、肝细胞膜流动性检测

【目的与原理】

细胞生物膜为液态镶嵌模型,具有流动性脂质双分子层基架,它既有液体的流动性,又有固体的光学特性。荧光偏振法是在光束的激发光路和发射光路上各放一块偏振片作为起偏器和检偏器,使自然光变为偏振光,当偏振光激发生物膜时,膜脂质分子发射的荧光也是偏振的,利用这一原理可以测定肝细胞膜分子运动情况和分子排列有序程度。1,6-二苯基-1,3,5-己三烯(1,6-diphenyl-1,3,5-hexatriene,DPH)是一种非极性分子,在极性水溶液中荧光强度很弱,它与细胞膜脂质双分子疏水区结合后,则荧光强度大大增加,根据 Shinizky 方法,可计算出膜脂荧光偏振度(P)与膜流动度(F),从而可以评价肝细胞膜的流动性大小。

【试剂与器材】

1. 0.01mol/L 磷酸缓冲盐溶液(pH 7.4) 在 800ml 蒸馏水中溶解 8.5g 氯化钠,加 50ml 0.2mol/L 磷酸氢二钠-磷酸二氢钠缓冲液,调 pH 至 7.4,加蒸馏水定容至 1000ml。

2. DPH 溶液(荧光探针) 取 0.464mg DPH,溶于 1ml 四氢呋喃中配制储备液,浓度为 2×10^{-3}mol/L,剧烈振摇 3~5 分钟,放在棕色瓶中(或用黑纸包好),避光保存于-20℃冰箱。临用前从冰箱取出,在室温下融化,10μl 加四氢呋喃至 10ml 稀释成浓度为 2×10^{-6}mol/L 的 DPH 荧光探针负载液(用黑纸包上避光)。

3. 0.25%(质量分数)胰蛋白酶 将 1.25g 胰酶,0.15g EDTA-Na2,4.00g NaCl,0.50g 葡萄糖,0.29g $NaHCO_3$,少量酚红溶于三蒸水中,1mol/L NaOH 调 pH7.2,定容至 500ml,过滤分装,室温保存。

4. DMEM 培养基 将干粉型培养基溶于三蒸水中加入 2.00g $NaHCO_3$,1mol/L 稀盐酸调 pH7.0,加入青霉素和链霉素终浓度 100U/ml,定容至 1000ml,滤过分装,用时加胎牛血清(10%)。

5. 器材 肝细胞株、细胞培养瓶、无刻度吸管、细胞计数板、微量移液器(100μl、1ml)、离心管、CO_2培养箱、倒置显微镜、电子天平(感量 0.1mg)、量筒、容量瓶、烧杯、离心机、荧光分光光度计、比色皿等。

【操作步骤】

1. 取生长良好的肝细胞培养物,以 1×10^5/ml 传代于 50ml 培养瓶中。

2. 培养 24 小时后,弃原培养液,更换无血清 DMEM 培养基,加受试物培养 4~6h。

3. 用 0.25%胰蛋白酶消化,1000r/min 离心 10 分钟,分别用 2.0ml 0.01mol/L 磷酸缓冲盐溶液(PBS)洗涤 2 次,并将细胞数调整至 2×106/ml 细胞悬液。

4. 取 1ml 肝细胞悬液,加入等体积 DPH 溶液(2×10^{-6}mol/L),于 37℃避光温育 30 分钟(用黑纸包上避光)。以 3500r/min 离心 10 分钟,PBS 洗 2 次,配制成 2ml 肝细胞悬液。

5. 用 DPH 溶液加磷酸缓冲盐溶液(PBS)为空白对照,测温 25℃,调发射波长(λ)为 432nm,激发波长(λ)= 362nm,狭缝宽度 5nm,用荧光分光光度计测样品荧光强度。

【结果计算与评价】

1. 结果计算

细胞膜荧光偏振度(P)计算公式:

$$P=(\mathrm{Ivv}-G\cdot\mathrm{IVH})/(\mathrm{Ivv}+G\cdot\mathrm{IVH})$$

$$G = IHV/IHH$$

式中：G——荧光偏振校正因子，校正由单色器所产生的附加偏振；

IVV——起偏器和检偏器光轴相互平行时测出的荧光强度；

IHH——起偏器和检偏器光轴相互垂直时测出的荧光强度；

IVH——起偏器光轴为垂直方向和检偏器光轴为水平方向时测出的荧光强度；

IHV——起偏器光轴为水平方向和检偏器光轴为垂直方向时测出的荧光强度。

细胞膜流动度（F）计算公式：

$$F = (P_{max}/Pr - 1)/Pr$$

式中：Pr—为样品荧光偏振度的测定值；

P_{max}—荧光偏振度的理论极限值，取0.5。

2. 结果评价　细胞膜脂流动性是生物膜最基本的物理性质，生物膜的各项功能如能量转化、物质运输、信息传递等都与膜的流动性密切相关，细胞要发挥正常的生理功能要求膜处于合适的流动状态，当细胞受到某些外源化学物攻击时，膜流动性发生改变，膜酶的活性、膜的转运能力、膜受体的表达及功能均可发生改变，测定肝细胞膜的流动性可有利于研究外来化学物对肝脏的损伤作用机制。荧光偏振度（P）改变可反映细胞膜流动性大小，P值越大，膜流动性越小；P值越小，膜流动性越大。

【注意事项】

1. 从荧光偏振度（P）值，可根据Perrin还可计算细胞膜的微黏度（η），其公式如下：

$$\eta = 2P/(0.46 - P)$$

微黏度（η）增大，则可反映细胞膜的流动性小，反之细胞膜的流动性大。

2. DPH是一种广泛使用的荧光探针，在贮存或使用过程中均应注意避光，否则影响检测效能。

四、肝细胞线粒体提取及线粒体活性测定

（一）大鼠肝细胞线粒体制备——梯度离心法

【目的与原理】

分离提取具有高活性和高纯度的线粒体是进行线粒体功能活性研究的基础和前提，因为从组织或细胞中提取的线粒体活性和纯度将影响以线粒体为受试生物材料的实验检测结果。虽然没有一种方法适用于从所有的组织和细胞中分离线粒体，但提取线粒体的基本步骤相似，制备组织或细胞匀浆后梯度离心，即以较低的离心力离心沉淀细胞核和细胞碎片等，将上清液转移到另一离心管中，以较高的离心力离心沉淀线粒体。目前有市售试剂盒可用于提取组织或细胞线粒

体，本文介绍用自配试剂从大鼠肝组织中提取线粒体的方法。

【试剂与器材】

1. 10%（质量分数）的水合氯醛溶液。

2. 1%（质量分数）的肝素钠溶液。

3. 线粒体分离介质 取蔗糖23.96g，甘露醇38.26g，4-羟乙基哌嗪乙磺酸（HEPES）1.19g，乙二醇二乙醚二胺四乙酸（EGTA）0.38g，牛血清白蛋白（BSA）10g，溶于三蒸水后，置于1L容量瓶中，并定容至刻度，调节pH至7.4，4℃保存。

4. 动物 健康成年雄性大鼠一只，体重180~200g。

5. 器材 手术用剪刀、镊子、缝合线、量筒、容量瓶、烧杯、玻璃匀浆器、平皿、离心管、肝脏灌流仪、低温高速离心机、电子天平等。

【操作步骤】

1. 大鼠在实验前一天禁食，10%水合氯醛腹腔注射麻醉，仰面固定于解剖台上。

2. 剖开腹腔，充分暴露下腔静脉和肝门静脉，注射0.5ml 1%肝素钠于下腔静脉中，肝门静脉进行插管，用37℃的线粒体分离介质（提前放入37℃的水浴箱）灌流肝脏，肝脏膨胀后，切破下腔静脉，冲出肝组织内的血液，直至肝脏呈土黄色为止。

3. 剪取灌流后的肝组织2g，立即放入冰浴中的平皿上，充分剪碎，加入预冷的20ml线粒体分离介质，转移至预冷的玻璃匀浆器中，以600r/min匀浆5次，匀浆过程应在冰水中进行。

4. 组织充分匀浆后，转移至EP管中，4℃，1000g离心，10分钟。

5. 吸取上清，转移至另一预冷的离心管中，9000g离心，10分钟，小心吸弃上清表面的白色脂质漂浮物。用预冷的3ml分离介质重悬线粒体沉淀，再次9000g离心，10分钟，小心弃去上清液，所得的沉淀即为线粒体。以上所有操作均在4℃环境中进行，1小时内完成。

【注意事项】

1. 实验过程为了保证线粒体的完整，操作环境应保持0~4℃，动作迅速，尽可能缩短操作时间。组织中提取线粒体时，取材后应立即进行线粒体的分离。整个分离过程一般在30~60min内完成。

2. 以较高的离心力沉淀线粒体后，上清液表层有白色脂质漂浮物，需要小心吸去，避免脂质使线粒体失偶联。

3. 在线粒体吹打的过程中应该轻柔，尽量避免气泡的产生，进而引起线粒体活性损伤。

4. 组织线粒体匀浆过程中应该充分，但不能过度，避免匀浆不彻底或细胞破损。

（二）肝细胞线粒体呼吸功能检测——氧电极法

详见“肝细胞线粒体呼吸功能检测”方法。

（三）肝细胞线粒体膜电位检测——荧光分光光度计法

【目的与原理】

线粒体膜电位是线粒体内膜通过呼吸链所形成的电化学梯度，呼吸链上电子传递和氧化磷酸化偶联过程均依赖于线粒体膜电位，线粒体膜电位的大小是反映线粒体膜功能活性的直接观察指标。罗丹明 123(Rhodamine 123)是一种线粒体跨膜电位的指示剂。在正常细胞条件下它可透过细胞膜，能够依赖线粒体跨膜电位进入线粒体基质，并与线粒体内的 H^+ 发生中和反应，使得荧光强度减弱或消失。当线粒体膜完整性破坏时，线粒体膜通透性转运孔开放，就引起线粒体跨膜电位的崩溃，Rh123 则会重新释放出线粒体，从而发出强黄绿色荧光。因此，荧光强度的差异可以反映线粒体膜电位的高低。可用荧光显微镜、荧光光度计或流式细胞仪检测，通过荧光信号的强弱来检测线粒体膜电位的变化。

【试剂与器材】

1. 大鼠肝细胞线粒体悬液。

2. Rh123 溶液　罗丹明 123(Rh123)粉末 0.48g，溶于乙醇后，加入三蒸水定容为 10ml，即为 0.1mmol/L Rh123 溶液，避光保存。

3. 膜电位测定介质　分别称取蔗糖 77.02g、三羟甲基氨基甲烷(Tris)0.97g、13mmol/L 磷酸氢二钾(K_2HPO_4)2.97g、磷酸二氢钾(KH_2PO_4)1.36g、氯化镁($MgCl_2$)0.48g、氯化钾(KCl)1.49g、鱼藤酮 0.0020g、琥珀酸钠 0.81g，放入烧杯中用三蒸水溶解充分，用 1L 容量瓶中定容，最后调节其 pH 至 7.4，放于 4℃保存。

4. 器材　微量移液器，离心管，电子天平，量筒，容量瓶，烧杯，低温高速离心机，荧光分光光度计，石英比色杯等。

【操作步骤】

1. 将制备好的细胞按照 1×10^6/ml 重悬于培养基中。

2. 加入 Rh123 染液 10μg/ml。

3. 放入比色杯中充分混匀。

4. 在激发波长 450nm、发射波长 550nm 下，测定基础荧光值 F_1。

5. 测定后将液体倒入试管中，加入 20mg/ml 线粒体悬液 100μl，25℃孵育 15 分钟。

6. 将孵育液以 9000g 离心 10 分钟，取上清，测定荧光值 F_2。

【结果分析与评价】

1. 线粒体膜电位计算公式

$$\text{线粒体膜电位} = (F_1 - F_2)/\text{线粒体蛋白含量(mg)}$$

2. 结果评价 Rh123 是一种广泛用作检测活细胞线粒体膜电位的荧光探针。Rh123 进入线粒体后测得的荧光降低，荧光值降低越明显表明线粒体的膜电位越大。膜电位的大小用每毫克线粒体能引起 Rh123 荧光值的变化来表示。膜电位数值越大,表明线粒体膜的功能活性越好。

【注意事项】

1. Rh123 是一种荧光探针,因此在贮存和实验过程中应注意避光,即使在线粒体孵育过程中,也应该注意避光。

2. 本实验具有一定的时效性,当线粒体孵育完成后,应即刻进行荧光检测分析,以减少荧光丧失。

3. 线粒体膜电位检测,除了使用 Rh123 试剂作为荧光探针外,四氯四乙基苯并咪唑基羰花青碘化物(JC-1)。JC-1 也是一种检测线粒体膜电位的特异性荧光探针。当细胞中线粒体膜电位较高时,JC-1 进入线粒体,并聚集在线粒体的基质中,形成聚合物,产生红色荧光;相反,在线粒体膜电位较低时,JC-1 在线粒体的基质中,不能聚集,以单体的形式存在,此时 JC-1 可以产生绿色荧光。我们可以通过 JC-1 荧光颜色的转变来检测线粒体膜电位的改变。常用红绿荧光的相对比值来衡量线粒体膜电位的改变。

五、肝细胞线粒体膜通透性转运孔检测

【目的与原理】

细胞线粒体膜通透性转运孔(mitochondrial permeability transition pore, MPTP)是位于线粒体内外膜间由多个蛋白质组成的复合孔道。MPTP 能够通透某些非特异性的离子信号和分子量小于 1500Da 的物质。它的存在使得线粒体内外形成了电势差,具有稳定跨膜电位($\Delta\psi m$)。当线粒体受到有害化学物质的作用时,MPTP 则会过度开放,引起线粒体内膜对蔗糖或甘露醇等物质的通透性增强,造成线粒体膨胀。当线粒体发生肿胀后,其吸光度值(A)减小。因此可以利用 90°光散射下降的方法,采用荧光分光光度计测定线粒体悬浮液中光散射强度的变化来评价 MPTP 的开放程度。

【试剂与器材】

1. DMEM 培养基　分别称取 10.0g DMEM 干粉型培养基,3.70g $NaHCO_3$放入烧杯中充分溶解,1mol/L HCl 调 pH 至 7.2,加入终浓度 100U/ml 的青霉素和链霉素,最后定容至 1000ml,用高压消毒后的滤器滤过除菌,分装,4℃冰箱保存,用时加灭活的胎牛血清(10%)。

2. 0.25%胰酶　分别称取 1.25g 胰酶、0.15g EDTA-Na_2、4.50g NaCl、0.50g 葡萄糖,0.29g $NaHCO_3$、少量酚红溶于三蒸馏水中,用 1mol/L NaOH 调 pH 至 7.2,定容至 500ml,滤过除菌,少量分装,于 4℃冰箱保存。

3. 细胞裂解液　称取 3.72g EDTA-Na_2、0.0146g NaCl、0.121g Tris 碱溶于 89ml 双蒸馏水中,用 1mol/L NaOH 调 pH 10.0,再加 DMSO 10ml,Triton-100 1ml,混匀,4℃冰箱保存。

4. 介质 P 溶液　称取 85.5g 蔗糖、0.477g HEPES、0.068g KH_2PO_4、1.135g 琥珀酸钠

($C_4H_4Na_2O_4 \cdot 6H_2O$)溶于约900ml双蒸馏水中,调定pH至7.4,定容1000ml,滤过除菌,于4℃冰箱保存备用。

5. 器材　肝细胞株、6孔培养板、无刻度吸管、细胞计数板、微量移液器(100μl、1ml)、离心管、CO_2培养箱、倒置显微镜、电子天平(感量0.1mg)、量筒、容量瓶、烧杯、低温高速离心机、荧光分光光度计、石英杯等。

【操作步骤】

1. 细胞预处理　肝细胞用0.25%的胰酶消化,吹打离心后用DMEM重悬,成单细胞悬液,调整细胞密度为5×10^5/ml。以0.5ml/每孔的细胞量接种于6孔培养板中,加入1.5ml DMEM培养基,放入二氧化碳培养箱中37℃培养24小时。

2. 细胞染毒处理　吸弃各孔中的培养基。设置对照组和处理组。对照组加200μl DMEM培养基(不含胎牛血清)。处理组加入不同浓度的受试物溶液200μl(用不含胎牛血清的DMEM培养基配制),放入二氧化碳培养箱中37℃培养6小时。

3. 线粒体的制备及处理　将肝细胞用0.25%胰酶消化、吹打,用5ml EP管离心重悬后制成单细胞悬液,离心弃上清后再用2ml PBS洗1次。首先用4℃ 800g离心,10分钟,去上清。然后加入含250mmol/L蔗糖的细胞裂解液3ml,轻柔吹打,充分均匀,4℃ 1300g离心,5分钟,吸取上清,4℃ 17 000g离心,15分钟,所得沉淀即为线粒体。用介质P溶液清洗2次,最后沉淀用2.0ml介质P溶液稀释备用。

4. 比色测定　将上述线粒体悬液移入石英杯中,以发射光和激发光波长均为520nm,温度25℃,用荧光分光光度计测定样品吸光度值(A_{520})。

【结果计算与评价】

1. MPTP开放度计算公式

MPTP开放度(%)=(对照组的吸光度值-处理组的吸光度值)/对照组吸光度值×100%

2. 结果评价　在受到有害化学物质的作用时,细胞线粒体膜损伤,MPTP开放,导致$\Delta\psi m$不可逆地耗散,此状态被认为是细胞凋亡的早期表现。线粒体肿胀是PTP开放的直接结果,测定线粒体肿胀可直接反映PTP开放程度。理论上凡是可以使MPTP开放的物质作用于细胞线粒体后,均可检测到线粒体悬液样品吸光度值(A_{520})的下降。在一定范围内,MPTP开放度值越高,细胞线粒体膜损伤越严重。

【注意事项】

1. MPTP开放,线粒体内外电荷分布紊乱,线粒体膜去极化,最后线粒体跨膜电位($\Delta\psi m$)降低或丧失。罗丹明123(rhodamine 123,Rh123)是一种用于检测线粒体跨膜电位的荧光阳离子染料,对细胞膜和线粒体膜都有很好的通透性,在胞浆和线粒体中都可存在。由于线粒体基质的电位相对于胞浆低,所以正常情况下Rh123能够依靠线粒体跨膜电位进入线粒体基质,而使其荧光猝灭。当线粒体膜损伤时,跨膜电位丧失时,Rh123 进入线粒体的量减少,而存在于线粒体外液,发出强黄绿色荧光。凡是可以使线粒体跨膜电位下降的化学物质,Rh123 的荧光强度值都会增高。因此,通过测定检测线粒体 $\Delta\psi m$ 也可以间接地评价线粒体损伤的程度。

2. 为了使对照组与处理组具有可比性,应保持各组细胞密度尽量相同,并须同时测定各组线粒体悬液中蛋白质含量,使其一致。试验须重复 3 次。

六、肝细胞线粒体呼吸效率的检测

【目的与原理】

肝细胞线粒体通过将电子传递给氧生成水的氧化磷酸化过程生产 ATP,满足细胞生存的能量需求。呼吸控制率(respiratory control ratio,RCR)是一种测定新鲜活体线粒体在 ADP 存在(Ⅲ态呼吸)与否(Ⅳ态呼吸)的情况下溶解氧的消耗差异,以评价线粒体结构和功能完整性以及氧化磷酸化效率的权威而经典的技术方法。正常线粒体的 RCR 值为 3~10,RCR 降低表示线粒体 ATP 合成功能损伤,呼吸障碍;RCR 增高表示细胞活动旺盛,代谢加快。磷氧比值(P/O 值)是指线粒体每消耗 1g 原子氧所生成的 ATP 克分子数,它反映线粒体的能量转化效率。在实际应用中,往往将 RCR 与 P/O 比值一起,共同评价线粒体呼吸功能或氧化磷酸化偶联程度。耗氧速率、P/O 和 RCR 均可用 Clark 氧电极测定反应液中不同状态的溶解氧变化来求算。

【试剂与器材】

1. 大鼠肝细胞线粒体悬液。

2. 线粒体呼吸测定介质 取蔗糖 7.70g、氯化钾(KCl)0.11g、磷酸二氢钾(KH_2PO_4)0.20g、三羟甲基氨基甲烷-盐酸(Tris-HCl)0.79g、乙二胺四乙酸二钾(EDTA-K_2)0.04g 溶于适量三蒸水中,置于 100ml 容量瓶中,定容至刻度,调节 pH 至 7.4,4℃保存。

3. 半饱和 KCl 溶液 将 KCl 溶于适量三蒸水中,置于 10ml 容量瓶中,定容至刻度,配成饱和 KCl 溶液。再加入 10ml 双蒸水混匀即为半饱和 KCl 溶液。

4. 100mmol/L ADP 溶液 取二磷酸二钠盐(ADP-Na_2)粉末 0.47g 溶于三蒸水中,置于 10ml 容量瓶中,定容至刻度,即为 100mol/L ADP 溶液,-20℃保存。

5. 保险粉溶液 取适量保险粉溶于三蒸水中,配成过饱和溶液,现配现用。

6. 5mol/L 琥珀酸钠溶液 取琥珀酸钠($C_4H_4Na_2O_4 \cdot 6H_2O$)13.51g 溶于 10ml 三蒸水中,即为 5mol/L 琥珀酸钠溶液,4℃保存。临用时稀释为 1m 琥珀酸钠。

7. 器材 Clark 氧电极、微量注射器、移液器、电子天平、量筒、容量瓶、烧杯,恒温水浴锅等。

【操作步骤】

1. 制备大鼠肝细胞线粒体悬液。

2. 测定线粒体悬液的蛋白含量。

3. 线粒体氧耗速率、呼吸控制率(RCR)及P/O比值的测定。

线粒体氧耗速率、RCR及P/O比值均可用Clark氧电极测定,以选用2ml反应杯为例:

(1) Clark氧电极准备:清洗氧电极,并组装氧电极,设置反应温度为25℃和电磁搅拌器的转速为60r/min。

(2) 设置最大氧饱和曲线和零氧线:25℃水浴的三蒸水置于小烧杯中,充分搅拌,使氧气充分溶解于三蒸水中。取2ml氧饱和水加入反应池中,记录最大氧饱和曲线,之后用25℃水浴的饱和保险粉溶液,耗尽反应池中的氧气,设置零氧线。

(3) 用三蒸水反复清洗反应池,反应槽中加入1870μl线粒体呼吸测定介质,使仪器稳定2~3分钟。测定介质量=反应总体积(2ml)-肝脏线粒体悬浮液体积-琥珀酸体积-ADP体积。

(4) 加入10mg/ml线粒体悬液0.1ml,此时记录仪上显示的曲线表示线粒体的内源呼吸,为Ⅰ态呼吸速率。

(5) 待曲线斜率稳定后加入适量呼吸底物(以琥珀酸为例,加1mol/L琥珀酸纳溶液20μl使总反应体系中的琥珀酸浓度为10mmol/L)。加入呼吸底物后的曲线斜率为线粒体的Ⅱ态呼吸速率。

(6) 待曲线斜率稳定后,再加入100mmol/L ADP溶液10μl,此时曲线出现明显的斜率变化,为线粒体的Ⅲ态呼吸速率,待ADP完全消耗后,曲线表示的是线粒体的Ⅳ态呼吸速率。

(7) 根据试验要求选取一段斜率比较稳定的曲线计算斜率,所选择时间段氧的变化速率被添加到变化速率表,在氧电极软件界面上的"Dialog"窗口中输入相应的校正因子(根据实验时反应杯中样品液的体积确定,本试验为2),便可将氧的变化速率单位自动换算成标准的呼吸速率单位。

【结果计算与评价】

1. 结果计算

(1) 呼吸耗氧速率:呼吸耗氧速率用每分钟每毫克线粒体蛋白的耗氧量表示(单位记录为nmol O_2/min/mg prot)。

(2) 呼吸控制率(RCR)

公式:RCR=Ⅲ态呼吸耗氧速率/Ⅳ态呼吸耗氧速率

(3) 磷氧比值(P/O值)

公式:P/O值=ADP加入量(μmol)/Ⅲ态呼吸耗氧量(μmol)

2. 结果评价

(1) RCR反映线粒体膜的完整性和氧化磷酸化的偶联程度。RCR降低可反映线粒体的呼吸功能障碍。对于肝组织线粒体,RCR>2.7认为功能活性良好。1<RCR<2.7认为线粒体功能状态不良,呼吸功能受阻,ATP合成减少。RCR越接近1,线粒体活性越低,呼吸功能状态越差。当

RCR=1,同时测定的呼吸速率很小时,即Ⅲ态呼吸很小,说明线粒体 ATP 合成酶的功能受损,氧化与磷酸化完全解偶联。

(2) P/O 值是试验中加入的 ADP 的 μmol 数与此期间实际消耗的氧 μmol 数比值,线粒体 ADP/O 比值大小可反映线粒体的氧化磷酸化功能。ADP/O 比值越大线粒体氧化磷酸化效能越好。

【注意事项】

1. 线粒体的样品必须新鲜制备,不要冻存;制备的线粒体膜尽量完整,避免误差发生。

2. 测定从组织中提取的肝细胞线粒体呼吸功能时,组织的碎片要小,而且要尽量均匀一致,否则信号不稳定。

3. 进行电极的校正时,确保反应杯洁净、密闭,以免氧气流入,特别是作无氧线时更应当注意。

4. 保持反应杯中的温度恒定,温度如果降低,氧气浓度则会升高,氧电极对温度变化非常敏感。

5. 转子的转速影响到信号线的稳定性,对于不同的测定条件应当根据信号线是否平稳调节转子的转速。

6. 注射加入反应杯中,避免气泡和空气注入,否则会造成信号不稳,有经常性的随机干扰,记录线扭曲。反应杯中出现气泡则表明溶液尚未完全平衡。由于空气泡中比水中的含氧量高 20 多倍,反应杯中有气泡时,气泡中的氧扩散到溶液中,结果就会造成电极反应迟钝。空白测定时,信号就会表现出缓慢漂移。

7. 用注射器向反应杯中加溶液(样品、抑制剂或激活剂)时,应注意针头和注射器中的样品溶液无气泡。使用的注射器针头不要过长,以免损坏电极膜。反应液应该充分混匀,和环境氧保持平衡。

8. 由于磁转子比较小,清洗反应杯时,注意不要将磁转子倒掉。

七、肝细胞线粒体能量代谢功能检测

【目的与原理】

ATP 是线粒体产生的能源物质,线粒体能量代谢障碍必然导致 ATP 产量下降。测定线粒体产生的总腺苷酸含量(TAN)、ATP/ADP 比值、能量负荷(EC)可作为评价肝细胞能量代谢功能的重要指标。高效液相色谱法测定腺苷酸含量的原理是通过检测样品及标准品吸收峰出峰的保留时间和峰面积,并通过比较样品及标准品吸收峰的保留时间定性分析样品中的腺苷酸成分,即确定样品腺苷酸色谱图中的 ATP、ADP 与 AMP 成分,以及通过计算样品吸收峰的峰面积来定量检测样品中各自腺苷酸的含量。可通过公式求得总腺苷酸含量(TAN)、ATP/ADP 比值与能量负荷

(EC)。

【试剂与器材】

1. DMEM 培养基　分别称取 10.0g DMEM 干粉型培养基，3.70g $NaHCO_3$放入烧杯中充分溶解，1mol/L HCl 调 pH 至 7.2，加入终浓度 100U/ml 的青霉素和链霉素，最后定容至 1000ml，用高压消毒后的滤器滤过除菌，分装，4℃冰箱保存，用时加灭活的胎牛血清(10%)。

2. 0.25%胰酶　分别称取 1.25g 胰酶、0.15g EDTA-Na_2、4.50g NaCl、0.50g 葡萄糖，0.29g $NaHCO_3$、少量酚红溶于三蒸馏水中，用 1mol/L NaOH 调 pH 至 7.2，定容至 500ml，滤过除菌，少量分装，于 4℃冰箱保存。

3. 高效液相色谱流动相　取磷酸氢二钾 10.45g、磷酸二氢钾 5.44g、四丁基溴化铵 1.61g 溶于三蒸水中，定容至 1L，用磷酸调节 pH 至 6.43。

4. 标准液的配制　精密称取 ATP 标准品 6.05mg，ADP 标准品 5.07mg，MP 标准品 4.99mg，分别用三蒸水溶解后于 25ml 容量瓶中定容待用。

5. 器材　肝细胞株(L-02)、LC-6A 高效液相色谱仪系统、MK3 型酶标仪、HHCP-1 二氧化碳细胞培养箱、HR-60 型恒温水浴箱、XD-101 型倒置显微镜、低温高速离心机以及 EP 管等。

【操作步骤】

1. 细胞预处理　0.25%胰酶溶液消化 L-02 肝细胞，离心重悬后以 10^4～10^5个/ml 细胞数接种于 100ml 培养瓶中培养。

2. 细胞收集　0.25%胰酶消化后转移至离心管中离心，得细胞沉淀，用 PBS 冲洗 2 次后调整细胞浓度为 10^6/ml。

3. 破膜　离心收集细胞于 EP 管中，加入少量 PBS 重悬均匀，加入 50% $HClO_4$ 50μl，超声波裂解破膜。

4. 调 pH　用 K_2CO_3溶液调整 pH 至 6.5，12 000r/min 离心 10 分钟后，取上清液检测。

5. 高效液相色谱测定色谱条件　色谱柱为 Diamonsil C18 柱(200mm×4.6mm×5μm)；流动相为甲醇和 100mmol/L 磷酸氢二钾/磷酸二氢钾(含硫酸四丁基铵 5mmol/L，用磷酸调 pH 至 6.43)比例为 15∶85，用前经 0.45μm 的过滤膜，超声脱气，流速为 1.0ml/min，柱温为 35℃，AUFS 140mV，进样量为 20L，紫外检测波长为 254nm。

【结果计算与评价】

1. 结果计算

(1) 总腺苷酸含量(TAN)

公式：TAN(μg/10^6cells)= ATP+ADP+AMP

(2) ATP/ADP 比值

公式：ATP/ADP 比值=ATP 含量(μg/10^6cells)/ADP 含量(μg/10^6cells)

(3) 能量负荷(EC)

公式:EC=ATP+ADP/ATP+ADP+AMP

2. 结果评价 总腺苷酸含量(TAN)的降低不仅反映了线粒体的氧化呼吸活性和生成高能磷酸化合物能力的下降,也反映了细胞的能量储备的减少。

ATP/ADP 比值是调节氧化磷酸化速度的重要因素。ATP/ADP 比值下降,反应线粒体能量代谢功能减弱。EC 是用腺苷酸存在形式的比率来表示细胞的能量状态,数值在 0~1 之间,反映高能磷酸键在 ATP、ADP、AMP 之间的相互转换,是反映线粒体氧化磷酸化功能和能量代谢状态的重要指标,EC 的降低说明可供细胞直接利用的高能化合物减少。

【注意事项】

1. 正确使用流动相,通过改变流动相中有机溶剂和无机溶剂的比例来调节样品及标准品吸收峰的保留时间和吸收峰形。流动相和样品在使用前需要经过纯化和脱气处理,防止仪器发生堵塞现象。

2. 色谱柱在使用结束时应用纯溶剂冲洗,清除保留在柱内的样品杂质。在保存色谱柱时应将色谱柱内充满甲醇或乙腈,并拧紧柱塞。

(骆文静 曾 明)

第十二章

肾脏毒理学研究方法

肾脏功能主要包括排泄体内代谢废物，调节机体水、电解质、酸碱平衡以及渗透压，同时也参与肾素和红细胞生成素等激素的分泌，以及维生素D的活化。肾脏毒理学研究可以通过对这些功能指标的观察，了解肾脏损伤的部位和程度，通过动态观察了解病变进展。肾功能的损害可出现在病理性症状之前，因而肾功能检查可以帮助早期发现某些肾脏疾病。由于肾脏有较强的代偿功能和多种解毒功能，有些肾脏功能的改变却要到肾损害明显时才表现出来。因此，研究化学物毒性，要考虑动物种属差异，要将肾脏毒理学的功能观察与形态观察、体内研究和体外研究结合起来。

第一节　肾脏毒理学体内研究方法

一、尿液的一般生化指标

尿液是血液经肾小球滤过，肾小管和集合管的重吸收及分泌产生的终末代谢产物。尿液的组成和性状可反映机体的代谢状况，且受机体各系统功能状态的影响，尤其与泌尿系统直接相关。因此，尿液的变化不仅反映泌尿系统的疾病，而且对其他系统疾病的诊断、治疗及预后均有重要意义。

（一）尿蛋白

终尿中蛋白质的含量很少，一般尿蛋白定性试验呈阴性。当某些因素引起尿蛋白含量>100mg/L或150mg/24h尿，蛋白质定性试验呈阳性反应则称为蛋白尿（proteinuria）。导致蛋白尿的原因很多：①肾小球性蛋白尿；②肾小管性蛋白尿；③混合性蛋白尿；④溢出性蛋白尿；⑤组织性蛋白尿；⑥偶然性蛋白尿或假性蛋白尿等。

（二）β_2微球蛋白

β_2微球蛋白（β_2M）是一种分子量仅为11 800的低分子量蛋白质，为细胞膜上完整组织相容性抗原的一部分，主要由淋巴细胞产生。当细胞处于旺盛的生理状态时，β_2微球蛋白最快产生。

β_2微球蛋白在人体内的浓度相当稳定，容易通过肾小球滤膜，但99.9%由近曲小管以胞饮形式摄取（即重吸收），并在肾小管细胞中降解成氨基酸。可用放射免疫法或酶标法进行测定。肾小管重吸收功能发生障碍时，尿液中 β_2微球蛋白含量常增高。测定 β_2微球蛋白有助于了解肾小管病变。当服用庆大霉素、多黏菌素或卡那霉素后，尿液 β_2微球蛋白明显增高时，应注意停药或改换其他药物。已知癌细胞、肉瘤细胞等也可产生 β_2微球蛋白，故恶性肿瘤患者血液及尿液中 β_2微球蛋白含量常增高。

（三）尿酶

尿酶是肾损害早期和敏感的指标之一。正常情况下，尿酶主要来自于血浆和脱落及坏死的肾细胞或泌尿道上皮细胞。不同的酶来自于肾脏的不同部位，可以作为不同肾脏部位损害的标记酶。碱性磷酸酶（alkaline phosphatase，AKP）和 γ-谷氨酰转移酶（γ-glutamyl transferase）活性增高，是刷状缘损害的标记酶。而乳酸脱氢酶（lactate dehydrogenase，LDH）和谷氨酸脱氢酶（glutumate dehydrogenase，GDH）分别存在于细胞质和线粒体，如果它们的活性增高则提示可能有广泛的细胞损伤。尿 N-乙酰-β-D-氨基葡萄糖苷酶（N-acetyl-β-D-glucosaminidase，NAG）在肾细胞的溶酶体中含量很高，NAG 及其同工酶，可作为近曲小管溶酶体损伤的标记酶，被广泛推荐用作评估肾小管损伤的早期生物标志物，其中 NAG 同工酶 B 更为灵敏。一般用荧光分光光度法测定。

值得注意的是，在化学性损害时，由于细胞内的酶大部分在早期即排出，尿酶常常是一过性的，因此如果没有尿酶异常并不一定表示没有肾损害。其在急性肾损害中的应用较慢性肾损害更有效。肾酶的分布存在相当大的种属差异。一般而言，大鼠肾酶分布较接近人类，宜作尿酶研究的首选动物。在收集尿样时必须注意防止粪便污染，因为有些酶（如 AKP、LDH 等）在粪便中的活性比尿酶高得多。尿液需在低温下（4℃）收集和贮存，有条件时，最好在分析之前进行透析，以除去抑制物。

（四）尿糖

正常尿样内可有微量葡萄糖，定性试验为阴性。当血糖浓度超过 8.88mmol/L，尿中糖量会增高。一般定性方法测定的是葡萄糖，偶见乳糖尿等。葡萄糖尿的形成原因：①糖代谢异常使血糖升高超过了肾糖阈所致；②血糖虽未升高，但肾糖阈降低时所致肾性糖尿。

（五）尿钙

肾是钙排泄的重要器官，肾小球每日滤出的钙约 10g，其中 1/2 在近曲小管吸收，1/3 在髓袢升支重吸收，其余在远曲小管和集合管吸收，仅 1%随尿排出。人体钙的代谢是个复杂过程，需经过神经体液的调节。甲状旁腺素、降钙素和维生素 D 是三种最主要的体液调节因素，骨骼、肠道和肾是体液调节因素的三个主要靶器官。甲状旁腺素具有促进溶骨作用，使血钙升高。降钙素具有抑制骨盐溶解作用，使血钙降低。维生素 D 有促进肠钙吸收作用，可调节血钙浓度。因此，当三种体液因素发生异常或三个靶器官有病变时，均能引起钙代谢的紊乱，从而导致血钙和尿钙异常。甲状旁腺功能减退、慢性肾衰竭、慢性腹泻等情况下，尿钙降低；甲状旁腺功能亢进和多发性骨髓瘤时尿钙增加。

了解血液和尿液一般生化指标的正常值及引起改变可能的原因，并结合相应的临床资料进行综合的分析，对协助临床明确疾病的诊断、观察病情、制定防治措施、判断预后等均有重要的意义，也为开展医学实验研究提供必需的技能和有益的数据资料。

二、肾脏浓缩-稀释试验

远端肾单位对水的调节功能机制复杂，主要通过尿液的浓缩和稀释作用来实现，决定于两个主要环节：①髓袢的逆流倍增机制和肾小血管的逆流扩散作用；②远曲小管和集合管的效应器对垂体后叶抗利尿激素（ADH）的反应能力。当髓袢、远端小管和集合管受损时会导致尿液浓缩、稀释功能紊乱。临床观察，可以通过浓缩稀释试验观察其浓缩-稀释功能变化，包括昼夜尿比重试验（即 Mosenthal 法）和每 3 小时比重试验（即 Vol Hard 法）。

Mosenthal 法：试验前日晚 8 时后禁食，试验当日正常进食，每餐含水分约 500ml，不再饮任何液体。晨 8 时排尿弃去，之后每 2 小时收集尿液（日间尿）1 次，共 6 次，次晨 8 时再收集夜间 12 小时尿液（夜间尿）1 次。Vol Hard 法：上午 8h 排尿弃去，以后每 3 小时收集尿液（日间尿）1 次，共 4 次，次晨 8 时再收集夜间 12 小时尿液（夜间尿）1 次。分别准确测定各次尿量及尿比重，通过测定正常 24h 尿量、昼尿量与夜尿量之比，了解远端肾小管和集合管重吸收功能。

三、肾脏血流动力学和血流量分析

肾肾脏血液供应十分的丰富，肾小球毛细血管内血压直接影响肾小球的滤过作用，同时肾小管周围的毛细血管网的压力也影响着肾小管的重吸收。因此，对于肾脏血流动力学及血流量的分析有助于我们了解正常肾脏的功能，以及肾脏的病理变化。

（一）肾脏血流动力学和血流量

通常所说的肾脏血流量主要是指肾皮质血流量。肾血流量可通过自身调节和神经体液调节。肾血流量的自身调节表现为当动脉血压在一定范围内变动时，肾血流量仍然保持相对恒定。当肾血流量和肾小球滤过率增加时，到达远曲小管致密斑小管液的流量增加，致密斑发出信息，使肾血流量和肾小球滤过率恢复到正常水平。相反，当肾血流量和肾小球滤过率减少时，流经致密斑的小管液的流量就下降，致密斑发出信息，使肾血流量和肾小球滤过率增加至正常水平。肾血流量的神经、体液调节使肾血流量与全身的血液循环调节相配合。肾交感神经活动加强时，引起肾血管收缩，肾血流量减少。总之，在通常的情况下，在一般的血压变动范围内，肾主要依靠自身调节来保持血流量的相对稳定，以维持正常的泌尿功能。

影响肾血流动力学的因素还有球管反馈和血管紧张素等。球管反馈是肾小球旁器实现对肾小球血流动力学调节的主要途径之一，即当致密斑 Na^+浓度降低时，肾小球入球小动脉收缩以提高肾小球滤过率，从而维持高肾小球滤过率和高重吸收率的功能。由于球管反馈的作用，使肾小球旁器可以控制肾小球血流动力学。球管反馈调控肾小球血流动力学和肾素一样也受多种因素调节，一氧化氮（NO）是其中一种重要的物质。NO 对肾小球毛细血管压、肾小球血流量及肾小球超滤系数（Kf）均存在生理调节，而且可降低球管反馈的敏感性和反应性。血管紧张素Ⅱ可能是造成球管反馈过度反应的原因。注入外源性血管紧张素Ⅱ可使全肾特别是浅层皮质血流量减少，使用血管紧张素Ⅱ受体抑制剂后血流量可增加 90%，提高 Kf 并减少大分子滤过。近端小管上皮细胞表达血管紧张素原、肾素、血管紧张素转化酶（ACE）。其细胞膜上有两种类型的血管紧张素Ⅱ受体和信号传导系统，并具有可使血管紧张素失活的血管紧张素蛋白酶。血管紧张素Ⅱ在肾髓质的密度是皮质的 4~5 倍，而大多数皮质血管紧张素Ⅱ储存于肾间质液和肾小管液。近端小管上皮细胞包含合成和分泌血管紧张素Ⅱ所需的所有成分，其合成的血管紧张素Ⅱ是肾素-血管紧张素系统产生的近百倍，并不断将血管紧张素Ⅱ分泌入肾小管液而使肾小管上皮细胞内血管紧张素Ⅱ处于低剂量范围，因此局部合成的血管紧张素Ⅱ主要作用于小管腔面细胞膜上的血管紧张素Ⅱ受体，并调节依赖于血管紧张素Ⅱ的近端和远端小管的转运功能和尿液酸化过程，以及收缩出球小动脉和系膜细胞调节肾血流量，这些作用都与肾素-血管紧张素系统产生的血管紧张素调节无关，说明肾内肾素-血管紧张素系统具有相对独立性。

（二）血流动力学与血流量测定

超声多普勒肾血流测定是肾血流动力学与血流量主要测定方法。超声多普勒肾血流测定，可以见到肾内血管，准确测量肾血流速度，推测肾内血管床阻力，已被逐渐应用到肾血管性高血压的诊断、肾移植的急、慢性排斥反应、肾动脉对血管活性物质的反应、肾功能评价等方面。

超声多普勒肾血流测定的参数较多，主要有收缩期峰速（Vs），主要反应肾血管充盈度和血流的供应强度；舒张期速度（Vd），主要反应血管的顺应性和血管床的阻力；平均速度（Vm）；S/D，反映血管的阻力。肾血管阻力与 S/D 之间具有良好的相关性；脉动指数（PI）和阻力指数（RI），反映血管床的阻力状态。这些参数诊断意义较大且可重复性好，另一个常用的参数是收缩早期加速度（ESA），与加速度指数（AI）类似。

四、肾小球滤过率和肾脏清除率测定

肾小球的滤过功能是形成尿液的第一个环节，在肾的排泄功能中占有重要位置。当血液流过肾小球毛细血管网时，血浆中的水和小分子溶质，包括少量的分子量较小的血浆蛋白，通过滤膜滤到肾小囊的囊腔内,形成滤液(原尿)。原尿除了不含血细胞和血浆蛋白质外,其余成分和血浆中相同。滤过膜通透性是滤过的结构基础,有效滤过压是滤过的动力,肾血浆流量(renal plasma flow,RPF)是滤过的物质基础,这三者是决定肾小球滤过作用的主要因素。肾小球的滤过量大小可用肾小球滤过率(glomerular filtration rate,GFR)表示,即单位时间内两肾生成的滤液量。肾小球滤过率是衡量肾功能的重要指标。

肾脏清除率(renal clearance,C)是1928年由Van Slyke制定的,表示肾脏在单位时间内(每分钟)将多少毫升血浆中的某物质清除出去。以公式表示如下:

$$C=UV/P$$

式中:C—清除率(ml/min);

V—每分钟尿量(ml/min);

U—尿中测定物质的浓度(mmol/L);

P—血中测定物质的浓度(mmol/L)。

由于此公式计算得到的清除值是被测者个体的结果,但个体大小、高矮、胖瘦、年龄等差异很大,必须标准化,以标准的体表面积1.78m^{2}校正。A代表个体的体表面积。

校正后的清除值　$C=UV/P\times1.78/A$

体表面积的计算:

$$\log A(m^2)=0.425\log[\text{体重 kg}]+0.725\log[\text{身高 cm}]-2.144$$

血浆中所含某一物质小部分经肾小球滤过,不被肾小管重吸收,而且血中剩余部分又可全部由肾小管分泌,使这一物质通过肾后几乎全部排出,那么它的清除率既代表肾血浆流量,又可反映肾小管的分泌功能,如对氨基马尿酸、碘锐特、酚红和青霉素等。某物质经肾小球滤过后,完全被肾小管重吸收,其清除值等于0,例如葡萄糖。在血浆浓度接近肾糖阈时,利用清除值公式,可计算出滤液中被重吸收的葡萄糖量即肾小管葡萄糖最大重吸收量,用以反映近端肾小管的重吸收功能。若另一物质能全部经肾小球滤过,肾小管对其不吸收、不排泄,则其清除率可反映肾小球的滤过率,如菊粉、肌酐等。

(一)肾小球滤过率

1. 菊粉清除率测定　菊粉(inulin)是一种植物多糖,分子量为5200左右,完全由肾小球滤过,不被肾小管重吸收或分泌,是理想的测定GFR的物质,其清除率(125ml/min)可准确反映肾小球滤过率。其他类似的物质有肌酐、甘露醇、硫代硫酸钠和^{51}Cr-EDTA等。在这些物质中菊粉最为适合,但菊粉是外源性物质,测定方法麻烦。临床上多测定内生肌酐清除率,它具有测定方法简单的优点。

2. 内生肌酐清除率(Ccr)　人体肌肉以每分钟1mg的速度将肌酐排入血中,血浆肌酐浓度比较稳定,受外界因素如蛋白质的摄入等影响较小。从肾小球滤过后,不被肾小管重吸收和分泌，只要同时测定血和尿中肌酐浓度，并记录每分钟尿量就可计算出内生肌酐清除率。

每分钟肌酐清除率：

$$Ccr=尿肌酐浓度(\mu mol/L)\times每分钟尿量(ml/min)/血肌酐浓度(\mu mol/L)$$

$$校正清除率=Ccr\times标准体表面积(1.73m^2)/实际体表面积$$

参考值：根据体表面积校正后，范围为80～120ml/min/1.73m^2。

在严格控制条件下，尿中肌酐排泄量相当稳定，故可将24小时法改用4小时法测定Ccr。

测定内生肌酐清除率来估计肾小球滤过率，是使用最多的方法，但从理论上来说不如菊粉，因为当血中肌酐明显增高时，有一小部分肌酐由肾小管分泌到尿中。此时测出的肌酐清除率高于实际的肾小球滤过率。又由于血浆中肌酐浓度较低，常用的碱性苦味酸试剂显色法（Jaffe反应）有其他干扰因素存在，常使血浆测定值偏高，而使清除值低于菊粉清除值。

肾小球病变时，一部分肾小球被破坏，滤过面积减少，GFR明显下降，但由于肾脏有强大的贮备能力，余下的肾单位仍能排出日常机体所产生的尿素和肌酐等代谢产物，血浆中这些物质浓度变化不大。只有当GFR下降到正常的50%以下时，血浆中尿素及肌酐浓度才出现增高，当肌酐高达618.8～707.2μmol/L时，肾小球滤过率已明显下降到仅及正常的10%。说明测定GFR比测定血浆尿素和肌酐含量更为灵敏、可靠。

（二）血肌酐和尿素浓度测定

血清肌酐（serum creatinine，Scr）和血尿素氮（blood urea nitrogen，BUN）的浓度取决于机体氮的分解代谢与肾脏的排泄能力。在摄入食物及体内分解代谢比较稳定的情况下，其血浓度取决于肾排泄能力。因此，Scr和BUN浓度在一定程度上可反映GFR功能的损害程度，是常用的肾功能指标。

1. BUN的测定方法　可分为两大类：直接法，尿素直接和试剂作用，测定其产物，最常见的为二乙酰一肟法；尿素酶法，用尿素酶将尿素变成氨，然后用不同的方法测定氨。

（1）二乙酰一肟法（直接法）：尿素可与二乙酰作用，在强酸加热的条件下，生成粉红色的二嗪化合物（Fearom反应），在540nm比色，其颜色强度与尿素含量成正比。二乙酰不稳定，用二乙酰一肟代替，后者遇酸水解成二乙酰。试剂中加入Fe^{3+}或Cd^{2+}及硫氨脲，可提高灵敏度，增加显色稳定性，其中Fe^{3+}和Cd^{2+}有氧化作用，还能消除羟胺的干扰作用。提高酸的浓度可增加灵敏度。二乙酰一肟与尿素的反应不是专一的，与瓜氨酸也有显色。本法灵敏、简单，产生的颜色稳定，缺点是加热时有异味释放，一般已很少使用此方法。正常参考值：血清尿素氮为2.8～7.1mmol/L，相当于尿素1.8～6.8mmol/L。

（2）尿素酶法：尿素酶法利用尿素酶催化尿素水解生成铵盐，铵盐可用纳氏试剂直接显色、酚-次氯酸盐显色或酶偶联反应显色。尿素测定目前多采用尿素酶偶联法：用尿素酶分解尿素产生氨，氨在谷氨酸脱氢酶的作用下使NADH氧化为NAD^+时，通过340nm吸光度的降低值可计算出尿素含量。此反应是目前自动生化分析仪上常用的测定原理。此外,尿素酶水解尿素产生氨的速率,也可用电导的方法进行测定,其电导的增加与氨离子浓度有关,反应只需要很短的时间,适用于自动分析仪。

酚-次氯酸盐显色法:尿素酶水解尿素生成氨和酚及次氯酸盐,在碱性环境中作用形成对-醌氯亚胺,亚硝基铁氰化钠催化此反应。对-醌氯亚胺同另一分子的酚作用,形成吲哚酚,它在碱性溶液中产生蓝色的解离型吲哚酚。此反应敏感,血清用量少(10μl),无需蛋白沉淀,一般用于手工操作测定中。

纳氏试剂显色法:尿素经尿素酶作用后生成氨,氨可与纳氏试剂(HgI2. 2KI 的强碱溶液)作用,生成棕黄色的碘化双汞铵。

尿素酶法的优点是反应专一,特异性强,不受尿素类似物的影响,缺点是操作费时,且受体液中氨的影响。

尿素测定用血清或血浆,体液中尿素的浓度常用尿素中含有的氮来表示,称为尿素氮。如欲换算成尿素,可根据 60g 尿素含有 28g 氮计算,即 1g 尿素相当于 0. 467g 尿素氮,或是 1g 尿素氮相当于 2. 14g 尿素。

正常参考值:血清尿素氮为 2. 8~7. 1mmol/L,相当于尿素 1. 8~6. 8mmol/L。

2. 尿肌酐测定 Jaffe 反应法　肌酐与碱性苦味酸试剂反应产生红色(Jaffe 反应),仍是目前常用的测定方法。为提高其准确性现已改为动力学测定法。

(1) Jaffe 反应法:测定肌酐最常用的方法是尿、血清中的肌酐与苦味酸盐作用,生成黄红色的苦味酸肌酐复合物。此法的缺点是特异性不高,维生素 C、丙酮酸、丙酮、葡萄糖、乙酰醋酸、果糖、氨基马尿酸、蛋白质、胍基醋酸酰胺及许多化合物也能与碱性苦味酸盐生成红色,这些物质统称为假肌酐,相当数量的假肌酐存在于红细胞中,故在测定血液肌酐时用血清和血浆较好。为去除假肌酐的影响,现在常用速率法来测定血肌酐。速率法亦称动力学方法,它是根据肌酐与碱性苦味酸形成复合物的速度与假肌酐不同,且肌酐的反应速度与浓度成正比的原理。如乙酰乙酸在 20 秒内已与碱性苦味酸反应完成,其他多数干扰物则在 80 秒后才与苦味酸有较快的反应,而 20~80 秒主要是肌酐的反应。因此,血清与苦味酸混合后,分别读取 510nm 在 20 秒及 80 秒时的吸光度 Ao 和 At,At-Ao 除以间隔时间的值与肌酐浓度成正比,借标准液与样品同样测定即可求取样品中的肌酐量。现在速率法逐渐成为常规分析法,因为它不需去蛋白,方法简单、快速,可自动扣除血清及试剂空白吸光度。

(2) 酶联法:肌酐经肌酐水合酶催化生成肌酸,肌酸与肌酸激酶、丙酮酸激酶、乳酸脱氢酶偶联反应,使 NADH 变成 NAD^+,测量在 340nm 处吸光度的降低,其降低程度与肌酐含量成正比例。此法特异性高,标本不需去蛋白,特别适用于自动分析。但工具酶过多、价格昂贵。

正常参考值:血浆肌酐 44~133μmol/L。

血尿素浓度除受肾功能影响外，蛋白质分解代谢也会引起变化，如高蛋白饮食、胃肠道出血、口服类固醇激素等都可使血尿素浓度增高。而肌酐摄入、生成量恒定，故血肌酐测定较血尿素测定更能准确地反映肾小球功能，但反应较迟钝。

肾功能不全的代偿期可见 BUN 轻度增高（>7. 0mmol/L），肌酐可不增高或轻度增高；肾衰竭失代偿期，BUN 中度增高（17. 9~21. 4mmol/L），肌酐也中度增高（442. 0μmol/L）；尿毒症时 BUN>21. 4mmol/L，为尿毒症诊断指标之一，肌酐可达 1. 8mmol/L。

（三）血清尿酸测定方法

血清尿酸（serum uric acid，SUA）是嘌呤类的终末产物，血尿酸主要从肾脏排出，肾功能减退时尿酸增高。尿酸从肾小球滤过后在肾小管中重吸收和分泌，最后排出滤过量的 8%，在严重衰竭时肾小管分泌大增，高达滤过量的 85%SUA 被排出，慢性尿毒症时 SUA 的增高程度不明显。

尿酸测定方法可分为两大类：磷钨酸还原法和尿酸酶法，目前以尿酸酶法为主。

（1）磷钨酸法：磷钨酸法是利用在碱性环境中尿酸具有还原性，无蛋白血滤液中的尿酸可使磷钨酸还原生成蓝色的钨蓝，可进行比色测定，反应如下：

$$\text{尿酸}+\text{磷钨酸}\longrightarrow\text{尿囊素}+CO_2+\text{钨蓝}$$

此法的不足之处是特异性不高，显色褪色速率变化不定，灵敏度低。

（2）尿酸酶法：尿酸酶测定方法有三种：

紫外分光法：尿酸在 282~292nm 处有特异吸收峰，当其经尿酸酶作用后，产物在此波长范围无吸收峰，测量酶作用前后吸光度之差，将标准品、测定样品同时处理，可计算尿酸含量。该法灵敏度高，特异性强，无其他物质干扰，可用血清直接测定，不需沉淀蛋白，易于自动化，具有简单、快速的优点。

酶联比色法：尿酸经尿酸酶作用生成的 H_2O_2，可用偶联的过氧化物酶（POD）使 H_2O_2 氧化还原色素原，成为氧化型而显色，用酚和 4-氨基安替比林作生色原。反应生成的红色醌亚类化合物，在 500nm 处有最大吸光度，吸光度的增加与样品中酸含量成正比，可进行比色测定。此法敏感，反应所产生的颜色比用酚作色素原时产生的颜色强度大 4 倍，可用血清直接测定。

酶联-紫外分光法：尿酸酶将尿酸氧化时生成 H_2O_2 同乙醇作用生成乙醛，后者被偶联的醛脱氢酶（ALDH）进一步氧化生成乙酸，伴随着 NAD^+ 变成 NADH，在 340nm 测定由 NAD^+ 还原产生的光吸收增加与样品中尿酸含量成正比。此反应第一步是特异的，但后面的氧化还原反应易受干扰，因体内有许多脱氢酶反应，亦可氧化内源性底物而伴有 NAD^+ 还原生成 NADH，导致结果偏高。除以上方法外，固相酶技术的发展使测定更简单，更易自动化。尿酸酶的固相化有以下几种类型：①固相尿酸酶与氧电极相连，测定尿酸氧化时的耗氧量；②固相尿酸酶及过氧化物酶与显色法结合；③夹心固相酶-荧光法，使产生的 H_2O_2 与对羟基苯乙酸反应产生荧光，此法具有酶反应的特异性及荧光法的灵敏度。

正常参考值:血尿酸:男性 148.7~416.4μmol/L,女性 89.2~356.9μmol/L。

(四)肾小球滤过率放射性核素标记测定法

测定 GFR 可以测某种放射性核素标记,例如^{51}Cr-EDTA、^{125}I-碘拉盐(iothalamate)或二乙撑三胺五乙酸(^{99m}Tc-DTPA)清除率,这些都是测肾小球滤过率的可靠的方法。目前,利用 SPECT 测定放射性核素标记物^{99m}Tc-DTPA 清除率是一种比较理想的 GFR 测定方法,其精确性很肯定。然而,它仍有如下缺点:①SPECT 机器庞大,搬动不便,故不能床边检测;②检测过程烦琐,检测时间长;③检测 1 次 Tc-GFR 费用较昂贵,经济困难者负担较重;④受测者需接受放射性。由于这些原因,放射性标记法只用在非常特殊的指征情况下和用于研究。

(五)γ-痕迹蛋白法(Cystatin C 法)

γ-痕迹蛋白也称为后-γ-球蛋白,分子量为 13kDa,是胱氨酸蛋白酶抑制剂这一蛋白质大家族的成员之一。所有的有核细胞都能稳定地产生 γ-痕迹蛋白。它存在于所有的体液中。脑脊液中的浓度最高,尿中的浓度最低。γ-痕迹蛋白几乎完全被肾小球滤过,然后被肾小管吸收,紧接着被降解。因此,血浆或血清中的 γ-痕迹蛋白的浓度就由肾小球滤过率决定,γ-痕迹蛋白也就成为反映肾小球滤过率较好的一个标志物。肾衰会引起 γ-痕迹蛋白在血浆中的浓度升高 10 倍,近端肾小管功能失常会阻碍 γ-痕迹蛋白从肾小球超滤后的重吸收,同时尿中的 γ-痕迹蛋白浓度增加一百多倍。

γ-痕迹蛋白是一个灵敏的和特异性的肾小球滤过率的标志物,不需要收集尿,目前为止无影响因素,是一种较好的测定肾小球滤过率的方法。乳胶增强的 γ-痕迹蛋白(N Latex Cystatin C)是以多克隆兔抗体为基础的改良免疫比浊分析法。它以人尿中的纯 γ-痕迹蛋白定标,血清和加肝素的血浆都可用,分析时间短(约 6 分钟)。在整个测定范围内,精确度较好。

(六)WCP 公式计算法

WCP 公式计算法是根据血清肌酐(SCr)推导出的计算 GFR 公式(WCP 公式)。公式如下:

$$\text{WCP-GFR}=10^{3.91-0.93\times \lg \text{SCr}}\text{(SCr 单位为 μmol/L)}$$

相似的公式计算法还有:测定尿素氮(BUN),以 Robert 公式测定 GFR;以 Cockcroft/Gault 公式计算内生肌酐清除率(CG-CCr)。公式如下:

$$\text{Robert-GFR}=5.2+0.98\times 100/\text{SCr}$$

(男,SCr 单位为 mg/dl)

$$\text{Robert-GFR}=2.2+0.81\times 100/\text{SCr}$$

(女,SCr 单位为 mg/dl)

$$\text{CG-CCr}=(140-\text{年龄})\times\text{体重}\times 72^{-1}\times \text{SCr}^{-1}\times 0.85$$

(SCr 单位为 mg/dl)

WCP-GFR、Robert-GFR、CG-CCr 均能在一定程度上准确反映 GFR,而以 WCP-GFR 更准确,且

简便、快速、安全而廉价,可代替 Tc-GFR 应用。

综上所述,目前测定肾小球滤过率和肾脏清除率的基本方法中,菊粉清除率因测定方法麻烦已基本不用,测定内生肌酐清除率是用得最多方法,血清中的肌酐浓度也用来测定肾小球滤过率。然而,血清中的肌酐浓度和内生肌酐清除率都受许多内源性和分析时因素的影响,例如性别、年龄、体重、身高、营养、肾小管功能或者受胆红素、葡萄糖和一些药物的影响。放射性标记法精确可靠,但价格昂贵,只用在非常特殊的指征情况下和用于研究。γ-痕迹蛋白法和 WCP 公式计算法已证明是评价肾小球滤过率的快速、精确、简单的新方法,可在环境毒物的肾毒性研究中逐步推广。

五、肾脏的微穿刺和微灌注技术与应用

(一)肾脏微穿刺技术

【原理】

在实验动物动脉中注入药物后药物随血液循环到达肾脏,在肾小球及肾小管中进行滤过、重吸收作用,此时用毛细管穿刺到肾小管中,从肾小管的不同节段直接收集小管液样品,研究化学物的重吸收率和电解质浓缩的变化情况,用于评价药物的代谢过程和作用机制。

【方法】

大鼠肾小管易于作微穿刺,所以一般选大鼠作动物模型,大鼠体重在 250g 左右。实验前动物禁食 16 小时,但自由摄水,实验时将动物腹腔注射硫喷妥钠麻醉,置于恒温台上。切开大鼠气管,颈动脉和颈静脉插管分别用于测量血压、取血样和输注药物。左肾在侧切后小心地暴露出来,用棉絮包埋在一个小塑料容器内,用 37℃ 石蜡油做成油浴。输尿管插管并连续监测肛温,静脉注射 75μCi 溶于 0.7mlNaCl 溶液中的 ^{3}H 菊粉,然后以每 100g 体重 2.5ml/min 速度输注 0.85% NaCl 溶液。维持每小时灌输 ^{3}H 菊粉 75μCi。开始静脉内输注 45 分钟后,施行肾小管的对照穿刺,在显微操纵器和显微镜观察下用外径 8μm 到 10μm 的毛细玻璃管从近曲小管和远曲小管直接收集小管液样品。远曲小管以静脉内注射丝胺绿鉴别。然后给予待测药物平衡 30 分钟后,再收集小管液,与对照期比较。

【应用】

大鼠肾脏微穿刺技术主要应用于研究利尿剂对单个肾单位功能的作用,也有人用于研究利尿剂发生作用的主要肾小管节段的位置。研究毒物在肾小球及肾小管滤过重吸收及分泌作用,以及肾单位的酸碱转运机制等方面也有较多应用。

(二)肾脏微灌注技术

微灌注技术在肾脏方面的应用主要是离体肾小管的微灌注技术,离体肾小管的微灌注技术

自 Burg 等于 1966 年发明以来,已成功用于对几个种属的肾小管节段的研究。另外,对肾脏小动脉微灌流,研究肾脏血流动力学的生理、病理生理机制,其方法基本相同。

【原理】

肾脏微穿刺技术用于研究毒物对单个肾单位功能的作用,但肾小管不同节段,包括近曲小管、髓袢降支细段、髓袢升支细段、髓袢升支粗段、远曲小管、连接管、皮质集合管、髓质集合管、乳头集合管等有不同的功能特性。肾脏微灌注技术将肾小管不同节段分离、切割,对不同节段进行穿刺、灌注,从而鉴定影响肾脏清除率的药物的作用部位和作用机制以及作微穿刺研究。

【方法】

将肾脏制成厚度<1mm 的薄肾切片,在 20~50 倍目镜下,根据肾小管节段的解剖位置和形状,用尖锐的镊子或针切割分离。通常于 4℃下,Ringer 液中进行,不需加入蛋白酶。分离出的节段用转移吸管转移到灌注槽。灌注槽固定在倒置的显微镜的工作台上,通常灌注槽保持在 37℃,水浴的灌注液也必须预加热到此温度。水浴灌注液根据被研究的肾小管节段不同而不同,多数情况下含有 HCO_3^-,并充以 CO_2。灌注用两套同心玻璃吸管进行,一套在灌注端,另一套在肾小管节段的收集端。也有用一个小电动机控制前后运动。在灌注端使用 4 个同心吸管,最外边的一个吸管含有硅酮树脂并被驱动越过肾小管灌注端以使此端密封。肾小管用一适当大小的支持吸管固定。肾小管被吸入吸管直到收缩。然后将尖端直径小于灌注肾小管节段内径的灌注吸管推入由支持吸管固定的肾小管节段。灌注吸管置于几厘米到 100cm 的水下以达到 1~20nl/min 的灌注速度。通常,当灌注吸管推进时瘪塌的小管腔张开。在管腔内推入吸管直到其在 200~400 倍镜下显示完整的肾小管节段。在管腔内,灌注吸管还包含一个液体交换吸管,通过它灌注液的成分可被迅速置换。肾小管节段的收集端被吸入到一根固定吸管,一硅酮树脂吸管被推进以封闭收集部位。收集部位的固定吸管内含有矿物油,通过油推进收集吸管,定量地收集由小管输注的灌注液。

【应用】

1. 测定流量以确定毒物在肾小管不同节段的转运情况。小管收集速度可以通过恒定内径的收集吸管定时收集测定,水浴槽到管腔和管腔到水浴槽的单向流量对任一给定的物质都可以定量测定,从而可以确定渗透性。

2. 测定跨上皮电位以确定主动转运抑制剂的效应:灌注吸管可以连接电表的高阻抗输入,电压以浴槽接地,作参考测定跨上皮电位。由于浴槽与管腔中溶液相同,并且有高的腔内灌注速度(>10nl/min),任何跨上皮电位必定是由主动转运势能引起,由此可以测定主动转运抑制剂的效应。

3. 研究特定小管节段的功能详细描述化学物的作用机制。

4. 膜片钳研究:在离体灌注的肾小管中,电极可以从未插管的一端进入管腔与膜的刷状缘接触,利用膜片钳的全细胞模式使 Na^+-丙氨酸共转运系统研究成为可能,从而获得抑制离子通道的化学物浓度反应曲线。

5. 研究肾小球的血流动力学:出球小动脉和入球小动脉在肾脏的血压调节中起关键作用。有人对分离的肾小动脉进行微灌流,研究肾脏分泌的内源性物质对肾脏出球小动脉、入球小动脉的影响,从而了解肾脏的血流动力学机制。

六、电子探针显微分析法

电子探针显微分析技术(electron probe microanalysis,EPMA)又称电子探针 X 射线显微分析(electron probe X-ray microanalysis)、X 射线微区分析技术,是近四、五十年发展起来的一门测试技术。其特点是:一方面用电镜观察样品的超微结构,一方面分析微小区域内的化学元素,并可对其进行定性定量分析。因此,近年来该技术已成为生物医学科技工作者研究微量元素与生命科学关系的一种重要方法和手段。

X 射线显微分析技术,是在电镜内先以高速细电子束(电子探针)轰击样品表面的微小区域,使该区所含元素各自发射出特征性 X 射线,利用电镜能谱仪与波谱仪检测装置查出其波长和能量,进而确定该区内元素的种类及其含量,接着与在相同条件下照射标准样品和同名元素所检测而获得的相应特征性 X 射线强度进行比较,经过某些修正,最后获得被测样品激发区域内各种元素的百分含量值或绝对含量值。

检测元素特征性 X 射线的方法主要有两种:一种是分析 X 射线波长的方法,也称波长散射型 X 射线微区分析法(wave length dispersive X-ray microanalysis,WDX),简称波谱分析法;另一种是分析 X 射线能量的方法,也称能量散射型 X 射线微区分析法(energy dispersive X-ray microanalysis,EDX),简称能谱分析法。EDX 与 WDX 相比,具有以下优点:①EDX 可在 2~3 分钟内对 ^{11}Na~^{92}U 之间的元素进行快速同时显示式分析;而 WDX 分析速度较慢,需要 20~30 分钟,但可分析轻元素,对 ^{4}Be~^{92}U 之间元素分析为逐次扫描式分析;②EDX 敏感度为 $10^{-18}g$,而 WDX 的敏感度仅为 $10^{-15}g$;③EDX 仪器结构紧凑,重复性和稳定性好,而且不需要衍射晶体,没有聚焦要求,对样品表面发射点的位置没有严格限制,工作效率高。EDX 的能量分辨率较 WDX 为低,其定量分析精度较差,对原子序数低于 ^{11}Na 的轻元素分析较为困难;EDX 的固态检测器必须保持在液氮低温状态,即使是在仪器不工作状态也不能中断,否则检测器内锂的浓度分布状态将因扩散而变化,使仪器功能遭到破坏。两种谱仪各有优缺点,可以相互补充,但波谱仪一般只安装在扫描电镜或电子探针仪上,而对生物医学样品来说,用安装在透射电镜上的能谱仪进行定性和定量分析是较为合适的。

K^+、Na^+、Ca^{2+} 等离子在细胞生理中起着重要的作用,这些离子的改变可能是很多疾病的病理生理机制之一。由于电子探针微量分析技术可以在亚细胞成分中测量元素成分,所以近年来这门技术在生理、病理上的应用已经越来越广泛。很多金属元素都有肾脏毒性，可利用电子探针显微分析法对金属元素的肾脏毒性进行研究。同时，由于电子探针微量分析法在元素的定量分析上的优势，也可以将这一方法用于毒理学危险度评定和安全性评价。

电子探针显微分析在肾脏研究中的优点在于微区域、微量，可以在亚显微水平对组织细胞进行分析，检测极限可达100ppm；简便、快速，现在的电子探针一般都配备了电子计算机，可以实现数据处理自动化，能谱法在5分钟内就可完成；适用范围宽、准确度高，对样品含量在1%以上的组分，电子探针分析的相对误差在1%～2%以内；有多种分析方式，可进行表面形态分析、定性分析、定量分析、线分析和面分析；不损坏样品，样品分析以后，可以完整地保存和继续进行其他方面的测试。

电子探针显微分析法的关键是样品制备，在制备过程中要做到尽量好的保存生物样品的原有结构，并且不出现或尽可能少出现元素的丢失和掺入，这在实际工作中有一定的困难。

第二节　肾脏毒理学体外研究方法

体外研究的方法可以提供主要诱发机制以及细胞生存效应的信息，以确定化学物的肾毒性（包括所引起的结构和功能改变、代谢产物的形成、排泄量、毒物动力学）。化学物导致的肾毒性效应可由化学物本身引起或是由其代谢产物引起。然而，在一些情况下，化学物或代谢物需要在作用部位进一步代谢以形成最终的肾毒性物质。在整体内，因为绝大多数化学物会在肝脏进行代谢，将所获得的资料用于评价肾毒物在作用部位的代谢非常困难。体外研究方法具有周期短、易于控制实验条件、可同时检测多种化学物和节省实验动物等优点。

一、肾细胞培养

肾细胞培养包括肾细胞株和肾皮质上皮细胞原代培养。用肾细胞培养研究肾毒性有很多好处。肾实质细胞有明显的异源性，用组织培养很难得到特殊的细胞，而细胞培养能对特殊细胞进行研究；甚至可能测定对人体组织的毒性；特别是可以在最大限度地控制实验环境的条件下，研究毒物对肾细胞的毒作用。

常用的肾细胞株有MDCK、LLC-PK1和OK等，可以购买到，也容易培养。这些细胞株可能存在不同性状的亚型，且在传代中发生变异，在应用中要关注这些细胞株的性状，给予一定的描述。

MDCK是来自狗的肾脏，近似于集合管和远曲小管，也具有一些与这些细胞正常时无关的性状。LLC-PK1来自猪的肾脏，在一定的条件下有近曲小管的特性，能进行钠依赖性葡萄糖转运，不能进行某些氨基酸的转运。LLC-PK1细胞对抗利尿激素有强烈的反应。OK细胞株与LLC-PK1细胞相似，有近曲小管细胞的特性。有糖、氨基酸和有机离子的代谢能力，但对抗利尿激素无反应。

原代培养细胞可以克服细胞株的缺点。虽然有时不太能确定是何种细胞,但是在分离细胞时,可根据肾单位的解剖位置,准确地切取特殊的肾单位片段,以期获取特殊的细胞。当然,这样在操作上比细胞株要困难。用梯度离心的方法可以将近曲小管细胞与远曲小管细胞分开,但需要利用有些片段的生化参数来确定这些细胞的特性。另外,培养基和培养条件可以提供不同的细胞生长条件,如近曲小管需要有生理浓度的糖和胰岛素,培养时需要氧气。

检测外源化合物对细胞的毒作用,通常所采用的指标有:反映细胞特征及存活情况的指标,如光镜、电镜下观察细胞单层的完整性、细胞及细胞器形态,细胞存活率,IC_{50}(细胞生长速率减至对照组50%时所需受试物浓度),接种效率等;反映细胞膜损伤的指标,如培养基中酶漏出量(N-乙酰-β-D-氨基葡萄糖苷酸、γ-谷氨酰转肽酶、碱性磷酸酶、谷氨酸脱氢酶、乳酸脱氢酶等),标记化合物漏出量,Ca^{2+}的释放及钙泵的变化,膜流动性,Na^{+}-依赖性葡萄糖的重吸收等指标;反映大分子物质合成与降解改变的指标,如[^{3}H]尿嘧啶掺入DNA/RNA试验、染色体畸变试验、基因突变试验、微管蛋白聚合抑制试验、细胞增殖抑制试验、细胞间信号传递抑制试验和细胞凋亡抑制试验等;反映细胞代谢能力的指标,如ATP浓度、NADP/NADPH比、谷胱甘肽含量、氧消耗量、代谢酶活力和细胞膜脂质过氧化作用等。可根据试验目的和条件的不同,选择不同的检测项目。

二、肾膜囊泡分离

肾小管细胞刷状缘和基底侧的肾膜囊泡可以用来研究分子跨上皮转运的机制,也可以用来理解肾小管细胞刷状缘膜和基底侧膜对毒物敏感性的差异。肾小管细胞刷状缘和基底侧的肾膜囊泡的分离,可以用不同的密度梯度离心法或离子沉淀法。操作方法需要进行几个小时(一般4~5小时);另外,肾小管刷状缘和基底侧的肾膜囊泡相互污染也是不可避免的;还要注意分离得到的囊泡膜面的朝向问题,是外膜朝外,还是外膜朝内。研究电解质或其他因子的转运,可以先分离肾小管刷状缘和基底侧的肾膜囊泡,然后在培养液里加受试物;或整体动物染毒,然后分离肾小管刷状缘和基底侧的肾膜囊泡,测定毒物毒性。

三、离体肾小管灌注

从肾皮层中分离肾小管或小管片段,可用于灌注实验或离体培养。离体肾小管灌注(isolated perfused tubule)技术是在显微镜下分离肾小管,用微量加样器进行灌注。该技术复杂、难度大,最佳实验动物为家兔,人类的肾小管灌注模型也有过研究。

四、肾皮质薄片或肾组织片段培养

肾皮质薄片(renal contex)或肾组织片段(renal tissue fragment)培养是将肾皮质切成0.2~

0.5mm 厚的薄片，然后在一定量的培养基中培养，培养基中可加入待测定的化学物，经过一定时间培养后，测定肾皮质薄片和培养基中化学物浓度，并计算浓度比值。肾皮质切片既可以避免其他系统和器官的干扰，又可以保留肾实质细胞之间的联系及一定量的间质细胞，保留了细胞和细胞器的活性，为研究体内或体外肾毒性外源化学物暴露后的毒性作用机制提供了一种简便而敏感的模型。适宜研究氨基酸等有机物的转运功能，还能检测肾组织中 Na^+ 和 K^{2+} 等浓度，以及水的分布。该项技术相对简单，易于实施。

五、离体肾脏灌流

离体肾脏灌流(isolated perfused kidney，IPK)是研究外源化合物肾毒性较好的体外实验方法，它保留了脉管系统的完整性，提供了一个与完整动物相似的环境，而且不受高级调节系统(如神经、激素、血容量)和其他器官组织的影响，能够专一的研究肾脏对受试物的反应，更重要的是可以精确控制受试物的浓度。因此，在肾毒性的研究中得到广泛应用。IPK 通常用鼠和兔，将离体的肾脏连至恒温灌流仪上，以 Krebs-Henseleit 碳酸氢盐缓冲液作为灌流母液，加入白蛋白、多种氨基酸、肌酐、葡萄糖或红细胞，再用体积分数为 $95\%O_2 : 5\%CO_2$ 的混合气体平衡，尽可能地与生理状态相近。有研究认为，自体血浆也可作为较理想的灌流液。有三种灌流模式：非循环型、再循环型、再循环透析型。通过测定肾小球滤过率、肾血浆流量、肾血管阻力、尿量、尿酶、灌流液中受试物、离子等的浓度变化以及肾组织超微结构的改变等进行代谢和毒作用机制的探讨。

与体内研究相比，离体肾脏的功能只能维持很短的时间(通常不超过 4h)，即使是在严格的无菌操作和补充氧含量的情况下，其寿命也只能相对延长。由于与整体血流动力学的差异，离体肾脏的灌流率、钠、盐及水的重吸收率都低于体内值。但它仍是肾脏毒物筛选的好方法。

除了前面提到的技术，常见的肾脏毒理研究体外实验还有游离肾细胞悬液及亚细胞组分的分离纯化。随着新的切割工具、分辨率更高的显微镜、条件更接近于体内环境的培养基等新技术的出现，体外实验技术也在不断发展中。

综上所述，根据肾毒性研究目的不同，可选用不同研究方法，同时结合毒理基因组学、毒理蛋白质组学和毒理代谢组学等现代生物医学的新技术和新方法，有助于完整和深入地了解外源化学物肾毒性及其毒性机制，筛选肾毒性防治药物，有效地防治肾的毒性损伤。

(周志俊 安 艳)

第十三章

心血管毒理学研究方法

心血管毒理学的研究方法传统上可分为体内实验和体外实验两大类,通常以体内实验为主,但目前人们越来越多地利用体外实验来进行毒理学检测和评价。心血管毒理学研究除了应用毒理学本身的技术和方法,还大量采用了细胞生物学、免疫学、遗传学、分子生物学、基因组学、医学影像学以及流行病学技术和方法。流式细胞技术、心肌原代细胞培养技术、激光共聚焦扫描显微技术、免疫组织化学技术和原位杂交技术等为从细胞和分子层面研究心血管毒物对心肌及血管系统的损伤提供了强有力的工具。可以预期,随着心血管毒理学研究工作的深入和实验技术手段的不断完善和提高,心血管毒理学研究领域将更加活跃,所取得的研究成果将为人类了解心血管毒物的毒性及其作用机制,采取有效措施防治心血管疾病作出应有的贡献。

第一节　心功能评价方法

一、心电图

在心血管毒理学研究中,心电图是研究对心脏有选择性作用的毒物的重要检测指标之一。在心肌舒张和收缩的同时,有微弱的电流产生。心脏搏动始于起搏点细胞,细胞去极化将去极化电流传导给心肌细胞。在去极化和复极化过程中产生的电流可经心脏、体液和体表传导,使体表各个部位在每一心动周期中发生电位的改变。因此,心脏电位变化过程可通过在体表设置的电极测量出来,形成特征性心电图(electrocardiogram,ECG)。心电图记录的波形反映心房去极化(P 波)、心室去极化(QRS 波)和心室复极化(T 波)过程,各波形之间的时距对反映心功能改变也十分重要,P-R 间期代表房室传导时间,ST 间期代表从 QRS 波到心室复极化时间,QT 间期代表心室去极化到复极化时间。因此,心电图检测可以反映心律失常、传导阻滞、心肌局部缺血、心肌肥大、冠状动脉功能不全及其他心肌损伤等,并可阐明心肌损伤程度及部位,同时可作为筛选解毒剂的有价值的观察指标。可用于心电图检查的常用动物包括大鼠、豚鼠、家兔、犬及猴等。不同种属的动物,心电图正常值有较大差异,对毒物作用的反应也有一定差异。

二、心向量图

心向量图(cardiovectogram)与心电图之间的关系可简单概括为某个导联上的心电图是心向量图在该导联上的投影。心肌除极和复极的每一瞬间电位变化可以用向量表示,称为瞬间综合心电向量或瞬间向量。心电周期的全过程就是瞬间综合心电向量随时间发生周期性变化的动态过程。心向量图的基本图形包括P向量环、QRS向量环和T环。P向量环是心房除极过程中瞬间向量的轨迹,QRS向量环是心室除极过程中瞬间向量的轨迹,也是心向量图观察的重点,T环为心室复极过程瞬间向量的轨迹。

三、心搏出量

心搏出量指每分钟心室泵出的血量,是评价心脏功能的一个基本指标。心搏出量取决于心率和每搏输出量。成人正常心搏出量平均为5L/min,机体自身可以调节心搏出量,在运动或系统紧张状态下,心搏出量可成倍增加。离子稳态的改变、传导障碍以及心肌收缩能力的变化都会影响心搏出量。心血管毒物可以多种方式影响心脏和脉管系统,从而改变心搏出量。由于每博输出量不易常规测到,所以实际工作中心搏出量一般通过多普勒超声技术或示踪技术测定。多普勒技术系利用血流在超声下运动所产生的多普勒漂移原理来测定血流速度,其优点在于可对高心率灌注时产生的变化来进行评价。多导生理信号记录仪可用于记录和分析心律、心电、血压及心室压,也是心功能评价的技术手段之一。

四、心阻抗血流图

心阻抗血流图(impedance cardiogram)又称心阻抗图或阻抗心动图,是一种反映心脏功能变化及心脏血流动力学改变的无创性检测方法,其检测原理是基于生物体容积变化引起的相应电阻抗变化。生物体内容积变化主要是由血液流动引起,从胸部获得的阻抗变化主要是主动脉、心脏容量及肺灌注等因素综合作用的结果。容积的变化引起相应电阻抗变化,记录这种电阻抗改变,就可间接推测血流情况,了解心脏血流动力学改变。

除了血流动力学可引起心阻抗变化外,血液理化性质变化也可直接导致心阻抗图改变。尽管心阻抗图变化受多种因素影响,但心阻抗图法与其他心功能检测方法有良好的相关性,不失为简单、无创和有效的心血管功能检测方法。

五、超声心动图

超声心动图(echocardiography)是一类超声影像学技术,该技术是应用超声回波原理检测心脏结构和功能的一种新型的非介入性心脏检查方法。它包括 M 型超声心动图、二维超声心动图、脉冲多普勒超声心动图、连续多普勒超声心动图及彩色多普勒显像等。超声心动图对心功能测定是无创伤、无痛苦的间接检测，与其他无创性心功能检测方法相比，超声心动图法具有重复性好和准确性高的特点，它既能显示心脏和大血管的结构变化，又能显示血流的动态变化，定量检测心输出量的血液流速，为无创检查心脏的分流和反流性疾病开辟了新的时代。

近年来，超声心动图与血管内超声显像和血管腔内多普勒血流测定以及血管造影等侵入性技术相结合，可以分析整段血管的切面图像，不仅显示血管管腔，而且可以显示管壁结构、厚度及其他形态学改变，从而对心血管功能有更全面的了解，尤其为了解血管病变以及介入治疗提供了新的手段。

六、磁共振技术

磁共振（nuclear magnetic resonance，NMR）指核磁矩不为零的核在外磁场作用下，核自旋能级发生塞曼分裂，共振吸收某一特定频率射频辐射的物理过程。由于塞曼分裂及共振吸收与分子（生物大分子）化学结构有密切关系，因此，磁共振技术成为分析分子结构和临床诊断及实验研究的有效方法。

目前，磁共振技术广泛应用于生物大分子的结构分析及构效研究，所涉及的生物大分子包括 DNA、RNA、磷脂、多糖、氨基酸、核苷、寡聚核苷酸、寡聚肽和蛋白质。通过该技术可以获取生物大分子的构象变化、结构同源性、晶体结构与溶液结构比较、分子间相互作用、分子动力学特征及生物膜流动性改变等重要信息。

在生物大分子空间结构的分析技术中，X 射线晶体衍射技术一直是一个重要的技术手段，它可以提供蛋白质和核酸空间结构的完整信息，但由于这一方法需提供非生理状态下的晶体样品，使其应用具有局限性。所以，人们一直在寻求测定生物大分子溶液构象的技术方法。但目前应用的方法如红外光谱法、紫外线谱法、荧光光谱法、原二色谱法、激光拉曼光谱法所提供的分析结果都不能与 X 射线方法的分析结果相比拟。多维磁共振波谱技术为这一领域的研究工作提供了可能，该方法具有以下优点：不破坏生物大分子的结构，可对样品在天然状态下进行测定；不需晶体样品，可用溶液样品研究生物大分子的空间结构和功能关系；可对样品进行动态研究并对个别基因进行观察；无射线辐射，属于无创伤性技术；分析参数多，提供信息量大，具有任意方向断层能力；可以全面显示被检测器官或组织结构，具有较高的空间分辨率。但 NMR 也有其局限性：为提高信号灵敏度，需要样品量较大；具有自旋扩散现象；用异核多维谱时需要放射性核素标记；谱图识别复杂。

磁共振成像技术已成功应用于心脏及大血管疾病的研究。它可作为心肌梗死、原发性心肌病、继发性心肌损害、心包疾患、心脏及心包肿瘤、先天性心脏病、心脏瓣膜病及大血管疾病的辅助诊断方法。在医学影像学手段中，磁共振成像技术对软组织分辨率最高，可以区分心内膜、心肌、心外膜及心包。

七、氯仿、氯仿一肾上腺素所致的心律失常实验

【目的和原理】

大剂量的肾上腺素可兴奋β-受体，提高心脏的自律性、应激性和增加心率而导致心律失常（室性期前收缩、室性心动过速、甚至心室颤动），而氯仿与肾上腺素联合使用更增加对心脏的毒性。通过本实验，让学生了解和掌握氯仿或氯仿-肾上腺素对动物心率的影响。

【器材与试剂】

手术器械、棉球、烧杯、针电极、心电图机、心脏示波器、麻醉口罩、氯仿、0.01%肾上腺素溶液、小鼠、家兔。

（一）氯仿引起小鼠心室颤动法

【操作步骤】

取体重25~30g以上小鼠若干只，根据实验情况随机分组（可分用药组、阳性药物对照组、生理盐水对照组），然后逐一将小鼠放入含有3~4ml氯仿的棉球（以后每换一只小鼠加入1ml氯仿）倒置的600ml烧杯中，至呼吸停止立即去除剖开胸腔，肉眼检查心室颤动发生率。上述各组的实验结果可列表比较，并求出用药组与阳性药物组、生理盐水对照组的P值。

【注意事项】

小鼠价廉、易得、方法简便，但有一定缺陷。由于筛选动物体重不同，所致的心室颤动发生率未达100%时，可出现一定假阳性。选用26~30g小鼠（生后4~5周）心室颤动发生率可达80%；36~45g（生后6~8周）心室颤动发生率可达80%~90%，甚至100%。

（二）氯仿一肾上腺素引起家兔心律失常法

【操作步骤】

实验用体重2~3kg家兔若干只，随机分为对照组和用药组。仰卧位固定于兔板上，以兔头夹固定其头部，将针电极刺入四肢皮下并与心电图机、心电示波器相连。用麻醉口罩罩住嘴和鼻部，将氯仿慢慢地在麻醉口罩上进行吸入麻醉，注意观察其角膜反射。当角膜反射刚消失时（此时约进入麻醉的第三期第一级），记录正常心电图Ⅱ导联后，立即由耳缘静脉快速注入0.01%肾上腺素溶液0.5ml/kg，注射完毕后立即记录心电图，以后每隔0.5min记录一次，直至心率恢复正常位置。用药组可根据药物发生作用快慢，在实验前或注射肾上腺素前用药，并按上述方法记录心电图。

【注意事项与模型评价】

（1）当静脉快速注入肾上腺素后可迅速出现一源性或多源性室性期前收缩、阵发性室性心

动过速，甚至出现心室颤动。通常约持续 4~7min，少数可超过 10min。

(2) 注射肾上腺素速度要快，心律失常持续时间较短，需及时观察，并精确计算其心律失常发生时间及持续时间。

(3) 氯仿麻醉深度对实验结果影响很大，应力求深度一致。

(4) 本实验亦可不设空白对照，而采用自身对照，2 次实验应间隔 1 天以上。

第二节 心血管毒理学体内研究方法

选择并使用适当的动物模型是心血管毒理学研究的关键之一。心血管毒理学实验模型包括动物模型、全胚胎培养模型和细胞（系）模型。动物模型可分为常规实验的动物模型、动物病理模型和转基因动物模型，选择并建立适当的实验模型是开展心血管毒理学研究工作的前提。心血管毒理学常用的常规实验动物模型包括啮齿类及其他哺乳类动物。实验动物的选择要考虑其代谢过程应尽量与人类接近；动物应较易获得且成本较低；模型动物对受试毒物反应的个体差异要小；并且对所观测的毒性效应指标有较高的敏感性。要注意不同实验动物模型对特定疾病反应性不同，如在动脉粥样硬化研究中，模型动物鹌鹑较大鼠敏感。

动物病理模型是根据研究需要，利用各种方法（如采用外科、药物或其他化学物处理方法），使受试动物心血管系统形成与人类临床心血管疾病类似的病理改变所得到的动物模型。可以借鉴心血管药理学中所用造模技术和方法。动物病理模型主要用来研究心血管毒物对特定病理改变的影响、毒性作用机制和拮抗机制以及干预措施的效果评价等。

转基因动物（transgenic animals）是指采用实验方法人为导入外源性基因，在被导入动物染色体基因组内稳定整合并能遗传给后代的特殊动物。依据基因导入方式的不同，转基因方法可分为显微注射法、反转录病毒感染法以及胚胎干细胞法，其中显微注射法与反转录病毒感染法都是将 DNA 直接导入受精卵。由于反转录病毒长末端重复的甲基化状态常使转基因表达缺失，因此转基因技术中经常使用的是显微注射法。转基因操作的关键是将外源 DNA 导入全能或多能胚胎细胞中（受精卵、早期胚胎细胞），并最终整合到宿主染色体中。如果外源基因整合到受精卵染色体，则发育成的转基因动物的每个有核细胞都含有外源基因；如整合发生在胚胎发育晚期，发育成的转基因动物可能为嵌合体，即动物某些组织细胞含有外源基因而其他组织细胞没有外源基因的整合，是否有转基因的整合可以通过 PCR 和 DNA 杂交的方法检测。通过转基因的方法可改变动物的基因型，产生遗传上经基因工程改造的生物体，使其更符合研究需要；也可以用转基因动物来生产人类所需的生物活性物质。目前广泛采用小鼠做转基因动物模型，这主要是由于小鼠基因组数量和结构基本清楚，且其基因组结构、细胞组织特征与人类相近，并且繁殖周期相对较短。

转基因动物模型可用来研究被导入的外源基因在转基因动物体内的表达、功能及其调控过程，以及心血管毒物的毒性作用机制。目前用于心血管毒理学研究的转基因动物种类较多，但主要选择小鼠和大鼠。导入的外源基因涉及心肌肥大相关基因、心肌传导过程相关的受体基因、原肌球蛋白基因、激酶及代谢酶基因以及血管紧张素、白介素和金属硫蛋白等基因。例如，近年来，实验室研究经常利用金属硫蛋白基因敲除型小鼠或小鼠心脏组织金属硫蛋白特异性高表达模型来研究药物对心脏的氧化损伤作用机制；针对心衰时 β 肾上腺素受体下调，降低心肌收缩力，把携带 β 肾上腺素受体基因的 EB 病毒载体直接注入仓鼠衰竭的心室肌内，2~3d 后心搏量增加，异丙肾上腺素的强心作用也明显增加。

一、动物测血压方法

（一）大鼠尾动脉脉搏测压法

【目的与原理】

大鼠尾部加压超过收缩压时，脉搏消失；压力减至收缩压时，脉搏出现；继续减压到舒张压时，脉搏恢复加压前水平。检测这种脉搏变化时的瞬时压力，即得血压值。根据检测尾脉搏方法的不同，可分为脉搏描记法和听诊法。通过本实验，让学生掌握大鼠尾动脉脉搏间接测定血压的方法。

【器材与动物】

测压仪、大鼠。

1. 脉搏描记法

【操作步骤】

（1）大鼠的加温和固定：加温采用全身加温或尾局部加温。固定采用有机玻璃固定器。加温和固定可分开进行或同时进行。

（2）确定起始脉搏水平：将鼠尾依次穿过尾套和脉搏换能器调整尾巴位置和仪器增益，使尾动脉脉搏信号足够大。

（3）测定血压：用橡皮球充气加压，使尾套内压力升高至脉搏完全消失，再加压 20~30mmHg（2. 66~3. 99kPa），然后缓慢放气减压直至脉搏信号回复起始水平，这时从测压仪的显示屏上就可读取收缩压、平均动脉压和心率（有些仪器只能测取收缩压和心率）。一般连续测 3~10 次，取其平均值作为测定值。

【注意事项】

（1）麻醉和制动：此法可以用麻醉大鼠和清醒大鼠。由于麻醉可影响血压和药物反应，因此采用清醒大鼠比较合适。但清醒大鼠固定后测压受制动应激的影响，使测压不准，甚至测不出，所以，一定要在正式试验前训练动物 5~14d，使之适应测压环境和操作。

(2) 动物适当加温可扩张尾动脉,促进血液循环,也可使动物安静,利于测压,一般34℃加温10min左右。

(3) 尾套宽度和位置:选用合适的尾套宽度,尾套以放在尾根部为宜,每次操作需放在同一位置。

(4) 减压速度:减压速度可影响测压值,故选用自动恒速放气比较合适。

2. 脉搏听诊法 将连接低频(100cps)放大器的微音器或超声听诊器放于尾套远心端的尾动脉上,然后尾套充气加压超过收缩压,再缓慢减压,当通过耳机听到脉搏出现的声音时,此时的压力即为收缩压。本法大鼠需加温,肛温升高0.8℃时才能测出血压,方法简便、快速,与直接测压有一定相关性,比较可靠,但容易受外界声音干扰,故环境必须绝对安静。

(二)麻醉动物直接测压法

【目的与原理】

将导管一端插入动脉中,另一端连至各种检压计以测定血压的方法叫直接测压法。经典的方法是采用U形水银检压计,但目前已不太用了。目前采用各种类型压力换能器,其基本功能就是将压力信号转换为电信号,经放大系统记录在生理记录仪或计算机上,能较精确地测定心动周期中各瞬间的血压值。通过本实验,让学生掌握麻醉动物直接测定血压的方法。

【器材与试剂】

器材:BL-420生物机能试验系统,手术器械,动脉插管,气管插管,压力换能器等。

试剂:0.05%肝素化生理盐水等。

【操作步骤】

(1) 麻醉:常用的麻醉剂为戊巴比妥钠,犬和猫一般用30mg/kg i.v.或i.p.麻醉,大鼠45mg/kg i.v.麻醉,兴奋性犬的麻醉剂量可增至35~40mg/kg,最好用i.v.,便于掌握剂量。在实验过程中,为维持一定的麻醉深度可加用一定的维持量。

(2) 固定动物:将动物仰卧固定在手术台上,注意四肢束缚不可过紧以免影响血液循环,用线绳通过门齿将颈部拉直以便手术操作。

(3) 手术视野剪毛。

(4) 气管插管:作颈部正中纵行皮肤切口,分离出一小段气管,表面作倒T形切口,插入大小合适的气管套管,用线固定。

(5) 动脉插管:一般选用颈动脉或股动脉进行插管。颈动脉插管时,沿胸锁乳突肌内缘将筋膜分开,即可见颈总动脉迷走神经混合干,将动脉和神经分开,分离甲状腺动脉以下的颈总动脉一段(2~4cm),下穿两根线,用一根线结扎血管远心端,用动脉夹夹住血管近心端,然后在血管上剪一小口,插入动脉插管,并用另一根线固定。

(6) 血压记录:将动脉导管与BL-420生物机能试验系统相连,可测出收缩压、舒张压、平均动脉压等,也可记录血压波形。

【注意事项】

(1) 手术要仔细、柔和,勿损伤小血管,出血时要迅速止血。

(2) 注意呼吸道是否被分泌物阻塞,一旦发现要及时清除。

(3) 压力换能器应预先定标。动脉导管预先充满0.05%肝素化生理盐水,以防血液凝固,如实验过程中发生导管内凝血或动脉压过小,可用三通管用少量0.05%肝素化生理盐水冲洗。动脉导管和压力换能器之间整个系统的空气也必须排尽。

(4) 麻醉深浅可影响实验结果,故应保持麻醉深度平稳。麻醉对心血管功能和药物反应有不同程度的影响,这是本法的最大不足。

(5) 本法用于急性试验。

二、高血压动物模型的制作

(一) 连续非恒定噪声诱发的听源性高血压模型

【目的与原理】

大灰鼠长时期处于噪声或钥匙叮当响声的刺激下造成听源性紧张,可诱发神经源性高血压。本实验采用非恒定噪声制造听源性高血压模型,该模型与人的高血压病类似,可使学生掌握外源性物理刺激对血压的影响及其模型的制造方法。

【器材与材料】

大灰鼠、音频振荡器、高音扬声器、电铃、自动时间继电器、鼠笼、血压监测仪(多导生理记录仪等装置)。

【操作步骤】

实验在隔音室中进行,噪声刺激可由电铃或扬声器发出。发音器是一个音频振荡器,连接一个20W高音扬声器,并用一个多阶振荡器做成一个自动时间继电器,使扬声器定时发出噪声刺激。噪声刺激应经常在700~1000・s^{-1}变换,噪声刺激每30s 1次,亦可每隔1min噪声刺激30s。可随时变换、无须恒定,但噪声干扰须日夜不止,连续数月。

大灰鼠应以每笼1只为宜,亦可采用分成10格的扁长形鼠笼,每格可放一只大鼠,噪声刺激开始的第1~2周,大灰鼠一听到噪声即出现烦躁不安、停食凝视、抓头颈或在笼中回旋、体重减轻等现象。3个月后血压普遍升高。

【实验结果】

大灰鼠正常平均收缩压±标准差为15±1.1kPa,噪声刺激3个月后,血压升高到17.3~18.7kPa,有40%的大鼠收缩压可高达21.3kPa。

【注意事项】

1. 采用大白鼠与家鼠杂交生的大灰鼠比纯种大白鼠较易引起听源性高血压。大灰鼠以选用120天龄的为适宜。

2. 实验开始后的第1~2周,应特别注意动物的营养、给水和笼内清洁,以防动物死亡。

3. 血压测量可采用尾容积法。

(二)神经内分泌型高血压模型

【目的与原理】

电刺激和条件刺激铃声结合,可造成动物高度紧张状态,血压上升;附加垂体后叶素肌内注射,可促进动物高血压发展与巩固。本模型与上面实验(一)的方法学相似,前者是利用噪声造成听源性高血压模型,后者虽然也是需要噪声进行初始诱发高血压模型,但是实验中增加了垂体后叶素(内分泌因素),使模型更符合实际病理情况,更贴近现实,所以本模型更具有较好的应用价值。通过本实验,增强学生的感性认识,并为化学物的心血管毒性研究提供方法学资料。

【器材与动物】

狗、家兔、大鼠、电铃、自动时间继电器、特制电极鼠笼、血压监测仪(多导生理记录仪等装置)、6V感应电极板、导线、垂体后叶素。

【操作步骤】

实验在不隔音条件下进行。非条件刺激为电刺激,条件刺激为电铃。进行电刺激时,大白鼠可置放于特别笼中,笼底是以铜丝织成栅状,分正负两电极,笼有许多格,每格内可放大鼠1只;狗和家兔的刺激电极可于实验时固定在动物颈部。利用6V感应电极板引出的导线进行刺激;刺激强度依动物反应而异,通常以引起动物颤抖、逃跑、跳跃、低声叫为止。狗和家兔电刺激间隔为5~10min,大鼠为20~30min,每次刺激30~60s,每天下午刺激2~3h,每周进行6次。此外,每30min给予条件刺激1次,作用时间为40~60s,造成动物紧张状态。

垂体后叶素肌内注射剂量为:狗和家兔0.3U/kg体重,大鼠0.3~0.5U/(160~240g)体重;每天注射1次,每周6次,配合电刺激进行。

【实验结果】

兔在实验开始后第11天血压升高3.07kPa;大鼠经33天,狗经35天血压即超过正常平均值4.0kPa。在实验观察的2~3个月内。动物血压始终保持稳定升高状态,死亡率很低。此法造模高血压发生率几乎达到100%。

(三)原发性高血压模型

【目的与原理】

自发性高血压大鼠(spontaneously hypertensive rat,SHR)和遗传性高血压大鼠(genetic hypertensive rat,GHR)的发病机制目前尚未彻底搞清,有人认为这可能是外周交感神经(主要是血管交感神经）张力增高，引起外周阻力增高所致。另外也发现 SHR 的中枢神经中去甲肾上腺素含量较正常为低，且此去甲肾上腺素生物合成的限速酶活性也明显下降，说明中枢交感神经也参与该鼠高血压的形成。如果给予合成去甲肾上腺素的前体 L-多巴，使脑中去甲肾上腺素含量升高，SHR 血压就会下降。SHR 对作用于交感神经系统的抗高血压药（利血平、胍乙啶等）较肾型高血压大鼠更为敏感，这一事实进一步支持上述观点。根据这种假说，有人做出了相应的模型。至于肾性因素在形成 SHR 和 GHR 中的作用，目前仍有争论。这类模型与人类高血压病接近，适用于科学研究。在老年动物（犬和大鼠）中常发现这种高血压动物。

【器材与试剂】

8 导或 16 导生理记录仪，手术器械，大小鼠、猫、兔或狗，小动物实验台，手术缝合线，无菌棉球，恒温水浴锅，兔耳测压装置，SY-1 型大鼠血压测定仪，水银血压计，戊巴比妥钠，含 0.01%肝素的生理盐水、肝素、实验用药等。根据需要可备用组织匀浆器、离心机等实验室常用设备。

【操作步骤】

1. 自发性高血压大鼠　自发性高血压模型大鼠的发病机制比较接近于人类临床发病机制。这类病理模型是日本人 Okamot（1961）首先繁殖成功的。选择血压为 150～175mmHg 的雄性与 130～140mmHg 的雌性 Wistar 大鼠交配。仔鼠经过 3 代选择性繁殖后，绝大多数均能自然地发展成高血压鼠。这种大鼠经继续选择，到第 6 代后血压即稳定于最高水平。SHR 的血压随年龄增加而不断升高，一般于生后第 7 周血压逐步升高，40 周时最高。雄性大鼠收缩压平均为 201mmHg；雌鼠平均为 187mmHg。56 周后，多数死于心血管代偿失调。

2. 遗传性高血压大鼠的选择过程　Okamot 和 Aoki 采用收缩压 110～120mmHg 的正常大鼠近亲繁殖，得到了遗传性高血压大鼠模型，平均每代血压可升高 2mmHg。育成后血压高达 180～200mmHg。各种遗传性高血压大鼠都是通过选择性近亲交配形成的。与 SHR 不同，GHR 血压是逐代缓慢升高的，经过周密的繁殖过程，第 30 代大鼠血压达 180mmHg 左右，有些甚至达到 200mmHg，而原始鼠群血压为 110～120mmHg，平均每代升高 2mmHg。GHR 大鼠的发病机制与人类遗传性高血压患者的发病机制也非常吻合，该类大鼠模型是最接近人类遗传性高血压发生发展的理想模型。

原发高血压动物与其他高血压模型比较，具有下述优点：

（1）出生后不需特殊处理，所有动物均自然地发展成高血压。

（2）大鼠高血压从发生、发展直至死亡的整个过程在 2 年之内，适合用于外源化学物慢性暴露诱发高血压的对照实验研究。

第三节 心血管毒理学体外研究方法

心肌细胞和血管内皮细胞是心血管毒物所致心肌及血管受损时主要的靶向细胞，因此可通过分离这些细胞在体外进行培养，来考察毒物对这些细胞的形态、功能和作用机制的影响。

一、心肌细胞原代培养

【目的与原理】

心肌细胞（Myocardial cell）属于终末分化细胞，但仍具有一定增殖能力，可进行原代培养。原代培养的心肌细胞可作为细胞模型，用于心血管毒理学的研究。

【器材与试剂】

1. 试剂 异戊巴比妥钠，PBS，HBSS，胰蛋白酶，小牛血清，DMEM培养液，台盼蓝，FBS-MEM。

2. 器材 手术器械，培养瓶，恒温水浴箱，离心机，CO_2培养箱，倒置显微镜。

【操作步骤】

1. 大鼠心肌细胞原代培养 取出生1~2d的SD大鼠，以0.25%异戊巴比妥钠腹腔麻醉，皮肤消毒。打开胸腔，取大鼠心脏心尖部组织，冷PBS冲洗、剪碎。0.1%胰酶于35℃水浴搅拌消化10分钟，弃上清，重复消化，收集细胞悬液，加适量含小牛血清的培养基，终止胰酶消化。4℃、100g/min，离心7分钟，弃上清。用含20%小牛血清的DMEM（pH 7.2）制备细胞悬液。差速贴壁分离法纯化心肌细胞。上述细胞悬液37℃、5%CO_2培养50分钟，经200目不锈钢网过滤，除去未消化组织及细胞团块。细胞悬液按1×10^5个密度接种于培养瓶中。台盼蓝染色检测细胞成活率，显微镜下观察细胞形态。

2. 小鼠心肌细胞原代培养 出生1~3d小鼠，脱臼处死。取心室，置于无Ca^{2+}及Mg^{2+}的冷Hank's盐缓冲液（HBSS）。用HBSS冲洗3次。将心肌剪碎，洗涤2次。加入0.25%（质量分数）胰酶，37℃、5%（体积分数）CO_2培养15分钟。首次消化后加等体积无Ca^{2+}和Mg^{2+}的冷HBSS，再加胰酶消化4~5次。800r/min离心8分钟，将细胞重新悬浮于含有胎牛血清的FBS-MEM溶液，加入青霉素100U/ml及链霉素（100μg/ml）。为去除非心肌细胞，可将细胞在FBS-MEM中，于37℃、5%CO_2的培养箱中预培养2小时。收集细胞悬液，调细胞密度至1×10^5/ml，在上述条件下培养24小时。24小时后更换培养液基，使心肌细胞贴壁生长，每3天重复更换培养液，即可获得小鼠心肌细胞。

【结果分析与评价】

原代心肌细胞培养24小时后，镜下可观察到心肌细胞开始贴壁生长，初为圆形，后为梭形，偶见单个细胞开始搏动。继而细胞逐渐铺开，呈不规则的星形，收缩明显而有力，搏动频率多数在 60～100 次/分钟。培养 1～3 天后，可出现同步化搏动。

【注意事项】

差速贴壁分离的心肌细胞需要作纯度鉴定。

二、大鼠血管内皮细胞原代培养

【目的与原理】

血管内皮细胞（vascular endothelial cell）具有较强的增殖能力。对实验动物主动脉进行酶消化和刮擦可获得血管内皮细胞。原代培养及传代的血管内皮细胞可作为细胞模型用于心血管毒物的血管毒性检测。

【器材与试剂】

1. 试剂 戊巴比妥钠，PBS，Ⅱ型胶原酶，胎牛血清，青霉素，链霉素，M199 培养基，明胶。

2. 器材 无菌操作台，手术器械，培养皿，离心管，磁力搅拌器，细胞刮，离心机，培养箱。

【操作步骤】

SD 大鼠用 2%（质量分数）的戊巴比妥钠（25mg/kg）麻醉，无菌条件下剪开胸腹腔，取主动脉弓至肾动脉一段。移入装有基础培养基的培养皿中，小心地剥离干净血管外的脂肪组织，然后用 PBS 反复冲洗。移入另一个装有基础培养基的培养皿中，把血管外翻，使血管内膜完全暴露出来，将血管两端各折入约 0.5cm，用灭菌的丝线把两端扎紧。用基础培养基把血管内膜的血块冲洗干净。将血管放入装有 0.25%（质量分数）Ⅱ型胶原酶 2ml 和无菌小磁棒的离心管中，38℃恒温磁力搅拌消化 10 分钟。将离心管中的消化液和血管移入培养皿中，在消化液中用细胞刮轻轻地刮擦血管表面。重复酶消化及刮擦血管两次。将消化液 800r/min 离心 5 分钟，弃上清。再加 0.5ml 胶原酶和磁棒继续磁力搅拌消化 20 分钟。将消化液移入另一个离心管中，800r/min 离心 5 分钟，弃上清。用含 20%胎牛血清、青霉素和链霉素 100U/ml 的 M199 培养液漂洗细胞 1 次。将细胞接种在预先用 3%（质量分数）的明胶铺板的 12.5ml 的培养瓶中。初次接种体积 2ml，37℃、5%CO_2培养箱静置培养。

【结果分析与评价】

刚消化下来的细胞呈透亮的圆形，单个或成团。2 天以后换液，此时的细胞已贴壁延展，呈短梭形或类三角形。以后每 2～3 天换 1 次液，10～14 天后长成典型的铺路石状单层细胞。可用免疫组化 ABC 法第 8 因子相关抗原对内皮细胞进行鉴定。

【注意事项】

1. 血管取材时间不宜过长。

2. 注意消化酶的浓度和消化时间。

3. 原代培养的血管内皮细胞生长缓慢，可在培养液中适当加入内皮细胞生长因子促进生长。

（周显青 孙志伟）

第十四章

皮肤毒理学研究方法

人们在工作生活中接触的化学品、化妆品、农药等化学物，可经皮肤吸收导致皮肤局部和全身中毒反应。皮肤毒作用的类型主要有接触性皮炎、光毒性和光敏作用、皮肤肿瘤、荨麻疹、色素异常、痤疮等。常见的皮肤毒理学试验方法包括皮肤黏膜刺激性/腐蚀性试验、皮肤致敏和光敏试验、皮肤接触性荨麻疹试验等。皮肤致癌试验参见第三章第二节致癌试验。

第一节　皮肤刺激性/腐蚀性试验

一、皮肤刺激性/腐蚀性试验（dermal irritation/corrosion test）

【目的与原理】

该试验适用于检测和评价化学物对哺乳动物皮肤局部是否有刺激作用或腐蚀作用及其程度。皮肤刺激性（dermal irritation）是指皮肤涂敷受试物后局部产生的可逆性炎性变化。皮肤腐蚀性（dermal corrosion）是指皮肤涂敷受试物后局部引起的不可逆性组织损伤。

【试验方法】

1. 受试物　液态受试样品采用原液或实际应用浓度。若受试样品为固态可溶物质，则用适宜溶剂进行配制。受试样品为不溶或难溶性固体或颗粒物时，受试样品需经研磨粉碎，过 100 目筛，然后用水或适当的介质（如凡士林、阿拉伯树胶、乙醇和水、羧甲基纤维素、聚乙二醇、甘油、植物油和矿物油等）按一定比例调制，以保证与皮肤充分接触。当使用介质时，要考虑介质对受试样品皮肤刺激效应的影响，使用的介质既不能改变受试样品的吸收、分布、代谢、蓄积或化学性质，也不能增强、减弱或改变它的毒性特征。需稀释后使用的产品，要先进行产品原型的皮肤刺激性/腐蚀性试验，如果试验结果显示中度以上刺激性，可按使用浓度再进行皮肤刺激性/腐蚀性试验。强酸或强碱物质（pH≤2 或≥11.5），由于可预见其腐蚀特性，不必做本试验；若已知受试样品有很强的系统毒性（LD_{50}≤200mg/kg 体重），不必进行本试验；在充分并公认的体外试验结果中确定可能产生腐蚀或刺激毒性的物质不必进行本试验；如果从受试样品的结构活性构效关系可以预见潜在的腐蚀毒性,则不必做本试验。

2. 实验动物和饲养环境 多种哺乳动物可被选为实验动物。首选健康成年皮肤无损伤的白色家兔,其次为白色豚鼠。体重要求一般为家兔 2.0~3.0kg,豚鼠 350~450g。雌、雄性均可,但雌性动物应是未孕和未曾产仔的。实验动物至少需要 4 只,如要确定某些可疑的反应则需增加实验动物数。实验动物应单笼饲养,试验前动物要在试验环境中至少适应 3 天。实验动物和动物实验室应符合国家相关规定。选用常规饲料,饮水不限制。在试验的任何阶段,动物如果出现严重抑郁、痛苦等表现,则应给予人道地处死。

3. 剂量设计 受试样品 0.5ml(g)均匀涂布于受试部位。如受试样品难以获得,或易产生全身毒性反应等,用量可适当减少。但为了试验的一致性,涂布面积应力求相等。

【试验步骤】

1. 急性皮肤刺激性/腐蚀性试验

(1) 试验前将实验动物脊柱两侧毛剪去或剃掉,不可损伤表皮,去毛范围左右各 3cm×3cm。24 小时后,选择皮肤健康完整无损的动物进行试验。不应在长有浓密岛状毛的部位进行受试样品试验。

(2) 取受试样品 0.5ml(g)直接涂布在皮肤上,用 2~4 层纱布(2.5cm×2.5cm)和一层玻璃纸或类似物覆盖,再用无刺激性胶布和绷带加以固定。对侧皮肤作为对照。采用封闭试验,敷用时间为 4 小时。试验结束后,用温水或无刺激性溶剂清除残留受试样品。

如怀疑受试样品可能引起严重刺激或腐蚀作用,可采用分段试验,将三个涂布受试样品的纱布块同时或先后敷贴于一只家兔背部脱毛区皮肤上,分别于涂敷后 3 分钟、60 分钟和 4 小时时取下一块纱布,皮肤涂敷部位在任一时间点积分等于 8 分或出现腐蚀作用,即可停止试验。推荐使用逐步接触法,以便阐明可疑反应。每只动物对侧未处理的皮肤可作为对照。

(3) 于清除受试样品后的 1 小时、24 小时、48 小时、72 小时分别观察受试部位的皮肤反应,按表 14-1 进行皮肤反应评分,以受试动物积分的平均值进行综合评价,根据 24 小时、48 小时和 72 小时各观察时点最高积分均值,按表 14-2 判定皮肤刺激强度。

表 14-1 皮肤刺激反应评分

皮肤反应	积分	皮肤反应	积分
红斑和焦痂形成		水肿形成	
无红斑	0	无水肿	0
轻微红斑(勉强可见)	1	轻微水肿(勉强可见)	1
明显红斑	2	轻度水肿(皮肤隆起轮廓清楚)	2
中度程度到重度程度红斑	3	中度水肿(皮肤隆起约 1mm)	3
严重红斑(紫红色)至焦痂形成	4	重度水肿(皮肤隆起超过 1mm,超出染毒部位)	4
		最高积分	8

表 14-2 皮肤刺激强度分级标准

积分均值	刺激强度	积分均值	刺激强度
0~	无刺激性	2.0~	中刺激性
0.5~	轻刺激性	6.0~	强刺激性

注:积分均值指观察时点的最高积分均值

2. 一次破损皮肤刺激试验

(1) 试验前约 24 小时,将实验动物脊柱两侧毛剪去或剃掉,去毛范围左右各 3cm×3cm。

(2) 涂抹受试物前,在 2.5cm×2.5cm 的去毛皮肤上,用 75%(体积分数)乙醇清洁、消毒暴露皮肤,待乙醇挥发后,用灭菌刀片或注射针头在皮区内划一个“井”形的破损伤口。注意皮肤破损仅达表皮,不要伤及真皮。

(3) 取受试样品 0.5ml(g)直接涂布在一侧破损皮区内染毒,用 2~4 层纱布(2.5cm×2.5cm)和一层玻璃纸或类似物覆盖,再用无刺激性胶布和绷带加以固定。对侧皮肤为对照。染毒 4 小时后,用温水或无刺激性溶剂清除残留受试样品。

(4) 于清除受试样品后的 1 小时、24 小时、48 小时、72 小时分别观察受试部位的皮肤反应,按表 14-1 进行皮肤反应评分,以受试动物积分的平均值进行综合评价,根据 24 小时、48 小时和 72 小时各观察时点最高积分均值,按表 14-2 判定皮肤刺激强度。

3. 多次皮肤刺激性/腐蚀性试验

(1) 试验前约 24 小时,将实验动物背部脊柱两侧被毛剪掉,去毛范围各为 3cm×3cm。

(2) 取受试物约 0.5ml(g)涂抹在一侧皮肤上,另一侧涂溶剂作为对照,涂抹面积 2.5cm×2.5cm。用 2~4 层纱布和一层玻璃纸或类似物覆盖,再用无刺激性胶布和绷带加以固定。涂抹 4 小时后,用水或无刺激的适宜溶剂清洗,除去残留物。每天涂抹 1 次,连续涂抹 14 天。每次涂抹前应剪毛,便于受试物的涂抹和结果观察。在每次涂抹后 24 小时观察结果。化妆品的染毒过程为每天涂抹 1 次,连续 14 天,从第二天开始,每次涂抹前剪毛,用水或无刺激性溶剂清除残留受试物,一小时后观察结果。

(3) 按下列公式计算每天每只动物平均积分,按表 14-2 判定皮肤刺激强度。

每天每只动物平均积分=(红斑和水肿积分总和/受试动物数)/14

【试验报告】

试验报告应以表格形式(表 14-3,表 14-4)总结,包括如下内容:

1. 受试物名称、理化性状、配制方法和用量。必要时说明受试物的 pH。

2. 实验动物的种属、品系、性别、体重和来源(注明合格证号和动物级别)。

3. 实验动物饲养环境,包括饲料来源、室温、相对湿度、实验动物室合格证号。

表 14-3 ×××对家兔急性皮肤刺激性试验结果

动物编号	性别	体重(kg)	1h						24h						48h						72h					
			样品			对照			样品			对照			样品			对照			样品			对照		
			红斑	水肿	总分	红斑	水肿	总分	红斑	水肿	总分	红斑	水肿	总分	红斑	水肿	总分	红斑	水肿	总分	红斑	水肿	总分	红斑	水肿	总分
1																										
2																										
3																										
4																										
总积分均值																										
刺激强度分级																										

表 14-4 ×××对家兔多次皮肤刺激性试验结果

涂抹天数	动物数(只)	刺激反应积分					
		样品			对照		
		红斑	水肿	总分	红斑	水肿	总分
1	4						
2	4						
3	4						
4	4						
5	4						
6	4						
7	4						
8	4						
9	4						
10	4						
11	4						
12	4						
13	4						
14	4						
14 天每只动物积分均值							
每天每只动物积分均值							

4. 每只动物每个时间点(第 1 小时、24 小时、48 小时和 72 小时,直到损害逆转或试验终止)的红斑、水肿以及其他皮肤损害/反应,皮肤刺激反应积分。

5. 观察到的任何损伤和系统效应。

6. 刺激/腐蚀程度和性质的描述。

7. 结论。

【结果分析与评价】

皮肤刺激评价除根据表 14-2 的评分外，还应结合刺激作用的性质、恢复程度等进行化学品刺激作用的综合评价。单独的积分值不能作为受试样品的刺激性质的最后评判，可以作为参考值。观察时间应足以进行可逆或不可逆效应的观察，以便进行完整评价，但一般不超过 14 天。

二、小鼠皮肤功能完整性试验（skin integrity function test，SIFT）

【目的与原理】

将受试物均匀涂抹在小鼠完整皮肤上，暴露 20 小时之后测定小鼠皮肤完整性。利用经表皮水分丢失（TEWL）和皮肤内外电阻（ER）两种方法测定皮肤完整性，检测皮肤样品涂抹受试物前后的 TEWL 值和 ER 值。根据 TEWL 值和 ER 值的大小评定受试物是否具有刺激性。

【试验方法】

1. 选取小鼠（BALB/c，9~12 周龄大小），麻醉处死，用剪毛器剪掉背部和侧腹部毛，避免损伤皮肤。小心剪取皮肤，去掉皮下脂肪和肌肉组织。皮肤样品真皮面向下放在铝箔中。皮肤样品可立即使用，或-20℃储存备用（6 周内使用，不可反复冻融）。每一试验须采用 6 块皮片进行实验，包括未处理的阴性对照、阳性对照（选用 10%SDS 或纯辛酸）及受试物组。每一受试物实验中使用的皮肤样品至少取自 3 只小鼠，并且不同小鼠的皮肤样品要随机分配。记录每一皮肤样品的来源，以便在各小鼠之间进行比较。

2. 用 TEWL 探针检测 TEWL。取直径约 2.2cm 皮片，真皮面向下用固定夹装在扩散池中，接触面积 0.79cm^2。接受槽中装满生理盐水，其水平接近皮面。扩散池放在 32℃、湿度 40%~60% 孵箱中，约 30 分钟后待皮片温度、湿度达到平衡后，检测 TEWL。为确保试验的精确性，检测时皮肤表面要保证彻底干燥。扩散池从孵箱中取出，放在隔热绝缘的地方（如固体海绵块），并减少空气流动（必要时置于小盒中），以保持温度。用 TEWL 探针检测皮肤水分丢失，单位为 $g/m^2/h$。先进行 TEWL 检测，后进行 ER 检测。

3. 用电阻测定仪检测 ER。供给槽中装约 5ml 生理盐水，小心去掉皮肤表面的气泡。扩散池置于 32℃循环式中浴内，水面接近皮下，至少放 30 分钟。一个电极置于接收槽装置的底部，另一个电极置于装生理盐水的供给槽内，电极不能接触皮片。待检测稳定之后记录电阻。ER 检测结束之后，弃去接收槽和供给槽中的液体。检测结束之后干燥皮肤表面。

正常小鼠完整皮肤模型的 TEWL 检测值为 3~10$g/m^2/h$，ER 值为 5~20kΩ。

4. 接收槽中装满生理盐水，并置于 32℃水浴中。皮肤样品与受试物作用 20h。如果受试物为液体时，用量为25μl/cm^2（19.8ml/扩散池），如果为固体或半固体时，用量为25～50mg/cm^2，以确保受试物完全覆盖皮片表面。如果受试物为黏稠的糊剂、乳膏或蜡状物，布洒之前需预热至40℃左右。粉末或固体要事先用水润湿。

5. 受试物作用完毕之后，用2ml中性肥皂水冲洗皮肤表面，重复冲洗5次，以去除受试物，然后用2ml水冲洗，重复2次。如果受试物难以去除，用温水喷洗皮片，冲洗过程中要避免皮肤损伤。

6. 接收槽中重新装满生理盐水，并检测TEWL值和ER值。因为冲洗过程使皮肤表面潮湿，故先测定ER值。在检测TEWL之前要干燥皮肤并放置孵箱中约孵育约30分钟。

【结果分析与评价】

1. 受试物和对照试验至少进行3次，并计算平均值。试验结果以接触受试物前后的TEWL比值和ER比值来表示，并按下列公式进行计算（TEWL增加和ER值下降，表明皮肤屏障功能受损）。

TEWL比值＝接触化学物前的TEWL（g/m^2/h）/接触化学物后的TEWL（g/m^2/h）；

ER比值＝接触化学物前的ER（kΩ）/接触化学物后的ER（kΩ）。

2. 设置阴性对照旨在验证实验仪器的性能是否稳定。阴性对照中未处理的皮片所测得的TEWL值在孵育之前和之后应该基本相同，其比值约为1（证明在接触时间之内皮肤情况没有发生明显改变）。相反，ER比值在孵育期间会发生变化，但其变化范围不得大于3。该项实验中ER值是更为可信的参数，阳性对照的ER比值范围为5～15。如果试验数据不在此范围之内，须重新更换皮肤样品再进行试验。

3. 利用两项指标来检测皮肤屏障功能是为了避免人为产生的假阳性和假阴性结果。受试物可能与角质层发生热力学反应。如果受试物为很强的润滑剂，可使皮肤发生水化，使角质层增厚，另外，如果受试物被强烈吸附在皮肤表面或具有吸湿性，检测到的TEWL值就不准确。例如，化学物质增加角质层的含水量，TEWL检测探针检测到的数据为具有很高的皮肤失水量，但利用ER探针检测结果显示事实上皮肤屏障并没有受到破坏。一些化学物质可减少水分丢失，但对皮肤有刺激性，此时可用ER实验来检测。同样，带有电荷的化学物质可干扰皮肤电阻的检测值。如果化学物质损坏皮肤屏障，可用TEWL法检测，同样可鉴别是否具有刺激性。如果化学物质具有明显的分子带电，溶液带电，或冲洗时未充分冲洗，此时利用两种方法检测更具优势。在上述情况下，单测ER值不能准确反映皮肤屏障功能。为了避免这些技术的潜在局限性，试验过程必须遵循以下规则：①未处理对照测得的结果应在正常范围之内；②阳性对照检测值应在规定的范围之内。

4. 如果TEWL和（或）ER比值皆大于5，则可评定受试物具有刺激性。

第二节 皮肤致敏和光毒性试验

一、皮肤致敏试验(skin sensitisation test)

【目的与原理】

皮肤致敏试验用以确定重复接触化学物对哺乳动物是否可引起变态反应及其程度。皮肤致敏是指通过重复接触某种物质后机体产生免疫传递的皮肤反应。致敏原是一些小分子的化学物质(半抗原),这些物质与皮肤长期反复接触,能通过与表皮细胞角蛋白或胶质结合,形成完全抗原。抗原提呈细胞(antigen presenting cell,APC),在表皮中主要是朗格汉斯细胞,摄取抗原并进入淋巴结,使T细胞致敏。致敏T细胞由淋巴循环进入血流,并分布于全身皮肤。当与同一致敏原再次接触时,即可引起变态性接触性皮炎,属Ⅳ型(即延迟型)变态反应。一般是24小时后发生皮炎,48~96小时达高峰,在人类的反应可能是瘙痒、红斑、丘疹、小水疱或大水疱,动物仅见皮肤红斑和水肿。

皮肤致敏试验是实验动物通过多次皮肤涂抹诱导接触受试样品0天、7天、14天(诱导期)后,给予激发剂量的受试样品,观察实验动物,并与对照动物比较对激发接触受试样品的皮肤反应强度,得出受试物的致敏能力和强度。诱导接触(induction exposure)指机体通过接触受试物而诱导出过敏状态的试验性暴露。诱导阶段(induction period)指机体通过接触受试物而诱导出过敏状态所需的时间,一般至少一周。激发接触(challenge exposure)机体接受诱导暴露后,再次接触受试物的试验性暴露,以确定皮肤是否会出现过敏反应。

【试验方法】

1. 实验动物和饲养环境 首选健康、成年的白色豚鼠,体重250~300g。如选择其他种属,试验者需提供选择的依据。雄、雌均可,雌性动物应选用未孕或未曾产仔的。实验动物及实验动物室应符合国家相应规定。动物自由饮食和饮水。需提供富含维生素C的食物。

2. 动物试验前准备 试验前动物要在实验动物房中至少适应3~5天。将动物随机分为受试物组和对照组,每组动物数10~25只,按所选用的试验方法,选择适当部位给动物备皮(去毛),避免损伤皮肤。试验开始和结束时应记录动物体重。

3. 无论在诱导阶段或激发阶段均应对动物进行全面观察包括全身反应和局部反应,并作完整记录。

4. 试验方法可靠性的检查 使用已知的能引起轻度/中度致敏的阳性物每隔半年检查一次。局部封闭涂皮法至少要有30%动物出现皮肤过敏反应;皮内注射法至少要有60%动物出现皮肤过敏反应。阳性物一般采用已苯乙烯醛(hexylcinnamaldehyde,已基肉桂醛)、巯基苯并噻唑

(2-mercaptobenzothiazole)、对氨基苯甲酸乙酯(ethyl-4-aminobenzoate)、二硝基氯苯(2,4-dinitrochlorobenzene)或 DER 331 环氧树脂(DER 331 epoxy resins)。

5. 剂量设计　试验剂量水平可以通过少量动物(2~3 只)的预试验获得。诱导剂量为能足以引起皮肤轻度刺激反应的浓度,激发剂量为不能引起皮肤刺激作用的最高剂量。水溶性受试物可用水或无刺激性表面活性剂作为介质,其他受试物可用 80%乙醇(诱导接触)或丙酮(激发接触)作为介质。在试验中设阴性对照组,在诱导接触时该组仅涂以溶剂作为对照,在激发接触时该组涂以受试样品。对照组动物应与受试样品组动物为同一批。在实验室开展致敏反应试验初期、或使用新的动物种属或品系时,需同时设阳性对照组。

【试验步骤】

1. 局部封闭涂皮试验(Buehler test,BT)

(1) 动物数:试验组至少 20 只,对照组至少 10 只。

(2) 试验前约 24 小时,将豚鼠背部左侧去毛,去毛范围为 4~6cm^2。

(3) 诱导接触:将新配制的受试物约 0.2~0.4ml(g)(最小刺激浓度)涂在实验动物去毛区皮肤上,以 2 层纱布和 1 层玻璃纸覆盖,再用无刺激胶布封闭固定 6 小时。第 7 天和第 14 天以同样方法重复一次。

(4) 激发接触:末次诱导后 14~28 天,将约 0.2ml 的受试物涂于豚鼠背部右侧 2cm×2cm 去毛区(接触前 24 小时脱毛),然后用 2 层纱布和 1 层玻璃纸覆盖,再用无刺激胶布固定 6 小时,移去敷贴物,用水或无刺激性溶剂清除残留受试物。

(5) 结果观察:激发接触后 24 小时和 48 小时,用盲法观察试验组和对照组皮肤反应,按表 14-5 评分。

表 14-5　皮肤致敏反应试验评分标准

皮肤反应	评分	皮肤反应	评分
红斑和焦痂形成		水肿形成	
无红斑	0	无水肿	0
轻微红斑(勉强可见)	1	轻微水肿(勉强可见)	1
明显红斑(散在或小块红斑)	2	中度水肿(皮肤隆起轮廓清楚)	2
中度~重度红斑	3	重度水肿(皮肤隆起约 1mm 或超过 1mm)	3
严重红斑(紫红色)至轻微焦痂形成	4	最高积分	7

(6) 结果评价:当受试物组动物出现皮肤反应积分≥2 时,判为该动物出现皮肤致敏反应阳性,并计算致敏率,按表 14-6 判定受试物的致敏强度。如激发接触所得结果仍不能确定,应于第一次激发后一周,给予第二次激发,对照组作同步处理,或按豚鼠最大值试验进行评价。

表 14-6 皮肤致敏反应试验分级标准

致敏率(%)	等级	致敏强度
<9	Ⅰ	若
9~	Ⅱ	轻度
29~	Ⅲ	中毒
65~	Ⅳ	强
≥81	Ⅴ	极强

注:致敏率是反应评分为 1 或以上的动物数占该组动物总数的百分比。Ⅰ级致敏度没有意义,在实际使用下无致敏危险

2. 豚鼠最大值试验(guinea pig maximinatim test,GPMT)采用完全福氏佐剂(Freund complete adjvant,FCA)皮内注射方法检测致敏的可能性。

(1) 动物数:试验组至少用 10 只,对照组至少 5 只。如果试验结果难以确定受试物的致敏性,应增加动物数,试验组 20 只,对照组 10 只。

(2) 诱导接触(第 0 天):

按如下步骤操作:

受试物组:在颈背部去毛区(2cm×4cm)中线两侧划定三个对称点,每点皮内注射 0.1ml 下述溶液。

第 1 点 1:1(体积分数)FCA/水或生理盐水的混合物。

第 2 点 耐受浓度的受试物。

第 3 点 用 1:1(体积分数)FCA/水或生理盐水配制的受试物,浓度与第 2 点相同。

对照组:注射部位同受试物组。

第 1 点 1:1(体积分数)FCA/水或生理盐水的混合物。

第 2 点 未稀释的介质。

第 3 点 用 1:1(体积分数)FCA/水或生理盐水配制的浓度为 50%(质量分数)的介质。

(3) 诱导接触(第 7 天):将涂有 0.5g(ml)受试物的 2cm×4cm 滤纸敷贴在上述再次去毛的注射部位,然后用 2 层纱布,1 层玻璃纸覆盖,用无刺激胶布封闭固定 48 小时。对无皮肤刺激作用的受试物,可加强致敏,于第二次诱导接触前 24h 在注射部位涂抹 10%(质量分数)十二烷基硫酸钠(SDS)0.5ml。对照组仅用介质作诱导处理。

(4) 激发接触(第 21 天):将豚鼠躯干部去毛,用涂有 0.5g(ml)受试物的 2cm×2cm 滤纸片敷贴在去毛区,然后再 2 两层纱布,1 层玻璃纸覆盖,用无刺激胶布封闭固定 24 小时。对照组动物作同样处理。如激发接触所得结果不能确定,可在第一次激发接触一周后进行第二次激发接触。对照组作同步处理。

（5）结果评价：激发接触结束，除去涂有受试物的滤纸后 24、48 和 72 小时，观察皮肤反应（如需要清除受试残留物可用水或选用不改变皮肤已有反应和不损伤皮肤的溶剂），按表 14-7 评分。当受试物组动物皮肤反应积分≥1 时，应判为致敏反应阳性，按表 14-6 对受试物进行致敏强度分级。

表 14-7　皮肤致敏反应试验评分标准

皮肤反应	评分	皮肤反应	评分
未见皮肤反应	0	中度红斑和融合红斑	2
散在或小块红斑	1	中度红斑和水肿	3

【试验报告】

报告应包括如下内容：

1. 受试物名称、理化性状、配制方法、所用浓度；

2. 实验动物的种属、品系、来源（注明合格证号和动物级别）、性别、数量；

3. 实验动物饲养环境，包括饲料来源、室温、相对湿度、实验动物房合格证号；

4. 试验方法；

5. 试验开始和结束时动物体重；

6. 评分等级系统的简要描述；

7. 阳性试验信息，包括阳性对照物、试验方法和试验时间；

8. 诱导和激发使用的介质，如果不是水和生理盐水，说明使用的理由。任何可能与受试样品反应、或增强、或妨碍吸收的原料均应报告；

9. 诱导和激发使用受试样品的总量，每次使用的技术；

10. 结果：以表格形式报告各组动物皮肤反应情况和致敏率等（样表见表 14-8 和表 14-9）；

11. 结论。

表 14-8　×××对豚鼠皮肤致敏反应试验结果（BT 法）

组别	动物数	诱导剂量	激发剂量	观察时间（h）	皮肤反应强度								≥2 的动物数（%）
					红斑				水肿				
					1	2	3	4	1	2	3	4	
阴性对照				24									
				48									
受试物组				24									
				48									
阳性对照				24									
				48									

阳性对照试验日期：

注：在皮肤反应强度栏中应填写当皮肤反应积分为 0、1、2、3、4 时，发生反应的动物数占受试动物数的比例

表 14-9 ×××对豚鼠皮肤致敏反应试验结果(GPMT 法)

组别	动物数	诱导剂量	激发剂量	观察时间(h)	皮肤反应强度				≥1 的动物数(%)
					0	1	2	3	
阴性对照				24					
				48					
				72					
受试物组				24					
				48					
				72					
阳性对照				24					
				48					
				72					

阳性对照试验日期:

注:在皮肤反应强度栏中应填写当皮肤反应积分为 0、1、2、3、4 时,发生反应的动物数占受试动物数的比例

【试验结果的解释】

试验结果应能得出受试物的致敏能力和强度。这些结果只能在很有限的范围内外推到人类。引起豚鼠强烈反应的物质在人群中也可能引起一定程度的致敏反应,而引起豚鼠较弱反应的物质在人群中也许不能引起致敏反应。

二、小鼠耳肿胀试验(mouse ear swelling test,MEST)

【目的与原理】

外源化学物涂抹小鼠腹部皮肤后,经皮肤角质层转移至皮下,与皮肤蛋白结合成完全抗原,刺激 T 细胞增殖成致敏淋巴细胞。4~7 天后再将其涂抹于小鼠耳部皮肤,使局部产生迟发型超敏反应,于抗原攻击后 24~28 小时,测定耳部肿胀度,以反映迟发型皮肤超敏反应的强度。一般认为该试验较为灵敏。

【试验方法】

1. 试验动物 选用 6~8 周龄的小鼠(BALB/C、CF-1、SW、昆明种等)。试验前,用富含维生素 A 的饲料喂养 4 周。实验动物和饲养环境设施符合国家相关规定。

2. 试剂和材料 注射器、天平、胶布、打孔器。溶剂(赋型剂)可选用丙酮、丁酮、70%~95%(体积分数)乙醇溶液。阳性对照为二硝基氟苯溶液(DNFB)。1%(质量分数)的 DNFB 溶液应新鲜配制(称取 DNFB 50mg,置于清洁干燥的青霉素小瓶中,将预先配制好的 5ml 丙酮麻油溶液倒入小瓶,盖好并用胶布密封,混匀后,用 250μl 注射器通过瓶盖取用)。

3. 剂量和分组 取体重 18~22g 小鼠 50 只,随机分为 5 组,每组 10 只,雌雄各半。分别设阴

性对照组、阳性对照组及染毒组(低、中、高剂量组)。剂量范围选择最高剂量组可有轻微的皮肤刺激作用,最低剂量组对皮肤无任何刺激作用。阳性对照组用二硝基氟苯(DNFB)。

【试验步骤】

1. 实验前 24 小时,用电动剃须刀或脱毛剂将各组小鼠腹部去毛,范围 2cm×2cm。小心勿伤及皮肤。

2. 按组分别在每只小鼠腹部去毛处均匀涂布 100μl 受试物、阳性物或赋形剂。每天涂抹 1 次,连续 2~3 天。

3. 于第 6 天在小鼠左耳双面均匀涂布 40μl 受试物。右耳作为自身对照涂敷溶剂(赋形剂)。

4. 激发后 24~48 小时测定耳肿胀度。耳肿胀度的常用测量方法有两种,一是耳厚度差。乙醚轻度麻醉小鼠,使用微测量卡尺测定小鼠耳中部的厚度,计算左右耳厚度差;另一种方法是耳重量差。将小鼠颈椎脱臼处死,剪下双耳,耳尖对齐后,在相同部位用打孔器取下直径 8mm 的耳片,用电子天平称重,计算左、右耳重差。一般认为后一指标敏感、精确。耳肿胀度用耳厚度差或耳重差表示。

【结果分析与评价】

将受试物组、阳性组小鼠耳肿胀度分别与对照组比较,进行统计学分析。

三、皮肤光毒性试验(skin phototoxicity test)

【目的与原理】

该试验用来评价化学物原料及其产品引起皮肤光毒性的可能性。光毒性(phototoxicity)是指皮肤一次接触化学物质后,继而暴露于紫外线照射下所引发的一种皮肤毒性反应,或者全身应用化学物质后,暴露于紫外线照射下发生的类似反应。

【试验方法】

1. 受试物　液体受试物一般不用稀释,可直接使用原液。若受试物为固体,应将其研磨成细粉状并用水或其他溶剂充分湿润,在使用溶剂时,应考虑到溶剂对受试动物皮肤刺激性的影响。阳性对照物选用 8-甲氧基补骨脂(8-methoxypsoralen,8-Mop)。

2. 实验动物和饲养条件　选用成年白色家兔或白化豚鼠,尽可能雌雄各半。选用 6 只动物进行正式试验。试验前动物要在实验动物室环境中至少适应 3~5 天。实验动物及实验动物室应符合国家相应规定。选用常规饲料,饮水不限制,需注意补充适量 Vc。

3. UV 光源

(1) UV 光源:波长为 320~400nm 的 UVA,如含有 UVB,其剂量不得超过 0.1J/cm^2。

(2) 强度的测定:用前需用辐射计量仪在实验动物背部照射区设 6 个点测定光强度(mw/cm^2),以平均值计。

（3）照射时间的计算：照射剂量为10J/cm²，按下式计算照射时间。

$$照射时间(秒)=\frac{照射剂量(10\ 000mJ/cm^2)}{光强度(mJ/cm^2/s)}$$

注：$1mw/cm^2 = 1mJ/(cm^2 \cdot s)$

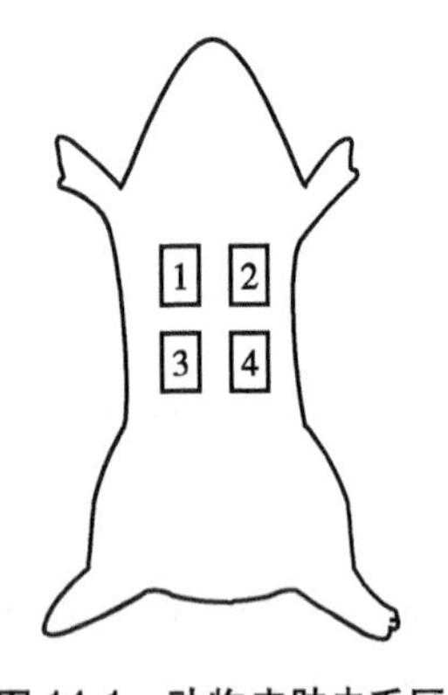

图 14-1　动物皮肤去毛区位置示意图

【试验步骤】

1. 进行正式光毒试验前18～24小时，将动物脊柱两侧皮肤去毛，试验部位皮肤需完好，无损伤及异常。备4块去毛区（图14-1），每块去毛面积约为2cm×2cm。

2. 将动物固定，按表14-10所示，在动物1和2去毛区涂敷0.2ml(g)受试物。所用受试物浓度不能引起皮肤刺激反应（可通过预试验确定），30分钟后，左侧（1和3去毛区）用铝箔覆盖，胶带固定，右侧（2和4去毛区）用UVA进行照射。

表 14-10　动物去毛区的试验安排

去毛区编号	试验处理	去毛区编号	试验处理
1	涂受试物，不照射	3	不涂受试物，不照射
2	涂受试物，照射	4	不涂受试物，照射

3. 结束后分别于1、24、48和72小时观察皮肤反应，根据表14-1（皮肤刺激反应评分标准，见第一节）判定每只动物皮肤反应评分。

4. 为保证试验方法的可靠性，至少每半年用阳性对照物检查一次。即在去毛区1和2涂阳性对照物，方法同（2）。

【结果分析与评价】

单纯涂受试物而未经照射区域未出现皮肤反应，而涂受试物后经照射的区域出现皮肤反应分值之和为2或2以上的动物数为1只或1只以上时，判为受试物具有光毒性。

【试验报告】

报告应包括下列内容：

1. 受试物名称、理化性状、配制方法、所用浓度；
2. 动物种属、品系、性别、体重、来源（注明合格证号和动物级别）；
3. 实验动物饲养环境，包括饲料来源、室温、相对湿度、实验动物房合格证号；
4. 光源的生产厂、规格；
5. 光强度和照射时间以及试验方法；
6. 结果：以列表方式报告动物出现皮肤反应的积分（表14-11和表14-12）；
7. 结论。

表 14-11　×××对×××动物皮肤光毒性试验结果

<table>
<tr><th rowspan="3">动物编号</th><th rowspan="3">性别</th><th rowspan="3">体重(g)</th><th colspan="16">皮肤反应积分</th></tr>
<tr><th colspan="4">1h</th><th colspan="4">24h</th><th colspan="4">48h</th><th colspan="4">72h</th></tr>
<tr><th>1</th><th>2</th><th>3</th><th>4</th><th>1</th><th>2</th><th>3</th><th>4</th><th>1</th><th>2</th><th>3</th><th>4</th><th>1</th><th>2</th><th>3</th><th>4</th></tr>
<tr><td>1</td><td></td><td></td><td></td><td></td><td></td><td></td><td></td><td></td><td></td><td></td><td></td><td></td><td></td><td></td><td></td><td></td><td></td><td></td></tr>
<tr><td>2</td><td></td><td></td><td></td><td></td><td></td><td></td><td></td><td></td><td></td><td></td><td></td><td></td><td></td><td></td><td></td><td></td><td></td><td></td></tr>
<tr><td>3</td><td></td><td></td><td></td><td></td><td></td><td></td><td></td><td></td><td></td><td></td><td></td><td></td><td></td><td></td><td></td><td></td><td></td><td></td></tr>
<tr><td>4</td><td></td><td></td><td></td><td></td><td></td><td></td><td></td><td></td><td></td><td></td><td></td><td></td><td></td><td></td><td></td><td></td><td></td><td></td></tr>
<tr><td>5</td><td></td><td></td><td></td><td></td><td></td><td></td><td></td><td></td><td></td><td></td><td></td><td></td><td></td><td></td><td></td><td></td><td></td><td></td></tr>
<tr><td>6</td><td></td><td></td><td></td><td></td><td></td><td></td><td></td><td></td><td></td><td></td><td></td><td></td><td></td><td></td><td></td><td></td><td></td><td></td></tr>
</table>

注:1,2,3,4 为表 14-10 所示试验区　　　　实验日期:

表 14-12　阳性对照物对×××动物皮肤光毒性试验结果

<table>
<tr><th rowspan="3">动物编号</th><th rowspan="3">性别</th><th rowspan="3">体重(g)</th><th colspan="16">皮肤反应积分</th></tr>
<tr><th colspan="4">1h</th><th colspan="4">24h</th><th colspan="4">48h</th><th colspan="4">72h</th></tr>
<tr><th>1</th><th>2</th><th>3</th><th>4</th><th>1</th><th>2</th><th>3</th><th>4</th><th>1</th><th>2</th><th>3</th><th>4</th><th>1</th><th>2</th><th>3</th><th>4</th></tr>
<tr><td>1</td><td></td><td></td><td></td><td></td><td></td><td></td><td></td><td></td><td></td><td></td><td></td><td></td><td></td><td></td><td></td><td></td><td></td><td></td></tr>
<tr><td>2</td><td></td><td></td><td></td><td></td><td></td><td></td><td></td><td></td><td></td><td></td><td></td><td></td><td></td><td></td><td></td><td></td><td></td><td></td></tr>
<tr><td>3</td><td></td><td></td><td></td><td></td><td></td><td></td><td></td><td></td><td></td><td></td><td></td><td></td><td></td><td></td><td></td><td></td><td></td><td></td></tr>
<tr><td>4</td><td></td><td></td><td></td><td></td><td></td><td></td><td></td><td></td><td></td><td></td><td></td><td></td><td></td><td></td><td></td><td></td><td></td><td></td></tr>
<tr><td>5</td><td></td><td></td><td></td><td></td><td></td><td></td><td></td><td></td><td></td><td></td><td></td><td></td><td></td><td></td><td></td><td></td><td></td><td></td></tr>
<tr><td>6</td><td></td><td></td><td></td><td></td><td></td><td></td><td></td><td></td><td></td><td></td><td></td><td></td><td></td><td></td><td></td><td></td><td></td><td></td></tr>
</table>

注:1,2,3,4 为表 14-10 所示试验区　　　　实验日期:

四、皮肤光变态反应试验（skin photo-allergy test）

【目的与原理】

该试验用于评估与预测人体重复接触化妆品原料及其产品,并在紫外线照射下引起皮肤光变态反应的可能性。皮肤光变态反应是指某些化学物质在光能参与下所产生的皮肤抗原抗体反应。不通过机体免疫机制,而由光能直接加强化学物质所致的原皮肤反应,则称光毒性反应。

【试验方法】

1. 受试物　使用原液或人类实际使用浓度。激发接触浓度可采用适当的稀释浓度。采用无光感作用的丙酮或乙醇作稀释剂。阳性对照常用阳性光感物四氯水杨酰替苯胺。如已经证明受试物具有光毒性,可以不做光变态反应试验。

2. 试验动物 首选白色豚鼠或白色家兔,每组动物 8~10 只。饲养环境和条件同光毒性试验。

3. 光源 UV 光源:波长为 280~320nm 的中波紫外线或波长为 320~400nm 的长波紫外线。一般采用治疗用汞石英灯、水冷式石英灯作光源。中波紫外线的照射剂量一般为 6.6J/cm^2,长波紫外线的照射剂量一般为 10J/cm^2。

【试验步骤】

1. 诱导阶段:用脱毛剂将实验动物颈部脱毛,范围 2cm×4cm,于脱毛区四角皮内注射福氏完全佐剂(FCA)各 0.1ml。

2. 于脱毛区涂 20%(质量分数)十二烷基硫酸钠(SLS)溶液,再将受试物 0.1ml(g)涂在该脱毛部位。

3. 用紫外线灯照射涂药部位,距离和时间以产生明显红斑为准。

4. 隔日重复 2 及 3 步骤,共 5 次。

5. 激发阶段:于诱导操作后两周,将实验动物背部脊柱两侧分四块脱毛区(位置参见图 14-1),每块范围 1.5cm×1.5cm。

6. 第 1 块涂受试物 0.1ml,30 分钟后用长波紫外线照射;第 2 块涂受试物后用黑纸遮盖不照射;第 3 块不涂受试物,仅用长波紫外线照射;第 4 块仅用黑纸遮盖。

7. 照射后 24、48 和 72 小时,观察皮肤反应,按表 14-5 进行皮肤反应强度评分。

【结果分析与评价】

凡化学物质单独与皮肤接触无作用,经过激发接触和特定波长光照射后,局部皮肤出现红斑、水肿、甚至全身反应,而未照射部位无此反应者,可以认为该受试物是光敏感物质。

五、体外 3T3 中性红摄取光毒性试验(invitro 3T3 nRU phototoxicity test method)

【目的与原理】

中性红染料可被活细胞的溶酶体摄取,其摄取量与活细胞量直接相关。通过测定 BALB/c 3T3 成纤维细胞经化学物质和紫外线照射的量和作用后的细胞存活率,判断该化学物质是否具有光毒性。

【试验原则】

1. 在进行试验前,应先测定受试化学物质的 UV/可见光吸收光谱。如果摩尔消光/吸收系数小于 10L×mol^{-1}×cm^{-1},则该化学物质不可能具有光反应性。该化学物质不必进行本项光毒性试验,或任何其他测定负光化学效应的生物学试验。

2. 该试验方法能预测动物和人的体内急性光毒性效应,不能用于预测化学物质与光线联合作用可能产生的其他副效应，如光基因毒性、光过敏性或光致癌性，也不能用于评价光毒性的毒力大小，也不能阐明光毒性的间接机制、受试物质的代谢作用或混合作用。

3. 在光毒性学中，无论在体内还是在体外，极少存在化学物质产生光毒素作用需要代谢活动转化的情况。因此，无需考虑也无科学证据表明本试验方法需要使用新陈代谢活化系统。

【试验方法】

1. 细胞 选用 BALB/c 3T3 小鼠成纤维细胞系。冷冻保存的细胞在用于光毒性试验前至少传代一次。用 DMEM 完全培养液（含 10%新生小牛血清、4mmol/L 谷氨酰胺、100IU 青霉素和 100μg/ml 链霉素），在 37℃，5%CO_2湿润条件下培养。

2. 受试物 受试物必须在使用前新鲜配制直接使用。所有的化学物质操作和细胞处理初期都应避免受试物在光激活或光降解的光线条件下进行。受试物应溶解在缓冲盐溶液（Earl's 平衡盐溶液，EBSS）中，缓冲盐溶液应不含蛋白质成分和光吸收成分（如 pH 指示剂色素和维生素），以避免照射时产生干扰。使用二甲基亚砜（DMSO）和乙醇，或其他低细胞毒性的溶剂（例如丙酮）为溶剂。受试物一般设置 8 个不同浓度（根据预实验确定），同时设空白对照组（缓冲液）、溶剂对照组（溶剂）和阳性对照组（可选用氯丙嗪，CPZ）。

3. 光源 氙弧灯、（掺杂）汞金属的卤化物灯等紫外线光源，波长 350~400nm，UVB<0.1J/cm^2（或用合适的滤光片经过适当的过滤以削弱 UVB）。

【试验步骤】

1. 取两块 96 孔细胞培养板，在外围孔中加 100μl 培养基，作为空白对照。在其余孔中加入 100μl 密度为 1×10^5 个细胞/ml 的细胞悬液（1×10^4 个细胞/孔）。设受试物组、溶剂对照组和阳性对照组。细胞培养 24 小时直至形成半融合单层。

2. 去除培养液，用 150μl 孵育缓冲液（EBSS）轻洗两次。加不同浓度受试物 100μl。空白对照组加缓冲液，溶剂对照组加溶剂，阳性对照组加阳性物。避光孵育 60 分钟。

3. 随机选择一块用于检测光细胞毒性（+Irr），即处理板，另一块用于检测细胞毒性（-Irr），即对照板；照射在室温下进行。总照射剂量 5J/cm^2剂量，辐照度 1.7mW/cm^2，照射时间约 50 分钟。照射时间按下列公式计算：

$$t=\frac{H\times1000}{E\times60}$$

t 为照射时间（min），H 为照射剂量（J/cm^2），E 为光强度（mW/cm^2）

对照板在室温下避光放置 50 分钟（光照时间）。

去除试验溶液，用 150μl 缓冲液（EBSS）小心冲洗两次。换培养基用孵箱孵育过夜（18~22 小时）。

4. 用相差显微镜观察细胞生长情况、形态和细胞单层的完整性。记录细胞形态和生长的变化。

5. 进行中性红摄取试验。用 150μl 预温的缓冲液冲洗细胞，轻轻敲打去除清洗溶液。加 100μl 含 50μg/ml 中性红无血清的培养基，孵箱孵育 3 小时。吸出中性红培养基，用 150μl 缓冲液清洗细胞。以吸干或离心方式倾倒和去除多余缓冲液。加入 150μl 中性红洗脱液（按水和乙醇与乙酸的体积比为 49∶50∶1 比例现配）。将 96 孔板置于微量滴定板摇荡器快速震荡 10 分钟，直到中性红从细胞中提取出来并形成均匀溶液。以空白试剂为参照，用分光光度计测定吸光度值，波长 540nm。

【结果分析与评价】

1. 计算受试物在有光照和无光照时的半数抑制浓度 IC_{50}（使细胞活性下降 50%的受试化学物质的浓度）。

2. 计算光刺激因子（photo irritation factor，PIF）或平均光效应（mean photo effect，MPE）。

$$PIF=\frac{IC_{50}(-Irr)}{IC_{50}(+Irr)}$$

$$MPE=\frac{\sum_{i=1}^{n} w_i PEc_i}{\sum_{i=1}^{n} w_i}$$

注：任何一个浓度（C）的光效应（PEc）是指反应效应（REc）和剂量效应（DEc）的乘积，即 PEc=REc×DEc。反应效应（REc）是指无光照和有光照观察到的反应之间的差别，即 REc=Rc（-Irr）-Rc（+Irr）。剂量反应由下式得出：

$$DEc=\left|\frac{C/C^{*}-1}{C/C^{*}+1}\right|$$

其中 C^{*} 代表等值浓度，即浓度为 C 的-Irr 反应相当于+Irr 时反应的浓度。如果由于+Irr 曲线中的反应值整体高于或低于 Rc（-Irr）而使 C^{*} 不能得出，则剂量效应定为 1。加权因子 W_i 由最高反应值得出，即 $W_i=MAX\{R_i(+Irr),R_i(-Irr)\}$。格子浓度 C_i 指选择落在由实验浓度的值确定的每个浓度间$_i$隔内的相同数量的点。MPE 的计算严格局限于最高浓度下的两条曲线中，至少有一条曲线的反应值仍出现至少 10%的情况。如果这一最高浓度高于+Irr 试验中的最高浓度，则+Irr 的残余部分设定为反应值“0”。依据 MPE 的值是否大于正常选择设定的临界值（MPEc=0.15），对化学物质进行光毒性分类。

3. 光毒性判断：受试物 PIF<2，或受试物 MPE<0.1，无光毒性；2<受试物 PIF<5，或 0.1<受试物 MPE<0.15，可能具有光毒性；受试物 PIF≥5，或受试物 MPE>0.15，具有光毒性。

第三节　皮肤接触性荨麻疹试验

荨麻疹是指上皮和真皮暂时性或一过性的局限性红斑、水肿的皮肤损伤改变，俗称风团。多在暴露某些物质后30~60分钟出现，一般在数分钟至数小时内消失，多在24小时内消退。慢性荨麻疹反复发作，病程可超过6周。根据是否有免疫反应参与，可将荨麻疹分为免疫接触性荨麻疹和非免疫接触性荨麻疹。

一、非免疫接触性荨麻疹试验

【目的与原理】

该方法用于检测非免疫性荨麻疹的化学物。可疑物质可直接促进肥大细胞脱颗粒或含有使肥大细胞脱颗粒的物质，引起组胺、白三烯等炎性介质释放，皮肤、黏膜下血管渗透性增强而产生的反应。非免疫接触性荨麻疹患者风团仅出现在接触部位；过去无反复接触某些可疑物史；反应的强度和受试物的性质、浓度、和皮肤黏膜的接触部位有关。

【试验方法】

1. 试验动物　健康成年豚鼠，每组8~10只，雌雄各半。最少分三个不同剂量的受试物组，最高剂量组不致引起皮肤刺激反应。同时设阳性和阴性（溶剂/赋型剂）对照组。

2. 试验步骤　豚鼠的一耳均匀涂抹0.1ml（g）的受试物，另一耳作为对照。涂抹前先用微卡尺测量耳厚，涂抹后1~2小时内，每15分钟测量一次耳厚。对照组同样处理。

【结果分析与评价】

一般受试物涂抹后40分钟病理组织学可见明显的水肿和血管周围颗粒细胞浸润，50分钟左右水肿的反应达最大值。每组豚鼠耳肿胀值=每组涂抹后耳厚均值-每组涂抹前耳厚均值。

二、免疫接触性荨麻疹试验

（一）自身免疫抗体检测

1. 自体血清皮肤试验（autologous serum skin test，ASST）

【目的与原理】

目前认为自身免疫性荨麻疹是由于血液内存在具有刺激组胺释放的自身抗体而导致的荨麻疹。该方法是自身免疫性荨麻疹的功能性自身抗体的过筛试验，有良好的敏感性（65%~81%）和特异性（71%~78%）。

【试验方法】

取受检者的静脉血 5ml 置于无菌试管中，不抗凝，室温静置 30~60 分钟，然后离心，取上层血清待用。将离心所得血清及生理盐水各 0.05ml，分别在两前臂屈侧对称部位皮内注射，贴胶纸标记。30 分钟后判读结果。

血清注射部位出现红斑-风团反应，且风团直径比对照生理盐水直径大 1.5mm 以上为阳性。

2. 嗜碱性粒细胞组胺释放试验（Basophil histamine release assays，BHRA）

【目的与原理】

组胺释放是一种在体外进行的功能性试验，它可以证明患者血清中组胺释放活性，间接反映自身抗体的滴度。

【试验方法】

（1）嗜碱性粒细胞悬液制备：从一健康自愿者肘静脉，采血 30ml，肝素抗凝，等量分配至 3 个离心管中后，每管 10ml 肝素抗凝血与等体积 pH7.6 Hepes-ACM 缓冲液（Hepes 25mmol/L，$CaCl_2$ 1mmol/L，NaCl 130mmol/L，KCl 5mmol/L，$MgCl_2$ 1mmol/L）混合，平铺于 10ml 葡聚糖-泛影葡胺分离液（密度为 1.085）表面，2500r/min 离心 20 分钟。吸取中间层细胞，加入同样缓冲液 15ml 洗涤 1 次，1500r/min 离心 10 分钟。留上清约 1ml，轻轻混匀备用。

（2）温育 50μl 待检测血清，或对照血清，或等量 Hepes-ACM 缓冲液与 50μl 细胞悬液在 37℃ 条件下温育 40 分钟。温育结束后，立即离心 6000r/min 15 分钟，分离上清，进行组胺测定。组胺的自发释放由 Hepes-ACM 缓冲液与细胞悬液温育后得出。50μl 细胞悬液煮沸后，分离上清，所测定的组胺含量为嗜碱性粒细胞的组胺总含量。以上每个测定均用复管进行。

（3）组胺释放率的测定：用荧光测定法测定组胺含量。

将待检测管的溶液体积用 0.4mol/L 的过氯酸补充至 1ml，加入 5mol/L NaOH 0.125ml、NaCl 0.375g 和正丁醇 2.5ml，振荡 5 分钟后，低速离心，吸取上层有机相至另一试管，加入盐饱和的 0.1mol/L NaOH 1.25ml，振荡 1 分钟，离心分层。吸取 2ml 正丁醇提取液，加入 0.1mol/L HCl 1.125ml 和正庚烷 3.75ml。同样地振荡 1 分钟后离心分层，吸取 0.5ml 水相，加入 0.1mol/L NaOH 0.1ml 和邻苯二甲醛 0.025ml，准确反应 4 分钟后，加入 3mol/L HCl 0.050ml 终止反应，空白管为先加入 3mol/L HCl 后，再加入邻苯二甲醛。

利用 Beckman 自动荧光分光光度计于激发波 360nm，荧光波长 450mm，狭缝为 10nm 条件下测定荧光强度读数（T）。组胺的释放用百分比来表示。

$$\text{组胺自发释放率}=\frac{Tb-Tbo}{Tt-Tto}\times 100\%$$

$$\text{组胺释放率}=\frac{Tx-Txo}{Tt-Tto}\times 100\%-\text{组胺自发释放率}$$

Tt:组胺总含量管;Tto:组胺总含量对照管;Tb:自发释放管;Tbo:自发释放对照管;Tx:血清测定管;Txo:血清测定对照管。

（二）变应原检测

1. 血清特异性 IgE 检测　是常用的变应原检测方法。广泛应用的是体外检测试剂盒,按试剂盒的说明进行操作。将血清标本注入反应管,孵育,清洗。加入绿色结合液,再孵育,清洗。加入底物显色。黄色为阴性,立即变为深紫色为强阳性,90 分钟内变为紫色为阳性。

2. 斑贴试验　采用接触过敏原检测试剂盒。将斑贴胶带贴于患者后背,48 小时揭下,第 1 次判定结果;72 小时第 2 次判定结果。综合 2 次判定结果,去除刺激反应引起的假阳性,确定阳性结果。

第四节　人体皮肤毒理学评价试验

一、人体斑贴试验（human patch test）

【目的与原理】

人体斑贴试验主要用于检测受试物引起人体皮肤不良反应或过敏反应的可能性。将受试物敷贴于人体皮肤上,根据皮肤对接触物的反应判断受试物是否对人体皮肤产生不良反应。受试物若为致敏原,经皮肤或黏膜进入机体后由抗原呈递细胞将抗原呈递给 T 淋巴细胞,使特异性 T 淋巴细胞活化,诱发炎症反应。该试验多用于检测化妆品终产品及其原料对人体皮肤潜在的不良反应。

【基本原则】

1. 选择合格的志愿者作为试验对象;

2. 应用特制的斑试材料进行人体斑贴试验;

3. 根据化学物的性质,可选原物或将其稀释成不同浓度作为受试物;

4. 对新化学物应首先进行动物皮肤试验,要求先完成动物多次皮肤刺激试验并出具书面证明,在保证对人体安全的情况下,或受试物系统毒性低,造成的轻微损伤短期可以恢复,方可安排人体斑贴试验。

【试验方法】

1. 选择 18~60 岁符合试验要求的志愿者作为受试对象。

2. 有下列情况之一者不能被选择作为受试者:近一周使用抗组胺药或近一个月内使用免疫抑制剂者;近两个月内受试部位应用任何抗炎药物者;受试者患有炎症性皮肤病临床未愈者;胰岛素依赖性糖尿病患者;正在接受治疗的哮喘或其他慢性呼吸系统疾病患者;在近 6 个月内接受抗癌化疗者;免疫缺陷或自身免疫性疾病患者;哺乳期或妊娠妇女;双侧乳房切除及双侧腋下淋巴

结切除者;在皮肤待试部位由于瘢痕、色素、萎缩、鲜红斑痣或其他瑕疵而影响试验结果的判定者;参加其他的临床试验研究者;体质高度敏感者;非志愿参加者或不能按试验要求完成规定内容者。

3. 受试人员人数不少于 30 例。

【试验步骤】

皮肤斑贴试验可分为皮肤封闭型斑贴试验和皮肤开放型斑贴试验。皮肤封闭型斑贴试验适用于大部分化学品(化妆品)原物和少部分需要试验前处理的化学品(化妆品)。皮肤开放型斑贴试验适用于不可直接用化学品(化妆品)原物进行试验的产品和验证皮肤封闭型斑贴试验的皮肤反应结果。

1. 皮肤封闭型斑贴试验

(1) 将受试物放入斑试器内,用量为 0.020~0.025g(固体或半固体)或 0.020~0.025ml(液体,可滴加在斑试器所附的滤纸片上置于斑试器内)。受试物为终产品原物时,对照孔为空白对照,受试物为稀释后的化学品(化妆品)时,对照孔内使用该化学品(化妆品)的稀释剂。

(2) 将加有受试物的斑试器用无刺激胶带贴敷于受试者的背部或前臂曲侧,用手掌轻压使之均匀地贴敷于皮肤上,持续 24 小时。

(3) 去除受试物斑试器后 30 分钟,待压痕消失后观察皮肤反应。如结果为阴性,于斑贴试验后 24 小时和 48 小时分别再观察一次。按表 14-13(皮肤不良反应分级标准)记录反应结果。

表 14-13 皮肤不良反应分级标准

皮肤不良反应	反应强度	评分等级
阴性反应	-	0
可疑反应;仅有微弱红斑	±	1
弱阳性反应(红斑反应);红斑、浸润、水肿、可有丘疹	+	2
强阳性反应(疱疹反应);红斑、浸润、水肿、丘疹、疱疹;反应可超出受试区	++	3
极强阳性反应(融合性疱疹反应);明显红斑、严重浸润、水肿、融合性疱疹;反应超出受试区	+++	4

2. 皮肤开放型斑贴试验

(1) 以前臂屈侧、乳突部或使用部位作为受试部位,面积 $5cm^2$,受试部位应保持干燥,避免接触其他外用制剂。

(2) 受试物的浓度应按实际使用浓度和方法而定,如受试物进行稀释,应将稀释剂或赋型剂涂于受试部位对侧为对照。

(3) 将受试物 0.3~0.5g(ml)每天 2 次均匀地涂于受试部位,连续 7 天,同时观察皮肤反应,在此过程中如出现皮肤反应,应根据具体情况决定是否继续试验。

(4) 皮肤反应按表 14-14 开放型斑贴试验皮肤反应评判标准判定。

表 14-14 开放型斑贴试验皮肤反应评判标准

皮肤不良反应	反应强度	评分等级
阴性反应	-	0
微弱红斑、皮肤干燥、皱褶	±	1
红斑、水肿、丘疹、风团、脱屑、裂隙	+	2
明显红斑、水肿、水疱	++	3
重度红斑、水肿、大疱、糜烂、色素沉着或色素减退、痤疮样改变	+++	4

【结果分析与评价】

1. 皮肤封闭型斑贴试验　30 例受试者中出现 1 级皮肤不良反应的人数多于 5 例，或 2 级皮肤不良反应的人数多于 2 例（除臭产品斑贴试验 2 级反应的人数多于 5 例），或出现任何 1 例 3 级或 3 级以上皮肤不良反应时，判定受试物对人体有皮肤不良反应。

2. 皮肤开放型斑贴试验　在 30 例受试者中若有 1 级皮肤不良反应 5 例（含 5 例）以上，2 级皮肤不良反应 2 例（含 2 例）以上，或出现任何 1 例 3 级或 3 级以上皮肤不良反应（含 1 例）以上，判定受试物对人体有明显不良反应。

二、光斑贴试验（photo-patch test）

（一）光斑贴试验

【目的与原理】

在皮肤斑贴试验的基础上，再给予一定剂量的紫外线照射，如斑试物中有光敏物质，经紫外线照射后在敏感机体的皮肤受试部位可出现迟发型变态反应。这是一种诊断外源性光敏性皮炎和检测光敏物质的试验方法。

【试验方法】

1. 试验基本原则和受试者的选择标准同斑贴试验。

2. 光源　具有恒定输出 UVA（长波紫外线，波长 320～400nm）的人工光源均可作为测试光源，如氙弧灯或者 UVA 荧光灯管。光源到皮肤的距离为 50cm。

其他试验材料：受试者知情同意书、赋形剂、闭合性能良好的低敏斑试验胶带、抗水性记录笔、放大镜和皮肤光斑贴试验记录表。

3. 光测定受试者的最小红斑量（MED）　最小红斑量 MED 指在一定光源或特定波段的光线照射后 24 小时内引起照射部位刚可察觉红斑的剂量或计算光照量。

4. 用可疑光敏物质于背部同时进行三处闭合斑贴试验。斑试物配制及其他具体操作步骤同斑贴试验。

5. 24 小时后去掉其中两个斑贴进行照射。斑贴部位的四周用黑布遮盖。第一处用亚红斑量(UVC,可选用 3/4～1/2mED-UVA)照射;第二处用加有窗玻璃滤过的同一灯源(UVA)照射,剂量为 10 个 MED;第三处去掉斑试物后,立即用敷料覆盖作对照。第一、二处光照时,另外分别照射无可疑物的一个区作为对照。

6. 于照射 24、48 和 72 小时分别观察结果。按表 14-15 皮肤不良反应分级标准判定。

【结果分析与评价】

1. 若三处均为阴性,说明该可疑物质既无光敏作用,又无接触过敏作用;

2. 第一、二处与无可疑物质单纯光照处(对照)反应一致,证明该物质无光敏作用;

3. 若三处均为阳性反应,且表现相似,程度相同,说明受试物仅有接触过敏作用,无光敏作用;

4. 若三处均为阳性反应,但光照部位大于非光照部位,且大于单纯光照无可疑物部位反应,则该受试物为光敏物质;

5. 若第一处出现红斑、灼痛等,并于 72～96 小时迅速消退,为光毒反应;

6. 若第二处引起湿疹样反应改变并伴瘙痒,且持续 1～2 周,则为光变态反应;

7. 连续观察 72 小时无反应者,不能否定该物质为光敏物质,因个别潜在光敏物质可能延迟到 96 小时后才出现反应。

(二)职业性接触性皮炎光斑贴试验

【目的与原理】

原理同上。本方法只使用于寻找引起职业性光变应性接触性皮炎的变应原,不适用于职业性光毒性接触性皮炎。

【试验方法】

1～3 步骤同上。

4. 将两份受试物分别加入药室内,分别贴于上背部中线两侧正常皮肤,其上用不透光的深色致密织物掩盖。

5. 24 小时后去除两处斑试物,其中一处立即用避光物覆盖,避免任何光线照射,作为对照;第二处用 50%的 MED-UVA 照射。

6. 照射后 24、48、72 小时观察结果。必要时作第 5 天、7 天延迟观察。按表 14-15 判定结果。

表 14-15 光斑贴试验皮肤反应判定标准

皮肤反应	强度	
无反应	0	–
可疑反应	Ph	±
红斑、浸润、可能有丘疹	Ph	+
红斑和水疱	Ph	++
红斑、大疱和糜烂	Ph	+++

【结果分析与评价】

若未照射区皮肤无反应，而照射区有反应者提示为光斑贴试验阳性；若两处均有反应且程度相同，则考虑为变应性反应；若两处均有反应但照射区反应程度大，则考虑为变应性和光变应性共存。

三、人体激发斑贴试验（human patch test）

【目的与原理】

激发斑贴试验是借用皮肤科临床检测接触性皮炎致敏原的方法，进一步模拟人体致敏的全过程，预测受试物的潜在致敏原性。

【基本原则】

1. 实验全过程应包括诱导期、中间休止期及激发期。

2. 受试物（可疑致敏原）与皮肤有充分接触时间。

3. 选择合适敏感斑贴部位，如人体上背部或前臂屈侧皮肤。

4. 受试者应无过敏史，样本数不少于25人。

5. 实验前应向受试者详细介绍实验目的和方法，以取得圆满合作。

【试验方法】

1. 将5%（质量分数）十二烷基硫酸钠（SLS）液0.1ml滴在2cm×2cm大小的4层纱布上，然后敷贴在受试者上背部或前臂屈侧皮肤上，再用玻璃纸覆盖，用无刺激胶布固定。24小时后将敷贴物去掉，皮肤应出现中度红斑反应。如无反应，调节SLS浓度或再重复一次。

2. 将0.2ml(g)受试物按上述方法敷贴在同一部位上，固定48小时后，去掉斑贴物，休息一日。

3. 重复2步骤，共四次。如试验中皮肤出现明显反应，诱导可停止。

4. 于最后一次诱导两周，选择未做过斑贴的上背部或前臂屈侧皮肤两块，间距3cm，一块作对照，一块敷贴含上述受试物0.2ml(g)的1cm×1cm纱布，封闭固定48小时后，去除斑贴物，立即观察皮肤反应。24、48和72小时再观察皮肤反应的发展或消失情况。按表14-16和表14-17进行皮肤反应评定。

表14-16　皮肤反应评级标准

皮肤反应	分级
无反应	0
红斑和轻度水肿、偶见丘疹	1
浸润红斑、丘疹隆起、偶尔可见水疱	2
明显浸润红斑，大小水疱融合	3

表 14-17 致敏原强弱标准

致敏比例	分级	分类
0~2/25	1	弱致敏原
3~7/25	2	轻度致敏原
8~13/25	3	中度致敏原
14~20/25	4	强致敏原
21~25/25	5	极强致敏原

【结果分析与评价】

如人体斑贴试验表明受试物为轻度致敏原,可作出禁止生产和销售的评价。

四、人体皮肤试用试验(human using test)

【目的】

检测受试物引起人体皮肤不良反应的潜在可能性。

【基本原则】

1. 选择合格的志愿者作为试用对象;

2. 根据化学物的类型和性质,让受试者按照产品说明书介绍的方法实际使用受试品,以评价受试物对人体的安全性和功效性;

3. 要求受试者签署知情同意书并采取必要的医学防护措施,最大程度地保护受试者的利益。

【试验方法】

受试者的选择范围和原则同人体斑贴试验。

【试验步骤】

1. 化学物人体皮肤试用试验

(1) 按受试者的选择标准选择志愿者 200 人。

(2) 志愿者按日常使用方法或选用前臂屈侧面积(5×5)cm^2皮肤进行受试物试用试验。

(3) 每天使用受试物 1~2 次,连续试用 30 天以上。

(4) 每周至少观察一次,记录受试者主诉,如痒、热、刺痛感觉等或局部皮肤反应,如皮肤脱屑、皲裂、红斑、水肿、丘疹、水疱、痤疮或色素沉着等体征。

(5) 按表 14-18 人体试用试验皮肤不良反应分级标准记录结果。

2. 特殊用途化妆品人体皮肤试用试验

(1) 育发类产品:按受试者入选标准选择脱发患者 30 例以上,按照化妆品产品标签注明的使用特点和方法让受试者直接使用受试产品。每周 1 次观察或电话随访受试者皮肤反应,按

表 14-18 皮肤不良反应分级标准记录结果，试用时间不得少于 4 周。

（2）健美类产品：按受试者入选标准选择单纯性肥胖者 30 例以上，按照化妆品产品标签注明的使用特点和方法让受试者直接使用受试产品。每周 1 次观察或电话随访受试者有无全身性不良反应如厌食、腹泻或乏力等，观察涂抹样品部位皮肤反应，按表 14-18 皮肤不良反应分级标准记录结果，试用时间不得少于 4 周。

（3）美乳类产品：按受试者入选标准选择正常女性受试者 30 例以上，按照化妆品产品标签注明的使用特点和方法让受试者直接使用受试产品。每周 1 次观察或电话随访受试者有无全身性不良反应如恶心、乏力、月经紊乱及其他不适等，观察涂抹样品部位皮肤反应，按表 14-18 皮肤不良反应分级标准记录结果。试用时间不得少于 4 周。

（4）脱毛类产品：按受试者入选标准选择符合要求的志愿受试者 30 例以上，按照化妆品产品标签注明的使用特点和方法让受试者直接使用受试产品。试用后由负责医生观察局部皮肤反应，按表 14-18 皮肤不良反应分级标准记录结果。

表 14-18 人体试用试验皮肤不良反应分级标准

皮肤不良反应	分级	皮肤不良反应	分级
无反应	0	红斑、水肿、丘疹、水疱	3
微弱红斑	1	红斑、水肿、大疱	4
红斑、浸润，丘疹	2		

【结果分析与评价】

1. 化学物人体皮肤试用试验　200 名受试者中有 1 人出现上述主诉和体征，均可认为该受试物有皮肤刺激或致敏作用。结合受试物的试用情况以及动物试验结果，作出是否安全的评价。

2. 特殊用途化妆品人体皮肤试用试验　育发类、健美类、美乳类产品 30 例受试者中出现 1 级皮肤不良反应的人数多于 2 例（不含 2 例），或 2 级皮肤不良反应的人数多于 1 例（不含 1 例），或出现任何 1 例 3 级或 3 级以上皮肤不良反应时，判定受试物对人体有皮肤不良反应；脱毛类产品 30 例受试者中出现 3 例以上（不含 3 例）1 级皮肤不良反应、或 2 级皮肤不良反应的人数多于 2 例（不含 2 例），或出现任何 1 例 3 级及 3 级以上皮肤不良反应时，判定受试物对人体有明显不良反应。

（郑金平　牛　侨）

第十五章

毒理学试验替代方法

随着生物医学实验中 3R 原则（reduction——减少；refinement——优化；replacement——替代）的倡导与实施，以及生物医学研究模式的转变，整体动物实验面临严峻挑战。替代整体动物实验的体外模型研究已成为毒理学发展的重要方向，人们逐渐认识到 3R 原则的应用不仅仅是适应动物保护主义的一种需要，也符合科学进步、社会经济发展的需要。

替代法（alternatives）指能够替代实验动物，减少动物使用数量或优化实验动物使用、减少动物痛苦的生物（如体外细胞、低等生物等）或非生物（如芯片、计算机模型等）技术方法。近年来，毒理学试验替代法研究发展十分迅速，体外替代试验已经涵盖一般毒性、特殊毒性、器官毒性等多种毒性终点，研究手段也从一般的细胞、组织培养延伸到基因组学、蛋白质组学与代谢组学，以及计算机模拟辅助评价系统。毒理学试验替代法研究在急性毒性、皮肤致敏作用、遗传毒性及致突变性、亚急性和亚慢性毒性、毒物代谢动力学、致癌性及生殖和发育毒性等方面获得了巨大的进展，有些方法已通过有关权威机构的验证并被有关管理机构接受应用。

本章介绍经欧洲替代方法验证中心（ECVAM）验证并被 OECD 正式列入化学物测试方法指南的急性经口毒性试验——固定剂量法（OECD TG420）、急性毒性分级法（OECD TG423）和上下法（OECD TG425）（作为 OECD TG401：急性经口毒性试验的替代方法），体外皮肤腐蚀试验——透皮电阻试验（OECD TG430）、重组人表皮（RHE）试验（OECD TG431）和体外膜屏障试验方法（OECD TG435）（作为 OECD TG404：急性皮肤刺激/腐蚀试验的替代方法），皮肤吸收的体外方法（OECD TG428）（作为 OECD TG427：皮肤吸收——体内方法的替代方法），局部淋巴结试验（OECD TG429、OECD TG442A 和 OECD TG442B）、直接多肽结合试验（OECD TG 442C）、ARE-Nrf2 荧光素酶检测方法（OECD TG 442D）、人细胞系活化试验（OECD TG442E）（作为 OECD TG406：皮肤致敏试验的替代方法），牛角膜混浊和通透性试验（OECD TG437）、离体鸡眼试验（OECD TG438）（作为眼腐蚀和严重刺激性阶梯试验之一）；以及已经 ECVAM 验证的可作为发育毒性试验（OECD TG414：出生前发育毒性试验，OECD 421：生殖/发育毒性预筛试验）替代方法的胚胎干细胞试验（INVTTOX no.113）、微团培养试验（INVTTOX no.122）和植入后全胚胎培养试验（INVTTOX no.123）。

第一节 急性毒性试验替代方法

急性毒性研究是化学品安全性评价中最基础的工作,急性毒性研究的结果对于化学物毒性的分级、其他毒性研究剂量及观察指标的选择等起到不可或缺的作用。但经典的急性毒性试验(LD_{50}测定)消耗的动物数量巨大,一个化学品一种染毒途径的急性毒性试验一般需要100只动物(含预试验)。另外通过经典的急性毒性试验获得的信息是有限的,死亡仅仅是评价急性毒性的许多观察终点之一,LD_{50}值所表达的仅是实验动物50%存活与50%死亡的点剂量,它不能等同于急性毒性。另外,测得的LD_{50}值实际上也仅是个近似值。所以,LD_{50}虽然是急性毒性的重要内容,但不必要求其结果非常精确。为此,发展经典急性毒性研究方法的替代法是毒理学研究者关注的问题,已建立了多种经典急性毒性测试的替代方法。下面介绍已被OECD正式列入化学物测试方法指南的几种方法。

一、经口急性毒性试验-固定剂量法(acute oral toxicity-fixed dose procedure, FDP)

【目的与原理】

1984年英国毒理学会(BTS)提出一种以一系列固定剂量染毒为基础的新的急性毒性测试方法。该方法不以动物死亡作为毒性终点,而是基于观察一系列固定剂量的每一剂量下的毒性症状。经过充分的评价研究,说明该方法重复性好,比传统的方法节省动物,使动物少受痛苦。对化学物的分类结果与其他急性毒性试验(上下法和急性毒性分级法)类似。

以单一性别的各组动物以渐进的程序按5、50、300和2000mg/kg固定的剂量(必要时增加5000mg/kg剂量)染毒。起始剂量根据预试验来确定,该剂量可引起一些毒性症状但不引起严重的毒性反应或死亡。根据有无毒性表现和死亡,再以更高或更低的剂量进行进一步的剂量组试验。在某一剂量引起明显的毒性或多于1只动物死亡,或在最高剂量未任何毒性反应或在最低剂量出现死亡时即结束试验。

该方法在正式试验中只选用中等毒性剂量,避免选用致死剂量,也不需要给予已知会由腐蚀或严重刺激作用引起明显疼痛或痛苦的染毒剂量。在试验中,对濒死动物,或发现动物出现明显的疼痛或严重痛苦的症状时,从保护动物出发将其处死,并与试验中死亡的动物一样考虑在试验结果的解释中。

【试验方法】

1. 动物 啮齿类动物,首选大鼠。通常选用雌性动物,因为根据传统LD_{50}试验的文献报道,虽然有时不同性别动物间的敏感性会有一定差异,但一般雌性动物会更敏感些。但当与受试物结构相关的化学物的毒理学、毒代动力学等特性提示雄性动物可能更敏感时，应选用雄性动物。

选择常用品系的健康年轻的成年动物，雌性动物应未产和未孕。在整个试验期间，开始染毒时动物的年龄应在8~12周。试验前实验动物个体间体重相差不超过平均体重的20%。试验前动物要在试验环境中至少适应5天。

2. 受试物　一般情况下，各剂量组灌胃量应保持一致，即不同剂量组以不同的浓度染毒。但有时用未稀释的液体受试物，即以相同的浓度受试物染毒更能合理评价该受试物危险性。染毒量不应超过动物最大灌胃量。对于啮齿动物灌胃量一般不超过1ml/100g体重，如为水溶液，灌胃量可达2ml/100g体重。

受试物的染毒剂型优先选用水溶液/混悬液/乳状液，其次可选油（如玉米油）的溶液/混悬液/乳状液，然后是其他溶剂的溶液。当采用除水之外的其他溶剂时，应了解这些溶剂的毒理学特性。受试物应在临用前配制，除非能证明在整个使用期间配制物是稳定的。

3. 方法步骤

（1）染毒：受试物经口灌胃一次给予动物，在不可能通过一次给予受试物达到设计剂量的特殊情况下，也可在24小时内分多次给予。

染毒前动物需禁食，一般大鼠需整夜禁食，小鼠禁食3~4小时，自由饮水。给予受试物后大鼠需要继续禁食3~4小时，小鼠需要继续禁食1~2小时。若采用在一定期限内多次给予受试物，可根据时间的长短，在必要时给动物一定量的饲料和水。

（2）预试验：预试验的目的是为正式试验选择合适的起始剂量。每次取1只动物，按图15-1顺序进行不同剂量的毒性效应测试。正式试验起始剂量确定后（或最低剂量组出现死亡）即结束预试验。预试验的起始剂量在5、50、300和2000mg/kg固定剂量中选择，可能时应参考同一化学物或结构相似化学物的体内外毒性资料选择，预期该剂量能产生明显毒性反应。没有相关资料时，一般以300mg/kg作为起始剂量。每只动物的染毒间隔期至少24小时，观察14天。仅在有特别的管理需求时，才考虑更高的剂量水平（5000mg/kg）。

预试验中，若在最低剂量（5mg/kg）出现动物死亡，则终止试验，化学物分类为GHS 1类。如果需要更为确认的分类结果，可进行如下的补充测试：给第2只动物以5mg/kg染毒，如果第2只动物也死亡，化学物确定分为GHS 1类，并终止试验。如果第2只动物存活，取最多3只动物，以5mg/kg剂量染毒。由于有可能引起动物死亡，为保护动物，此时需按次序染毒。染毒动物的间隔期应确保前一只动物能存活。如有第2只动物死亡，试验终止，不再对其余动物染毒。不论终止试验时有多少受试动物，由于第2只动物死亡，结果符合A的标准（2只及以上动物死亡），可根据5mg/kg固定剂量的分类原则进行分类（2只及以上动物死亡为GHS 1类，不多于1只动物死亡为GHS 2类）。

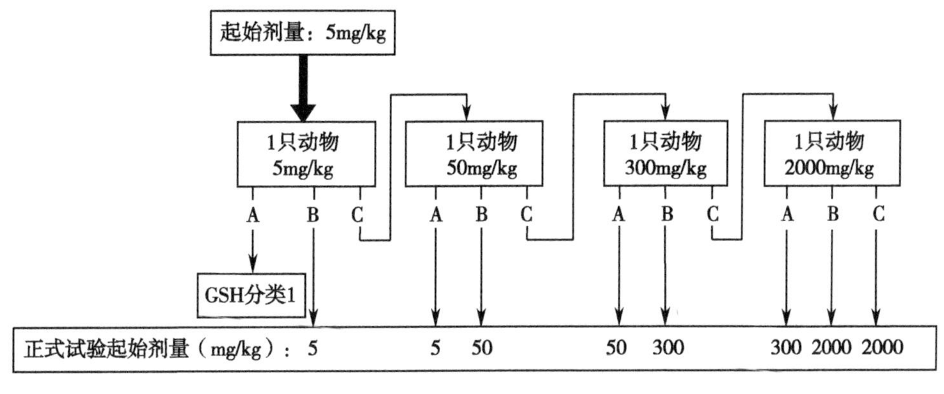

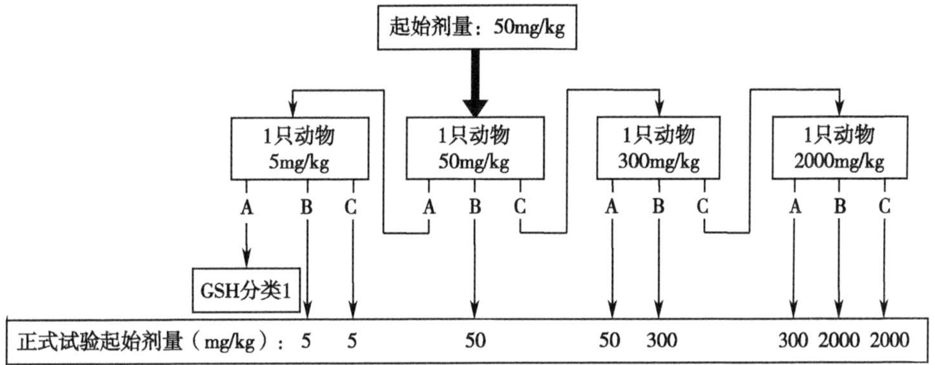

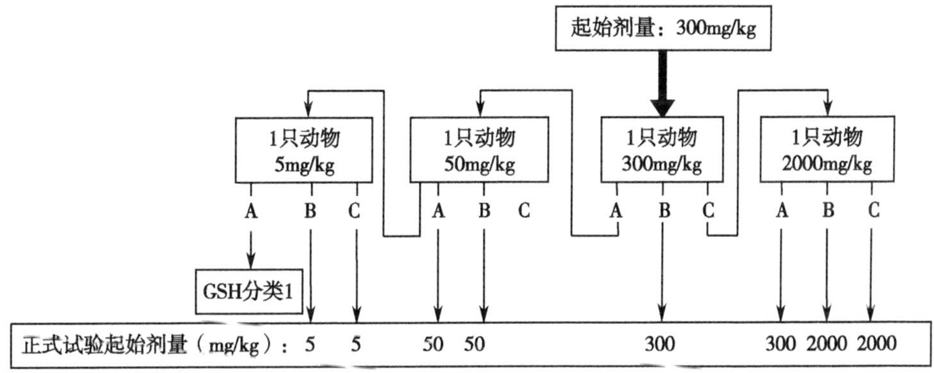

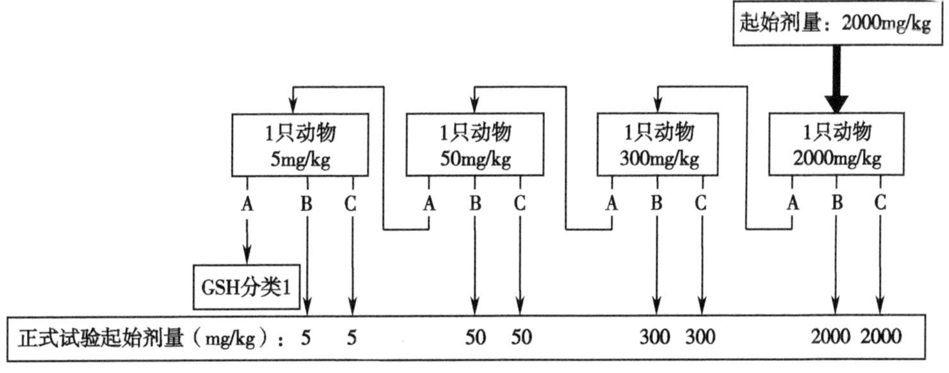

结果：A—死亡；B—明显毒性；C—无毒性

图 15-1　预试验流程图

（3）正式试验：图 15-2 显示了正式试验的试验步骤。用起始剂量进行试验之后有 3 种可能：停止试验并进行危害性分类，以更高的剂量进行试验或以更低的剂量进行试验。出于保护动物，

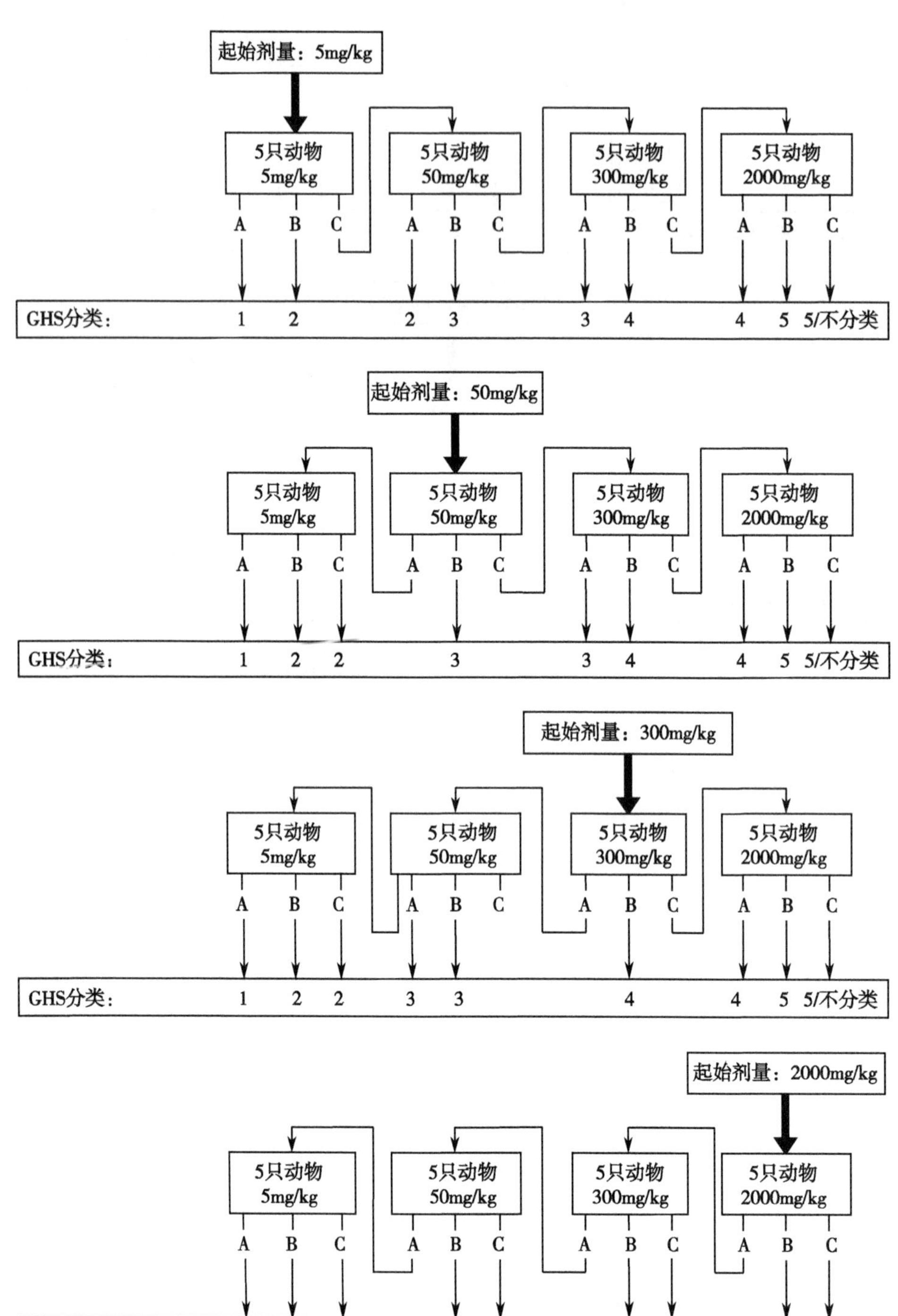

结果：A—≥2只死亡；B—≥1只明显毒性和/或＜1只死亡；C—无毒性

图 15-2 正式试验流程图

在正式试验中不再重复进行在预试验中引起动物死亡的剂量的试验。研究经验显示，根据起始剂量的试验结果往往就可以对化学物进行分类，不再需要进一步的试验。

一般每个剂量组用单一性别的 5 只动物，其中包括在预试验中给予该剂量的 1 只动物，其余 4 只是新的（特殊例外情况下，也可能正式试验的剂量未含在预试验中，这时需要 5 只动物）。

不同剂量染毒的时间间隔取决于毒性症状的开始时间、持续时间和严重程度。下一个剂量动物的染毒应在确定前一个动物存活后再进行。一般每个剂量染毒间隔为 3 或 4 天，以有助于观察迟发的毒性，间隔时间可以根据实际情况进行调整。

（4）限度试验：限度试验主要用于有资料表明受试物可能无毒的情况，即引起毒性的剂量在管理限制剂量之上。可以从结构相似的化合物、混合物或产品的资料中获得受试物的毒性信息。如果没有相关毒性资料或资料表明受试物可能有毒时，需进行正式试验。

可以 2000mg/kg（或特殊需要时 5000mg/kg）作为起始剂量进行预试验，然后以同样剂量进行另外 4 只动物的限度试验。

（5）观察：

1）症状：在染毒后的前 30 分钟至少观察一次，在 24 小时内应定时观察，特别要注意观察染毒后 4 小时内的反应，以后的 14 天内应每天观察。观察期限可根据毒性反应、开始时间、恢复时间等进行调整，必要时需延长。毒性反应出现和消失时间是重要的信息，尤其是有迟发毒性的倾向时。应仔细地对每只动物进行系统的观察，并做好观察记录。观察内容包括皮肤、被毛、眼睛、黏膜，呼吸系统、循环系统、自主神经系统及中枢神经系统的变化，肢体活动及行为方式。要注意观察有无震颤、抽搐、流涎、腹泻、反应迟钝、嗜睡及昏迷等。对于濒死的动物和当动物出现明显疼痛或严重的痛苦表现时应实施人道处死。对于处死动物或发现动物死亡时，应尽可能准确记录死亡的时间。

2）体重：应在染毒之前称量每只动物的体重，染毒后至少每周称重一次。试验结束时存活的动物在称重后处死。

3）病理组织学检查：所有受试动物（包括在试验期间死亡的或人道处死的动物）都应进行大体解剖，记录全部肉眼所见的病理改变。对在染毒后存活 24 小时以上的动物，若有明显肉眼可见病理改变时，相应器官应做病理组织学检查，以获取受试物毒性特征的更多资料。

（6）结果：应以表格形式总结全部资料，列出所用的动物数、出现毒性表现的动物数、在试验期间中毒死亡及人道处死的动物数，每只动物的死亡时间，毒性反应及其时间过程、可逆性及大体解剖结果等。

二、经口急性毒性试验-急性毒性分级法(acute oral toxicity-acute toxic class method，ATC)

【目的与原理】

该方法采用逐步测试,每步用单一性别(一般为雌性)3 只动物进行。受试化学物以一设定的剂量经口染毒动物,根据动物是否发生与受试物相关的死亡决定下一步是结束试验、以同样剂量染毒另 3 只动物,还是以更高或更低剂量染毒另 3 只动物。一般经过 2~4 个步骤即可评价受试化学物的急性毒性。该方法具有可重复性,用动物量少,对化学物的分类结果与其他急性毒性试验(固定剂量和急性毒性分级法)类似。该方法不能计算精确的 LD_{50},但死亡率仍然是该试验的重要终点,所以可以确定致死剂量范围。仅在至少有 2 个剂量引起死亡率高于 0、低于 100%时才能确定 LD_{50}。

【试验方法】

1. 动物　同前固定剂量法。

2. 受试物　同前固定剂量法。

3. 方法步骤

(1) 染毒:同前固定剂量法。

(2) 剂量分组:每一步骤使用 3 只动物。从 5、50、300 和 2000mg/kg 体重 4 个固定剂量中选择 1 个作为起始剂量。该起始剂量,应最可能使染毒动物出现部分死亡。按图 15-3 的流程进行各起始剂量的试验。当现有资料表明最高剂量(2000mg/kg 体重)也不会引起动物死亡时,则可进行限度试验。如无任何资料可供参考,则可以 300mg/kg 体重作为起始剂量。

不同剂量染毒的时间间隔取决于毒性症状的开始时间、持续时间和严重程度。下一个剂量动物的染毒应在确定前一个动物存活后再进行。仅在有特别的管理需求时,才考虑用更高的剂量水平(5000mg/kg)进行试验。

(3) 限度试验:限度试验主要用于有资料表明受试物可能无毒的情况,即引起毒性的剂量在管理限制剂量之上。可以从结构相似的化合物、混合物或产品的资料中获得受试物的毒性信息。如果没有相关毒性资料或资料表明受试物可能有毒时,需进行正式试验。

可以 2000mg/kg(或特殊需要时 5000mg/kg)作为起始剂量,用 6 只动物(每步骤 3 只)进行限度试验。如果发生与受试物相关的死亡,需要用较低剂量进行进一步的试验。

(4) 观察:症状、体重和病理组织学检查均同前固定剂量法。

(5) 结果:同前固定剂量法。

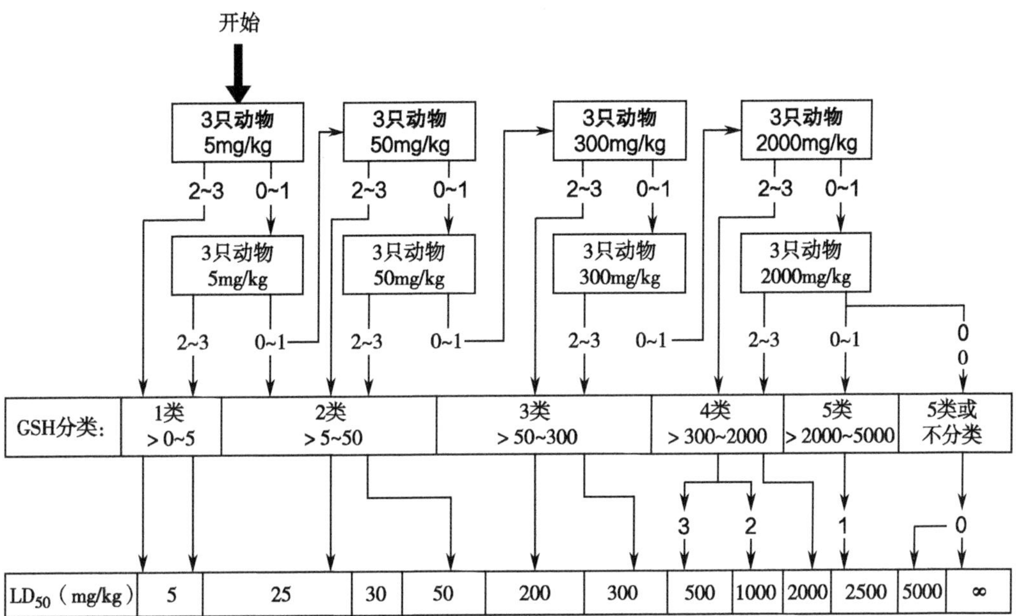
开始
3只动物
5mg/kg
50mg/kg
300mg/kg
2000mg/kg
2~3
0~1
0
GSH分类:
1类
> 0~5
2类
> 5~50
3类
> 50~300
4类
> 300~2000
5类
> 2000~5000
5类或
不分类
3
2
1
0
LD50（mg/kg）
5
25
30
50
200
300
500
1000
2000
2500
5000
∞

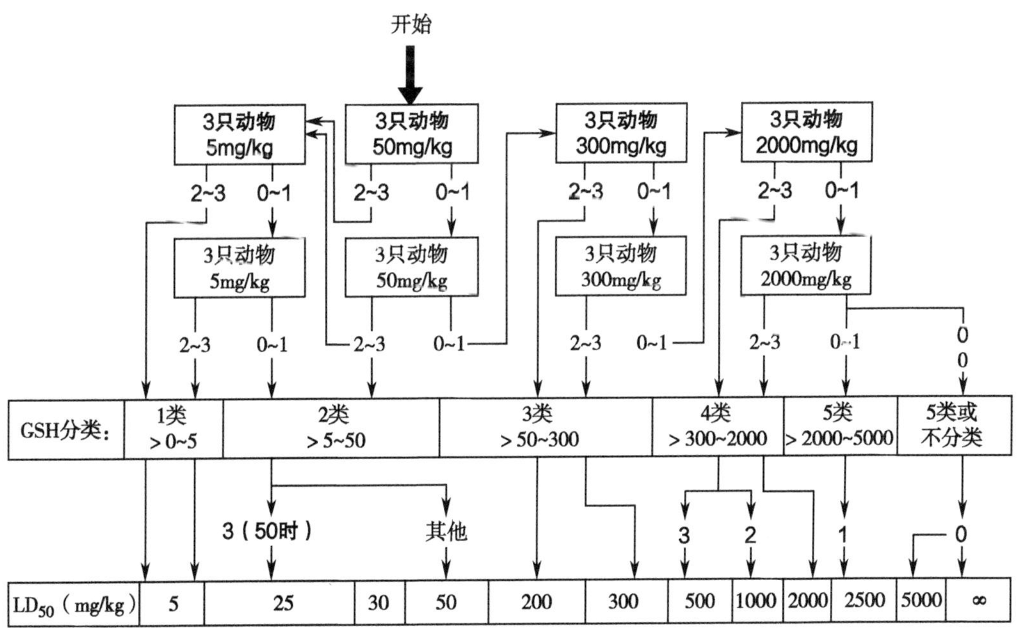
开始
3只动物
5mg/kg
50mg/kg
300mg/kg
2000mg/kg
2~3
0~1
0
GSH分类:
1类
> 0~5
2类
> 5~50
3类
> 50~300
4类
> 300~2000
5类
> 2000~5000
5类或
不分类
3（50时）
其他
3
2
1
0
LD50（mg/kg）
5
25
30
50
200
300
500
1000
2000
2500
5000
∞

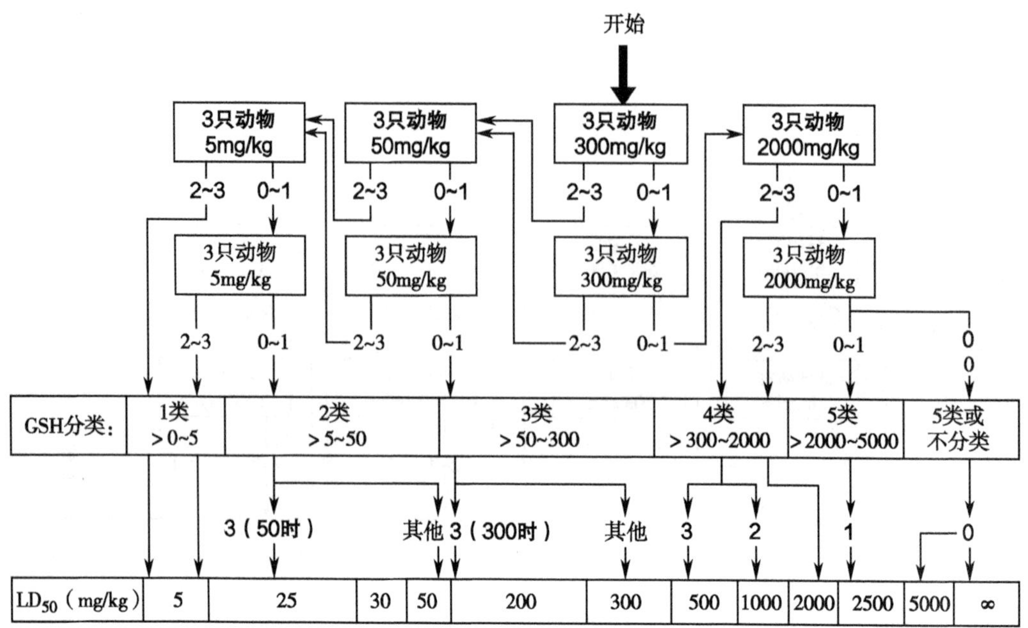

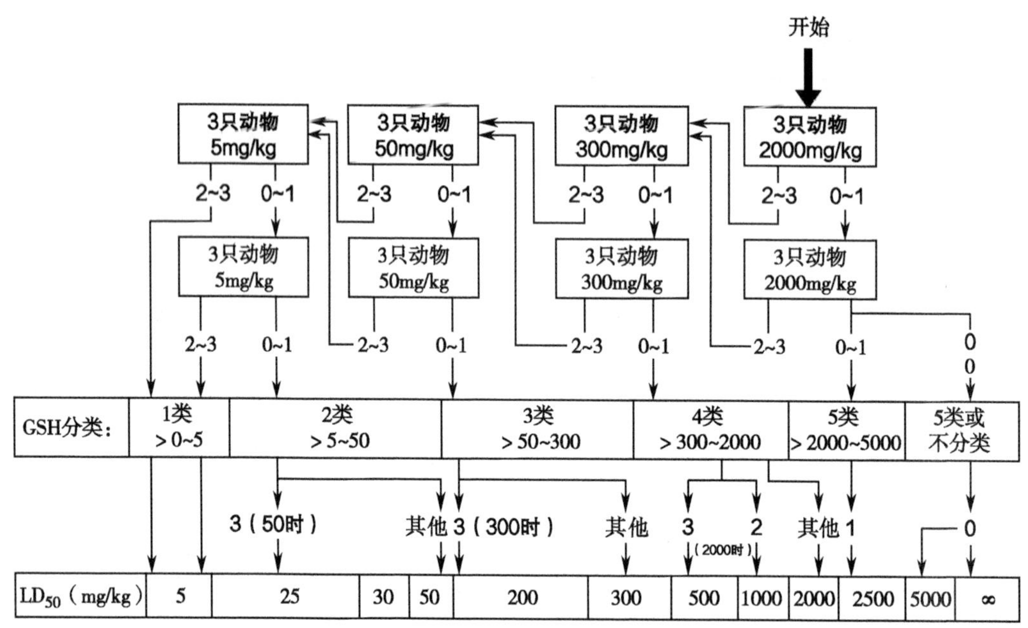

注：0，1，2，3：每步濒死或死亡动物数；黑体字：第一步的剂量和结果

图 15-3 试验流程

三、经口急性毒性试验-上下法(acute oral toxicity-up-and-down procedure)

【目的与意义】

本方法用最少量的动物检测受试物的急性经口毒性，在 3 种测定 LD_{50} 的替代方法中以上下

法所使用的动物数为最少，仅使用单一性别的 6～10 只动物即可。该方法较适用于染毒后 1～2 天内就引起动物死亡的物质，但不适用于预期染毒后发生迟发性死亡（5 天或以上）的物质。使用计算机可更便利地根据一只只动物的死亡情况计算得出实验结果和最终评价。

【试验方法】

1. 动物　同前固定剂量法。

2. 受试物　同前固定剂量法。

3. 方法步骤

（1）染毒：同前固定剂量法。

（2）限度试验：限度试验主要用于有资料表明受试物可能无毒的情况，即引起毒性的剂量在管理限制剂量之上。可以从结构相似的化合物、混合物或产品的资料中获得受试物的毒性信息。如果没有相关毒性资料或资料表明受试物可能有毒时，需进行正式试验。

1）以 2000mg/kg 为剂量的限度试验：以 2000mg/kg 剂量对 1 只动物染毒，如果动物死亡，就进行正式试验；如果动物存活，另取 4 只动物以相同剂量连续染毒，总共测试 5 只动物。在 5 只动物中如有 3 只死亡，结束限度试验，进行正式试验。如果 3 只及 3 只以上的动物存活，得出 LD_{50}>2000mg/kg 的结果。试验中如果 1 只染毒的动物出现非预想的延迟死亡，而其他染毒的动物仍存活，此时应暂时停止继续染毒，观察所有的已染毒动物，看在相同的观察期内是否也出现死亡。延迟死亡的动物和其他死亡动物一并计入死亡动物数。

结果评价（以 O 代表存活，X 代表死亡）：①3 只及以上动物死亡，LD_{50}<2000mg/kg（OXOXX，OOXXX，OXXOX，OXXX）。若第 3 只动物死亡，进行正式试验；②3 只及以上动物存活，LD_{50}>2000mg/kg（OOOXO，OOOOX，OOOXX，OXOXO，OXOOO/X，OOXXO，OOXOO/X，OXXOO）。

2）以 5000mg/kg 为剂量的限度试验：当管理机构需要时，才进行 5000mg/kg 的限度试验。出于动物保护和福利的考虑，对于 GHS 分类为 5 级（2000～5000mg/kg）的化学物，一般不考虑进行该试验。仅在试验结果对于与保护人类、动物健康和环境有直接关系才考虑进行。

以 5000mg/kg 剂量给 1 只动物染毒，如果动物死亡，就进行正式试验；如果动物存活，另取 2 只动物以相同剂量连续染毒，如果 2 只动物均存活，结束试验（不再对动物染毒，持续观察 14 天），得出 LD_{50}>5000mg/kg 的结果。

如果 2 只动物中有 1 或 2 只死亡，再取另外 2 只动物，每次 1 只动物，继续染毒。试验中染毒的动物出现非预想的延迟死亡，其他染毒的动物仍存活时，应暂时停止染毒，观察所有染毒的动物在相同的观察期内是否也出现延迟死亡。延迟死亡的动物和其他死亡动物一并计入死亡动物数。

结果评价（以 O 代表存活，X 代表死亡）：①3 只及以上动物死亡，LD_{50}<5000mg/kg（OXOXX，OOXXX，O XX OX，O XXX）；②3 只及以上动物存活，LD_{50}>5000mg/kg（OOO，OXOXO，OXOO，

OOXXO,OOXO,OXX OO)。

(3) 正式试验:以 48 小时的间隔期,逐一对动物染毒,每次染毒 1 只动物。动物染毒的间隔期取决于毒性症状发生和持续的时间以及严重程度,直到确定前一剂量染毒的动物存活后,才用下一剂量对动物染毒。染毒间隔期可根据实际情况作必要的调整。

试验中,如都采取同样的染毒间隔期进行染毒,则试验较为简单。但如果在试验过程中染毒间隔期有改变,也没有必要重新计算剂量和似然比。起始剂量应根据受试物的所有相关资料,包括相关物质的结构信息、受试物的其他毒性试验的结果来估计大约的 LD_{50}和剂量-反应关系的斜率来选择。

第 1 只动物的染毒剂量应低于 LD_{50}的最佳初步估计值。如果动物存活,采用较高一级的剂量给第 2 只动物染毒。如果动物死亡或出现濒死状态,则采用较低一级的剂量给第 2 只动物染毒。剂量梯度系数根据估计的剂量-反应关系曲线斜率的倒数的反对数来确定,试验中剂量梯度系数应保持恒定(斜率为 2 时的梯度系数是 3.2)。如果没有有关受试物的剂量-反应曲线斜率的资料,默认采用 3.2 为剂量梯度系数。应用默认的剂量梯度系数时,所设定的染毒剂量系列为 1.75、5.5、17.5、55、175、550、2000mg/kg(或在有特殊管理需求时 1.75、5.5、17.5、55、175、550、1750、5000mg/kg)。如果没有受试物致死剂量的估计值资料,起始剂量可用 175mg/kg。在多数情况下,该剂量为受试物的亚致死剂量,可减少动物的疼痛和痛苦。如果动物对受试物的耐受性差异很大(如斜率<2),应考虑在试验开始时将剂量梯度系数在对数剂量(剂量梯度系数 3.2)上增加 0.5。同样,对于剂量-反应曲线较陡的受试物,剂量梯度系数应小于默认值。

是否继续染毒取决于在固定的时间间隔期内所有动物的生存情况。以下任何一种情况出现时,即可终止试验:①在上限剂量水平染毒,连续有 3 只动物存活;②连续 6 只动物染毒后出现 5 个相反结果;③在第一次出现相反结果后,至少继续染毒 4 只动物,并且计算所得到的似然比超过了似然比标准值。

如果 LD_{50}和斜率的变异均较大,终止试验的条件③可能在出现相反结果后染毒 4~6 只动物后即可达到。在某些情况下,对于剂量-反应曲线较平缓的受试物,可能需增加动物数(最多达15 只)。

当终止试验的条件达到时,可根据试验终止时的动物结果计算 LD_{50}。

出于动物保护考虑,应及时处死濒死动物。如果动物在试验中发生延期死亡,且在该剂量或高于该剂量时仍有动物存活时,需暂时停止染毒,观察在相同期限内其他动物是否会死亡。如其他动物也出现死亡,提示所有染毒剂量都高于 LD_{50},应以比引起死亡的剂量再至少低 2 级的剂量开始试验,并延长观察期。如果随后在/或高于该引起动物死亡的剂量下,动物仍存活,不需要改变剂量梯度,因为在计算时,这时发生死亡的动物数据会作为较低剂量的死亡纳入,从而降低 LD_{50}值。

(4) 观察:症状、体重和病理组织学检查,均同前固定剂量法。

（5）结果：应以表格形式总结全部资料，列出所用的动物数、出现毒性表现的动物数、在试验期间中毒死亡及人道处死的动物数，每只动物的死亡时间，毒性反应及其时间过程、可逆性及大体解剖结果。需说明起始剂量和剂量梯度及其选择依据。

（6）正式试验 LD_{50}的计算：采用最大似然法（maximum likelihood）计算 LD_{50}。在试验中发生的即刻或迟发性死亡的动物，及出于动物保护处死的动物都一并用于最大似然法的分析中。似然函数如下：

$$L=L_1 L_2....L_n,$$

式中：L 为在特定 μ 和 σ 及受试动物数（n）下的试验结果的似然值；

如果第 i 只动物存活，则 $L_i=1-F(Z_i)$；

如果第 i 只动物死亡，则 $L_i=F(Z_i)$；

式中：F＝累积标准正态分布；

$$Z_i=【\lg(d_i)-\mu】/\sigma$$

d_i＝第 i 只动物的染毒剂量；

σ—以剂量对数单位表示的标准差；通常 σ 用 0.5，除非有更好的通用或特例的值可用；

μ＝LD_{50}的值，即最大似然值 L。

最大似然值可以采用 SAS（如 PROC NLIN）或 BMDP（如 program AR）电脑程序软件包进行运算，也可用其他的计算机程序。

在有些情况下不能进行统计计算或统计计算会给出错误的结果。此时，可用以下特殊的方法进行 LD_{50}的确定：①如果因在较高的剂量水平染毒，连续有 3 只动物存活，而终止试验，或者在上限剂量结束试验，那么 LD_{50}可报告为大于上限剂量，并基于此进行急性毒性分类。②如果所有死亡动物的染毒剂量都比所有存活动物的剂量要高，那么 LD_{50}在存活剂量和死亡剂量之间。这时不能进一步给出准确 LD_{50}的信息。如果假设给定 σ 值，则可以计算最大似然 LD_{50}值，因连续 6 只动物染毒后出现 5 个相反结果而终止试验的情况就属于此。③如果仅在一个特定剂量下有存活和死亡动物，其他死亡动物都在更高的染毒剂量下出现，所有其他存活动物都在较低剂量下出现，那么 LD_{50}等于这一剂量。

（7）可信限的计算：根据正式试验的试验结果，LD_{50}的可信限计算可有以下两种不同情况。①当有至少 3 个不同剂量的试验结果，中间剂量的动物至少有 1 只死亡和 1 只存活时，利用基于数据-似然的计算程序就可以得到 LD_{50}的 95%可信限。由于在实验中希望尽量减少动物数，可信限值一般不太准确。②如果在某一染毒剂量和低于此剂量染毒的动物全部存活，而用高于此剂量的相临剂量染毒的动物全部死亡时，可信区间就是全部动物存活的最高剂量到全部动物死亡的剂量，这只是一个大概范围，不能确定准确的可信限。这种情况仅见于剂量-反应曲线较陡时，在多数情况下，真实的 LD_{50}可预见会在计算的区间内或非常接近与它。该区间相对是较窄的，对于实际应用已足够准确。有些情况下,可信限可能报告到无限大(低限至0或高限至无限大,或两者皆有)。这可发生在所有动物都死亡或所有动物都存活时。这些情况可以用EPA和OECD提供的专门程序特殊计算处理。

第二节 皮肤刺激/腐蚀性替代方法

皮肤腐蚀是指化学物作用于皮肤局部后引起的不可逆组织损伤,表现为从表皮到真皮的可见性坏死。为了减少采用活体动物进行相关检测对动物带来的痛苦,多个国际组织研究并验证了相关的体外替代方法,从而更人道的评价具有皮肤腐蚀作用的化学物。本节介绍经ECVAM验证并被OECD正式列入化学物测试方法指南的体外皮肤腐蚀-透皮电阻试验、体外皮肤腐蚀-重组人表皮(RHE)试验和皮肤腐蚀的体外膜屏障试验方法。

一、体外皮肤腐蚀——透皮电阻试验(in vitro skin corrosion：trans-cutaneous electrical resistance test，TER)

【目的与原理】

透皮电阻试验(TER)是一种评价化学物皮肤腐蚀作用的体外替代试验。采用从28~30天大鼠分离的皮瓣建立两室测试系统,具有腐蚀特性的物质会破坏正常皮肤的角质层完整性,并影响其屏障功能。如果角质层破坏后,皮肤的电阻就会减小,通过对大量已知化学物的测定确定一个电阻界值(5kΩ),以此判断受试物是否具有腐蚀特性。合并使用染料结合步骤,有助于对透皮电阻测定结果在5kΩ左右的受试物进行分析。由于有些非腐蚀性的化学物可以改变角质层的离子通透性,因此降低电阻,比如去污剂可能去除皮肤表面的角质层,但是并不具有腐蚀性,因此可以通过染料结合步骤来确定离子通透性增加是否是由于角质层的物理屏障破坏所致。

研究表明TER可有效区分皮肤腐蚀剂和非皮肤腐蚀剂。但它不能提供有关皮肤刺激的信息,也不能对腐蚀物进行如GSH要求的进一步的亚分类。对于一次涂抹后局部皮肤效应的全面评价需要进行包括体外皮肤腐蚀试验和体内动物皮肤刺激试验的系列测试。

【实验步骤】

1. 先将22天左右的雄性或者雌性大鼠背部和两侧脱毛,用抗菌溶液(含有抑菌浓度的链霉素、青霉素、氯霉素和两性霉素)冲洗要分离皮瓣的部位。脱毛后,让动物皮肤恢复表皮完整,于第3或者第4天再次清洗,清洗后备用。

2. 将生长至28~30天的大鼠处死,分离大鼠背部和两侧皮肤,去除皮下的脂肪组织,制备成皮瓣,每片直径约20mm。

3. 将皮瓣紧贴在聚四氟乙烯管的一侧,表皮层朝向管腔,然后用胶皮圈扎紧皮瓣,修剪外侧多余的皮瓣，最后用凡士林封闭，防止内外两侧漏水。再用夹子固定聚四氟乙烯管，将其插入另一个盛有154mmol/L $MgSO_4$溶液的套管，使皮瓣浸泡在溶液液面下。一般一只大鼠分离的皮肤可制备10~15个皮瓣。

4. 正式实验前，先对制备的皮瓣抽样测定其透皮电阻，测试两个皮瓣的电阻都应在10kΩ以上，如果小于10kΩ则放弃本批次制备的皮瓣，重新制备。

5. 测试前，首先采用阳性物和阴性物对皮瓣的有效性进行验证，推荐的阳性物为10mol/L盐酸，阴性物为蒸馏水。

6. 受试物为液体时，直接将150μl液体加到皮瓣表皮侧，如果是固体，将其研碎后，分散到表皮上，再滴加150μl去离子水于固体粉末上，晃动聚四氟乙烯管，使固体受试物尽可能接触整个皮瓣。

7. 每个受试物和对照物测定三个平行样，在20~23℃下用受试物处理24小时。处理结束后，冲洗干净。

8. 在测定电阻前，先用70%乙醇处理表皮几秒钟，然后弃去乙醇，向聚四氟乙烯管中加入3ml 154mmol/L $MgSO_4$溶液，分别在聚四氟乙烯管中及套管中插入电极，注意电极要浸入溶液液面下，测定过程中要注意固定电极末端与表皮的距离（1~2mm），减少测定误差。如果测定结果大于20kΩ时，可能是受试物未清除干净，需要重新冲洗表皮，然后再次测定。

9. 电阻测定结束后，倒出$MgSO_4$溶液，观察表皮完整性，如果未见破损，则冲洗后，在表皮表面滴加150μl 10%（质量分数）硫氰酸胺B（sulforhodamine B），2小时后，冲洗表皮，洗掉残留在表面的染料。再将皮瓣取下，放入盛有8ml去离子水的小瓶中（20ml），震荡5分钟去除未结合染料。重复清洗一次，然后将皮瓣移入盛有5ml 30%（质量分数）SDS液体的小瓶中，60℃过夜。

10. 转移上清液，1500转离心10分钟，取1ml离心上清液，加入4ml 30%（质量分数）SDS溶液，在565nm下比色。

【结果判定】

1. 非腐蚀物判定　受试物的平均透皮电阻大于5kΩ；受试物平均透皮电阻小于或等于5kΩ并且皮瓣未见明显损伤，平均染料含量明显低于阳性物（10mol/L HCl）处理后的含量。

2. 腐蚀物　受试物平均透皮电阻小于或等于5kΩ并且皮瓣可见明显损伤；受试物平均透皮电阻小于或等于5kΩ，皮瓣未见明显损伤，但是平均染料含量明显高于或者等于阳性物（10mol/l HCl）处理后的含量。

二、体外皮肤腐蚀——重组人表皮试验[in vitro skin corrosion：reconstructed human epidermis(RHE)test method]

【目的与原理】

重组人表皮试验是基于腐蚀性化学物能够通过扩散或者侵蚀穿过角质层，并对下层的细胞层具有细胞毒性的假设。将受试物局部涂抹在至少由含有功能的角质层的再建表皮组成的三维人皮肤模型上，通过观察受试物在特定暴露时间，确定的阈值水平下减少细胞活力的强弱来判断是否是皮肤腐蚀物。

研究表明人类皮肤模型试验可有效区分皮肤腐蚀剂和非皮肤腐蚀剂，部分支持对腐蚀性物和混合物进行 GSH 要求的亚分类，但该试验不能进一步区分亚分类 1B 和 1C 的皮肤腐蚀剂，亚分类为 1C 的腐蚀性化学物需系列实验的验证。

【重组人表皮试验】

重组人表皮（reconstructed human epidermis，RhE）最大程度模拟人类皮肤表皮层部分，即表皮的生化和生理特征。该模型是由人类非转化表皮角质形成细胞经培养形成的一个多层的、高度分化的三维重组人表皮模型。它包括基底层、荆棘层、颗粒层和多层角质层。角质层含有细胞间的薄的脂质层，可代表体内主要的脂质层。

重组人表皮模型可以在实验室内制备或者购买商业化产品（EpiSkin™，EpiDerm™ SCT，SkinEthic™ RHE 和 epiCS®），人类非转化表皮角质形成细胞可被用于重新构建上皮细胞。多层内皮细胞（基底层、荆棘层和颗粒层）外面应有一层具有功能的角质层。角质层应含有多层重要的脂质层，能抵制代表性细胞毒性化合物如，硫酸十二酯钠（SDS）或 Triton X-100 快速渗透。重组人表皮模型的密封性能应能阻止在角质层周围的化合物进入活性组织。重组人表皮模型不能有细菌、病毒、支原体或真菌污染。

【实验步骤】

1. 测试时对于每一个处理时间点（暴露时间），包括对照都需要测定 2 个平行样。

对于液体和固体化学品，应使用足够数量的试验化学物质以均匀覆盖皮肤表面，避免使用无限剂量，最小使用量为 70μlcm^{2}或 30mg/cm^2。对于固体物质，首先制备成细粉末，同时也需要有足够的受试物覆盖整个皮肤表面，用去离子水或蒸馏水使其保证湿润并能更好地与皮肤接触。暴露结束后，采用适当的缓冲液或者生理盐水将受试物完全清洗干净。

2. 需要用阳性和阴性对照对试验系统进行验证，推荐的阳性物为冰醋酸或 8mol/l 的 KOH，推荐的阴性物为生理盐水或者纯水。

3. 细胞存活度测定：将处理后的皮肤模型放入适当浓度（0.3 或 1.0mg/ml）MTT 溶液中，培养 3 小时，然后用异丙醇收集 MTT 转化形成的甲臜，在 570nm 波长下测定 OD 值，或通过 HPLC/UPLC-分光光度法测定甲臜含量。

【结果计算和评价】

将测定得到的吸光度值与阴性对照相比，计算存活率：（样品 OD/阴性对照 OD）×100%。

EpiSkin™模型：

测量存活率的暴露时间点（T）= 3、60 和 240 分钟

1. 腐蚀物评判标准

(1) 1A 类:3 分钟暴露后,存活率<35%;

(2) 1B 类:3 分钟暴露后,存活率≥35%,且 1 小时暴露后,存活率<35%。

(3) 1C 类:1 小时暴露后,存活率≥35%,且 4 小时暴露后,存活率<35%。

2. 非腐蚀物评判标准　4 小时暴露后,存活率≥35%。

EpiDerm™ SCT,SkinEthic™ RHE 和 epiCS®模型:

测量存活率的暴露时间点(T)= 3 和 60 分钟

第一步:腐蚀物评判

1. 腐蚀物评判标准

(1) 3 分钟暴露后,存活率<50%;

(2) 3 分钟暴露后,存活率≥50%,但在 1 小时暴露后,存活率<15%;

2. 非腐蚀物评判标准　3 分钟暴露后,存活率≥50%,且 1 小时暴露后,存活率≥15%。

第二步:对第一步判定中为皮肤腐蚀物的进行亚分类判断

EpiDerm™ SCT 模型

(1) 1A 类:3 分钟暴露后,存活率<25%;

(2) 1B 或 1C:3 分钟暴露后,存活率≥25%;

SkinEthic™ RHE 模型

(1) 1A 类:3 分钟暴露后,存活率<18%;

(2) 1B 或 1C:3 分钟暴露后,存活率≥18%;

epiCS®模型

(1) 1A 类:3 分钟暴露后,存活率<15%;

(2) 1B 或 1C:3 分钟暴露后,存活率≥15%;

三、皮肤腐蚀的体外膜屏障试验方法(in vitro membrane barrier test method for skin corrosion)

【目的与原理】

体外膜屏障试验系统由合成的高分子生物屏障和化学检测系统(CDS)两部分组成。本实验主要是观察受试物对人工合成的膜屏障的损伤,并假设这种损伤的机制与受试物对活体皮肤的损伤机制相同。对膜屏障的破坏主要是通过观察屏障两侧的 pH 指示剂颜色的变化或者其他指示剂溶液某些特性的改变来确定,指示物穿透的时间也是进行鉴定和分类的基础。

应用该试验可确定腐蚀物,并可进行如 GSH 要求的对腐蚀性物质的亚分类。但许多非腐蚀化学物及其混合物以及有些腐蚀性化学物及其混合物不适于采用本方法进行鉴定。pH 在 4.5 到 8.5 范围内的液体物质不适合用本方法研究,不过 85%的 pH 在该范围内化学物在整体动物试验中都是非腐蚀物。在匹配试验中未能引起可检测变化的受试物不适于采用本方法进行研究,可以利用其他方法进行判定。本方法更适合于无机酸、有机酸、酸衍生物和碱类物质的鉴定。

【膜屏障】

膜屏障由蛋白质性质的高分子水性凝胶和具有渗透能力的支持膜两部分组成,蛋白质凝胶不能使液体和固体通过,但在被腐蚀后具有通透性。膜屏障及其兼容性试剂/指示剂、腐蚀分类试剂可以自己制备,也可以购买商业化产品(Corrositex®)。构建完成的膜屏障需要保存在合适的环境,并且测定其保质期。常用的蛋白质凝胶由角蛋白、胶原或者蛋白质混合物形成凝胶基质,整个支持膜上的凝胶基质应该厚度一致,质地均一。

【化学检测系统】

指示溶液应该与匹配试验中选择的一致,对于受试物具有检测能力。那些可以在受试物或者其他类型的化学和电化学反应存在时表现出颜色变化的 pH 指示染料或者混合染料(酚红和甲基橙)常用于检测系统。这种变化可以通过肉眼观察或电子设备检测。检测系统要具有准确性和可靠性,要说明其适用范围和检测限。

【受试物匹配试验】

在进行膜屏障实验之前,需要首先进行受试物匹配试验以确定化学检测系统能够检测到该受试物。匹配试验中选择的化学检测系统和受试物暴露条件与其后的膜屏障实验应该一致。

【实验步骤】

1. 将膜屏障放置于装有指示溶液的小瓶液体表面,液体与膜屏障之间不能存在气泡。

2. 将适量的受试物,如 500μl 液体或者 500mg 研磨的固体粉末小心地放置于膜屏障的上面,注意受试物要均匀分布。受试物和对照均进行 4 个平行样测定。记录受试物在膜屏障表面暴露的时间,平行样品的作用时间要相互错开,确保准确记录腐蚀作用的最短时间。

3. 对每一个小瓶进行仔细观察,记录最早发生指示剂颜色变化时的时间。

4. 测试过程中,需要采用阳性物确定试验系统的正常运行,一般阳性物采用氢氧化钠,阴性对照一般采用 10%柠檬酸或 6%丙酸。

【结果分析和评价】

在测试过程中,选择与受试物同类或者同系的目前已知分级的化学物作为参比,观察记录腐蚀作用的时间后,进行综合评价。

第三节　皮肤吸收替代试验——皮肤吸收：体外方法

【目的与原理】

皮肤吸收的测试方法有体内试验和体外试验。皮肤吸收的体内试验方法可提供动物种属的毒物动力学信息。体外方法可以应用无活性的皮肤或新鲜具有代谢活性的皮肤。无活性的皮肤仅能评价化合物的透皮扩散情况。新鲜制备的皮肤通常有代谢活性，不仅可用于评价化合物的透皮扩散情况，还可研究化合物经皮代谢情况。这些方法可用于比较不同配方中化学物吸收进入或穿透皮肤的能力，也可作为评价人体经皮吸收的模型。

体外方法并不能适用于所有情况和各类化学物。通常用体外试验方法可对化学物皮肤穿透进行初步的定性评价，在某些情况下，进一步的体内研究是需要的。

可应用来源于多种哺乳动物，包括人类的皮肤。因为皮肤的主要扩散屏障角质层是无活性的，离体皮肤仍可维持其通透性。用离体皮肤不能检测化学物通过皮肤的主动转运。

在经皮吸收过程中，皮肤具有一定的代谢某些化学物的能力，该过程不是急性吸收剂量的限速，但可能会影响进入血液的化学物特性。

在该方法中，将受试物（可以放射标记）涂于离体皮肤的表面，离体皮肤置于扩散池的两个室之间。化学物在皮肤上于特定条件下保持一定时间后，用适当的清洗程序去除。在不同的试验时间点从接受液中取样测定受试化合物和/或代谢物含量。

残留在皮肤上的受试物也应被视为已被吸收，除非有资料表明单独通过接受液的测定值就能确定化学物的皮肤吸收。通过对其他部分（皮肤清洗物和残留在皮肤层中的物质）的分析可进行进一步的评价，包括全部受试物清除和回收率。

【试验方法】

1. 扩散池　扩散池由供给室和接受室构成，测试的皮肤样品置于两者中间。扩散池在皮肤周围应有良好密封效果、易于取样，接触在皮肤下面的接受液应混合均匀，保持恒温。可以采用静态或流动的扩散池。一般在暴露于限定剂量的受试物时供给室保持开放，但当接触受试物不限量时，或在特殊的限定剂量情况下，需封闭供给室。

2. 接受液　最好使用生理性的接受液。应提供接受液的详细组成成分。受试物在接受液中应有良好的溶解性，这样它才不会成为吸收的屏障。另外接受液不应影响离体皮肤样品的完整性。在流动系统中，流速不能妨碍受试物向接受液的扩散。在静态系统中，应不停搅拌，定时取样。如果要进行代谢研究，接受液应能保持皮肤在整个试验过程中具有活性。

3. 皮肤制备　可使用来源于人体和动物的皮肤。最好使用具有活性皮肤，但只要能保证完整性，无活性皮肤也可以使用。表皮膜（经酶、热或化学分离）或用植皮刀制备切下的较厚皮肤

(典型厚度200～400μm)均可用。也可用完整的厚皮肤,但应避免使用太厚的皮肤(约>1mm),除非要测定皮肤各层中的受试物。每个试验至少要有4个重复皮肤样品。

皮肤样品需正确制备,不适宜的操作会导致角质层的损坏,所以必须检测制备皮肤样品的完整性。当要研究皮肤代谢时,应尽可能使用新鲜制备的皮肤和在保证代谢活性的条件下进行试验。一般来讲新鲜制备皮肤应在24小时内使用,但储存期可根据涉及的代谢酶系统和保存温度而变化。使用储存过的制备皮肤时,需提供其屏障功能仍存在的证据。

4. 受试物　理想情况是使用放射性标记的受试化学物。受试物的配制(如使用含有受试物的纯品、稀释物或配方)应与人体或其他潜在目标对象物种接触的一致。一般应有一个以上的受试物浓度,应涵盖人体实际的可能接触范围。

5. 受试物处理　正常情况下,人体接触化学物剂量通常是有限的。因此,模仿人体接触,受试物处理量对于固体通常用1～5mg/cm^{2}皮肤,对于液体用10ul/cm^2。用量可根据预期使用的情况、研究目的或受试制剂的物理特性进行调整。如可能无限量用于皮肤表面时,就需要在单位面积皮肤上给予大体积的量。化学物的被动扩散受温度的影响。扩散池和皮肤的温度应维持在接近正常皮肤温度(32±1℃)下,湿度应在30%～70%。皮肤与受试制剂的接触可以是在整个试验期间或者仅是较短的时间(模拟人体接触的情况)。用适当的清洗剂清洗皮肤上过量的受试制剂,收集清洗物留待分析。受试制剂的去除方法可根据预期使用的情况调整。为了观察足够的吸收过程的特性,一般需要24小时的取样期。

由于皮肤的完整性在24小时后会开始损坏,取样时间一般不超过24小时。对于快速穿透皮肤的物质这也许不是必需的,但对于缓慢穿透皮肤的物质,较长的取样时间是需要的。接受液取样的频率应满足分析受试物吸收过程的需要。应对试验系统的所有部分进行分析,确定回收率,包括供给室、皮肤表面清洗物、皮肤样品和接受液/室。在某些情况下,皮肤需分成暴露皮肤区域和池室边下的皮肤区域,分成角质层、表皮和真皮部分,分别进行分析。

所有试验都应有足够的回收率(放射性回收率的目标值为平均100%±10%,有偏离时应加以说明)。应以适宜的技术分析在接受液、皮肤制品、皮肤表面清洗物和装置清洗液中受试物的量。

【结果分析】

应说明接受液的分析结果、受试物在试验系统中的分布特征、随时间的吸收过程。当使用有限剂量进行暴露时,应计算皮肤清洗液中的、皮肤残留的(可能时还要有不同皮肤层的量)和接受液中的受试物量。皮肤吸收特征有时也可单独用接受液中的受试物量表示。在试验结束时皮肤中仍有受试物残留时,需把残留量计算在总的吸收量中。当使用无限剂量进行暴露时,根据测试数据可计算出渗透性常数(Kp),此时不适用用吸收百分率。

第四节　皮肤致敏试验替代方法

一、局部淋巴结试验

有致敏性的外源化学物刺激机体时，可引起局部引流淋巴结淋巴细胞增殖，因此可以通过局部引流淋巴结淋巴细胞增殖情况来判断外源性化学物致敏性强弱。

局部淋巴结试验周期仅需1周，与传统豚鼠实验（局部涂皮试验和豚鼠最大值试验）的3~4周相比，时间上得到明显的缩减；每组只需4只实验动物数，与传统的豚鼠实验每组需10~20只实验动物相比，数量上也大大减少，是一种满足动物福利的皮肤致敏性试验替代方法。以下介绍局部淋巴结试验、局部淋巴结试验——DA法和BrdU-ELISA法。

（一）局部淋巴结试验（local lymph node assay）

【目的与原理】

^{3}H-TdR具有与胸腺嘧啶相似的结构，可代替胸腺嘧啶掺入到S期细胞新合成的DNA链内，是体内外细胞增殖良好的标记物，通过定量测定细胞^{3}H-TdR掺入，可以分析小鼠皮肤局部涂抹化学物后相应部位引流淋巴结淋巴细胞的增殖情况，从而评价化学物的致敏性。同位素标记法也是目前检测细胞增殖最灵敏的方法。

【器材与试剂】

1. 实验动物　推荐使用CBA/Ca或CBA/JN小鼠，雌性，8~12周，各小鼠体重差异不超过20%，每组至少4只。

2. 溶剂　可使用AOO（丙酮：橄榄油=4：1），N-二甲基甲酰胺，甲基乙基酮，丙二醇或二甲基亚砜（DMSO）。

3. 受试物　从100%，50%，25%，10%，5%，2.5%，1%，0.5%中选择合适的浓度。

4. 阳性对照物　推荐使用25%己基肉桂醛（溶剂为AOO）或5%巯基苯并噻唑（溶剂为N，N-二甲基甲酰胺）。

5. 其他主要试剂　^{3}H-TdR和^{3}H闪烁液；磷酸盐缓冲液（无钙镁PBS），pH 7.0；三氯乙酸溶液（TCA），浓度为5%。

6. 器材　剪刀，镊子，天平，96孔板，1ml加样枪，烧杯，200目筛网，EP管，离心管，离心机，游标卡尺，β-闪烁计数器。

【操作步骤】

1. 第1、2、3天在小鼠双耳耳背部涂抹25μl的受试物，阳性对照组涂抹25μl的阳性对照物，阴性对照组涂抹25μl的溶剂。记录体重，观察皮肤反应；第4、5天记录体重，其他无处理。

2. 第6天小鼠尾静脉注射250μl含20uCi ^{3}H-TdR的PBS进行放射性同位素标记;记录体重。

3. 尾静脉注射5h后处死动物,记录体重,测量耳厚度,测量^{3}H-TdR含量。

4. ^{3}H-TdR含量测定方法　分离两侧耳后淋巴结,200目筛网研磨制备成单细胞悬液。1ml PBS洗涤2次,加入5%TCA,4℃沉淀DNA 18h。离心去上清,将沉淀重新悬浮于1ml 5%TCA,加入10ml闪烁剂。β-闪烁计数器测量每分钟衰变数(DPM,disintegrations per minute)。

【结果分析与评价】

1. 结果统计分析　受试物致敏性用刺激指数SI表示。刺激指数SI为实验组(或阳性对照组)DPM与溶剂对照组DPM的比值。即:SI=实验组DPM/溶剂对照组DPM。

2. 结果评价　SI≥3即表示受试物致敏性阳性。可以进一步分析剂量-反应关系。同时测量双耳耳厚度评价皮肤刺激性,耳厚度增加不应超过25%。

阳性对照物SI≥3,且不能引起明显的系统毒性或局部刺激(SI≥20),耳厚度增加不应超过25%。

(二)局部淋巴结试验——DA法(local lymph node assay——DA)

【目的与原理】

淋巴结细胞的增殖情况与淋巴结细胞ATP总量成正比。而ATP与荧光素在荧光素酶的催化下可以发光。

$$\mathrm{ATP+Luciferin+O_2 \xrightarrow{Luciferase} Oxyluciferin+AMP+PP_1+CO_2+Light}$$

因此,可以通过测定化学物作用机体后淋巴结细胞生物发光强度来反映淋巴细胞的增殖情况,从而评价该化学物的致敏性。

局部淋巴结试验——DA法采用ATP检测试剂盒,避免了^{3}H-TdR掺入局部淋巴结实验中的放射性污染。但是由于ATP不稳定,易分解,实验过程中要严格控制操作时间。

【器材与试剂】

1. 实验动物　推荐使用CBA/JN小鼠,雌性,8～12周龄,小鼠间体重差异不超过20%,每组至少4只动物。

2. 溶剂　推荐使用AOO(丙酮∶橄榄油=4∶1),N-二甲基甲酰胺,甲基乙基酮,丙二醇,二甲基亚砜(DMSO)。

3. 受试物　从100%、50%、25%、10%、5%、2.5%、1%、0.5%(液体v/v,固体w/v)中选择合适的浓度。

4. 阳性对照物　可使用25%(v/v)已基肉桂醛或25%(v/v)丁香酚(溶剂均为AOO)。

5. ATP检测试剂盒。

6. 磷酸盐缓冲液(PBS,不含Ca^{2+}、Mg^{2+}),pH 7.0。

7. 器材 剪刀,镊子,天平,1ml 加样器,培养皿,玻璃片,EP 管,离心管,离心机,游标卡尺。

【操作步骤】

1. 第 1、2、3 天在小鼠双耳耳背部涂抹 1%十二烷基硫酸钠(SLS),反复涂抹 4~5 次,1 小时后在小鼠双耳耳背部涂抹 25μl 的受试物,阳性组涂抹 25μl 的阳性对照物,阴性组涂抹 25μl 的溶剂。记录体重,观察皮肤反应。

2. 第 4、5、6 天记录体重,其他无处理。

3. 第 7 天同第 1、2、3 天的实验步骤。

4. 第 8 天,末次涂抹后 24~30 小时处死小鼠,记录体重,测量耳厚度,发光法检测淋巴细胞 ATP 含量。

5. 淋巴细胞 ATP 含量测定方法(ATP 试剂盒):①取小鼠双侧耳后淋巴结,用两片玻片轻轻研磨淋巴结,用 1ml PBS 冲洗玻片(注意用细胞刮将组织块弃掉),将细胞转移到培养皿中制备成单细胞悬液;②混匀细胞悬液,吸取 20μl 细胞悬液(注意不要吸到肉眼可见的膜)加入到 1.98ml PBS 中制备成 2ml 待测样品,每只动物 2 个平行样;③ATP 检测试剂盒检测 ATP 与荧光素反应后的发光强度,结果用相对发光单位(RLU)表示。

注意:从动物处死到 ATP 检测要控制在 20 分钟以内,且每只动物的处理时间要严格保持一致。

【结果分析与评价】

1. 结果统计分析 受试物致敏性用刺激指数 SI 表示。刺激指数 SI 为实验组和阳性组相对发光单位(RLU)与溶剂对照组相对发光单位(RLU)的比值。即:

$$SI = 实验组\ RLU/溶剂对照组\ RLU$$

2. 结果评价 阳性结果根据统计分析判定:SI≥1.8 即表示受试物致敏性阳性。可以进一步分析剂量-反应关系。同时测量双耳耳厚度评价皮肤刺激性,耳厚度增加不应超过 25%。阳性对照物 SI≥1.8,且不能引起明显的系统毒性或局部刺激(SI≥10),耳厚度增加不应超过 25%。

(三)局部淋巴结试验——BrdU-ELISA 法(local lymph node assay——BrdU-ELISA)

【目的与原理】

BrdU 具有胸腺嘧啶相似的结构,可代替胸腺嘧啶掺入到 S 期细胞新合成的 DNA 链内,是体内外细胞增殖良好的标记物,通过定量测定细胞 BrdU 掺入,分析动物皮肤局部涂抹化学物后相应部位引流淋巴结淋巴细胞的增殖情况,从而评价化学物的致敏性。该方法采用了灵敏的 ELISA 检测技术,提高了实验的灵敏度,且避免了^{3}H-TdR 掺入法中的放射性污染。

【器材与试剂】

1. 实验动物 推荐使用 CBA/JN 小鼠,雌性,8~12 周龄,小鼠间体重差异不超过 20%,每组至少 4 只动物。

2. 溶剂 可用AOO(丙酮：橄榄油=4：1),N-二甲基甲酰胺,甲基乙基酮,丙二醇,二甲基亚砜(DMSO)。

3. 受试物 可从100%、50%、25%、10%、5%、2.5%、1%、0.5%中选择合适的浓度。

4. 阳性对照物 推荐使用25%己基肉桂醛或25%丁香油(溶剂均为AOO)。

5. BrdU-ELISA试剂盒,试剂盒包括BrdU溶液,固定液,anti-BrdU-POD溶液,washing buffer和底物溶液(TMB溶液)。

6. 磷酸盐缓冲液(PBS,不含Ca^{2+}、Mg^{2+}),pH 7.0;

7. 器材 剪刀,镊子,天平,96孔板,1ml枪,烧杯,200目筛网,EP管,离心管,低温离心机,游标卡尺。

【操作步骤】

1. 第1、2、3天在小鼠双耳耳背部涂抹25μl的受试物,阳性对照组涂抹25μl的阳性对照物,阴性对照组涂抹25μl的溶剂。记录体重,观察皮肤反应。

2. 第4、5天记录体重,其他无处理。

3. 第6天小鼠腹腔注射0.5ml 10mg/ml BrdU溶液(溶剂为PBS)(5mg/只);记录体重。

4. 腹腔注射24h后处死动物,记录体重,测量耳厚度,ELISA法测量BrdU含量。

5. BrdU-ELISA测定方法 ①取小鼠双侧耳后淋巴结,200目筛网研磨制备单细胞悬液,将细胞转移到15ml PBS中;②将100μl细胞悬液加入到平底96孔板,每只动物3个平行孔。1000~1500r/min离心10分钟,轻拍96孔板弃上清;③吹风机15分钟或60℃ 1小时烘干培养板;④每孔加入200μl固定液,常温固定30分钟后离心弃固定液;⑤每孔加入100μl anti-BrdU抗体,常温孵育1小时后离心弃抗体溶液;⑥每孔加入200μl washing buffer清洗抗体溶液,离心弃washing buffer,清洗3次;⑦每孔加入100μl TMB底物溶液,常温避光孵育15分钟;⑧酶标仪492nm测量吸光度Abs。

【结果分析与评价】

1. 结果统计分析 受试物致敏性用刺激指数SI表示。刺激指数SI为实验组(阳性对照组)BrdU标记指数与溶剂对照组BrdU标记指数的比值。BrdU标记指数为实验孔吸光度值减去空白孔的吸光度值。即:

$$SI=\text{实验组 BrdU 标记指数}/\text{溶剂对照组 BrdU 标记指数}$$

$$\text{BrdU 标记指数}=Abs_{\text{实验孔}}-Abs_{\text{空白孔}}$$

2. 结果评价 SI≥1.6即表示受试物致敏性阳性。可以进一步分析剂量-反应关系。同时测量双耳耳厚度评价皮肤刺激性,耳厚度增加不应超过25%。阳性对照物SI≥1.6,且不能引起明显的系统毒性或局部刺激(SI≥14),耳厚度增加不应超过25%。

二、直接多肽结合试验（in chemico skin sensitisation：direct peptide reactivity assay，DPRA）

【目的与原理】

皮肤致敏的有害结局通路（AOP）是从分子起始事件、关键事件到有害结局的连续发生过程。直接多肽结合试验（DPRA）主要针对AOP通路的第一步，即物质渗透皮肤后与皮肤蛋白的结合反应。根据大多数化学致敏原（半抗原）都具有亲电性，能与氨基酸的亲核中心结合反应的原理，设计了半胱氨酸肽和赖氨酸肽两种多肽，通过化学物质与多肽共孵育，采用高效液相分析法检测多肽的消耗。该试验可区分皮肤致敏剂和非致敏剂。不能检测需要酶生物活化以发挥其皮肤致敏潜能的化学物质（即前体半抗原）。

本试验得到的数据应在综合测试（如IATA）的背景下考虑，并将其与其他补充信息相结合，不能单独使用，也不支持对皮肤致敏剂进行GSH要求的亚分类。

【试验方法】

DPRA是一种化学方法，测试化学品与多肽共孵育24小时（25±2.5℃）后半胱氨酸或赖氨酸的肽的剩余浓度。

1. 受试物处理　受试物溶解首选乙腈。若不溶解，可尝试溶于水、1∶1水和乙腈混合液、异丙醇、丙酮、1∶1丙酮和乙腈混合液，或者溶于300μl二甲亚砜、用2700μl乙腈稀释，或者溶于1500μl二甲亚砜、用1500μl乙腈稀释。样品不完全溶解时可采用超声处理，时间≤1min。

2. 溶液配制　配制100mmol/l pH 7.5的磷酸缓冲溶液；100mmol/l pH 10.2的乙酸铵溶液；HPLC流动相A相（1.0ml TFA加入1L色谱级水相中）和B相（0.85ml TFA加入1L色谱级乙腈中）。

3. 多肽处理　配制0.667mmol/l的赖氨酸肽溶液：称取15mg赖氨酸肽溶于28.96ml上述乙酸铵溶液中；配制0.667mmol/l的半胱氨酸肽溶液：称取15mg半胱氨酸肽溶于29.90ml上述磷酸缓冲溶液中；临用前新鲜配制。

4. 标准品处理　稀释液配制：8ml乙酸铵缓冲液和8ml磷酸盐缓冲液，再各加入2ml乙腈，充分混匀，配制10ml稀释缓冲液。标准母液配制：取1600ml 0.667mmol/l多肽溶液加入400μl乙腈；用上述对应的稀释溶液将标准母液配制成0、0.0167、0.0334、0.0667、0.1335、0.267、0.534mmol/l的标准溶液用于绘制标准曲线，r^2>0.99。

5. 空白对照、共洗脱体系及样品体系　取1ml进样瓶若干，按表15-1加入试剂，轻轻混匀，记录时间。盖紧瓶盖，置于HPLC进样器，避光，25℃放置24h，每个样品设3个平行样。样品于反应24h后开始HPLC分析。

表 15-1 空白对照、共洗脱体系及样品体系配制表

1：10 比例 半胱氨酸肽	1：50 比例 赖氨酸肽
0.5mmol/l 多肽，5mmol/l 受试物	0.5mmol/l 多肽，25mmol/l 受试物
750μl 半胱氨酸溶液（共洗脱对照用 pH7.5 磷酸盐缓冲液）	750μl 赖氨酸溶液（共洗脱对照用 pH10.2 乙酸铵缓冲液）
200μl 乙腈 50μl 受试物溶液（空白对照为溶剂）	250μl 受试物溶液（空白对照为溶剂）

6. HPLC 条件　色谱柱：Zorbax SB-C-18 2.1mm×100mm×3.5micron；用 50%流动相 A 和 50%流动相 B 平衡色谱柱至少 2h，柱温 30℃，流速 0.35ml/min。梯度洗脱条件为：流量为 0.35ml/min，乙腈梯度在 10min 内从 10%上升到 25%，在 11min 时上升至 90%，13.5min 时下降至 10%；相反，水梯度在 10min 内从 90%下降至 75%，在 11min 时下降至 10%，13.5min 时上升至 90%，在 20min 时结束。检测波长：220nm。

【结果分析与评价】

1. 数据处理　利用 HPLC 得到的反应前后的峰面积差，计算多肽的消除率。

消除率=[1-(多肽反应的峰面积/空白对照 C 的多肽峰面积)]×100%

2. DPRA 预测模型

（1）当受试物不与两种肽发生共洗脱时，则计算两种肽消除率的均值，0%≤平均值≤6.38%，反应程度为无或较弱，为非致敏物；6.38%<平均值≤22.62%、22.62%<平均值≤42.47%、42.47%<平均值≤100%，均为致敏物，反应程度分别为低、中、高。

（2）当受试物仅与赖氨酸肽发生共洗脱，则用半胱氨酸的消除率进行判断，0%≤平均值≤13.89%，反应程度为无或较弱，为非致敏物；13.89%<平均值≤23.09%、23.09%<平均值≤98.24%、98.24%<平均值≤100%，均为致敏物，反应程度分别为低、中、高。当受试物与赖氨酸、半胱氨酸均发生共洗脱，则该物质无法判断。

三、人细胞系活化试验（in vitro skin sensitisation：human cell line activation test，h-CLAT）

【目的与原理】

h-CLAT 方法主要针对 AOP 通路的第三个关键事件，即外源致敏物引起树突状细胞反应的关键细胞事件，表现为细胞表面特征标志物的上调；该试验通过测量 CD86 和 CD54 细胞表面标志物的表达水平来区分皮肤致敏剂和非致敏剂。

该方法仅测试了皮肤致敏 AOP 的一个关键事件，实验结果本身不能独立支撑化学品的是否为皮肤致敏剂；不能单独使用，也不能将皮肤致敏剂分类为联合国 GHS 所定义的亚类 1A 和 1B；

h-CLAT 方法获得的数据应该与其他皮肤致敏实验结果综合使用。

【试验方法】

1. 细胞培养　用含 10%FBS 的 RPMI-1640 细胞培养液常规培养 THP-1 细胞,保持细胞悬浮状态,一次复苏细胞最多使用 2 个月,且传代次数不能超过 30 次。细胞密度维持在(0.1~1.0)×10^6/ml。

2. 受试物准备　溶解体系为 DMSO 和生理盐水,测试化学品最终浓度为 100mg/ml(生理盐水)或 500mg/ml(DMSO),以此浓度进行受试物测试梯度储备液的制备。

盐水作为溶剂/载体:使用生理盐水通过 2 倍连续稀释制备 8 种储备溶液(8 种浓度)。然后将这些储备溶液进一步稀释 50 倍至培养基(工作溶液)。如果最大终浓度为 1000μg/ml 的培养板未显示毒性,则应通过进行新的细胞毒性试验来重新确定最大浓度。对于溶解或稳定分散在盐水或培养基中的受试化学品,板中的最终浓度不应超过 5000μg/ml。

DMSO 作为溶剂/载体:使用相应的溶剂/载体通过两倍连续稀释制备 8 种储备溶液(8 种浓度)。然后将这些储备溶液进一步稀释 250 倍至培养基(工作溶液)。无论最高浓度 1000μg/ml 出现毒性与否,无需再进一步提高受试物浓度。

通过向细胞培养板的 THP-1 细胞悬浮液中加入等体积的工作溶液,使细胞培养板中终浓度范围在:7.81~1000μg/ml。

3. 流式细胞术检测细胞毒性　将培养的 TPH-1 细胞离心和去上清,用新鲜完全培养基重悬细胞,浓度为 2×10^6/ml,吸取 500μl 重悬液接种至 24 孔细胞培养板中。每种受试物测试 8 个浓度,每个浓度相差的倍数为 2,每孔添加 500μl 工作溶液(工作溶液∶细胞悬浮液=1∶1),每种受试物浓度设 3 个平行样。置于培养箱中孵育 24h,然后将受试物连同细胞从 24 孔板分别转移至对应 EP 管中,离心沉淀细胞,弃上清液后用 FACS 缓冲液(PBS+0.1%BSA)清洗细胞一次,再次离心收集细胞。用 FACS 缓冲液配制相应浓度的染料(5μl 7AAD+95μl FACS 缓冲液),每支 EP 管添加 100μl,常温、暗室下作用 10min。将 EP 管中的细胞使用 FACS 缓冲液清洗 2 次,再用 500μlFACS 缓冲液重悬细胞移入 5ml 流式管中。收集 10 000 个活细胞,死亡细胞过多时,至少要收集到 30 000 个细胞,包括死亡细胞。一次流式进样 10 000 个活细胞,流式仪检测并计算 IC50(使 50%细胞活性抑制的受试物浓度)和 CV75(使 75%细胞存活受试物浓度)。V75 计算公式:

$$\log CV75=[(75-c)\times \mathrm{Log}(b)-(75-a)\times \mathrm{Log}(d)]/(a-c)$$

a 是存活率大于 75%的最低细胞活度;

c 是存活率小于 75%的最大细胞活度;

b 和 d 分别是 a 和 c 所对应的受试物浓度;

细胞活度=(活细胞数/总细胞数)×100。

4. CD86/CD54 表达检测　用上述方法接种细胞至 24 孔板。以引起 CV75 为受试物暴露的最高浓度，以 1∶1.2 为稀释比再配制另 7 个浓度的受试物。每次实验设置 3 组对照，分别为 DMSO 对照组、培养基对照组和 DNCB 阳性对照组。将配好的受试物吸取 500μl 加到 24 孔板，置于培养箱孵育 24h。将受试物连同细胞从 24 孔板分别转移至对应 EP 管中，离心收集细胞。再用 FACS 缓冲液（PBS+0.1%BSA）清洗 2 次，离心收集细胞。

然后用 600μl 封闭溶液［含有 0.01%（*w/v*）球蛋白（Cohn 级分 Ⅱ，Ⅲ，Human：SIGMA，#G2388-10g）的染色缓冲液］封闭细胞，并在 4℃下孵育 15 分钟。将得到的细胞平均分配至 3 个 1ml EP 管中，每管大约 3×10^5 个细胞。离心后，细胞用 50μl FITC 标记的抗 CD86，抗 CD54（目标抗体）或小鼠 IgG1（同种型对照）抗体在 4℃染色 30 分钟。用 200μl 染色缓冲液洗涤 3 次后，将细胞重悬于染色缓冲液（如 400μl）中，并添加 PI 溶液（例如 20μl 以获得最终浓度为 0.625μg/ml）或另外的细胞毒性标记溶液。使用流式细胞术分析 CD86 和 CD54 的表达水平和细胞活力。

【结果分析与评价】

1. 结果分析　用采集通道 FL-1 的流式细胞术分析 CD86 和 CD54 的表达。基于几何平均荧光强度（MFI），根据下式计算阳性对照（ctrl）细胞和化学处理细胞的 CD86 和 CD54 的相对荧光强度（RFI）。

RFI＝［（受试物处理的标记目标抗体的细胞 MFI－受试物处理的标记对照抗体的细胞 MFI）/（溶剂处理的标记目标抗体的细胞 MFI－溶剂处理的标记对照抗体的细胞 MFI）］×100

阳性结果的判断至少需要两次单独的试验，如果需要则进行第三次试验。当受试物判断为阳性结果后，可以计算 CD86 的 EC150 和 CD54 的 EC200，用于描述致敏的强度。

EC150（CD86）＝B 浓度＋［（150－BRFI）/（ARFI－BRFI）×（A 浓度－B 浓度）］

EC200（CD54）＝B 浓度＋［（200－BRFI）/（ARFI－BRFI）×（A 浓度－B 浓度）］

A 浓度是 RFI>150（CD86）或者 200（CD54）时用 μg/ml 表示的最低浓度；

B 浓度是 RFI<150（CD86）或者 200（CD54）时用 μg/ml 表示的最高浓度；

ARFI 是引起 RFI>150（CD86）或者 200（CD54）的最低浓度对应的 RFI 值；

BRFI 是引起 RFI<150（CD86）或者 200（CD54）的最高浓度对应的 RFI 值。

2. 结果评价　受试物浓度>IC50 前提下，至少 2 次实验结果中，若 RFI CD86≥150，该物质为阳性致敏物；若 RFICD54≥200，该物质为阳性致敏物。

四、ARE-Nrf2 荧光素酶检测方法（KeratinoSens™）（in vitro skin sensitisation：ARE-Nrf2 luciferase test method）

【目的与原理】

ARE-Nrf2 荧光素酶试验方法主要针对 AOP 通路的第二个关键事件，该关键事件发生在角质形成细胞中,包括炎症反应以及与特异性细胞信号传导途径相关的基因表达,如抗氧化/亲电子反应元件(ARE)依赖性途径。

ARE-Nrf2 荧光素酶试验选用由可选择质粒稳定转染的 HaCaT 人角质化细胞衍生的永生化贴壁细胞系,该细胞系含有与已知由接触敏化剂上调的基因的 ARE 元件融合的组成型启动子的转录控制下的荧光素酶基因。荧光素酶信号反映了内源性 Nrf2 依赖性基因的敏化物的活化,并且已经证明在重组细胞系中,荧光素酶的信号依赖于 Nrf2 的激活。基于上述原理,利用荧光素酶作用于底物发光的强度来测定荧光素酶基因的表达量,将其作为细胞接触亲电物质后 Nrf2 转录因子活化的指标。

由于 Keap1-Nrf2-ARE 途径的激活仅反映皮肤致敏 AOP 的 1 个关键事件,所以单独使用本测试方法得到的信息不足以断定化学品是否为皮肤致敏剂。该测试方法可用于支持皮肤致敏剂(即 UN GHS 1 类),该法不能单独使用,不能将皮肤致敏剂分类为联合国 GHS 所定义的亚类 1A 和 1B。使用本测试方法得到的数据应在综合测试(例如 IATA)的背景下考虑,与其他补充信息组合进行判定。

与 LLNA 相比,该法鉴别皮肤致敏剂(即 UN GHS 1 类)与非致敏剂的准确度 77%(155/201),敏感度 78%(71/91),特异性 76%(84/110)。

【试验方法】

1. 受试细胞准备　应该使用具有 ARE 元件控制下荧光素酶报告基因稳定插入的转基因细胞系(例如 KeratinoSens™细胞系)。获得的细胞扩增 2 至 4 代后,冻存。上述冻存细胞在保持原细胞特性的前提下可以传代至最大代数(即 KeratinoSens™可传至第 25 代),使用适当的维持培养基(KeratinoSens™,使用含有血清和遗传霉素的 DMEM)用于常规检测。

测试前,细胞达到 80~90 融合即可,注意避免细胞完全融合。测试前一天,收集细胞并分配到 96 孔板(选用 KeratinoSens™时,10 000 个细胞/孔)。每个样品设置 3 个平行样用于荧光素酶活性测量,同时再设 1 个平行样用于细胞活力测定。

2. 受试物和对照品的制备　受试物和对照物质在测试当天准备。将受试物溶于二甲基亚砜(DMSO)至最终所需浓度(例如 200mmol/L)。不溶于 DMSO 的受试物用无菌水或培养基溶解,过滤除菌。对于没有确定分子量(MW)的受试物,可制备成默认浓度[40mg/ml 或 4%(*w/v*)]的储备溶液备用。如果使用除 DMSO,水或培养基以外的溶剂,应提供足够的科学依据。

以 DMSO 溶液制备的受试物储备液,使用 DMSO 制备连续稀释液,以获得受试物的 12 种主要浓度(0.098~200mmol/L)。对于不溶于 DMSO 的受试物,用无菌水或无菌培养基制备连续稀释液。无论使用哪种溶剂,每个浓度都需要在含有血清的培养基中进一步稀释 25 倍,最终使用时还需再稀释 4 倍,使受试物的最终浓度范围为 0.98 至 2000μmol/L。

阴性(溶剂)对照是 DMSO,连续稀释后最终浓度测试浓度为 1%,每板设置 6 个孔。对于不溶于 DMSO 的测试化学品，用水进行稀释，最终测试溶液的所有孔中的 DMSO 浓度必须调整为 1%。阳性对照是肉桂醛，以 6.4mmol/L 储备溶液为母液，用 DMSO 倍比稀释，配制成 5 个浓度（0.4~6.4mmol/L），进一步用培养液稀释，最终浓度控制在 4~64μmol/L。

3. 细胞染毒　对于每个受试物和阳性对照物质，需要包含 3 个平行样，至少进行 2 次独立重复试验（$n=6$）进行（阴性或阳性）。如果两次独立重复试验之间出现不一致的结果，则应进行含 3 个平行样的 3 次独立重复试验（$n=9$）。每个独立的重复试验应在不同的日子进行，应使用新鲜储备溶液制备的受试物和来自同一代的细胞。

细胞在 96 孔微量滴定板中培养 24 小时。更换新鲜培养基（150μl 含有血清的培养基，不含遗传霉素），向其中加入稀释 25 倍的受试物和对照物质 50μl。每个板块至少有一个孔应该留空（没有细胞，没有处理）来评估背景值。将处理过的板在 37±1℃ 下孵育约 48 小时（5%CO_2）。

4. 萤光素酶活性测定　受试物和对照物经 48 小时暴露后，用磷酸盐缓冲液洗涤细胞，每孔加入相关的裂解液，在室温下作用 20 分钟。然后将具有细胞裂解物的培养板置于光度计中进行测定，其中 KeratinoSens™测试方法步骤：(1) 将荧光素酶底物加入每个孔（即 50μl）；(2) 等待 1 秒；(3) 荧光素酶作用 2 秒。

5. 细胞毒性评估　用含有 MTT 的新鲜培养基，5%CO_2存在下于 37℃ 孵育细胞 4 小时。然后除去 MTT 培养基，并将细胞裂解（例如通过向每个孔中加入 10%SDS 溶液）过夜。摇动后，用光度计在 600nm 处测其吸光度。

6. 数据处理　通过公式 1 计算折叠荧光素酶活性，以两次单独试验的平均值作为总体最大折叠活性（I_{max}）。

$$\text{Fold induction}=\frac{(L_{sample}-L_{blank})}{L_{solvent}-L_{blank}} \quad \text{（公式 1）}$$

L_{sample}：受试物的发光读数；

L_{blank}：空白孔中不含细胞，且没有处理的发光读数；

$L_{solvent}$：在含有细胞和溶剂（阴性）对照的孔中的平均发光读数。

EC1.5［荧光素酶活性的诱导高于 1.5 倍阈值（即增强荧光素酶活性 50%）的浓度］通过根据公式 2 的线性插值法计算，总体 EC1.5 被计算为各个重复的几何平均值。

$$\text{Equation 2: EC1.5}=(C_b-C_a)\times\left(\frac{1.5-I_a}{I_b-I_a}\right)+C_a \quad \text{（公式 2）}$$

C_a：诱导倍数>1.5 倍的最低测试浓度（μmol/L）；

C_b：诱导倍数<1.5 倍的最高测试浓度（μmol/L）；

I_a：诱导倍数>1.5 倍的最低测试浓度所对应的诱导倍数值（均值）；

I_b：诱导倍数<1.5 倍的最高测试浓度所对应的诱导倍数值（均值）。

细胞活力由公式 3 计算:

$$Viability=\frac{(V_{sample}-V_{blank})}{(V_{solvent}-V_{blank})}\times100 \quad (公式 3)$$

V_{sample}:受试物孔的 MTT 吸光度值;

V_{blank}:空白孔中不含细胞并没有处理的 MTT 吸光度值;

$V_{solvent}$:含有细胞和溶剂(阴性)对照的孔中的平均 MTT 吸光度值;

IC50 和 IC30 通过根据公式 4 用线性插值计算,总体 IC50 和 IC30 是各个重复测定的几何均数。

$$IC_x=(C_b-C_a)\times\left(\frac{(100-x)-V_a}{V_b-V_a}\right)+C_a \quad (公式 4)$$

x:在计算浓度下活性降低,百分比的分子,如 IC50 即指降低 50,IC30 即指降低 30;

C_a:存活率降低大于拟计算的抑制率时的最低受试物浓度(μmol/L),如拟计算 IC30,则为细胞活力低于 70 的最低受试物浓度存活率降低>x%时的最低浓度(μmol/L);

C_b:细胞存活率降低小于拟计算的抑制率时的最高受试物浓度(μmol/L),如拟计算 IC30,则为细胞活力大于 70 的最高受试物浓度(μmol/L);

V_a:Ca 浓度所对应的细胞活力;

V_b:Cb 浓度所对应的细胞活力。

对于每个大于 1.5 倍荧光素酶活性诱导的浓度,进行统计学分析(例如通过双尾 student's t 检验),将 3 个重复样品的发光值与溶剂(阴性)对照孔中的发光值进行比较,以确定荧光素酶活性诱导是否具有统计学意义($P<0.05$)。根据大于 1.5 倍荧光素酶活性诱导的最低浓度确定 EC1.5 值。将 EC1.5 值与 IC30 比较,小于 IC30 表明诱导荧光素酶基因表达的受试物浓度抑制细胞存活的作用小于 30%。

【结果分析与评价】

如果在 2 个独立重复试验或在 3 个独立重复试验中有 2 个满足以下所有 4 个条件,则判定为阳性结果,否则被认为是阴性结果:

1. 与溶剂(阴性)对照相比,Imax 高于 1.5 倍,且差异有统计学意义(通过双尾,非配对 Student's t 检验确定);

2. 诱导荧光素酶活性高于 1.5 倍(即 EC1.5 测定浓度),细胞活力高于最低浓度 70%;

3. EC1.5 值小于 1000μmol/L(或确定 MW 的受试物<200g/ml);

4. 对荧光素酶诱导有明显的剂量反应关系。

如果在重复试验中,所有前三条件均满足,但是未观察到荧光素酶诱导的明确的剂量-反应关系,那么该重复试验的结果应被认为是不确定的,并且可能需要进一步的测试。此外,浓度

<1000μM(或没有确定的 MW 测试化学品<200μg/ml)获得的阴性结果也应被视为不确定。

第五节 眼刺激试验替代方法

本节介绍经 ECVAM 验证并被 OECD 正式列入化学物测试方法指南的牛角膜混浊和通透性试验和离体鸡眼试验。

一般认为单一的眼刺激试验替代方法不能完全有效替代体内兔眼刺激试验,但合适组合几个替代试验,通过阶梯测试策略可实现替代。这两种方法被推荐用于眼刺激性管理分类和标签管理的阶梯测试策略的一部分。

一、牛角膜混浊和通透性试验(bovine corneal opacity and permeability test, BCOP)

【目的与原理】

牛角膜混浊和通透性试验(BCOP)是一个在体外短期维持生理和生化功能的牛角膜的器官模型,利用从新鲜屠杀的牛眼分离的角膜,通过测定诱发离体牛角膜混浊和渗透性增加来评价受试物的眼腐蚀性和严重刺激性。根据接触受试物后角膜混浊和渗透性评价可得到一个体外刺激得分(IVIS),用此对受试物的刺激强度进行分类。根据这些结果可预测受试物在体内眼腐蚀性和严重刺激性,也可给出 GHS 分类系统中不需要对眼刺激和严重眼损伤进行分类的结论。但是对于其他刺激类别不能给出分类。

该方法对于醇和酮类具有高的假阳性率,对于固体有高的假阴性率。该试验的目的仅是确定眼腐蚀性和严重刺激性,所以假阴性率不是主要的问题,因为依据管理需要,以证据权重的连续测试策略,这些化学物后续需要进行兔的试验或其他足够有效的体外试验。对于在醇或酮类得到的阳性结果需要谨慎解释,因为有过高预测风险的可能。

与体内兔眼刺激试验方法比较,依据 EPA、EU 或 GHS 的分类系统,BCOP 试验方法总的准确率为 69%(135/196)到 79%(150/191),假阳性率为 25%(32/126)到 69%(61/89),假阴性率为 0%(0/107)到 8%(4/50)。

【动物】

应用健康食用牛。不同年龄牛的角膜直径会有差异,一般来讲,大于 8 岁的牛角膜横径>30.5mm,中央厚度≥1100μm,小于 5 岁的牛角膜横径<28.5mm,中央厚度<900μm。一般不用大于 60 月龄的牛眼。小于 12 月龄的牛眼以前也不被使用,因为认为其仍处于发育中,角膜厚度和直径明显小于成年。其实应用年轻动物的角膜(如 6 到 12 月龄)是可以的,因为它具有一些优势,如可增加可利用性、窄的年龄范围等。角膜大小或厚度对腐蚀和刺激物质敏感性的影响尚需

进一步研究。

【试验方法】

1. 牛眼睛收集　由屠宰工作人员收集眼睛,为减少眼睛机械或其他形式的损伤,应在死后尽快摘出眼睛,并在摘除和运输过程中立即冷却。为防止眼睛接触可能的刺激物,屠宰工作人员在冲洗动物头部时不能使用洗涤剂。将眼睛完全浸入冷却Hanks平衡盐缓冲液(HBSS)中,及时送回实验室,期间要避免损伤和(或)细菌污染。由于眼睛是在屠宰过程中收集的,会接触血和其他生物物质,包括细菌和其他微生物。因此,确保最低污染是非常重要的,如需将放眼睛的容器保持在湿冰中,在HBSS中加入抗生素(如青霉素100IU/ml,链霉素100μg/ml)。收集眼睛和BCOP应用角膜的时间间隔应尽可能短(通常应在同一天内)。试验中使用的所有眼睛应来自同一天收集的眼睛。

仔细检查眼睛看有无浊斑、划破和新血管形成等缺陷。仅没有这些缺陷的眼睛才可用于试验。角膜的质量在实验的后续步骤中也要评价,开始平衡1小时后浊度超过7个浊度单位的角膜需舍弃。

每个处理组(受试物、阴性和阳性对照组)至少3只眼睛。

2. 角膜的准备和处理　小心分离完好的角膜,避免损伤角膜上皮和内皮,在分离角膜的边缘存留2~3mm的巩膜以助于后面的操作,小心去除眼球周围的粘连组织。将分离的角膜装在特别设计的角膜固定器上,固定器含前室和后室,分别与角膜的上皮和内皮侧接触。两个室加满预热的无酚红Eagle最低必需培养基(EMEM),要确保无气泡产生。设备于(32±1)℃下至少平衡1小时,使角膜和培养液平衡并达到正常代谢活性。

平衡后,将角膜固定器取出,更换新鲜的预热无酚红EMEM培养基,测定每一角膜的混浊度基线。舍弃肉眼可见有组织损伤(划痕、色素沉着、新血管生成)或混浊度大于7个浊度单位的角膜。计算所有平衡角膜的平均混浊度。将浊度接近所有角膜平均值的至少3个角膜作为阴性(溶剂)对照,其他角膜分到处理组和阳性对照组中。

3. 受试物处理　可采用两种不同的处理程序,一种是针对液体和表面活性剂(液体或固体),一种是针对非表面活性剂的固体。液体样品不需稀释,表面活性剂则以10%(*w/v*)的溶液进行试验,溶剂可以是生理盐水、双蒸水或其他对试验系统无有害作用的溶剂。半固体、乳剂和蜡状物通常作为液体进行试验。角膜与液体和表面活性剂一般接触10分钟。非表面活性剂的固体一般以20%的溶液或混悬液进行试验,溶剂可以是生理盐水、双蒸水或其他对试验系统无有害作用的溶剂。特殊情况下,固体也可直接涂于角膜表面。角膜与固体一般接触4小时。

根据受试物的理化特性(如固体、黏稠液体和不黏稠液体)选择不同的处理方法。关键是要确保受试物能充分贴在上皮表面,并在冲洗阶段能完全去除。对于不黏稠到轻度黏稠的液体受试物一般用封闭室法，对于半黏稠和黏稠的液体受试物及纯品固体一般用开放室法。在封闭室法中，将足够覆盖角膜上皮侧的受试物（750μl）通过室顶部的加样孔加入到前室，在接触期间用塞子封闭加样孔。在开放室法中，在处理前将玻璃窗从前室取下，将对照或受试物（750μl，或足够覆盖角膜的受试物）直接加在角膜上皮的表面。加样后，将玻璃窗放回前室形成封闭系统。

暴露结束后，将受试物、阴性对照及阳性对照物从前室去除，用含有酚红的 EMEM 冲洗上皮至少 3 次，除尽待测物。此时用含有酚红的培养基清洗是因为通过监测酚红的颜色变化可判定清洗的酸或碱性物质作用。如果酚红仍不褪色（黄色或紫色）或仍可见受试物，则角膜需清洗 3 次以上。培养液不再有受试物后，最后再用不含酚红的 EMEM 冲洗一次。然后在前室中加入新鲜的不含酚红的 EMEM 培养基。

对于液体或表面活性剂，清洗后角膜需在（32±1）℃再孵育 2 小时。有时可能需要更长的孵育时间。用固体处理的角膜 4 小时暴露后完全清洗，不需要进一步孵育。对于液体受试物的阳性对照物可用无水乙醇或二甲基甲酰胺，对于固体受试物的阳性对照物可用 20% 咪唑生理盐水溶液。

4. 终点测定　在孵育结束（液体或表面活性剂）或 4 小时暴露（非表面活性剂固体）后，测定每一角膜的混浊度和渗透性。同时进行角膜的光学和相关的观察（如组织脱皮、残留受试物、不均匀的混浊）。混浊度以穿透角膜的光的量来表示。角膜混浊度借助于混浊度测定仪来定量测定，可得到混浊度值。

渗透性以荧光素钠染料渗透所有角膜细胞层（即从角膜外侧的上皮到角膜内侧的内皮）的量来表示。将 1ml 荧光素钠溶液（在液体和表面活性剂试验和非表面活性剂固体试验时分别为 4 或 5mg/ml）加入角膜固定器的前室，后室加满新鲜的 EMEM。将角膜固定器放置于水平位置，32±1℃孵育（90±5）分钟。

用紫外/可见光分光光度计定量测定渗透进入后室的荧光素钠的量。测定波长 490nm 处的光密度值（OD_{490}）或吸光度值。根据在 1cm 路径长度下的 OD_{490} 值确定荧光渗透值。也可用96 孔板进行测试。

【结果分析与评价】

根据基线混浊度和阴性对照的渗透性 OD_{490} 值对混浊度和平均渗透值进行校正，以下式计算各处理组的体外刺激得分（IVIS）：

$$\text{IVIS}=\text{平均混浊度值}+(15\times\text{平均渗透性 }OD_{490}\text{值})$$

还需对混浊度和渗透性进行独立评价，以确定受试物是通过一个或两个终点诱发腐蚀或严重刺激。IVIS≤3，无需分类；>3～≤55 无法做出预测；>55 的受试物确定为腐蚀或严重刺激。对于未分类为腐蚀或严重刺激的受试物，若要进行分类和标签，需要进行进一步的试验。

阳性对照的 IVIS 应在近期历史均值的 2 个标准差范围内。阴性或溶剂/赋形剂对照的混浊度和渗透性值应小于用相应阴性或溶剂/赋形剂对照处理牛角膜建立的基线混浊度和渗透性值的上限值。

二、离体鸡眼试验(isolated chicken eye test，ICE)

【目的与原理】

离体鸡眼试验(ICE)是一个在体外鸡眼短期维持的器官模型,采用离体鸡眼角膜作为试验材料,通过测定角膜肿胀,不透明度和荧光素保留来评估测试化学物质的损伤。对角膜毒性效应的测定包括:①定性评价混浊度;②通过荧光素滞留定性评价上皮损伤;③定量评价增加厚度(水肿);④定性评价表面的肉眼形态损伤。将每个测量值转换为用于计算整体刺激指数的定量分数,或者给一个定性的类别,用于体外眼腐蚀和严重刺激的分类。根据这些结果来预测受试物在体内眼腐蚀性和严重刺激性,也可给出 GHS 分类系统中不需要对眼刺激和严重眼损伤进行分类的结论。但是,对于其他刺激类别不能给出分类。

该方法对于醇类具有高的假阳性率,对于固体和表面活性剂有高的假阴性率。该试验的目的仅是确定眼腐蚀性和严重刺激性,所以假阴性率不是主要的问题,因为依据管理需要,以证据权重的连续测试策略,这些化学物后续需要进行兔的试验或其他足够有效的体外试验。对于在醇类得到的阳性结果需要谨慎解释,因为有过高预测风险的可能。

与体内兔眼刺激试验方法比较,依据 EPA,EU 或 GHS 的分类系统,ICE 试验方法总的准确率在 82%(125/152)到 86%(120/140),假阳性率为 6%(7/113)到 33%(26/79),假阴性率为 1%(1/73)到 48%(13/27)。当把数据库中特别的化学物类(醇类和表面活性剂)或物理类(固体)排除时,则准确率为 83%(123/149),假阳性率为 33%(26/78)到 6%(4/70),假阴性率为 0%(0/71)。

【动物】

应用健康食用鸡。一般是用来源于禽类屠宰场的生长期的鸡(约 7 周龄,1.5~2.5kg)。

【试验方法】

1. 收集鸡眼　鸡镇静(通常用电休克)切开颈部放血后,立即将头取下。应选靠近实验室的鸡养殖场,这样鸡头能尽快从屠宰场转运到实验室,尽可能减少损伤和(或)细菌污染。收集眼睛和 ICE 试验使用角膜的时间间隔应尽可能短(通常应在 2 小时内)。试验中使用的所有眼睛应来自同一天收集的眼睛。完整的鸡头应放在塑料盒中,用经等渗盐水浸湿的毛巾保持湿润,在室温下从屠宰场转运。舍弃摘出后具有高的基线荧光染色(如>0.5)或角膜混浊度值(如>0.5)的眼睛。每个处理组和阳性对照组至少 3 只眼睛。阴性对照或溶剂对照组(用非盐水作溶剂时)至少 1 只眼睛。

2. 鸡眼的准备和处理 小心将鸡的眼睑去除，注意不要损伤角膜。通过以下方法快速评价角膜的完整性。滴一滴 2%（*w/v*）荧光素钠溶液到角膜表面，保留几秒，然后用等渗盐水冲洗。将荧光处理的眼置于裂隙灯显微镜下观察，应保证角膜未受损伤（荧光残留和角膜混浊度分值≤0.5）。

如果角膜无损，进一步将眼睛从头部分离，注意不要损伤角膜。用外科镊子紧紧夹住瞬膜将眼球从眼眶取出，用弯的钝端剪刀切断眼肌。要特别注意避免由于过度压力引起角膜损伤。

眼球从眼眶取出时，视神经的可见部分应保留附着。从眼眶取出后，立即将眼球放在一可吸水的垫子上，切除瞬膜和其他结缔组织。摘出的眼沿角膜垂直方向装在一不锈钢夹钳中，然后将夹钳转移到组织灌流器的腔中。夹钳放到组织灌流器中应使整个角膜能接触到平衡盐液滴。组织灌流器的腔温控制在（32±1.5）℃。

放置进组织灌流器中后，再一次用裂隙灯显微镜检查眼睛，确保其在摘取过程中未受损伤。在裂隙灯显微镜下用厚度测量仪在角膜的顶点测量角膜厚度。以下眼睛应被置换：①荧光残留积分>0.5；②角膜混浊度>0.5；或③有任何损伤表现。

角膜厚度偏离大于所有眼均值 10%的眼也应舍弃。在不同的裂隙宽度设置下会使裂隙灯显微镜得出不同的角膜厚度测量值，裂隙宽度应设定在 0.095mm。

所有眼经检查和确认后，在受试物处理前孵育约 45～60 分钟，使其与试验体系平衡。平衡后，测量角膜厚度和混浊度，作为基线（0 时间点）。荧光积分以摘出时的测定值作为基线值。

3. 受试物处理 0 时间点测量后，立即将眼（在固定器上）从组织灌注器中取出，水平放置，将受试物加到角膜上。液体受试物一般不需稀释，若需稀释，溶剂首选生理盐水，也可用其他溶剂，但需说明其适当性。液体受试物给予角膜时应保证角膜表面均匀与受试物接触，标准体积是 0.03ml。固体物质应用研钵和杵研磨到尽可能细。粉剂给予角膜应保证角膜表面均匀与受试物接触，标准用量为 0.03g。受试物（液体及固体）与眼球接触 10 秒后，室温下立即用等渗盐水（约 20ml）冲洗。将眼（在固定器上）依原来的垂直位，放回到组织灌注器中。对于液体受试物，阳性对照物可用 10%（体积分数）乙酸或 5%（体积分数）的苯扎氯铵；对于固体受试物，阳性对照物可用氢氧化钠或咪唑。阴性对照使用生理盐水或相应的稀释液。

4. 终点测定 于处理前及处理后清洗 30、75、120、180 和 240 分钟（±5 分钟）后测量。测量终点包括角膜混浊度、水肿、荧光残留和形态学效应（如上皮的点蚀或脱落）。除荧光残留外（仅在处理前和接触后 30 分钟测定），其余指标均在上述每一时间点测定。对于角膜混浊、荧光残留和形态学变化及组织学变化（如进行的话）最好照相留影。4 小时的最后检查结束后，最好将眼于合适的固定液（如中性甲醛）中保存，以供病理组织学检查。

（1）角膜肿胀：通过在裂隙灯显微镜下用眼厚度测量仪测量，根据以下公式计算得到角膜肿胀百分数。

$$\frac{\text{不同观察时间点的角膜厚度}-\text{观察零点的角膜厚度}}{\text{观察零点的角膜厚度}}\times 100\%$$

分别计算处理后各时间点的平均角膜肿胀百分率。根据各观察时间点最高平均角膜肿胀得分赋值各受试物的分类积分。

（2）角膜混浊度：用最大致密不透光角膜区域进行评分。分别计算处理后各时间点的平均角膜混浊度值。根据各观察时间点最高平均角膜混浊度积分赋值各受试物的分类积分。评分标准如下：0=角膜无浊斑；0.5=角膜有不明显的浊斑；1=角膜散在或弥漫性浊斑，虹膜结构清晰可见；2=角膜半透明区易分辨，虹膜结构轻度模糊不清；3=角膜严重混浊，虹膜结构模糊不清，瞳孔勉强可见；4=角膜完全混浊，虹膜不可见。

（3）荧光素残留：仅计算30分钟观察时点的所有试验眼的平均荧光素残留值，用此来赋值各受试物的分类积分。评分标准如下：0=无荧光素残留；0.5=少数单细胞染色；1=角膜整个处理区域都有单个的染色细胞分布；2=染色的单细胞呈局灶或密集汇合；3=角膜大面积汇合性荧光素残留。

（4）形态学改变：形态学改变包括角膜上皮细胞点蚀、上皮脱落、角膜表面粗糙和受试物对角膜的刺伤。

【结果分析与评价】

应分别评价角膜混浊度、肿胀和荧光残留的结果得出每一终点的ICE分类，然后综合各终点的ICE分类，对各受试物进行刺激性分类。

角膜厚度、混浊度和荧光残留的ICE分类标准分别见表15-2、表15-3和表15-4。

表15-2　角膜厚度的ICE分类标准*

平均角膜肿胀率（%）	ICE分类	平均角膜肿胀率（%）	ICE分类
0~5	Ⅰ	>18~26	Ⅲ
>5~12	Ⅱ	>26~32（处理后时间>75分钟）	Ⅲ
>12~18（处理后时间>75分钟）	Ⅱ	>26~32（处理后时间≤75分钟）	Ⅳ
>12~18（处理后时间≤75分钟）	Ⅲ	>32	Ⅳ

*仅适用于Haag-Streit BP900裂隙灯显微镜，狭缝宽度等于0.095mm

表15-3　角膜混浊度的ICE分类标准

处理后30min角膜的荧光素残留评分	ICE分类	处理后30min角膜的荧光素残留评分	ICE分类
0.0~0.5	Ⅰ	1.6~2.5	Ⅲ
0.6~1.5	Ⅱ	2.6~3.0	Ⅳ

表 15-4 平均角膜荧光素残留的 ICE 分类标准

处理后 30min 角膜的荧光素残留评分	ICE 分类	处理后 30min 角膜的荧光素残留评分	ICE 分类
0.0~0.5	Ⅰ	1.6~2.5	Ⅲ
0.6~1.5	Ⅱ	2.6~3.0	Ⅳ

综合上面的角膜肿胀、角膜混浊及荧光素残留的刺激性分类，对受试物总的体外刺激性进行分类，分类标准见表 15-5。

表 15-5 总的体外刺激性分类

分类	三个终点的综合情况	分类	三个终点的综合情况
无需分类	3×Ⅰ		2×Ⅳ,1×Ⅰ
	2×Ⅰ,1×Ⅱ		在 30 分钟至少 2 个眼角膜混浊得分≥3
无法做出预测	其他组合		
腐蚀/严重刺激	3×Ⅳ		任何时间点至少 2 个眼角膜混浊得分=4
	2×Ⅳ,1×Ⅲ		
	2×Ⅳ,1×Ⅱ		至少 1 个眼上皮细胞严重脱落

阴性或溶剂/赋形剂对照及阳性对照的刺激性分类结果应分别为无刺激性和腐蚀/严重刺激性。

第六节 发育毒性替代试验

传统生殖发育毒性评价主要包括三阶段生殖毒性试验和一代或多代繁殖试验。这些试验都需要较多的动物，不符合动物伦理的要求。已进行了一系列生殖发育毒性的替代方法研究，但哺乳动物的生殖发育周期是多环节的复杂过程，这一特点决定了其不可能在体外完全模拟，因此体外评价试验往往是针对生殖发育周期中的某个或某几个特定环节进行单独研究。目前有关生殖发育毒性替代方法的研究更多地集中于致畸性（胚胎毒性）。本节介绍已经 ECVAM 验证的可作为发育毒性试验替代方法的胚胎干细胞试验、微团培养试验和植入后全胚胎培养试验。

一、胚胎干细胞试验(embryonic stem cell test，EST)

【目的与原理】

本试验将受试物对干细胞分化的抑制以及成体与胚胎组织对受试物细胞毒性敏感性的差异结合进行研究。试验使用两种小鼠的永生化细胞系：代表胚胎组织的小鼠胚胎干细胞(ES-D3)和代表成体组织的成纤维细胞(3T3 细胞)。在添加白血病抑制因子(LIF)的培养条件下,ES 细胞保持在未分化状态。解除未分化状态,ES 细胞将形成拟胚体(EBs)。通过比较受试物抑制 ES 细胞分化的浓度和抑制 ES 细胞以及 3T3 细胞生长的浓度来评价其胚胎毒性。

胚胎干细胞试验作为一种潜在胚胎毒性物质的初筛试验,能够将受试物按其胚胎毒性分为三类,即无胚胎毒性、弱胚胎毒性和强胚胎毒性。

【细胞与试剂】

1. 细胞　ES-D3 细胞,Balb/c 3T3-A31 细胞和小鼠胚胎成纤维细胞(MEF)。

2. 培养液(表 15-6)

表 15-6　细胞培养相关液体配制方法

	MEF	3T3	ES
常规培养	高糖 DMEM 10%FBS 2mmol/L 谷氨酰胺 100U/ml 青霉素 100μg/ml 链霉素	高糖 DMEM 10%FBS 2mmol/L 谷氨酰胺 100U/ml 青霉素 100μg/ml 链霉素	Knock-out DMEM 20%FBS 2mmol/L 谷氨酰胺 50U/ml 青霉素 50μg/ml 链霉素 0. 1mmol/Lβ-巯基乙醇 1%非必需氨基酸 1000U/ml LIF
测试液	高糖 DMEM 10%FBS 2mmol/L 谷氨酰胺 100U/ml 青霉素 100μg/ml 链霉素	高糖 DMEM 10%FBS 2mmol/L 谷氨酰胺 100U/ml 青霉素 100μg/ml 链霉素	DMEM 20%FBS 2mmol/L 谷氨酰胺 50U/ml 青霉素 50μg/ml 链霉素 0. 1mmol/L β-巯基乙醇 1%非必需氨基酸
冻存液	高糖 DMEM 20%FBS 2mmol/L 谷氨酰胺 100U/ml 青霉素 100μg/ml 链霉素 10%DMSO	高糖 DMEM 20%FBS 2mmol/L-谷氨酰胺 100U/ml 青霉素 100μg/ml 链霉素 10%DMSO	DMEM 40%FBS 2mmol/L-谷氨酰胺 50U/ml 青霉素 50μg/ml 链霉素 0. 1mmol/L β-巯基乙醇 1%非必需氨基酸 10%DMSO

3. 磷酸缓冲液(PBS,不含 Ca^{2+}、Mg^{2+})

4. 胰蛋白酶-EDTA 溶液　溶于 PBS,胰蛋白酶终浓度为 0. 25%,EDTA 0. 53mmol/l,4℃保存。

5. 0.1%明胶溶液 明胶溶于超纯水,121℃高压30分钟后常温保存。

6. 阳性对照物 5-氟尿嘧啶。

7. 阴性对照物 青霉素G。

【操作步骤】

1. 细胞准备 复苏小鼠胚胎干细胞D3细胞株,接种于已铺好饲养层的6cm细胞培养皿中(饲养层细胞提前一天更换ES培养液)。置37℃、5%CO_2、饱和湿度培养箱培养,每天换液。干细胞克隆汇合60%~70%左右即传代,传代比例为1∶4~1∶10,一般传代三次左右即可用于ES细胞分化抑制和细胞毒性试验。

3T3复苏后接种于细胞培养皿中,第二天换液,细胞汇合80%左右时进行传代,60mm培养皿一般接种3×10^5个细胞,传代3次左右用于3T3细胞毒性试验。

2. ES细胞分化抑制试验

(1)悬滴培养:第0天:准备浓度为3.75×10^4个/ml的胚胎干细胞悬液,台盼蓝染色检测细胞活性,活细胞数应≥90%。将ES细胞与含不同浓度受试物的测试培养基混合后,将50~80滴培养液(每滴20μl,含约750个细胞)置于100mm培养皿盖上,培养皿内放入PBS溶液15ml,将培养皿盖轻轻倒扣于培养皿上(细胞悬滴置于培养皿盖上)。每个受试物浓度使用一个平皿,同时设置溶剂对照和空白对照,应避免细胞长时间暴露于环境中。将培养皿放入37℃、5%CO_2孵箱中培养3天。

(2)悬浮培养:第3天:准备与第0天相同浓度的受试物,每个悬滴皿盖加入5ml对应浓度的受试物,将皿盖倾斜45°,使用5ml无菌滴管将悬滴中的拟胚体(EBs)轻轻地转移至60mm细菌培养皿中,轻晃培养液,使其悬浮于培养液中,将培养皿放入37℃、5%CO_2孵箱中培养2天。注意避免破坏EBs,防止EBs相互黏附和贴壁。

(3)EBs贴壁诱导培养:第5天:准备与第0天相同浓度的受试物,每个浓度使用一个24孔板,同时设置溶剂对照和空白对照。分别将EBs接种至0.2%geltin包被的24孔板内,每孔一个EB,加入少量含不同浓度受试物的培养基,待EBs贴壁后,每孔小心加入1ml相应浓度的受试物,将24孔板放入37℃、5%CO_2孵箱中继续培养5天。此阶段保证每个EB位于孔中央,避免其贴近孔边缘而影响结果观察。

(4)胚胎干细胞分化能力抑制的检测:第10天:倒置显微镜下观察、记录24孔板中出现收缩能力心肌细胞孔的数量。与对照组相比,得出每种浓度化学物的相对抑制分化率。作出浓度-反应曲线,求出相对抑制50%细胞分化的化学物浓度即ID_{50},以此来表示抑制分化毒性。

(5)ES细胞的质量检测:于分化抑制实验的第10天检测溶剂对照组,如果24个拟胚体中至少21个分化为具有自动收缩能力的心肌细胞,说明试验结果可以接受。历史数据显示,大约

50%的试验中溶剂对照组能够获得100%的分化效率(24个孔中均出现收缩能力的心肌细胞),95%的试验中溶剂对照组有21~24个孔出现收缩能力的心肌细胞。与阴性对照组(测试培养液)的结果相比,溶剂对照组结果应表明,溶剂对ES细胞分化没有影响。

(6) 对试验体系的检测(阳性对照):在复苏新的一批细胞用于检测受试物之前,需要使用5-氟尿嘧啶(5-FU)作为阳性参考受试物对试验体系本身进行检测。使用PBS配制2mg/ml 5-FU储备液,应用液终浓度为0.07、0.06、0.05、0.04和0.03(0.02可选)μg/ml。ES细胞对5-FU的ID_{50}应处于0.048~0.06μg/ml之间。

(7) 对血清的检测:在加入受试物之前需要对试验中使用的血清进行检测[按照2(5)ES细胞的质量检测程序进行操作],至少进行两次独立试验,24孔板中应有21个以上的孔中出现自主收缩能力的心肌细胞。

3. ES和3T3细胞毒性试验

(1) 受试物准备:将受试物溶于DMEM或者适宜溶剂中。应确保溶剂终浓度无细胞毒性并维持恒定浓度。

(2) 受试物剂量范围确定:受试物剂量范围确定时采用受试物能够完全溶解的最高浓度或不产生细胞毒性的浓度作为最高测试浓度,按1∶10依次稀释为8个浓度梯度。

(3) 正式试验:设7个浓度的受试物组(浓度覆盖剂量范围确定试验中得出的剂量反应区间)和一个浓度的阳性对照物。受试物最小的稀释倍数为1.5,所有受试物的最高测试浓度为1000μg/ml。根据经验,5-FU的浓度一般采用0.29μg/ml(3T3细胞)和0.06μg/ml(ES细胞),使用该浓度阳性物对细胞的抑制率应在20%~80%。为避免易挥发性受试物在试验过程中挥发而改变浓度,平皿需使用CO_2渗透性薄膜封口,以有效减少受试物的挥发。

对一种未知化学物进行检测之前,应通过测定500~570nm的OD值排除MTT、受试物与培养液的反应。加20μl MTT溶液到含有最高测试浓度受试物的200 μl培养液中,37℃、5% CO_2孵箱中培养2小时后,OD值应小于0.05,如果OD值大于0.05或者各OD值都在预期的IC_{50}范围内,则在试验第10天加入MTT之前,将96孔板除空白孔外,所有孔中的溶液更换为不含受试物的培养液。

(4) 细胞毒性的检测:第0天:准备浓度为1×10^4/ml的细胞悬液,使用多道移液器在96孔板每孔分别加入50μl的3T3和ES细胞悬液,37℃、5% CO_2孵箱中培养2小时,待细胞贴壁后按表15-7加入150μl 1.333×不同浓度的受试物溶液,同时设置溶剂作为阴性对照。

第3天:除四周的空白孔之外,吸弃其余各孔废液,更换含有相应1×浓度受试物的培养液,每孔200μl。

第5天:同第三天,更换含有相应浓度受试物的培养液,每孔200μl。

第10天:检测细胞的增殖能力。

表 15-7 细胞毒性检测受试物加入位置

	1	2	3	4	5	6	7	8	9	10	11	12
A	B	B	B	B	B	B	B	B	B	B	B	B
B	B	CO	P								CO	B
C	B	CO	P								CO	B
D	B	CO	P								CO	B
E	B	CO	P								CO	B
F	B	CO	P								CO	B
G	B	CO	P								CO	B
H	B	B	B	B	B	B	B	B	B	B	B	B

注:□ B:空白孔,加入测试培养液。

■ CO:溶剂对照孔。

■ P:阳性对照,3T3 细胞使用 0.29μg/ml 5-FU,ES 细胞使用 0.06μg/ml 5-FU 作为阳性对照。阳性物试验中,阴性对照物采用 1000μg/ml 青霉素 G。

□ 不同浓度受试物,每个 96 孔板检测一种受试物,7 个浓度,从第 4 到第 10 列受试物浓度由低到高

1）显微镜观察:倒置显微镜下观察细胞形态,记录由于受试物细胞毒性造成的 ES 和 3T3 细胞形态的改变。但显微镜观察并不作为试验检测的终点。

2）MTT 试验:采用四甲偶氮唑蓝(MTT)法确定 ES 和 3T3 细胞的增殖能力。

96 孔板中每孔加入 20μl 5mg/ml MTT 溶液,37℃、50% CO_2 孵箱中培养 4 小时后,吸弃废液,在吸水纸上轻拍去除残留的液体。每孔加入 130μl 酸性异丙醇(1m HCl∶异丙醇=4∶96)微孔板振荡器振荡 15 分钟以彻底溶解蓝色甲瓒,溶液清澈无肉眼可见团块时于 570nm 波长处测其光吸收度值,并绘制的浓度-反应曲线。求出相对抑制 50%的细胞活性的受试物浓度,用来表示受试物的细胞毒性,即:IC_{50} 3T3 和 IC_{50} D3。

(5）细胞的质量检测:细胞状态良好是进行任何通过检测细胞增殖能力来判断细胞毒性的试验的基础。因此,在试验第 10 天,采用 MTT 方法检测溶剂对照孔的绝对光密度值(OD_{550}-OD_{570}),历史资料表明该值应位于以下的范围:

细胞系	来源	(OD_{550}-OD_{570}) 95%置信区间
D3 Kemler	ATCC	0.15~0.8
		0.90~1.6
3T3	ICN-Flow ATCC	0.50~1.3
		0.15~0.6

(6) 对试验体系的检测(阳性对照):在复苏新的一批细胞用于检测受试物之前,需要使用5-氟尿嘧啶(5-FU)作为阳性参考受试物、青霉素G作为阴性物对试验本身进行检测。ES和3T3细胞毒性检测所使用的5-FU的最高测试浓度为1μg/ml。需确定ES细胞和3T3细胞对5-FU的IC_{50}值,其中ES细胞IC_{50}应位于0.048~0.06μg/ml,而3T3细胞IC_{50}应位于0.12~0.5μg/ml。同时,96孔板第3列加入1000μg/ml青霉素G作为阴性对照,该浓度的青霉素G不应对细胞活力产生影响。

【结果分析与评价】

1. 终点的计算

(1) ES细胞分化抑制试验:试验第10天,检测溶剂对照组24孔板中含有自主收缩能力心肌细胞的孔数,将此数目记为100%,然后确定受试物每个浓度的24孔板中含有自主收缩能力心肌细胞的孔数,进而计算与溶剂对照组相比,各浓度受试物对ES细胞分化的相对抑制率,以%表示。

(2) ES和3T3细胞毒性试验:测定空白孔OD值,为校正染料吸附孔底造成的影响,将96孔板中所有孔测得的OD值均扣除空白孔OD值。计算溶剂对照孔(第2列和第11列B-G孔)的平均OD值,将此值记为100%的细胞活性。计算第4~10各列的平均OD值,每一列代表一种的浓度受试物,各OD值与溶剂对照组OD值的百分比值记为相应浓度的细胞活性。

(3) 数据分析:计算平均OD值、标准差、变异系数,通过作图或ELISA软件得出IC_{50}值。

2. 分级 如果受试物IC_{50}、ID_{50}值超过1000μg/ml,将受试物IC_{50}、ID_{50}值定义为1000μg/ml。ES细胞、3T3细胞毒性试验和ES细胞分化抑制试验得到的3个终点:①相对抑制50%3T3细胞活性的受试物浓度IC_{50} 3T3,②相对抑制50%ES D3细胞活性的受试物浓度IC_{50}D3,③相对抑制50%ES细胞分化的受试物浓度ID_{50}。将3个终点转变为3个变量:lg(IC_{50}3T3),lg(IC_{50}D3),(IC_{50}3T3-ID_{50})/IC_{50}3T3然后代入线性判别式:

Ⅰ. $5.916\lg(IC_{50}3T3)+3.500\lg(IC_{50}D3)-5.307[(IC_{50}3T3-ID_{50})/IC_{50}3T3]-15.27$

Ⅱ. $3.651\lg(IC_{50}3T3)+2.394\lg(IC_{50}D3)-2.033[(IC_{50}3T3-ID_{50})/IC_{50}3T3]-6.85$

Ⅲ. $-0.125\lg(IC_{50}3T3)+1.917\lg(IC_{50}D3)+1.500[(IC_{50}3T3-ID_{50})/IC_{50}3T3]-2.67$

根据所得结果按下面评价标准对受试物发育毒性进行评级:1级:无胚胎毒性:Ⅰ>Ⅱ且Ⅰ>Ⅲ;2级:弱胚胎毒性:Ⅱ>Ⅰ且Ⅱ>Ⅲ;3级:强胚胎毒性:Ⅲ>Ⅰ且Ⅲ>Ⅱ。

二、微团培养试验(the micromass test, MM Test)

【目的与原理】

微团培养是ECVAM推荐的三种发育毒性评价的体外替代方法之一。其采用高密度的胚胎原代细胞共培养的方法,能够较好的模拟体内发育过程。在培养过程中,均匀分散的细胞逐渐聚集形成细胞团集落，在此期间细胞对化学毒物的作用非常敏感，毒物可以抑制细胞的增殖和分化，从而使细胞集落和细胞数目减少。微团培养技术可以用来观察细胞的生长发育，探索外源化学物的致畸作用，研究化学物质的致畸机制。该实验周期短、费用低、重复性好，便于不同实验室间的比较，是一种实用的短期体外实验系统。

【仪器与试剂】

1. 仪器 CO_2培养箱、超净工作台、37℃水浴、解剖显微镜、倒置相差显微镜、酶标仪（有540nm和620nm的滤光片）、细胞计数板、8道移液器、单道移液器。

2. 无菌器皿 200目细胞筛、滤器、平底96孔板、10ml圆底带盖离心管、平皿、5ml枪头、1ml枪头、200μl枪头、10μl枪头、青霉素小瓶、眼科剪、眼科镊子、手术剪刀、镊子。

3. 试剂

（1）Hank's平衡盐溶液（pH 7.4）：NaCl 8.00g，KCl 0.40g，无水$CaCl_2$ 0.14g，$MgSO_4 \cdot 7H_2O$ 0.20g，$Na_2HPO_4 \cdot 12H_2O$ 0.13g，KH_2PO_4 0.06g，$NaHCO_3$ 0.35g，葡萄糖1.00g，溶于1L超纯水，0.22μm滤膜过滤后分装，4℃保存。

（2）无钙镁磷酸盐缓冲液（PBS，pH 7.4）：KCl 0.1g，KH_2PO_4 0.1g，$Na_2HPO_4 \cdot 12H_2O$ 1.45g，NaCl 4.0g，溶于500ml超纯水，0.22μm滤膜过滤后分装，4℃保存。

（3）胰蛋白酶消化液：胰蛋白酶0.125g，溶于100ml PBS，混匀后4℃平衡过夜，0.22μm滤膜过滤后分装，-20℃保存。

（4）双抗溶液：青霉素100万单位，链霉素1g，溶于50ml超纯水，1ml/支EP管分装，-20℃保存。

（5）谷氨酰胺溶液：谷氨酰胺2.922g，溶于100ml超纯水，1ml/支EP管分装，-20℃保存。

（6）Ham's F12完全培养液：Ham's F12培养基粉10.6g，羟乙基哌嗪乙磺酸（HEPES）4.8g，$NaHCO_3$ 1.176g，溶于900ml超纯水中，调节pH为7.2~7.4，定容至1000ml，-20℃保存。临用前加入10%（体积分数）的灭活胎牛血清，1%的双抗溶液，1%的谷氨酰胺溶液，调pH为7.0~7.2，0.22μm滤膜过滤后分装，4℃保存。

（7）中性红溶液：称取0.04g中性红，溶于10ml无菌蒸馏水，4℃保存两周，临用前用培养液稀释后37℃过夜，2000r/min离心15分钟后经0.22μm滤膜过滤后使用。

（8）阿利新蓝工作液：1%（质量分数）阿利新蓝溶于0.1mol/l盐酸，常温保存两个月。临用前用whatman一号滤纸过滤。

（9）酸性乙醇：1%（体积分数）的乙酸溶于50%（体积分数）乙醇中，4℃保存两个月。

（10）甲醛钙：1ml 37%甲醛和10ml的0.1g/ml二水合氯化钙混合，用无菌蒸馏水定容至100ml，4℃保存两个月。

（11）盐酸胍工作液：临用现配。称取盐酸胍4.53g，溶于8ml无菌蒸馏水中，配成6mol/l的盐酸胍工作液。

(12) 阴性对照：青霉素。

(13) 阳性对照：5-氟尿嘧啶。

【操作步骤】

1. 分离肢芽制备单细胞悬液　健康成年未育的大鼠，体重 220~350g。雄、雌大鼠按 1∶2 合笼交配，查见阴栓日定为妊娠第 0 天。于妊娠第 13 天 CO_2麻醉后处死孕鼠，常规皮肤消毒，在无菌条件下剖开腹腔，取出子宫，在培养皿中用 Hank's 液清洗 2~3 次，用眼科剪沿纵轴向对侧剪开子宫，分离出胚胎，用眼科镊小心撕脱胚胎外的蜕膜和卵黄囊膜，将全部分离好的胚胎收集到另一含 37℃ Hank's 液的培养皿中。选择体节数为 34~36 的胚胎，在解剖显微镜下用眼科剪和眼科镊分离前肢芽和后肢芽，收集至离心管中。

分离得到的组织块用 37℃ PBS 洗 3 次后，加入 0.125%胰蛋白酶(每一个肢芽加 25μl 胰蛋白酶)于 37℃孵育 10 分钟；胰蛋白酶消化结束后加入约 2ml Ham's F12 培养液终止消化，再用培养液洗 3 次后，吸净培养液。加入一定容量的培养液，用 200μl 移液枪头反复吹吸黏稠的组织块，至组织块完全吹散。用 200 目细胞筛过滤细胞悬液。于显微镜下用细胞计数板计数细胞，用台盼蓝排斥法计数细胞存活率。调整细胞浓度为 2×10^7个/ml。

2. 受试物处理　于 96 孔板每孔正中加入 5μl 上述制成的细胞悬液，放入 37℃ CO_2培养箱中，使细胞贴壁生长 2~3 小时。然后加入含不同浓度受试物或溶剂对照的细胞培养液(每孔加 300μl 培养液)。于 37℃，5%CO_2和 100%湿度的培养箱中连续培养 5 天。

阴性对照：青霉素，用培养液配制，浓度为 500μg/ml。阳性对照：5-氟尿嘧啶，用培养液配制 500μg/ml 的储备液，再用培养液稀释为 1000、500、250、125、62.5、31.25、15.625ng/ml 的工作液，加到 96 孔板中。待测化学物的储备液可用 DMSO、无水乙醇等配制，再用培养液稀释到所需浓度，加到 96 孔板中。96 孔板中染毒剂量分布见表 15-8。

表 15-8　96 孔板中染毒剂量分布

	1	2	3	4	5	6	7	8	9	10	11	12
A	B	B	B	B	B	B	B	B	B	B	B	B
B	B	S	M	T1	T2	T3	T4	T5	T6	T7	S	B
C	B	S	M	T1	T2	T3	T4	T5	T6	T7	S	B
D	B	S	M	T1	T2	T3	T4	T5	T6	T7	S	B
E	B	S	M	T1	T2	T3	T4	T5	T6	T7	S	B
F	B	S	M	T1	T2	T3	T4	T5	T6	T7	S	B
G	B	S	M	T1	T2	T3	T4	T5	T6	T7	S	B
H	B	B	B	B	B	B	B	B	B	B	B	B

B：边缘孔用 PBS 补液；S：溶剂对照；M：培养液对照；T1~T7：不同浓度的受试物

3. 细胞增殖检测 于细胞培养第5天，去除培养液后，在每孔中加入200μl 0.005%中性红，37℃孵育2~3小时。弃去中性红溶液，用生理盐水清洗3次后加入甲醛钙200μl，1分钟后去除甲醛钙，再加入200μl酸性乙醇作用60分钟，在540nm波长下用酶标仪进行比色测量吸光度值。

根据吸光度值的大小来反应受试物对细胞存活、增殖毒性作用的强弱。绘制剂量—反应曲线，确定50%增殖（或存活）抑制浓度（IC_{50}-P）。

4. 细胞分化检测 于细胞培养第5天，去除培养液后，用生理盐水清洗3次，于每孔中加入200μl 1%（质量分数）阿利新蓝常温过夜，然后加入6 mol/l的盐酸胍作用2小时后，在620 nm波长下用酶标仪比色测量吸光度值。根据不同浓度的受试物和吸光度值绘制剂量-反应曲线，确定50%分化抑制剂量（IC_{50}-D）。

【结果分析与评价】

根据细胞增殖的半数抑制浓度IC_{50}-P和细胞分化的半数抑制浓度IC_{50}-D评价发育毒性，方法有以下几种：

1. Flint标准 IC_{50}-D小于10 μg/ml为强阳性致畸物，小于50 μg/ml为阳性致畸物。

2. 计算出化学物的IC_{50}-D后，分别代入下列三个公式计算，

$$6.658\times \lg(IC_{50}\text{-D})-9.49 \quad 1$$

$$6.16\times \lg(IC_{50}\text{-D})-8.29 \quad 2$$

$$-1.31\times \lg(IC_{50}\text{-D})-1.42 \quad 3$$

当代入公式1的计算值大于公式2和公式3的计算值时，该化学物质判定为非致畸物；当代入公式2的计算值大于公式1和公式3的计算值时，化学物质判定为弱致畸物；当代入公式3的计算值大于公式1和公式2的计算值时，化学物质判定为强致畸物。

3. “2倍”法 IC_{50}-P/ IC_{50}-D的比值大于2说明化学物的致畸作用是特异的，即在非细胞毒性的剂量下发生致畸。

三、植入后全胚胎培养试验(embryotoxicity testing in post-implantation whole embryo culture，WEC test)

【目的与原理】

啮齿类动物着床后体外全胚胎培养（WEC）的基本模型于20世纪70年代，由New等建立。9.5日龄的大鼠胚胎在体外旋转充气培养48h后，其生长发育和形态分化与体内同龄胚胎生长发育和形态分化之间无明显差异。且此时期的胚胎处于器官形成期，对外源性化学物质较为敏感。培养过程中接触胚胎毒性化学物质可导致胚胎生长发育迟滞或引起器官畸形。因此，可以通过对器官形成期胚胎器官分化和生长发育的影响来判定化学物质的胚胎毒性和致畸性。ECVAM经过大量的测评试验，推荐植入后大鼠全胚胎培养、微团培养以及胚胎干细胞试验作为化学物质

致畸性评价的三种体外试验模型。WEC 为在体外动态观察胚胎的正常生长发育和探索研究外源性化学物的致畸性、胚胎毒性等提供了一种有效的研究手段。

【材料与试剂】

1. 动物　经试验检测能够正确判别阳性和阴性致畸物的所有大鼠品系均可用于本试验。雌鼠选择性成熟、未交配的健康鼠，7～10 周龄。交配用雄鼠不小于 10 周龄。

2. 仪器　体视显微镜；普通镊子；普通剪刀；眼科镊和眼科弯镊；眼科剪；钟表镊子；显微镊子；不同规格的培养皿；50ml 圆形培养瓶和旋转培养箱。

3. 试剂　Hanks 平衡盐溶液：$Na_2HPO_4 \cdot 12H_2O$ 0.13g，KH_2PO_4 0.06g，$NaHCO_3$ 0.35g，葡萄糖 1.00g，溶于 1L 超纯水，经 0.22μm 滤膜过滤后分装，4℃保存。

DMSO，70%（体积分数）乙醇，乙醚。

4. 即刻离心血清（ICS）的制备：选择与 WEC 同种的健康成年雄性大鼠，体重不小于 250g。制备步骤如下：

（1）将含乙醚的棉球放入玻璃缸中，饱和 10 分钟左右。将大鼠放入玻璃缸的隔层上进行吸入性麻醉。当大鼠倒下，角膜反射迟钝，四肢紧张性明显降低，胸式呼吸减慢但平稳，对痛觉刺激无感觉时，表示大鼠已进入麻醉状态。用乙醚麻醉的缺点是大鼠能在较短的时间内恢复知觉。为维持较长时间的麻醉，可把浸有乙醚的脱脂棉球放入一标本瓶内，必要时放在大鼠的口和鼻处，进行追加麻醉（亦可用非吸入式的麻醉剂如巴比妥钠、戊巴比妥钠等进行经腹腔注射麻醉）。

（2）迅速取出已麻醉的大鼠，放在木板上，腹侧朝上（仰卧位），固定四肢。用 70%的乙醇消毒腹部皮肤 2～3 次，用解剖剪自下而上剪开腹壁作“V”形切口，翻至前胸。

（3）拨开腹腔各脏器，并按操作者习惯将其放置在鼠体左右两侧，用钝头镊小心分离和暴露出粉红色的腹主动脉，长度约（1.5±0.5）cm。

（4）右手持 10～20ml 注射器（12～16 号针头，事先要检查注射器是否可自动抽动并排尽其中空气），以 45°角刺入腹主动脉，沿动脉壁向心方向进针约 1cm，快速抽血直到大鼠呼吸停止。一般来说，每只大鼠可抽血 7～13ml。

（5）去掉针头，贴壁缓慢将血置入离心管中，1 分钟内迅速以 3000r/min，离心 5 分钟。离心后的血液分成两层，下层为各种血细胞，上层为纤维血清凝固体。用长柄大镊子轻轻挤压上层纤维血清凝固体，使其释出血清，然后再离心（3000r/min）15 分钟。

（6）用灭菌吸管吸出上层琥珀色血清收集于烧杯中。将血清置 56℃水浴中灭活补体 30 分钟。灭活时，将盖打开，并间隔搅拌，使乙醚挥发。

（7）冷却至室温后，ICS 中加入青霉素和链霉素，终浓度各为 100U/ml ICS。

（8）用 0.22μm 的针头滤器过滤血清并分装至小的血清瓶中，注明日期后，-20℃或-80℃冰箱保存备用。

（9）用前按需要量取出冷冻保存的ICS，避免反复冻融。血清预温至37℃后即可用于全胚胎培养。

在ICS的制备过程中，应该注意两点，一是在抽血后应立即离心，不能放置。因为若耽误几分钟就可形成血凝块并逐渐释放出血清，此时再离心，所制备的血清叫做延迟离心血清。二是因实验操作不当（如抽血时用力过大过猛），发生溶血，再经离心，所制备的血清叫做溶血血清。研究发现，延迟离心血清和溶血血清作为WEC用培养基不利于体外培养胚胎的生长发育，胚胎有畸形和发育迟缓表现，说明这两种血清对胚胎有发育毒性。

【操作步骤】

1. 孕鼠制备　晚6:00，雌雄动物以2∶1比例合笼，次晨进行雌鼠阴道分泌物涂片检查。具体方法为：先在载玻片上滴一滴生理盐水，然后用一经生理盐水浸润过的棉签轻轻插入阴道，轻转两圈后取出，将棉签上的阴道分泌物涂于载玻片上，与生理盐水混匀。低倍镜下观察，见到精子即证明已经交配过，确定雌鼠受孕。此时定为孕0天。

2. 胚胎移植　整个操作过程在室温下进行，要确保实验环境及所用器械的消毒灭菌及无菌操作过程：①处死孕9.5d龄大鼠，腹部朝上放在木板上，用70%乙醇冲洗消毒腹部。②从后腿根部起剪一大的“V”形切口直至胸部，用普通镊子和剪子打开腹壁并向上翻至前胸。③从子宫颈处用洁净剪子剪断，注意不要将子宫的两角分开。然后用镊子从剪断部位轻轻提起“V”形子宫，清除脂肪与肠系膜，并在与卵巢连接处将其剪断，移入已灭菌的大平皿中。④用HBSS液冲洗子宫，移入下一平皿，并倒入足够的HBSS继续冲洗。⑤从卵巢端用眼科镊提起子宫，于子宫系膜侧剪一小口。从小口处把眼科剪轻轻插入，紧贴子宫壁，沿系膜侧向宫颈端轻轻划开。注意不要损伤内部的蜕膜组织。⑥当子宫壁完全打开后，修剪和拉平子宫壁。然后用眼科镊压在膨起的蜕膜团之间，再用眼科弯镊轻轻挤压蜕膜基底部并向上提，蜕膜团即被分离下来。重复数次直到全部蜕膜团均被分离。⑦将蜕膜团移入另一培养皿中，加入少量的HBSS液（以刚没过蜕膜团为好）。肉眼看，此时的蜕膜团呈“梨”形，其大头是蜕膜基底部分，即盖在胚胎上的最厚部分。⑧用两把钟表镊去除“梨”形的蜕膜组织。先用一把钟表镊子刺入蜕膜基底部（大头），并将其夹开，左手用另一把钟表镊子轻轻从夹开处夹住已分开的一侧蜕膜，右手的钟表镊子再夹住蜕膜的另一侧，轻轻撕开，将蜕膜分成两块，其中一块上带有9.5d龄的胚胎。⑨对带有胚胎的那一半蜕膜组织重复第8步，使其再一分为二。⑩用钟表镊子的尖部刺入带有胚胎的蜕膜两端，轻轻撑开，再用另一把钟表镊子的尖背部将胚胎从蜕膜上推下来。⑪对同窝鼠的胚胎重复第8~10步骤。⑫将所有胚胎移入另一已盛有HBSS液的培养皿中。在体视显微镜下进行胚胎外膜-Reichert's膜分离术。镜下可见胚胎尖部有一小的透明区，用精心磨过的显微镊子刺入这一区域并牢牢夹住，然后用另一把显微镊子夹住对侧的部分Reichert's膜，轻轻撕开至外胎盘圆锥处，并用两把镊子配合夹断去除撕开的Reichert's膜。⑬因有的胚胎Reichert's膜不能在镜下清楚地观察到，此时必须依靠操作者的经验而小心地夹住它,在不损伤脏层卵黄囊的前提下,将 Reichert's 膜剥除。⑭当同窝胚胎的 Reichert's 膜全部剥除后,镜下仔细观察挑选,去除受损的,发育过小的胚胎。然后用已灭菌的 Pasteur 吸管将胚胎移入已含培养基的培养瓶中。

注意事项:①器官形成期的胚胎对很少量的有毒物质都极其敏感。因此,胚胎移植过程中所用的全部物品必须确保无毒和无细菌污染。②培养胚胎的选择必须严格,卵黄囊稍有损伤即可影响体外培养胚胎的存活和生长发育。因此一定去除过小和受损胚胎,且将同窝鼠的胚胎按照大小均分到受试物各剂量组中,以排除由于不同孕鼠来源的胚胎生长发育的差异对结果的干扰。③对 9.5 天龄的大鼠胚胎来说,上述步骤一般应在 2 小时以内完成。为保证 WEC 成功,整个胚胎移植过程,最好由两人协同操作,按时(<2 小时)完成全部工作。

3. 间断充气旋转培养 ①于容积为 50ml 的培养瓶内加入 3~4ml 已灭活补体的 ICS,并加入受试物或溶剂至相应终浓度。②充入含有 $5\%O_2:5\%CO_2:90\%N_2$的混合气体 30 秒,然后迅速在培养箱中旋转平衡 15~30 分钟。③取出培养瓶,用 Pasteur 吸管将已分离好的胚胎移入培养瓶中,每瓶 3~4 只胚胎,平均每只胚胎 1ml ICS。④立即向培养瓶中充入 $5\%O_2:5\%CO_2:90\%N_2$的混合气体 2.5 分钟,充气流量以气体轻微吹动液面为好,然后迅速用瓶塞塞紧瓶口,并用封口膜密封。⑤将培养瓶放入旋转培养箱中,37℃下,以 40r/min 转速开始旋转培养。⑥旋转培养至第 16 小时时,取出含有胚胎的培养瓶,肉眼观察胚胎的生长发育状况。然后进行第二次充气,此时混合气体的比例为 $20\%O_2:5\%CO_2:75\%N_2$,其他与第 4 步相同。⑦重复步骤 5 的操作。⑧旋转培养至第 26h 时,取出培养瓶肉眼观察胚胎的生长发育状况。然后进行第三次充气,此时混合气体的比例为 $40\%O_2:5\%CO_2:55\%N_2$,其他操作同步骤 4。⑨重复步骤 5 的操作。⑩继续旋转培养至第 48 小时,收获胚胎并进行各生物学终点的观察。

注意事项:①为了避免溶剂对培养胚胎的毒性作用,培养液中水性溶剂的浓度(如 PBS 或 HBSS)应≤1%,DMSO 的浓度≤0.125%,乙醇浓度≤0.2%。溶剂对照组加入溶剂量应与各染毒组加入的液体量相同;②充气时气流不应过于剧烈,以轻微吹动液面出现一凹痕为宜。且充气时应避免气流吹到胚胎以防损伤卵黄囊。充气结束后应迅速盖紧瓶盖/瓶塞,并用封口膜仔细密封以防漏气。

4. 收获胚胎及评分 将胚胎移入含有 37℃ HBSS 的平皿中,进行胚胎发育终点的观察和评分。评价胚胎生长发育和器官形态分化的终点主要包括以下几个方面:

(1) 反应胚胎生存情况的终点:体视显微镜下直接观察胚胎心跳和血液循环,如两者消失,表示胚胎死亡。反之,胚胎存活。

(2) 反应胚胎生长发育的终点:主要包括卵黄囊直径,颅臀长,头长以及体节数。具体监测方法如下。①卵黄囊直径:在卵黄囊呈漂浮状态下,用钟表镊子稍加固定以防止其漂动。然后用目镜测微尺测量与外胎盘切线相平行的最大直径长度。颅臀长是指自然状态下的胚胎最大体长。头长是指前脑顶部至中脑背侧部之间的最长距离。②体节数:一般把与前肢芽中部相对应的体节定为

第 9 体节，由此开始向尾部方向计数体节数；③需要时还可测定胚胎总蛋白和 DNA 含量。

（3）反应胚胎组织器官形态分化的终点：按照标准评分方法对胚胎各主要器官发育分化情况进行评分，大鼠 9.5 天龄 WEC 常用 Brown 评分法，如表 15-9 所示。若器官分化情况介于两项评分标准中间，可取两标准分的中间值。评分完毕后，计算每只胚胎的总形态学评分（total morphological score，TMS）。每只胚胎的各发育终点评分结果记录至表 15-10 所示表格中，并评价记录胚胎在表中所列各观测项是否出现畸形。

表 15-9 Brown 大鼠胚胎发育评分法

组织器官	评分				
	0	1	2	3	4
卵黄囊血管	无或散在血岛	血岛吻合	较少卵黄囊血管	完整卵黄囊血管丛	卵黄蒂消失，动静脉分离
尿囊	尿囊在胚外体腔中游离	尿囊与绒毛膜融合	脐血管	脐、卵黄囊动脉原基分离	
体位	腹凸	翻身转位	背凸	背凸和扭转	
心脏	无心跳	“S”形心血管，有心跳	旋绕心血管	动脉球、心房、心室	心房分隔
神经管	神经板或神经褶	神经褶未融合	神经褶融合	后神经管形成，但开启	后神经管孔闭合
后脑	神经板	菱脑原节	前神经管孔形成，但开启	前神经管孔闭合，菱脑形成	明显第四脑室顶
中脑	神经板	中脑褶	中脑褶融合	中脑褶完全融合	明显区分中脑和后脑
前脑	神经板	前脑褶	前脑完全融合	明显端脑突	端脑半球
听觉器官	不可见	听原基	听凹	听泡	听泡和背部隐窝
视觉器官	不可见	视沟	视原基延长	原始视泡，眼基开启	晶状体板凹陷
嗅觉器官	不可见	嗅板	可区分嗅板边缘	明显嗅嵴	外侧鼻突和内侧边缘
腮弓	无	第Ⅰ对	第Ⅰ、Ⅱ对	第Ⅰ、Ⅱ和Ⅲ对	第Ⅱ对过度增长掩盖第Ⅲ对
上颌突	无	明显上颌突	上颌突与鼻突融合		
下颌突	无	可见下颌突			
前肢芽	不可见	9～13 体节处肢芽隆起	前肢芽	桨形前肢芽	前肢芽顶端外突
后肢芽	不可见	26～30 体节处肢芽隆起	后肢芽	桨形后肢芽	
体节	0～6	7～13	14～20	21～27	28～34

表 15-10　植入后大鼠全胚胎培养评分记录表

生长发育指标			胚胎畸形(正常 0,畸形 1)	
卵黄囊直径(mm)			卵黄囊血管缺陷	
颅臂长(mm)			尿囊与外胎盘圆锥未融合	
头长(mm)			尿囊膨大	
功能性指标(正常 0,畸形 1)			体位翻转不完全	
			心包水肿	
卵黄囊血液循环			心脏向腹侧弯曲	
尿囊血液循环			后神经管孔开启	
心跳			背侧中线不规则	
体节发育			前脑未融合	
			中脑未融合	
终体节数			后脑未融合	
终体节数-初始体节数			前脑膨起不良	
器官形态分化评分			头部神经褶融合线不规则	
			小头畸形且头部向后弯曲	
A	卵黄囊血管		颅面部畸形	
B	尿囊		神经管出血	
C	体位		后脑肿大透明	
D	心脏		后脑膨起不良	
E	神经管		听泡畸形	
F	后脑		眼泡畸形	
G	中脑		腮弓畸形	
H	前脑		上颌突肿胀	
I	听觉器官		下颌突不可见	
J	视觉器官		下颌突畸形	
K	嗅觉器官		小体节	
L	腮弓		体节排列不规则	
M	上颌突		尾部扭转	
N	下颌突		尾部短且增厚	
O	前肢芽		皮下水疱	
P	后肢芽		胚胎出血	
总形态学评分(TMS=$\sum$(A…P))			其他畸形表现	

（4）可根据实验需要进行胚胎组织病理学观察，胚胎组织整体原位杂交/组织切片原位杂交检测特定基因表达，以及进行胚胎基因提取，PCR 检测等。

【结果分析与评价】

各剂量组收获胚胎数达到 7 只即可进行受试物发育毒性统计分析与评价。溶剂对照组 7 只胚胎中出现畸形的胚胎数不得超过 1 只。

1. 结果统计分析　根据评分结果，逐一统计分析受试物对各观测指标的影响，并与溶剂对照组相比较，分析受试物的胚胎毒性效应。根据统计分析结果评价描述受试物发育毒性作用特点，即受试物对胚胎生长发育和器官形态分化的影响，受试物作用的靶器官及引起的特定畸形表现等。

2. 结果评价　ECVAM 提出了由全胚胎培养判定化学物致畸性强弱的三个判别公式：

$$\text{Function I} = 18.08\times \lg(IC50_{Mal}) - 11.56\times \lg(IC_{NOEC\ TMS}) - 10.19$$

$$\text{Function II} = 21.55\times \lg(IC50_{Mal}) - 15.31\times \lg(IC_{NOEC\ TMS}) - 10.65$$

$$\text{Function III} = 8.70\times \lg(IC50_{Mal}) - 8.53\times \lg(IC_{NOEC\ TMS}) - 2.53$$

根据评分结果得出最高无致畸浓度 $IC_{NOEC\ TMS}$，即受试物对总形态学评分无影响的最高浓度；根据表 15-8 中胚胎畸形情况的判定结果得到受试物的 50%致畸浓度 $IC50_{Mal}$，即使得 WEC 中 50%培养胚胎出现畸形的受试物浓度。将此两项参数代入上述判定公式来判断受试物的致畸性。可将化学物的致畸性分为无致畸性、弱致畸性、强致畸性三类，即：若经计算得判别公式中 Function Ⅰ数值最大，受试物为无致畸性；Function Ⅱ数值最大，受试物为弱致畸性；Function Ⅲ数值最大，受试物为强致畸性。

由于上述判别公式仅纳入了 WEC 中胚胎生长发育和器官分化数据，不含有反映受试物细胞毒性作用的参数，因此 ECVAM 结合胚胎干细胞试验中受试物对 3T3 细胞的毒性作用数据，提出了另一套判别公式来提高致畸性预测的准确性及特异性，即：

$$\text{Function I} = 0.21\times(IC50_{3T3} - IC_{NOEC\ TMS}/IC50_{3T3})\times 100 + 15.37\times \lg(IC_{max}) - 23.58$$

$$\text{Function II} = 0.27\times(IC50_{3T3} - IC_{NOEC\ TMS}/IC50_{3T3})\times 100 + 17.71\times \lg(IC_{max}) - 32.37$$

$$\text{Function III} = 0.093\times(IC50_{3T3} - IC_{NOEC\ TMS}/IC50_{3T3})\times 100 + 4.21\times \lg(IC_{max}) - 4.23$$

从 WEC 实验结果数据得出 IC max 值，即使得培养胚胎达到最大致畸率的最低受试物浓度；同时结合胚胎干细胞实验得 $IC50_{3T3}$ 值，即 3T3 细胞 50%增殖抑制浓度。结合 $IC_{NOEC\ TMS}$ 值，分别计算上述三个函数值。若 Function Ⅰ数值最大，则受试物无致畸性；若 Function Ⅱ数值最大，受试物为弱致畸性；Function Ⅲ数值最大，受试物为强致畸性。

ECVAM 把 1000mg/l 定为 WEC 中最高受试物浓度。若此浓度下未表现出胚胎毒性效应，则不需再检测更高浓度下的胚胎毒性效应，该受试物为非致畸物。

（郝卫东　刘　涛）